江淮东部城镇发展历史研究

陈饶 著

东南大学出版社
·南京·

图书在版编目(CIP)数据

江淮东部城镇发展历史研究/陈饶著. —南京：东南大学出版社，2019.8
 ISBN 978-7-5641-6679-3

Ⅰ. ①江… Ⅱ. ①陈… Ⅲ. ①城镇—城市史—研究—华东地区 Ⅳ. ①K295

中国版本图书馆CIP数据核字(2019)第028719号

江淮东部城镇发展历史研究

著　　者：	陈　饶
出版发行：	东南大学出版社
社　　址：	南京市四牌楼2号　　邮编：210096
出 版 人：	江建中
网　　址：	http://www.seupress.com
电子邮箱：	press@seupress.com
经　　销：	全国各地新华书店
印　　刷：	江苏凤凰数码印务有限公司
开　　本：	787 mm×1092 mm　1/16
印　　张：	20
字　　数：	501千字
版　　次：	2019年8月第1版
印　　次：	2019年8月第1次印刷
书　　号：	ISBN 978-7-5641-6679-3
定　　价：	88.00元

本社图书若有印装质量问题，请直接与营销部联系。电话(传真)：025-83791830

前　　言

　　对城镇发展区域性与综合性研究历来受到学术界的重视；在党中央对新型城镇化建设实施与推进的过程中，多次强调城市历史文脉延续的重要性；本书的研究范围主要位于长江、淮河之间，大运河以东的地区，该区域位于首轮国家新型城镇化综合试点省份——江苏省域内。因此，本书针对江淮东部地区城镇的发展历史展开研究，意图在中央倡导的"新型城镇化"战略的基础上适时总结过去的城镇发展历史、城镇化经验，思考城镇发展的演变历程，能更好地明确发展思路，为进一步健康持续的发展提供历史借鉴。

　　首先，本书分为先秦、秦汉、隋唐宋、明清四个大的历史阶段，运用建筑学、城乡规划学、历史地理学、人口学、社会经济学等方法对江淮东部城镇的发展历史进行历时性论述，并从形成区划、城镇分布密度及城镇形成机制三个方面对各时段的城镇发展历史进行全面分析和归纳总结。

　　在历时性研究基础上，本书通过分层的方法对影响区域城镇形成与发展的各历史要素进行分类提取，并对各要素进行纵向与横向的叠加比较分析，构建江淮东部城镇发展历史的空间网络，进而总结江淮东部城镇体系结构。主要分为因漕运而兴的沿淮扬运河城镇体系、因水文地貌变迁而兴的里下河城镇体系及因盐业而兴的沿海城镇体系。

　　本书对每个城镇体系的发展现状与问题进行阐述，并对城镇体系的变迁和特点、城镇的内部空间形态变迁进行逐一剖析，最后基于历史的视角对每个城镇体系的未来发展提出建议，旨在新型城镇化建设的过程中实现历史文脉的延续。

　　需要指出的是，随着历史的变迁，行政区划曾进行过调整，所以本书中所阐述的行政区划会与当代行政区划有些许出入，本书中所阐述的区域皆按所述时代进行划分。

序

  中国大运河不仅是一个复杂多样的遗产系统，更是一个历史悠久、规模庞大的历史文化空间系统。这个历史文化空间系统的重要特征，就是以密集而发达的水网关联起了密集而发达的城乡系统，形成了长期支撑国家发展的粮仓和资源体系。以往对于运河城镇的研究多聚焦于京杭大运河主航道沿线，其实在这条主航道两侧还存在十分密集而多样的支线运河以及无数条毛细血管般的微型河道，它们及其城乡系统构成整个京杭大运河的历史文化根脉。从历史的角度看，运河城乡系统始终是以一种整体性的结构而存在的。今天，当大运河成为世界文化遗产的时候，不应当忘记，正是这些位于运河支脉末梢的城乡系统成就了运河的灿烂历史，支撑了运河的繁荣与辉煌。

  所以，从中国大运河的历史来看，它并非简单的"线性遗产"，而是覆盖沿线广大地区的城乡网络系统。在江浙一带这个城乡网络系统有两个较为发达且联系紧密的区域，一个是苏南的太湖地区，一个就是苏中的江淮地区。其中太湖地区历史悠久、城镇密布、经济繁荣、人文发达，历来受到人们的关注，相关文献与研究成果丰富。比较而言，苏中江淮一带尽管在历史上与太湖地区一样历史悠久、物产丰饶、城镇众多，是大运河系统的另外一只"根脉"，但长期以来研究相对不足，不能不说是一个缺憾。近年来，在江苏省住建厅的推动和支持下，东南大学建筑学院开展了江苏地区城镇历史的研究，力图探索整理江苏低地丘陵与江河湖海交错环境中城镇发展的脉络和特点。作为本课题的研究方向之一，陈饶在其博士论文阶段重点分析研究了苏中江淮一带的城镇生成及其演化进程。

  《史记·夏本纪》载：淮、沂其治，蒙、羽其艺。大野既都，东原底平。其土赤埴坟，草木渐包……羽畎夏翟，峄阳孤桐，泗滨浮磬，淮夷蠙珠臮鱼，其篚玄纤缟。浮于淮、泗，通于河。淮海维扬州：彭蠡既都，阳鸟所居。三江既入，震泽致定。竹箭既布。其草惟夭，其木惟乔，其土涂泥。……贡金三品，瑶、琨、竹箭，齿、革、羽、旄，岛夷卉服，其篚织贝，其包橘、柚锡贡。均江海，通淮、泗。这充分说明，江淮地区城镇与乡村的生成与发展，与这里的地理环境有着密切的关系。位于长江与淮河下游之间的苏中地区自古就是河汊纵横、水网密布之地，物产丰富而多样，多种经营为其十分自然的生活生产方式。这种地理环境推动了江淮地区城镇发展的特殊历史过程，也形成了独一无二的城镇形态。从自然地理的角度看，江淮地区的"低地"环境享有水陆之便，不仅能够提供丰富的生活资料，同时还能有效避免猛兽或敌对部落的侵袭，很早就吸引人类在此生活定居。泗洪顺山集新石器时代聚落遗址群距今已有8 200余年的历史，有着"低地"环境中常见的环濠结构，遗址内发现的陶器、石器、玉器、碳化稻等遗迹表明当时人们在延续渔猎生活方式的同时形成了农耕社会的结构。随着人口的增加，江淮地区聚落密度和规模也在扩大，逐渐形成一种水网与"群岛"形态陆地相互交织的人居环境。这种由密集水网分割而成的岛状地貌是江淮地区城镇格局最为显著的环境基质。从区域尺度看，整个江淮地区形成了无数大大小小的岛状地块。虽经历了数千年沧海桑田的演变,这种"低地"环境特有的"群岛"土地形态一直持续至今,形成今日城镇与乡村的基本生态地貌与历史环境。

江淮地区另外一个重要的环境特点,就是随着大运河主航道的逐渐形成,出现了许多连接主航道与海岸线的支线运河,并在这些支线运河沿线上发展起相互关联的城乡系统。当然,这些运河大部分是在自然河流的基础上疏通而成的,其重要功能就是将在沿海地区出产的鱼盐产品便捷地输送到大运河沿线的城市,再经大运河运到各地。这样一种基于运河网络及其城乡系统的经济格局就成为江淮地区发展的倍增器。至少从战国时期开始,煮海为盐就逐渐成为江淮地区一种重要产业,大量海盐源源不断地沿运河网络从滨海盐场输送至大运河主航道上的扬州、淮安等内陆城市,培育起这些名扬四方的巨埠重镇。西汉时,吴王刘濞曾把煮盐这一利润丰厚的产业发展到前所未有的规模,也使整个江淮地区的纵横运河系统得到了空前的发展,从而奠定了今日江淮城乡格局的历史基础。

正是由于鱼盐产业与运河之间长期的互动发展,使江苏内陆与滨海地区形成了普遍性的、密切的联动发展机制,而江淮地区最为典型。这种江河湖海之间的城乡格局是在江淮地区低地丘陵与密集水网千百年来相互作用这种特殊环境中演化而成的,其他沿海省份十分少见。

因此,江淮地区的城乡格局不仅具有独特的空间结构,也形成了十分独特的地域文化。在当前国家城乡规划体系进入新的历史时期的时候,深入理解并总结江淮地区城市的生成机制与文化特征,具有重要的历史和现实意义。

本书根据江苏省住建厅科研课题的总体结构,针对江淮地区城镇历史开展研究。作者陈饶博士首先对影响区域城镇形成与发展的各历史要素进行分类提取,并对其进行纵向与横向叠加分类和比较分析,初步构建起江淮东部城镇发展历史的空间网络,进而提出江淮东部城镇体系的历史结构。本书也分析了江淮城镇体系的发展现状与问题,从城镇历史变迁的角度对不同城镇空间形态特征进行剖析,并据此对相关城镇格局未来发展提出建设性的思考,力图使各类具有悠久历史和深厚文化积淀的江淮城镇在新型城镇化过程中能够传承古代智慧、延续历史文脉。

陈饶博士目前任职于房地产公司,受时间与经历所限,本书中可能还存在一些实证研究和理论分析方面的不足,但作者的努力无疑填补了我国在江淮城镇体系研究这方面的一个空白。是为序。

董 卫

2019.07.18 于文昌桥

目 录

1 绪论 ··· 1
  1.1 研究缘起与意义 ··· 1
    1.1.1 中国古代城镇区域性研究的必要性 ·· 1
    1.1.2 江淮东部地区城镇发展历史研究的紧迫性 ······································ 2
    1.1.3 中国区域城镇历史研究方法的探索性 ·· 2
  1.2 研究的时空范围及对象 ··· 3
    1.2.1 研究时间范围界定 ·· 3
    1.2.2 研究空间范围界定 ·· 3
    1.2.3 研究对象 ·· 6
  1.3 相关研究现状综述 ··· 7
    1.3.1 中国古代城市历史研究 ··· 7
    1.3.2 中国区域城市历史研究的现状 ··· 9
    1.3.3 江淮东部城镇发展历史的研究状况 ··· 11
  1.4 研究方法和技术路线 ·· 13
    1.4.1 研究方法 ·· 13
    1.4.2 技术路线 ·· 16

2 先秦江淮东部地域文化形成与早期城市起源 ·· 18
  2.1 早期江淮地域文化演进与城邑起源 ·· 18
    2.1.1 江苏境内先秦地域文化的演进 ··· 18
    2.1.2 石器时期江淮聚落分布与文化演进 ··· 20
    2.1.3 商周时期江淮聚落、城邑的空间分布与文化演进 ······················· 23
  2.2 江淮早期聚落空间分布特点及其形成机制 ··· 25
    2.2.1 自然地貌决定聚落西密东疏的分布格局 ······································ 25
    2.2.2 岸线砂堤形成与江淮聚落的分布 ·· 26
    2.2.3 江淮东部经济的初步发展 ·· 28
  2.3 早期江淮聚落与城市的空间形态 ··· 29
    2.3.1 水对江淮聚落空间形态的影响 ··· 29
    2.3.2 江淮先秦城邑与水乡文明的初步形成 ··· 32
  2.4 本章小结 ··· 34

3 秦汉江淮东部初步发展与城镇体系初步形成 35
3.1 秦汉时期江淮东部行政区划及建置沿革 35
3.2 秦汉江淮东部遗址与早期城市的空间分布 38
3.2.1 遗址的空间分布 38
3.2.2 城市的空间分布与密度变化 38
3.3 秦汉时期江淮东部聚落及城镇的形成机制 40
3.3.1 自然地理变迁 40
3.3.2 道路交通发达促进运西地区的发展 44
3.3.3 经济产业发展逐渐丰富 47
3.3.4 移民对江淮人口、城镇、意识文化的影响 50
3.4 本章小结 55

4 隋唐宋江淮东部快速发展与城镇体系基本形成 56
4.1 隋唐宋江淮东部行政区划及建置沿革 56
4.2 隋唐宋江淮东部城镇的分布、密度及发展情况 58
4.2.1 城镇的空间分布与密度 58
4.2.2 具有经济意义的城镇网络初步形成 60
4.2.3 江淮东部"运河城镇带"形成 60
4.2.4 宋金江淮防御工事与军事城堡建设 61
4.3 隋唐宋江淮东部城镇的形成机制 64
4.3.1 黄河夺淮之前自然地理环境对城镇体系的影响 64
4.3.2 运河水系开凿与陆路交通兴建、邮驿城镇建设 70
4.3.3 江淮东部经济圈的形成 71
4.3.4 隋唐宋人口迁移与区域发展 76
4.3.5 重道尚武对区域意识文化的影响 79
4.4 本章小结 81

5 明清江淮东部发展鼎盛期与城镇体系完善期 83
5.1 行政区划及建置沿革 83
5.2 明清江淮东部城镇的分布、密度及职能 86
5.2.1 明清县下级的行政机构组织 86
5.2.2 明清江淮东部城镇分布密度及空间格局 89
5.2.3 明清江淮东部市镇职能类型及特点 92
5.3 明清江淮东部城镇的形成机制 108
5.3.1 黄河夺淮之后自然地理环境对城镇体系的影响 108
5.3.2 古代道路发展鼎盛与近代公路兴起对城镇的影响 118
5.3.3 明清人口迁徙、分布对城镇发展的影响 121
5.3.4 经济 128
5.3.5 科举人才的分布与城市文化的发展 131

5.4　本章小结 ··· 133

6　江淮东部城镇发展历史的空间网络构建 ··· 134
　　6.1　基于分层思想的区域城镇历史要素的分类 ······································· 134
　　　　6.1.1　基本概念解析 ··· 134
　　　　6.1.2　基于分层思想的区域城镇历史要素概念解析 ····························· 135
　　　　6.1.3　区域城镇发展历史要素的划分 ··· 137
　　6.2　江淮东部地区城市历史空间要素变迁研究 ······································· 138
　　　　6.2.1　区域行政格局的完善 ··· 138
　　　　6.2.2　城镇空间的体系 ··· 142
　　　　6.2.3　自然地理的变迁 ··· 144
　　　　6.2.4　道路交通要素变迁 ··· 146
　　　　6.2.5　人口要素变迁 ··· 147
　　　　6.2.6　经济要素空间分布 ··· 150
　　　　6.2.7　文化要素的变迁 ··· 150
　　6.3　江淮东部城镇发展历史的空间网络建构 ··· 152
　　　　6.3.1　历史要素空间网络建构的目的 ··· 152
　　　　6.3.2　历史要素空间网络建构的内容 ··· 152
　　　　6.3.3　江淮东部城镇历史空间网络建构 ······································· 152
　　6.4　江淮东部城镇形成特点和空间结构 ··· 154
　　　　6.4.1　江淮东部城镇形成特点 ··· 154
　　　　6.4.2　江淮东部城镇的空间结构 ··· 156
　　6.5　本章小结 ··· 157

7　因漕运而兴的沿淮扬运河城镇体系 ··· 158
　　7.1　淮扬运河沿岸城镇发展现状及问题 ··· 158
　　7.2　江淮运河发展与沿岸城镇的空间形态演变 ······································· 159
　　　　7.2.1　运河的发展与城镇体系的变迁 ··· 159
　　　　7.2.2　沿运城镇形成及变迁的原因 ··· 163
　　　　7.2.3　沿运城镇形态空间特点 ··· 166
　　7.3　运河城市的漕运空间研究——以淮安为例 ······································· 179
　　　　7.3.1　江淮运河对淮安所产生的历史价值 ····································· 179
　　　　7.3.2　水系变迁与两淮城镇群的形成与发展 ··································· 183
　　　　7.3.3　明清淮安老城漕运空间研究 ··· 192
　　　　7.3.4　清江浦漕运空间的变迁 ··· 203
　　7.4　对比研究——临江运河水系变迁与扬州城镇历史空间演变 ······················· 207
　　　　7.4.1　运道变迁与扬州城镇体系形成 ··· 207
　　　　7.4.2　运道变迁对扬州老城空间的影响 ······································· 212
　　　　7.4.3　两淮城镇与临运城镇的对比研究 ······································· 214

   7.5　基于历史视角的沿运城镇未来发展的策略探索 ·········· 215
   7.6　本章小结 ·········· 215

8　因水文地貌变迁而兴的里下河城镇体系 ·········· 216
   8.1　里下河地区城镇发展的现状 ·········· 216
      8.1.1　城镇经济发展现状 ·········· 216
      8.1.2　城镇发展中存在的问题 ·········· 216
   8.2　里下河水乡城镇体系变迁 ·········· 219
      8.2.1　黄河夺淮之前——里下河水乡城镇体系初步形成 ·········· 219
      8.2.2　黄河夺淮之后——里下河水乡城镇体系快速发展 ·········· 219
      8.2.3　黄河北迁之后——里下河水乡城镇体系的衰落 ·········· 222
      8.2.4　新中国成立后的水利建设——里下河水乡城镇体系再发展 ·········· 223
   8.3　里下河水乡聚落群空间形态特征 ·········· 224
      8.3.1　里下河地区聚落群形态特征 ·········· 224
      8.3.2　江淮东部其他地区聚落群形态特征 ·········· 226
      8.3.3　聚落群空间分布与城镇产业结构现状 ·········· 227
   8.4　里下河水乡城镇的空间形态特征 ·········· 229
      8.4.1　人工水系开凿与城市空间形态变迁——以泰州老城为例 ·········· 229
      8.4.2　水文地貌的演变与城镇的发展——以兴化为例 ·········· 235
      8.4.3　水系对古镇的空间形态影响——以溱潼为例 ·········· 239
   8.5　基于历史规律的里下河城镇未来规划探索研究 ·········· 240
   8.6　本章小结 ·········· 242

9　因盐业而兴的沿海城镇体系 ·········· 243
   9.1　淮盐的地位及江淮沿海城镇发展中存在的问题 ·········· 243
      9.1.1　淮盐的地位及价值 ·········· 243
      9.1.2　两淮盐业城镇发展的现状与问题 ·········· 243
   9.2　两淮盐场发展与滨海城镇体系变迁 ·········· 244
      9.2.1　秦汉时期——"煮海为盐"聚居点的出现 ·········· 244
      9.2.2　隋唐时期——沿海城镇体系的萌芽阶段 ·········· 245
      9.2.3　宋元时期——淮盐经济发展高峰与沿海城镇体系的形成 ·········· 247
      9.2.4　明清时期——沿海城镇体系的成熟阶段 ·········· 249
   9.3　清末民初——废灶兴垦与江苏沿海近现代城镇规划建设 ·········· 251
      9.3.1　废灶兴垦与沿海盐垦公司的建立 ·········· 251
      9.3.2　沿海近现代城镇体系的初步形成和区域规划 ·········· 254
   9.4　江淮沿海城镇空间变迁特征 ·········· 271
      9.4.1　城镇体系空间格局的变迁 ·········· 271
      9.4.2　城镇防御体系的建设 ·········· 272
      9.4.3　沿海人工水乡城镇的逐步形成 ·········· 275

9.4.4 盐场内部空间的分布特点 ······ 281
9.5 淮盐城镇空间变迁——以草堰—大丰为例 ······ 282
 9.5.1 盐场的历史沿革 ······ 282
 9.5.2 古盐业集散地——草堰镇的空间形态变迁 ······ 282
 9.5.3 大丰公司规划特点及城镇的形成 ······ 283
 9.5.4 小结 ······ 284
9.6 基于历史研究的淮盐文化线路的构建初步探索 ······ 286
 9.6.1 淮盐文化线路属性 ······ 286
 9.6.2 淮盐文化线路的初步建构 ······ 287
 9.6.3 淮盐文化线路三个层面及保护措施 ······ 288
9.7 本章小结 ······ 289

10 结论与展望 ······ 291
10.1 基本结论 ······ 291
10.2 主要创新点 ······ 293
10.3 后续研究 ······ 293

参考文献 ······ 295

图索引 ······ 301

表索引 ······ 307

1 绪　　论

1.1 研究缘起与意义

1.1.1 中国古代城镇区域性研究的必要性

吴良镛先生提出中国城市史研究应注重区域性和综合性①。崔功豪先生详细论述了中国城市规划区域观的确立和发展,提出"城市与区域是与生俱来的相互依存体,城市发展史也可以说是城市与区域关系的演变史",故主张"从区域论城市"②。"区域"的观念在我国古代早已有之。《周礼·地官》载有"廛人",汉代郑玄注释为"廛,民居区域之称";晋代潘岳《为贾谧作赠陆机》诗曰:"芒芒九有,区域以分。"中国城市形成的基础与西方国家不同,有其独特之处。史前聚落是在氏族不断迁徙、区域文化反复互动下形成的。秦汉之后,在封建集权制度下,从都城到州县、市镇、村庄都有着较严格的等级体系。中国古代城镇的建设具有强烈的政治目的,旨在为封建统治阶级服务,但客观上受自然地理环境、物产分布和区域文化等因素影响,因此中国的人类聚落和城镇体系自史前文明起就具有区域性。

《禹贡》中的"九州"是以名山大川作为界线来划分政权的,秦统一后正式实施全国范围的行政区划。政区的划分是统治者为了便于区域的管理,并不能简单地视作城镇分布形成的原因,山川河流等自然地理因素对区域划分也有着较大的影响。中国古代城镇主要沿水系(如大运河、长江)、湖泊(如环太湖流域)、边疆(如明代沿边构筑的防御性卫城、所城)、岸线(如江苏因海盐而建的沿海城镇)分布,呈现出区域性乃至跨区域性的特点。这就要求今天的研究者在研究中国古代城镇时应从区域着手,分析其兴起和发展的动力机制。

中国古代城镇起源、形成、发展及分布的特点,要求研究者具有中国传统哲学的整体观,将城市置于某一区域或更广阔的时空环境中。一个区域存在着多个城镇,这些城镇以同一区域为基础,承担着该区域发展的各种功能,构成了相互关联的城镇体系。城镇的发展更依赖于区域内部资源,内部资源则构成了区域的特色。因此,在研究城市与城市、城市与城镇的关系时,应以区域为基础,研究具有共同特色的城镇群的发展脉络。理解中国城镇的地域性、历时性及区域源流,对研究中国城镇发展史、城镇文化特色和城市规划有着重要的意义。通过借鉴地域发展史、区域历史地理、交通史、人口史、经济史、军事史、文化史、风俗史等相关研究,有助于深化对中国区域特色的多样性与统一性、中国古代城镇空间格

---

① 吴良镛.中国城市史研究的几个问题[J].城市发展研究,2006,13(2):1-3.
② 崔功豪.城市问题就是区域问题——中国城市规划区域观的确立和发展[J].城市规划学刊,2010,186(1):24-28.

局的形成和分布特点等问题的认识。

1.1.2 江淮东部地区城镇发展历史研究的紧迫性

1) 学术意义

国内城市史研究的起步较晚,相关专著较少。就江淮东部地区城镇研究而言,多以个案城市为主,或侧重大型府州城发展历史研究和现状分析,或侧重个案城镇空间形态研究,或侧重历史文化名城名镇保护研究,或关注某一城镇的重大历史事件、重要历史人物和水系变迁等。从目前的研究情况来看,江淮东部城镇发展中出现的诸多历史与现实问题已引起学界的关注与反思,但尚没有研究对这一区域城镇发展历史进行过系统的梳理和总结。鉴于中国古代城镇区域性研究的必要性和学界研究现状,本书拟对江淮东部城镇进行系统的区域性研究,梳理江淮东部城镇的发展历史,弥补既往研究的不足,进而为当下江苏省新型城镇化建设提供借鉴。

2) 社会和实践意义

2015年年初,国家发改委印发了《国家新型城镇化综合试点方案》,江苏省和安徽省的62个城市(镇)被列为第一批国家新型城镇化综合试点地区。江淮东部地区涵盖今江苏省淮安、盐城、扬州、泰州、南通五市,较之江南地区,经济发展水平较低,城市建设水平比较落后,城市密度低,但有丰富的土地资源和水资源。随着区域交通的完善、经济基础的建设和相应机制的改革,在新一轮城镇化建设中,江淮东部地区极具发展潜力。党的十八届三中全会提出"坚持走中国特色新型城镇化道路",十八大将新型城镇化建设提高到战略高度。之后,习近平总书记和住建部的专家学者多次提出在新型城镇化建设中要防止盲目的大拆大建,要切实做好历史文脉的传承。在最新一轮的《江苏省城镇体系规划(2015—2030)》中,盐城、南通、扬州和淮安已被纳入全省"一带二轴,三圈一极"的城镇空间格局,江淮东部的沿海、沿江、沿运将成为未来江苏省城镇化建设的重点。以往江苏城镇研究和建设重点都在苏南地区,面对新一轮的机遇,应避免前车之鉴,将新型城镇化的发展与历史文脉的传承相统一。这就迫切需要研究者提前做好城市发展历史的研究和梳理工作,总结城市以往的发展经验,思考城市变迁的规律,将新型城镇化的理念与地域文化、特色资源和区域历史相结合,及时为城镇建设提供历史借鉴与理论参考,指导江淮东部城镇未来持续健康的发展。

1.1.3 中国区域城镇历史研究方法的探索性

我国现行的城市规划理念与工作方法,主要是以西方国家为基础进行改良的,实际上,中国城市的发展与西方有很大的不同。以往在研究城市历史时多以时间为主线,对个案城市、城镇进行历时性梳理,而忽略区域性的差异。冀朝鼎在20世纪30年代曾提出"基本经济区"的概念,吴良镛先生在《中国城市史研究的几个问题》中认为这一概念"强调历史上中国经济的局部性与地区性对国家统一的关系","对城市发展过程研究有着宝贵的学术价值,如果我们能对一些典型地区,特别是中原、江南、巴蜀、晋北、岭南、滇黔等展开研究,借鉴地域的发展史研究,就能进一步理解都城的迁移,城市的发展变迁,对当今城镇体系研究,认识城镇分布空间格局构成的区域特色与多样性及整体个性,当亦有所启发"。中国古代城镇区域划分看似受行政控制,但区划实际上存在两个范围:显性的区划范围受政治控制,隐性的区划范围受经济与文化的控制,后者是城镇形成和发展的内在机制。中国的经济物产分布具有区域特点,文化从史前时期起便具有区域性,山脉和水系的分布也呈现跨区域性,因此城镇的分布与形成也具有区域性。从区域规划到城镇建设,上至都城的建设规划,下至县镇治所、村落营造,均体现出中国传统哲学的整体观。这就要求今天的研究者以中国历史为大背景,从中国古代思想体系出发深入探索,总结出一套具有创新意义的中国城镇史研究成果,从而对中国城镇未来建设与规划赋予启发价值。

基于上述思考,笔者选择江淮东部地区的城镇发展历史作为本书的研究课题。本课题对于新型城镇化号召下的江淮东部地区的城镇建设,具有重要的历史借鉴意义。对江淮东部城镇发展历史展开研究,有助于梳理清楚该地区城镇形成的机制、城镇空间变迁等重要因素,进而阐明区域的核心价值所在,为新型城镇化建设提供有力的历史支撑,避免以往大拆大建所造成的文脉缺失。还需要说明的是,本书得到江苏省住建厅科研课题"江苏城镇规划发展史研究"项目的支持。

1.2 研究的时空范围及对象

1.2.1 研究时间范围界定

本研究的时间跨度较长,从石器时代至民国初年均有涉猎。根据区域城镇空间格局演化的历史来确立研究时间标段。江淮地区有上万年的文明史、2 000多年的城建史,本研究将江淮东部的古代城镇历史演进分为石器时期、商周时期、秦汉六朝时期、隋唐时期、五代十国时期、北宋时期、南宋时期、元朝时期、明朝时期、清朝时期、民国时期十一个小时间段,再根据城镇体系发展的状况来对各阶段进行重组。江淮东部地域文化形成于先秦时期,区域的开发及发展受到运河、黄河夺淮、岸线变迁等影响最甚。运河开凿于先秦,运道基本形成于汉代,定型于隋唐;黄河夺淮在北宋即已发生,但对区域产生真正的影响则在明中叶至清中后期;海岸线初定于秦代,突变于明清;长江岸线在唐宋时发生突变,明清又持续增长。隋唐是江淮东部经济发展的鼎盛时期,其中盐业经济从秦汉持续到清末,唐宋、明清是经济激增的两大时期,漕运经济的作用主要体现在明清时期。鉴于此,本研究将上述十一个小时间段划分成先秦、秦汉、唐宋及明清四个大的历史时段,除先秦外,每个阶段时间跨度将近700年。下文以每个大的历史时段为时间跨度进行阐述,在进行资料收集整理和城镇空间变迁研究时,以十一个小时间段的划分为基础。(见图1.1)

1.2.2 研究空间范围界定

1) "江淮"地域范围界定

作为地域概念,"江淮"一词于古代文献中屡屡可见;至今日,各界学者依然在使用。"江淮"一词,最早见于《左传》。《左传·哀公九年》有云"吴城邗,沟通江淮",指的是春秋末年吴王开凿邗沟以通长江与淮河。汉末三国,江淮地区是重要的战场,遭到严重破坏,袁术割据淮南时已是"江淮间空尽,人民相食"[①]。"江淮间"指长江、淮河之间,三国时是曹魏的统治区。至

---

① 《三国志·魏书·袁术传》

唐代，随着经济重心的南移，"江淮"的概念也在扩大，《唐会要》卷八七《转运盐铁总叙》中载贞元八年（792）"东南两税财赋，自河南、江淮、岭南、山南东道至渭桥，以户部侍郎张滂主之"。这里"江淮"指的是淮南道和江南道，可见唐代江淮地域概念已扩大到江南。当时，江南经济发展水平已逐渐赶超北方，淮河以南和长江南部中下游地区都是著名的经济区。宋代江南经济发展水平已超越北方，形成特定的"江南"地域概念，"江淮"也随之分离出来①。唐宋时期，"江淮"概念的使用比较混乱，是"江淮之间"和"大江淮"并用的阶段。明清之后，"江淮"的概念基本上又恢复于"江淮之间"，如清光绪《霍山县志》中记载"霍，古潜邑也，界居江淮之间，襟带楚豫"。作为一个地理词汇，"江淮"的概念颇为复杂，不同时期，随着政治经济形势的发展而变化，但可以肯定的是这一词汇从古至今一直被使用。

学界对"江淮"区域的界定，因学科差异亦不尽相同，归纳起来有三种说法：狭义说、广义说和流域说。其中狭义说最为流行，指长江、淮河之间的地区，即今江苏、安徽中部、河南南部、湖北东北部地区；广义说，泛指淮南、江南地区，与唐宋时期的"大江淮"概念相近；流域说则是水利、气候等自然学科经常使用的范围。本研究中的"江淮"指狭义上江淮的概念，即"江淮之间"。

2）"江淮东部"地域范围界定

江淮东部是一个相对独立的地理空间单元，以往多应用于考古学、地理学、农业史的研

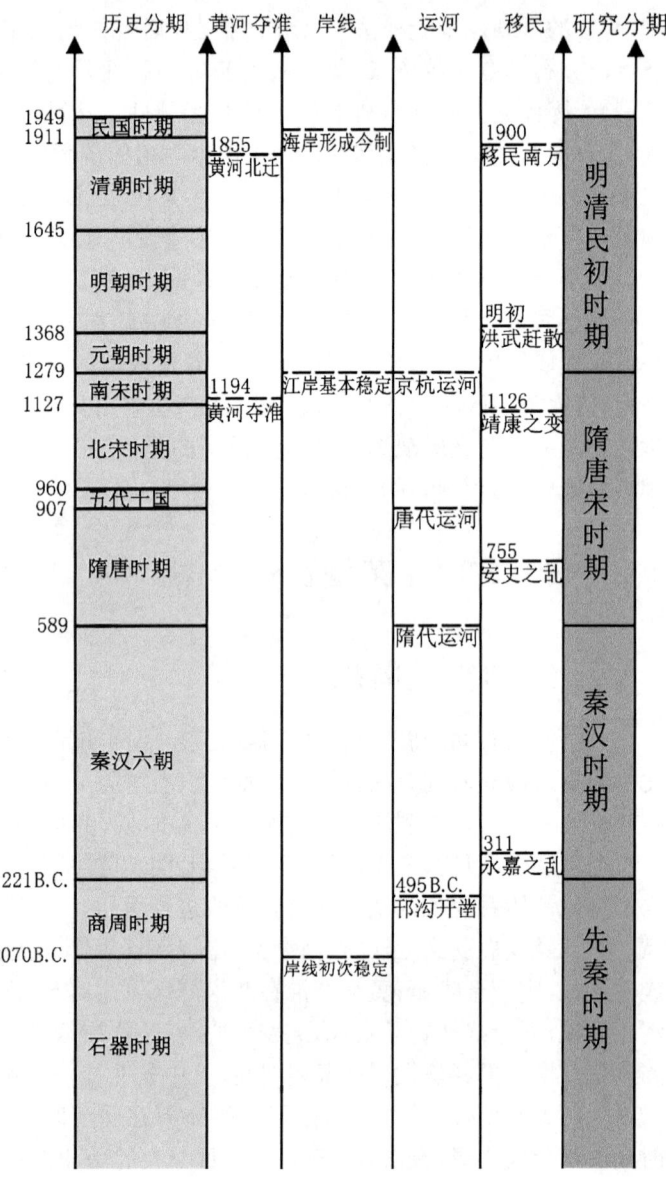

图1.1　研究时段划分图
资料来源：作者自绘

---

① 据《宋史》卷一百七十五《食货志》中的漕运篇说："开宝五年，率汴、蔡两河公私船，运江淮米数十万石以给兵食。是时京师岁费有限，漕事尚简。至太平兴国初，两浙既献地，岁运米四百万石。"可见这里"江淮"指江北淮南之地。

究。考古专家张敏提出,江淮东部地区位于江苏省中部的淮河与长江之间地区,西以京杭运河(古邗沟)为界,东濒黄海,南至长江,北抵废黄河(古淮河)[①];崔英杰以江淮东部为空间范围对该地区史前时期文化进行了系统研究[②];徐时强探讨了江淮东部的古环境和海岸线变迁对新石器文化的影响[③];等等。上述研究均属于考古学、地理学的范畴,以江淮东部作为空间范围对城市进行研究尚未出现。

从区域视角出发研究城镇发展史,首先,划定的研究范围在地理上要相对完整,研究的区域需有山川、河流等自然要素作屏障,内部形成相对统一的生态环境;其二,这一空间内部形成统一的社会意识形态和接近的经济文化水平,区域内各地彼此间具有依赖性、制约性和内聚力。鉴于以上两点,本课题论述的"江淮东部地区"包括今天江苏省淮安、盐城、扬州、泰州、南通5个地级市。从语言腔调、自然地貌、气候条件、地域文化及经济发展状况来看,该地区的城镇既具有共性,又存在差异。

(1)自然地貌。江淮东部地区主要由宁镇扬丘陵与岗地、里下河浅洼平原、苏北滨海平原、部分长江新三角洲平原和徐淮黄泛平原组成。西侧丘陵岗地平均海拔在100～200 m,沿江老山山脉自东北到西南延伸至江浦境界,最高点442 m;里下河地区四周高中间低,西缘3～6 m,南缘4 m,东缘2～3 m,区域内最低海拔在1.5 m左右;滨海平原位于废黄河(5～7 m)和栟茶运河(5 m)之间,地形差异较小,起伏不足1 m,是典型的堆积平原;长江新三角洲位于长江两岸,江北仪征—扬州—通洋运河—如泰运河—吕四一线以南地区,整个范围西窄东宽,地势由西向东逐渐倾斜,海拔在2～7 m,沿岸较低,约2～3 m,沿海有零星山体,海拔较低,最高的狼山为105 m;北部靠近废黄河的淮阴、涟水少部分地区属于黄泛平原,是典型的决口冲积扇平原。江淮东部地区地貌种类较为复杂,但以平原地貌为主,水网密集,湖泊众多,长江、淮河和运河三大水系贯穿其中,洪泽湖、运西诸湖和里下河水网穿插其中,发达的水网不逊于江南地区。

(2)方言范围。从方言角度考虑,江淮东部地区属于江淮方言区[④]。江淮方言区分布于淮安、盐城、扬州和泰州全部,以及连云港、南通、南京及镇江的一部分,共3 600余万使用人口,分为淮扬、通泰、南京三个片区,地理上的"江淮"地区属于江淮方言区中的淮扬、通泰片区。

(3)气候范围。从气候学来看,淮河向来是中国南北方的一条气候分界线——亚湿润和湿润区的分界。淮河以北属暖温带,淮河以南属北亚热带向暖温带过渡的湿润季风气候,年均气温14.4 ℃,年平均降雨量800～1 000 mm。长江以南属于北亚热带季风气候区,年平均气温比江淮地区高1～2 ℃[⑤],年降雨量达到1 000～1 500 mm。由此,秦岭—淮河一线是全国范围的气候分界,长江又对南北气候再次进行划分,江淮之间属于暖温带向北亚热带过渡的湿润季风气候。

---

① 张敏,韩明芳.江淮东部地区古文化的初步认识[C]//中国考古学会第九次年会论文集.北京:文物出版社,1993:108.
② 崔英杰.江淮东部史前文化与社会研究[D].济南:山东大学,2011.
③ 徐时强.古环境演变与海岸线变迁对江淮东部新石器文化的影响[D].南京:南京师范大学,2011.
④ 根据《江苏省志·方言志》记载:"江苏省分为三个大的方言区,即北方方言区、江淮方言区、吴方言区。江淮方言区分布于淮安、盐城、扬州及泰州全部,连云港、南通、南京及镇江的一部分,共3 600余万使用人口。"
⑤ 江苏省2013年气候影响评价.http://www.weather.com.cn/jiangsu/jsqh/qhyxpj/08/1957993.shtml.

(4) 政治界定。淮河是中国地理上的南北分界线,历史上重要的南北政治分界线,其形成时间早,延续时间长,从西周至近代一直是南北方对决的战场,长江则是进入江南的另一道屏障,两者之间形成北方往南方过渡的政治区域。

1.2.3 研究对象

根据江淮东部的地域范围,本研究将主要研究对象界定在淮河、长江及运河的东部地区,主要包含淮安市内3个区及所辖29个镇,扬州市内3个区及所辖2个县级市、1个县、76个乡镇,盐城市内3个区及所辖1个县级市、4个县、91个乡镇,南通市内3个区及所辖3个县级市、2个县和75个乡镇,泰州市内3个区及所辖3个县级市、80个乡镇,共包括5个地级市、15个区、9个县级市、7个县及351个乡镇。为保障行政区划的完整性和研究的系统性,本研究并不拘泥于地理范围,将主要研究范围的周边地区也纳入研究中,作为次要研究对象,涉及3个地级市、3个区、5个县及90个乡镇。江淮东部城镇地域分布如下表所示。(表1.1、图1.2)

表1.1 江淮东部城镇行政区域分布

地级市	主要研究对象	次要研究对象
淮安市	清河区(7个街道1个开发区3个乡1个办事处)、淮安区(21个乡镇)、清浦区(4个街道5个乡镇1个办事处)	淮阴区(21个乡镇)、涟水县(19个乡镇)、金湖县(11个镇)、洪泽县(11个镇)、盱眙县(19个乡镇)
扬州市	广陵区(4个街道7个乡镇)、邗江区(10个街道13个乡镇1个开发区)、江都区(13个镇)、仪征市(9个镇2个办事处)、高邮市(20个乡镇1个开发区)、宝应县(14个镇)	
盐城市	亭湖区(9个街道6个镇)、盐都区(4个街道8个镇)、大丰区(12个镇)、东台市(14个镇)、滨海县(12个镇)、阜宁县(14个镇)、射阳县(13个镇1个开发区1个农场)、建湖县(12个镇1个开发区)	响水县(8个镇1个农场)
南通市	崇川区(14个街道1个开发区)、港闸区(6个街道)、通州区(10个镇1个开发区)、启东市(12个乡镇)、如皋市(20个镇)、海门市(3个街道9个乡镇)、海安县(10个镇)、如东县(14个镇)	
泰州市	海陵区(10个街道3个镇1个开发区)、高港区(4个街道5个镇)、姜堰区(15个镇)、兴化市(34个镇)、泰兴市(1个街道15个乡镇)、靖江市(1个街道8个镇)	
南京市		六合区(11个街道1个镇)、浦口区(9个街道)
总数	15个区、9个县级市、7个县、77个街道、351个乡镇、8个开发区、4个办事处、1个农场	3个区、5个县、20个街道、90个乡镇、1个农场

资料来源:2015年江苏省行政区划.http://www.xzqh.org/html/show/js/37667.html.

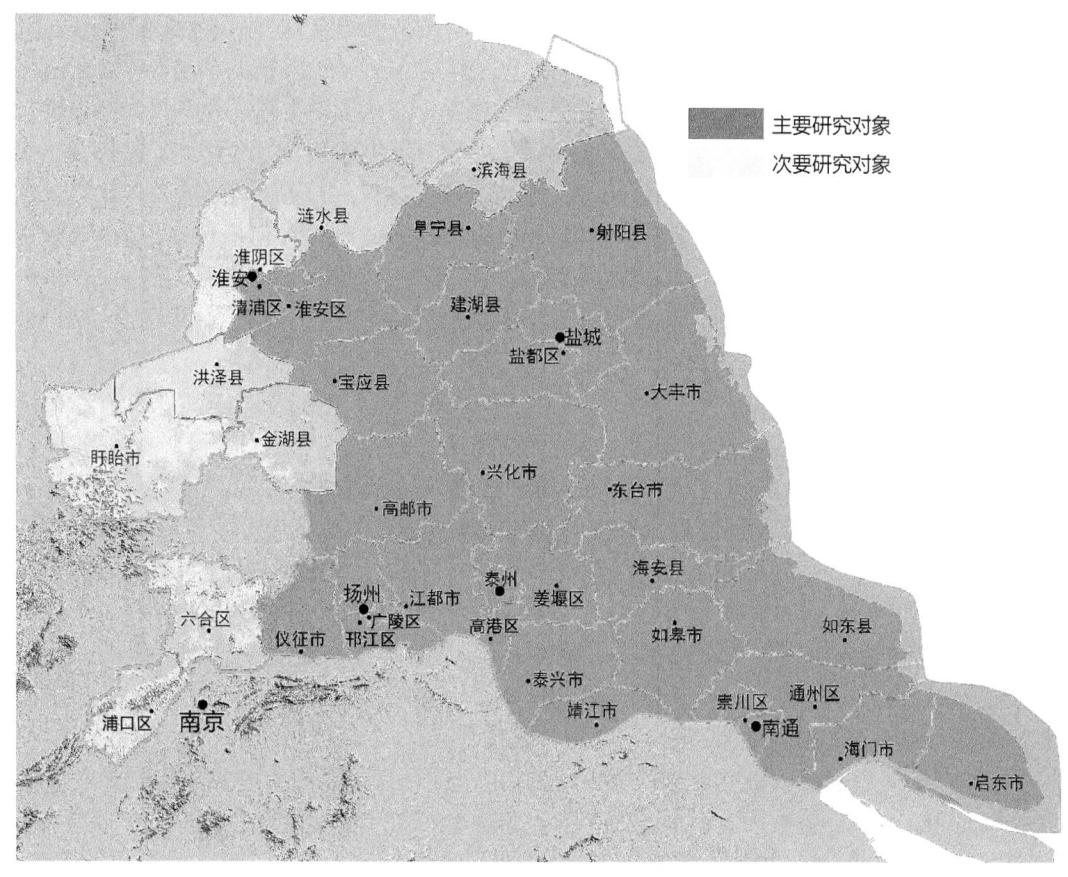

图 1.2 研究范围图
资料来源:作者自绘

1.3 相关研究现状综述

1.3.1 中国古代城市历史研究

中国古代就有对都城、城市考察和记录的传统,《长安志》《唐两京城坊考》等均可视作古人的城市史著述。城市史作为一门学科最初兴起于欧美(19 世纪末 20 世纪初),后由早期留学人士引入中国。中国开启近代意义上城市史研究的人物是梁启超先生,20 世纪 20~30 年代,梁先生发表了《中国都市小史》(1926)和《中国之都市》(1926—1927)等文。随后陶希圣、全汉昇和侯仁之等人对中国古代城市,如长安、北京、天津等做了深入研究[1],开启了古代城市研究的先河。50~60 年代,随着考古技术的逐渐进步,以阎文儒为代表的学者对东汉长安城、汉唐洛阳城的形制和变迁进行了研究;郑昌淦对中国古代城市兴起和发展进

---

[1] 陶希圣.西汉长安的市[N].北平晨报历史周刊,1936-11-25;全汉昇.中国古代的行会制度及其起源[J].现代史学,1934,2(1):5;侯仁之.故都胜迹辑略[D].北京:私立燕京大学历史系,1940;侯仁之.天津聚落之起源[D].天津:天津工商学院,1945.

行了系统的论述①。80年代后,中国城市化速度加快,城市史研究具有紧迫性和必要性。随着国家对科研的重视与投入,城市史逐渐发展成史学重要的分支,受到历史学、城乡规划学、建筑学、经济学、地理学、人口学等众多领域的关注,涌现出《城市史研究》(1~23辑)、《中国史研究》(季刊)、《史林》(城市史研究专栏)、《中国历史地理论丛》等大量期刊、专辑,并出现了四川大学城市研究所、上海社会科学院历史研究所等专门研究机构。多部通史性城市史著作也相继完成,包括董鉴泓主持编写的《中国城市建设史》、何一民主编的《中国城市史纲》(1994)、庄林德和张京祥编著的《中国城市发展与建设史》(2002)等,主要从城乡规划学的角度对中国古代城市建设和规划进行全面研究;潘谷西主持编写的《中国建筑史》则从建筑学角度对古代都城的规划和形态格局进行研究。

(1) 早期城市起源研究。20世纪80年代后期,海内外学者结合考古发现和文献对中华文明与城市起源进行了论述。较具代表性的研究有,张光直在《古代中国考古》(1986)一文中对商周城市进行综述,并认为城市起源于防御(《关于中国初期"城市"这个概念》,1985);台湾学者赵冈在《中国城市发展史论集》(2006)中将中国城市分为具有政治意义的郡城和具有经济意义的市镇,二者合称为城市,并深入探讨了先秦各时期主要城市的人口数量。另外,著名考古学家苏秉琦(《中国文明起源新探》,2011)、严文明(《中华文明的始原》,2011)等先后对中国早期文明也进行论述,有益于本研究从宏观视野理解早期社会形态和城市起源。江苏地区的考古专家张敏在其文集(《张敏文集》,2013)中总结了多年来江淮及长江下游地区的考古成果,对本研究更具直接意义。

(2) 秦汉至唐宋城市研究。春秋战国时期大量城邑出现,可视为中国城市发展史上的第一个高潮。秦代时间较短,汉代社会稳定,城市数量再次增长,秦汉的城市研究仍主要依靠考古资料。周长山的《汉代城市研究》(2001)在汉代城市分布和人口等方面有深入研究,张继海的《汉代城市社会》(2006)则在汉代城郭与基本聚落形态、物质结构等研究上有所突破。两晋南北朝时期的研究以江南城市为主,以南京最具代表,武廷海的《六朝建康规画》(2011)运用传统的"规画"法,探索建康城空间格局的生成和空间形态的演变,为中国古代城市规划方法研究提出开创性探索。唐代经济发展鼎盛,肖建乐从经济的视角对唐代城市封闭结构的终结、城市居民结构的变化和市民阶层的兴起及城市发展的动力等方面进行了研究(《唐代城市经济研究》,2009)。宋代偏安东南,城市研究集中于东京和江南地区,以东南大学董卫教授为核心的城市空间形态研究团队先后对杭州城市形态变迁做过多次研究,如张乐益的《基于信息传递的历史城市保护方法研究》(硕士学位论文,2006)、李建的《基于古代地图转译的历史空间整合方法研究——以杭州老城研究为例》(硕士学位论文,2008)、王沈玉的《基于历史信息整合的城市空间保护方法研究——以杭州老城为例》(硕士学位论文,2010),均对城市历史信息与现代地形图结合的城市规划方法进行了探索,是延续城市历史文脉的新思路。宋代是中国城市发展史上的一个转折,商业市镇大量兴起导致城市等级和格局发生改变,特别是江南地区,代表性研究有傅宗文的《宋代草市镇研究》(1989)和陈国灿的《宋代江南城市研究》(2002)。前者对两宋市镇的格局演变、市政管理、市民类型和市场结构等问题进行论述,并对宋代草市镇名录进行编著;后者则针对江南城镇的发展概况、经济形态和社会形态等方面展开论述。元代持续时间不长,研究主要集中

---

① 郑昌淦.关于中国古代城市兴起和发展的概况[J].教学与研究,1962(2).

在元上都、元大都和元中都的考古挖掘上,如陈高华、史卫民的《元上都》(1988),叶新民的《元上都研究》(1998),刘晓的《元代都城史研究概述——以上都、大都、中都为中心》(2004)。

(3) 明清城市研究。明清是城市史研究最活跃、成果最多的时期,涉及内容广泛。最具代表性的综合性著作为韩大成的《明代城市研究》(1991),从农业、金融、交通、阶级结构、社会矛盾、城乡结构、市镇发展等方面综合论述明代城市的情况。施坚雅主编的《中华帝国晚期的城市》(1977)共收录了16篇研究中国元明清时期城市史的论文,对中外学界产生巨大影响。江南市镇研究是该时段城市历史研究的重点,受到国内外学者的关注,成果极其丰硕。代表学者有傅衣凌、刘石吉、樊树志、陈学文、王卫平、陆希刚等,从各个角度对专业市镇的概念、市镇类型的划分、经济发展、商业市场、社会事业、会所公馆等问题进行了研究,其中王卫平在《明清时期江南城市史研究:以苏州为中心》(1999)、陆希刚在《明清江南城镇》(2006)中运用施坚雅提出的"中心地理论"对江南市镇进行了层级分析。西方学者对江南市镇的研究对我国影响颇深,他们更多关注中国的城乡关系和社会经济结构,并致力于构建中国城市史、乡村史研究的理论,如伊懋可(Mark Elvin)的《市镇与水道:1480—1910年的上海县》,通过对上海县的水路管理制度研究,折射出城乡关系的转变;居密(Mi Chu Wiens)从地主与佃农关系的转变中探究江南城镇向商业化和城镇化发展[1];夏明德(Lynda S. Bell)通过考察清末民初无锡小农家庭的桑蚕生产来揭示近代江南城乡关系的变化[2]。

1.3.2 中国区域城市历史研究的现状

对于区域城市史的界定,研究者基本遵循隗瀛涛的观点,即主张区域城市史既是区域史的一个分支,又是城市史的一个分支;确切地说,是区域史和城市史相结合而形成的一个新的研究领域,是"以一个政治、经济、社会、文化诸方面有共同联系和特色的地区的城市体系、城市群体为研究对象的城市史"[3]。就研究现状来看,成果主要集中于对近代城市史的探讨。国内区域城市史研究滞后于国外,20世纪80年代国外区域研究的理论框架已初步建立,最初提出将中国城市史纳入区域范围进行研究的是施坚雅,他在《十九世纪中国的区域城市化》(1989)一书中提出"中国城市没有形成一体化的完整的城市系统,而只是若干个地区性的系统,每个系统与相邻系统之间只有些脆弱的联系"。他提出的中国集市体系和宏观区域理论对我国城市史研究产生了较大影响。90年代以后,区域城市史的研究逐渐引起各界注意。1991年召开的第三届近代中国城市研究学术讨论会是中国研究区域城市史的里程碑,隗瀛涛在会上提交了《近代区域城市研究的初步构想》,任云兰等研究者则提出从区域的宏观视角研究城市系统有助于总结近代城市的发展规律。值得注意的是,城市史研究者往往以自身所在区域为中心进行研究。

(1) 西南地区。以四川大学城市研究所为依托,隗瀛涛、何一民等学者为学科带头人,完成了《中国近代不同类型城市综合研究》(隗瀛涛,1998)、《近代中国城市发展与社会变迁

---

[1] Wiens Mi Chu. Lord and Peasant: The Sixteenth to the Eighteenth Century. Modern China, 1980, 6(1): 3-39.
[2] Bell Lynda S. One Industry, Two Chinas: Silk Filatures and Peasant-Family Production in Wuxi County, 1865—1937. California: Stanford University Press, 1999.
[3] 隗瀛涛,谢放. 近代中国区域城市研究的初步构想[J]. 天津社会科学,1992(1):79-83.

(1840—1949年)》(何一民,2004)、《近代长江上游城乡关系研究》(隗瀛涛,2003)、《20世纪中国西部中等城市与区域发展》(何一民,2005)等多项成果。他们对区域城市史研究范围的界定、研究内容与对象、研究区域的划分等也有详细的讨论。

(2) 华北地区。以天津社会科学院历史研究所为依托,对华北地区城市系统变迁进行论述。"八五"期间,天津学者进行的"近代华北区域的城市系统"研究课题,关注区域城市系统演变和城市化进程问题,认为以北京为核心的华北传统地域城市系统在近代西方侵略的刺激下重组,形成了以北京、天津为核心的近代华北地区城市系统。他们对中国近代社会转型时期城市系统的区域范围、类型、层次等概念做了辨析、阐述,并探讨了研究思路等相关问题,主要成果有《试论近代华北的区域城市系统》(罗澍伟,1992)、《关于近代区域城市系统研究的几个问题》(周俊旗,1994)、《近代华北城市人口发展及其不平衡性》(张利民,1998)和《清末华北城市文化的转型与城市成长》(周俊旗,1997)。

(3) 上海地区。以上海社会科学院历史研究所为研究基地,以张仲礼、熊月之等学者为代表,对东南沿海和长江沿岸的城市做了研究。上海学者的研究更关注"城市群",即将位于相同区域的多个城市视为城市群,采用立体交叉的研究方法探索其横、纵向的发展联系。代表著作如《东南沿海城市与中国近代化》(张仲礼主编,1996)以上海、宁波、福州、厦门、广州东南沿海5个通商口岸城市为研究对象,从政治、经济、文化、市政、社会等多方面进行专题研究,又以每个城市为个案进行逐一分析,归纳出5个通商口岸城市共同形成了一个有机的城市群,彼此之间紧密联系,对中国近代化产生重要影响。再如《长江沿江城市与中国近代化》(张仲礼、熊月之、沈祖炜主编,2002)以长江沿岸14个城市为研究对象,分析近代上海的开放与发展对沿江其他城市产生的联动作用,探讨沿岸城市对中国近代化进程的作用。江苏地区学者以上海为依托对长三角地区的城市群做了大量研究,如顾朝林曾主持完成"长江三角洲区域经济协调发展战略研究""长江三角洲城市群发展布局规划研究"等诸多项目;邹军根据都市圈规划理论,对江苏省都市圈规划做出深入的研究与实践①,在《城镇体系空间规划再认识——以江苏为例》(2001)一文中,采用地域空间结构规划方法,对江苏城镇体系空间规划进行了思考。也有学者从区域经济发展、城市经济学等角度对上海及长江流域的城市近代化问题进行了探讨,如《上海开埠与长江流域城市近代化》(隗瀛涛、谢放,1995)、《近代长江中下游沿岸中等城市商业研究》(谢国权,1996)。

(4) 其他地区。随着研究的深入,研究区域也不仅仅局限于核心地区。例如高晓燕在《试论东北边疆地区城市发展特点》(1993)一文中分析了东北边疆地区城市发展的特色;邰艳丽的《东北地区城市空间形态研究》(2006)一文将东北地区的城市划分为古代城市、近代城市和现代城市,论述了东北地区城市空间形态的影响因素、动力机制、演进过程和典型模式,探讨了新时期东北地区空间形态与城市发展面临的机遇和挑战,并提出了东北地区城市空间发展的战略对策和建议。浙江师范大学的陈国灿、奚建华撰写的《浙江古代城镇史研究》(2000)是一部关于浙江古代城镇的通史专著,首次对古代浙江地区城镇的发展历史做了全方位、多层次的系统研究。王守中、郭大松的《近代山东城市变迁史》对山东城市变迁、形成机制等问题进行了深入分析。

---

① 邹军.都市圈与都市圈规划的初步探讨——以江苏都市圈规划实践为例[J].现代城市研究,2003(4):29-35.

1.3.3 江淮东部城镇发展历史的研究状况

以江淮东部作为完整的区域范围的城镇研究已有成果较少,多散见于江苏城镇研究、流域研究和个案城市研究中。

(1) 综合研究。江苏历来是我国城市研究、建设最前沿、最发达的地区,且依托东南大学、南京大学两所高校及江苏省住房和城乡建设厅,是故学者多从城乡规划学、地理学和考古学角度探讨江苏城镇的发展。早在19世纪80年代,费孝通就已关注江北的城镇发展,在《小城镇苏北初探》(1984)一书中对淮安、盐城及里下河地区的经济发展状况和城镇特点进行论述,是较早的关注江淮地区城镇发展的学者。吴良镛在《江苏江北地区城镇空间格局与南通发展》(2005)一文中探索了江苏江北地区统筹发展的新模式,并对南通的城市发展提出建议,使人们再次关注江淮地区的城镇发展。由南京师范学院地理系、江苏地理研究室负责,单树模等编写的《江苏城市历史地理》(1982)从历史地理的角度,对江苏省主要城市变迁进行详细论述,书中关于扬州、两淮、盐城、南通部分对本研究认识地理变迁对城镇影响有借鉴意义。《江苏城市建设的反思与重构》(2008)第一章中由南京师范大学杨山教授撰写的"江苏城市形态的特征与演变规律"和东南大学董卫教授、张杰博士撰写的"历史文化名城保护"部分,对于本研究极具启发价值。钟业喜的《城市空间格局演变的可达性研究——以江苏省为案例》(2012)分析探讨了江苏省空间开发轴线、城镇体系及其空间格局演化的相互作用机制,其中对城市化过程和格局以及江苏城市空间关联格局演变的论述有益于本书的思考。从社会文化的角度对江淮地区进行研究的论著较多,如周欣的《江苏地域文化源流探析》(2010)从时间、空间、行业三个方面梳理了江苏地域文化的发展脉络与特色;周岚等主编的《江苏城市文化的空间表达——空间特色·建筑品质·园林艺术》从文化角度对江苏地域文化与城市发展的溯源、城市文化的空间解析及保护等问题进行全面探讨;"当代中国城市发展丛书"中《盐城》《泰州》《南通》《扬州》和《淮安》各卷对各城市的发展历史、空间变迁、城市建设、城市文化、城市管理体制与机制以及未来规划均详加著述。此外,也有学者从地理信息角度对各地区的城镇空间结构及其历史演进做了详细考察,对本研究认识江淮东部城市的发展有很大帮助,主要成果有《江苏省城镇体系空间结构的历史演变》(王颖、刘少丽、陆玉麒,2009)、《江苏省沿海地区城镇空间布局研究》(刘少丽,2008)和《江苏省沿江地区城镇空间布局构想》(刘少丽,2010)等。

(2) 流域研究。江淮地区城市的形成发展离不开河流水系的变迁,流经的水系有淮河、长江、运河及里下河水网,这些水系的形成及其产生的交通、社会、经济等价值对城市的形成、发展、演变有着重要的影响及意义。傅崇兰的《中国运河城市发展史》(1985)系统研究了运河变迁及沿岸的淮安、扬州等城市,可视作跨区域城市研究、类型城市或城市带研究的先驱。王明德的《从黄河时代到运河时代:中国古都变迁研究》(2008)对中国都城文明的时空演进作了整体动态的把握,探讨了都城文明变迁的经济动因,提出黄河时代与运河时代的观念。柴洋波的《近代运河城市形态变迁》(东南大学博士学位论文,2012)从城市形态变迁视角将扬州与镇江的城市发展史进行了梳理。曹天生的《淮河文化导论》(2011)论述了淮河文化的起源、形成及流变情况;程必定、吴春梅的《淮河文化纵论》讨论了淮河流域地理状况、文化源头、历史文化阶段性及其与当代社会发展的关系等方面,对理解淮河中下游地区的盱眙、淮安、涟水、阜宁等城市文化有很大帮助。水文地理变迁是研究城镇形成和发展的基础,因此水利史类的《京杭运河史》(姚汉源,1998)、《淮河水利简史》(1990)和舆图类的《淮系年表全编》(武同举,1928)、《淮扬水利图说》(冯道立,1839)等也对本研究帮助重大。

(3)扬州。东南大学朱光亚、陈薇教授从2006年起承担多项与大运河相关的研究工作,主要成果有"元明清时期运河沿线城市与建筑研究"(2006)、"中国大运河江苏段遗产保护规划"(2009)。扬州作为运江交汇的要津,成为其研究的重点。在《城河湖水一带绿杨城郭一体——扬州瘦西湖研究二则》(2009)一文中,陈薇将园林和城市进行关联性的探讨,对扬州城市发展、水系沿革,扬州城市文化、商业活动与瘦西湖的形成关系进行了探索。刘妍的《隋—宋扬州城防若干复原问题探讨》(2009)从宏观、中观、微观三个层次审视隋至宋的扬州城防设施建设,对扬州城考古挖掘及各历史时期的城池形制有详细的阐述。随着大运河申遗成功,研究者分别从空间形态、城市文化遗产保护、考古学、历史学等角度对扬州地区进行研究,主要成果有曹宁毅的《运河的变迁——论扬州古运河的功能变迁与综合开发》(同济大学硕士论文,2006),通过对扬州古运河功能变迁的研究,运用城市形态学和城市地理学的分析方法,分析当前扬州古运河与滨河城市空间的互动关系;赖琼的《扬州城市的空间变迁》(1996)从历史地理角度出发,以文献资料为主,结合实地考察,对各历史时期扬州城市的空间变迁进行探讨和研究,揭示出扬州城市空间变迁的规律及其与周围地理环境的关系;徐俊祥的《汉代扬州区域文明发展》通过对扬州出土汉代考古资料的梳理,结合文献资料,较全面地展现了汉代扬州文明的生态环境、经济发展、社会风俗等各方面情况;李延先的《唐代扬州史考》主要介绍了唐代以前扬州经济、文化的发展进程,以及唐代扬州大都督及大都督府长史编年、城区规模、农业、手工业、商业、道教、寺庙和唐代诗人等方面内容;陆伟芳的《世界视野中的扬州区域社会发展》(2012)用全球性视野对扬州城市的发展进行了梳理。

(4)淮安。清华大学教授贾珺曾对明清时期淮安府的城市史做过系列研究,主要成果有《城阙缮完,闾阎蕃盛——清代淮安府城及其主要建筑空间探析》(2012)、《三城鼎峙,署宇秩立——明代淮安府城及其主要建筑空间探析》(2011)和《明代淮安府及其所辖州县城市形态与构成要素浅析》(2012)等。其对明清楚州三城的空间演变过程、各个历史阶段的空间结构演化进行分析,有助于理解淮安城市发展历史及空间形态变迁。刘捷的《明清清江浦的变迁与大运河》(2005)、周森的《运河历史城镇清江浦保护相关问题研究》(2009),从遗产保护的角度对明清清江浦的变迁和历史做了梳理。淮安是运河重镇,还有不少学者从漕运的角度进行研究,如王娜、李雪红的《元明清运河演变与城市发展互动关系研究——以江苏省淮安市为例》(2009)论述了历史上运河的通塞与淮安城市的兴衰。

(5)南通。吴良镛先生是最早提出南通是"中国近代第一城"的学者,并组织编写了《张謇与南通"中国近代第一城"》(2006),书中对南通城市空间、历史遗存、工业遗产及张謇对近代南通的建设均有论述;其学生于海漪的《南通近代城市规划建设》(2005)做了专门研究,并将研究范围扩大至沿海地区,对研究江淮东部滨海平原城镇体系的形成有借鉴价值。姜爱萍的《南通市域城镇空间结构演化过程与演化规律研究》(南京师范大学博士论文,2008)通过中心地理论对南通市域范围内城镇空间结构的演变过程和规律进行了研究。另外,《江海文化丛书》(2010)中的《南通成陆》《濠河》《寺街》《唐家闸》等,从地域文化视角系统梳理了南通的城市历史。

(6)盐城。关于盐城地区与城市历史的既往研究不多,主要集中在现代城市规划与建设方面,仅个别文章对盐城历史发展和空间变迁稍有涉及,如胡海波的《源于城市文化的城市空间规划——探寻海盐文化在盐城空间规划中的体现》(2012)以盐城为例,从城市空间发展战略、公共空间体系、文化空间塑造等方面探讨了城市文化与城市空间的融合;于海根的《中国海盐文化与盐城城市精神》(2009),则仅论及盐城的精神文化层面。另外,早期地理变迁的研究对于理解盐城及周边地区城镇的形成有重要的意义,其中以盐城师范学院凌申的研究最为重要,相关成果多达30余篇,对该地区的成陆情况、岸线变迁、水系湖泊形成与消亡、黄河夺淮、海盐经济对城镇的形成及古海盐文化保护等问题均有论述,对研究滨海地区早期城镇体系形成有重要参考价值。

(7) 泰州。泰州有着2 100多年的建城史,但城市历史空间形态毁坏严重,研究成果较少。吴茜华的《泰州城市水系变迁与城市形态演进研究》(华南理工大学硕士学位论文,2011)认为泰州城市的起源和兴起与城市水系的变迁有着密不可分的关系。近年来相当一部分研究关注里下河地区小城镇规划与发展,如《新型城镇化背景下小城镇总体规划策略探讨——以〈江苏建湖县冈西镇总体规划〉为例》(刘新宇,2014)、《制度变迁视角下的强镇扩权地域空间效应研究——以江苏省戴南镇为例》(邓骥中等,2014),这些成果对研究里下河地区城镇发展具有启发意义。

1.4 研究方法和技术路线

1.4.1 研究方法

1) 方志解读法

(1) 方志分类与资料提取

方志(地方志)是中国古代记述地方情况的综合性历史著作,与西方区域研究(regional study)类似。根据编纂方式可分为"文"和"图"两种。"文"是以文字的方式描述某一特定历史时期某地区的建置沿革、山川形势、河道流向、自然灾害、水利工程、物产、人口、田赋等发展情况。"图"又分为舆图和古代城市地图,前者指疆域图[①],对于大尺度空间的研究,如行政变迁、大山水格局和物产分布等方面的研究具有重大参考价值;后者对研究城市空间形态变迁具有重要价值,常为州、府、省、县、镇级方志中所附的地图。古人"左图右史"说明在方志中"文"与"图"并举,研究过程中"索象于图,索理于书",二者相互验证,去伪存真。(图1.3)

江淮东部城镇的相关方志资料主要来源于省市级的档案馆和图书馆。江苏省方志档案馆、南京图书馆保存较完整的府、州方志,影印版集中见于《天一阁藏明代方志选刊》《中国地方志集成·江苏府县志辑》和《中国方志丛书·华中地方》三套丛书中。淮安楚州区档案馆、盐城图书馆、盐城规划展览馆、中国海盐博物馆(盐城)、南通市档案局、扬州市档案局等保存较多的县志、盐业志、舆图和民国时期的测绘图,很多资料为孤版。另外,《扬州丛刻》《淮安文献丛刻》《泰州老地图集》《江海文化丛书》等丛书也保存了较多地方资料。首先收集相关的方志资料和历史地图,根据资料来源的时间分为原始资料和总结资料,再按照方志的内容分为行政、自然地理、人口、经济、交通、意识文化六个方面进行横向分类。(表1.2)

---

① 《辞海》中对"舆图"有两种解释:其一是地图(大多指疆域图);其二是疆域、疆土。本书主要指地图。

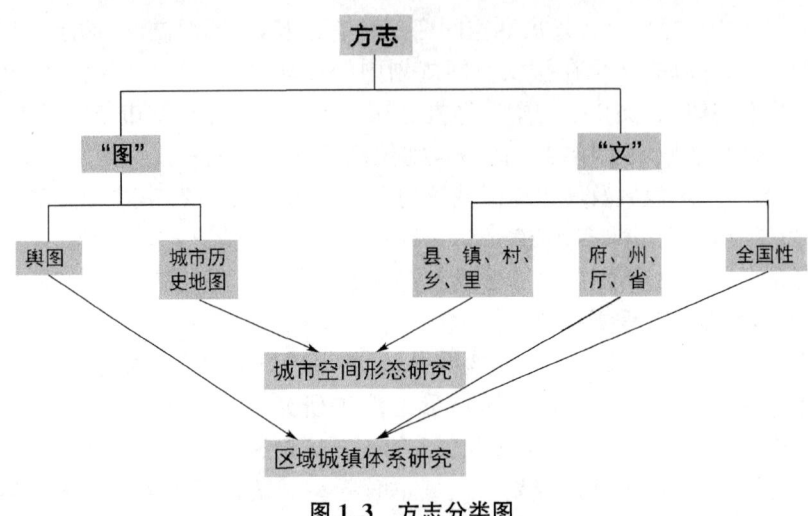

图 1.3 方志分类图
资料来源：作者自绘

对于现代文献主要通过网络获取，通过对文献的分析，归纳总结前人研究成果，也作为本次研究基础。

表 1.2　江淮东部城镇方志资料来源与分类

要素	时间	具体资料
行政	原始资料	历代全国性方志，《元和郡县志》《天平寰宇记》《舆地纪胜》《大明一统志》《南畿志》《江宁府志》等； 淮安府、扬州府、通州直隶州、海门厅历代方志中附图、建置、沿革、郡名、郡表、分野、疆域、四至、乡保、镇市等； 《历代地理指掌图》《大元混一方舆胜览》《广舆图》《亚细亚东部舆地图》《大清帝国全图——江苏省》《中国分省详图》《江苏全省舆图》等
行政	总结资料	《中国文化地理》《中国城市发展史》《中国古代城市规划史》《江苏省志·地理志》《江苏省志·城乡建设志》等； 《中国历史地图集》(谭其骧主编)、《中国历史地图》(台湾中国文化大学版)、《宋代草市镇研究》《明代城市研究》等
自然	原始资料	历代方志中形胜、山川、祥异等； 《黄河南河图》(1750)、《淮系年表全编图》(武同举，1928)、《淮扬水利图说》(冯道立，1839)、《漕河图志》(王琼明，1496)；《四省运河水利泉源河道全图》(1855)、《海疆洋界形势全图》(1787)；《汉书地理志水道图说》《黄运湖河全图》(1777)、《运江海全图》(1812)、《水经注图》(1904)等
自然	总结资料	《镇江交通史》《京杭运河史》《淮河水利简史》《中国历史地理概述》《江苏城市历史地理》等
交通	原始资料	历代方志中漕运、驿铺、驿传、邮铺部分；民国各府、县舆图中的公路图、河道图等
交通	总结资料	《江苏公路交通史》《中国古代道路交通史》等
人口	原始资料	历代方志中户口、人丁、田赋、民兵、屯田部分等
人口	总结资料	《中国移民史》《中国人口史》《江苏省志·人口志》《中国历代户口、田地、田赋统计》等

续表 1.2

要素	时间	具体资料
经济	原始资料	历代方志中物产、盐法、漕运、榷关部分,《两淮盐法志》(嘉靖、康熙、光绪)等
经济	总结资料	《江苏省志·综合经济志》《大丰盐政志》《南通盐业志》《盐商与扬州》《江苏省志·盐业志》等
文化	原始资料	历代方志中科贡、风俗、词翰、艺文、文苑、人物、名宦、古迹等
文化	总结资料	清代《江苏省通志稿·选举志》、《当代中国城市发展丛书》(盐城、淮安、泰州、南通、扬州册)、《江苏城市文化的空间表达》

资料来源:作者绘制

(2) 具体解读方法

方志的记载和古代地图的绘制均与现代信息有较大差别,对其进行研究的最终目的是希望通过深入解读,从中提取重要的历史信息,以空间要素的形式在近现代城市地图上进行定位,从而尽量符合现代制图的标准。历史信息来源主要分为三个层次:首先是文献资料,如经济物产、人口田赋和文化意识等信息无法直接进行空间定位,可通过原始资料和总结资料将这些信息进行历史计量统计,运用历史地理学的方法进行空间上的对比研究;其次是舆图资料,主要针对区域研究中的大范围水系及水利工程、岸线变迁、道路交通、城镇分布、城濠系统、街巷系统、城市功能等物化的城镇空间信息,这类历史要素可采用"舆图新绘"的方法直接转化为空间形式[1],通过图纸进行呈现;最后是城市历史地图资料,根据东南大学董卫教授及其团队研究的"历史地图转译"的方法对城镇空间形态进行研究。具体步骤如下:

① 同一底图选取。本书以复旦大学历史地理研究中心提供的中国历史地理信息系统(CHGIS)(2003 年 6 月)提供的电子资料为研究基础,同一底图的选取便于"舆图重绘"和"历史地图转译",利于府、州、县面积、人口密度、城镇密度、水系长度及水域面积等对比研究。

② 控制点定位。首先控制点要具有空间稳定性,至少在两个小的历史时段中,空间位置不曾改变;其次具有标志性,所选的控制点必须在一定区域或城镇发展中具有地标作用;最后是可辨性,控制点应在多个朝代的图纸上清晰可辨,且前后两个时段位置未发生变化。控制点的选择方法有三种:一是同名定位,对多个时代的地图进行对比,找出同名或音近、形近的地名,将其统一定位到今天的地图上;二是考古遗址定位,其是最具有可信性和空间可辨性的要素,考古遗址点涵盖信息量大,包括史前遗址点、城郭遗址、城门位置、城市重要空间的位置等;三是文献定位,一些历史信息在地图上没有明确的空间定位,如运河、岸线、堤坝等,只有意象性表达,在研究过程中需要借助文献的叙述找到重要控制点,如城镇、税卡、驿站等,再推测出空间布局。

③ 逆时性研究。一般来讲,距现在最近的历史时期,地图的分辨率和精准度最高,因此

---

[1] 奚雪松,秦建明,俞孔坚.历史舆图与现代空间信息技术在大运河遗产判别中的运用——以大运河明清清口枢纽为例[J].地域研究与开发,2010,29(5):123-131.

在图纸绘制过程中以近现代地图为基础,以古代地图为参照,采用"逆历时性"的方式,逐一绘制各历史时期图纸。

④ 空间纠正。城市历史要素的空间定位是一个动态的过程,少部分信息可以准确定位,但有相当一部分要素需要进行空间纠正,经常发现前后时期的图纸、文献记载相互矛盾。首先,基于文献记载的相对距离来进行空间定位,当发生矛盾时,与图纸进行对比研究,或将同一要素进行历时性对比,或与其他要素进行横向对比;其次,图纸的绘制不仅需要研究者依据自身认知价值来判断,同时需要同考古、地理、历史、文博等多领域专家学者配合,以保证定位的准确性,尤其是对区域状况熟悉的专家及老人。

⑤ 历史信息叠加。将各时期历史信息进行叠加分析,找出江淮东部地区的变迁逻辑和历史空间文脉,总结城镇体系形成的机制和特点,再进一步研究单个城镇内部空间的形态变迁,解读单个城市形成的机制。

2) 实地调研法

江淮东部地区城镇形态破坏较严重,仅靠方志、文献很难理解古代城镇的形态,因此需要通过田野调查、实地调研、寻访专家等方法获得第一手资料,为研究提供实证基础,对文献研究给予有效补充。对江淮东部城镇调研分城市和自然环境两大部分。城市的调研包括对5个地级市的老城空间形态、城周围的山水环境、城池系统、街巷系统及古代功能空间等进行调研,对重要的镇、村按照类似方式进行调研;自然环境包括主要水系、沿岸闸坝、桥梁、驿铺等。

3) 综合分析与比较分析结合

区域的形成与发展受自然地理、政治经济等综合因素影响,区域城镇史的研究首先应通过综合分析进行全面研究,有助于总结相同区域不同城镇的发展规律。但是城镇的发展是动态的,不同历史时段、不同区域、不同经济发展水平,都会导致城镇发展呈现出不同的特性和趋势,因此只有通过历时性和共时性的纵横比较才能够全面分析出结果。

4) 定性分析与定量分析结合

定性分析是社会科学普遍采用的研究方法,也是以往城市史所采用的一般性研究方法,通过对城镇的发展规律进行宏观性的描述表现分析结果。为了更准确、更直接、更深入、更客观地解释城镇的形成规律,本书在城镇密度、水系密度、城与水的关系等研究中使用GIS进行量化分析,以便科学地总结城镇发展规律。

1.4.2 技术路线

本研究主要采取三个步骤:第一,将江淮东部地区城镇发展分为四个大的历史时期,从区划、城镇及其形成机制三方面逐一进行历时性考察;第二,通过分层的思想对影响区域城镇发展的历史要素进行分类,对各要素进行横、纵向的叠加比较分析,从而构建江淮东部城镇发展的历史空间网络,进而总结出沿运、沿海和里下河三个城镇体系;第三,对三个区域的城镇变迁逐一详细解读,从今天城镇发展中存在的问题出发,从历史中追寻答案,总结这三个城镇体系的历史变迁、决定性动力机制及城镇空间形态的共同点,再基于城镇的历史和现状对未来发展提出建议。具体研究框架和技术路线如图1.4。

1 绪 论

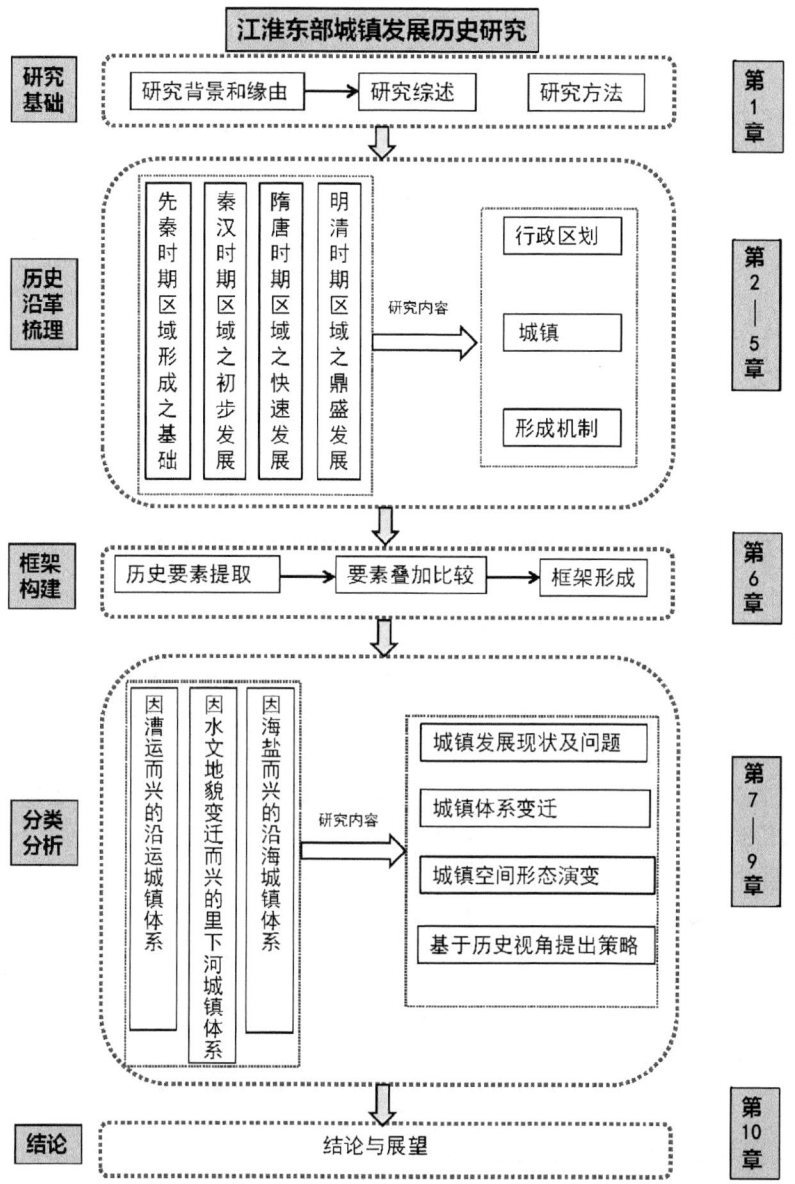

图 1.4 研究框架和技术路线图
资料来源:作者自绘

2 先秦江淮东部地域文化形成与早期城市起源

先秦时期,中国的政治、经济、文化中心一直位于黄河流域。今江苏地区远离中原,被古人视为蛮夷之地,在人口数量、经济发展、聚落城邑建设等方面均不及中原地区。尤其是江淮地区自然地理条件较差,成陆面积有限,以致该地区早期的人居环境研究一直未得到学界足够的重视。实际上,江淮地区北接黄河中下游流域,南连长江中下游流域,特殊的地理位置使当地受到早期中国两大人类文明的影响。从旧石器时期至春秋战国,江淮地区一直是中原文化、吴越文化、楚文化的交融地,原始文化在不断地交流、渗透、互补的过程中形成独具特色的江淮地域文化。

先秦时期时间跨度较大,是江淮地域文化形成和城邑起源的时期,也是研究江淮城镇发展的基础和关键。聚落是早期人类文化在地理空间上的物质表象,具有区域性,是以共同的文化特质为载体,在人类开发利用自然环境中自发形成的。在秦代形成统一的行政区划建置之前,文化圈的形成与变迁是研究区域文化形成的重要依据,文化的地域性并非一成不变,随着先民对聚居环境的追逐而不断迁徙、延续,相似的文化区域在聚落的选址、规划、生产、生活等方面亦具有相似性。由此,早期聚落的形成、分布与先民的迁徙、早期文化圈的形成与演进有着密切的关系。本章试图结合考古、历史地理、城乡规划等学科,对江苏江淮地区早期地域文化演进、聚落的空间分布、早期城市的形态及形成机制等问题予以探讨。

2.1 早期江淮地域文化演进与城邑起源

2.1.1 江苏境内先秦地域文化的演进

在距今35万年前,今江苏境内已出现了人类活动,泗洪下草湾、南京汤山和溧水及镇江等地均发现人类化石。旧石器遗址主要位于徐海地区、宁镇地区及太湖流域的常州、无锡、苏州,这些遗址均位于地势较高的山地、丘陵、岗地和近水的湖岸阶地。可见,旧石器文化时期江苏已呈现区域化的现象。新石器文化是在旧石器晚期文化的基础上发展起来的,因此开始就具有多源性。江苏新石器文化受到中原文化、浙江良渚文化的影响。当时,黄河流域的氏族后裔纷纷南迁,与当地土著结合,形成新的文化。新石器中晚期,南北文化交流现象增多,氏族部落之间的迁徙明显,文化的本土性凸显出来,形成四种较稳定的文化圈,即徐海淮北文化圈、淮盐沿淮文化圈、宁镇沿江文化圈、太湖平原文化圈[1]。夏商周时期,由

---

[1] 贺云翱,等.江苏城市发展历史演进研究[R].南京:江苏省住房和城乡建设厅,南京大学,2008.

于江苏地域远离政治中心，因此在文化上呈现出更多的地方特色。初期形成岳石文化、徐文化、马桥文化及点将台文化，后期逐渐演变为徐、吴文化圈。早期苏北地区文化比较强势，西周时曾对吴越文化产生影响，徐州、连云港、宿迁也出现了最早的古国。春秋战国时期，苏南吴文化迅速成长，并北上取代徐文化，后又先后被越文化、楚文化所取代。在秦统一天下之前，整个江苏地区的文化圈基本统一，为南方吴文化。（见表2.1）

表 2.1　江苏地区先秦人类迁徙及文化区演进总结

时间	研究对象	文化分区			
		苏北		苏南	
		徐海文化区	江淮文化区	宁镇文化区	太湖平原文化区
旧石器早期	文化区	—	—	共22处遗址	共1处遗址
	氏族部落	—	—	南京人	
旧石器中期	文化区			共1处遗址	
	氏族部落			莲花洞人类化石	
旧石器晚期	文化区	共19处遗址；沂沭细石器文化		共1处遗址	共1处遗址
	氏族部落	山东新泰智人支裔	—	南京人的后裔	
新石器早期	文化区	北辛文化（前5400—前4400）		受河姆渡文化影响	
	氏族部落	华胥的支族及裔族	—	—	
新石器中期	文化区	大汶口文化（前4300—前2500）	大汶口文化（前4300—前2500）；龙虬庄文化（前5000—前3000）；青墩文化（前4000—前3500）	北阴阳营文化（前4000—前3000），属河姆渡文化范畴	马家浜文化（前5000—前4000）；崧泽文化（前3800—前2900）
	氏族部落	东夷氏族部落；华夷后裔凿齿氏族部落	太昊氏后裔	与华胥、太昊、炎帝裔族有密切关系	苏北的华胥、太昊、炎帝裔族部迁入后与土著民族结合
	注	从新石器中期开始苏北、苏南族群迁徙，文化相互交流，江淮地区、宁镇地区是二者迁徙的必经地，受到二者共同的影响形成独具特色的龙虬文化、北阴阳营文化			
新石器晚期	文化区	大汶口文化晚期；龙山文化（前2500—前2000）	龙山文化、岳石文化	良渚文化（前3300—前2000）	良渚文化（前3300—前2000）
	氏族部落	少昊后裔国、留氏国、皋陶氏国、东夷中鸟夷羽人部落、藤花落遗址	江淮夷人部族和中原炎黄部族频发冲突，故此时江淮无国驻留	京氏古国	防风氏国、昆与苏氏古国、西常氏古国、东常氏古国
	注	新石器末期南北各文化依然互相影响，良渚文化对苏北影响逐渐消弱，徐海地区文化持续时间较长，对江淮持续影响产生龙山文化、岳石文化，并一路南下，对良渚文化影响颇多			

续表 2.1

时间	研究对象	文化分区			
		苏北		苏南	
		徐海文化区	江淮文化区	宁镇文化区	太湖平原文化区
夏商周	文化区	徐文化圈		吴文化圈	
		岳石文化（前1900—前1500）；西周后因徐国崛起，形成徐文化圈	受到徐、吴、楚文化的影响	点将台文化（前2100—前1600年）；湖熟文化——江南土著文化与北方文化融合	马桥文化（夏商—西周早期）；太湖地区的本土文化——吴文化
	氏族部落	东夷人土著	淮夷	东夷人、古越人等	古越人
东周	文化区	吴文化圈			
		春秋战国，苏南吴国迅速崛起，随着统治领域的扩大，整个江苏地区都被纳入吴文化体系，后又被越文化、楚文化继承			

注：由于各文化产生的时间、区域多是叠加的，因此时间与空间的划分不可能做到完全一致，本表仅是为了清晰地分析江苏先秦文化的变迁过程。

表格绘制依据：杨东晨. 江苏地区的古部族和文化考察[J]. 南京高师学报,1998(3):49-57;尹占群,赵明奇. 淮夷文化初探[J]. 徐州师范学院学报(哲学社会科学版),1990(2):84-88;房迎三,沈冠军. 江苏旧石器时代考古20年回顾[J]. 东南文化,2010(6):48-55;张敏. 试论点将台文化[J]. 东南文化,1989(3):125-140;林留根. 试论湖熟文化中的太湖文化因素[J]. 东南文化,1993(5):30-36。

2.1.2 石器时期江淮聚落分布与文化演进

1) 考古遗址的空间分布

长江以北的老山山脉和六合岗地上共发现 6 处旧石器早期文化遗址[①]，开创了江淮东部远古历史的新篇章。新石器时代江淮东部地区文化遗存逐渐丰富，但错综复杂，通过对考古遗址点的分析和梳理,统计新石器时期遗址近 90 处[②]。从空间分布上来看，西北侧的遗址主要位于淮河中下游两岸，在今泗阳、泗洪境内的零星残丘之上(海拔10～60 m)和盱眙的山脉丘陵上(海拔 100～200 m)，属于海岱文化区，东部靠近青莲岗遗址多属于青莲岗文化；东北部的遗址主要位于淮河下游入海口的淮安、涟水一带，主要分布在海拔 2～5 m 的平原地区，属于具有江淮东部地域特征的青莲岗文化；西南近江一带遗址主要位于老山山脉，海拔较高，约 200～400 m，属于以宁镇为中心的北阴阳营文化；东南部的里下河浅洼平原区的新石器时期遗址较多，遗址面积大，以今高邮和海安为中心形成龙虬庄文化，其地域特征鲜明，发掘大量具有江淮东部独特性的遗存，如骨器、麋鹿角和兽骨头，该地区遗址海拔最低，为 1.5～2.5 m。从遗址分布的空间数量上来看，该时期西北侧的遗址数量最多，共 30 余处，远超过其他地区，说明石器时期人类聚落主要集中在西部丘陵岗地与海岱、

---

① 浦口区地庵、高楼、勒马、胜利、五七遗址及六合的新新砖厂遗址。出自：房迎三. 江苏江浦旧石器地点调查[J]. 东南文化,2003(5).

② 根据国家文物局主编的《中国文物地图集·江苏分册(上)》(中国地图出版社,2008)、《2003中国重要考古发现》、《南京史志》(1984)、《江苏考古学会论文集》(1981)、《中国考古学年鉴》(1984—2012)总结。

中原文化接壤的地区。(见图 2.1)

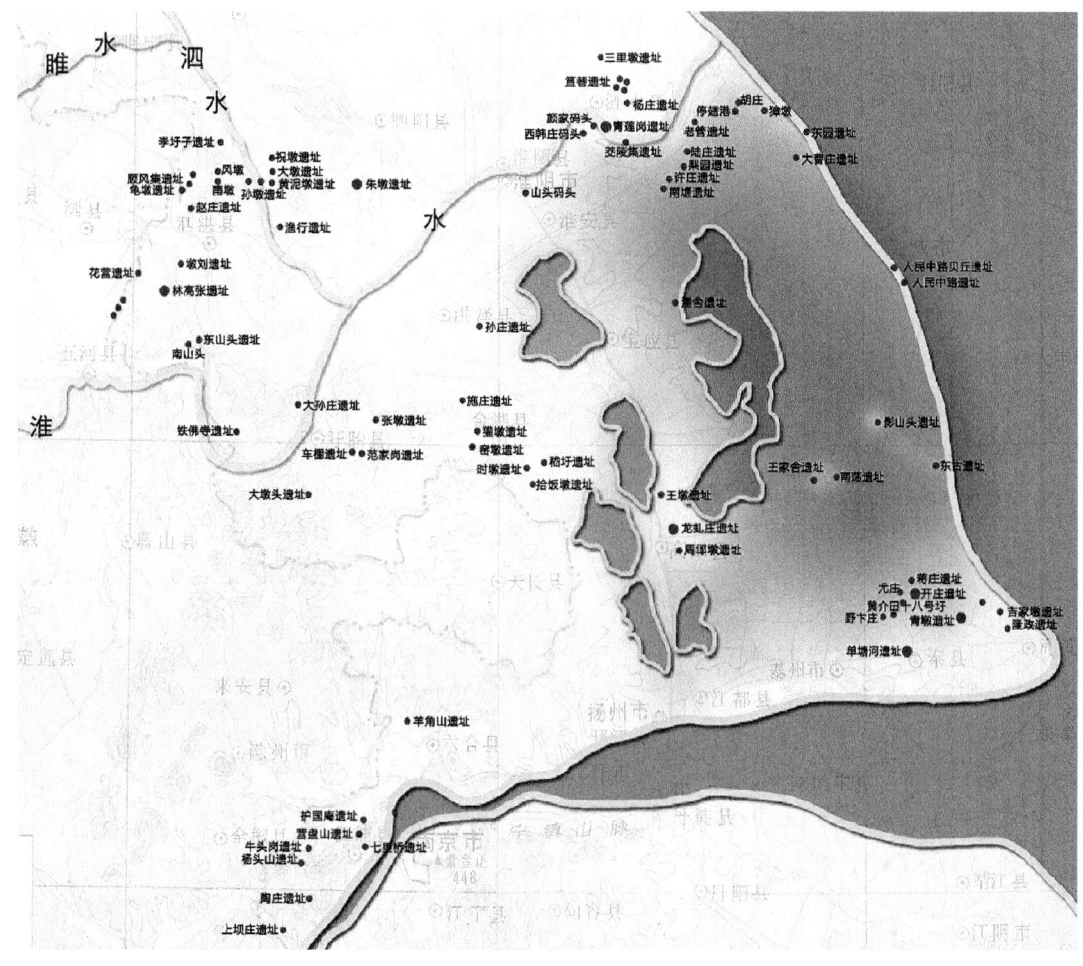

图 2.1　石器时期遗址分布图
资料来源：作者自绘
根据《中国文物地图集·江苏分册(上)》第 61 页和《中国考古学年鉴》(1984—2010)等考古资料总结

2) 史前江淮文化演进与人类迁徙

史前时期江淮东部的文化发展是具有序列性的。就考古发掘情况而言，该地区最早的遗址是位于西北部的泗洪顺山集遗址（距今约 8 000 年），也是江苏迄今发现最早的新石器时期遗址，其早期的文化遗存与淮河支流老濉河沿岸的石山子遗址、小山口及古台寺等遗址文化遗存相近，并受到淮河上游、海岱文化及长江中下游文化的影响，说明该区域西北地区是位于淮河中下游并与外界有一定交流的相对独立的文化区①。青莲岗文化（距今约 7 000~6 000 年）和龙虬庄文化（距今约 7 000~5 200 年）要稍晚，前者遗址规模较小且延续时间短，后多被纳入海岱文化区。龙虬庄是江淮地区于新石器中期形成的一支文化面貌独

---

①　林留根.江苏泗洪顺山集新石器时代遗址发掘报告[J].考古学报，2014(4):6-10.

特、文化特征稳定、发展序列完整的原始文化类型,遗址规模较大,并具有一定数量的聚落点,奠定了江淮东部史前文化的基础。同时期的遗址还有青墩遗址(距今约5 600年)、吉家墩、山头、颜家码头、西韩庄和茭菱集等,主要位于运河以西的里下河平原,这部分遗址大多延续至大汶口(良渚)文化时期(距今5 500～4 600年),且逐渐向东发展,如陆庄遗址、东园遗址,海拔在0～2 m。与此同时,长江下游地区正在形成具有地区特色的北阴阳营文化(距今约6 000～5 000年),其与东邻的马家浜文化后期、西边的安徽潜山薛家岗遗址及北部的大汶口文化遗存都有一定的联系,后逐渐被良渚文化吞并。新石器时期后期,江淮东部地区文化逐渐衰弱,龙山文化中晚期(距今4 300～4 000年)遗址较分散,且规模小,主要有兴化南荡、周邶墩遗址,分布在海拔1～3 m的平原,其中只有周邶墩遗址延续至岳石文化时期(距今约3 900年)。

由此,江淮东部独具代表性的地域文化是青莲岗文化、龙虬庄文化及青墩文化,主要集中在新石器中期,但其影响力不是很大,持续时间较短,受海岱地区、中原地区及太湖流域文化的影响。

早期文化的产生与人类迁移有关。海岱文化地区的北辛文化、大汶口文化在发展至鼎盛阶段开始向外扩张,跨过淮河,后沿着淮河向南向西扩展,形成青莲岗文化。太湖流域的先民因受到全新世初期大海侵的影响,为了寻找更适宜生存的环境,北上择居,正逢江淮东部成陆阶段,选择西侧地势较高的高邮一带,以及沿海的砂冈定居,因此在龙虬庄晚期、陆庄、东园等遗存均发现与良渚文化相关的特征。石器时期晚期,随着良渚文化的衰落,海岱地区龙山文化、岳石文化又越过淮河到达江淮南部。

由此,文化圈的演变伴随着人类的迁徙而产生,石器时期江淮东部的文化就具有南北融合的特征,是南北文化互相交流的必经之地。南北方先民不断迁徙,将中原和太湖流域的文化带到江淮东部,在不断地交流、渗透、互补中,形成独具特色的江淮本土文化的雏形,并进行了原始的开发利用。(见图2.2)

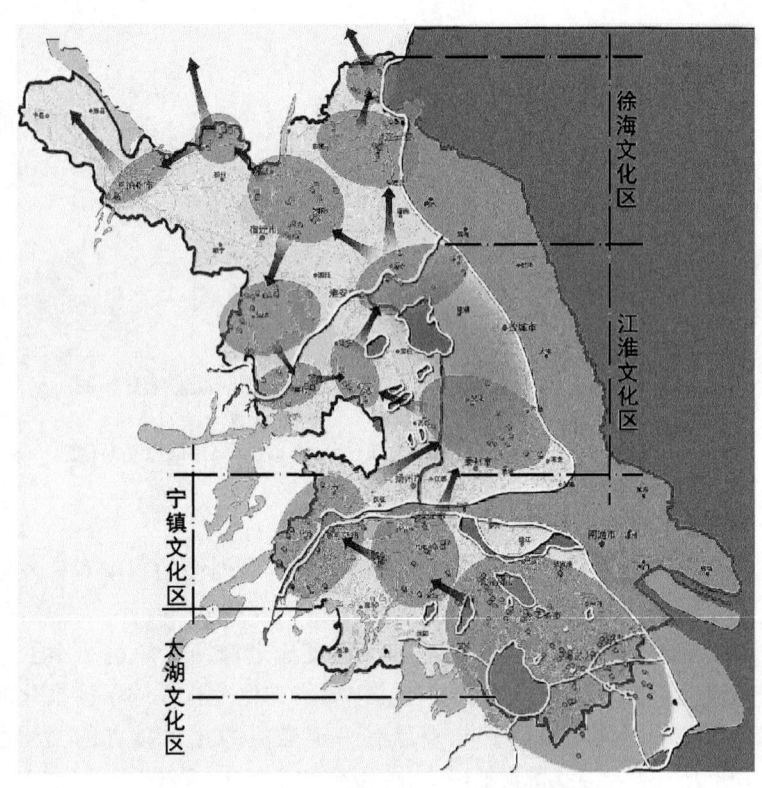

图2.2 文化路线及人类迁徙图

资料来源:作者自绘

2.1.3 商周时期江淮聚落、城邑的空间分布与文化演进

1) 商周聚落及早期城邑的空间分布

江淮东部,在夏王朝时期为岳石文化,目前仅发现一座周邶墩遗址;至商周时期,以中原文化为主体,又受东夷活动的强烈影响;西周以后逐渐与中原同步,并与吴、楚、齐、鲁文化关系密切,徐文化地位亦得以提升。运东地区发现商周遗存较石器时期明显减少,仅20余处,遗存的密度远低于西侧丘陵及沿江山脉处,其主要原因是在距今4700~4000年间,江淮东部发生了一次大的海侵及多次海平面升降①,导致先民外徙,因此江淮东部遗存数量少。运西遗址主要位于淮河沿岸、阜宁—盐城一线及扬州—泰州一线,因此随着岸线的淤进,沿海形成的南北向砂堤及长江北岸砂堤,地势较高。商周时期运西及运东地区虽然发现的遗址尤其运西丘陵之上发现的遗址数量较多,但经发掘的遗址数量有限,故未形成系统的考古文化体系。但夏时期宁镇地区形成点将台文化,因此长江北岸的老山一带遗存数量最多。

奴隶制国家初期仍保留部落联盟的痕迹,都邑大多是部落联盟聚落转化过来的。商出现诸侯分封制萌芽,西周将其发挥到极致。西周采取宗法与礼制治国,除王畿由天子直辖之外,其余采取分封制,建立诸侯国,根据宗法血缘、礼制等级,全国城邑分为三个等级,即王城、诸侯国和卿大夫邑城,初次形成了全国范围具有政治职能的城邑网络②,诸侯国之下还有邑、鄙之分。从西周至春秋时期,江淮地区最具影响的诸侯国为徐国和吴国,著名的邑有棠邑(今六合西北,春秋楚地,后属吴,后称"堂邑")、广陵邑(今扬州西北,战国楚地),先后出现若干小国及中心城,如徐国的徐(近泗洪县东南,东周被吴所并)、邗国的邗城(今扬州西北,春秋吴地)、天目山城(今姜堰北)、干国(今扬州境内)、末口(今淮安)等③,这些早期小国虽然影响力有限,统治时间较短,但奠定了今天江淮地区主要城市的空间选址基础。(图2.3)

另外,江北古城与吴文化北上关系密切。西周以来吴国迅猛崛起,经济发达,版图扩张至江北。吴国城址按功能分为都城、封邑、县、邑城、军事城堡和苑囿。天目山城是吴国位于江北的重要军事城堡,而邗城则用于守卫邗沟和北上屯驻兵马④。这两座古城均具有军事作用,是吴国位于长江北岸的第一道防御屏障。由此,先秦吴文化体系已越过长江,对江北的建设开发产生影响。

2) 氏族迁徙与江淮徐文化兴起

夏商周时期我国政治、经济中心仍在黄河流域,今江苏地区均在其势力范围内。由于便利的地缘,徐淮地区是江苏境内较早受到中原文化影响的区域,唐尧时期于徐州建立方国大彭,殷商时中原商族在徐淮地区与东夷、淮夷杂处,并使其成为商族藩属。商周时期江淮地区先后有干、徐、吴等小国在此活动,主要活动的氏族有徐夷、淮夷和群舒等。徐夷、淮

---

① 杨怀仁,谢志仁.中国东部近20 000年来的气候波动与海面升降运动[J].海洋与湖沼,1984,15(1):1-13.
② 贺业钜.中国古代城市规划史[M].北京:中国建筑工业出版社,1996:113. 其中提到周代:"以宗法血缘关系为纽带,按礼制、分层次的分封制,在全国构成一套以王城为中心,诸侯国都城为次中心,卿大夫采邑城('都')为基层据点的统治据点网络。"
③ 根据《江苏省志·城乡建设志》的第182-199页总结。
④ 北魏郦道元《水经注·淮水》记载:"昔吴将伐齐,北霸中国,自广陵城东南筑邗城,城下掘深沟。"

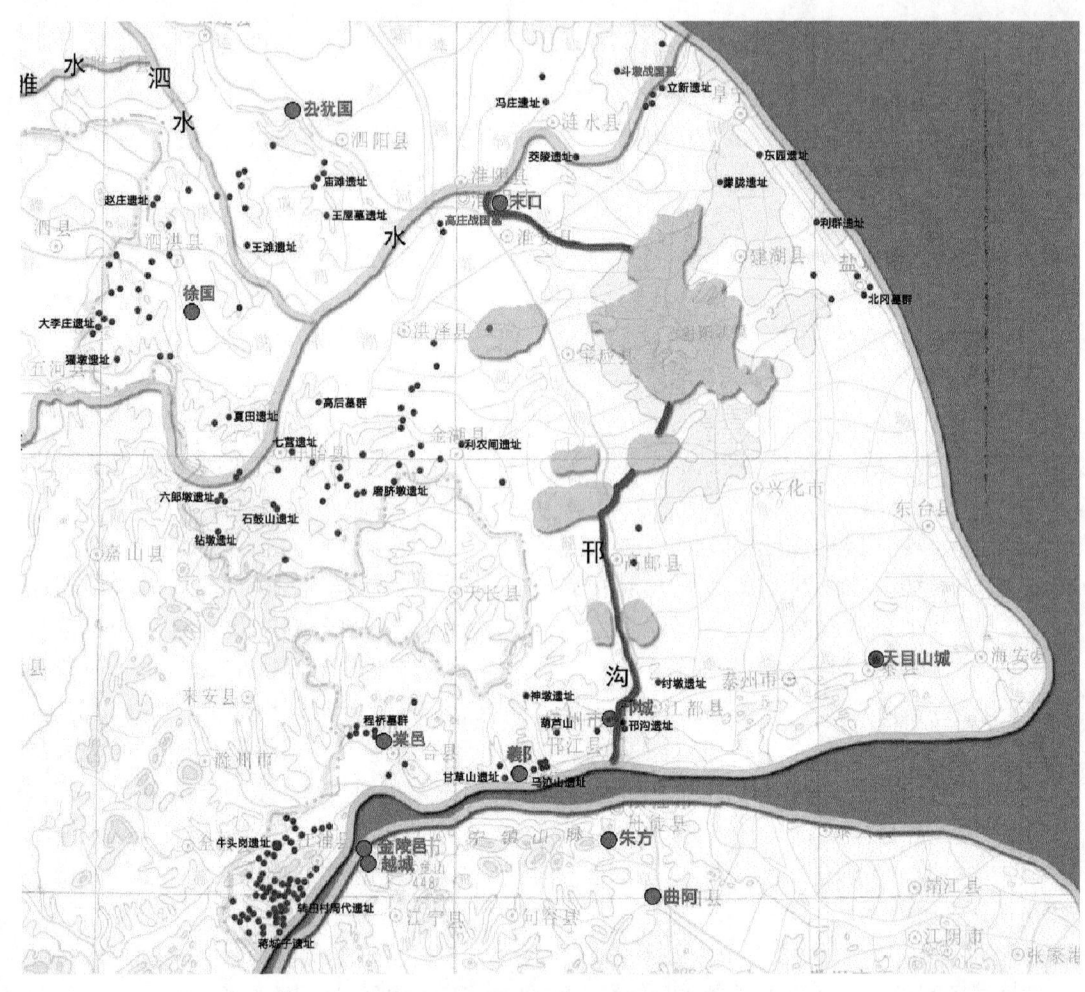

图 2.3 商周遗址和古城图
资料来源:作者自绘
根据《江苏考古地图集》(上)第 63 页和《考古学年鉴》(1984—2010)等考古资料总结

夷同属东夷集团。徐中舒认为淮夷与始居于河北的嬴姓蒲姑有密切关系[①],蒲姑于夏初南迁到山东潍水(泰山以东),后因与商、周政权多次冲突的败北而南迁至淮水,称"淮夷",淮夷的主要活动区域在今江苏北部的淮阴、盐城、连云港、扬州等地[②];徐夷(都邑位于今泗洪县)与群舒文化相近,同为从齐鲁南迁而来的民族,而淮夷属于青莲岗文化。徐国是西周、春秋时代的诸侯国之一,崛起于淮河北岸的泗阳,逐渐强大,形成影响江淮及淮北流域的徐文化圈。这一时期,中国人口骤涨,城邑剧增,而江淮东部背道而驰,主要原因有二:一是周王屡次对淮夷用兵,淮夷一次次受到挫败,最后一蹶不振;二是淮夷居盐碱滨海之地,有渔盐之利,但古代人民赖以生存的农耕经济发展相对薄弱,以致生活艰辛。是故,淮夷依傍强邻,逐渐被徐文化吸收。徐文化对于江淮地区的原始文化形成具有重要的影响。

---

① 徐中舒.蒲姑、徐奄、淮夷、群舒考[J].四川大学学报(哲学社会科学版),1998(3):65-76.
② 尹占群,赵明奇.淮夷文化初探[J].徐州师范学院学报(哲学社会科学版),1990(2),84-88.

徐国位于中原华夏与南方蛮越的过渡地带,将山东东南、河南东部、安徽淮北及江苏北部连接起来,成为连接中原和江淮地区的桥梁。徐文化将华夏文化、百越文化与本土夷人文化相结合,形成了独具特色的兼具南北特征的夷夏交融文化,奠定了今天江苏江淮文化的基础。

2.2 江淮早期聚落空间分布特点及其形成机制

聚落和城市的形成受到政治、经济、自然地理、交通、人口、移民、意识文化等多方面的影响。在人类社会初期,人类开始学会群居生活,渐渐形成了原始部落,由于外在生态环境的变化,原始部落开始迁居、定居,建立具有防御功能的聚落,从而形成城邑雏形。早期聚落城镇的选址及生长机制更遵循自然环境的选择,随着秦汉行政制度逐步完善,经济逐渐发展,汉代城镇依据地域经济特色而兴建的特征逐渐显现。

2.2.1 自然地貌决定聚落西密东疏的分布格局

从图2.1、图2.3可见,先秦时期东部遗存数量较少,遗址密度远不及西部的低山丘陵地带,这主要与江淮东部地区的自然地貌形成、地理环境的变迁有关。江淮西部山脉源于燕山运动,江淮平原是苏北拗陷带的一个组成部分,第四纪以来,成为东海大陆架的一部分;随着气候的变化、海平面的升降,江淮平原时而被海淹没,时而出露成陆。在第四纪最后一次大海侵(距今约7 000~6 000年),海水可达断坳西缘低山丘陵区,整个里下河地区成为浅水海湾[1]。西部的盱眙、扬州境内为平均海拔100~200 m的低山丘陵,不受海侵影响,因此先秦的江淮遗址多位于西部低山上。

东部里下河地区在长江、淮河、黄河的合力冲击下,大量的砂体向海推进,形成沙嘴状的三角洲,在海流回旋和海浪的冲击下逐渐形成南北多条砂堤,阻隔了泥沙的外流,里下河陆地面积不断增长,并与砂堤相连,形成了封闭的里下河碟洼地势的潟湖地貌,洼地四周高地逐渐形成聚落,原始人类利用沼泽发展原始农业。随着时间推移,由于东部海面下降,西部里下河区域水面略高,里下河区域内的咸水由天然河道自西向东排入大海。沿海砂冈阻止部分海水潮汐入侵,长此以往潟湖水逐渐变淡,形成了淡水湖泊和多条入海的天然河道。东周末年,里下河平原人工化的建设逐渐加强,东西向河流及邗沟开凿携带大量的泥沙,部分堆积在区域内,人类开垦规模扩大,里下河地区由潟湖逐渐演变成湖荡连片的沼泽地带,区域内有射阳、得胜、武广、樊良、白马、津湖、山阳等众湖。由此,里下河地区形成海湾—潟湖—湖泊的演化过程。东部陆地是逐步形成的,与西部山地相比,成陆晚,人居环境差,平均海拔低,四周高程3~5 m,中部射阳湖、大纵湖及周围湖滩海拔不足2 m,最低处仅1.1 m,整个区域呈周围高中间低的浅碟状地貌,古射阳湖便是里下河地区的"锅底"。商周时期,除沿岸的砂冈尚有成陆外(今盐城、海安、姜堰等地),里下河大多数地区沮洳遍地,湖荡罗布,盐城—南通沿海一线尚在海中。(见图2.4)

因此,先秦江淮东部地区呈西密东疏的格局与成陆状况、海拔高度关系极为密切,当时江淮东部聚落多位于区域内海拔相对较高、成陆状况较好的地区。

---

[1] 凌申.全新世以来里下河地区古地理演变[J].地理科学,2001,10(5):474-479.

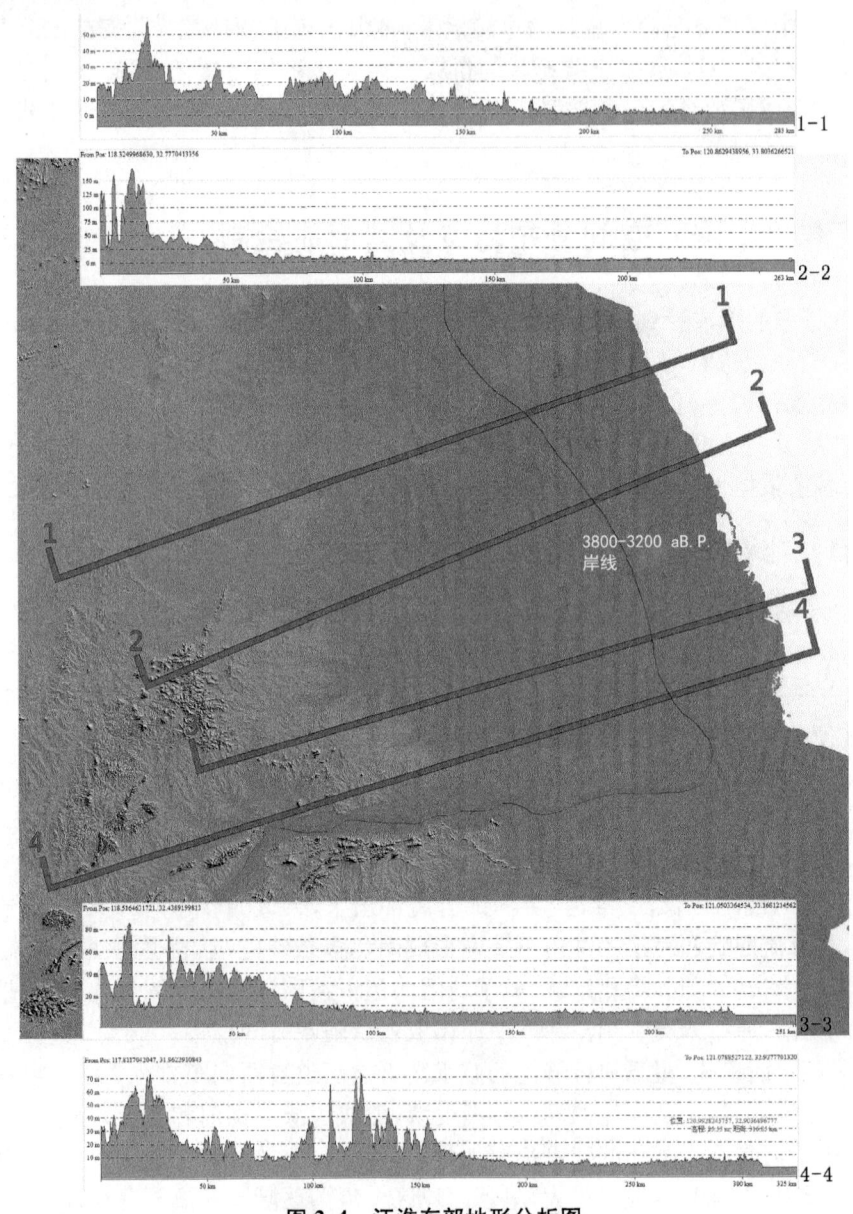

图 2.4　江淮东部地形分析图

资料来源：作者自绘，底图来自 Global Mapper

2.2.2　岸线砂堤形成与江淮聚落的分布

在更新世末次冰期（即旧石器中晚期），气温骤降，导致海平面下降，东海大陆架暴露于海面之上，晚更新世岸线可达到日本九州一带[1]。随着地质年代由晚更新世末（即旧石器晚期）进入早全新世（约 12 000~10 000 年前），气候迅速转暖，冰川减退，海平面急剧上升，沿海陆地逐渐被海

---

[1]　凌申.全新世以来苏北平原古地理环境演变[J].黄渤海海洋,1990,8(4)：20-28.

水淹没。中全新世(约 7 000~6 000 年前),海平面基本达到了稳定阶段①。根据朱诚的研究,先秦江淮岸线稳定以来,曾经历过四次东迁(公元前 7000—前 6500 年、前 6000—前 5200 年、前 4500—前 4000 年、前 3800—前 3200 年)②。淮河、长江和里下河水系由西向东流动所携带泥沙,在海水及强风浪的作用下,在江淮沿岸形成多条古砂堤,分别为淮河南岸砂堤(淮安—阜宁一线)、长江北岸沙堤(扬州—海安一线)、沿海三条砂堤(西冈:羊寨—东台一线;中冈:西桃园—上冈一线;东冈:北沙—东台一线)③。这些砂堤长达千米,宽度少则数十米,最宽可达 500 米,高出地面 2~8 米,是当时渔耕条件较好的岗地,因此先民最先选择在此居住,一方面可利用西侧里下河沼泽种植稻作,便于发展农业,另一方面周围水网密集,可发展渔樵业。

从遗址分布点上看,先秦江淮东部的遗址主要分布在淮安—涟水、阜宁—盐城、扬州—海安沿线,如陆庄、潘舍、南荡、开庄遗址基本位于公元前 7 000—前 6 500 年的岸线之上,东园、利群、北冈墓群、吉家墩、隆政等遗址位于沿岸砂堤之上,青莲岗、纣墩、天目山、单塘河等遗址位于沿淮、沿江的砂堤高地,并且这些聚落随着岸线的东迁逐渐东移。由此可知,江淮东部早期聚落分布与岸线的变迁和砂堤的形成密不可分。(见图 2.5、图 2.6)

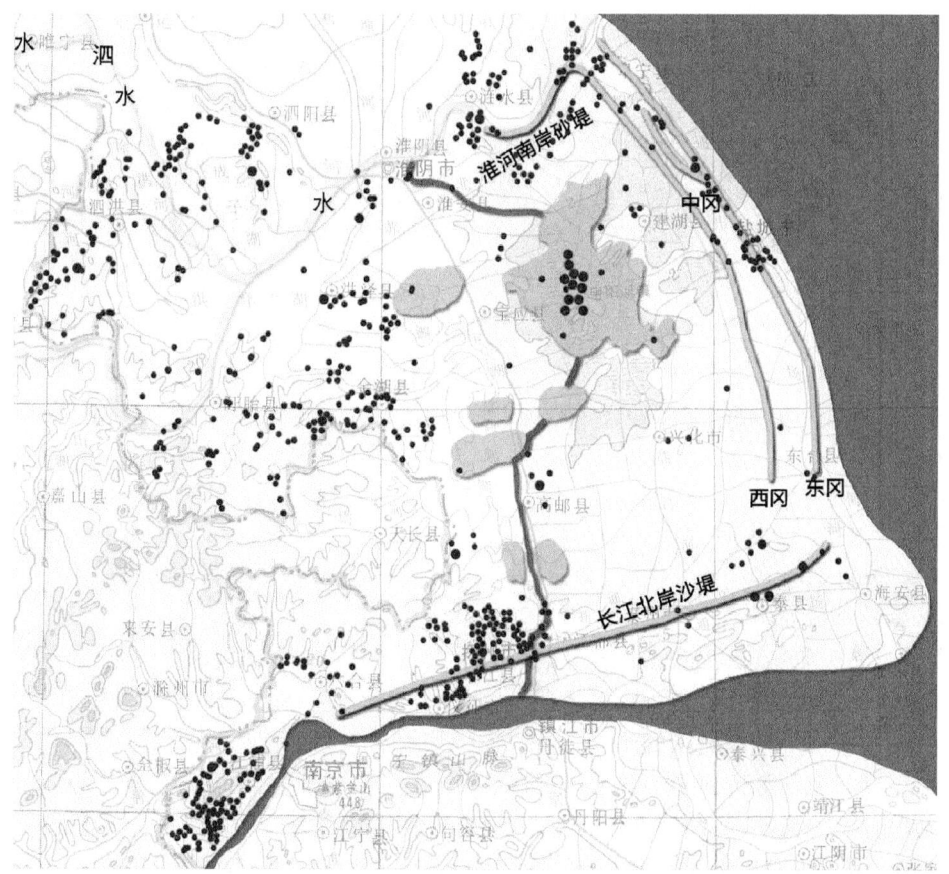

图 2.5 砂堤分布图
资料来源:作者自绘

---

① 顾家裕,严钦尚,虞志英.苏北中部滨海平原贝壳砂堤[J].沉积学报,1983,1(2):27-40.
② 朱诚,程鹏.长江三角洲及苏北沿海地区 7 000 年以来海岸线演变规律分析[J].地理科学,1996,16(3):207-213.
③ 凌申.全新世以来苏北平原古地理环境演变[J].黄渤海海洋,1990,8(4):20-28.

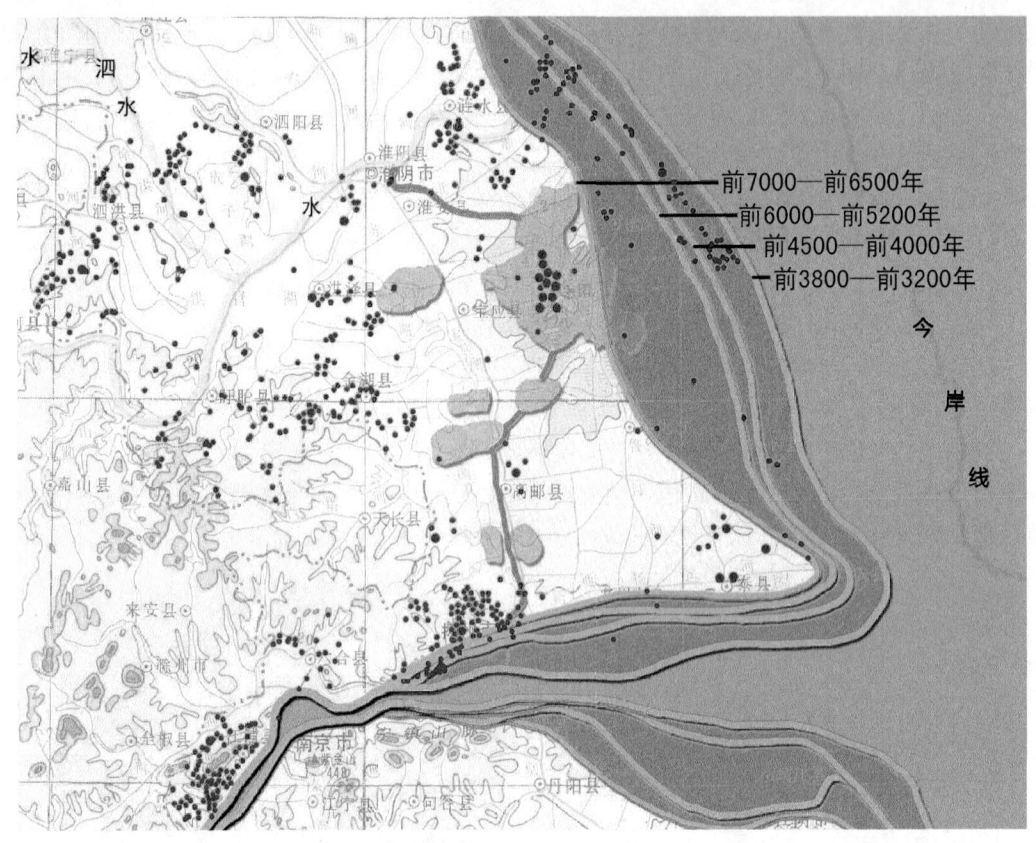

图2.6 岸线变迁图
资料来源:作者自绘

2.2.3 江淮东部经济的初步发展

自然环境和天然物产为早期人类生产活动提供了物质资料,并对人类社会的发展产生直接影响。经济是文明的起源、城邦建设及社会进步发展的物质基础,因此在人类无法充分利用自然的时候,自然条件优越、天然物产丰富、便于攫取生产资料的地区更利于人类的聚居,从而发展成为城邦。

石器时期江淮东部地区发展了狩猎、捕捞、采集、家畜饲养、农作物种植,还拥有陶器制造、骨角器制作、纺织、木材加工等原始手工业[1]。但是江淮地处沿海,盐碱土地不利于农作物生长,因此新石器时期江淮地区的生产经济以渔猎和采集为主,后期稻作物才逐渐发展起来。

夏商周时期,江淮地区进入青铜器时期。居于江淮的东夷部落本即善于制造金属兵器,所谓"造冶者,蚩尤也"[2]。《尚书·禹贡》称扬州"厥贡惟金三品",《周礼·职方氏》说扬州"其利金、锡",说明先秦扬州地区盛产金、锡等青铜所需合金。考古发掘表明江浦、六合、仪征、姜堰等地均出土青铜武器、礼器和生产工具(镰、铲、犁等)。春秋战国时期,江淮先后

---

[1] 龙虬庄遗址考古队.龙虬庄——江淮东部新石器时代遗址发掘报告[M].北京:科学出版社,1999.
[2] (周)尸佼,(清)汪继培.尸子[M].黄曙辉点校.上海:华东师范大学出版社,2009:66.

分属吴、越、楚,生产工具由青铜器发展到铁器。六合棠邑是当时主要的产铁区,所产之铁被称作"棠铁",《吴越春秋》载有"王僚乃被棠铁之甲三重"。六合程桥东周墓出土有弯曲长铁条[1],仪征胥浦甘草山遗址和江浦蒋城子遗址分别出土了春秋战国时期的铁制工具(包括铁镰刀、铁臿、铁锛、铁镢、铁条等)12件和13件[2]。简言之,夏商周时期,江淮东部西南地区的扬州、仪征、六合、江浦等地盛产青铜、铁等金属,虽较中原地区的经济文化发展落后,但属于江淮东部发展较迅速的区域。

生产工具的进步促使社会从原始社会向奴隶社会、封建社会过渡,同时也推动农田和水利的兴修。据《淮系年表》记载,"徐有蒲姑陂,在今江苏睢宁县东南(即今宿迁、泗洪县境)"[3],这是淮河中下游最早的灌溉设施。得灌溉之利,淮河下游沿岸的淮安、盱眙一带农业生产发达,促进了淮安地区城镇的不断兴起。

进入父系社会后期,手工业从农业中脱离出来,形成独立的生产部门,并出现商品交换,滋生了私有经济及阶级分化。六合吴墓中发现漆器残片[4],淮阴高庄战国墓出土青瓷熏炉[5],说明江淮在其他手工业制作生产上也有发展。兮甲盘铭言称:"淮夷旧我帛晦人,毋敢不出其帛,其责,其进人,其贾。"可见西周时期,淮夷之地生产布帛,需交纳布帛以为贡品。江淮地区曾多次出土楚国的货币"贝""郢爰"等,则透露出商品流通给城市带来的繁荣发展。(见图2.7)

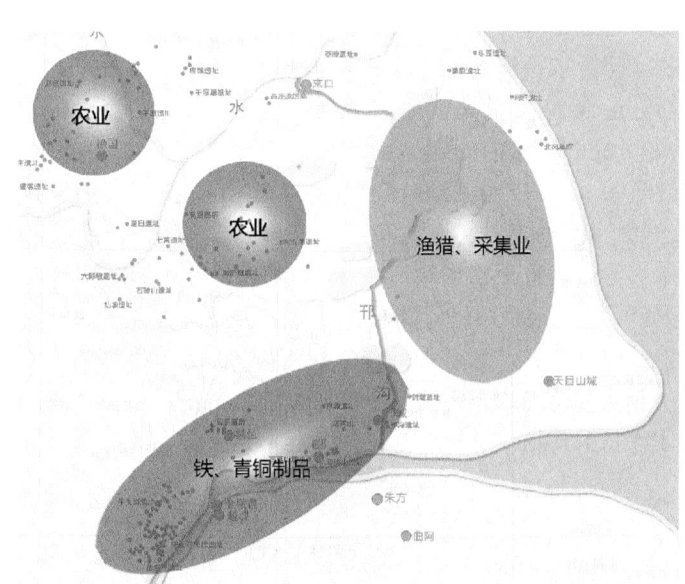

图 2.7 先秦经济分区示意图
资料来源:作者自绘

2.3 早期江淮聚落与城市的空间形态

2.3.1 水对江淮聚落空间形态的影响

史前聚落从选址到布局都是在特定的自然条件下,依照军事形势、社会经济需要而营

---

[1] 南京博物院.江苏六合程桥二号东周墓[J].考古,1974(2):116-120.
[2] 袁颖.仪征胥浦甘草山遗址的发掘[J].东南文化,1986(1):1-14;南京市博物馆,南京大学历史系.江苏江浦蒋城子遗址[J].东南文化,1986(1):214-240.
[3] 武同举.淮系年表全编,民国十七年(1928).
[4] 江苏省文物管理委员会,南京博物院.江苏六合程桥东周墓[J].考古,1965(3):105-115.
[5] 淮阴市博物馆.淮阴高庄战国墓[J].考古学报,1988(2):198-232.

建。聚落形态即社会经济的反映，原始聚落并非简单的居住地，其兼具居住、祭祀及各种生产配套机制。江淮地区地势低洼，沼泽密布，水对聚落选址和规划尤为重要，是主要的运输方式，其具有军事防御的功能并为权力的象征。江淮东部先秦时期的遗址数量不多，发掘面积不大，有的仅采集到部分器物，对其内部的功能分布难以深究，下文仅以顺山集、龙虬庄、青墩、影山头及吉家墩遗址为例，主要研究江淮先民在营建聚落时对水系的利用。

江淮东部史前聚落多呈现不规则矩形状，聚落均四周环水。根据自然地理的差异，有的从周围天然水系引水环城，如顺山集遗址从南端自然河道引环壕，形成封闭的城濠体系；有的直接利用天然河道作为壕沟防御，这类聚落位于水系密集的里下河平原，如影山头遗址和青墩遗址。对水系的利用与聚落所处的地理环境有直接关系，顺山集遗址坐落于淮河下游的古濉河水系流域，位于淮北，虽然滨水而居，但水域占聚落总面积约19.4%；里下河盆地的龙虬庄和影山头遗址水网更为繁密，水域面积占50%左右；位于古海岸线附近的青墩和吉家墩成陆情况优于里下河盆地，水域面积约占35%~40%。聚落内部空间以水系、水塘进行分割，尤其是影山头遗址，遗址中心由坊垛、长圪和圆墩组成，垛墩周围有水系环绕，龙虬庄和青墩的内部也均有大面积水系进行空间分割。顺山集的壕沟底部较为平坦，坡度较缓，说明环壕还具有聚落排水的功能；影山头遗址西、南两侧有长圪（土堤），说明先民已开始建设水利设施，在利用自然河道的同时也注重对水患进行防御，同时将河道作为防御屏障。江淮早期的聚落即是以水系作为外部防御屏障和内部的功能分割的相对独立和封闭的聚居地。另外，居住遗迹发现有两种，主要是干栏式建筑，也有地面建筑，但数量较少。考古遗迹中发现地面有柱洞、墙基，墙体以植物茎秆为支撑，草泥烧制的土墙抹平，居住面用黄色粉砂土铺垫，周围有碎的蚌壳，估计这是防潮防水措施，符合江淮地势低洼、沼泽密布的环境。（见表2.2）

表2.2　江淮东部古代聚落与水系形态列表

	遗址概况	水系利用情况
顺山集遗址	时间：新石器早中期，距今约8 000年； 位置：今泗洪县西北约15 km，系淮河左岸古泗水水系的一部分，遗址坐落于南北向延伸的重岗山北段一处坡地之上； 概况：环壕内面积近7.5万 m²，遗址面积约17.5万 m²，海拔26~30 m，墓葬区位于西北区域环壕外侧	南端原为东西向自然河道，与城濠形成封闭环形空间，环壕北部最宽24 m，普遍宽15 m，北部最深3 m，水系面积约占城濠面积的19.4%；壕沟底部较为平坦，坡度较缓，说明主要功能应为防御与排水

续表 2.2

	遗址概况	水系利用情况
龙虬庄遗址	时间:新石器时代早期遗址,距今约 7 000～5 000 年; 位置:高邮市龙虬镇北; 概况:地势低洼,海拔 2.4 m,平面呈圆角长方形,东西长 240 m,南北宽 180 m,总面积 4.3 万 m²	四周环水,有小河环绕遗址,南与北澄子河,西与澄潼河,北与东平河沟通,环壕宽 15～20 m; 环壕是 1.76 万 m²,水塘 0.37 万 m²,水系面积约占遗址总面积的 49.5%

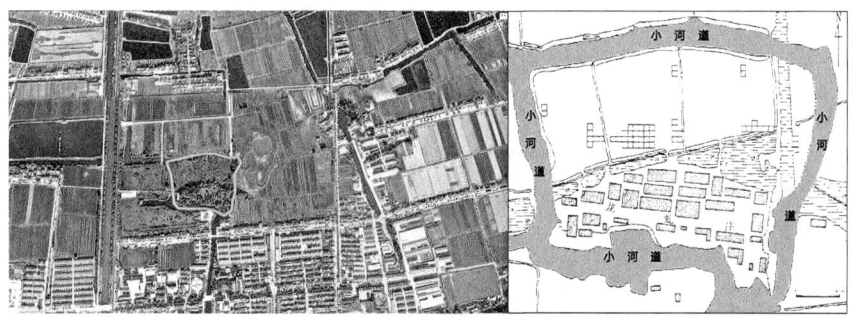

影山头遗址	时间:新石器时代晚期遗址,距今约 6 300～5 500 年; 位置:兴化市林湖乡魏庄村东南 1 km; 概况:海拔 2.6 m,周围有长圩或环壕,略呈长方形,遗址中心由坊垛、长圩和圆墩组成,遗址总占地面积约 15 万 m²,是江淮地区面积最大的一处新石器时代遗址	四面环水,东部为和尚河,再东 500 m 为新塘港河和古东塘港河,南有白涂河,西有魏庄港河,北有直港河,环壕面积约 9 万 m²,聚落内部水系约占 4.76 万 m²,总水系约占遗址总面积的 51.7%

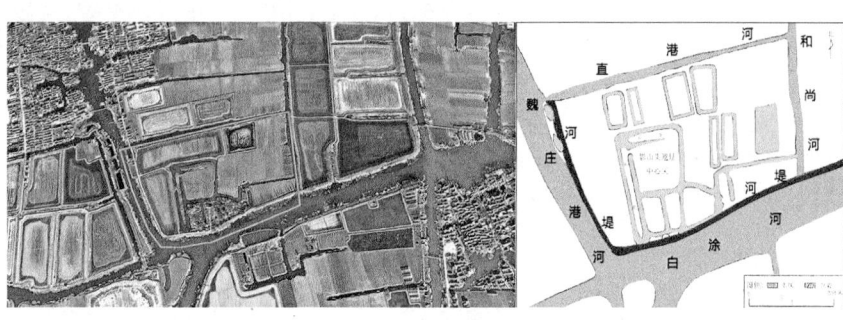

青墩遗址	时间:早中期文化层属于龙虬庄文化,晚期属于良渚文化; 位置:海安市莫镇青墩村; 概况:里下河地区南部,地势低洼,地面海拔高度 3.8 m,文化堆层面积约 2 万 m²	四面环水,东面东塘河,西面西塘河,南边为青墩前河,北边为北大河,南侧壕宽约 1 m,北侧东侧较宽,平均 3.5 m,最宽处可达 5.8 m;环壕面积约 5.7 万 m²,约占整个面积的 40%

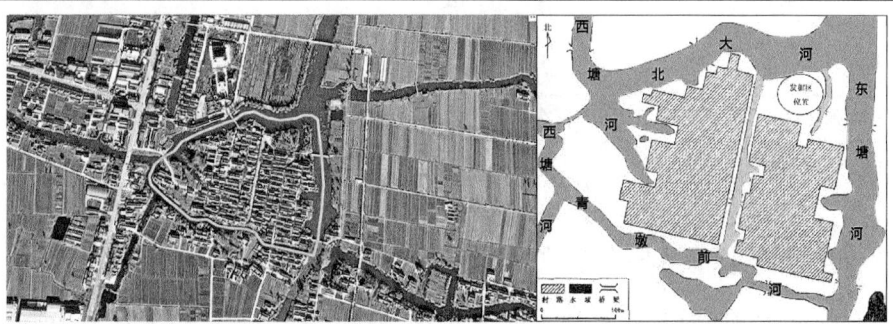

续表 2.2

	遗址概况	水系利用情况
吉家墩遗址	时间:新石器时期; 位置:海安县原隆政乡	四周环水的聚落,城壕 0.78 万 m^2,城内外所有水系面积 1.28 万 m^2;城濠内水系面积 3.69 万 m^2;总水系面积约占遗址面积的 34.7%

区位示意图

资料来源:作者自绘,根据《江苏泗洪顺山集新石器时代遗址发掘报告》;《龙虬庄——江淮东部新石器时代遗址发掘报告》;崔英杰的《江淮东部史前文化与社会研究》中第 76 页、78 页、136 页;纪仲庆的《江苏海安青墩遗址》(《考古学报》1983 年第 2 期第 187-188 页);《影山头遗址入选省文物十大新发现》(《泰州日报》2010 年 1 月 21 日)总结绘制

2.3.2 江淮先秦城邑与水乡文明的初步形成

江淮地区古城遗址虽然不及淮北、苏南多,但是从城市遗址和考古发现中能够发现其

规划建设充分体现了江北水乡的地域特色。姜堰天目山古城是江淮地区发现的最早的城址遗迹,属商周城址,早于常州淹城遗址(约2500年前)。城址位于长江三角洲冲积平原和里下河区域交会处的扬泰岗地上,滨江临海。天目山城为双重城垣体系,利用天然水系老潼河作为城池,外城周围有宽阔的护城河,河宽约50 m,护城河约占城址面积的41.7%[①]。藤花落遗址具有中原聚落特点,护城河宽仅7.5~8 m,护城河约占城址面积的3.5%;常州淹城地处太湖平原,除了太湖外,还有耆湖、芙蓉湖、犹湖等大湖泊,以三重城濠系统作为军事屏障,以水运作为主要交通方式,内外河道相通,三重城池均有护城河环绕,护城水系占城址总面积的39.4%[②]。(见表2.3)

由此可见,今江苏境内分布的史前聚落形态各异,尤其是对水的利用,从北到南明显加强。虽然太湖平原温湿多雨,河湖交错,农田水利发达,但江淮地区在先秦城濠建设时对水体的利用并不比其弱,无论聚落还是城址的建设,江淮地区都已充分体现出水乡特征。

表2.3 淮北、江淮东部、江南三座古城对比

名称	区位图	古城水系形态	聚落现在
连云港藤花落古城			
姜堰天目山古城			
常州淹城			

来源:作者自绘,根据Google Earth底图;王仁湘《四正与四维:考古所见中国早期两大方位系统——由古蜀时代的方位系统说起》(《四川文物》2011年第5期第36-46页);朱国平等《江苏姜堰天目山西周城址发掘报告》(《考古学报》2009年第1期第129-154页);彭适凡、李本明《三城三河相套而成的古城典型——江苏武进春秋淹城个案探析》(《考古与文物》2005年第2期第43-51页)绘制

---

① 作者根据朱国平等的《江苏姜堰天目山西周城址发掘报告》(《考古学报》2009年第1期第129-161页)一文中图绘制计算。

② 根据南京博物院等编著的《淹城:1958—2000年考古发掘报告》(科学出版社,2014)计算。

2.4 本章小结

江淮东部地处南、北的过渡地带,先秦时期江淮在古人类及氏族的迁徙、南北文化融合下形成具有地域特色的淮夷氏族、徐文化及吴越楚文化,先秦时期江淮东部的文化就呈现移民、多元交融的特色。

先秦时期江淮地区尚处在开发的萌芽阶段,与传统的农业基地徐海地区和新开发的江南吴越之地不可比较。尤其是江南地区,在开陂筑池、营造稻田、建造船宫、筑城造舍等方面远超江淮地区。这与江淮的自然地理环境有直接关系,里下河地区沮洳遍地,鲜有人烟,沿海地区尚未成陆,只有运西地区自然环境尚好,适宜人类聚居。江淮地区主要的聚落城邑位于今盱眙、六合、扬州一带的岗地,零星聚落群则沿江、淮、海岸线的砂堤分布,直至邗沟开通,江淮地区的开发才开始向东迈进第一步。

3 秦汉江淮东部初步发展与城镇体系初步形成

秦汉时期,江淮东部在人工水利、道路、经济、人口等方面均得到极大的发展,为后世开发江淮奠定了物质基础。运河在春秋邗沟的基础上历经多次改道,逐渐向东发展,至汉末形成多条人工水系并存的格局。道路建设与水利工程仍集中在运河沿线及西部地区,致使城镇和聚落仍集中于西部发展。海盐经济初步发展和大量人口的迁入使东部地区逐渐出现聚落、城镇。总体而言,秦汉时期江淮东部城镇整体发展仍呈现西密东疏的格局,沿运城镇体系基本形成,沿海城镇体系初现端倪,两纵向城镇体系主要通过运盐河进行沟通。里下河地区发展尚属混沌,射阳湖横亘其中,西侧有夹耶等人工水系,东侧有多条自然形成的泄水河道,整体发展侧重于西部地区。

3.1 秦汉时期江淮东部行政区划及建置沿革

秦代江淮地区也被纳入帝国统一的封建统治体系之中,采取中央集权和郡县两级制度,形成都城—郡城—县城—乡亭里的城镇体系网络。秦郡大体按照地理单元来进行划分,江淮东部大部分属于东海郡,治郯县(今山东郯城县),下辖12县,其中淮阴、盱眙、东阳、堂邑、广陵5县和高邮亭位于江淮之间。西南浦口地区属九江郡,归历阳县管辖。西汉稍有复古,恢复诸侯王分封制度,形成封国和郡县并行的郡国地方体制;为加强地方统治,又在郡之上设置刺史部作为监察机构,形成刺史部(州)—郡、国、属国—县、道、侯国的城镇等级。

汉代,江苏江北大部分地区和山东东部地区为徐州刺史部所辖,西汉时江淮东部属于广陵国和临淮郡,分别治广陵(今扬州)、徐县(今泗洪县半城镇),增设富陵、赘其、舆县、射阳、盐渎、海陵、平安、江都、淮浦9县及南昌亭,高邮升为县,加上淮阴对岸的泗阳县隶属泗水国,共计16县1亭(原有盱眙、东阳、堂邑3县)。东汉时一些国、属国、都尉等与郡进行合并,划分更完整,层次更分明,广陵国更名为广陵郡,面积扩大,治所广陵,临淮郡与泗水合并为下邳国,治所下邳(邳州),取消富陵、赘其、泗阳3县和南昌亭,于广陵以南临江建东陵亭1座,共计13县1亭。今浦口一带属于扬州刺史部所辖的九江郡。由此汉代是江淮发展的一个高潮,今江淮东部地区的重要城市,如淮阴、盱眙、宝应、扬州、盐城等已经出现。

六朝时期(即魏晋南北朝时期,220—589),行政区划分为州、郡(国)、县三级。江淮东部一直处于南北征战前线,行政划分复杂多变,而且由于南北政权边界经常变动,所以江淮东部时而归属北方政权,时而归属南方政权。三国时江淮地区作为魏、吴边界,沿东台—高邮—天长一线划分两国领土(262),魏国势力曾一度达到长江北岸(224)。西晋结束三国鼎立局面,恢复统一,行政区划大体与东汉相近。西晋江淮地区主要为广陵郡和临淮郡,均属徐州,共 13 县(281)。至晋室南迁,江淮地区仍属东晋之徐州。至南北朝,先后属南刘宋南兖州、南齐南兖州、梁南兖州;后为北齐攻取,更名东广州;南朝陈夺回该地,更名南兖州;至 579 年又被北周占领,更名吴州。永嘉之乱导致大量中原百姓南迁,江南自然条件优越,社会环境稳定,又是王畿所在,因此安置大量流民,在今淮阴、扬州、南京、镇江、常州等地设置了大量侨州、侨郡、侨县,大量侨州、侨郡、侨县的设置导致行政区划极其混乱。南朝宋时(431),江淮间属南兖州,领广陵、海陵、山阳、盱眙、秦、新平、北济阴、北下邳、东莞、北淮阳、南沛 11 郡 24 县,但许多郡县如宁海、蒲涛、临泽、东城、左乡、阳县、直渎、信都等留存时间短,治所不详。侨置地往往有名无实,有官无民、有官无土,加上南北战争,土地常有增损离合,后逐渐合并,至隋即废。排除侨置因素外,其大体因循西晋旧制。南朝宋于江淮东部设南兖州(420),是该地区首次被置于共同的行政区划中。(见表 3.1、图 3.1~图 3.5)

综上所述,秦汉六朝时期是江淮东部行政区划变化最多的时期。东晋以前,江淮东部基本未作为单独的政区,往往与淮北地区一起被纳入政区的划分中,其地域又往往归属不同的州郡;直至南朝,江淮之间才形成较为完整的政区。

表 3.1 秦至南朝江淮东部郡县区划及建置表

时代	刺史部、州	郡、国(治所)	县(未全部列出,粗体为本研究范围内的县)
秦代(前209)		东海郡(郯县)	襄贲、兰陵、缯县、朐县、下邳、凌县、**淮阴、盱眙、东阳、堂邑、广陵、高邮亭**
西汉(2)	徐州刺史部	临淮郡(徐县)	取虑、下相、厹犹县、僮县、高平侯国、睢陵、淮陵、**淮阴、富陵、盱眙、赘其、东阳、堂邑、舆县、射阳、盐渎、海陵、淮浦、南昌亭**
		广陵国(广陵)	**平安、高邮、江都**
		泗水国(凌县)	泗阳
	扬州刺史部	九江郡(寿春)	今浦口一带
东汉(140)	徐州刺史部	下邳国(下邳)	良城、司吾、曲阳、下相、取虑、徐县、睢陵、**盱眙、淮浦、淮阴**、僮国、夏丘
		广陵郡(广陵)	凌县、海西、平安、**射阳、盐渎、高邮、堂邑、舆国、江都、海陵**、东陵亭、**东阳**
	扬州刺史部	九江郡(阴陵)	今浦口一带
西晋(282)	青州	临淮国(盱眙)	司吾、下相、徐县、淮陵、**东阳、堂邑、赘其**
		广陵郡(淮阴故城)	**淮浦、淮阴、射阳、盐渎、高邮、舆县、广陵、海陵**
	扬州	淮南郡(寿春)	今浦口一带,隶属乌江县
南朝宋(464)	南兖州(广陵)	广陵郡(广陵)	**高邮、江都**
		海陵郡(海陵)	**建陵、临江、宁海、蒲涛、如皋、临泽、海安**
		山阳郡(山阳)	左乡、**盐城**、东城
		盱眙郡(盱眙)	睢陵、信都、直渎、考城、阳城
		秦郡(尉氏)	**秦县、义成、怀德**
		新平	不详

续表 3.1

时代	刺史部、州	郡、国	县（未全部列出，粗体为本研究范围内的县）
南朝宋（464）	南兖州（广陵）	北济阴	不详
		南沛	不详
		北淮阳	不详
		北下邳	不详
		东莞	不详

来源：作者自绘，根据《江苏省志·地理志》第 26-44 页和《中国历史地图集》（谭其骧主编）结合总结

注释：《江苏省志》和谭其骧的《中国历史地图集》中均将高山县列为今江苏境内的县，据《汉书》记载，原高山县秦时属东海郡，汉时属临淮郡，东汉永平十五年（72）更为下邳国高山县。根据考古发掘，确定高山县城遗址应位于安徽省来安县新安镇东北 26 km 处的王集乡高山村内的高山岗上。因此，上表中并未将高山县计算在江淮间县城数量之中。

图 3.1　秦代行政区划图（前 209 年）

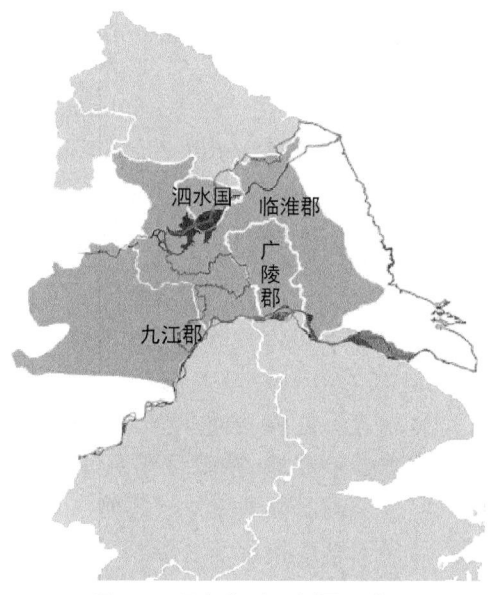

图 3.2　西汉行政区划图（2 年）

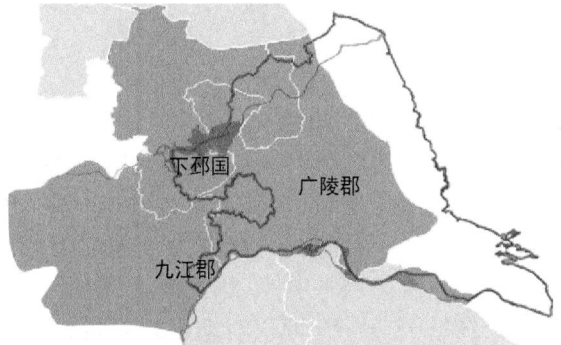

图 3.3　东汉行政区划图（140 年）

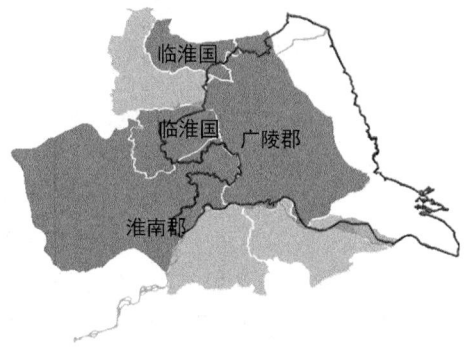

图 3.4　西晋行政区划图（282 年）

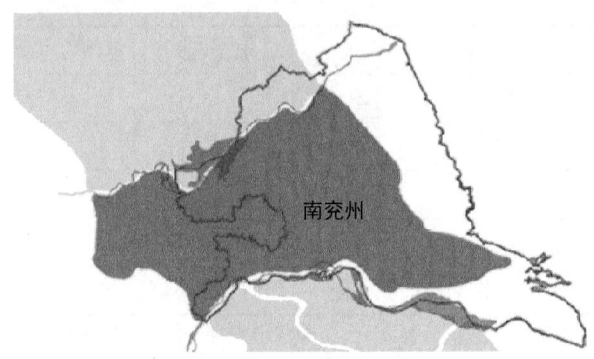

图 3.5　南朝宋行政区划图(公元 464 年)

图 3.1～图 3.5 资料来源:作者自绘,底图根据"中国历史地理信息系统"(CHGIS,复旦大学历史地理研究中心 2003 年 6 月)绘制

3.2　秦汉江淮东部遗址与早期城市的空间分布

3.2.1　遗址的空间分布

汉代的遗存明显增多,整个江苏已发掘的遗存近 1 000 处,江淮地区近 400 处,遗存的类型逐渐丰富,以墓葬、墓群为主,并有城址、作坊、窑藏、摩崖造像等形式[①]。其中淮安、扬州、盐城、盱眙大云山、淮河下游沿岸、泗水沿岸均分布大量的汉代遗迹,从图 3.6 中可见,汉代江淮东部的城镇及人类聚落空间已十分丰富,遗址分布密集处均是汉代江淮重要城市所在处。现已发掘的秦汉时期的古城遗址有项王城、东阳城、甘罗城、韩信城、广陵城等。这些城址有诸侯王国的都城,如广陵城先后为荆、吴、江都、广陵等诸侯国都;有县治所在,如东阳城为东阳县治;有军事屯兵城,如项王城。另外发现汉代村落一处,位于高邮县北 8 km,运河东岸的邵家沟遗址。两汉时期在苏北分封了多个诸侯国,诸侯王墓遍布淮北及淮河两岸,如盱眙大云山汉墓。六朝定都建康(今南京),建康是六朝政治、经济与文化的中心,有不少宗室和门阀士族墓群分布在建康地区,如象山琅琊王氏家族墓。南朝佛教盛行,栖霞山的千佛崖石窟是南方地区仅存的佛教石窟群。

3.2.2　城市的空间分布与密度变化

南北朝之前,江淮东部城镇密度波动较大,但整体保持上升趋势。秦汉时期,江苏省的重点建设区域是淮北和江南;徐州在秦汉时邻近中原,在政治经济、社会文化上是江苏最具影响力的城市;吴县地处太湖流域,物产丰富,交通便捷,长期作为江南的政治经济中心。而江淮东部里下河平原由于临海,地势低洼,处于沼泽地,成陆情况较差,邗沟虽然开凿,但是由于生产技术受限,经常淤塞,其主要职能为服务军事,因此对区域的经济促进作用不及隋唐以后,城市密度最低,为 2.3×10^{-4} 个$/km^2$。两汉时期出现转折,西汉

---

① 国家文物局.江苏考古地图集[M].北京:中国地图出版社,2012:102-108.

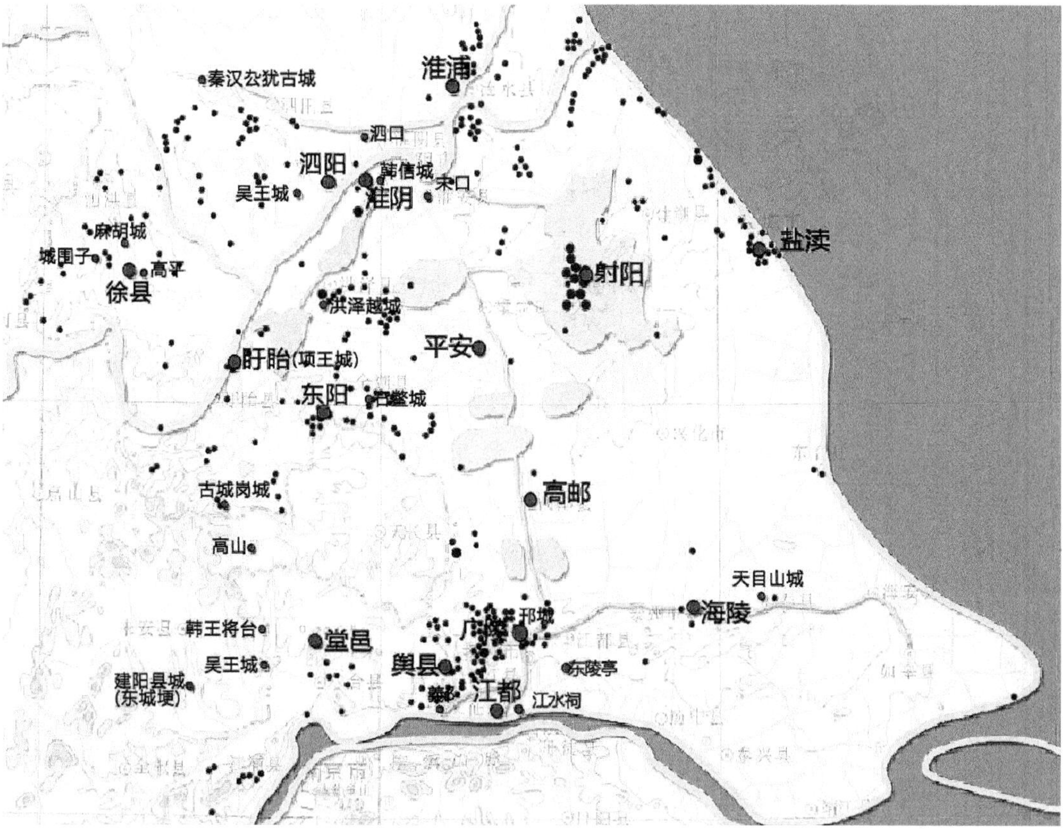

图 3.6　汉代江淮东部遗址分布图

资料来源:作者自绘,根据国家文物局主编的《江苏考古地图集》(上册)(中国地图出版社,2012,第 65 页)和《考古学年鉴》(1984—2010)等相关考古资料总结

时密度为 6.4×10^{-4} 个/km^2,东汉时下降至 5.3×10^{-4} 个/km^2。西晋南朝时发展趋势又由降转升,南朝宋城镇密度达到 8.4×10^{-4} 个/km^2(西晋时为 4.5×10^{-4} 个/km^2)。秦代首先是在邗沟沿线及以西出现城镇,汉代城镇密度增加,逐渐向东南扩张,并初现"工"字形网络结构,城市间距由西北向东南逐渐增大,由约 30 km 增大至 75 km。西汉时期江淮主要的城市已出现,从城市分布看,主要呈沿长江、沿邗沟、沿淮河分布特征。(见图 3.6～图 3.8)

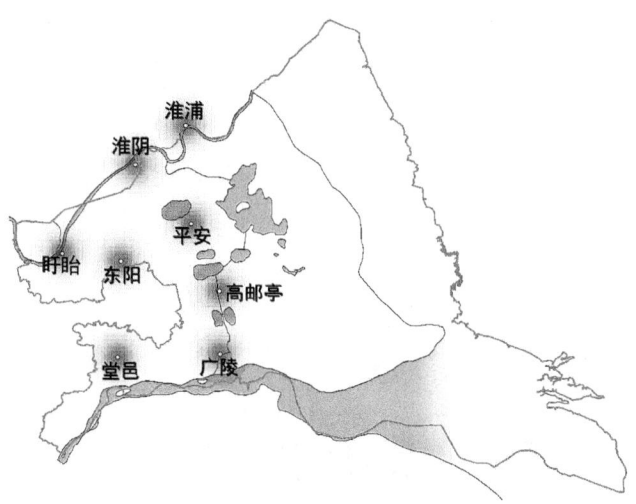

图 3.7　秦代江淮东部城镇分布密度图

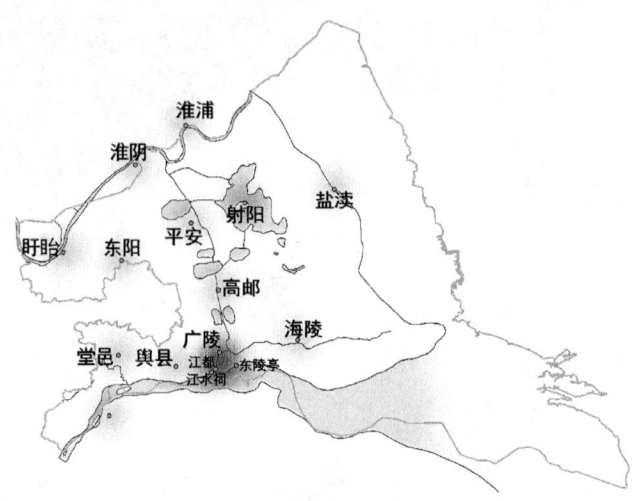

图 3.8　汉代江淮东部城镇分布密度图

资料来源:作者自绘,根据"中国历史地理信息系统"(CHGIS,复旦大学历史地理研究中心,2003 年 6 月)绘制区域城镇的变迁,并通过 ArcGIS 进行分析

3.3　秦汉时期江淮东部聚落及城镇的形成机制

3.3.1　自然地理变迁

1) 多条邗沟水系并存与沿岸城市初建

秦汉时江淮间运河又称渠水①、中渎水②,汉代已成淮南重要的贡品运道③。由于早期人工渠化技术不发达,为了保持航运畅通,只能尽量利用天然河道或湖泊,至南北朝时,此段运道先后做了四次较大变迁。(见图 3.9)

邗沟第一次增建于公元前 179 年,西汉吴王刘濞开凿了另一条东西向的邗沟(今通扬运河前身),自广陵东,经海陵仓(今泰州),至通如皋蟠溪(今如皋十里铺村),这条运河的开通是吴王"濞以诸侯专煮海为利,凿河通运海盐"④、"专以运盐,非南北通行之路"⑤,即吴王为了在各诸侯国格局中谋取经济利益而修凿,于三国以后便淤塞。第二次变迁是在春秋时期,当时邗沟最大的问题是从樊良湖东拐,增加了航道长度,因此东汉末对邗沟进行改道。197—200 年(建安年间),广陵太守陈登对邗沟进行取直,向北过樊良湖、津湖,凿渠至白马湖,再向东北挖运河经过射阳湖,至末口入淮⑥。这是邗沟非常重要的一次改道,将原樊良

---

① 《汉书·地理志·广陵国·江都县》颜注:"渠水首受江。北至射阳入湖。"
② 《水经·淮水注》:"中渎水,首受江于广陵郡之江都县,自江东北通射阳,西北至末口入淮。"
③ 《通典》载:"孝文时贾谊上疏曰:天子都长安而以淮南东道为奉地。"《水经·谷水注》引东汉阳嘉建春桥石铭:"以城下漕渠东通河济,南引江淮,方贡委输,所由而至。"由此可见,至东汉,江淮间运河的交通运输地位已十分重要。
④ 《天下郡国利病书》记载:"汉吴王濞开邗沟,自茱萸湾通海陵仓及如皋蟠溪。濞以诸侯专煮海为利,凿河以运海盐而已。"
⑤ 刘文淇《扬州水道记》卷一。
⑥ 中渎水自广陵北出武广湖东、陆阳湖西、二湖东西相直五里。水出其间,下注樊良湖,旧道东北出,至博芝、射阳二湖,西北出夹耶,乃至山阳矣。(《水经注校》卷三十《淮水》)

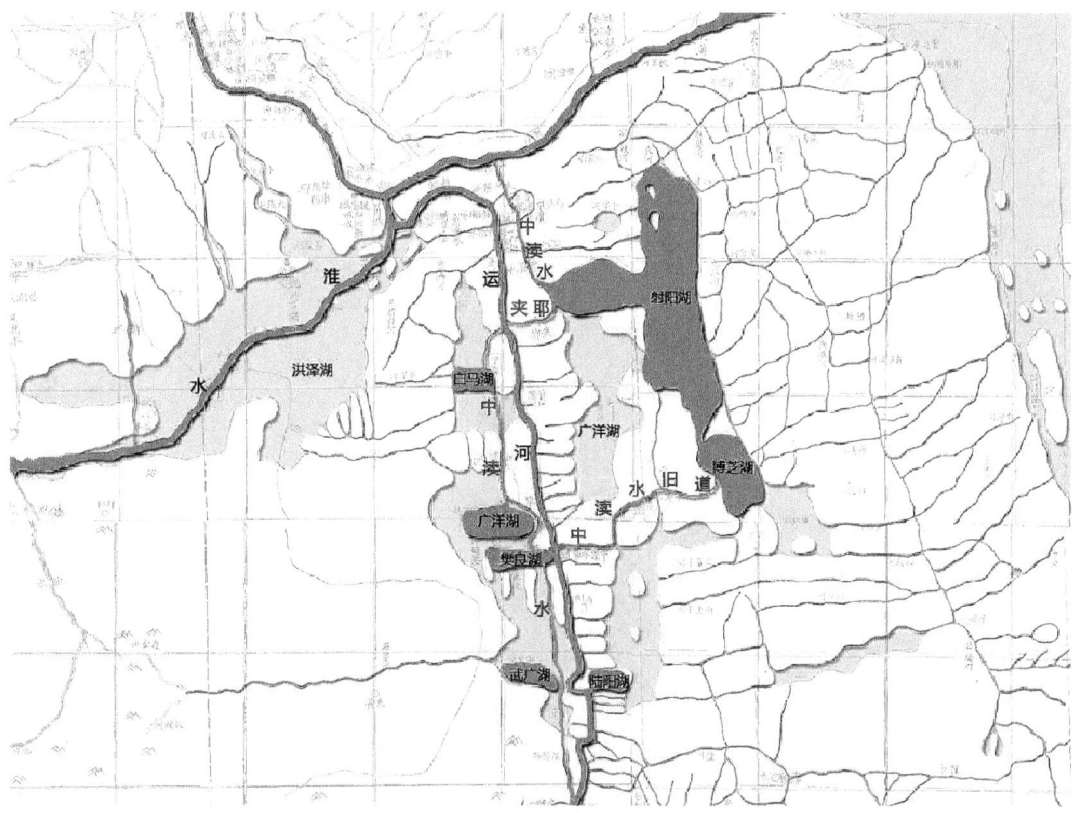

图 3.9 《水经注图》中中渎水、运河位置示意图

资料来源：作者自绘

注：《水经注图》为清代道光年间举人汪士铎所绘制，是在清代道光的地理基础上对北魏水系进行描绘，是后人对前朝的注释，图中的岸线及浅色标注湖泊为清代的水系，但是从《水经注图》中可以清晰地看出淮河、中渎水及运河的流向。

湖至末口的水道拉直，被视为今里运河的前身，这条航道因位于原邗沟的西侧也被称为"邗沟西道"。三国鼎立之时，江淮地处吴魏两国长期对峙地区，邗沟分属不同的势力范围，没有得到很好的治理。魏晋南北朝时期，国家分裂，邗沟与巢肥运河并用。"八王之乱"爆发后，国都洛阳缺米少量，陈敏建议治理樊良湖以北运道，以便南粮北运。于是邗沟又进行了两次改道：永宁元年（301），由樊良湖北开凿河道，穿过津湖面积较小处，再向北挖运河，直通夹耶①。兴宁年间（363—365），由津湖东岸开凿一段南北向河道，越过津湖，与南北端河道相接，彻底避开津湖风浪②。（见图3.10）

由此，隋之前，江淮间有邗沟故道、运盐河、邗沟西道、夹耶等多条人工开凿水系，运道之间仍是通过天然水道进行连接。由于地处吴魏兵争和南征北伐之地，因此仍主要用作军事水运通道，兼具物质运输的作用。

随着扬州城南沙洲淤涨，岸线不断南移，造成邗沟至长江入水口淤堵，于是东晋永和年间（345—356），在仪征境内修建欧阳埭引长江水入运河，渠水长达60里③，为仪扬运河的前身。

---

① 《水经注·淮水》云："患湖道多风，陈敏因穿樊良湖北口，下注津湖径渡，渡十二里，方达北口，直至夹耶。"
② 《水经注·淮水》："兴宁中，复以津湖多风，又自湖之南北口，沿东岸二十里，穿渠入北口，自后行者，不得由湖。"
③ 《水经注·淮水》："自永和中，江都水断，其水上承欧阳埭，引江入埭，六十里至广陵。"南北朝时1里≈415.8 m。

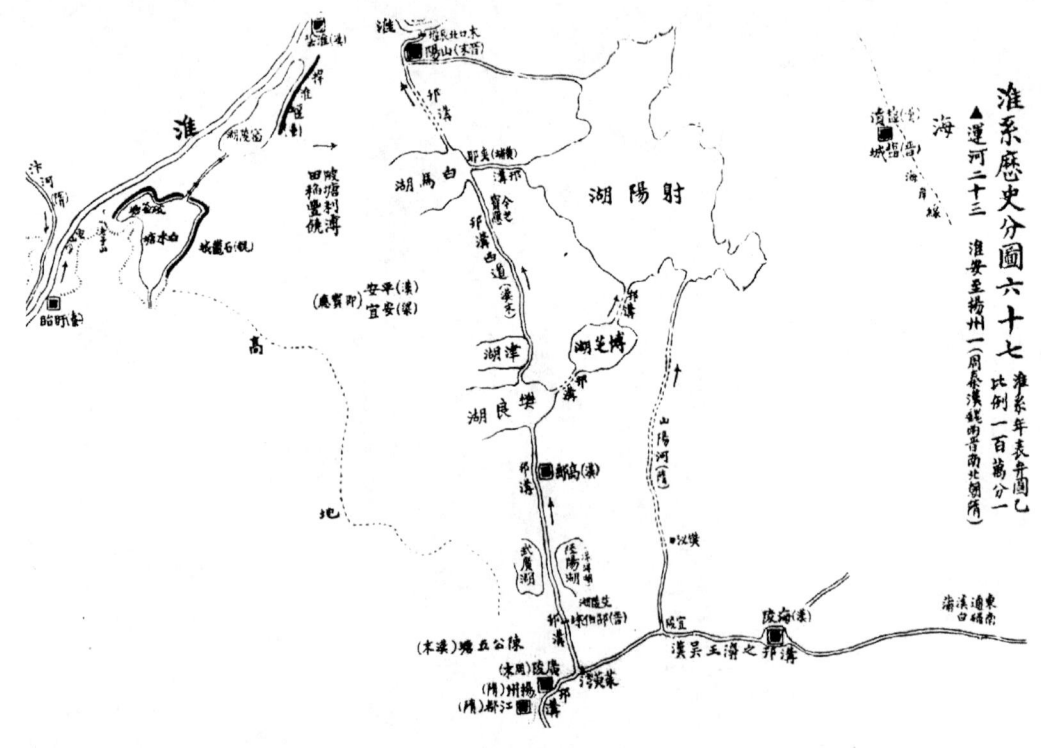

图 3.10 隋之前的淮安至扬州运河图
资料来源:《淮系年表全编》分图六十七(武同举纂,1929)
注:图中明确标注汉吴王刘濞开凿的邗沟、邗沟(吴王夫差开凿)、邗沟西道(陈登开凿)与夹耶的位置。

江淮运河的开凿带动了沿岸城市的出现,广陵(扬州)、平安(宝应)、高邮、淮阴故城、海陵(泰州)均位于秦汉邗沟水系的沿岸,或作为航运中转城,或作为驿亭,或作为仓储地,此时江淮间主要的城市均因运河水系的初步开发而兴起,其中最为重要的为广陵城,作为沿江、沿南北运河、东西运盐河中转地而驻于长江北岸。

2)里下河平原逐淤与东部聚落兴起

秦汉时期里下河一带由潟湖区逐渐演变成淡水湖泊,并随着泥沙沉积物的堆积,区域内逐渐成陆。邗沟持续开凿对里下河地理环境的影响较大,首先加强了洼地内的排水功能,促进里下河淡水湖沼的形成;其次邗沟沟通江淮,长江、淮河入海的泥沙通过邗沟流入里下河平原,加之邗沟疏浚和修筑堰堤等工程所产生的大量沉积物,使淤积现象加重。随着时间推移,砂冈逐渐加宽增高,里下河地区随着淤泥加重,水平面逐渐高于海水,加上周围地势较高、中间低,江淮和西部山区的水系逐渐汇入,加速了区域内水系的外流,逐渐于东岸砂堤上形成数条天然古潮汐通道口,如庙湾口、喻口、石达口、草堰口等①,起到了排水排卤的作用。从春秋末年至南北朝时期,甚至唐宋之前,整个里下河地区广袤的水域被分割为以射阳湖为核心的湖荡群,散布得胜湖、博支湖(即博芝湖)、武广湖、陆阳湖、广洋湖、白马湖、樊良湖等众多湖泊,江淮间由西向东、由南向北的水系走势初现端倪。

---

① 凌申.射阳湖历史变迁研究[J].湖泊科学,1993,5(3):225-233.

除了自然地理的变迁和人工水利的建设迫使里下河水域淤积外,人类有规模的开垦、农耕作业也加剧了区内泥沙堆积,以射阳湖中心和盐渎一带最盛。古射阳县本是汉王封项伯的诸侯王之地,对于古射阳县的具体位置一直以来争议颇多,一说"山阳县,本汉射阳县"①,一说"在射水之阳"②,一说"射阳故城在今楚州安宜县东"③,至今仍无定论。但根据考古报告显示,今天射阳湖镇以南发掘大面积汉代墓葬,面积近100万 m^2,可说明汉代射阳湖附近已有围湖造田活动,农民在此进行农耕作业,该地区已是规模相当宏大的聚落村镇④。

秦汉时东冈砂堤随着泥沙堆积加宽加高,西侧有西冈阻隔,因此两条冈堤之间的潟湖咸度较高,适宜煮盐,因此东冈砂堤上设立多个煮盐聚落。汉武帝在灭东越闽越后,曾徙其民于江淮间,随着人口的增多,利用自然条件发展渔业和盐业,随后于东冈上置盐渎县(汉武帝元狩六年,即前117年),启盐城设县之肇始。至东晋时,"南兖州,地有盐亭百二十三所"⑤。现已发现盐城市区附近的秦汉代遗址有28处⑥,其中三羊墩汉墓群、麻瓦坟汉代遗址等汉代官僚及其眷属的墓葬⑦,以及草堰口墓群、周庄汉墓等均位于当时海岸沿线,可以佐证当时该地区已有不少人类活动存在。(见图3.11~图3.12)

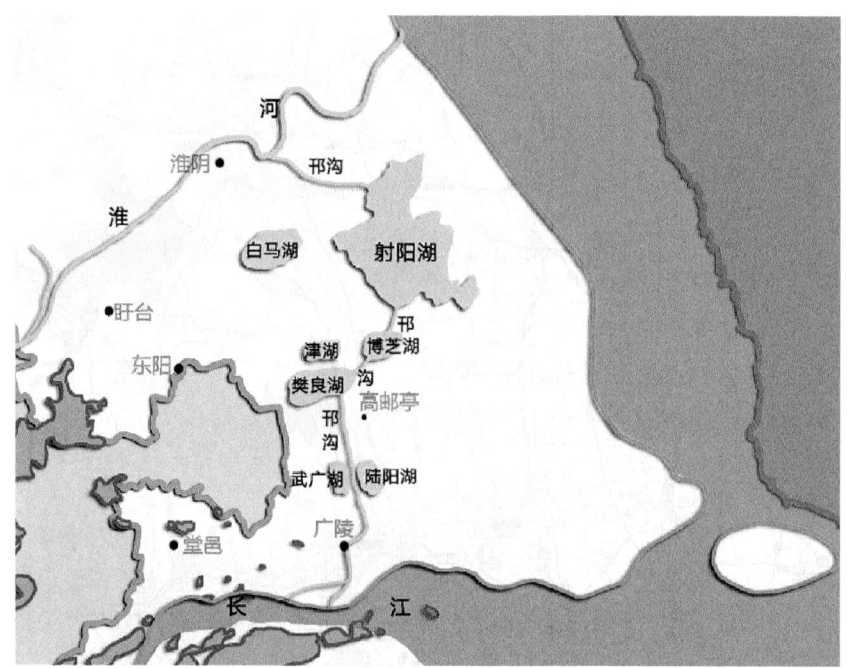

图3.11 秦代江淮东部水系图

资料来源:作者自绘

---

① 《舆地纪胜》
② 《汉书·地理志上》
③ 《后汉书·臧洪传》
④ 黎忠义.江苏射阳湖周围考古调查[J].考古,1964(1):26-29.
⑤ 阮昇之在《南兖州记》中记载:"盐亭百二十三所,县人以渔盐为业,略不耕种,擅利巨海,用致饶沃。公私商运,充实四远。舳舻千计,吴王所以富国强兵而抗汉室也。"
⑥ 盐城市文化局(文物局).盐城市第三次全国文物普查不可移动文物名录[Z].江苏省内部资料.苏出准印(2010)字JSE—1002863
⑦ 江苏省文物管理委员会,南京博物院.江苏盐城三羊墩汉墓清理报告[J].考古,1964(8):393-402.

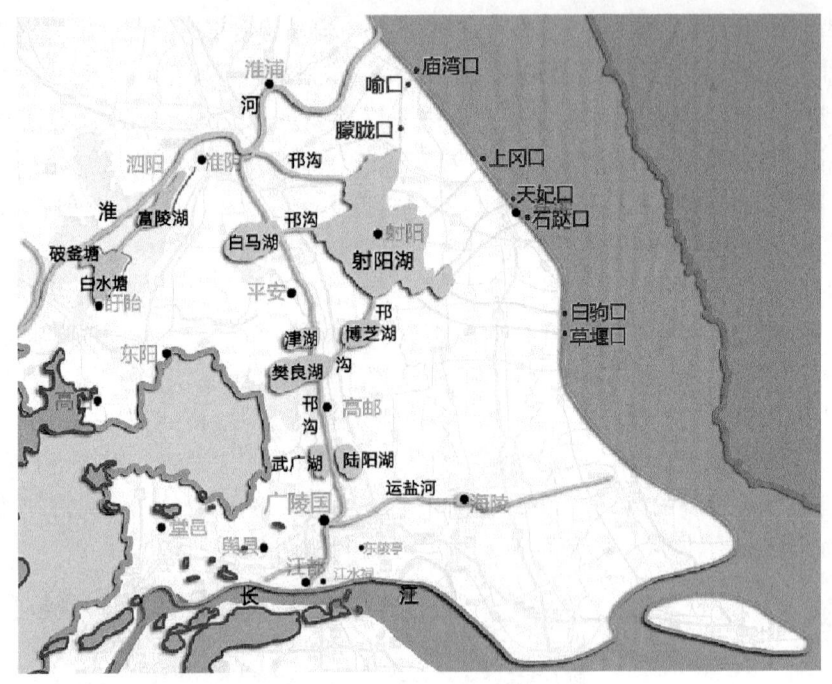

图 3.12　汉末江淮东部水系图
资料来源：作者自绘

3.3.2　道路交通发达促进运西地区的发展

春秋战国时期江淮之间就存在两条主要的陆路干道：一条是善道，南京江北—天长汊涧—盱眙旧铺—穆店—古善道（盱眙城北）过淮至泗洪半城—青阳等地北上；另一条为辅线，为盱眙—东阳城，南达扬州，北至淮阴故城，当时诸侯国常在这一线征战会盟。从泗淮至广陵的交通孔道有东阳、仪征、扬州、江都等城市，沿线发掘大量汉墓，由此可知运西汉代经济文化发展良好，且已有相当的人居密度。

秦统一全国后，修筑以咸阳为中心的全国性交通网络——驰道，范围"东穷燕齐，南极吴楚"①。江淮之间的驰道属东方干道，宽约 50 m，秦始皇曾多次经驰道出巡江淮郡县。秦朝的驰道至汉朝仍被使用，分别形成以长安、洛阳为中心的道路网络，并被修复整理。秦汉时江淮与中央之间的沟通主要是通过广陵与下邳、广陵与九江的连接实现的。三国至南北朝时，江淮处于群雄纷争之中，道路交通并无太大建树，三国孙吴割据江东，东晋偏安江南，均对河道大加利用，挖沟渠、兴水利，与此同时，挖河筑堤，河成路就。南北朝时期随着邗沟的开凿，挖沟所得泥沙堆于沿岸成为道路，江淮初步形成沿邗沟发展的道路，走向为"广陵—高邮—淮阴—凌县（泗阳）—下相"，并于沿岸设驿站相连。秦汉驿传制度分为"亭""邮""驿""传"四种形式②，"亭"除了可供旅客休息外，还兼属地方基层行政建制③，如秦时设有泗

---

① 《汉书·贾山传》
② 大体十里一亭，五里一邮，三十里一驿或一传。
③ 据《汉书·百官公卿表》记载，乡、里、亭是秦汉县之下的地方行政组织，"大率十里一亭，亭有长。十亭一乡。乡有三老、有秩、啬夫、游徼。……县大率方百里，其民稠则减，稀则旷，乡、亭亦如之。皆秦制也。"

水亭、高邮亭,汉代沿邗沟设东陵亭(今宜陵)、南昌亭(今淮阴附近)。

1)南北交通要道促进盱眙地区崛起

至南北朝,江淮间主要水路、陆路交通建设均位于西部地区,交通发达促进了运西盱眙、扬州一线的快速发展。盱眙地处淮河干道,同时也是春秋战国善道的必经之地,因此成为诸侯会盟之地,先后属吴、越、楚统治区域。今盱眙地区最先出现的是东阳城。春秋时,东阳被称为"卑梁",是吴国的边邑,与楚国的钟离接壤,是东阳善道隘线上的古镇重邑。淮河是南北文化的交汇地,亦是南北割据的战争前线。秦末,陈婴于东阳揭竿发起反秦起义;后项梁建都盱眙;刘邦、项羽的反秦义军在淮河东岸休整,并建项王城;三国时,刘备、关羽领兵三万驻扎盱眙,今东阳城、项王城均已进行考古发掘。六朝时期该地区为南北拉锯的"中间地带",战乱频繁,几易其手,但经济社会都有了较大发展。盱眙经济得以发展的原因与优越的生存条件分不开。秦汉时期,淮河下游南岸水网密集,湖泊众多,利于耕种,于是西汉吴王刘濞在东阳境内建立太仓。(见图 3.13)

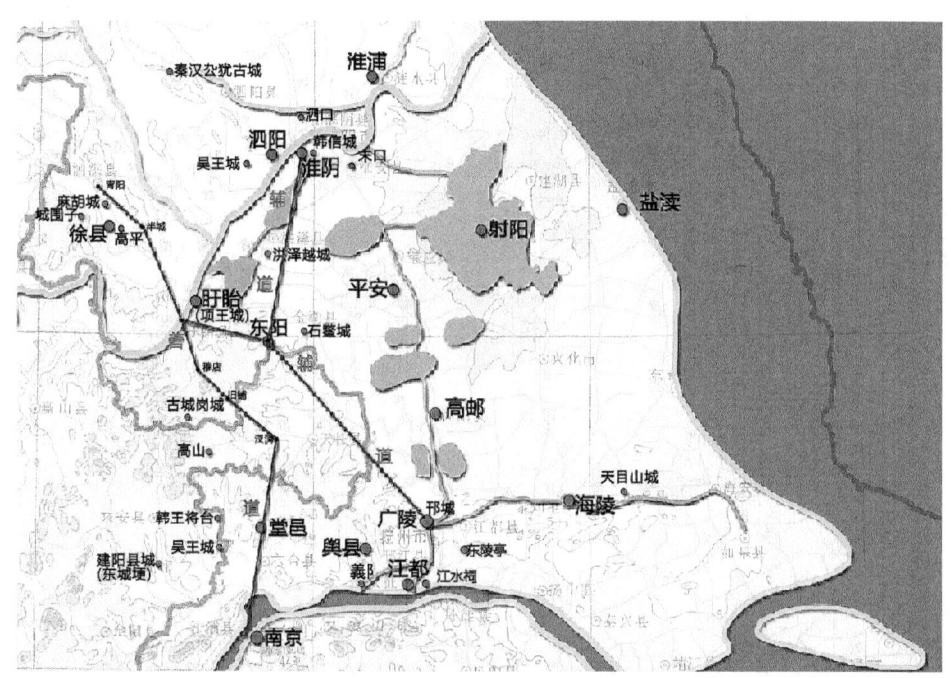

图 3.13 秦汉江淮东部交通示意图

资料来源:作者自绘

2)"山—水—城—陵"一体化格局形成

从顺山集遗址起,江淮先人在择居的时候已充分考虑聚落与周围大山水环境的分布。顺山集东临徐洪河,西靠屏山、峰山、朱山等一系列小山丘,海拔在 50～100 m,东侧、南侧靠 30～50 m 的高地,聚落前有水系经过,形成"山—水—聚落"的大格局,具有藏风纳气之势,是先人在择居时自发而成的生态选择。(见图 3.14)

汉代时,徐州作为帝王故里成为江苏境内最具影响力的城市,江淮之间是两汉王朝重要封地所在。汉代有厚葬习俗,因此各诸侯王国"制同京师",也十分注重陵寝的修建,城市形态完整,形成"山—水—城—陵"一体化的都城格局,盱眙大云山东阳城即为典型代表。

文献对东阳城的记载最早可追溯到秦,位于盱眙县东 30 km 左右,陈婴曾任东阳令史,西汉作为荆王的封国①。东阳城北、城西近淮水,东临运西水系及邗沟,背靠大云山,西北有小云山、青墩山等,南面断续的丘陵岗地,与扬州的蜀冈连接。汉代东阳城位于广陵郡与临淮郡接壤处,位于善道之上。根据考古发掘,东阳城可能短时间做过江都国的国都,清代《宝应图经》记载"楚汉之间为东阳郡,汉时东为县,亦为国"。现存城址形态保存较好,形态依稀可见,小城由东西并列两座城组成,城池皆呈方形,夯筑城墙,遗址面积约 150 万 m²,大城北抵小云山和东阳水库,面积约为小城的 3 倍。东阳城春秋战国时为南北交通的古邑重镇,秦汉时期为东阳县治所在,又被高祖封为侯国,经济文化异常繁荣。汉代有厚葬习俗,因此东阳城周围有多处汉墓群遗址。距城北约 500 m 的大云山已被考古证实为西汉江都王刘非的陵园,平面近似正方形,筑有夯土墙基,墙体直接建于岩基之上,汉代有为守护陵园而置的县邑,由此可见东阳城可能作为江都王陵的园邑而存在。大云山汉墓西南有小云山、青墩山,其中有贵族墓葬,城东南庙塘附近有数以千计的古墓丛葬,墓主多为汉代具有一定社会地位的官僚阶层或中小地主②。(见图 3.15)

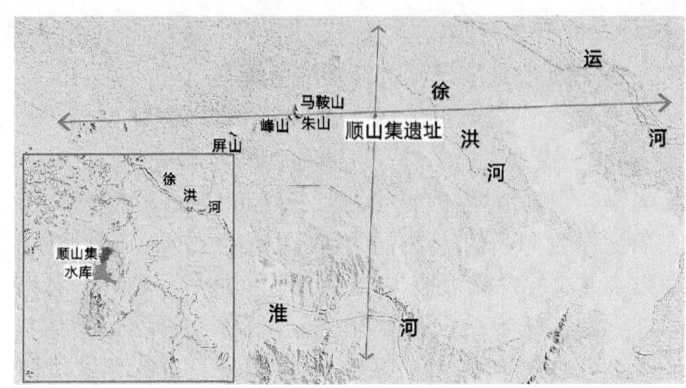

图 3.14 顺山集山水环境示意图

资料来源:作者自绘 底图来自 Global Mapper

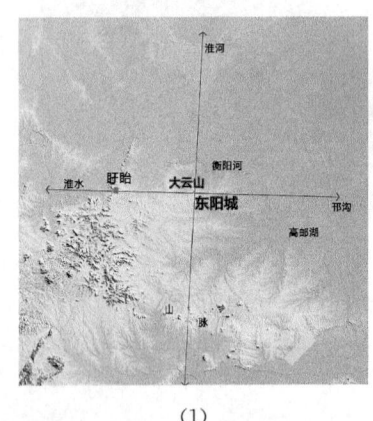

(1)

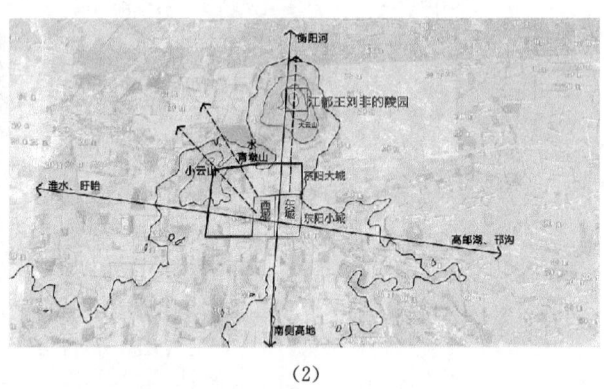

(2)

图 3.15 东阳城山水环境示意图

资料来源:作者自绘 底图来自 Global Mapper 和 Google Earth

---

① 明代顾祖禹在《读史方舆纪要》中记载:"东阳城县东七十里。秦县,陈婴为东阳令史,即此。"《括地志》中有:"东阳故城在楚州盱眙县东七十里,秦东阳城也。"《太平寰宇记》卷十六中记载东阳故城"在县东七十五里……按《史记·项羽纪》注云:'东阳县本属临淮郡,汉明帝分属下邳,后复分属广陵……楚汉之际,曾以为封邑,封刘贾为荆王而东阳即此地也"。

② 南京博物院,盱眙县博物馆.江苏盱眙东阳汉墓群 M30 发掘简报[J].东南文化,2013(6):35-43;邹厚本.江苏盱眙东阳汉墓[J].考古,1979(5):412-426;李则斌.揭开江都王陵盱眙大云山汉墓发掘纪实[J].中国文化遗产,2012(1):74-81.

汉代江淮之间虽无国都,但均是两汉王朝重要封地所在,城市的规模扩大,形成较完整的古代诸侯国都城形态,汉代诸侯王国"制同京师",同为刘姓的诸侯王也十分注重陵寝的修建,因此"山—水—城—陵"一体化的都城格局在汉代的诸侯国已形成。汉广陵城亦是如此,秦汉的广陵城为汉代荆、吴、江、广陵等诸侯王国的国都所在,南临大江,东邻邗沟,北枕蜀冈,北连绵多座小山岗,西仪征—江浦一带多为丘陵山区,具有较好的防御性山水环境。根据南京博物院考古研究所副所长李则斌研究表明,仪征庙山汉墓墓主基本确定为吴王刘濞[①];广陵王刘胥与王后墓葬位于广陵城北45 km的神居山上[②]。可见,秦汉运西地区的刘氏诸侯都城发展已颇具规模,广陵、高邮、东阳、盱眙等地均位于水陆交通孔道,是时该地区开发较好,是江淮的政治、经济、交通的中心。(见图3.16)

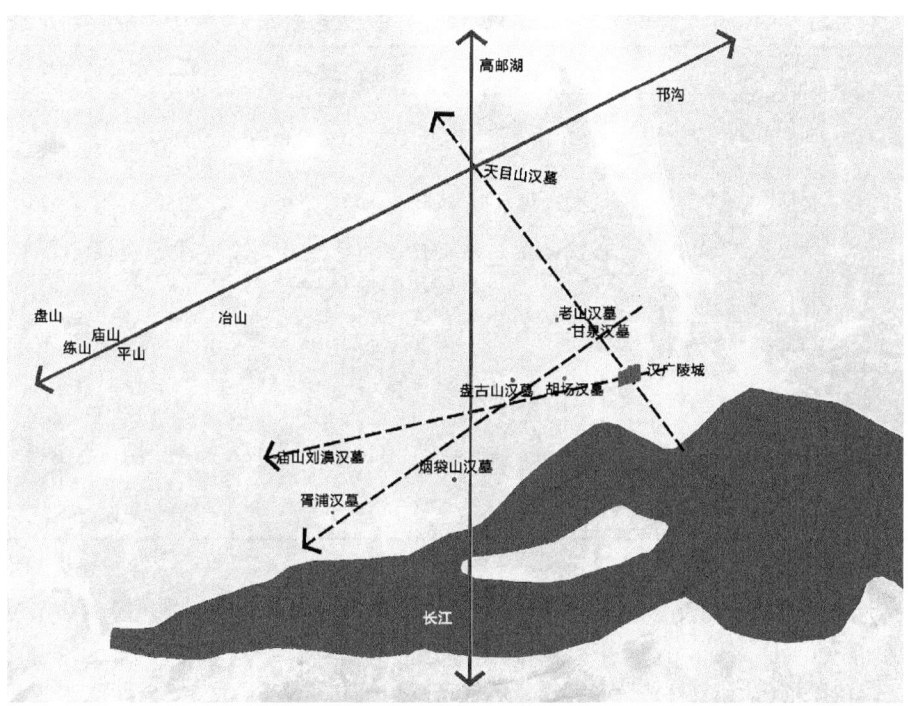

图3.16　汉广陵城山水示意图
资料来源:作者自绘　底图来自Google Earth

3.3.3　经济产业发展逐渐丰富

1) 江淮盐业的初步发展促进了沿海城镇的兴起

秦汉之前,史料中没有明确记载淮盐的生产,但是《管子·地数篇》中的"君以四什之贾,修河济之流。南输梁赵宋卫濮阳"并未提及吴楚之地,说明当时江淮下游地区可能已有海盐生产,但规模一般。秦国仿效管仲实行了"山泽之禁"[③],施行官卖盐铁,采取比齐国更

---

① 李源.创新学习的新思路[N].新华日报,2014-11-10.
② 王冰.高邮天山汉墓墓主考辨[J].文博,1999(2):56-59.
③ 《史记·货殖列传》

加严苛的食盐专卖政策,"田租、口赋、盐铁之利二十倍于古"①,江淮地区的盐业生产在秦专制下受到严格的控制。西汉初年,采纳秦亡的经验教训,刘邦对山海采取放任政策,百姓可自由经营盐铁业。武帝时期再次下令重禁山泽,不允许富商和权贵擅自使用奴隶和流亡人员从事煮盐以致富,实行"盐铁官营",由官府招募平民,提供煮盐场地和煮盐器皿,募民自备生产费用②,产品由官府收购。国家完全控制了盐业的劳动对象、生产过程及流通运销,为平衡国库收支之所需,征税额度更是高达80%。三国至南北朝时期,政权更迭,各个政府都在窥视江淮的盐业经济,并着手在此开发建设③,但政局长期分裂导致盐铁官营贯彻力度不够,在南朝实行放任盐业政策的推动下,盐业官营与私营并存,私营盐业从侧面带动了地区经济的发展,促进城镇出现。(见表3.2)

表3.2 先秦秦汉六朝盐政及管理制度

时间	盐业管理	盐业政策	盐业生产技术	主要产盐地
夏商周		不禁盐	采用直接煮海水成盐的原始生产方式,水平低下,产量较少;陶器为主要的生产工具	青州(今莱州湾)、吴国海盐县附近
春秋战国	管仲"官山海"	盐铁官营		青州、吴国、江淮沿海
秦	"山泽之禁"	盐铁官营		青州、吴国、江淮沿海
西汉	初年:放任政策	盐铁官营		东海郡朐县、临淮郡盐渎县、会稽郡海盐县
	汉武帝:盐铁官营			
东汉	沿袭西汉	废除盐铁专卖,任实行盐官制		
魏晋南北朝	更迭多变	官私盐并举		东海郡郁州、山阳郡盐城县、吴郡海盐、盐官二县

资料来源:作者绘制

江淮地区的盐业经济在吴王刘濞的带领下才正式兴起。刘邦分封刘濞治于广陵,建吴国,吴国由官府出面,招天下游民到东部沿海进行盐业生产④。吴王封地"王三郡五十三城"⑤,管辖东阳郡(治所在下邳,今江苏睢宁西北)、鄣郡(治所在故鄣,今浙江吉安西北)及吴郡(治所在吴县,今江苏苏州),依仗"东有海盐之饶",成为"江东一都会"。主要的产盐地有:盐渎县(今江苏盐城市)、海盐县(今浙江海盐县)及盐官县(今浙江海宁县西南)⑥。吴王刘濞掌控经营从江苏盐城至浙江海盐的盐业,并且迅速富强起来。当时吴国的盐、铜收入

---

① 《汉书·食货志》
② 《史记·平准书》载:"愿募民自给费,因官器作煮盐,官与牢盆。"
③ 《三国志》卷五十四《周瑜传》注引《江表传》:周瑜在"母前定议"中总结了江东六郡(会稽、吴、丹阳、豫章、庐江、庐陵)的优势条件,即"今将军承兄余资,兼六郡之众,兵精粮多,将士用命,铸山为铜,煮海为盐,境内富饶,人不思乱……",说明煮海之利在东吴已经占据了重要的地位,是与曹魏抗衡的重要依托。
④ 《史记·货殖列传》中载:"彭城以东,东海、吴、广陵,此东楚也。其俗类徐、僮。朐、缯以北,俗则齐。浙江南则越。夫吴自阖庐、春申、王濞三人招致天下之喜游子弟,东有海盐之饶,章山之铜,三江、五湖之利,亦江东一都会也。"《史记·吴王濞列传》记录:"吴有豫章郡铜山,即招致天下亡命者盗铸钱,东煮海水为盐,以故无赋,国用饶足。"
⑤ 《史记·吴王濞列传》
⑥ 罗庆康.刘濞煮盐析[J].盐业史研究,1994(4):40-43.

每年约50亿元,三十余年的收入可达1 500亿元,相当于当时汉中央近40年的财政收入①,为吴王日后"七国之乱"提供了雄厚的经济条件。(见图3.17、图3.18)

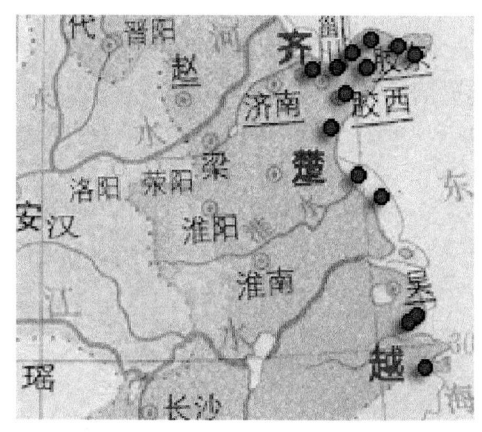

图3.17　春秋战国海盐生产地图
资料来源:作者自绘

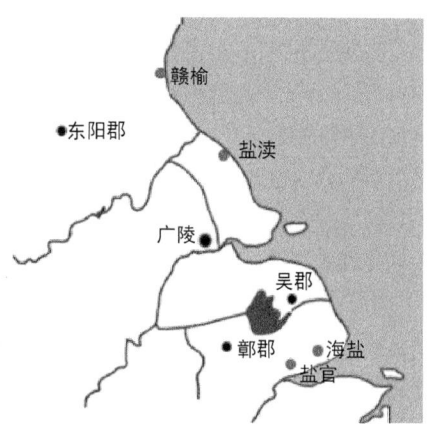

图3.18　西汉吴国海盐生产地图
资料来源:作者自绘

2) 江淮屯田与农业的兴起

秦人继承了传统的重农轻商政策,楚汉之战对江淮农业生产破坏较大。两汉休养生息,吴楚是重要的农业区,徐、扬两地推广铁质农具和牛耕的农作方式②。秦汉江淮地区已开渠引灌,修陂蓄水为农业所用,《京杭运河史》中说樊良湖以北有不少人工渠③,广陵太守马援在扬州一带"兴复陂湖,溉田二万余顷"④。三国时期,曹魏、东吴为军事所需,在长江南北大兴水利,进行军、民屯田。曹魏为"无运粮之劳"把淮河流域建成军用粮饷基地,在淮河流域进行大规模的屯田活动。典农校尉陈登和魏将军邓艾在境内和周边分别修筑破釜塘和白水塘,将淮河水拦蓄到塘中,蓄水以灌溉。邓艾在白水塘(又称白水陂)下约每2.5 km设置一个营区,一个营区60名军士,平时种田,战时参加作战,共设屯营49所,开垦出土地达120万亩,每年收获粮食50万石以上⑤。这一规模很大的屯区被定名为"石鳖屯",主要范围在今江苏盱眙、金湖、宝应、淮安、洪泽五县境内,为了便于对屯田的指挥和粮食的储藏与转运,邓艾又在白水塘东约2.5 km处,筑起一座土城,命名"石鳖城"(今金湖县境内)⑥。三国后期,淮河两岸已是"农官兵田,鸡犬之声,阡陌相属"⑦,可见屯田对江淮农业经济的恢复和发展起到很好的作用。东晋南朝时期,北方流民大量南迁至江淮之间,政府在此设侨居地,大量荒殆的土地以民屯的方式被流民开垦为农田。同时江淮兴修了大量水利工程以

---

① 罗庆康.刘濞煮盐析[J].盐业史研究,1994(4):40-43.
② 汉代应劭的《风俗通义》中述:"牛乃耕农之本,百姓所仰,为用最大,国家之为强弱也。"
③ 姚汉源.京杭运河史[M].北京:中国水利水电出版社,1998:41.
④ 《后汉书·马援传》
⑤ 此处"亩""石"为古代计量单位,与现代的"1亩≈666.66平方米"不一样。
⑥ 《读史方舆纪要》卷二十一《江南三·凤阳府·泗州·盱眙县》中记载:"石鳖城,县西八十里。魏邓艾筑此以营田。白水塘,县西八十五里。阔三十里,周二百五十里。北接山阳,西接泗州盱眙县界,亦曰白水陂,三国魏邓艾所作,与盱眙破釜塘相连,立屯溉田万二千顷。"同书卷二十二《江南四·淮安府·山阳县》中记载:"白水塘在府西南九十里,魏邓艾修此灌田,置四十九处,与盱眙破釜塘相连。"
⑦ 《晋书·食货志》

用来蓄水泄洪、灌溉农田,如欧阳埭(今仪征附近)、邵伯埭(今扬州北)、秦梁埭、三枚埭及镜梁埭,主要集中在扬州附近,南齐齐郡(今六合南)太守刘怀慰"垦废田二百顷决沈湖灌溉"①。南朝时淮南已陂田富饶,"扬部(扬州)有全吴之沃,鱼盐杞梓之利,充仞八方;丝绵布帛之饶,覆衣天下"②。虽然江淮间并没有像江南那样设有"毗陵典农校尉",对农业生产进行统一管理,而是频繁沦为拉锯战场,但由于邗沟的开凿以及江淮丰富的水系资源,农业生产较前世有所发展,土地得以更好地开发利用,主要的屯田区和开垦区位于淮河中下游沿岸、运西的盱眙地区即运河沿岸。

3) 其他手工业的发展

铜铁也是封建时期的稀缺资料,铸造钱币、生产工具及生活用品均需要铜铁,因此铜铁业与盐业地位相同,为官营,在文献中可以看到"官山海""盐铁官营""盐铁官""盐铁论"等记载。江北主要的产铁地有东海郡朐县、彭城国彭城、下邳国下邳、广陵郡堂邑③,冶铁地有徐州利国驿、泗洪小峰山和盐城三平墩等。秦汉时期,江淮东部及太湖平原仍是沮洳沼泽地,停留在"饭稻羹鱼""火耕而水耨"的原始农业阶段,而徐淮地区及扬州地区则"百姓殷盛,谷实甚丰"④,社会稳定、经济繁荣定会促进手工业及商业的大发展,盱眙曾出土汉代木刻星象图⑤,扬州、高邮等地出土多种精细型手工业品,包含金银细作、纺织业、造纸业、制漆业、陶瓷业、酿酒业、造船业等领域的产品。(见图3.19)

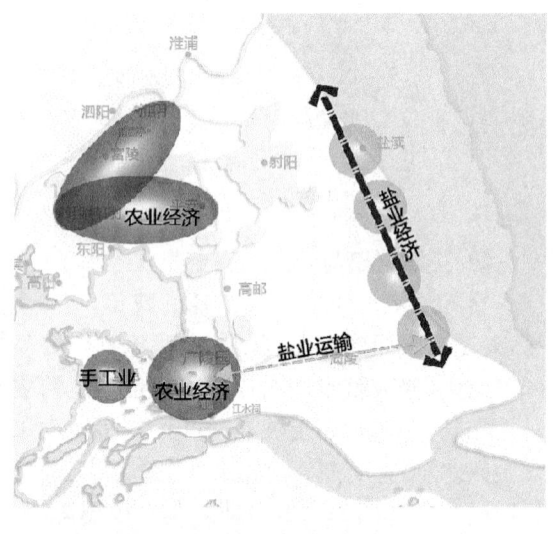

图 3.19　汉代江淮东部经济分布图
资料来源:作者绘制

3.3.4　移民对江淮人口、城镇、意识文化的影响

1) 移民对江淮人口的补充

秦汉之前,江淮地区并不是人口繁庶、文明昌盛之地,从远古时期起便依靠氏族迁徙来补充人口。战国前期,晋国被三分,韩、赵、魏三国的都城从山西动迁至河南、河北,靠近江淮地区;战国后期,楚国都城从江汉平原迁到淮河流域。这种都城的迁徙会伴随着宗族、大臣和国人的迁徙,大量人口从长江中游迁徙至淮河中游。在迁徙的过程中必定有大量的"亡人"流亡、被俘或招诱到江淮地区。秦灭六国后,楚、魏等国的流亡人士迁至沛、丰地区,如汉高祖刘邦的祖父即从魏都大梁(今河南开封)迁至丰(今江苏丰县)⑥,这些移民对后来江淮地区

---

① 《册府元龟》卷六百七十八。
② 《宋书·沈昙庆传》。
③ 《续汉书·郡国志》。
④ 《后汉书·陶谦传》。
⑤ 邹厚本. 江苏盱眙东阳汉墓[J]. 考古,1979(5):412-426.
⑥ 《汉书》卷一《高帝纪第一下》:"秦灭魏,迁大梁,都于丰,故周市说雍齿曰:'丰,故梁徙也。'是以颂高祖云:'汉帝本系,出自唐帝。降及于周,在秦作刘。涉魏而东,遂为丰公。'丰公,盖太上皇父。其迁日浅,坟墓在丰鲜焉。"

的开发起到一定作用。(见图3.20)

西汉南北方的移民对江淮的人口增长起到重要作用,惠帝刘盈曾组织4万人迁徙江淮间,汉武帝于建元三年(前138)和元封元年(前110)迁东瓯、闽越等地数万人民于江淮之间[①]。同时淮南各地诸侯王为了与朝廷对抗,招拢谋略之士、文人学者乃至流亡之徒到自己的封地,吸收大量的外来人口,以至江淮人口大增,泗水、临淮、广陵的人口密度分别为42.5人/km²、40人/km²和22.3人/km²,呈现北多南少的局面,这与人口总体分布趋势相吻合。西汉末年战乱四起,导致江淮人口下降,东汉永和五年(140)是当时人口高峰期,江淮人口反而下降了32.5%。两汉时期,今江苏境内淮北人口始终占据绝对密集,江淮人口居中,但从表3.4中可见江北的人口总数及人口密度

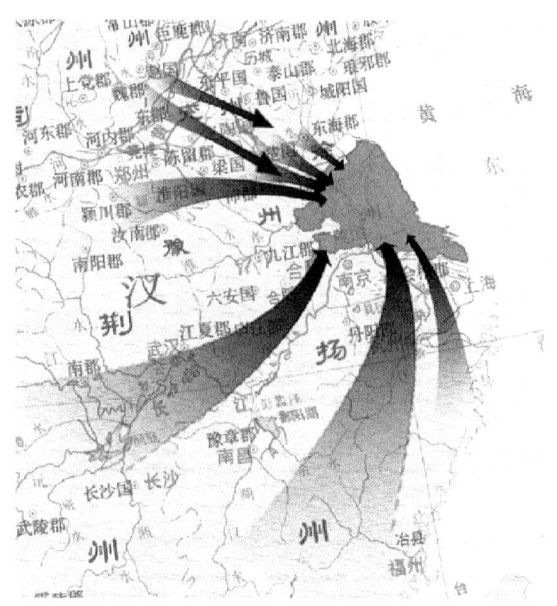

图3.20 秦汉江淮东部人口迁徙示意图
资料来源:作者绘制

已明显下降,说明汉魏时期江淮人口已开始外流,开发放缓,虽然江南大部分地区尚未开发,但是人口明显增长。三国时江淮成为争霸战场,约十余万户江淮人口南迁至吴(苏州)、江西、合肥等地,人口降至6.74人/km²,此时南北方人口出现大逆转,江南人口迅速上涨,达35.32人/km²,近江淮地区的6倍。徐淮地区也有大批世族、土豪及百姓纷纷迁至江南,人口降至苏南的三分之一,约11.75人/km²。西汉与三国时,移民属避难性质,随着中央集权的巩固,南迁的贵族士大夫纷纷返回原籍,仅有少数百姓流民贪图南方较好的生存条件而定居下来。真正对江淮地区人口乃至政治、经济、文化产生影响的是东晋时期侨州、侨郡及侨县的设立。南朝宋时,南兖州地区人口约15.9万,上升了74.7%,虽然个别郡文献佚失,数据有失偏颇,但仍可反映人口大的发展趋势,从而推测当时江淮区域的开发程度。(见表3.3、表3.4、图3.21)

秦汉时期江淮地区人口数量总体呈逐渐下降趋势,直至南宋侨郡的设置人口数量才回升,江淮北部靠近淮河流域的人口密度高于南部近海近江地区的密度,可见秦汉时期延续夏商周时期的发展格局,仍是近中原、近淮河地区开发程度较高,此时运河的作用并未凸显出来。

表3.3 两汉、西晋、南朝宋研究部分所涉各州、郡的人口分布情况

		广陵国	临淮郡	泗水国	九江郡	下邳国	淮南郡
西汉元始二年(2)	面积(万 km²)	0.63	3.09	0.28	2.29		
	人口[1](人)	140 722	1 237 764	119 114	780 525		
	密度(人/km²)	22.34	40.06	42.54	34.08		

---

① 葛剑雄.中国人口史(第一册)[M].上海:复旦大学出版社,2005:339.

续表 3.3

		广陵国	临淮郡	泗水国	九江郡	下邳国	淮南郡
东汉永和五年(140)	面积(万 km²)	2.73			2.32	1.97	
	人口²(人)	410 190			432 426	611 083	
	密度(人/km²)	15.03			18.64	31.02	
西晋太康三年(282)		广陵国	临淮郡	泗水国	九江郡	下邳国	淮南郡
	面积(万 km²)	2.43	1.07				2.95
	人口³(人)	58 080	33 000				220 440
	密度(人/km²)	2.39	3.08				7.47
南朝宋大明八年(464)		广陵郡	海陵郡	山阳郡	盱眙郡	秦郡	南兖州(总)
	面积(万 km²)						3.55
	人口⁴(人)	45 613	21 660	22 470	6 825	15 396	159 362
	密度(人/km²)						4.49

资料来源:作者自绘

注:为了确保人口密度的准确性,本表按照郡、州的完整的行政区划来计算面积,人口按照全郡、全州的全部人口来计算;行政区域面积根据中国历史地理信息系统(CHGIS,复旦大学历史地理研究中心,2003 年 6 月)所得。

人口数据来源:

1.《汉书·地理志第八上》《汉书·地理志第八下》。
2.《续汉书·郡国志》。
3.《晋书·地理志》。广陵郡共 8 800 户,人口按照 1∶6.6 计算,共 58 080 人;临淮郡共 10 000 户,共 33 000 人;扬州淮南郡共 33 400 户,共 220 440 人。
4.《宋书·州郡志》。其中有些侨郡没有具体记载人口数,如北淮阳、北济阴、北下邳等,南兖州总人口为159 362 人。

表 3.4 两汉、西晋、南朝宋今江苏江淮境内人口分布情况　　　　　　　　　　单位:万人

西汉元始二年(2)	广陵国	临淮郡	泗水国	九江郡	下邳国	淮南郡	总⁶(万)	增降率(%)
	14.1	64.0¹	4.0²				82.1	
东汉永和五年(140)	广陵国	临淮郡	泗水国	九江郡	下邳国	淮南郡	总⁶(万)	增降率(%)
	41.0				14.4³		55.4	−32.5
西晋太康三年(282)	广陵国	临淮郡	泗水国	九江郡	下邳国	淮南郡	总⁶(万)	增降率(%)
	5.8	3.3⁴					9.1	−83.6
南朝宋大明八年(464)	广陵郡	海陵郡	山阳郡	盱眙郡	秦郡	南兖州⁵	南兖州总⁵	增降率(%)
	4.6	2.2	2.2	0.7	1.5	约 4.7	15.9	74.7

资料来源:作者自绘

注:人口指今江苏境内郡、州人口。调整和计算方法:根据《中国历史地图集》查找今江苏境内的郡、州、县,计算郡、州每县的平均户数、人口数,计算在今江苏境内的县数、户数、人口数。

1. 西汉临淮郡共 29 个县,总人口为 1 237 764 人,其中在研究范围内的有 15 个县,故今研究范围的人口约为 640 223 人。
2. 泗水国共 3 个县,总人口为 119 114 人,其中在研究范围内的为泗阳县,故研究范围内的人口约为 39 705 人。
3. 东汉下邳国共 17 个县,人口共 611 083,根据谭其骧的地图集在研究范围内的有 4 个县,故在研究范围内的人口有 143 784 人。
4. 西晋临淮郡共 10 个县,在研究范围内的有 5 个县,共 33 000 人。
5. 其中有些侨郡没有具体记载人口数,如北淮阳、北济阴、北下邳等,南兖州总人口为 159 362 人。
6. 由于该阶段郡县行政范围变化较大,故不对各个郡的人口增降率进行比较,只对整个研究范围内的人口增降率进行计算。

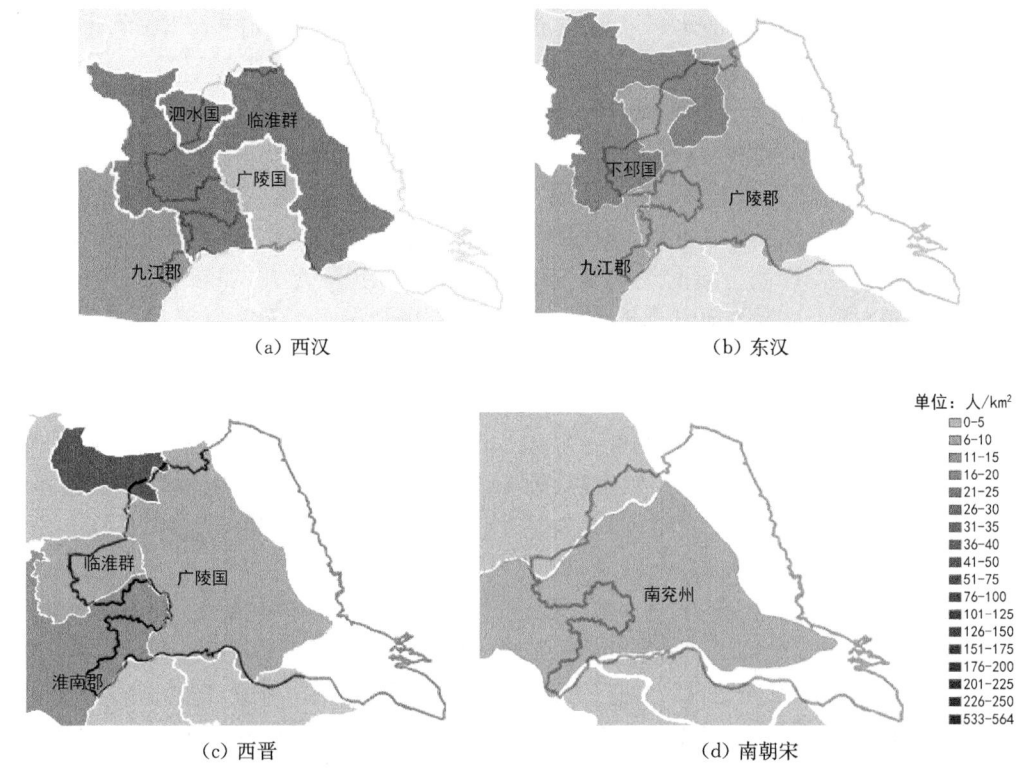

图 3.21 两汉、西晋、南朝宋江淮东部人口密度图

资料来源：作者绘制，行政范围根据中国历史地理信息系统(CHGIS,复旦大学历史地理研究中心,2003年6月)绘制。

2) 南北朝时期侨民安置地的建立

永嘉之乱爆发后，中原汉族政权遭到驱逐，大批晋朝的皇宗贵族、文武百官、世家豪族纷纷迁至江淮及江南地区，人民四处流散，西至巴蜀、襄阳，东至余杭、会稽，南至长沙、珠海等地均有流民踪迹。六朝定都建康，其邻近地区社会稳定，成为吸纳侨民的最佳地，建康、京口、广陵等成为流民聚居中心。随着移民活动的持续，江淮地区的移民聚居点增多。政府在安置流民时利用北方人笃于亲情、重视宗族的特点，以宗族或乡里为单位进行集体迁移，在乔迁新地仍保持集团的完整性，如东广州、北徐州、北兖州等，既延续宗族观念和乡土之情，又利于保持聚落内部稳定。侨置州郡为流民提供安居治业之地，同时移民也传播先进的生产技术和生活方式，如水利修建、牛耕技术等，促进原本自然环境恶劣、经济文化落后、生活方式野蛮的江淮地区恢复和发展生产。

江淮侨民聚居点虽不及建康多，但是南北朝国境边界不断南移，江淮地处国境地域，是北人南迁的第一站。淮河水系分支发达，江淮之间又有邗沟相通，因此北方移民大多通过汴、泗、沂、沭水系及邗沟等主要水路，辅助以陆路南下定居。南北朝江淮间的侨置州郡有51座[①]，主要分布于广陵、高邮、海陵、江阳(海安一带)、堂邑、瓜步(六合东南瓜埠山)、三阿(金湖东

[①] 《中国移民史》(第二卷)第391-394页表10-3：(南)兖州(广陵郡境)、徐州、青州、北(南)沛郡冀州、并州、平州、北济阴郡、北淮阳郡、平原郡、东平郡、辽西郡、雁门郡、北下邳郡、东莞郡、新平郡、北陈留郡、秦郡、齐郡、幽州、兖州(山阳境)、阳平郡、山阳郡、义昌郡、兖州(淮阴境)、(北)兖州、青州、高平郡、东平郡、北兰陵郡、(南)兖州(盱眙境)、(北)兖州、鲁郡、高密国、高平郡、东平郡、秦山郡、(北)东海郡、济北郡、淮阳郡、上党郡、司州、高平郡。

南）、山阳、淮阴、盱眙、涟口（涟水）、淮阳（淮阴西）、徐（泗洪）、下邳、如皋、江都等地，主要沿江、沿运、沿海分布，几乎遍布江淮各地，使邗沟沿线、沿海地区都得到了开发。

3) 移民对秦汉江淮文化的影响

先秦时期在学术上推崇"百家争鸣"，汉代独尊儒术。秦汉社会意识形态主要受士族的影响，江淮地区的名门望族主要集中在淮北的丰、沛等地，由于接近齐鲁，学者也主要聚居于此。两汉江淮间形成了官宦世族，西汉的陈婴，东汉的陈亹、陈球、陈珪、陈登所形成的陈氏家族①，皆是影响江淮政局的重要人物，同时对江淮建设贡献颇大，如陈登曾修建多项水利工程于邗沟以西。世族的地方垄断地位与选举制有密切关系。秦朝以前，我国选拔官员的方式主要是"世卿世禄"制度。汉以后主要采用察举制度，需要通过官僚、名士、世家大族的举荐，才可入仕当官。因此东汉末年，士族地主阶级已经垄断了仕途，士族完全占领了上层建筑，并控制了社会的意识形态和舆论导向。江淮间汉代被荐举的人数为21人，占今江苏省范围的26%②，主要集中于广陵、淮阴、射阳、淮浦等地。由于江淮间儒学世家并不多，一些地方集团以军政为官，而非儒学，尤其是江淮东部，地势低洼，湖沼众多，农业不发达，记载的人物多是军功重臣，如臧旻、臧洪等③。

吴魏角逐于江淮间使该地区几乎荒废，大批望族武将被迫迁至江南④。南北朝时期，国界从黄河南推至淮北、江北，江淮一直位于国境地域，北方各阶层人士不断涌入江淮，情况更为复杂。六朝时江南已大肆开发，政局稳定，南迁的儒学世家定会选择江南定居为官，对江淮文化影响很小。选择聚居于江淮的多为本地土著、南迁的平民和军事豪强，江淮东部地区被这些军事豪强拉锯控制，直至隋代统一才结束混战。在这样的局面下，南北朝时期，江淮社会文风越来越弱，三国至南北朝时期，整个江淮被荐举20人，占江苏总人数的8%，整个社会的学术中心已移至江东地区(苏南共荐举156人，占63.7%)⑤，江淮尚武愈演愈烈，社会全面军事化。

另外，文学方面，汉代在《楚辞》的基础上发展了汉赋，淮阴人枚乘所著《七发》为汉赋形成之开篇；"建安七子"之一的陈琳，为广陵射阳人；曾做过江都相的董仲舒，提出"正谊明道"的思想主张，并"罢黜百家，独尊儒术"，将汉文化传至扬州。

宗教方面，广陵、郁州、盱眙、高邮、仪征、海陵等都成为道教的发展基地⑥。早期江淮东部道教带有神仙巫术色彩，后来才逐渐发展为对人物的纪念以及对生活的祈福。汉广陵县东陵亭建有东陵圣母祠，供奉道仙姑杜姜，以盼祥瑞之兆；邗沟与长江的交汇处建有江水

---

① 陈亹，官至广汉太守。陈球，为陈亹之子。"陈球字伯真，……少涉儒学，善律令"(《后汉书》)，历任光禄大夫、永乐少府，官至太尉。陈珪，陈球的侄儿，与陈瑀(陈球长子，吴郡太守、安东将军)、陈琮(陈球次子，汝阴太守)为兄弟，三国名士，吕布之沛相。陈登，陈珪之子，"登忠亮高爽，沈深有大略，少有扶世济民之志。博览载籍，雅有文艺，旧典文章，莫不贯综。年二十五，举孝廉，除东阳长，养养育孤，视民如伤。是时，世荒民饥，州牧陶谦表登为典农校尉，乃巡土田之宜，尽凿溉之利，粳稻丰积"(《三国志·魏书》)。陈骄，陈登下属，后代在魏晋中央做官。
② 笔者根据《江苏省通志稿5·选举志》中秦汉选举人数统计。
③ 臧旻为臧洪之父，曾任匈奴中郎将、中山太守、太原太守；臧洪，汉末群雄之一，为人雄气壮节。(《三国志》)
④ "华谭，字令思，广陵人也。祖融，吴左将军、录尚书事。父谞，吴黄门郎"(《晋书》卷五十二)；"戴若思，广陵人也，名犯高祖庙讳。祖烈，吴左将军。父昌，会稽太守"(《晋书》卷六十九)；"高崧，字茂琰，广陵人也。……元帝嘉而宥之，以为参军，遂历显位，至丹阳尹、光禄大夫，封建昌伯"(《晋书》卷七十一)。可见三人均是广陵人，均为官于江南。
⑤ 笔者根据《江苏省通志稿5·选举志》中秦汉选举人数统计。
⑥ 周运中. 苏皖历史文化地理[D]. 上海：复旦大学，2010：71-73.

祠,长江与黄海之汇处建有江海会祠[①],西南山地海陵建有孤山神祠,道教名山洪泽老子山,均是百姓对于自然的一种敬畏,祈求自然力量庇佑的表现。道教盛行与民间儒学不发达有关,百姓信奉方术仙道。西汉末年佛教进入中国,东汉时已经颇具气候。南北朝时期,六合、广陵等地均有高僧布道[②],因此最迟南北朝时,江淮地区的宗教信仰表现为佛、道并存。

3.4 本章小结

秦汉时期,全国的经济文化中心仍在渭、洛之间的黄河流域,由于地理邻近,故江苏淮北地区较为发达。西晋南迁为后来全国经济中心向江南迁移奠定基础,江苏的发展逐渐呈现南盛北衰的趋势。江淮东部处于南北方的过渡地带,多次沦为南北对抗政权的战场,无论政权范围、城市密度、人口分布等均出现多次更迭与变化,区域整体发展仍处于初步阶段。东汉末年、西晋末年两次北方人口大规模南迁,对江淮东部的经济技术、社会文化的进步产生巨大影响。

江淮东部地区因自然资源不同而出现经济产业区域分化,江淮从西汉开始成为关系国家经济命脉和百姓生活的重要物产地:沿海地区以海盐生产为主;西北部的盱眙一带因兴修水利和军事屯田而以农业生产为主;扬州作为北方移民的主要侨居地,又邻近南朝政治中心建康,居民多是上层士族,因此以精细型手工业为主。经济产业的全面发展带动了广陵、淮阴、盱眙、盐城等主要城市的出现。广陵晋升为江淮区域经济文化的中心以及南北漕运、沟通江运、商货集散和商旅往来的重镇,邗沟沿线出现一批农商交易城镇,如东阳、海陵、平安等。随着侨州郡的安置,城镇逐渐向东部沿海地区发展,在东台、海安、如皋等地建设多处侨郡;南北朝时期开始注重东南沿海的建设,这也是该地区海盐业繁荣发展的一种体现。随着战祸的屠戮,南朝末年江淮城市几近毁灭,扬州已成"芜城"。

---

① 《汉书·地理志》中记载:"广陵国。……江都,有江水祠。渠水首受江,北至射阳入湖";"临淮郡。……海陵,有江海会祠"。
② 周运中. 苏皖历史文化地理[D]. 上海:复旦大学,2010. 参照第66页表3-1. 原表格根据严耕望. 魏晋南北朝佛教地理稿[M]. 上海:上海古籍出版社,2007. 简要整理所得。

4 隋唐宋江淮东部快速发展与城镇体系基本形成

隋唐时期,江淮东部地区因依托江淮经济圈而得以快速发展,这也是该地区发展最为迅速的历史时期。隋唐大运河的开凿使其成为沟通南北的重要枢纽,扬州扼据江、海、运三大水系,淮安则位于淮、运、泗等多条河流的交汇处,二者既是大运河的重要枢纽,也是江淮东部的南北门户、交通要津。

宋代人工水系进一步向东开凿,沿海串场河随着范公堤的修筑而形成,里下河地区新开凿高邮—盐城、泰州—东台的运盐河,东西向水系增多,"两纵多横"江淮东部水网初步形成。随着闸坝等工程的修建,水网运转得到有效控制,使海盐经济和漕运形成连接,整个地区的封建经济随着水网的形成而得到快速发展。沿水系而大建市镇,沿运市镇主要因漕运商贸和闸坝兴修而建立,沿海地区形成多处盐业聚落,里下河市镇逐渐增多,沿东西向河道分布,多为交通运输的节点。

4.1 隋唐宋江淮东部行政区划及建置沿革

隋初(583)行政区划分为州、县二级,607年后改为郡、县二级制。隋代江淮东部地区隶属于江都郡和历阳郡,下辖江阳、江都、高邮、安宜、山阳、盱眙、盐城、六合、海陵、宁海10县。唐代形成体系调整为"道—府、州—县"三级。"道"是唐太宗根据山川形势所设置的,起初与刺史部一样是作为区域的监察区,后逐渐成为州之上的行政单位。唐代江淮东部隶属淮南道的楚州、扬州与和州,并增加扬子、海安、淮阴3县,共计3州12县。

唐王朝覆灭后,中国再次进入割据时代,江苏此时也出现分裂局面。徐州地区先后隶属中原五代,苏州部分地区隶属吴越,江淮之间的楚州、泗州、扬州、泰州、通州,包括淮北的海州,江南的升州、润州、常州、江阴军等先后被杨吴、南唐所占领。"息兵安民"的国策促进南唐江淮经济文化的繁荣发展,但忽略军队实力的建设,最终被后周所灭(951)。五代十国的分割局面为宋朝强化中央集权提供了历史借鉴。五代十国时期,江淮内部分割成多个州。杨吴时建都扬州(892),升为江都府;南唐以金陵为都(940),领楚州、泗州、泰州、江都府、静海制置院(海陵县东境);后周(958)与南唐划江而置,并在沿江沿海处增设通州和海门县,这是南通地区建置之滥觞。隋唐五代是江淮区域形成的转折点,唐淮南道的设置奠定了江淮东部行政区划的完善,南通地区设置州治进行管理,标志江淮东部主要城市格局基本形成。

两宋时期江淮的行政区在后周的基础上更加细化。北宋(960—1127)初年沿袭唐制,淳化五年(994)改道为路,宋代的路具有行政区划性质。宋代行政区划实行"路—府、州(军、监)—县(军、监)"的体系。北宋时期(1111)今江苏江淮大部分归属淮南东路,领楚州、扬州、泰州、泗州、真州、通州、高邮军,总辖 15 县(江都、山阳、盐城、淮阴、宝应、海陵、如皋、兴化、泰兴、盱眙、扬子、六合、静海、海门、高邮)。宋金对峙时期,划淮河而治,金人占据淮北,泗州以淮河为界(1142),另划分盱眙军,归属南宋。南宋时期,高邮军和扬州的面积较北宋有所扩大,均向东延伸。其余行政建制变化不大。宋代军的设置一般会考虑军事地理、人口数量等因素,宋代高邮军、盱眙军的设立及域土的扩大说明二者地理位置的重要性——均位于运河沿线,其次说明二者的开发已颇具规模。(见表 4.1,图 4.1～图 4.4)

表 4.1 隋唐宋江淮东部郡县区划及建置表

时间	道(治所)	郡、州、军	县(粗体为本研究范围内的县)
隋代 (607)		江都郡(江都)	江阳、**江都**、**高邮**、安宜、山阳、**盱眙**、**盐城**、**六合**、**海陵**、宁海
		历阳郡	**今浦口一带**
唐代 (741)	淮南道 (治扬州)	楚州(山阳)	山阳、**盐城**、安宜、淮阴、**盱眙**
		扬州(江都)	**江都**、江阳、**六合**、**海陵**、**高邮**、扬子、海安
		和州(和州)	**今浦口一带**
北宋 (1111)	淮南东路 (扬州)	扬州(江都)	**江都**、天长
		楚州(山阳)	山阳、**盐城**、淮阴、**宝应**、涟水
		泰州(海陵)	**海陵**、**如皋**、**兴化**、**泰兴**
		泗州(盱眙)	**盱眙**、临淮
		真州(扬子)	**扬子**、**六合**
		通州(静海)	**静海**、**海门**
		高邮军(高邮)	**高邮**
	淮南西路 (寿州)	和州(历阳)	**今浦口一带(汤泉镇、高望镇)**
南宋 (1208)	淮南东路 (扬州)	扬州(江都)	**江都**、**泰兴**
		楚州(山阳)	山阳、**盐城**、淮阴、**宝应**、清河(咸淳九年,1273)
		泰州(泰州)	**泰州**、**如皋**
		盱眙军	**盱眙**、天长
		真州(扬子)	**扬子**、**六合**
		通州(静海)	**静海**、**海门**
		高邮军(高邮)	**高邮**、**兴化**
	淮南西路 (庐州)	和州(历阳)	**今浦口一带(汤泉镇、高望镇)**

来源:作者自制,根据《江苏省志·地理志》第 26～44 页和《中国历史地图集》(谭其骧主编)结合总结。

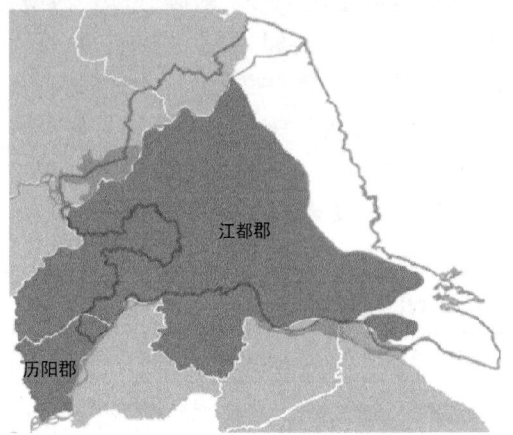

图 4.1　隋代行政区划图(607 年)
资料来源:作者自制,行政范围根据中国历史地理信息系统(CHGIS,复旦大学历史地理研究中心 2003 年 6 月)绘制。

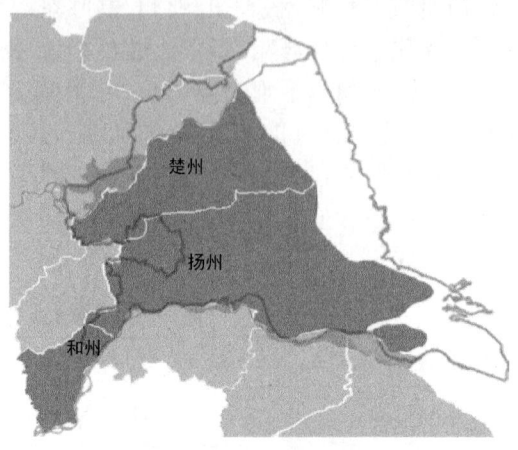

图 4.2　唐代行政区划图(741 年)
资料来源:作者自制,行政范围根据中国历史地理信息系统(CHGIS,复旦大学历史地理研究中心 2003 年 6 月)绘制。

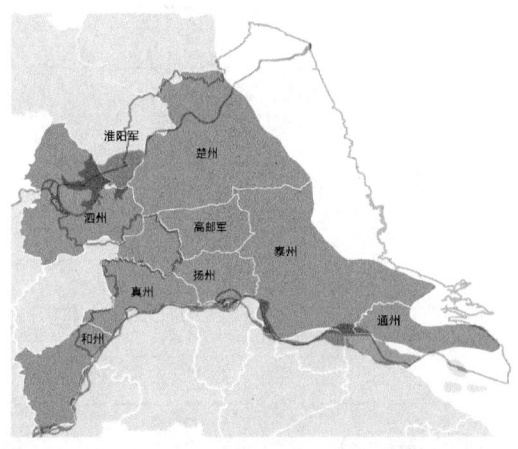

图 4.3　北宋行政区划图(1111 年)
资料来源:作者自制,行政范围根据中国历史地理信息系统(CHGIS,复旦大学历史地理研究中心 2003 年 6 月)绘制。

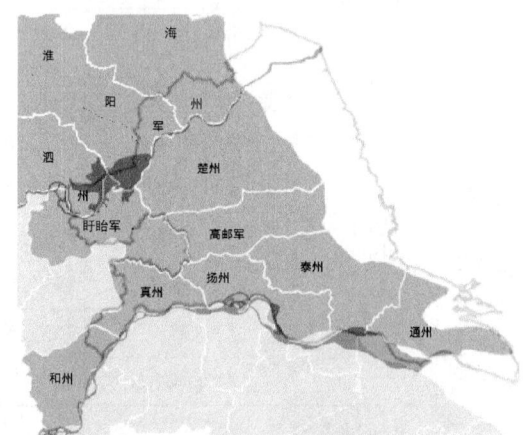

图 4.4　南宋行政区划图(1208 年)
资料来源:作者自制,行政范围根据中国历史地理信息系统(CHGIS,复旦大学历史地理研究中心 2003 年 6 月)绘制。

4.2　隋唐宋江淮东部城镇的分布、密度及发展情况

4.2.1　城镇的空间分布与密度

隋代以后江淮城镇密度保持持续上升的趋势,宋之前市镇体系并未完全形成,城镇的密度较低。隋、唐二朝城镇密度分别为 3.4×10^{-4} 个$/km^2$ 和 4×10^{-4} 个$/km^2$,宋代以后,激增为 20.2×10^{-4} 个$/km^2$,唐以后江淮城市的平均距离始终保持在 50.5 km 左右。随着水陆交通和地方商品经济的发展,中唐后期江淮东部出现草市,草市被视作中国小城镇的前身,

对城镇体系有很大影响。北宋城市内部打破了坊、市的界线,促使商品经济发展加快,城市周围及城市外部兴建大量草市,草市多位于城乡交通要道,是农村商品交换与集散的中心,这些农村集镇后逐渐演变为市镇。根据傅崇文的研究,宋代江淮间镇共51个,市共32个[①];高邮军市镇密度最高,为45.8×10^{-4}个/km²;其次为真、扬二州,分别为33.3×10^{-4}个/km²、32.4×10^{-4}个/km²;楚州的市镇数量最多,共23个,由于宋代所辖面积大,因此密度不高,为22.8×10^{-4}个/km²。分摊到各县,高邮、江都、临淮、盱眙、淮阴、宝应、六合的市镇个数均超过5个。由此可见,宋代江淮市镇明显呈沿运发展的趋势,说明漕运促使沿岸城乡市场商品流通日益活跃,使城镇间经济功能得到强化。另外,通州的地理位置偏僻,两宋时期少受江淮战争侵扰,又因渔盐之利,社会经济环境相对安定,因此城镇的密度远高于沿海的其他地区,为28×10^{-4}个/km²。(见表4.2、图4.5、图4.6)

表4.2 北宋崇宁元年(1102)江淮东部城市密度表

	楚州	泗州	扬州	泰州	高邮军	真州	通州	和州
面积(万 km²)	1.01	0.66	0.37	1.00	0.24	0.27	0.25	0.34
数量(个)	23	13	12	6	11	9	7	2
密度(个/km²)	22.8×10^{-4}	19.7×10^{-4}	32.4×10^{-4}	6×10^{-4}	45.8×10^{-4}	33.3×10^{-4}	28×10^{-4}	5.9×10^{-4}

资料来源:作者自绘,面积根据中国历史地理信息系统(CHGIS,复旦大学历史地理研究中心2003年6月)计算,城镇数量根据《江苏省志·地理志》第26~44页和《中国历史地图集》(谭其骧主编)结合总结。

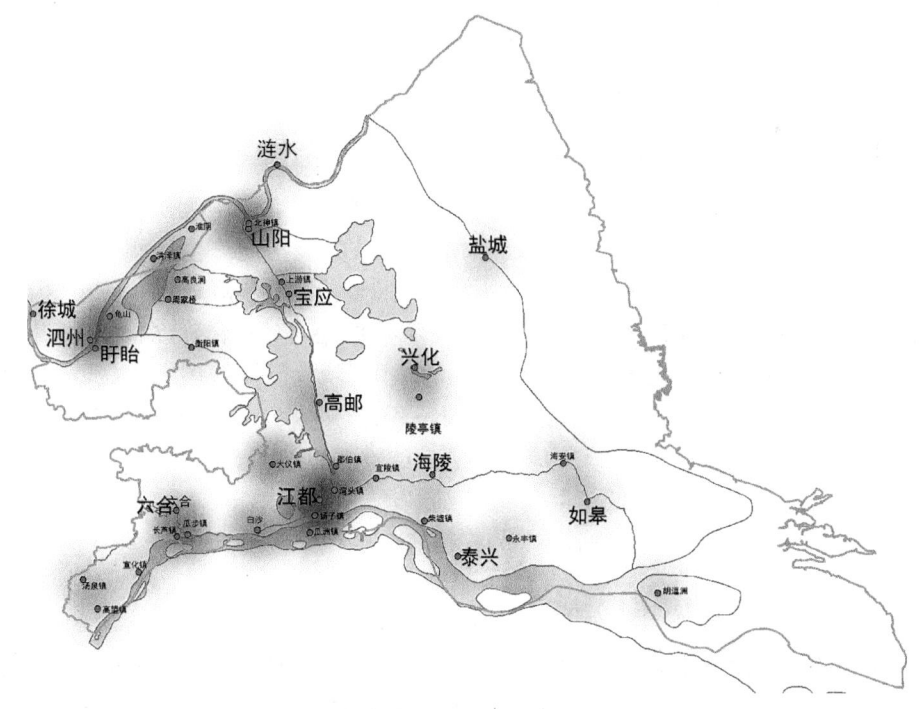

图4.5 唐代江淮东部城镇分布密度图

---

① 傅宗文.宋代草市镇研究[M].福州:福建人民出版社,1989:419-423.

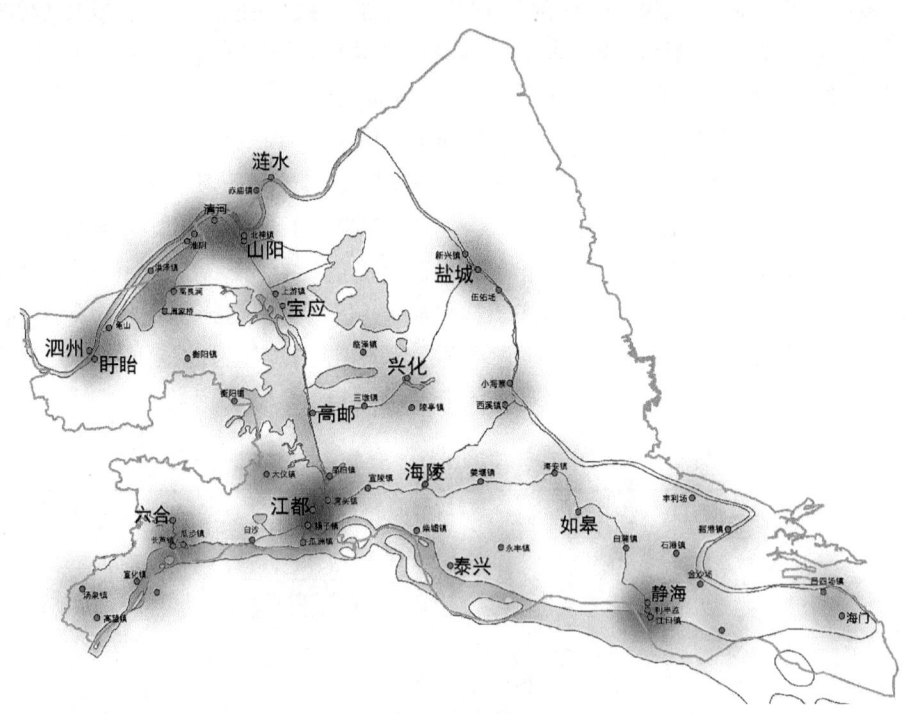

图 4.6 宋代江淮东部城镇分布密度图

图 4.5～图 4.6 资料来源：作者根据中国历史地理信息系统(CHGIS，复旦大学历史地理研究中心 2003 年 6 月)绘制城镇变迁，并通过 ArcGIS 进行分析。

4.2.2 具有经济意义的城镇网络初步形成

唐代草市自发形成预示着城镇逐渐具有了经济特性，宋代江淮东部城镇以水陆交通为纽带，逐渐形成不同层级的具有经济意义的城镇群体网络。第一层级是区域的核心网络，江淮东部地区以扬州作为区域的核心，扬州承担着区域的城镇网络主体作用，与其他经济区的中心城发展直接联系。楚州作为州城，处于交通要道，具有相当规模的市区，人口众多，商品经济繁荣，是该区域北部的经济中心和政治中心，因此作为等级略低于扬州的次中心城出现。第二层级是具有地方经济中心性质的副中心城，以县级城市为核心，州城是州所在的商品活动的组织者，县城则围绕着州城分布，承担州内各个区域的经济产业发展，如楚州的盐城主要负责监管海盐生产，宝应则是漕运的重要枢纽，盱眙是农业经济区的核心。第三层级是地方经济活动据点、城镇群的基层组织者，由若干郊市、草市、镇市构成小型地方性经济活动组织。三个层次互动形成具有经济意义的城镇网络。

4.2.3 江淮东部"运河城镇带"形成

隋代大运河将南方的经济中心与北方的政治军事中心连接起来，成为中国经济流通和政治交流的命脉，特殊的地理位置使江淮东部地区扼据整个命脉的中心。此时江淮经济的突出作用甚至超越江南，成为南北两大经济中心物资汇聚、交换的重要场所，并逐渐形成以泗州、淮安、扬州为中心城的"沿运城镇带"。由于商品流通便捷，各种商业渗透到两岸腹地,除了作为交通枢纽和商业中心的核心城市外,一批沿运河岸线的交通贸易型中小城市也发展起来,如盱眙、淮阴、宝应、高邮、扬子、仪真等。

扬州的崛起改变了长江南北的区域中心格局:隋以扬州为中心的广陵郡所辖范围北至淮河,南跨长江达至今天镇江、句容、丹阳等地;唐代晋升为淮南道的治所所在地,成为当时整个江淮地区的中心城市及全国最重要的商业性城市与国际港口,从东南亚、西亚、日本而来的商人、旅客随处可见,鉴真六次东渡日本均是从扬州出发的。隋唐宋时期江淮形成以扬州为枢纽的道路网,扬州北承运河,南接长江,东临东海,交通便利,是大运河与长江的交汇点、漕运的中转站、淮南盐铁业的转运站,发达的交通为扬州带来了经济上的繁荣和富庶。五国十代与宋代,江淮经济不及唐代,扬州的港口职能逐渐衰弱并被仪征所取代,国际贸易业务分让给南方各大港。虽然扬州依然是江淮地区的中心城,但发展速度放缓,不及沿江的仪真、瓜洲、镇江等城市。

隋唐宋时江淮东部地区生产力及生产技术有了较大提高,尤其是东部的海盐生产基地,一批盐业市镇出现,但密度远不及运河沿线,盐运城镇间距约为 7.5 km,沿海城镇间距约 21 km。

4.2.4 宋金江淮防御工事与军事城堡建设

纵观南北对峙的史实,江淮地区常常深关大局之要害,尤其是宋金时期,江淮地区是南北政权军事冲突最频繁的区域。由于金军不习水战,江淮东部河网密布,湖荡繁多,因此该地区成为南宋最有利的防守优势。南宋政府在此采取了一系列的防御措施并进行城防建设,如修筑城墙和山水寨等。至今江淮间众多的村镇因宋金之战而得名,名称留用至今,有的因军队驻扎而命名,有的因战役爆发而命名[①],这对江淮东部城镇文化的形成有重要影响。

1) 沿运地区的城镇防御建设

金兵渡淮的两大北方门户为盱眙和楚州。盱眙南宋升为招信军,与泗州隔淮相望,西距淮河仅 2 里,东距衡阳河 150 里,北邻洪泽湖,沿淮有过山、斗山为阻,又为龟山运河的入淮口,因此成为南宋战守要地。嘉定十年(1217),盱眙城曾重新砌筑[②]。楚州的地位则更为重要,金军可从青、沂、泗渡淮入楚,山阳城成为楚州防御工事体系的核心。宋代山阳城的形制已无从考据,但从古人的描述中可略见其坚,宋楚州城形状似龟[③]。南宋初年经过韩世忠的建设,楚州城恢复防御能力,成为商贾重镇[④];乾道四年(1168)时,在此修筑城墙,筑雉堞,号称"银铸城"[⑤]。

中部的天长、宝应、高邮作为第二、三道防线,成为保卫真、扬二州的最后屏障。天长是

---

① 根据《中华人民共和国地名词典——江苏省》总结因宋金之战而得名的村镇有:兴化的仲寨,盐城的刘家垛,宝应的王营,高邮的一沟镇、二沟镇、汉留镇(据传为汉樊哙留守处),泰兴的宣家堡、郭家寨、田家河、失迷巷,姜堰的蒋垛镇,江都的曹王寺、竹墩庄、宗村、麈村,扬州邗江区的甘泉镇,仪征的大仪镇,清河洪泽湖镇,高邮三垛镇。

② 《宋会要辑稿》记载,嘉定十年九月,镇江都统刘倬言:"窃见盱眙新垒屹然山巅,下视泗州,动息毕见。一望彼界,百里坦平,是我先得要害之地……"

③ (宋)庄绰. 鸡肋编[M]. 萧鲁阳,点校. 北京:中华书局,1983:13. 书中有:"楚州讳'乌龟头'。云郡城像龟形,尝被攻,而术者教以击其首而破也。"

④ 《建炎以来系年要录》卷八十七记载:"军垒既成,世忠乃抚集流散,通商惠工,遂为重镇。"

⑤ 《宋史·陈敏传》记载:"北使过者观其雉堞坚新,号'银铸城'。"

盱眙陆路至扬州的必经通道,其位于盱眙、扬州、六合、宝应、高邮运西地区的中心,面临来自东、西、北等多方威胁,因此成为建康之咽喉①。宝应、高邮位于运河沿线,二者周围均有众多湖泊,因此区域内有多处民间水寨作为防御工事。宝应县城较小,作为扬州的第二道防守,主要起到牵制延缓的功效。高邮地势高②,城墙坚固③,城内外有水系相通,三面有水阻隔,西南与天长相连,因此需要加强防御力度,在高邮周围建立水寨三座。(见图4.7)

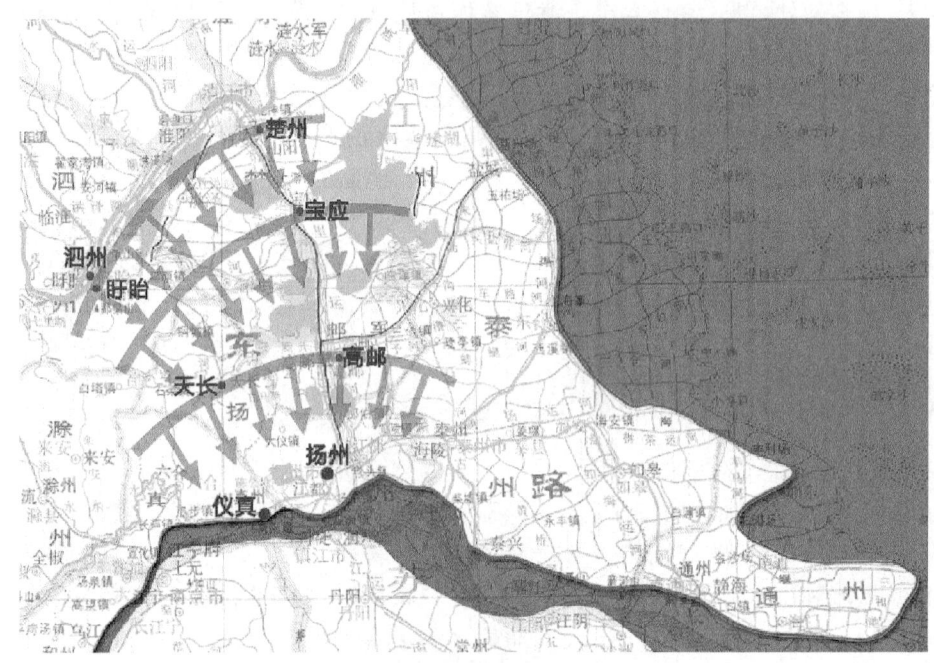

图4.7 宋金时期江淮东部防御线
资料来源:作者绘制

扬州枕江臂淮距海,扼守南北交通线,其军事战略意义之重要不言而喻,作为南宋江南的最后一道防线,其防御地位与日俱增。从建炎元年(1127)至咸淳五年(1269),扬州经过五次大的整修④,最终形成以后周小城为主的宋大城、位于蜀冈之上的宝祐城以及两城相连之夹城的"宋三城"的格局。此外城池周边还辅助以堡寨建设,淳熙二年(1175),郭棣在修筑维扬城后,又在其旁边筑石城堡寨一座⑤;咸淳五年(1269),李庭芝于东南角外高地,构望楼,筑城包之,名为平山堂城⑥,由此构成了完备的城池防御体系。(见图4.8)

① 《读史方舆纪要·卷二十一·南直三》记载:"盖泗州者,全淮之门户,而天长者,又建康之噤喉也。"
② (元)马端临《文献通考》卷三一八《舆地考四·古扬州·高邮军》中记载:"地形四隅皆低,为沮洳蒲苇之泽,城基特高,状如覆盂。"
③ 《方舆胜览》卷四十六《淮东路·高邮军》有记载"壁垒最坚"。
④ 历经吕颐浩、郭棣、崔与之、贾似道、李庭芝五人的多次修整。
⑤ (宋)岳珂.桯史[M].吴企明,点校.北京:中华书局,1981.卷一中记载:"淳熙乙未,郭棣帅淮东,筑维扬城,又旁筑一城曰堡寨,地皆砥平,相去余数里。虽牵制之势亦不相及,竟不晓何谓,犹不若石城之得失相半也。"
⑥ 《宋元通鉴》卷一百二十二中载:"咸淳五年春正月丁未,以李庭芝为两淮安抚制置大使兼知扬州。时扬新遭兵火,公私萧然,庭芝放民负盐二百余万,又凿河四十里入金沙、余庆场以省车运。始,平山堂瞰扬城敌至,则构望楼,其上张弓弩,以射城中。庭芝乃筑大城包之,募汴南流民二万余人以实之,号武锐评论修学赈饥,民德之如父母。"

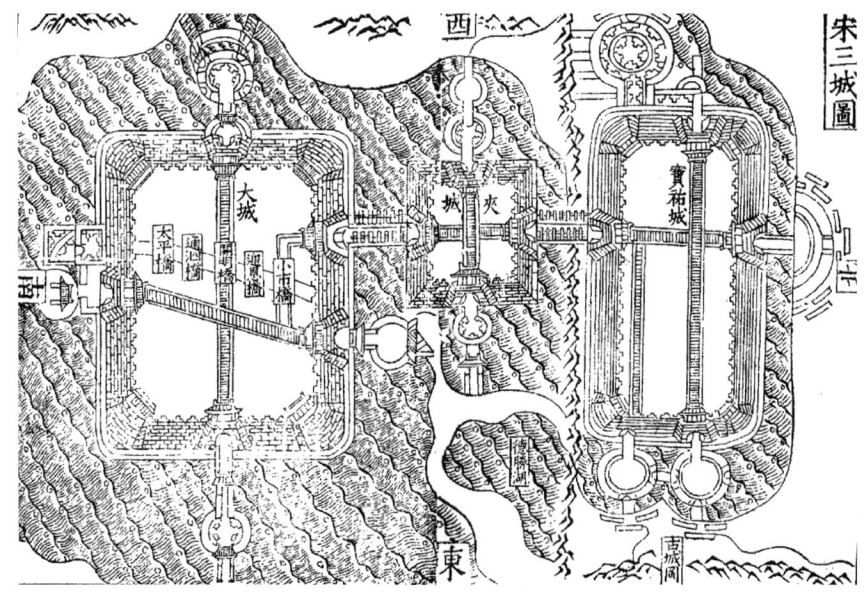

图 4.8　宋扬州三城图
资料来源:《嘉靖惟扬志》

2) 沿江地区城镇防御建设

自古南方政权多以长江天堑为最后防线,沿运的防御是南宋为了守住长江的控制权而建立。真州对南宋护城保江的意义十分重大,城池位于江北岸的平地,后靠北山、城子山及多座水塘,南对建康,西接滁州、江防要地和州,东北临扬州,北接招信军、天长,临江通运,是宋代重要的水陆要津,因此其地方虽小,但城池建设极其复杂。宋代真州城分为东、西两座,三面筑城,改建后,西城长 302 丈①,东城长 571 丈,甃石为基,砖石砌筑。西、北二侧有三层护城河,东侧以漕河河道作城濠,南无城墙,引江水形成多道城濠,以此作为屏障。真州西北的六合也是金人南渡的要害之地,原有城池一座,后增修北城(1163),填筑马面、增高城墙(1166),形成四周环河、三面环山、前有壕池的城池防御体系。瓜洲埠是扬州以南的江防重地,与京口相对,是镇江府的门户,成陆后即有人居住,唐末建堡垒,南宋政府在此布兵,并修筑城堡(1168)。泰州位于运河中部,经运河连接通、扬两地,作为里下河重要的产粮区,主要是楚州、扬州的军事后勤保障基地,并作为中路的交通要塞。通州的地理特点是控江防海,金兵不擅水战,因此位于宋金战场之偏隅,鲜有战事。(见图 4.9、图 4.10)

3) 山水寨堡建设

南宋军队软弱,无力庇护淮南民众,因此两淮居民利用地形,自发结寨,组织形成自卫性武装力量。淮东水多,固多以水寨为主,主要位于淮安、涟水、盱眙、兴化、高邮等地,实际上数量众多,"淮东水寨,淮东川泽之国。凡尔小洲、大渚、沙屿、石碛,水势环绕,人所不到之地,皆水寨也"②。山水寨持续时间从 12 世纪初到 13 世纪初,参加人数约二十余万户,百

---

① 丈:中国市制长度单位,1 丈=10 尺=100 寸。1 市丈合 $3\frac{1}{3}$ 米。但在中国古代各朝代的丈所表示的长度不尽相同。
② 《群书考索别集·卷二十三·边防门》。

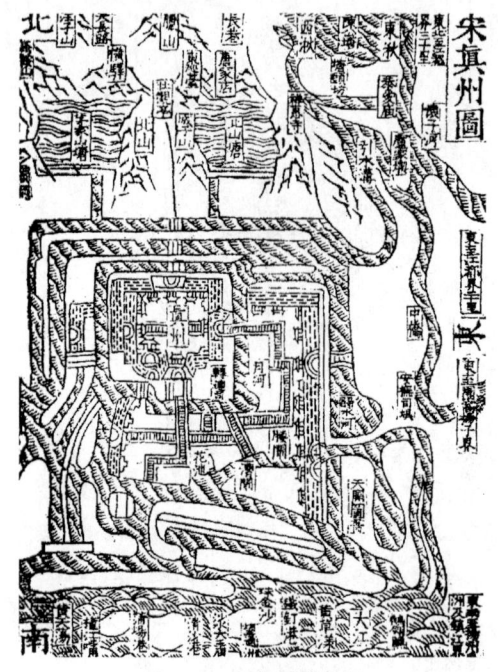
图 4.9 宋真州城池图
资料来源:《嘉靖惟扬志》

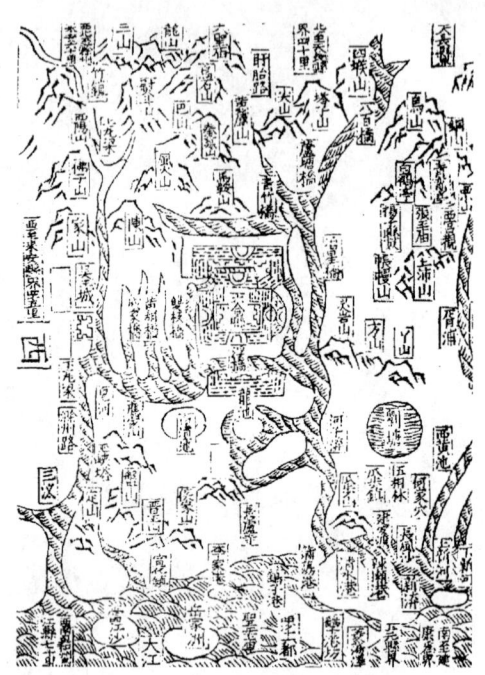
图 4.10 宋六合城池图
资料来源:《嘉靖惟扬志》

余万人,声势浩大①,由于战功显赫,得到了宋朝廷的重视。为了更好地控制山水寨的武装力量,朝廷开始有序地规划建设,后逐渐趋于制度化管理②,加强对山水寨的监管,制定严格的管理体系、人员配置,生产上采取兵农合一③。除了城防体系外,山水寨在金元战争中充分发挥其民间的防守能力,成为广大百姓的安栖之所,对城防体系也是有益的补充,后随着防御体系的完善,逐渐退出历史舞台。

宋金军事防御工事的建设对江淮间城池格局的形成具有一定促进作用。宋代扬州、真州、六合及楚州等城池的增筑、加砌均因军事所修,形成沿运、沿江横纵两条重要的城防体系,区域内部的防御体系以山水寨的形式进行完善。

4.3 隋唐宋江淮东部城镇的形成机制

4.3.1 黄河夺淮之前自然地理环境对城镇体系的影响

1) 唐宋南北大运河连通与沿岸城镇的兴起

隋统一全国之前,隋文帝杨坚为了平定江南,兴兵伐陈,便于运输粮草,开皇七年(587)

---

① 《水心先生集》卷二中记载:"去岁虏人两淮所残破处,安丰、濠、盱眙、楚、庐、和、扬凡七郡,其民奔进渡江求活者几二十万家;而依山傍水相保聚而自固者,亦几二十万家。"
② 《群书考索别集·卷二十三·边防门》记载:"寨官、寨将员数,每一寨置寨官一员,令借补资秩为之主宰,每十寨置寨将一员。"《宋史》卷四百三十四《叶适传》记载:"于墟落数十里内,依山水险要为堡坞,……每堡以二千家为率,教之习射。无事则戍,以五百人一将;有警则增募新兵及抽摘诸州禁军二千人,并堡坞内居民,通为四千五百人,共相守戍。"
③ 《水心先生集》卷二中记载:"春夏散耕,秋冬入堡。"

"四月,于扬州开山阳渎以通运"①。《扬州水道记》中记载了这条运道的具体走向,北起山阳(淮安)引淮水,经射阳湖、山阳河、樊汊、宜陵镇至茱萸湾②,由真州(仪征)入江,绕过邵伯湖、樊良湖,这条水道也被称作"运河东道"③,这条水道于唐代湮塌。隋炀帝继位后,企图将东都洛阳与东南富庶之地连接起来,在开凿通济渠的同时,也下令重新连接邗沟。隋文帝的改造是在东汉末年邗沟西道的基础上进行疏浚、拓宽和挖深的,并颁布了一系列的治理标准,规定渠道的宽度约为47 m,运河两旁修筑御道,并栽种柳树④。隋代基本形成后世淮扬运河的规模,开通了黄、淮、江之间的水陆连接。江淮运河地处中间,每年数百万石的漕粮和物资经江淮运河送往关中,使其成为一条重要的经济、军事命脉。江淮运河唐宋时期运道的格局变化不大,主要变化在南北的入江段与入淮段。宋代名称稍有变化,称为"楚扬运河""淮扬运河"或"楚州运河"。宋代沿运水利工程的修建增多,运道渠化加强,自扬州江都至楚州淮阴筑堤180 km,宝应—高邮一线也修筑湖堤,使运河逐渐与沿线湖泊河道脱离开来,独立运行。运河沿线水利工程逐渐增多,如高邮的平津堰、艾陵湖的邵伯埭,淮安和扬州地区筑陂济运,白水塘和富陵湖附近修筑唐堰和捍淮堰等。水利工程的修筑实际上加强了运河水系的安全性,保障了沿岸城镇的发展。(见图4.11、图4.12)

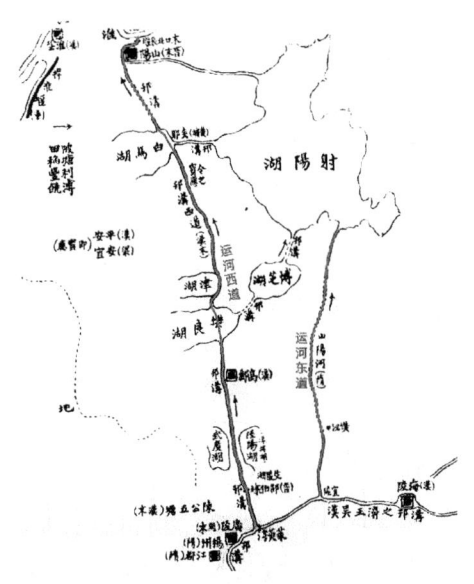

图4.11 运河东道、西道

资料来源:笔者基于《淮系年表全编》分图67绘制

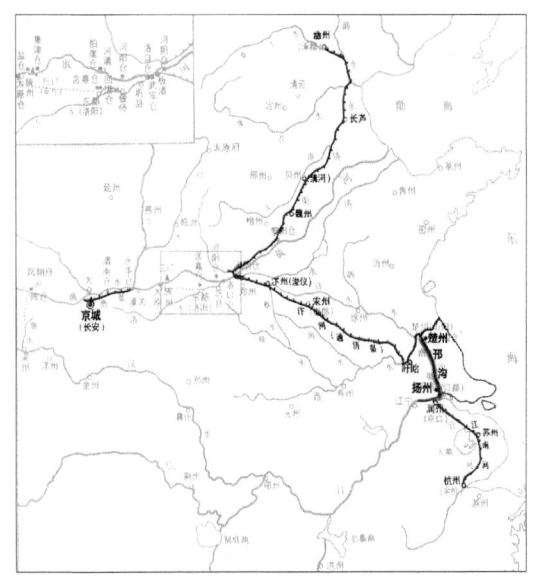

图4.12 隋代京杭运河示意图

资料来源:笔者自绘

2) 范公堤、串场河的建设与沿岸城镇体系的初步形成

隋唐宋的岸线比较稳定,基本保持在范公堤沿线,唐代南通及南通县一带已经基本成

---

① 《资治通鉴》卷第一百七十六
② 《扬州水道记》卷一
③ 对于山阳渎的具体位置颇有争议,有人认为山阳渎就是对邗沟旧道的疏浚、接弯取直。这条水系是隋为了伐南朝陈而开凿的,选择运盐河道进行改建,具有一定的优势,其水位低,河道容易改造,施工规模小,不易被发现,因此本书采取隋炀帝所开山阳渎为运河东道这一说法。
④ 《资治通鉴》卷第一百八十中载:大业元年三月,"又发淮南民十余万开邗沟,自山阳至杨子入江。渠广四十步,渠旁皆筑御道,树以柳"。

陆,海门一带形成"胡逗洲",唐末至宋时,沙洲与北岸归并,连成一片。此时,除了启东外,今南通地区已经基本成陆。黄河夺淮对岸线的影响在此时还没有明显体现。

唐宋是淮南沿海稳定发展的肇始,这得益于沿海堤岸的修筑,之前,江淮沿海由多条古砂堤构成。秦汉时期,淮南的盐铁业已得到较大发展,但由于江淮沿海均为滩涂,无山体作屏障,常遇到海水倒灌,影响盐业生产。因此,唐大历年间淮南节度判官李承主持建造捍海堰,"北起盐城,南抵海陵","长一百四十二里"①。海堰主要用于抵挡潮水,屏蔽盐灶,保障堤内农作物生长,故又称"常丰堰"。随着年代更迭,宋时已日渐颓圮,故难敌海潮的冲击,对盐灶、农田造成破坏。范仲淹在西溪任职盐仓监时,发起并主持修建常丰堰。在此之后,范公堤还有多次的延筑、增筑,其中规模较大的为沈公堤,弥补了通州境内堤岸的缺失。另外,还有狄公堤、皇岸和桑子河堰等较小的堤岸也陆续修筑。至宋代,北从盐城庙湾,南至南通吕四场的御潮屏障已基本形成。(见表 4.3、图 4.13)

表 4.3 范公堤修建顺序及位置示意

名称	修筑时间	发起人	起讫点
捍海堰、常丰堰	唐大历中（766—779）	淮南节度判官李承	阜宁沟墩至大丰刘庄
范公堤	北宋天禧五年（1021）	西溪盐仓监范仲淹、发运史张纶及胡令仪	自刘庄附近与盐城县境唐旧堰相接,南延伸到东台富安一带
狄公堤	宋庆历中（1041—1048）	通州知州狄遵礼	北起石港,经西亭、金沙,南至余西场;宋以后逐渐成为陆地
沈公堤	宋至和中（1054—1055）	海门知县沈兴宗	从吕四至余西,西与狄公堤相连;民国时逐渐夷平
皇岸	1171	泰州知州徐子寅	由海安县旧场镇经如东县洋口、环港、长沙镇到掘港镇,西抵九总桥
桑子河堰	1177	泰州知州魏钦绪	从富安到李堡

资料来源:根据凌申.范公堤考略[J].盐城师范学院学报(人文社会科学版),2001(3):133-137 总结。

范公堤的修筑促成了串场河的形成。唐宋修筑捍海堰时,串场河是挖土而成的复堆河。串场河以东台海道口为界,分南北两段,由海安(原盐城东台紫石乡)向北流经富安、安丰、梁垛至何垛场,为南串场河;由海道口向北流经丁溪、草堰(原属盐城东台北乡)、白驹(原属盐城大丰)、刘庄(原盐城大丰和盐都交界处)、伍佑(盐城亭湖区)、新兴(盐城新兴镇)、庙湾(阜宁庙湾镇),为北串场河。各盐场为了运盐方便,先后沿串场河而兴建。

隋唐时期设置扬州的海陵监和楚州的盐城监对盐业生产进行监管,但尚无文献记载官方盐场建设。海陵监年产盐 60 万石,盐城监约 45 万石②,说明淮南海盐已是全国海盐最为重要的产地,沿线必定分布大量的煎盐聚落。范公堤和串场河的修筑均是为了保护盐场的安危,稳定盐业生产。宋代稳定的地理环境为盐场的兴建发展提供了稳定的条件,官方开

---

① 《光绪淮安府志》
② 《元和郡县补志》中记载:"今海陵县官置盐监,开元十年省有盐官。邑有盐监,岁煮盐六十万石,而楚州盐城,浙西嘉兴、临平两监所出次焉。计每岁天下盐利,当租赋三分之一。"

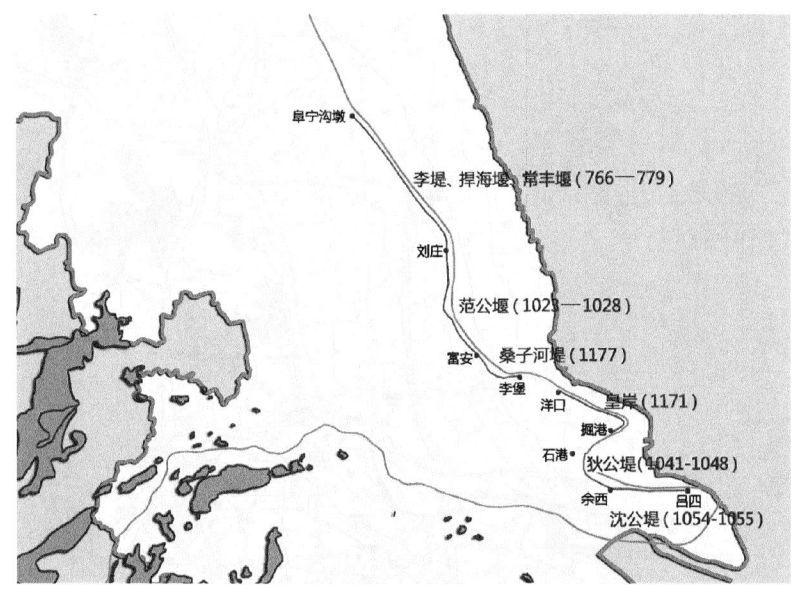

图 4.13 唐宋范公堤的修建顺序与位置示意图
资料来源:作者自绘

始划定盐场,这是沿海地区人工规划的初步阶段。盐场的总体分布已经基本形成,但以盐业管理为主的城镇体系尚未形成。

3) 黄河夺淮前里下河平原水系

南宋建炎二年(1128),黄河正式以淮河河道作为出海口。实际自西汉以来,淮河多次被黄河所侵,但隋唐至北宋,黄河与淮河尚且稳定,大抵相安无事,里下河水系受黄河影响不大,湖荡面积仍然很大[①]。隋唐运河和唐代沿海堤岸的修建对里下河水系淤浅产生很大影响。运河水源多是借湖陂之水,这就造成区域内湖水外泄;北宋时,运河沿线修筑大量堰埭、闸门、斗门等水利设施,以筑坝蓄水;南宋时,沿运河堤对西部高邮、宝应诸湖起到拦截作用;范公堤修筑后,阻隔了海水西侵。因此,东、西两条堤岸阻隔了其他水源汇入里下河,使湖群面积趋于缩减。

唐宋淮盐生产繁荣,为了便于海盐运输,运盐河不断向东延伸,西与楚扬运河相通,经过泰州、姜堰镇至海安,再向南经如皋到达通州,全长 150 km。宋代里下河平原东西向的河道开始慢慢形成,从泰州至东台形成运盐河(即今泰东河);从高邮经三垛、兴化,与东侧盐城相连,形成另一条盐河,并修筑运盐河堤 120 千米[②]。里下河平原水系已成为联通运河与沿海地区的重要纽带,对盐业经济的运输起到重要的作用。另外,人工水利工程的修建减少了运河决堤,使整个里下河平原水运畅通,为堤内农民生产生活提供保证。水体淡化也有利于农业的生产,故此时区域内开始大规模的围湖垦田。从《淮系年表全编》中可见射阳湖东岸筑堰,筑坝蓄水,以利灌溉,说明此时里下河区域已开始有规模地进行农业生产。同时,有组织的开垦对于湖泊面积的缩小也有一定的影响。(见图 4.14)

---

① 《太平寰宇记》中载"射阳湖长三百里,阔三十里",足以见得宋代时,古射阳湖面积之大。
② 根据《淮系年表全编》分图 69 总结。

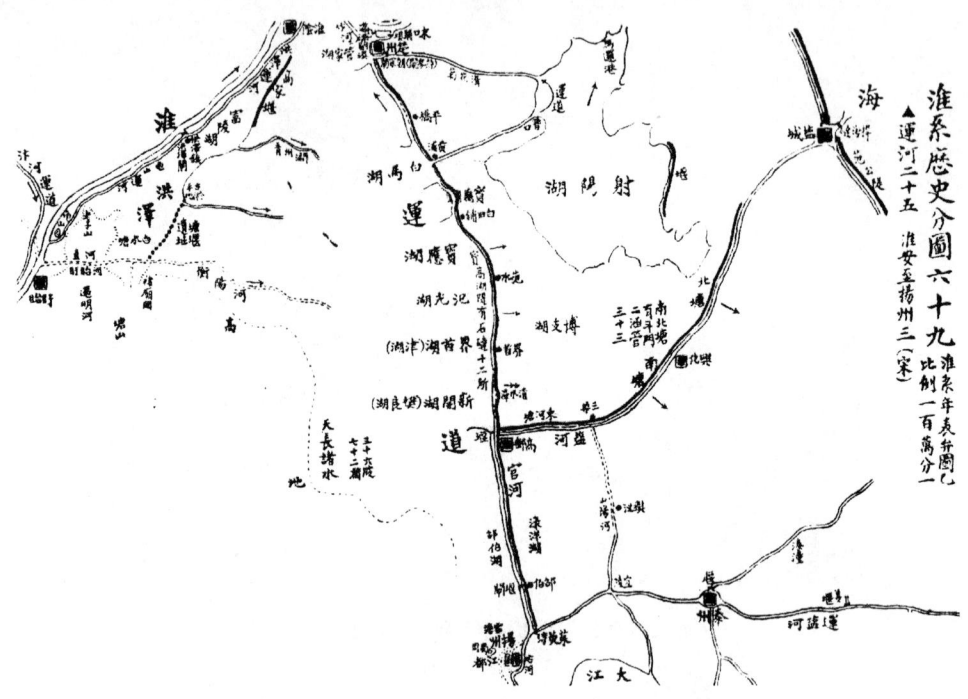

图 4.14 宋代里下河、运河水系及水利工程示意图
资料来源：《淮系年表全编》分图 69（武同举纂，1929）

4）"两阶两纵多横"的水网与城镇体系

虽然北宋末年黄河多次夺泗夺淮入海，但真正对区域产生的影响是在明代之后才凸显出来的。随着唐宋水利建设的逐渐完善，江淮地区的水系基本形成有机的运转。淮河水入洪泽浦，洪泽浦和天长诸水可由淮阴入淮，也可由青州泾、竹子泾、卫阳河等进入宝应湖、高邮湖等运西湖泊，再由运道上的闸坝进行调节，一部分接济漕运，一部分进入里下河地区，经沿海堤坝之上的堰闸控制，最后泄入海，形成运西、运东两个初步递减的阶梯。运河及串场河是贯穿南北的两条重要水系，初步发展形成漕运经济、盐业生产两大经济区，多条东西向的河流成为连接两个区域的重要纽带。高家堰、运堤、范公堤及沿堤的水利设施控制了"两阶两纵多横"的水网，有机运转的水利系统对于区域内的水路运输、农业生产及盐业经济都具有促进作用。

江淮东部水网的有机运转，促进城镇的发展，保障城镇的安危。宋代是江淮东部发展的鼎盛时期，城镇的数量急剧增长，城镇呈明显的沿江、沿运、沿淮的"工"字形分布，里下河水系和串场河沿海的城镇数量也有所提高，整个城镇空间逐渐演变为四边形网络结构。（见图 4.15～图 4.17）

图 4.15 "两阶两纵多横"水网结构示意图
资料来源：作者据《淮系年表全编》分图 69（武同举纂，1929）绘制

4 隋唐宋江淮东部快速发展与城镇体系基本形成

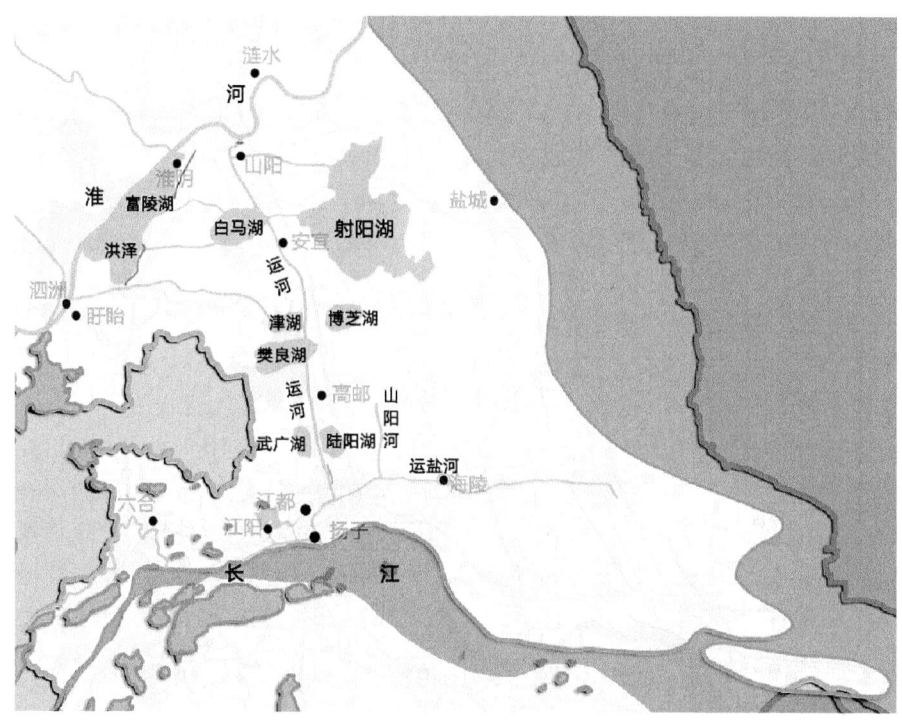

图 4.16 唐代江淮东部水网及城镇分布示意图
资料来源：作者自绘

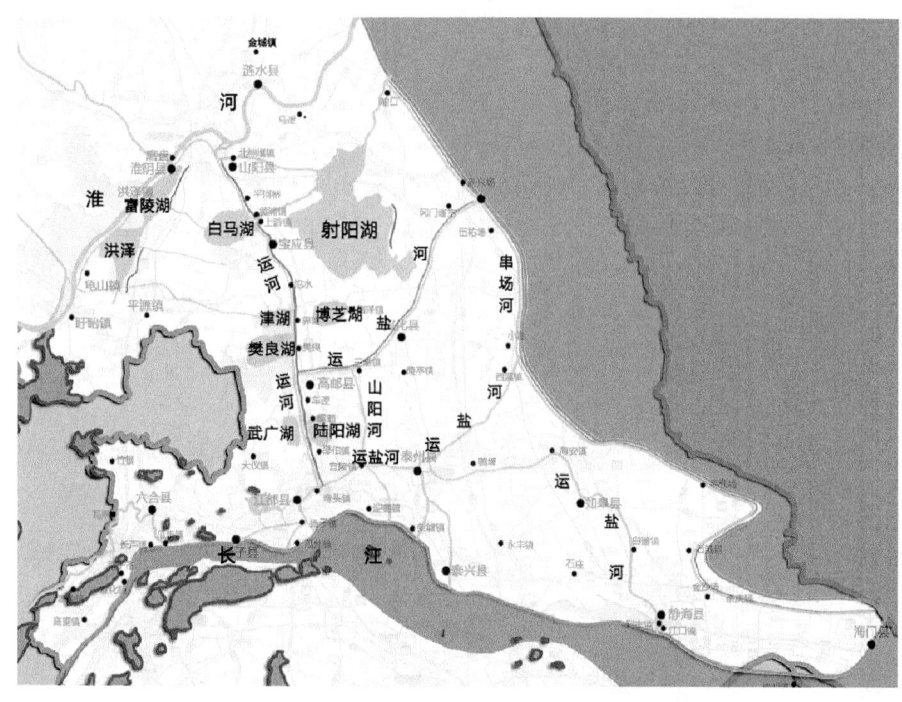

图 4.17 宋代江淮东部水网及城镇分布示意图
资料来源：作者自绘

4.3.2　运河水系开凿与陆路交通兴建、邮驿城镇建设

1) 运堤、海堤、圩堤道路

隋唐宋江淮地区陆路交通主要通过运堤道路、河堤道路、海堤道路及圩堤道路相连。在开挖运河的过程中,将泥土堆积在河旁,筑成运堤,既保护河床,又可供行人、车辆行走。随着运河的屡次增建、补建,宋代形成了从龟山到洪泽(57里)、洪泽到淮阴(40里)、淮阴到楚州(60里)、楚州到扬州(360里)及高邮、兴化至盐城(240里,明代称刘堤)的沿运长堤①。隋唐宋对堤道进行美化,沿堤栽植10万株柳树,可防御风涛②。江淮东部历来水网密集,除运河外,还开挖多条人工河流,同样采取挖河筑路的形式,主要是东西向的河堤,连接高邮至盐城。宋中叶,于淮安南开泾河到盐城草荡,沿河筑路,长8 250丈(约55里)③。捍海堰的修筑既拦截海潮,又利于通行。宋代时沿海大堤从阜宁延伸至海门,高3.3 m,宽6.7 m,长约71 km,是江淮东部最早的纵贯南北的陆路交通。唐宋江淮居民在塘陂附近屯田,在湖泊旁围塘、造田、筑堤、建堰,利于农田灌溉和农作物种植,因开垦农田而修筑的圩塘堤岸也成为区域内部的交通道路,如捍淮堰、平津堰、陈公堂、射阳湖等都筑有圩堤道路。宋代江淮东部已形成由运堤、海堤为主干道,圩塘堤为次干道的陆路交通体系。

2) 驿铺设立与城镇

隋唐宋驿站除了是国家物资运输的停靠站外,也是商队、车船的中途休憩点。朝廷对每个驿站的监管制度、人员配备都有明确的规定。每座驿站都是一个小型聚居点,依据规模大小配有战马、船只,有百余名马夫、水夫,下辖多座铺舍。以广陵驿为例,有战船17只,战马16匹,铺陈60付,水夫170名,马夫16名④,建有配套建筑,正厅、后堂及淮海奇观楼。唐宋时期,江淮地区的邮驿主要沿水运干线布置,故多是水驿,共17处(江都驿、宜陵镇驿、大仪镇驿、临都驿、瓜洲驿、露筋驿、莲塘驿、广陵驿、仪真水驿、邵伯驿、盂城驿、界首驿、安平驿⑤、都梁驿、淮源驿⑥、淮阴驿⑦、洪泽水驿馆⑧)。除了驿站外,在县与县之间还增置驿道支线,设置"铺",以利交通,铺与铺之间相距十里(约为5 000 m)。此时,江淮东部逐渐形成了较完善的水陆交通网,驿铺通常位于水陆便利的交通要道,使得宋代以后这些驿、铺能够逐渐演变为城镇、市镇。(见图4.18)

---

① (元)脱脱,等.宋史[M].上海:中华书局,1977.《宋史·河渠七》中记载"高邮、楚州之间,陂湖渺漫,茭葑弥满,宜创立堤堰,以为潴泄,庶几水不至于泛溢,旱不至于干涸。乞兴筑自扬州江都县至楚州淮阴县三百六十里,又自高邮、兴化至盐城县二百四十里"。

② (元)脱脱,等.宋史[M].上海:中华书局,1977.《宋史·河渠七》中记载"仍存旧堤以捍风浪,栽柳十余万株"。

③ 《山阳县志》卷三十一。

④ 《嘉靖惟扬志》卷七。

⑤ 《嘉靖惟扬志》卷七。

⑥ 《光绪盱眙县志稿》卷六。

⑦ 唐张祜《宿淮阴水馆》载:"积水自成阴,昏昏月映林。五更离浦棹,一夜隔淮砧。漂母乡非远,王孙道岂沉。不当无健妪,谁肯效前心。"

⑧ 唐皇甫冉《洪泽馆壁见故礼部尚书题诗》:"底事洪泽壁,空留黄绢词。年年淮水上,行客不胜悲。"

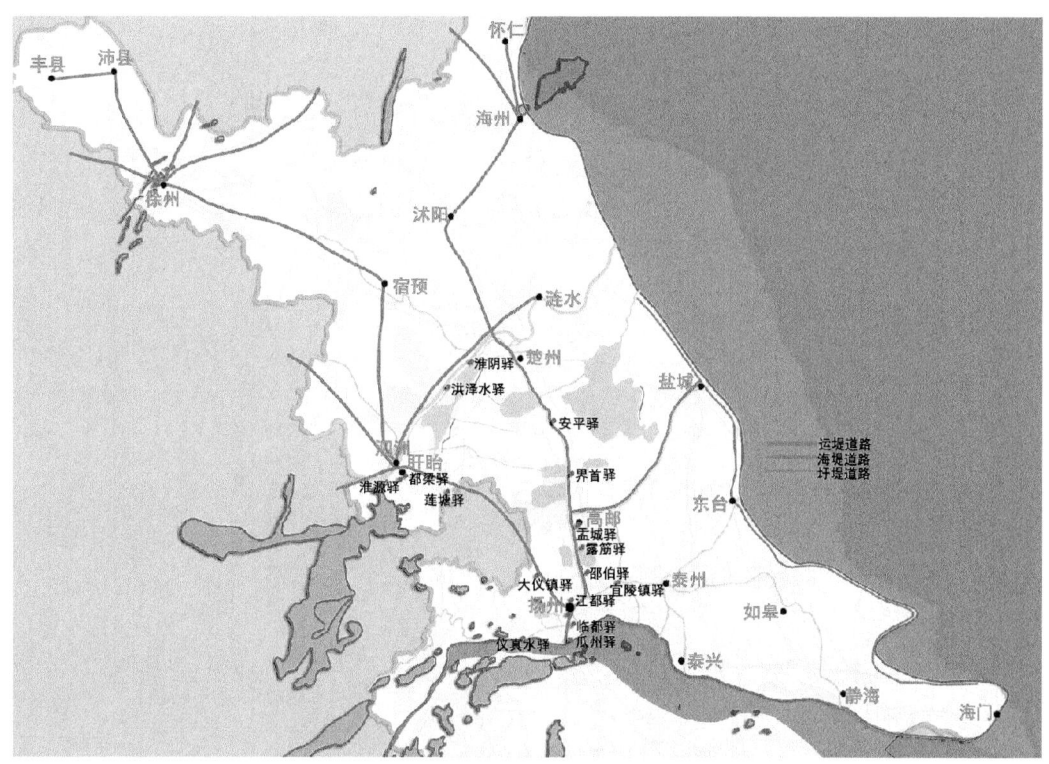

图 4.18 唐宋江淮东部交通道路与驿站分布示意图
资料来源：作者自绘

4.3.3 江淮东部经济圈的形成

隋朝历史虽短，但全国统一，在政治制度、水利运输、疆域开拓等方面为唐代的经济繁荣和发展创造了有利条件。隋唐以后，中国的经济中心逐渐南移，唐代形成"江淮经济圈"[1]，是南方经济区与中原经济区的过渡。本书研究的范围位于江淮经济圈的东部，以漕运业、制盐业、农业、织造业及铜矿冶金和铜器制造等作为核心产业。唐代江淮地区经济迅速发展，晋升为大江南经济区的中心及重心，是国家财政收入的核心区之一，隋唐时期也是江淮东部发展的鼎盛阶段。唐王朝覆灭后，江淮形成若干割据政权，江淮先后在杨吴、南唐、后周的治理下，利用交通的优势和对资源的垄断来促进农业和手工业的生产，使"江淮间旷土尽辟，桑柘满野，国以富强"[2]，成为当时最富庶的地区。宋代经济重心继续南移，江南经济、人口已大大超越江淮、淮北地区，这与宋室南迁、政治重心南移关系密切。北宋时期整个江淮东部的水利工程形成了有机网络，屯田进一步扩大，农业生产也有相应提升。南宋时，江淮经济在金兵南下、政府税课严重及黄河夺淮入海等外因的影响下陷入低谷。（见图 4.19）

---

[1] 贺业钜. 中国古代城市规划史[M]. 北京：中国建筑工业出版社，1996：419-430. 书中提出"唐人将大江南经济区划分为江淮、浙东、浙赣和荆湘四个经济圈，其中江淮经济圈在行政区划上指淮南道。江淮经济区北接关东经济区，南临浙东经济圈，西临荆湘经济圈，东濒东海，是南方经济区与中原经济区的过渡地带，晋升为大江南区举足轻重之地"。

[2] 《资治通鉴》卷二七

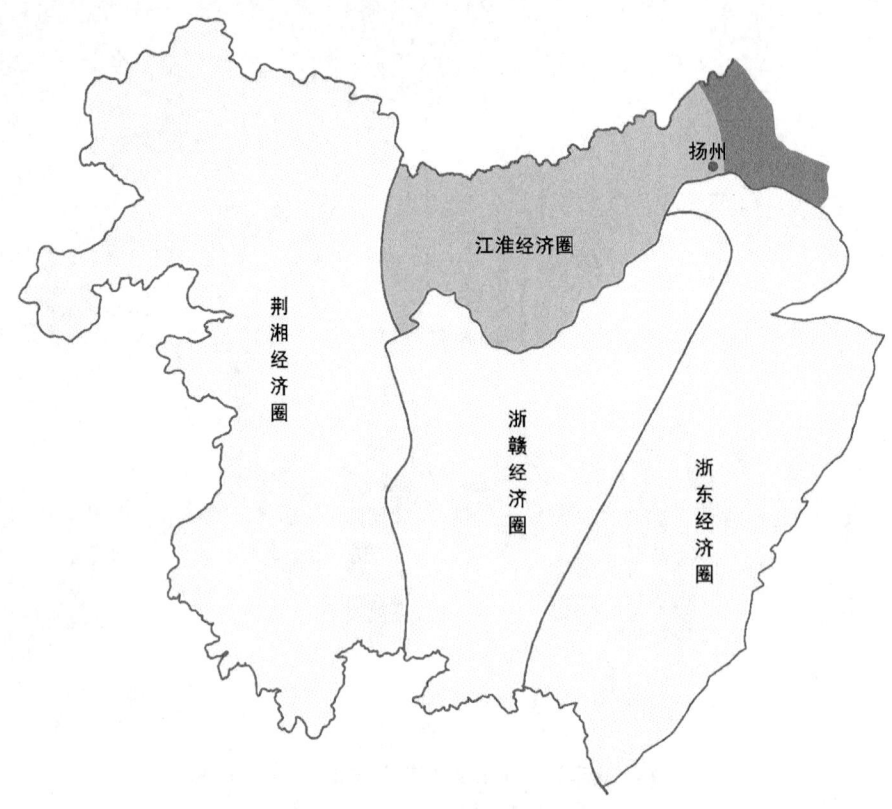

图 4.19　江淮经济圈示意图

资料来源：作者根据贺业钜《中国古代城市规划史》(北京：中国建筑工业出版社，1996)图 5-10 绘制

1) 以水系为依托的运输经济

(1) 唐宋漕运经济的发展

漕运虽然是一种官粮运输的形式，但其促进并刺激了沿岸城镇的形成和商品的流通，所产生的财政作用是巨大的。隋以前，邗沟主要用作军事运输，米粮的运输并无史料记载，如若有，数目定是极少的，此时江淮的漕运活动仍处于萌芽阶段。

隋唐宋是江淮漕运经济的发展阶段。隋末天下大乱，中原地区农业生产受到严重影响。唐朝建立之初，需仰仗江淮之米，高祖武德二年(619)"八月，扬州都督李靖运江淮之米以实雒阳"[1]，这是唐朝有关江淮漕运的最早记载。唐初天下的统一和政局的稳定更加速了江淮农业经济的发展，遂使其成为中央粮食的重要来源。随着官吏人数的增加，对于漕粮的需求也日渐增多，唐太宗时江淮每年"水陆漕运不过二十万石"[2]，武则天时江淮漕运额增至一百万斛[3]，开元年间增至二百五十万石[4]。

---

[1] 《册府元龟》卷四百九十八《邦计部·漕运》。

[2] 章潢《图书编》卷五十三《漕运考》中记载："唐都关中，岁漕东南之粟，高祖、太宗之时用物有节而易赡，水陆漕运不过二十万石。"

[3] 《上军国机要事》中记载："即日江南、淮南诸州租船数千艘，已至巩、洛，计有百余万斛，所司便勒往幽州，纳充军粮。"

[4] 黄道周《博物典汇》卷十五中记载"凡三岁漕七百万石"。

经过百年治理,关中农业发展使其重新成为漕粮供应基地,而江淮漕运曾遭朝廷数次停运。唐中后期,粮食运输较之前少,江淮每年多则一百一十万石,少则四五十万石糙米运至河阴。宋代楚扬运河衔接紧密,江淮漕运管理趋于完善,漕运量大,远远超过其他漕渠,太平兴国六年(981)时规定"汴河岁运江淮米三百万石,菽一百万石"①。

(2) 隋唐宋淮盐经济的发展

隋代的统一和大运河的开通为淮盐经济的发展创造了良好的政治条件和运输环境。隋文帝至唐前期实施宽松政策,使淮盐生产规模不断扩大。安史之乱以后,唐朝政府面临严重的财政危机,为了摆脱经济的困难,政府采取"榷盐法",实行盐业"生产—收购—运输—销售"一体化的集权管理模式,为朝廷带来丰厚盐利。盐政鼎盛时期,江淮海盐收入约六百多万贯,此时盐利已经成为淮南乃至国家的经济命脉。宋代是淮盐经济发展的一个重要时期,盐业已成为封建王朝赖以生存的一大经济支柱,史有"东南盐利,视天下为最厚"②之说。南宋较北宋初年的盐产量增加了2倍,北宋末年盐利约为唐代的4倍,占全国盐利的2/3。此时两淮盐利已成为封建王朝不可忽视的财政支柱。

唐宋时期,盐法与盐政变更得愈发繁琐,雇佣契约愈发严密,生产技术和工具也不断提升发展,这实际上都是朝廷榷剥盐息的手段,其目的是为了加大政权对盐利的渗透程度。客观上,淮盐产量与区域地位得以提高,但对于百姓而言,意味着盐课的不断加重,社会矛盾大大加深。官府对于淮盐产销的控制必然导致私盐贩卖的盛行,这也使得社会矛盾不断激化。封建社会盐户具有强烈的封建依附性,社会地位近似奴隶,沿海域的社会分工与社会阶层决定了该区域城镇发展一定是相对缓慢的。(见表4.4)

表 4.4　唐宋淮盐经济发展情况表

	唐代	宋代
盐产量		宋初 6 700 万斤③; 天圣中(1026),淮南盐产量约为 10 800 万斤,淮南盐产量约占海盐产量的 70%,全国盐业总产的 40%④; 神宗与哲宗年间(1068—1100),淮盐产量为 16 000 万斤,较宋初增长了 139%; 南宋约为 20 000 万斤,较宋初增长了 200%⑤
榷盐收入	600 多万贯(大历末年),占全国税收一半多⑥	北宋末两淮盐利最高额为 1 500 万~2 405 万贯,全国盐利最高额为 3 113 万贯,两淮盐利约占全国盐利的 1/2~2/3⑦

---

① 李濂《汴京遗迹志》卷十二《杂志一·宋财赋总数》中记载:"黄河粟五十万石,菽三十万石;惠民河粟四十万石,菽二十万石;广济河粟十三万石。"
② 《宋史·食货志》
③ 郭正忠.论两宋的周期性食盐"过剩"危机[J].中国社会经济史研究,1984(1):43-58.
④ 根据白广美.中国古代海盐生产考[J].盐业史研究,1988(1):49-63总结。
⑤ 郭正忠.论两宋的周期性食盐"过剩"危机[J].中国社会经济史研究,1984(1):43-58.
⑥ 《新唐书·食货四》中记载:"晏之始至也,盐利岁四十万缗,至大历末,六百余万缗。天下之赋,盐利居半,宫闱服御、军饷、百官禄俸皆仰给焉。"《资治通鉴》卷二二五中记载:"大历末,计一岁所入总一千二百万缗,而盐利居其太半。"全国榷盐年收入为九百余万贯,全国税收为一千两百万贯,淮盐占全国盐利的三分之二,约六百多万贯,占全国税收一半多。
⑦ 根据汪圣铎·两宋财政史.下册[M].北京:中华书局,1995:659统计。

续表 4.4

	唐代	宋代
盐法与管理	第五琦制定"榷盐法"(758)形成了"民制官收官运官销"的方式； 盐铁使刘晏进一步改革(765—780)，实施"民制官收商运商销法"的就场征税法	"折中法"①，宋太宗雍熙时期(984—987)； "盐钞法"，神宗时(1068—1085)改行； "钞引法"，徽宗政和三年(1113)改行②
盐商与亭户	盐商由市籍划入盐籍，只有盐籍商人才能从政府管理的盐场获得盐的运销权，盐籍是世袭制，不得改籍，盐籍商人不受州县管辖，直接隶属盐监机构，至此一个新兴的盐商垄断集团产生； 唐乾元元年(758)时在盐区设置盐院，组织游民制盐，称"亭户"，免去杂役；五代以后改为"盐户""灶户"，政府对亭户给予生产上的指导	盐商被称为"钞商""引商"，成为具有垄断特权的专商； 宋代的盐户仍属特殊户籍，由政府派罪犯和民户充之。根据《南通盐业志》载，北宋年间，利丰监盐户为1 701户，煎丁为2 304人，整个盐业人口为4 600人；南宋绍兴时期，亭户为6 020户，煎丁为12 040人，整个盐业人口为24 000人。估计沿海产盐人口约为7万余人
生产技术	"刺土成盐"法(又称"刮咸淋卤")，是间接取卤的方法，分为刮咸、聚溜取卤、石莲验卤和转盘煎煮四个步骤，生产工序健全，分工明确，产量和收利明显提高	采用海潮积卤、刮咸淋卤和晒灰淋卤三种方法，施行石莲子测卤后，增产一倍多； 生产工具由"牢盆"改为"盘铁"③

资料来源：作者自制

(3) 以水系运输为依托的盐业—漕运经济一体化

唐宋盐业的生产趋于专业集中化，沿海作为盐业生产基地衍生出盐城、东台、如皋、海安等多个中心城及多个盐场。宋代开始，两淮盐场大量外销，北宋淮南盐场主要的运销地有淮南、两浙、江南东西路、荆湖南北路；南宋时，行销除四川、福建、两广以外的其他统治区。整个区域形成了由"盐亭、盐场、盐监、盐仓、买纳场、运输中转站"所形成的"生产—销售—仓储—运输—监管"的淮盐产销网络。盐运与漕运相结合，漕船在南下返航时装满食盐，并运至引地，整个运输体系盘活了整个江淮东部地区的经济。东部沿海盐场作为海盐的生产基地是封建王朝巨大财富的来源地，所产生的经济利益，并未能用于区域的规划发展，而是随着淮盐的运输，被输送到东部运河沿线的扬州、楚州等地。

中唐以后，江淮成为全国盐商趋之若鹜的地区，楚、扬二地分别作为淮北、淮南盐业的集散地而吸引了全国盐商的会聚。尤其是扬州，唐宋淮南盐产数量及质量远高于淮北，淮盐所衍生的大量财富聚集在广陵，盐铁转运使常驻扬州，各地商人和各道节度使也派人驻扎扬州，经营商业。《入唐求法巡礼行记》中记载官船自扬州海陵运盐至如皋的情景，船队规模浩大，"盐官船积盐，或三四船，或四五船，双结续编，不绝数十里，相随而行，乍见难记，甚为大奇"。盐船形成"舳舻万艘，溢于河次，堰开争路，上下众船相轧"的情景。盐商在后

---

① "折中法"是宋代的一种食盐专卖办法。由"入中"商人承办食盐专卖的制度，为宋初"工商"的主要形式。太宗年间，由于北方边境军需匮乏，下令商人往边郡入纳粮草，称为"入中"。官府按路途远近及物资性质，优价折酬发给商人特殊的有价证券"交引"，商人凭此到指定场所兑支现金，也可据此购买食盐，贩运赢利。实际上这是政府利用商人向边塞运送粮草，用发放盐券的形式来作为交换，盐商可到解池或东南海盐区领盐以运销获利润。

② 宋代盐法虽多变，但实际都是官府不直接将食盐出售至百姓，而先批发给持有盐引的商人，盐商通过现金购买或交换的方式获取领取食盐的凭证，盐钞和盐引是盐商销售官盐的法律凭证，再辗转销售以获利，盐商同时向政府缴纳盐利。

③ 北宋将完整的铁盘分割成不规则的形状，分支各盐户家中，待统一煎盐时再拼凑使用，这种煎盐工具延续至明末，主要为了防止食盐的私煎、私卖。元代煮盐技术承袭宋代，在宋代基础上进行系统全面的总结，成书《熬波图》，以全面展示宋元的煮盐生产技术。

世对扬州乃至江淮地区的社会经济、政治文化、城市建设等均起到重要作用。

经济基础决定了沿运城镇与沿海城镇的发展水平与社会阶层。沿海作为生产基地,支撑着沿运城镇乃至整个国家的发展;沿运城镇除了肩负漕粮的运输,同时也承担着盐业及其他生活物资的输送。东、西两条经济产业的沟通联系是通过中部运河支流水系来完成的,江淮东部城镇几乎均位于横纵水系沿岸,肩负仓储、中转、商品交换等职能,可以说江淮东部的经济发展、城镇建设均附于江淮东部的水网之上。(见图 4.20)

2) 水利工程建设与农业经济

随着唐王朝的版图扩大,政府开支浩繁,王畿附近人口增多,北方已供不应求,南方地区的经济作用日趋凸显。江淮多平原,水资源丰富,荒地多,人口少,利于开发,又有隋唐大运河为运输基础,加上"均田制"的推行,江淮东部迅速发展成为农业发达地区。

水利工程发达必定会扩大屯田的面积。江淮东部的水利工程主要集中在淮扬运线的西侧洪泽湖附近与射阳湖地区,农业经济一直较为发达。隋代的洪泽湖区是由白水塘、破釜塘及一些湖群所组成,唐代在白水塘的东、北两侧修建堤岸,从白水塘引徐州泾、青州泾、太府泾、竹子泾等东西向的泾渠,形成灌溉渠道。扬州西侧的五塘,运河中部的羡塘、富人塘、固本塘等,除了有蓄水济运的作用外,还可灌溉农田。唐代江淮地区粮食生产在全国占有重要地位,"江、淮田一善熟,则旁资数道,故天下大计,仰于东南"[①],楚州是唐王朝最重要的屯田区[②],屯田面积不下万顷[③]。安史之乱后,为了保证军粮的供给,政府在运西的射阳湖区增设洪泽屯,捍海堰的修筑也促进了里下河区域的田稻丰饶。屯田面积的增长大大提高了粮食的产量和质量。扬州境内曾种植过双季稻[④],还出产"黄穄米、乌节米"[⑤]等作为进奉的贡米。(见图 4.21)

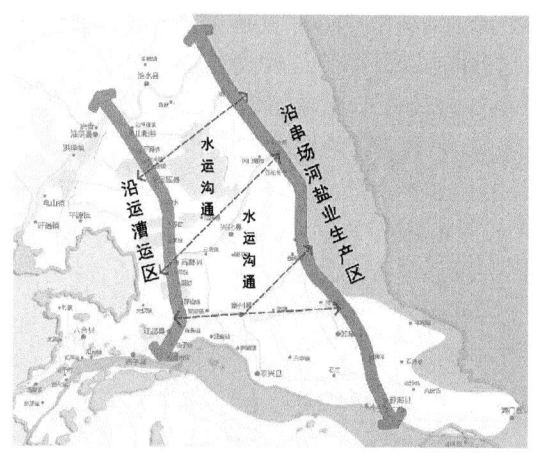

图 4.20　盐业、漕运水运示意图
资料来源:作者自绘

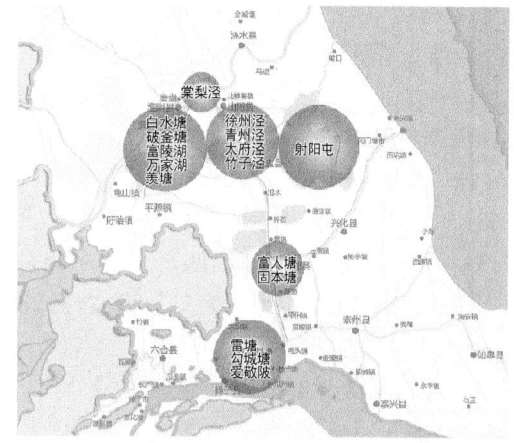

图 4.21　唐代江淮东部水利工程及屯田示意图
资料来源:作者自绘

---

① 《新唐书·权德舆传》
② 《全唐文》卷七百六十三《楚州修城南门记》中记载:"楚最东为名郡,疆土绵远,带甲四千人,征赋二万计,屯田五千顷,凡兵赋食三者相通也。"
③ 《桂苑笔耕集》卷十三《许权摄观察衙推充洪泽巡官》中记"山阳沃壤,淮畔奥区,地占三巡,田逾万顷"。
④ 《太平御览》卷八百三十九《百谷部三·稻》中引《唐书》云:"开元十九年,扬州奏:稻生稻二百一十五顷,再熟稻一千八百顷,其粒与常稻无异。"说明盛唐时扬州境内曾大面积种植过双季稻。
⑤ 《新唐书·志第三十一·地理五》

3) 以扬州为核心的手工业经济区

唐扬州城与成都并论为"扬一益二",发达的经济促进了手工业的繁荣。唐初丝织精品产地主要在北方,中唐以后,江南已经成为纺织业的中心。淮南道盛产纻贲麻布,楚州以孔雀布、火麻、贲为贡;扬州以莞席、细苎、锦为贡,是唐贡金三十州之一;和州产苎练、贲,桑麻的生产带动了麻布纺织业的发展。扬州地区的金属冶炼也颇发达,以铜器驰名天下①。由于滨江临运,故造船业也颇为发达,转运使刘晏于扬子县置十场造船以供漕运之需②。此外,扬州的蜀冈茶、铸钱业、金银器、制糖业的发展都颇具规模,是御服及其他器用重要的供应基地。

4.3.4 隋唐宋人口迁移与区域发展

1) 江淮南北人口首次发生逆转

隋代时间虽短,但人口比南朝增长了约1.4倍(从15.9万增至38万)。隋末唐初,群雄割据,战乱不休,江淮人口减少约72.4%(由38万减至10.5万),唐天宝元年(742)又增长了约4.5倍,至58.27万。安史之乱爆发之前,江淮人口已经有了大规模涨幅,楚州、扬州人口分别增长近10倍、5倍。安史之乱之后,再次出现北方移民南迁潮,一直延续至唐末五代。在迁徙过程中,部分移民滞留在环境较好的淮南,韩愈曾经说"士多避处江淮间"③,有的将淮南作为中转站,稍作停留后再度南迁至江南。当北方时局稳定时,再复迁回老家。安史之乱后淮南地区人口有所上升,例如天宝年间扬州和楚州人口分别为77 105户和26 062户④,元和年间增长至87 647户⑤和30 000户⑥。唐末割据对江淮人口造成巨大破坏,杨行密统治淮南期间,开始多方"招抚流散"⑦,其间有两次大规模的南迁:一次是契丹人侵入中原,密州、棣州大批人口南迁;另一次是南唐派兵到淮北招纳群盗。唐末至五代期间,北方移民主要迁入江淮间的扬州、海安、江都、江阳、高邮、泰州、淮阴等地,同时还有一些江淮土著移民至江南,约占总移民的2.3%⑧。扬州是南唐都城及区域交通、经济、人口中心,"兼水陆漕挽之利,有泽渔山伐之饶",本地工商业者及外来商旅频繁往来,"侨寄衣冠及工商等多侵衢造宅,行旅拥弊"⑨,接纳移民数量最多,侨居人数的增多使扬州经济得到空前发展。随着经济中心的南迁和大移民潮的爆发,唐初江苏南北人口首次发生了大逆转,苏南人口总量及人口密度都远超过淮北地区,是人口重心南移的一个重要起点,也是经济重心南移的重要标志。江淮处于二者中间,既接受一部分北方移民的中转及过渡,同时又向苏南迁徙部分人口,因此人口呈现波浪式的增长。(见图4.22)

2) 人口沿运、沿江分布明显

宋代江淮人口呈现明显的区域分布,经过吴、南唐、后周的建设,人口密度和经济发展水平达到了一定的高度。五代北宋的战乱导致人口下降,至太平兴国以后人口才恢复增

---

① 《旧唐书》"韦坚"条有载"广陵所出锦、镜、铜器、海味"。
② 《刘晏通敏精悍》中载:"晏于扬子置十场造船,每艘给钱千缗。"
③ 《全唐文》卷五百六十六《考功员外卢君墓铭》。
④ 《中国历代户口、田地、田赋统计》甲表26。
⑤ 《嘉靖惟扬志》卷八《户口》。
⑥ 《太平广记》卷三百九十四《徐智通》条引《集异记》载:"寺前素为郡之戏场,每日中,聚观之徒,通计不下三万人。"
⑦ 《资治通鉴》卷二五九。
⑧ 根据《中国移民史》(第三卷)表9-1整理。
⑨ 《旧唐书》卷一百四十六"杜亚"条。

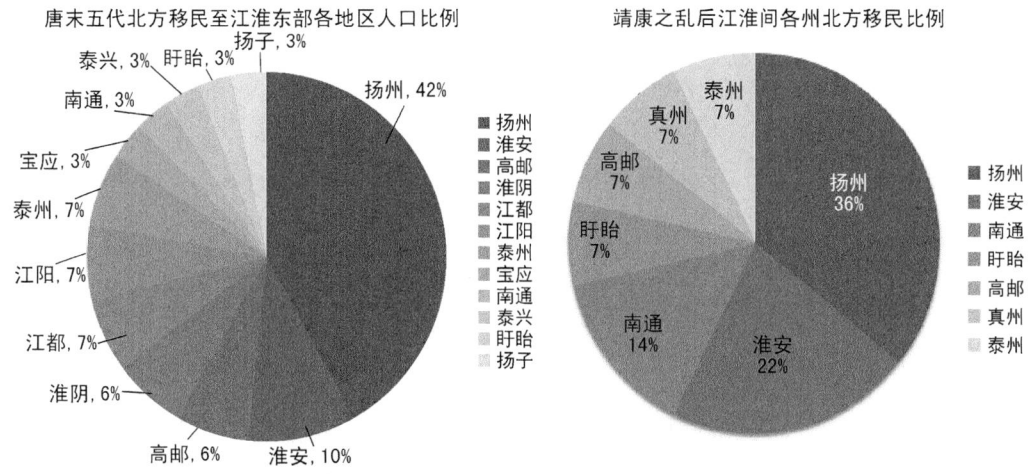

图 4.22　唐宋时期北方迁入江淮东部各州的人口比例示意图
资料来源：作者自绘，根据《中国移民史》第三卷表 9-2 和《中国移民史》第四卷表 10-5 总结绘制

长，至崇宁元年(1102)达至鼎盛。北部的泗州、楚州人口增长最快①，其主要原因是宋代楚泗之间运河的开凿使该地区发展成黄淮运的交界和南北水运的要津。从人口密度来看，沿江地区人口也很稠密，宋扬州虽地位不及唐代，但作为淮南东路治所，人口密度依然很高(29.08 人/km²)。真州取代扬州成为长江沿岸的重要港口，承接长江上游的航运，并承担淮南海盐外运的中转，两浙、荆湖等路的发运使驻扎于此，人口密度超过扬州(30.39 人/km²)。通泰地区因海盐经济发达，需要大量的劳动力，人口密度也颇高，为 12.34 人/km² 和 10.57 人/km²②。

靖康之乱(1126—1127)后，淮南惨遭战乱的破坏，"民去本业，十室而九，其不耕之田，千里相望，流移之人，非朝夕可还"③。为了恢复区域经济，政府四处招民垦田，"两淮田亩荒芜，愿耕之民多非土著"④。迁入的移民主要来自两部分，一部分是北方难民，另一部分是两浙、两江、闽南等地的南方居民，这些地区人稠地狭，居民主动迁往淮南进行垦种，主要迁入地为沿运（如扬州、高邮、淮安、盱眙）与沿江（如真州、南通）的城市。各州均有外迁至江南的人口，迁出数明显高于迁入数，导致南宋江淮人口增长缓慢，淮南东路基本保持在 10 万户左右⑤，比北宋下降了约 61.1%⑥。宋金之战时，淮南再次陷入混战，直至元代才有所恢复。尽管宋扬州城盛不及唐，但作为区域中心的地位始终得以保持，无论人口密度还是移民数量都居于首位。从人口的分布密度来看，沿运、沿江的城镇人口分布密度较大，成为宋代江淮东部的主要城镇发展轴。(见图 4.22、图 4.23、表 4.5、表 4.6)

---

① 根据《中国人口史》第三册第 521 页表 12-1，泗州、楚州 1102 年比 980 年人口分别增长 4.3、3.3 倍；其他地区人口分别增长为泰州的 1.7 倍、真州的 2.5 倍、通州的 2.2 倍、和州的 3.5 倍。
② 如果按照户/km² 计算，通泰的密度仅次于扬、真地区。
③ 李心传《建炎以来系年要录》卷四十
④ 《宋会要辑稿·食货六》
⑤ 数据根据《中国人口史》第三册第 141 页表 4-3 分析所得。
⑥ 根据《中国人口史》第三册第 141 页表 4-3 分析，淮南东路崇宁元年(1102)：327 827 户，嘉定十六年(1223)：127 369 户。

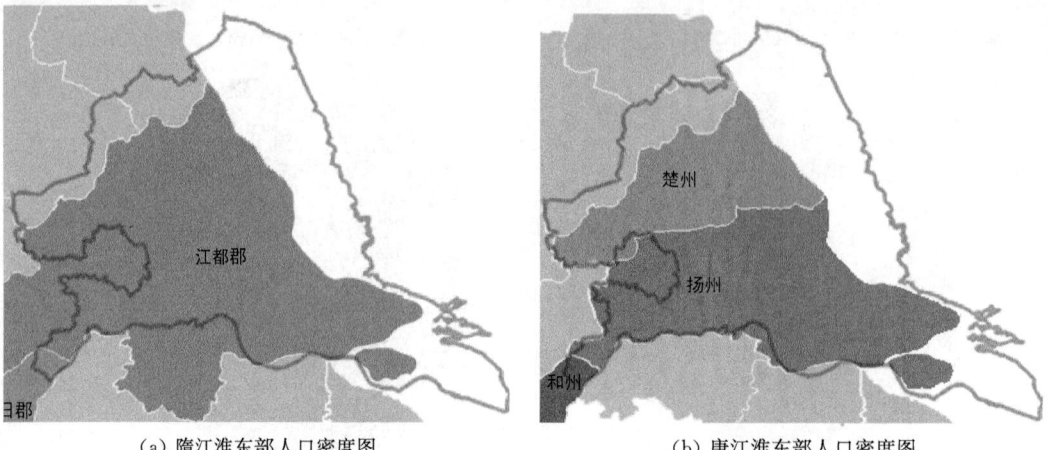

(a) 隋江淮东部人口密度图　　(b) 唐江淮东部人口密度图

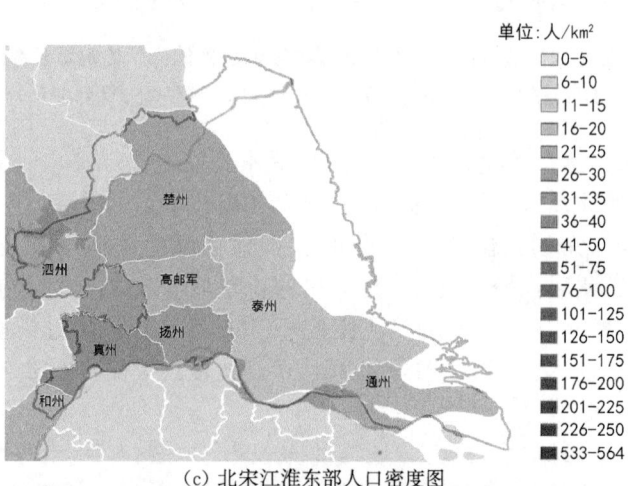

单位：人/km²
- 0—5
- 6—10
- 11—15
- 16—20
- 21—25
- 26—30
- 31—35
- 36—40
- 41—50
- 51—75
- 76—100
- 101—125
- 126—150
- 151—175
- 176—200
- 201—225
- 226—250
- 533—564

(c) 北宋江淮东部人口密度图

图 4.23　隋、唐、北宋淮东人口密度图

资料来源：作者自绘，行政范围根据中国历史地理信息系统（CHGIS，复旦大学历史地理研究中心，2003 年 6 月）绘制

表 4.5　隋、唐、北宋研究部分所涉州、郡的人口密度

单位：面积（万 km²）、人口（人）、密度（人/km²）

							历阳郡
隋大业五年（609）		江都郡					
	面积	4.23					0.34
	人口[1]	597 259					42 673
	密度	14.12					12.55
唐贞观十三年（639）		楚州	扬州				和州
	面积	1.02	2.33				0.34
	人口[2]	16 262	94 347				33 401
	密度	1.59	4.05				9.82
唐天宝元年（742）		楚州	扬州				和州
	面积	1.02	2.33				0.34
	人口[3]	153 000	467 857				122 013
	密度	15	20.08				35.89

续表 4.5

		楚州	泗州	扬州	泰州	高邮军	真州	通州	和州
北宋崇宁元年(1102)	面积	0.83	0.66	0.37	1.11	0.24	0.27	0.35	0.34
	人口[4]	207 202	157 351	107 579	117 274	38 751	82 043	43 189	66 371
	密度	24.96	23.84	29.08	10.57	16.15	30.39	12.34	19.52

资料来源:作者自制

注:为了确保人口密度的准确性,本表按照郡、州完整的行政区划来计算面积,人口按照全郡、州的全部人口来计算;行政区域面积根据中国历史地理信息系统(CHGIS,复旦大学历史地理研究中心 2003 年 6 月)绘图所得。

人口数据来源:1.《隋志》总序中记载全国户数 8 907 546 户,46 019 956 人,平均户数为 5.166(《中国人口史》第二册第 54 页),以此数据计算隋代江苏人口数;户数来源:《中国人口史》第二册第 46-53 页,表 2-1,江都郡 115 524 户,历阳郡 8 254 户。

2. 数据来源:《中国历代户口、田地、田赋统计》甲表 24。
3. 数据来源:《中国历代户口、田地、田赋统计》甲表 26。
4. 数据来源:《中国历代户口、田地、田赋统计》甲表 38。

表 4.6 隋、唐、北宋江苏江淮境内人口与其增降率

单位:人口(万人),增降率(%)

		江都郡						历阳郡[2]	总
隋大业五年(609)	人口	37.33[1]						0.71	38.04
		楚州		扬州[3]				和州[2]	总
唐贞观十三年(639)	人口	1.63		8.26				0.56	10.45
	增降率	−73.5		−21.1					−72.5
唐天宝元年(742)	人口	15.3		40.94				2.03	58.27
	增降率	838.7		395.6				262.5	457.6
		楚州	泗州[4]	扬州[5]	泰州	高邮军	真州	通州	和州[6]	总
北宋崇宁元年(1102)	人口	20.72	5.25	8.07	11.73	3.88	8.2	4.32	0.57	62.74
	增降率	69.7		−11.6					−71.9	7.7

资料来源:作者自制

注:人口指今江苏境内郡、州人口。调整和计算方法:根据《中国历史地图集》查找今江苏境内的郡、州、县,计算郡、州每县的平均户数、人口数,计算在今江苏境内的县数、户数、人口数。

1. 江都郡共 16 个县,其中 10 个位于江淮间,故人数为 37.33 万;
2. 历阳郡、和州在今江苏境内的面积约占 1/6,因此人数按照 1/6 计算;
3. 扬州共 8 个县,其中 7 个位于江淮间;
4. 泗州共 3 个县,江淮间仅盱眙 1 县,总人数 157 351,故人口按 1/3 计算;
5. 宋扬州包含江都和天长 2 县,江都面积及繁华程度远超过天长,故人数按 3/4 计算;
6. 和州共分 3 个县,历阳、含山、乌江,根据谭其骧的《中国历史地图集》,北宋和州共 12 个镇,在今江苏境内有 2 个镇,即汤泉镇和高望镇,因此人口户数按照 1/6 算。

4.3.5 重道尚武对区域意识文化的影响

1) 佛道并举

隋代在文帝的扶持下,佛教进入全盛发展时期,隋兴佛而抑道。唐代由于李渊父子尊崇道教,因此江淮东部道教的地位得到很大提升,与佛教协调发展,并逐渐由对神灵、自然的崇拜转变为对人物的祭祀。因人物祭祀而建的道观增多,有的逐渐演变为市镇,如江都

露筋祠、靖江生祠等。

2) 尚武之风的延存

虽然隋唐两朝均将儒家礼治作为主导的统治手段,但江淮东部地处南北交界处,实居人口少,流移人口多于土著,使得儒学文化得不到很好的延传。加之每每天下分崩之时,江淮必受北方军队和盗贼的入侵,久之便延续尚武的民风,使居民养成善战、彪悍的性情。尤其南宋时,政府利用淮南民众好战习性,鼓励其自发组织民间武装军寨,以抗击金人的入侵,这种尚武风气从古代一直保存下来。

3) 科举选拔

尚武轻儒的社会环境从科举情况上也得以反映。选举人数一方面反映一个地区的科举文化的氛围,另一方面从侧面反映出该地区的社会经济发展状况。经济基础决定上层建筑,只有繁荣的经济状况、安定的社会环境才能使得人文雅客更好地专注于学术研究。

隋唐国家采取荐举制与进士制并存的选拔官员的方式,宋之前仍以荐举制度为主,宋代逐渐形成系统的科举制度,考试成绩逐渐成为主要的选拔条件,门第之风渐弱。隋唐以前江淮东部都未受到中央的重视,运河开通后,其沿线城市得到开发,扬州、山阳、淮阴等地的文化氛围增强,但荐举比重仍很小,即使是当时全国经济中心的扬州被荐举的人才也只有25人,且只集中于江都县,占全省的10%;淮安府仅有4人被荐举,位居全省的最后。此时,江淮间人才主要沿江分布,沿海地区无一人入选。(见图4.24)

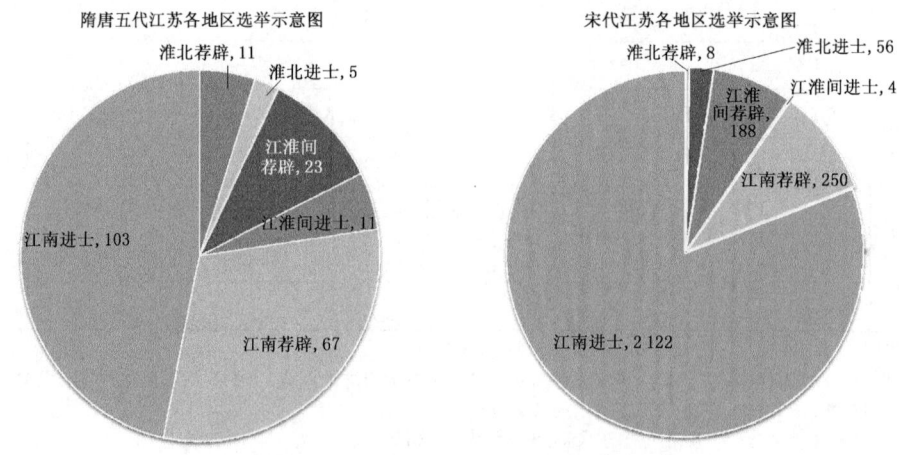

图 4.24 唐宋时期江淮东部与淮北、江南的选举情况对比示意图
资料来源:作者自绘,根据《江苏省通志稿 5·选举志》总结绘制

北宋中期,一些较偏僻的地区开始建学宫,如皋文庙的石碑文中有:"皋邑学宫始南唐,在县治东北,宋大中祥符八年始建大成殿。(南宋)绍兴初迁学于西南。"盐城北宋中期建立了夫子庙①,通州也设立辟雍②,可见此时江淮沿海的文化有了明显的提升。楚州的盐城、泰

---

① (宋)刘敞《寄盐城舍弟得书言威大稔兼求作夫子庙记》,出自《公是集》《文渊阁四库全书》第 1095 册)。
② 《舆地纪胜》卷四十五"通州"引《谈苑》中称:"……先是数举士人至辟雍者,皆不利。大观中朱侍郎彦为守,始移壮武营射垛,不使压州学上,当年所解三名至辟雍,皆上舍选,太守教官及考官皆转一官。以其今榜皆过,御笔添解额十名,通州号为利市州。"

州、真州、江浦都是北宋以后才有荐举、进士,尽管有所发展,但是人数仍远不及江南,所占比重持续下降,宋比隋唐时期比重减少了3.7%(从15.5%减至11.8%)。整个江淮的人数仅比镇江(10.8%)多1%,约占苏州(30.4%)的三分之一,可见其发展速度比较缓慢。宋代真州和泰州选举人数最多,分别为125人和90人,远超过扬州(40人)、高邮(37人)地区。宋楚州虽然是南北交通中枢,但不稳定的河道环境及频繁流动的人口对文化的发展并无推动,科举人数最低,仅12人,不及东南角的通州(19人)。另外,涟水、东台、如皋、兴化、海门、江浦等偏远地区,虽然入选人数较少,但是说明沿海及里下河等非运河地区的文化也得以初步开发。

在研究范围内,扬州选举人数所占比重最大,淮安最小,真州、泰州、通州均是在宋代才开始参加科举选拔,进士的人数远大于荐辟,所占的比重仅次于扬州,分别为3.0%、3.2%和1.0%。宋代这些地区的文化发展较快,社会经济环境稳定,尤其是泰州跟仪征,宋代以前选举人数为0,宋以后一跃成为地区前两位,远超过扬州地区的江都、高邮等,选举人数占总人数的25.6%和21.6%,说明文化得以快速发展。①(见图4.25)

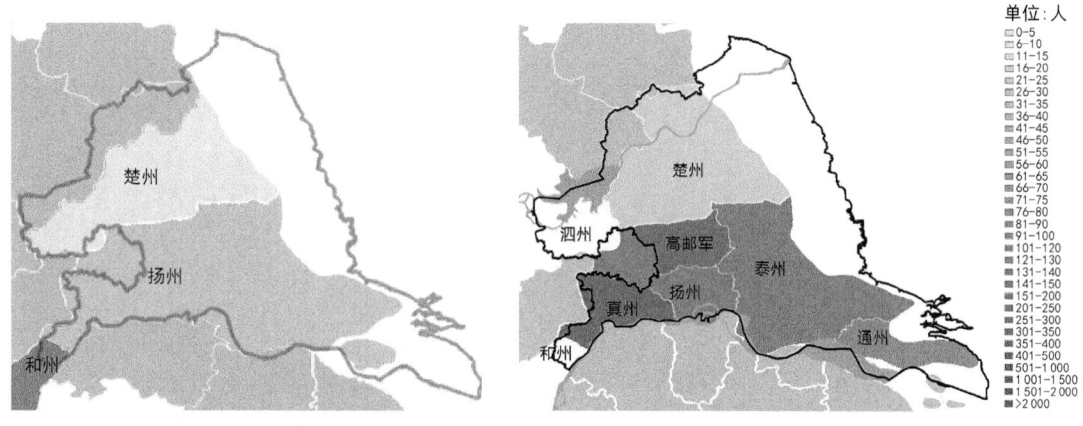

(a) 唐代江淮东部选举人数分布示意　　(b) 北宋江淮东部选举人数分布示意

图 4.25　唐、北宋江淮东部选举人数分布示意图

资料来源:作者自绘,行政区划根据中国历史地理信息系统(CHGIS,复旦大学历史地理研究中心,2003年6月)绘制

4.4　本章小结

唐宋是江淮东部地区发展发生革命性变化的时期。唐以降,地区的城镇、人口、经济、交通基本呈平稳上升发展,这一转折性变化源自南北运河的联通。隋唐大运河的开通与里下河水网的初步形成开启了江淮东部以水运网络为基础的区域规划的篇章。

隋唐大运河升级为官河,将淮南、江南的粮食和物资运输至长安、洛阳,使江南与中原的经济区连为一体,对于唐代及后世的经济发展起到相当重要的作用。江淮运河是大运河最为重要的一段,是沟通淮、运、江、海的枢纽,沿运河的楚州、扬州等商业城市迅速繁荣起来,并带动沿线多个县镇发展。江淮运河不仅肩负漕运的功能,同时也有利于农

---

① 章节4.3.5的数据均由笔者根据《江苏省通志稿5·选举志》中秦汉选举人数统计。

业水利的大规模发展。尤其是运西地区与里下河平原的水利灌溉,使江淮粮食生产居全国之首。宋代运河发展出多条东西向运盐河,便于东部淮盐运输,水系沿岸逐渐形成因盐业运输、米粮集散而兴的市镇。北宋时期大兴水利,江淮运河各段都进行大量的建堰置闸、开凿河涧、筑堤挖塘等工程,整个江淮东部的水利工程初步形成有机网络。水网的形成为江淮地区的漕运、盐运带来了莫大的利益,使南—北、东—西的物资得以流通,区域的经济得以盘活,同时经济的发展又促进了城镇的兴起,故水运、城镇、经济等互为平衡,制约发展。

5 明清江淮东部发展鼎盛期与城镇体系完善期

依托漕运和两淮盐业的昌盛,江淮东部地区在明清时期发展至鼎盛。朝廷出于对两大国家经济命脉的重视,对江淮东部水系治理和水利工程建设的投入达到顶峰。"两纵"(大运河、串场河)、"多横"(淮河、运盐河、长江及里下河众多横向水系)的水系骨架在这一时期形成,将江淮东部分为运西、里下河、沿海三段,每段呈阶梯式下降,形成三阶水位。横纵水网及诸多湖泊协同堤、闸、坝的设置,使江淮东部水系有序运转。

区域经济发展、城镇建设、社会文化等与里下河水系结构关系密切。东部沿海所产淮盐通过里下河横向水系运往运河沿线,再发往全国。沿海地区的水网在煮盐引河的基础上形成,清末民初的农垦建设促进了规整的水网形态的形成;里下河的密集水网为农业生产提供了良好的自然条件,起到沟通东、西两纵线城镇的作用,同时也是区域内市镇往来的主要交通渠道;漕运对运河城镇的促进在明清时更加凸显,经济上因漕运带来商贸的繁荣,政治上因朝廷对沿线的重视,将全国漕运、盐业的指挥管理中心设置于此。明清时期江淮东部地区总体上形成水系自西向东流泻,物资自东向西、自南向北运转的模式,以东部沿海的淮盐生产基地来滋养西部沿运的淮盐转销城镇。

5.1 行政区划及建置沿革

元代是我国省级行政区划的肇始,形成"中书省(大都)—行中书省(中央直接管辖的其他地方)—路、府—州—县"的行政体系。今江苏省以长江为界,江南为江浙行省,江北行政区划多次变更,先后隶属江淮等处行中书省、淮东道宣慰司、河南行省、江南行中书省。元至顺元年(1330)下置淮东道宣慰司(治所在扬州路),辖淮、扬二路和高邮府,分别治于山阳、江都和高邮,江淮间总计5州15县。

明代(1368—1644)简化为"省—府(州)—县(州)"三级,明清的省已逐渐演变为地方行政区划。明太祖定都应天府(1368),故将江南行中书省改为直隶中书省,后改称南京,永乐十九年(1421)明王朝迁都北京,称其为直隶(北直隶),顺势称南京为"南直隶"。明代今江苏全境在南直隶范围内,是江苏省第一次完整地归属单一的政区。江淮间分置淮安、扬州、凤阳、江宁四府,高邮府升为州,真州降为县(1369),崇明改属苏州府,共4州13县。

清入关以后(1644—1911)行政区划为"省—府(州、厅)—县"三级,其中厅设置于新开发的地区,如海门厅(1768年升为直隶厅)。州、厅分直隶州、直隶厅和散州、散厅,前者直隶于省(布政使司),与府平级。顺治二年(1645)改明南京为江南省,治江宁府;后分置左、右布政使司(1661),起初江淮间隶属左布政使司,后淮安、扬州及徐州被划为右布政使司(1666),与江南地区合起来成为江苏布政使司(1667),布政使司简称为"省",这是江苏称省之始。乾隆二十五年(1760),江苏以长江为界分为江宁(治江宁)、江苏(治苏州)两个布政使司,直至光绪三十年(1904),江淮东部一直属于江宁布政使司。至此,江淮间置有淮安、扬州、江宁3府,海州、泗州2个直隶州和海门直隶厅,县的数量稍有增加,从江都县、山阳县和盐城县中分出甘泉县、阜宁县(1731),从泰州分置东台县(1768),共领县城17座,盱眙县一直隶属于安徽省泗州直隶州。清代通海地区经济发展迅速,人口密度大,因此南通升为直隶州(1724),并从通州和崇明县中分置海门直隶厅(1768)。

明清两代政治统一,行政中心网络区域完善,继承了宋元时期的城镇结构体制,形成"都城—省—府(州)—县—镇"高度集权化的全国行政中心城市网络。城镇等级结构逐渐完善,呈金字塔式发展。(见图5.1~图5.6、表5.1)

图 5.1　元代行政区划(1330)

图 5.2　明代行政区划(1582)

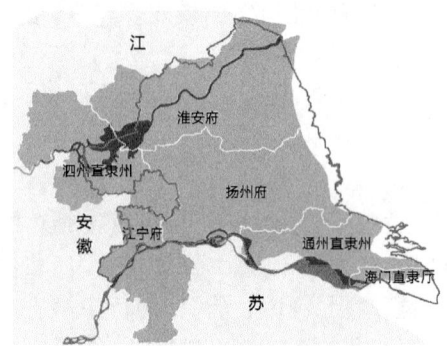

图 5.3　清代行政区划(1908)

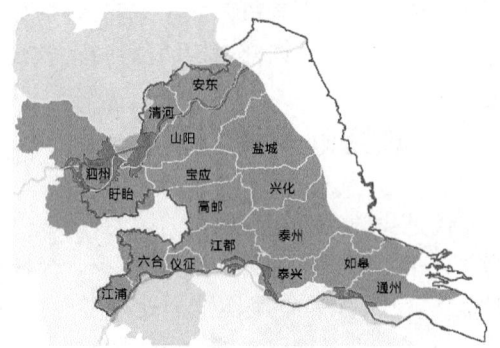

图 5.4　明代县级行政区划(1582)

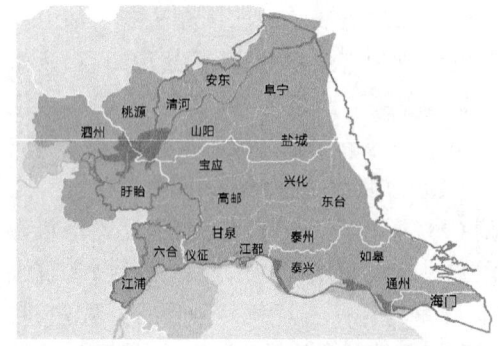

图 5.5　清代县级行政区划(1908)

图 5.6　清代县级行政区划(1911)

图5.1~图5.6资料来源:作者自绘,以中国历史地理信息系统(CHGIS,复旦大学历史地理研究中心,2003年6月)为参考绘制行政范围

表 5.1　元、明、清江淮东部行政区划表

朝代		路、府（治所）	州	县（粗体为本研究范围内的县）
元代 (1330)	江淮等处行中书省（1276—1284、1286—1291） 淮东道宣慰司省（1284—1286） 复置淮东道宣慰司，隶属河南行省（1291） 并入江南行中书省（元末）	淮安路（山阳）		**山阳县、盐城县、清河县、桃园县**
			泗州	**盱眙县、临淮县**
			安东州	**涟水**
			海宁州	**沭阳、赣榆、朐山**
		高邮府（高邮）		**高邮县、宝应县、兴化县**
		扬州路（江都）		**江都县、泰兴县**
			真州	**扬子县、六合县**
			泰州	**海陵县、如皋县**
			通州	**静海县、海门县**
			崇明州	
		庐州路（合肥）	和州	**今浦口一带（高望镇）**
明代 (1582)	南直隶(1421)	淮安府（山阳）		**山阳县、清河县、盐城县、安东县、沭阳县、桃源县（桃园县）**
			海州	**赣榆县**
			邳州	**宿迁县、睢宁县**
		凤阳府（凤阳）	泗州	**盱眙县**
		扬州府（江都）		**江都县、仪真县（1369年以真州改置）、泰兴县**
			高邮州	**宝应县、兴化县**
			泰州	**如皋县**
			通州	**海门县**
		应天府（南京）		**江浦县、六合县（1357年从江浦县众析置）**
清代 (1908)	江南省(1645) 左布政使司(1661) 右布政使司(1666) 江苏布政使司、江苏省(1667) 江宁布政使司(1760—1904)	淮安府（山阳）		**山阳县、阜宁县、盐城县、清河县、安东县、桃源县**
		扬州府（江都）		**江都县、甘泉县、仪征县、高邮州、兴化县、宝应县、泰州县、东台县**
		通州直隶州（南通）		**如皋县、泰兴县**
		海门直隶厅（海门）		
		江宁府（江宁）		**江浦县、六合县**
	安徽省	泗州直隶州（泗州）		**盱眙**

资料来源：作者自制，根据《江苏省志·地理志》第26-44页和《中国历史地图集》（谭其骧主编）结合总结

5.2 明清江淮东部城镇的分布、密度及职能

5.2.1 明清县下级的行政机构组织

1）江淮东部集、市、镇的概念解析

江淮东部地区的县下聚居点名称多变,在清末时候通常将市、集、庄、圩等地名混记。城镇系统在集市镇、闸坝、渡桥、驿铺、坊表等多层级聚居点构成的交叉网络中形成,明清时期的江淮经济就是在这一城镇网络中兴盛起来,即如《续纂淮关统志》卷四所言,"乡镇者以各属之津梁、闸坝、市集等处皆百货所流通"。

（1）考察江淮东部市镇可以发现,较诸江南不同的是,在江淮东部,镇下一级的商品交换聚落被称作"集"的特别多,尤其是清代以降,很多县志已不再将"市"作为聚落的一类来记述,《乾隆淮安府志》卷五《城池》中即明确写道"古人称市,今人称集,后载各集颇多,因不称'市',故旧志于'市'下不载也",但附郭内仍称为"市",是城内商品交换的场所。淮安府被称作集的地名比扬州的多,以清中期的数据为例,《乾隆淮安府志》中记载的集共52个,城外没有关于市的记载,《嘉庆扬州府志》中城外的市集共27个。实际上集的类型很多,有散集、镇集和定期集,散集和定期集具有临时性,交易结束后便散。江淮东部的集主要指镇集,具有固定的交易场所,多处于交通便利之处,人口较多,商贸繁盛,具有市镇的性质,是农村的商品交易中心。

（2）市的类型大体可分为四种,为定期市、镇市、街市及城中市。定期市与定期集类似,在固定的地点、固定的时间内,周围农民和商贩进行交易,具有临时性。镇市为位于镇上的市,明代方志书常把主要的镇记载为镇市,如宝应县有槐楼镇市、黄瀑镇市、范水镇市、衡阳镇市、射阳镇市、瓦店镇市、黎城镇市、卢村镇市①,如皋县有西场镇市、丁堰镇市、东陈镇市、白蒲镇市、石庄镇市②。镇市实际上更多的是镇的职能。街市指位于县治、镇、盐场中店铺云集的街,如《嘉庆如皋县志》（道光十年增刻版）中记载梁垛场、安丰场、富安场、角斜场、富家滩、拼茶场、丁溪场、沈家灶、小海团、草堰场街市及西溪、时堰、溱潼镇街市;还有一种位于府县城内和城周边的市,以买卖固定商品而为市,如米市、鱼市、盐市、牛市、猪市等。本章以镇市为主要研究对象。

2）明清江淮东部地域组织

我国县级以下区划在自郡县制确立以来一直存在。最早产生的县以下的组织机构是乡,从秦至唐前期,乡一直都在国家的控制之下,具有职役功能,设有乡官。乡虽然在明清时期依然存在,但与今天的乡镇的概念完全不同,不具备职役功能,不具有独立的行政级别,其基层组织的意义已经减弱,逐渐演变成一种地域单位。唐宋时期的乡里制和保甲制为明清江淮地区县级以下的基层组织的形成奠定了基础。

通过对明清淮安府、扬州府和通州志的研究发现,明清县下社会基层组织大体分为"乡—都—图"3级或"乡—图（里）"2级。由于明代里甲制的推行,这种区划仍比较明晰,如

---

① 《嘉靖惟扬志》
② 《万历如皋县志》

山阳县城内外共10乡123图,盐城县共4乡84里。受宋代保甲制影响,明代有些地区仍保留"都"的建制("都"即"都保"),如明天启年间盐城仁义乡,下设9都共51里,明万历仪征县太平乡辖9都35里。此时"都"的行政功能弱化,不具备户数编制,与乡一样,更多的是指地理方位的区划单元,如东一都、东二都、西一都等(《天启淮安府志·盐城县》),而"里"成为重要的行政组织单元,"里"即"图",随着明代里甲制的衰亡,"图"的建制较为多见。

清代县以下的行政区划没有统一规定,更是十分芜杂。《道光宝应县志》载"在城改为九铺,在野更为三十三庄,盖以县领铺庄之实户,而以铺庄隶图里之虚名,每图下各有某铺、某庄、花户田粮名",可见隶属关系已成虚名。再如清乾隆和光绪两版的淮安府志中,县下区划变为"乡—坊镇",乡仅具有地理意义,如乾隆年山阳县共为东南西北4乡,下辖坊镇203个,这里的"镇"非"市镇"的镇,作为县下层级最基本单元出现,相当于明代的"里"的意义。清代方志多是模糊记载乡、都、里之间的隶属关系,较多地记载市、镇、集、街、巷、坊、庄、村等城镇系统相关的组织,尤其在清中后期的志书中更是明显,这些名称往往多变随意,混淆不清。在江淮东部地区,更为明显,如《嘉庆东台县志》记载"县之村庄称名曰场、曰团、曰灶、曰镇、曰庄、曰堡、曰墩、曰甸、曰墩、曰垛、曰舍、曰巷、曰簖、曰洞、曰泽、曰滩、曰汉、曰浅、曰角、曰口、曰庙、曰坝";《嘉庆如皋县志》载"县之井里田庐卤亭盐廪(米仓)称名曰镇、曰市、曰庄、曰堡、曰垛、曰埭、曰坦、曰所、曰店、曰头、曰舍、曰埠、曰原、曰灶、曰口、曰坳、曰环、曰堰、曰场、曰坎"。

县下社会基层组织的设立主要是封建王朝社会统治的手段,负有管理户籍、征收赋役、维护治安等职能,县下的基层组织可以理解为是为了便于管理而划分的地理片区,不具有实际的组织实体。真正对江淮地区空间形成起到作用的是"市、镇、集、驿、铺、坊、巷、桥、渡、闸、堰、庄、圩、场"等与城镇空间相关的聚居点,承担商品交换、居住、交通、水利浚治、农业生产等职能,共同构成了江淮东部县下级别的城镇空间网络。由此,城镇的空间分布与县下组织不存在关联性,不受其影响。江北虽然没有形成江南的专业性的集镇,但是随着漕运、盐运经济的发展,明清集市镇大量兴起,形成独特的空间分布,功能分布明确,职能发生转化,如从盐场、闸坝等聚居点逐渐转化为市镇。明清时期集市镇逐渐发展为区域的中心,并兼具地域组织的职能,如重要的市镇附近设置巡检司、河泊所、税课司等。

3) 县下行政管理机构的设置与市镇的关系

重要的市镇通常设置一些专门的机构组织,负责某项专门的职能,主要有巡检司、盐课司、税课司、河泊所、都司等。其中盐课司(庙湾场、白驹场、刘庄场、伍祐场、新兴场等)、税课司(清江浦、瓜洲)、河泊所(邵伯、淤溪薄湖)数量较少,清代多数被裁撤,巡检司制度一直保存至清末,最能反映政权对县下市镇的控制情况。

巡检司作为县级以下政府机构之一,是对基层社会实施有效控制的手段之一。其始于北宋,元代每司配有九品官职的巡检史一名,明代设置普遍,数目极大,清代逐渐缩减。早期主要置于人烟稀少地区,"以巡防捍御盗贼"[①],明代主要设置于关津要道之处,与县城距离较远,可控制县级以下的市镇。根据史料统计,江淮东部的巡检司大多置于明代,共34个,雍正末年废除个别,剩30个,乾隆、咸丰年间陆续裁废一些,至清末共存24个,说明巡检司发展衰落,职能减退。从明至清,保留至清末的巡检司共12处,裁撤的共15处,清代增置

---

① 《宋史·官职》

10处,移设的共10处,可见巡检司的裁置无常。(见表5.2)

表5.2 明清巡检司的变迁表

府	县	名称	沿革
淮安	山阳	庙湾	明置,清划为阜宁县,雍正九年(1731)移驻草堰
		马逻	明置,雍正九年(1731)归阜宁,咸丰十年(1860)裁
		羊寨	明置,清划为阜宁县,咸丰十年(1860)裁
		童家营	雍正九年(1731)设,咸丰十年(1860)裁
		板闸	乾隆三十九年(1774)设,至清末
	盐城	清沟	明置,雍正九年(1731)驻上冈,至清末
		沙沟	清设,至清末
	阜宁	大套	雍正九年(1731)设,咸丰十年(1860)裁
		草堰	明置,位于朦胧永兴集,至清末
		海南	道光十二年(1832)设,咸丰十年(1860)裁
	清河	马头	明置,咸丰十年(1860)裁
		涧桥	道光四年(1824)设,位于渔沟镇,至清末
	桃源	三义	明置,后移驻三岔镇,咸丰八年(1858)裁
		古城	明置,乾隆二十七年(1762)移驻史家集,至清末
扬州	宝应	槐楼	明设,移驻氾水镇,至清末
		衡阳	明设,至清末
	高邮	时堡	明设,至清末
		张家沟	明设,清裁
		界首	乾隆二十年(1755)设,至清末
	兴化	安丰	明设,位于安仁乡,咸丰十年(1860)裁
	泰州	海安	明设,至清末
		西溪	明设,乾隆二十年(1755)改为东台县典史
		宁乡	明设,移驻小溪镇,至清末
	东台	富安	乾隆三十九年(1774)设,咸丰十年(1860)裁
	江都	万寿	明设,移驻仙女庙,至清末
		瓜洲	明设,咸丰十年(1860)裁,同治五年(1866)复设,至清末
		归仁	明设,后迁于便益河口,清裁
	甘泉	上官桥	明设,移驻陈家集,至清末
		邵伯	明设,至清末
	仪真	旧江口	明设,至清末

续表 5.2

府	县	名称	沿革
通州直隶州	泰兴	黄桥	明设,位于永丰镇,至清末
		口岸	明设,位于柴墟镇,至清末
		印庄	明设,位于保全乡,至清末
	如皋	掘港	明设,清裁
		西场	明设,至清末
		石庄	明设,至清末
	海门	张港	明设,清裁
		吴陵	明设,位于仁和乡,清裁
	通州	石港	明设,位于西成乡,清裁
		狼山	明设,位于狼山乡,乾隆三十三年(1768)裁
		白塔河盐巡检	雍正末设,至清末
		三九沙	雍正末设,乾隆元年(1736)移驻吕四场,改吕四巡检,至清末

资料来源:作者自制,根据《天启淮安府志》《乾隆淮安志》《嘉靖惟扬志》《光绪江都县志》《嘉庆扬州府志》《道光宝应县志》《道光泰州志》及胡恒的《清代巡检司地理研究》总结

引起巡检司裁废、移设的原因比较复杂,与市镇相关的主要有三:首先是出于空间要素的考虑,为了便于巡查,将其设置或移设到便于分防的地方,如通州的三九沙巡检司,因距所管各沙"暌隔百有余里",故将其移驻于吕四场;其次,巡检司要位于关津要道、水陆要冲之地,因此清代中后期,巡检司逐渐移至位于区域内重要孔道的中心市镇,如清沟移驻上冈、槐楼移驻氾水、万寿移驻仙女庙;最后,随着市镇的兴衰,巡检司也发生变化,有的移驻商贸繁华的市镇,有的随着市镇的衰败而废除,如淮河沿岸的多处巡检司,如马逻、羊寨、大套等市镇因黄河夺淮而衰,巡检司也随即被废。从图 5.7 中可以看出,清末巡检司位于江淮东部重要镇的附近,主要沿江、沿运分布,位于水系密集的地区。巡检司数量的减小、职能的衰弱、区位的核心化是明清市镇行政职能提升的侧面反映,说明此时市镇不单单具有经济职能,同时具有积极主动参与行政的意识。

5.2.2 明清江淮东部城镇分布密度及空间格局

宋代大部分镇市尚属乡村间商品交换的小市场,元代朝廷为了增收税课,将草市升格为镇,以令其成为具备收取赋税的行政对象,如泰州柴墟镇(由墟市升为镇),此时还有不少的村市、水市、盐市升为镇市。明清时期江淮东部的市镇数量明显增加,明末市镇密度为 54.7×10^{-4} 个$/km^2$,清代上升为 125.9×10^{-4} 个$/km^2$。明代城镇密度集中地区位于运河南北枢纽的清河、江都、仪征,密度分别为 39.2×10^{-4} 个$/km^2$、31.2×10^{-4} 个$/km^2$、35.2×10^{-4} 个$/km^2$,主要的盐业生产地盐城、通州的密度也均超过 30×10^{-4} 个$/km^2$,运河沿线的高邮、宝应密度也均在 30×10^{-4} 个$/km^2$ 左右,分别为 29.2×10^{-4} 个$/km^2$、38.7×10^{-4} 个$/km^2$。清代市镇整体分布区域依然不变,但城镇密度逐渐向南递增,仪征、海门均超过 200×10^{-4} 个$/km^2$,江都、甘泉和山阳、清河的密度均高于 100×10^{-4} 个$/km^2$,因黄淮水系的困扰,运河入江附近的城镇密度高于北侧入淮处。另外,清末沿江的泰兴、通州、靖江城镇密集高于沿淮、沿海及里下河地区。明清江淮城镇逐渐向东部蔓延,形成沿淮(淮河)、沿江(长

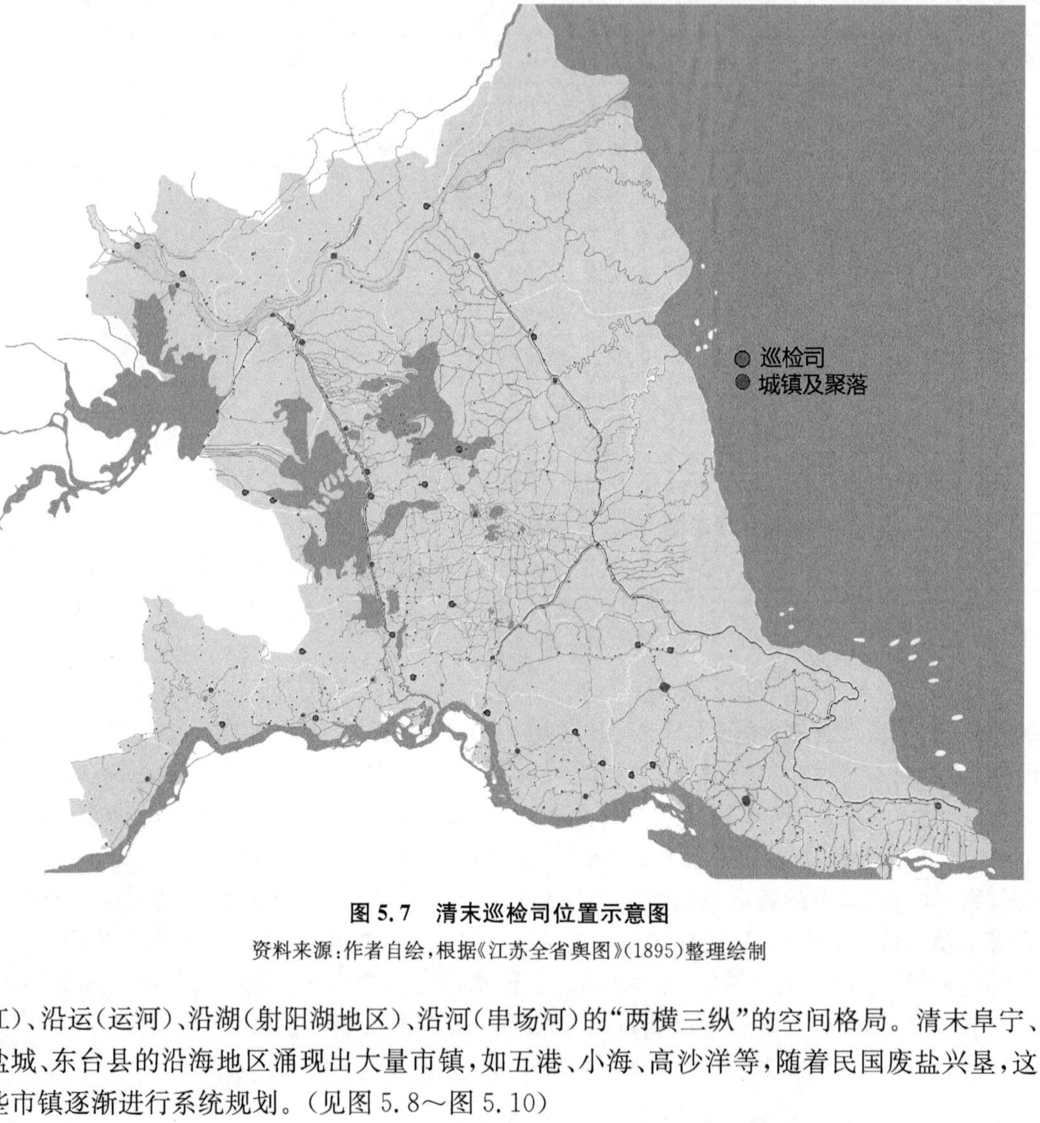

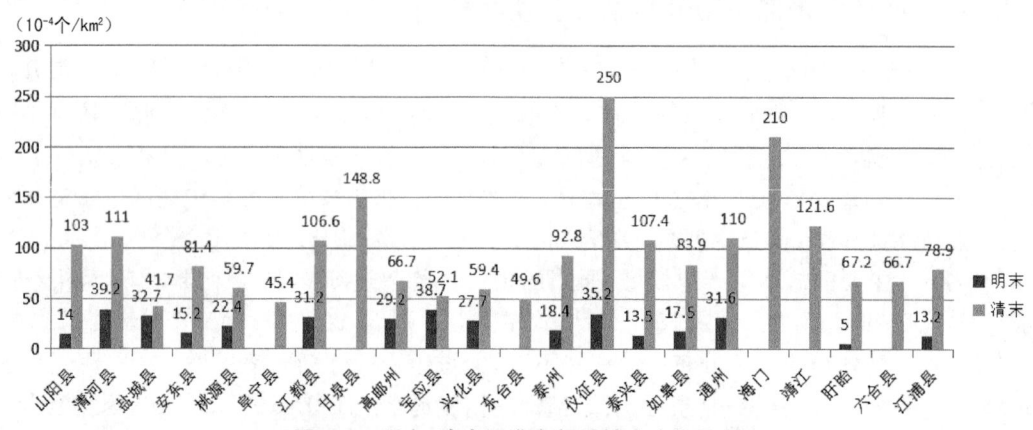

图 5.7 清末巡检司位置示意图

资料来源：作者自绘，根据《江苏全省舆图》(1895)整理绘制

江)、沿运(运河)、沿湖(射阳湖地区)、沿河(串场河)的"两横三纵"的空间格局。清末阜宁、盐城、东台县的沿海地区涌现出大量市镇，如五港、小海、高沙洋等，随着民国废盐兴垦，这些市镇逐渐进行系统规划。(见图 5.8～图 5.10)

图 5.8 明末、清末江淮东部城镇密度柱状图

资料来源：作者自绘，面积根据中国历史地理信息系统(CHGIS,复旦大学历史地理研究中心,2003 年 6 月)计算，城镇数量根据《江苏省志·地理志》第 26—44 页和《中国历史地图集》(谭其骧主编)结合总结

5　明清江淮东部发展鼎盛期与城镇体系完善期

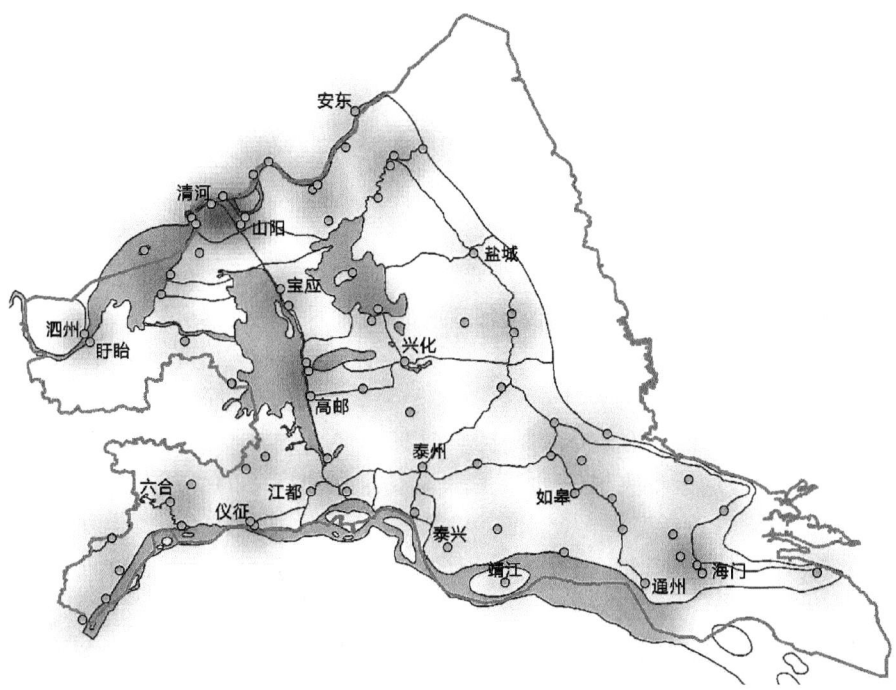

图 5.9　明代江淮东部城镇分布密度图
资料来源:作者自绘,根据中国历史地理信息系统(CHGIS,复旦大学历史地理研究中心,2003年6月)绘制城镇变迁,并通过 ArcGIS 进行分析

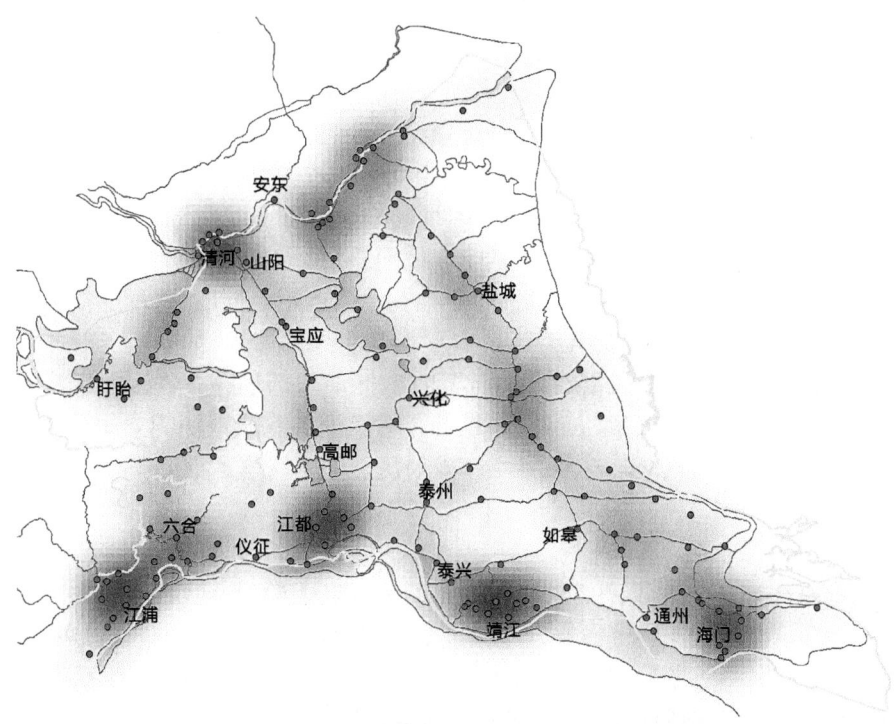

图 5.10　清代江淮东部城镇分布密度图
资料来源:作者自绘,根据中国历史地理信息系统(CHGIS,复旦大学历史地理研究中心,2003年6月)绘制城镇变迁,并通过 ArcGIS 进行分析

5.2.3　明清江淮东部市镇职能类型及特点

以往对市镇职能的研究主要集中于江南地区的专业市镇，对江北的市镇研究较少，实际上江淮地区与江南地理位置接近，隋唐开始成为承担漕运的重要航道，沿海地区又是海盐的生产重地、国家的税收保证，因此其经济十分繁荣，市镇的分布与功能独具特色。已有的研究成果主要从历史学、经济学的视角对苏北集市镇的发展进行论述，如南京大学的吴海涛对明清苏北集市镇的发展、功能、分布等进行过论述，刘训华在《清前期苏北经济发展研究》中对苏北农村社会与城镇网络有所阐述，但是其所涉及的研究范围及时间跨度均具有局限性。

江南专业市镇的研究方法以市镇主要经营产品的类型进行划分，而江淮东部市镇的专业性较弱，但并不是完全不存在专业市镇，只是"一镇一品"的格局不及江南。江淮东部市镇有的因地处津要孔道而商贾繁荣，有的因自然地理环境的改变而衰败，有的因军事政治目的而增设，其综合性职能更突出，一个市镇具有多个特色商品的生产和经营性质，例如在具有米粮业职能的同时还具有海运业职能等。江淮东部市镇的发展主要得利于漕运、盐业的兴盛，因此多属于流通型市镇，发挥商品流通职能。这也是清末江北城镇迅速衰落的主要原因，漕运的荒废和盐政的改革使得沿线的市镇最终没落。

由于以往研究成果较少，本书通过总结宋、明、清时期江淮东部地区的志书中关于镇、市、集的资料，来对江淮东部古代城镇的职能进行划分。明前期的江淮志书欠缺，淮安现存明代志书为正德、天启年间两本，扬州现存有《嘉靖惟扬志》和万历《扬州府志》，另外嘉靖《南畿志》中有关于扬州府、淮安府、凤阳府、应天府的记载，而《扬州府志》中没有市镇方面的记载，《南畿志》中府镇的记载数量少于同时期的其他志书。清代保存较为完整的地方志有清前期、中期的雍正《扬州府志》、乾隆《扬州府志》及嘉庆《重修扬州府志》，清晚期的同治《扬州府志》、光绪《淮安府志》、光绪《通州府志》，其中雍正和同治时期的《扬州府志》没有市镇方面的记载，通州（直隶州）地区清中期的市镇记载缺失。近现代的参考资料主要有傅宗文《宋代草市镇研究》、韩大成《明代城市研究》(2009)和《中华人民共和国地名词典·江苏省》。本书试图在前人研究的基础上，根据各时期的相关方志予以补充。

本书将通过对文献中江淮东部市镇职能的梳理总结，结合江淮东部的区域特色，综合分析江淮城镇的职能类型。在总结以某种产业为主导的市镇的同时，将商业职能与生产职能结合考虑，因为江淮东部分布着大量以生产职能为主导的市镇，如盐业、榨油等，占据较强的经济地位；同时并不仅仅关注市镇的经济职能，江淮东部还存在许多非经济专业职能的市镇，包括交通运输型、军事型、居住型市镇等。对江淮古代城镇职能空间分类、形成、分布特点进行总结，旨在为进一步分析江淮城镇发展历史的空间体系奠定基础。

1) 经济型市镇

（1）盐业市镇

江淮东部沿海地区的发展是建立在海盐业的基础之上的，盐业市镇是由盐场、盐仓转变而来。随着明清两淮盐业经济的发展以及盐滩的东徙，范公堤沿线的一些盐场逐渐转化为兼具盐业管理、买卖、流通功能的市镇，居住人口的增多、场内管理机构的完善、街巷的建设也促进了盐场逐渐转化成商业集市，如"西溪镇为商贾辏集之道"①。

---

① 《读史方舆纪要》

重要的市镇设有盐监,唐代有盐城、海陵二监,宋代于通州增加利丰监,明盐务机构更为淮安、泰州、通州盐运分司,清代则只剩下通泰二司掌管江淮淮南的盐务。每个盐监或盐运分司下辖数个盐场,明清时期,虽然有的盐场依然被称为场,但实际已具有市镇的职能。至清代,串场河沿线由盐场转化而来的市镇,主要有庙湾、新兴、上冈、伍佑、大团、刘庄、白驹、草堰、丁溪、西溪、梁垛、安丰、富安、海安、栟茶、角斜、石港、金沙、余西、余东、吕四、掘港、戴窑等。另外,还有因盐业仓储而形成的市镇,如边仓镇。这些市镇既是海盐生产地,又是盐的购销地。这类市镇均临近东西向的水系,西连里下河平原水系或运河,东入大海,便于盐运。例如西溪在泰州东北百十里,"西接运河,东通角斜河";"角斜河在(泰)州东北百二十里,南通栟茶场,西通海安镇。又辞郎河,在州东北百二十里,北通兴化县之陵亭镇"①。串场河东部沿海地区,仅王家港、小海二镇,但分布大量盐业生产聚居点,是以"团、灶、总、丿、仓、盘、锅、滩、垛、荡"等海盐生产组织、生产单位甚至是生产工具、材料命名的聚居点。清末民初,随着淮盐经济的衰落,废灶兴垦运动开始,除上述市镇外,通海地区还兴建了与盐垦相关的市镇,包括正杨、东余、三厂、包场、海复、上冈等。总之,江淮沿海地区市镇的兴起均与海盐业的生产、管理、流通有关,可视为典型的盐业市镇。(见表5.3)

表 5.3 盐业市镇列表

分区	市镇	概况	具体职能
盐城	庙湾镇	"府东北百八十里,为滨海冲要处。亦曰庙湾场"(《读史方舆纪要》)	
	上冈镇	万历间为盐城八大镇之一。清乾隆三十年(1765),新兴场公署迁至上冈代管政务,这里即成为盐阜地区腹地的政治、经济、文化中心。民国元年(1912)"废灶兴垦"后,上冈设市	盐业生产、废灶兴垦
	新兴镇	旧时上冈新兴场是苏北沿海三十六个盐场中较大的盐场之一	盐业生产
	草堰口	汉为熬盐灶地	盐业生产
	伍佑镇	汉为熬盐灶地,唐为盐城监九场之一,称五佑场,一度衰败。宋大中祥符间经楚州团练推官伍佑重新振兴,改名伍佑场。明万历间亦称伍佑镇	盐业生产
	边仓镇	唐产盐,以东临大海名东溟镇;宋建隆间,盐城监并九场为七场,各场设正、便盐仓囤盐	盐业生产
	大冈镇	秦汉间为盐灶地,唐宋后兴集镇,其为盐邑三冈之首,改称大冈。明万历间名大冈镇	盐业生产
	冈沟镇	秦汉即为熬盐地	盐业生产
	大团镇	唐宋盛产盐	盐业生产
	丁溪场	汉代即产盐。相传以村内"丁"字形小溪得名。唐为盐城监九场之一,称丁溪场。宋迄清,为丁溪场大使驻地	盐业生产
	白驹场	两汉已有产盐记载。唐为盐城监九大盐场之一,名北八游场。宋元以迄明清改名白驹场。清乾隆元年(1736)名白驹镇	盐业生产

---

① 《读史方舆纪要》

续表5.3

分区	市镇	概况	具体职能
兴化	刘庄场	汉已有居民定居。古名云溪,唐称紫庄,宋更名刘庄。唐为盐城监九场之一,称紫庄场。宋以迄清改称刘庄场。曾为市廛商庶,海防重镇。明时名刘庄寨	盐业生产
	戴窑镇	相传唐名灶产,为产盐地,宋名东村。后名大戴庄。明窑业发达,故名	盐业生产
东台	王家港	相传清乾隆间,王姓迁此,在河港北岸立灶煮盐,名王家港	盐业生产
	小海镇	明正德间草堰朱、夏灶户迁此立灶煮盐。后发展为小海场万盈团和大庆团。清乾隆前以小海团名场,乾隆间场盐课司署迁此	盐业生产
	草堰场	两汉即为产盐地	盐业生产
	西溪场	"宋为西溪盐仓,州产盐,因置监于此,以司其利。明鹾使分司于泰州者,驻西溪东北之东台场"(《读史方舆纪要》)	盐业生产
	梁垛镇	相传唐开元间,梁姓迁此,筑垛、立灶煮盐	盐业生产
	安丰场	汉代已立灶煮盐。唐为海陵监小淘盐场,宋季以"民安业丰",改名安丰。明、清为泰州分司诸盐场之巨,设盐场大使	盐业生产
	富安场	五代南唐为海陵监虎墩盐场,历为富安场盐课司驻地	盐业生产
	栟茶场	宋、元为栟茶场	盐业生产
泰州	海安镇	"东临黄海,南望长江,西捍扬泰,北控盐淮"(百度百科) 1914年设立大有晋公司	盐业生产、废灶兴垦
通州	石港场	宋至清为通州重要盐场之一	盐业生产
	西亭镇	宋通州七盐场中最西的盐亭	盐业生产
	余西场	北宋名余庆场,通州七大盐场之一	盐业生产
	余东镇	"唐玄宗时(公元722年)开始将余东一带辟为盐场。……以后,余东一带移民增多,逐渐成为产盐区"(《南通地区成陆过程的初探》)	盐业生产
	吕四场	北宋太平兴国年间为吕四盐场。元、明、清均为著名盐产地	盐业生产
	正杨镇	由盐业兴起而成集镇	盐业生产
	东余镇	1914年设立大有晋公司	废灶兴垦
	三厂镇	1916年设立大生第三纺织有限公司	废灶兴垦
	包场镇	大有晋盐业股份有限公司坐落于此,十里盐坊,盐垛林立,陆上四通八达,水上百舸争流,奠定了百年商埠基业	废灶兴垦
	海复镇	1901年张謇集资创建通海垦牧公司,在此筑堤围垦	废灶兴垦
	金沙场	唐初为江海交汇处沙洲,名南布洲,俗名古沙。北宋太平兴国年间取"披沙拣金"之义,名金沙。金沙场为通州七盐场之一	盐业生产

资料来源:作者自制,未经标注资料来源的均出自《中华人民共和国地名词典——江苏省》一书

(2) 米粮业市镇

随着明清江淮经济的商品化,江淮地区的米粮业也趋于商品化。运河两岸一直以来是产粮区,从汉代起就有屯田的历史,随着明清里下河平原水系的逐渐丰富,该地区多为水乡,沮洳饶沃壤,土地平畴,田畴肥美,田产丰腴,百姓勤于农事,因此形成了大批米粮型贸易市镇。

盐城、阜宁地区以稻麦生产为主,宝应、高邮、泰州的里下河地区为稻米的输出地区,尤其高邮、泰州一带,以生产"红粟"而著称,陆游的"香粳炊熟泰州红"(《剑南诗稿》卷五十一《对食戏作》),陆君弼的"翻匙自饱桃花饭,怪得先生懒折腰"(《寄吴陵章月鹿明府》),黄云的"桃花米熟鳜鱼肥,葭荻苍苍覆钓矶"(《卜居水村舟中作》)及左思《吴都赋》中"海陵之仓,则红粟流衍"等都是对"红粟"的描写。山阳、江都二地豆产发达,不仅自己消费,还远销江南等地,由豆产衍生而出的豆油、豆饼、乳脂等也名扬天下。南部沿江地带普遍缺粮,因此会在综合型的市镇中收买米粮,如通州二甲镇。江淮地区的粮食颇为丰富,尤其是里下河地区,可满足内部市场的调剂,同时局部产地成为大宗米粮的输出地,远销各地,如阜宁地区的玉米,为"海舶东来争运选者"。其主要的输出流向有二:一为上贡的漕粮,如白米镇的晚金灿;二为豆产和豆制品,外输江南。因米粮业而兴的市镇主要有两种类型:首先是产米区承担小范围内的稻米、豆麦的集散市镇,产地即为商品集散地,如老子山、冈门及散布于里下河平原的多个庄集,这些市镇一般规模小,职能范围小;其次是承担粮食中转贸易职能的城镇,如平河桥、仙女庙、永安等,这些市镇多位于运河、盐河等主要水系沿岸,所经营的米粮多来自周围的产区,市镇规模较大,多为综合性城镇。(见表 5.4)

表 5.4 米粮业市镇列表

地区	市镇	概述	特产
山阳		"盈畴被野与麦豆等也"(光绪《淮安府志》卷二《物产》)	麦豆
		"秋豆尤饶。江南大贾携资贸易,舟载以去,名曰豆客。故淮秋豆之名流传甚远""豆油豆饼转贩江南获利为厚,榷关(指淮关)亦以此为大宗巨款"(民国《山阳县志》)	豆产
	平河桥镇	"城南五十里枕堤跨河邨落市肆,两相映带,田畴沃美,帆樯络绎,亦淮甸之门户"(乾隆《淮安府志》)	
清河	老子山镇	"与盱泗接壤,负山面湖,有稻胜网罟之利,鱼盐商贩亦皆业集,近以湖水,郁不东注,淹及山下,久田稻,胜鱼利,皆失其旧矣"(乾隆《淮安府志》)	田稻
盐城		"五谷皆有,而稻麦为最宜,东鄙高燥宜麦,西乡下湿宜稻,高下适中则稻麦皆宜"[光绪《盐城县志》(民国重修)卷四《食货志》]	稻麦
	冈门镇	"自冈门至新河转至侍其汊皆有古堰,每岁春塞秋开以便灌田"(天启《淮安府志》)	
	湖垛镇	"清朝初年,胡垛庄兴为湖垛镇,徽帮、湖北帮商人来此从事商业活动,其时湖垛的米市兴盛一时"(百度百科)	米市
阜宁		"东南多稻麦,菽秫次之;西北麦为大宗,菽秫居麦之各半,稻十之二三,黍稷十之一耳。谷有粘有粳,其别种曰玉秫,一名包谷,随地而产以境北为富,斯尤海舶东来争运选者"(光绪《阜宁县志·物产》)	稻麦

续表 5.4

地区	市镇	概述	特产
宝应		"宝邑弹丸之地,沮洳之乡,于谷宜米"(民国《宝应县志》卷一《物产》)	米
	瓦沟溪庄	"田高,下均平,俱沤产高丰腴,居十之九"(道光《宝应县志》卷七《铺庄》)	
	氾水镇	"居邑上等,膏腴十之八九鲜,旱涝忧坝,水反涨所不及"(同上)	
	小官庄	"用高下相,半腴多"(同上)	
	天平庄	"田多墩阜,高下相错,俗称九里一千墩者,在天平与射阳两庄,返水至亦鲜不没者,射阳庄田略同天平庄"(同上)	
高邮		"积贮充盈,社谷亦丰于他邑"(嘉庆《高邮州志》第四卷《物产》)	谷
		"居淮扬之间,土高而广土水,有鱼稻之富裕"(康熙《扬州府志》卷十《风俗》)	稻
	永安镇	"永安是个鱼米之乡,盛产鱼虾,这里生产过红色米的稻子"(http://blog.sina.com.cn/s/articlelist_1696190267_0_1.html)	红米
姜堰	白米镇	"明产优质晚金灿,列为贡品"(《中华人民共和国地名词典——江苏省》)	米
泰州		"泰州红,一名海陵红,汉书扬州有桃花米即此"(道光《泰州志》卷五《物产》)	米
江都	江都县	"扬州山田多,宜秈,故秈称早稻,……江淮间漕司令民择田,高者艺焉,因名占焉"(乾隆《江都县志》)	早稻
		"淮南王以豆为乳脂,为酥,今称豆腐,遂遍天下不知滥觞淮南也"(乾隆《江都县志》)	豆腐
	仙女庙镇	"自古商业繁盛,为里下河稻米的重要集散地"《中华人民共和国地名词典——江苏省》"仙女庙镇跨运盐河南北岸,当通泰运盐至扬州之孔道在,昔米木两业称盛"(民国《续修江都县志》)	稻米

资料来源:作者自制

(3) 纺织业市镇

江淮地区的纺织业发展具有区域性,是建立在本地蚕桑业和产棉业的基础之上的,沿海地区主要以棉业生产为主,山阳、江都附近以桑丝业为主,江淮总体以棉业生产为主,主要因为"棉之利速于桑,境亦一岁之熟,亩可十千间且倍之,则固非地不宜面,赖教之树且织者大有人耳"[①]。江淮地区的纺织业多是由明清时期政府发起的,参与者多为妇孺,作为农忙之暇的补充产业来获取经济效益,如明天启年间,如皋知县李衷纯在引进蚕桑的同时,"劝种木棉,制机杼之具,布之四门,教之织纴,而免其赋"[②]。沿海地区种植蓝靛,印染业也颇为发达,盐城"濒海多锦可以供织,濒湖有靛可以供染"[③];如皋的吕克孝"惜皋民惰窳,不

---

① 光绪《阜宁县志》
② 乾隆《直隶通州志》卷十七《风土》
③ 光绪《盐城县志》(民国重修)卷四《食货志·物产卷》

习女工,每岁坐失万金之利,惟靛蓝用最广,江南多取资焉,近颇有采蓝收其利者"[①]。最具规模的棉产区仍集中在通海地区,尤其是海盐生产逐渐衰败后,通海盐碱地适宜棉花种植。至清代,资本主义萌芽产生后,江南纺织经济对通海地区的影响更甚。虽然通海的棉"非占品质经济之优胜,不足言良钟"[②],但颇具生产规模和产品特色,"沿江居民善种棉,所为布颇粗,然紧厚耐者,俗称沙布"[③]。由此,江淮地区的棉业集市镇主要位于棉布产区,集中在沿海一带,商业职能的服务范围未超越腹地,几乎不承担外输的功能,市镇的专业性不强,是集产销于一体的混合型棉业市镇。纺织业对通海地区城镇发展起到促进作用,尤其是清代后期,其动力作用更凸显出来。(见表5.5)

表5.5 纺织业市镇列表

分区	城镇	概况	特产
山阳		"丝絮之属,有麻有棉,近岁,棉益广民,取以织布"(同治《山阳县志》卷一)	棉布
安东		"颇能习其事,疆场室庐之旁,莫不种桑,春日桑事起,妇孺奔走采桑,布箔昕夕摩皇""每丝出时,他方贸易者操金线入乡买之,城市则有牙阜为之,总会亦可见其盛矣"(光绪《淮安府志》)	桑
阜宁		"知县阮本焱,曾捐廉遣人赴通州购棉种,方将置器募师,设局兴事,邑妇女诚相率而习之,以织补耕之不足"(光绪《阜宁县志》)	棉
东台	小海镇	"织带、织布历史悠久"(清光绪《通州志》)	棉
江都	大桥镇	"镇跨白塔河东西岸,丝布业最盛"(民国续修《江都县志》)	丝布
通州	二甲镇	"清末商业逐渐发达,是著名粮、布、棉花、薄荷油集散市场"(《中华人民共和国地名词典——江苏省》)	布、棉花
	二甲镇	"善绩纷丝,或燃为汗衫,或织为蚊帐,或织为中带,而手中之出余东者最为驰名"(乾隆《直隶通州志》卷十七《风土志·物产》)	丝
南通		"南通产棉著闻,故农校、农场趋重于棉业之试验,搜集中外棉业类至一百余种,顾鉴别优劣,亦殊不易"(民国《南通县志》卷三《物产》)	棉
海门		"为饶棉之属,则有蚕丝、有苎,有麻布之属,则有巾、有带,未成布曰纱交纱、曰线谷"(《海门厅图志》卷十)	棉
	兴仁镇	"家有机杼,户有簧火,一手所制若布、若带、若巾巾兑,易粟足活三口,三手事之则八口无虞""善绩苎丝,或拈为汗衫,或织为蚊帐,或织为巾带,而手巾之出余东者最为驰名"(乾隆《直隶通州志》卷十七《风土物产》)	苎丝

资料来源:作者自制

(4) 其他经济型专业市镇

江淮的经济型市镇除了因盐运、漕运而兴之外,还有许多其他类型的专业经济市镇。这些市镇的职能类型多为地方性的特产,经济辐射范围一般限于江淮东部区域之内,其规

[①] 嘉庆《如皋县志》卷六《物产》
[②] 民国《南通县志》卷三《物产》
[③] 乾隆《直隶通州志》卷十七《风土物产》

模和能级较小,主要包括竹业、酒业、油业等。竹业主要位于西部山区(六合竹镇)、沿江地带(仪征青山、朴席)及竹器消费区(南通的竹行);酒业以淮安地区产酒造曲最盛,酒市、酒店随处可见,一般交通要道都有酒出售,因酿酒而出名的集镇有南通陈酒店等。

江淮沿海地区和里下河水系地区的居民除从事盐业、粮业外,还以渔业为利,居民或以捕鱼为生,或以渔利以弥补灾年土地歉收之困。因此,在江淮有大量的鱼市、鱼行等存在,渔盐及相关的海物、腌渍品是江淮市镇的特色产品,占据重要地位。由于水系发达又近海、近江,该区域的渔湖业、海产业十分发达,极具地方特色,这些市镇的商业范围超出了江淮地区,与外部市场联系密切,如阜宁"其贸远者豆饼、虾米、卤、鱼、腌、豚而已"[1],盐城"鱼皮、鱼鳔、蟹干、虾米、腌卵、腌鱼、秋酒等物皆可贸迁远方"[2],如皋人"腌鱼及鸭卵,贩卖江南,络绎不绝"[3]。如皋地区农民善用菜籽榨油,并有油坊,"油坊之息本多者富"。但这些市镇即便与外部市场有联系,也是小宗买卖,不如盐、油等大宗商品交易对城镇经济影响大,专业职能类型的规模和能级较小,因此对区域的发展、城镇的形成所起到的促进作用较小。(见表5.6)

表5.6 其他经济型专业市镇列表

类型	分区	市镇	概况
渔业(包括海产、湖产)	阜宁		"湖荡之茭菱、芡、藕弥望盈盈,实与山盐相映带"(光绪《阜宁县志》)
			"阜滨海地也,鳞介之繁,靡奇不有,鲽尤阜之特产"(同上)
	盐城		"大纵湖之螃最为南人所重,春水晶虾甚美。而西至郡城,南至兴化,则色味俱变,所谓迁地弗良者,乎货之钜者"[光绪《盐城县志》(民国重修)卷四《食货志·物产》]
			"僻处海隅,民务稼穑,利资鱼盐"(万历《淮安府志》卷六)
	如皋		"蛏干蛤干青螺虾米鱼鲞通行各省"(嘉庆《如皋县志》第六卷《物产》)
	通州	吕四、石港	"鱼盐之利,商家多集"(嘉靖《通州志》卷二《风俗》)
			"吕四、石港等盐场有鱼船百艘下海捕鱼"(嘉靖《通州志》卷三《官政、漕运》)
竹席业	仪征	青山镇	"青山镇拥有丰富的山、水、竹、茶等自然资源"
		朴席湾	"江苏朴席,与江南苏席、浙江宁席一道并称'全国三大名席'。清朝曾作为贡品供皇室使用"(百度百科)
	六合	竹镇	"宋时以有紫竹林初名竹墩,后改竹镇" "竹镇古时商业发达。四境环山,三面带河,水陆往来便利,商贾集散,经济繁荣"(百度百科)
		新篁巷	"清代盛产紫竹"
	通州	竹行镇	"清乾隆年间名朝阳镇。后因竹行业盛行,光绪年间改名"

---

[1] 光绪《阜宁县志》
[2] 光绪《盐城县志》(民国重修)卷四《食货志·物产》
[3] 咸丰《兴化县志》卷三《物产》

续表 5.6

类型	分区	市镇	概况
酒业	山阳		"……自明以来,以盐酒油为最钜,酒旧有苦蒿、珍珠诸目,实则秫酒、曲酒二者"(光绪《淮安府志》卷二《物产》) "正德以前,淮酒有名"(明《天府府志》) "有盐、酒、油自明以来著名"(民国《山阳县志》)
	南通	陈酒店	"明末清初陈姓在此酿酒而得名陈家酒店"
油业	如皋		"油坊之息本多者富""油渣成饼壅田肥,贸迁江南,其利不赀,凶岁兼可充腹"(嘉庆《如皋县志》第六卷《物产》)

资料来源:作者自制,未经标注资料来源的均出自《中华人民共和国地名词典——江苏省》一书

2) 运输型市镇

江淮东部地区的集市镇几乎皆因水运而兴,尤其是黄河夺淮之后,东部的湖泊逐渐淤积成水网密集交错的湖荡区,对于运道的利用不亚于江南水乡。因水运而兴的市镇主要分为两类:一类是因水利建设而兴的集镇,主要位于运河沿岸;另一类是因运输业而兴的城镇,分布于沿江、沿淮、沿海及里下河平原水系沿岸。运输型市镇通常又是商贸流通型市镇,通常具有运输、商贸、盐业、渔业及米粮业等综合功能,难以断然分开。明清时期运河是南北商品流通的主要交通干道,漕船北上及南返时均可搭载商货,沿途贩卖;商船也大量往来穿梭于里下河水系与运河水系之间,运送货物。运道沿线设置的多处关卡、闸坝、驿铺等,为船坞停靠、贩卖商品提供了驻足的机会。船运不仅给江淮地区带来了南北方的物产,同时也将江淮地区的渔盐、粮食、特产运销各地,商品流通刺激了运河及里下河水系沿岸的集市镇发展,形成多个重要的商品集散型市镇,尤其是淮安山阳、扬州江都等地位于漕运的中转站,集镇规模较大,如板闸、清江浦、平桥、河下、界首、瓜洲等。里下河平原区沿着运盐河、盐河等,也分布多个较大的市镇,如樊汊、曲塘、溱潼、西溪等,均是商贸运输的必经通道。沿江一带的泰兴广陵镇,自古商贸云集,有"小扬州"之美称;通州的聚星镇,系海门县东部商业大镇。此外,沿运河西侧的水系也有集散型商贸集市出现,如正德《淮安府志》卷五载:西义桥市、罗家桥市、杨家桥市、姜桥市、菜桥市,"五市在郡城西北,本土及四方商贾皆萃焉,货贝杂陈甲于他";汉河集、月(越)城集、潭头集、南店集、北店集,"五集……通商贾以阜民用"。

(1) 漕运市镇

江淮东部地区的水系情况复杂,为了调节整个区域的水系运转,宋代开始沿洪泽湖、运河及沿海修筑了多处闸坝。明清时期,随着黄河的入侵,整个区域的水系市场陷入瘫痪,政府为了保障此段漕运顺畅,下大气力整修水利工程,是江淮东部水利工程建设的顶峰,随之出现了系列因水利工程而兴的市镇。这些市镇主要沿着重要的堤坝而建,如高堰、坝头(沿高家堰),平桥、清江浦、泾河、氾水、车逻、界首、露筋、邵伯等(沿运河),斗门、姜堰等(沿运盐河)。这些市镇有的建坝,有的设闸,有的筑堰,有的挖涵洞,明清之前主要作为水利设施点存在,明代以后水利设施增加,附近设有船坞、浅铺等社会组织,船夫、浅夫等工人居住在附近,负责船只修理并解决河道淤浅问题,后逐渐形成聚落。据《漕河图志》载,明代江淮运河途径 6 县,浅铺共 54 处,每铺有老人 1 名,浅夫 10~20 人,有的地方还设有河夫、塘夫、闸夫、坝夫、堤军、巡河军若干,沿江淮运河从事水利建设的人共 2 308 人。据《续行水金鉴》,

里运河共分9个汛,每汛设置县丞、把总各1名,协防、闸官、堡夫、兵、闸夫若干,共1299人。这些聚居点通常与渡口、码头、桥梁等结合,加之漕运所带来的商品流通的便利,聚落的功能性逐渐增强,有的逐渐演变发展成村落、市镇。沿运河市镇的形成并非完全如此,有的因洪水频袭而废(如清水潭镇),只有便于商品流通、自然环境优良、人口基础牢固的市镇才能最终保留下来。由此可见,漕运聚落的形成是水利设施及运河经济、自然选择共同作用的结果。(见表5.7)

表5.7 漕运市镇列表

分区	市镇名称	概况	职能
山阳	西湖嘴市(又名河下镇)	"在运河东岸,舟楫往来多舣于此,淮上称繁华者居最"(正德《淮安府志》卷五) "扬州千载繁华景,移在西湖嘴上头"(万历《淮安府志》卷三)	漕运、商业
	板闸镇	"宋故沙河所经处,明平江伯陈瑄于此建闸开漕渠,先以板,故名板闸"(乾隆《淮安府志》) "凡湖广、江西、浙江、江南之粮艘,衔尾而至山阳(今淮安),沿运河北运,虽山东、河南粮艘不经淮安板闸,亦皆遥禀戒约,故漕政通乎七省,而山阳板闸实咽喉要地也"(《山阳县志》) "关榷之设始于明代,一为户部钞关驻板闸……"(《重修山阳县志》) "运渠萦绕于前,烟火千家,舳舻云集,淮安西北一镇铺也"(乾隆《淮安府志》)	闸坝、漕运、钞关、商业
	清江浦镇	"北负大河,南临运道,淮南扼塞,以此为最"(乾隆《淮安府志》) "汉淮阴县地,明平江伯开运河自故沙河西北至鸭陈口,出与淮通,建闸设坝,此地遂成重镇"(乾隆《淮安府志》) "舟车鳞集,冠盖喧阗,两河市肆,栉比数十里不绝"(乾隆《淮安府志》)	漕运、闸坝、商业
	平桥镇	"平河桥,在府西南四十里,南至宝应县六十里,为往来通衢"(乾隆《山阳县志·建置·镇集》)	漕运、商业
	泾河镇	"明正统五年修泾河坝,以通舟楫。景泰初,建闸置仓,交兑盐城诸县漕粮"(《淮安府志》)	漕运、坝
	窑沟市	"与礼、智、信三坝相近,商贾往来络绎不绝"(正德《淮安府志》卷五)	坝、商业
	高堰镇	"东汉建安间陈登所筑高家堰"	堰
	蒋(坝)头镇	"蒋坝为洪泽湖大堤最南端的古镇,始于东汉、兴于明万历年间,是典型的因造堰而兴的集镇"	堤坝
宝应	黄浦镇	"宋名上游镇;堰名黄浦堰,为汉吴王濞所建;溪名黄浦溪"(《宝应图经》)	堰
	槐楼镇	"运道所经也"(嘉庆《扬州府志》)	漕运
	氾水镇	"在瓦甸南十里,滨运河"(嘉庆《扬州府志》) "明清运河繁忙的漕运必经氾水,其交通十分便利"(百度百科) "明洪武年间称宝应南三十六里有新镇,万历年间开宏济河,建氾水闸,镇以闸名"	漕运、闸

续表 5.7

分区	市镇名称	概况	职能
高邮	清水潭镇	"清水潭堤段曾是里运河大堤上著名的险工患段。从高邮城北 10 公里处的马棚湾到清水潭南端,长约 3.3 公里"(《高邮日报》2012 年 12 月 17 日)	堤坝
	车逻镇	"城东四十里,古寿河所经,今通为涧河由此出泾口下荡"(乾隆《淮安府志》) "阅看高邮东地南关、车络坝等处河道堤工……",这里的"车络"即为"车逻"(李斗《扬州画舫录》)	漕运、堤
	界首镇	"高邮北部的交通枢纽和商贸重镇,是运河沿线的重要码头"(百度百科)	商业
江都	大桥镇	"处姜兴河、泰东河的交汇之地,占航运之利,是漕运盐运必经之地"(《溱潼散记》) "永乐间陈瑄穿白塔河通运,由此达江,商舶亦由此入,居人渐众,后运道复由瓜洲河犹不湮,今为大镇"(嘉庆《扬州府志》) "明朝时,平江伯陈瑄开白塔(獭)河,沟通漕运,大桥得'天下之水都汇于此'便利,渐成货物中转集散地,商贸的兴起促进了古镇的繁华"(《扬州晚报》2014 年 3 月 11 日)	漕运、商业
	瓜洲	"虽弹丸地,然通京口,接建康,际沧海,襟大江,实七省咽喉,全扬保障也。且每岁漕艘数百万,浮江而至,百川贸易迁徙之人,往还络绎,必停泊于是"(嘉庆《瓜洲志》卷一《疆域》) "商旅鳞集,城郭市廛不减"(康熙《扬州府志》卷六)	漕运、商业
	旧港镇	又称十二圩镇。"汉至明清,十二圩均为盐运、漕运要道"(《扬州晚报》2014 年 1 月 11 日)	漕运
	扬子镇	"与今茱萸湾相近,漕河至此分二道入瓜仪"(嘉庆《扬州府志》) "运河东岸,桥跨本镇,闸下引河"(民国《续修江都县志》)	漕运
	施家桥	"桥跨扬子桥,闸下引河"(民国《续修江都县志》)	闸
	三汊河	"运河东岸"(民国《续修江都县志》) "三汊河,江都、仪征、瓜洲至此水分三支,故名"(乾隆《江都县志》)	漕运
	湾头镇	"运河东岸,古运河南岸"(民国《续修江都县志》) "宋后逐渐成两淮盐运司专管码头,为大运河航船交通要冲"	漕运
	张纲镇	"为广陵太守引岱石湖水溉田,故以沟名"(民国《续修江都县志》) "张纲为广陵太守,济惠于百姓,劝课农桑,于东陵村开此沟,引湖水灌田,以此号为张纲沟"(《后汉书》)	水利
甘泉	邵伯镇	"里运河和盐邵河交汇处" "洪武元年巡检张仁开设邵伯埭"(嘉庆《扬州府志》)	漕运、埭
	仙女庙镇	"沿运盐河北岸,西临人字河,北与甘泉县分界"(嘉庆《扬州府志》)	漕运

续表 5.7

分区	市镇名称	概况	职能
仪征	新城镇	"濒运河,……土人喜植桃春花最盛"(嘉庆《扬州府志》)	漕运
	朴树湾镇	"濒运河,有周孝妇祠"(嘉庆《扬州府志》)	漕运
	石人头镇	"濒运河与江都接界"(嘉庆《扬州府志》)	漕运
	观塘镇	"汉广陵太守陈登修陈公塘(受敬陂)之处"	水利
泰州	斗门镇	"宋淮南转运副使吴遵路置斗门以蓄泄水,民甚便之因以为镇"(嘉庆《扬州府志》)	闸坝

资料来源:作者自制,未经标注资料来源的均出自《中华人民共和国地名词典——江苏省》一书

(2) 沿江市镇

沿长江分布着大量的集市镇,主要有浦口、何家港、瓜埠、瓜洲、施家桥、大桥、嘶马、口岸、狼山、竹行、茅家等。漕河附近的市镇主要承担漕运中转、港口贸易、防御重镇的作用。但长江下游的岸线成陆过程复杂,清代才形成今天的走向,故有些市镇形成较晚,多是明清移民开垦。例如茅家镇,康熙年间,由崇明青年农民陈朝玉来此开垦,后句容等地农民纷纷来此;雍正年间,居民于此贩卖鱼虾瓜蔬,集市兴旺、门庭若市,形成集镇。(见表 5.8)

表 5.8 沿江市镇列表

区位	市镇名称	概况
江浦	浦子口	"为江淮间重镇……舟车冠盖之集于此者,盖相错也"(康熙《江浦县志》)
仪征	何家港镇	"位北岸要口,由京江渡此登岸,则东走瓜洲,西入仪征,北达扬子桥,皆为径,易故防守尤切"(嘉庆《扬州府志》)
六合	瓜埠镇	"古镇瓜埠滁河环绕西南,历来为兵家必争之地,是六朝古都南京的咽喉要地"
六合	河口镇	"南京至瓜洲客轮的中途停泊码头,原名清福古洲,清代形成集镇,以地处滁河口故名"
江都	沙头镇	"东南当沙河出江之口,其南即大夹江"(民国《续修江都县志》)
江都	中闸镇	"白塔河下游东岸,当白塔河出江之口"(民国《续修江都县志》)
江都	头桥镇	"在城东南夹江南岸,大夹江北岸"(民国《续修江都县志》)
泰兴	口岸镇	"明为长江北岸要港,改为口岸,为里下河门户"

资料来源:作者自绘,未经标注资料均来源于《中华人民共和国地名词典——江苏省》一书

(3) 沿淮市镇

淮河沿岸原有多个因商贸、交通形成的市镇,黄河夺淮,频遭水灾,使得市镇或淤废,或迁徙他地。例如王家营镇原是淮河北岸的大镇,"由陆路入京孔道,仕商雇役,车赢必出于此"①,因康熙二十七年(1688)"大水卫镇,却县管巨损,贷买地东迁里余,居民复居"②;马逻镇在明以前是巨镇,"明季各港湮淤,马逻港犹通贾舶",后因黄水肆虐而废③;洪泽湖镇因

---

① 康熙《清河县志》
② 乾隆《淮安府志》
③ 光绪《阜宁县志》卷二《建置·镇集》

"黄水入淮,淮溢入湖,洪水泛涨,全镇俱沉水中,旧时尚余高阜数家,今久无遗迹矣"①。还有的市镇因黄河南徙而迁他地,如河北镇(今河北街,在河南),乾隆《淮安府志》称"黄河未徙草湾以前,镇在河北",明清于此设批验盐引机构,筑城护盐,有盐运行署,驻扎盐官。此外,有些市镇依大堤而建,据光绪《阜宁县志》卷二记载,该县有"依黄河旧堤为市"的苏家嘴、"依淮堤为市"的童家营及"旧通马路河,依淮堤为市"的周门集。这些市镇受黄河的影响较小。

（4）里下河水域市镇

除了沿江、沿淮分布的城镇,还有大量集市镇庄分布于里下河水网中,以兴化地区和沿江地区最为明显。里下河地区水网形成晚,兴化地区由于是淤积而成,陆地面积不完整,城镇面积较小,由多个零星小垛组合而成,镇周围被水网包围,如时堡、中堡、安丰、竹泓等;泰州的市镇主要沿运盐河(斗门、姜堰、白米、孔家涵、宜陵镇、砖桥、界沟镇)和晏溪河(淤溪、溱潼、时堰等)分布。沿江地区为了沟通江水,从运河、运盐河、界河等横向水系引沙河、泰河、山阳河、白塔河等纵向水系,市镇多位于河道的沿岸,如樊汊、虹桥、万寿寺镇、三墩桥、庞家渡等。该地区水系发达,湖荡星落,河网稠密,河港交错,以致很多市镇村庄以"桥、河、港、沟、塘、荡、湾、垛、圩"命名,聚落邻近水系,多是水集。

（5）港口市镇

江淮东部地区海岸线、淮河出口及长江岸线均不稳定,因此港口贸易因素在市镇形成上并不明显。串场河东有射阳、黄沙、新洋、斗龙、王家等多处入海港,但由于成陆晚,土质承载力差,因此在清代未形成港口市镇。明以前,位于淮河出海口的喻口镇、庙湾镇是主要的航运业港口城镇,喻口镇"有喻口渡,淮河津要也"②,庙湾镇为海运孔道,"海舟鳞集,商货阜通,海寇舰望之所"③。长江港口的变迁对于沿江城镇地位的变化影响很大。在唐代,扬州是长江口唯一的大港,扬子津是唐前期由江都入江的运河渡头,开元以后渐被瓜洲取代。至宋代,真州取代了扬州在运输业、商业及造船业上的地位。真州原驻白沙镇,为戍守要地,随着瓜洲并入北岸,扬州远离长江,地位被滨江的白沙镇取代。清道光年间,仪征十二圩镇为运道的入江口,为盐运、漕运要道,成为两淮盐务汇集地、转运地和江南米粮的转运地。自五代十国时期,通州开闸通江,"农田商舶皆利焉"④;至南宋,南通港的运输范围已囊括扬州、泰州。民国时期,为了便于通海纺织业的运输,开通了天生港,并发展成天生港镇。(见表5.9)

表5.9　其他水系市镇列表

区位	河道	市镇名称	概况	职能
山阳	涧河	车桥镇	曾有"九桥十三庵,一百零八巷"之说。明末清初始建,因境内菊花沟(今称涧河)无桥,偶以水车代桥	
阜宁	海陵溪	杨家集	"沿海陵溪为市"(光绪《阜宁县志》卷二《建置·镇集》)	
	窑头河	清沟镇	"山盐孔道,阛阓甚繁"(光绪《阜宁县志》卷二《建置·镇集》)	
	渔滨河	凤谷村镇	"依渔滨河西界"(光绪《阜宁县志》卷二《建置·镇集》)	

---

① 乾隆《淮安府志》
② 《读史方舆纪要》
③ 天启《淮安府志》
④ 《鹤山先生大全文集》卷七十五

续表 5.9

区位	河道	市镇名称	概况	职能
阜宁	漕沟河	板湖集	旧名湖心镇,"为由治赴郡孔道,南为漕沟河"(光绪《阜宁县志》卷二《建置·镇集》)	
		朦胧镇	"皆商民辏集之所"(《读史方舆纪要》)	商贸
	淮河	东坎镇 仁和集	"在长滩之滨,市廛繁庶,为东乡之冠"(光绪《阜宁县志》卷二《建置·镇集》)	商贸
盐城	西塘河	湖垛镇	"唐建张岐塘(今西塘河),聚落初建,村以河名称张岐里。明迁村于古射阳湖中 1.5 公里长土垛上,更名湖垛庄。光绪间为盐城十三镇之一"(http://www.jianhucheng.com/thread-100367-1-1.html)	
兴化	蚌蜒河	凌亭镇	"位于兴化城南 18 公里处,处于兴化、江都、高邮三县(市)的交界处。以蚌蜒河分界"(百度百科)	
	蚌蜒河、得胜湖	竹横港镇	"古镇竹泓位于兴化城东南方 15 公里处,是典型的四边环水、九河汇聚、地势十分低洼的水乡泽国"(百度百科)	
兴化	大纵湖	中堡镇	"中堡是一座风光秀丽、极具水乡特色的古镇。镇南、镇北碧波千顷,风光旖旎的蜈蚣湖和大纵湖,呵护和滋润着古镇"(百度百科)	
泰州	晏溪河	溱潼镇	"秦潼镇,在州东北六十里,州北十八里为港口镇,皆滨运河"(《读史方舆纪要》)	商贸
	运盐河	斗门镇	"运河在州西。自江都湾头镇而东,经州西三十里斗门镇"《读史方舆纪要》	
	晏溪河	淤溪镇	"泰东河、鲁汀河流经境内,淤溪镇内沟壑纵横,是个典型的'无船不成行'的水乡小镇"(百度百科)	
	山阳河	樊汊镇	"老三阳河、斜丰港、盐邵河在此交汇"(百度百科) "商号如林,商贩如星,人潮如流,船只如梭"(百度百科) "穷宜陵,富丁沟,小小樊汊赛扬州,樊汊又名樊川"(《龙川文化概览》)	商贸
	运盐河	姜堰镇	"古名三水,以江、淮、湖皆积于此故名之,其水由西来至湾子口,一向东,一向北,相触回旋为罗纹而成塘,故又名罗塘"(民国六年(1917)《姜堰乡土志》)	
	运盐河	曲塘镇	"金姜堰,银曲塘"(古海陵俗语,意思是说,姜堰是"流金"之地,而曲塘是"汇银"之所)	商贸
东台	晏溪河	西溪镇	"西溪镇为商贾辏集之道"	商贸
江都	运盐河	孔家涵	"运盐河北岸,孔涵河之东岸,为下河兴、盐阜等县并各场通行要道"(民国《续修江都县志》)	
	沙河与廖家沟	虹桥镇	"沙河与廖家沟合流之西岸,轮船可达"(民国《续修江都县志》)	
	廖家沟与石洋沟	杭家集	"廖家沟与石洋沟合流之东岸"(民国《续修江都县志》)	
	运盐河	平潮镇	"明清时期,便利的水陆交通已经让这里发展成为一座商贸重镇。平潮不仅经济发达,而且人文荟萃"(毛雨森的博客《古镇系列之平潮篇》)	商贸

资料来源:作者整理自制,未经标注资料来源的均出自《中华人民共和国地名词典——江苏省》一书

3) 居住型市镇

自明代始,江淮市镇的居民渐次增多,这主要是因为水利系统的完善和陆地、湖滩面积的增加。以居住职能为主的市镇通常兼具经济职能,因此从明清地方志中经常可以看到"商民阜业""商贾聚之"之类的描述。这些市镇多位于运西岗地(马头镇、官亭镇、汊河镇、黄珏镇、黎城镇)、里下河平原(东沟镇、益林镇、临泽镇)及沿江高阜地区(宜陵镇、公道桥镇),虽不沿主要水系分布,但均位于水网密集处,交通便利,且居住环境相对封闭,大多发展成区域内的以经济职能为主的城镇。

江淮居住型城镇主要是在明代发展起来的。自然环境改善和明朝政策导向,令大量移民涌入里下河平原,促使大批城镇村庄兴起。一些原本仅一两户居民的小聚居点,逐渐发展成商业巨镇,其中以里下河平原的阜宁、盐城、兴化、泰兴、姜堰五县为最。据《中华人民共和国地名词典——江苏省》载,此五县因移民而兴的聚居点有76个[①]。此类聚居点多以姓氏命名,移民则多出自明初的苏州。其中主要的市镇有江都乔墅镇(乔姓建别墅于此,后成集镇),通州茅家镇,宝应安丰镇(相传原名丁陆庄,明初梁氏从苏州阊门迁此,取吉祥之意而名安丰),阜宁益林镇[明朝洪武十八年(1385),因避流寇之乱,江南苏州等地百姓陆续至此开垦务农,其中陶姓族人占半数以上,地以人名,称望族焉]、硕集(明成化间撒姓迁此圩田,初名撒家圩,清乾隆间兴集,改名撒家集),兴化的大邹镇(建于元朝,始称双溪镇,为兴化市十大古老集镇之一;元末明初,战火迭起,旧镇几近毁灭,直到清朝光绪年间,苏州阊门邹氏三兄弟避难至此,随着人丁繁衍兴旺改为大邹庄)、大垛镇(明苏州、镇江移民于此,由零星小垛组合而成,呈矩形)、盐城的南龙港(元末朱升避乱,自安徽休宁迁此湖滩)。(见表5.10)

表5.10 居住型市镇列表

市镇名称	概况
马逻镇、北沙镇、庙湾镇	"三镇民居布列,森若城市"(正德《淮安府志》卷五)
马头镇	"人烟凑聚称盛"(康熙《清河县志》)
官亭镇	"旧名崇河集……苏徽客子,移而杂居,贾贩咸集,遂成闹市"(康熙《清河县志》)
白洋河镇	"治西六十里宿迁接境,商民阜业之地"(天启《淮安府志》)
汊河镇	"蟹稻肥美,居人茂密,宜于隐居,有桃源谷口之意"(《淮关统志》)
宜陵镇	"地势高阜,居民稠密"(嘉庆《扬州府志》)
黄珏镇	"白茆湖北,黄子湖南,地多高阜,最为偏远,相传宋元子季士大夫避地多居于此,今居人稠密,廛市鳞次,与江都东诸镇相等"(嘉庆《扬州府志》)

---

① 阜宁:张庄、新沟、单港、马集、陈集、老曹、汪朱、停港、东崔庄、何家坞、罗桥、杨集、公兴庄、陈良镇、施庄、北陈庄、吴滩、三灶集、马荡;盐城:顾庄、沙家庄、孟庄、单庄、东夏庄、大崔庄、裴刘庄、马家庄、北秦庄、钟家庄、中辛庄、李家庄、秦南镇、曹家庙、北灶、南洋岸镇、板土地、新硚口、瓦屋庄、党人、徐马庄、大孙庄、张庄、张本庄、大顾庄、河夹寺、北蒋庄、葛武庄、古殿堡、尚庄、陇翅庄、胥家庄、石庄、时杨庄、楼王镇、大潭湾、南龙港、北龙港、东沙沟;兴化:大邹、戚家庄、东鲍、西鲍、何家垛;泰兴:马家巷、广陵镇、焦家荡、白家庄、大苏垛、老叶庄;姜堰:梅垛、梁徐庄、李家庄、鲍家庄、钱家园、石家埭、贾家集。

续表 5.10

市镇名称	概况
公道桥镇	"为湖中高阜,市民居亦正相等,俗呼僧道桥"(嘉庆《扬州府志》)
东沟镇	"康熙初年,烟水苍茫兼葭,两岸居民仅百余家,三十五年,黄河决,童营、马逻居民多迁于此,渐以成聚。五十一年,邑人常永祚,引水屯舟,招来商贾,久之遂成巨镇""居民稠密,市井喧阗,为淮东巨埠"(光绪《阜宁县志》卷二《建置·镇集》)
益林镇	"依射阳湖为市,宋嘉定志有益林浦,后居者日众,侵以成镇"(光绪《阜宁县志》卷二《建置·镇集》)
临泽镇	"纵横直径三十里,百里方圆十万户""临泽古镇多兴旺,赛如广陵小扬州"(民间小诗)
黎城镇	"高黎王城在县西南八十里,其城至今犹存,中有居民数百户,楼屋稠密,列肆通商,俗呼黎城镇"(《宝应名胜纪略》)

资料来源:作者整理自制

4) 军事市镇

明清江淮东部为漕运的重要运段和税收来源,三面临水,是漕运防卫要地。江淮沿海虽广阔,但是土质不坚,不利港口建设和船只停靠,遭海上入侵较少,因此海防建设不及江南及海州一带,防卫城镇主要建于沿江及沿淮地区。

明江淮漕运沿线共设五卫:扬州卫、高邮卫、淮安卫、大河卫、仪真卫。清乾隆中期以后,减为大河卫、淮安卫和扬州卫三卫。卫所制度建立于明洪武年间,起初是一种兼具政治功能的军事机构,除戍守职能外,还被赋予屯田任务,以保障饷粮自给。明中期,运河沿线的卫所还承担运送漕粮的任务,从而形成淮安、王家营等多个漕运重镇,尤其是淮安卫为中央漕司所在地。淮安一城三卫(淮安卫、大河卫、邳州卫),兼具漕运中枢、交通要道、治河中心功能,是盐业集散、贸易中转、征收关税的重地,系国之要害。三卫各辖若干千户所(淮安卫 6 个、大河卫 8 个),共掌管近两万人及屯田若干,另有漕船近 600 艘,漕粮、赋税丰腴,设有造船厂、军械局、学校、城隍庙。可见,卫所是县以外的特殊的聚居形式,在一定区域内行使行政管辖权。

除漕运外,江淮还有一些临水的防御性城镇,主要分为几种:其一是临海寨堡。南唐时通州地区设立静海都镇制置院,统辖狼山、石港、蔡港、西寨、余庆寨五要寨;明洪武年间曾筑土城,形成完备的防御体系。沿海地区的一些盐场市镇,也具备军事防御的职能。例如海安镇,据嘉庆《扬州府志》载,"明初徐达攻江北,驻军海安,寻进图泰州,使孙兴祖留镇于此,以断贼援军,于是贼不敢犯,盖控扼要道也。今为海安镇,有土城,周六里"。再如余东镇,《海防考》称:"余东,余西,扬州之保障也,贼从狼山窥通州,及海门之廖角嘴、吕四场、新插港、崛港来犯者,扼之于此要害。既得,则扬州可以无患。"其二是沿淮城镇,包括王家营、云梯关、羊寨等。这些市镇最初作为军事要地存在,后受经济发展、黄淮合流等因素影响,转变为综合性的市镇。例如王家营兼具军事、要津、商贸、驿站等职能。再如云梯关原为古淮河入海口,是明代苏北的海防重地,筑土城五座,设大河卫,驻兵防守,黄淮合流后,河防官吏驻此督导河防工程,随后修建多处殿阁庙宇,逐渐演变为宗教圣地和商贸集散地。其三是沿江的军事城镇。主要有乌江、嘶马、瓜洲、湾头、白沙、口岸、白蒲等,其中瓜洲最为紧要,控漕、江两运,扼七省咽喉。沿江有大量的汛、炮台、军营防守,沿江市镇有着重要的军事地位，但军事并非其主要功能，它们均承担着各区域内的经济职能。

江淮之间往往作为南北分裂时期的主战场，故不乏因驻军或纪念某场战役而兴建的城镇。宋金对峙时期，因驻军、战争而兴的市镇有兴化的卜雪寨与仲寨，盐城的刘家垛，宝应的王营，高邮的一沟镇、二沟镇和汊留镇，泰兴的宣家堡、郭家寨、田家河和失迷巷，姜堰的蒋垛镇，江都的曹王寺、竹墩庄、宗村和麾村，甘泉大仪镇，清河洪泽湖镇，高邮三垛镇。元明时期，因驻军兴起的市镇有大营（兴化，明将戚继光曾扎营于此）、蒋营（盐城，明将蒋忠经曾扎营于此）、龙虎营（六合，宋人即于此驻兵屯田，明设龙虎卫所）、张甸（姜堰，张士诚在此领导起义）、瓠子角镇（兴化，徐达曾驻兵于此①）等。（见表5.11）

表5.11 沿淮、江的城镇列表

类型	市镇名称	概况
沿淮	云梯关	"治东海口墩台十座，大河卫指挥一员，百户，五员领军五百八十名防守"（天启《淮安府志》）
沿淮	王家营	淮安府之大河卫，于黄河沿线建兵营十数，王家营其一。又各兵卫"厄塞岩疆，调垒棋布，战功累世者居其地而不迁"。后因黄淮溃决，三次东迁而至今王营镇之所在。清代初叶，海运未通之时，王营镇"南船北马，众庶走集"，与北平、西安、开封、樊城并称"北道五都会"（百度百科）
沿淮	羊寨	"羊寨与涟水县隔河相望，雄踞淮东，扼守两淮门户，为兵家必争之地，故又名军寨"
沿江	乌江镇	项羽兵败垓下后，"乃欲东渡乌江，乌江亭长舣船待"（《史记·项羽本纪》）
沿江	嘶马镇	"原名郭家村，据传岳飞抗金于此寡不敌众，将马尾缚树枝奔驰，尘土蔽日，战马嘶鸣"（《中华人民共和国地名词典——江苏省》）
沿江	瓜洲镇	"……南北襟喉之处，上元初刘展据广陵设疑兵于瓜洲，……宋绍兴三十一年金亮南侵扬州陷刘琦留屯于此，德祐初元伯颜陷建康遣张宏范屯兵瓜洲既而伯颜复遣阿术驻守瓜洲断淮东援兵"（嘉庆《扬州府志》）
沿江	湾头镇	"周韩令坤克扬州守之败南唐兵于湾头堰，宋诏毁湾头港口以遏金兵令不得积水通舟，李全叛攻扬州至湾头，立砦元攻扬州以兵屯湾头皆是此地"（嘉庆《扬州府志》）
沿江	白沙镇	"旧为戍守要地，其建元初魏人入寇，诏于白沙分置一军，长芦分置三军。唐至德二载，永王𬭩作乱，军丹阳，其将冯季康奔白沙，降于淮南采访使李式。上元元年，刘展据广陵，军于白沙，济江袭下蜀，遂取润州。后唐同光二年，杨溥如白沙观楼船，徐温自金陵来朝，因号白沙为迎銮镇。周显德五年，周主如迎銮镇，屡至江口，破唐水军。宋建隆初，太祖平李重进于扬州，令诸军习战舰于迎銮镇。南唐主李璟大惧，即白沙也。乾德二年，始置建安军于此"（嘉庆《扬州府志》）
沿江	口岸镇	"又名柴墟镇""岳武穆镇抚通泰尝退保于此"（《嘉靖惟扬志》）"泰州无险可守时，退保柴墟"（《宋史》）
沿江	白蒲镇	"本宋之白蒲堰。绍兴四年（1134）毁堰以拒金人。明嘉靖三十八年（1559）倭寇江北分数道入犯，抚臣李遂驰至如皋，与贼遇于白蒲勒兵不战，贼益退"（《读史方舆纪要》）

资料来源：作者整理自制

---

① 嘉庆《扬州府志》中记载："明初徐达等攻兴化，太祖曰：瓠子角，兴化要害，寇所必经。达奉命，以兵扼其地，兴化遂下，是也。"

江淮东部城镇的最大特点是依托层层水网而生,流通性极强。集作为最底层网络节点,服务于乡村地区,满足农民必要的余缺交换和日常生活,集市的商品交易活动地点逐渐发展成为具有固定场所的市镇,通过一些中心市镇汇集、中转至商品枢纽。渔盐、农副产品等大宗商品通过网络状的市镇格局层层运输到全国各地。同时,商品流通有利于区域内资源优化配置,促进了区域内的经济布局、产业分工的调整、改善,令本地区的发展更具合理性。

5.3 明清江淮东部城镇的形成机制

5.3.1 黄河夺淮之后自然地理环境对城镇体系的影响

黄河因善淤、善决、善徙而闻名,泥沙含量高,自古有"一石水、六斗泥"之说。汉武帝时黄河已出现南徙的现象,南宋建炎二年(1128)后,开始持续南摆。1194年,黄河在阳武决口,至此由泗入淮,南流速度加快,泗水、淮河成为黄泗、黄淮共用的河道。

起初的300多年里,黄河主要从中游的颍、沙、涡等河流入淮,河道不稳定,此时黄河呈南、北分流入海的局面。明朝前期黄河水系到达淮河时还不致引发大的水灾,对淮扬漕运的影响不甚明显。弘治七年(1494)筑太行堤阻隔黄河北支,明嘉靖中叶(1546年)以后,"全河尽出徐、邳,夺泗入淮"[①],从此黄河形成单股夺淮入海的局面。黄淮水合流造成运道屡变、水患频发、堤毁坝湮、浊水泛溢,对整个江淮东部的自然环境、漕运系统、水利蓄泄、农业生产、渔盐之利等产生剧烈影响。淮河下游原河口宽阔,入海口位于云梯关,黄河泥沙淤积后推进至今响水附近,向东推进了约40 km;在"蓄清刷黄济运"措施的影响之下,洪泽湖水域不断扩大,随之运河西侧诸湖也变广;射阳湖面积逐渐萎缩,里下河逐渐形成平原水乡;东部滨海平原迅速扩展,岸线大幅度东移。黄河每次泛滥并冲入地势较低的里运河地区,泥沙堆积以致江淮东部地势逐渐升高,原来地势是由南向北逐渐降低,乾嘉年间则变为北高南低。水文地理的变化使江淮东部城镇或荒废,或迁并,或新建。直至咸丰五年(1855),黄河水肆虐江淮东部长达727年,黄水全河北上于兰考入海,结束了黄河夺淮入海的局面。(见表5.12)

表5.12 黄河夺淮主要时间节点

北宋的160余年间	黄河入泗、入淮共达十次
1128—1193年	黄河入泗、入淮共达八次
宋光宗绍熙五年(1194)	确定黄河夺淮入海的局面——以上第一阶段
明孝宗弘治七年(1494)	黄河全流夺淮入海——第二阶段
明神宗万历年间(1573—1620)	黄河由汴水入泗夺淮的河道固定——第三阶段

资料来源:作者自制

1) 元明清淮扬运河进一步发展

元建都北京,隋唐运河系统已无法满足京师漕运所需。将隋唐大运河截弯取直,淮安以北运河路线,循黄河北上经徐州再循泗水入山东。另外,新辟济州河、会通河、卫河,过天

---

① 《行水金鉴》卷三十九

津通过白河、通惠河到达北京。元至元二十年至三十年(1283—1293)完成了京杭运河的南北贯通。由于会通河岸狭水浅,漕运艰难,元中期由漕运改为海运,于长江入海,因此海运漕粮在元代占核心地位,江淮运河较为衰落,但仍延续使用,维持不衰。元代运河并无大修记录,只进行三次较大规模的疏浚①,包括运盐河和串场河,以维系整个江淮地区的水运通畅。明代罢海运,恢复漕运,淮扬间的运河再次被重视,在对徐州以北运道缺水问题进行治理之后,其运输能力达到鼎盛。为了与外海、外河(淮河)进行区别,又称其为"里河"或"里运河"。清中叶雍正乾隆年间,是运河治理最为完善的时期,此时国力鼎盛,漕运是当时治水的国策。乾隆末年以后,国衰政乱,官吏腐败。嘉庆道光年间,漕运、盐运弊端最甚,加上黄淮之灾,自道光六年(1826)开始实行海运。咸丰五年(1855),黄淮分离,黄河重走北道由大清河入海,漕运以海运为主,运河被黄河于张秋处折断。清末,国家内忧外患,无暇顾及漕运维修,故延续两千年的江淮运河也形同虚设。(见图5.11、图5.12)

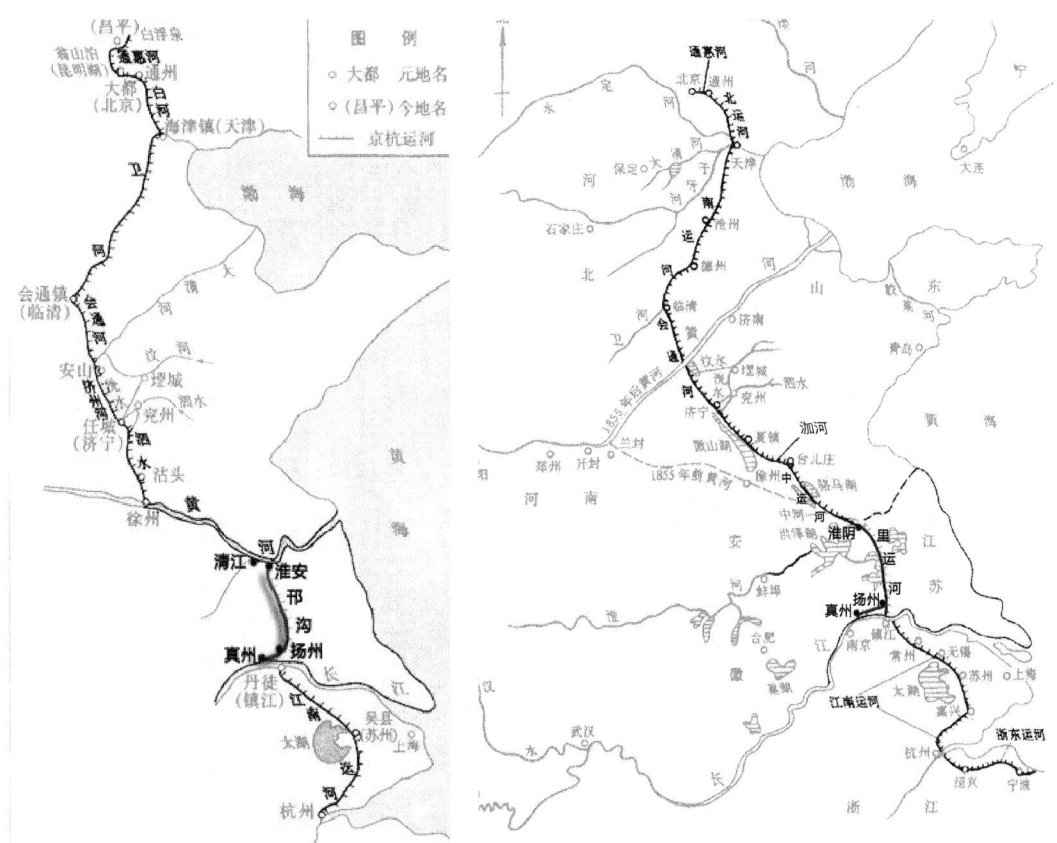

图5.11　元代京杭大运河示意图　　图5.12　京杭运河全线分段示意图

图5.11、图5.12资料来源:作者自绘

由图5.13与图5.14对比发现,明清时里运河走向基本不变,只是在运河沿线、入淮及入江处增建水利设施,进行小范围的改流,以使其更利于漕运。宋代起淮扬段运道沿两侧

---

① 《元史·世祖纪》中记载"至元二十一年(1284)浚扬州漕渠",大德四年(1300)正月"复淮东漕渠"。《元史·成宗纪》中记载:"延祐元年(1314)十二月浚扬州、淮安等运河。"

筑堤,明清时运河已完全独立于高邮、宝应等湖群之外,运堤的修筑对运西高邮零星分布的诸湖潴并未起到很大作用,水系治理的重点及变迁频繁区域仍在淮安、扬州附近。清江浦和中运河的开渠、沿河数条大堤的修筑、清口的数次治理、洪泽湖高堰堤屡次加固整修及沿堤所建闸坝、开凿引河等措施,均是为了使运河与黄河分离,减少黄河泥沙对里运河流域及里下河平原的影响。漕航效率提高的同时,也为城镇兴起带来契机,杨庄因中运河的开通而兴,清江浦区成为京杭运河南北水运的通商大埠,取代淮阴,发展鼎盛。运河从邵伯南开始设闸坝分流,一部分沿古运盐河汇入串场河,最终入海;一部分沿运河汇入长江,分担了原仅有的瓜河、仪河两股入江水流,配合闸坝的调节以控制水位,使水利工程更加完善。运河及以西地区的水系及其工程建设相当于整个江淮水运系统的第一阶梯,主要是通过繁杂的水利工程控制上游水系的入侵,使黄河水能有序地进行排泄。

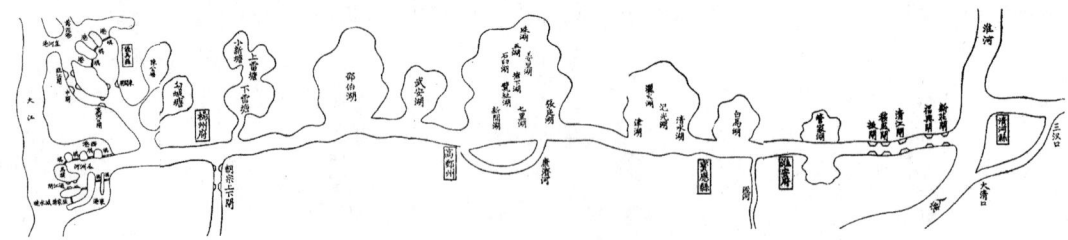

图 5.13　明代里运河段水系情况

资料来源:《漕河图志》(明弘治九年,1496)

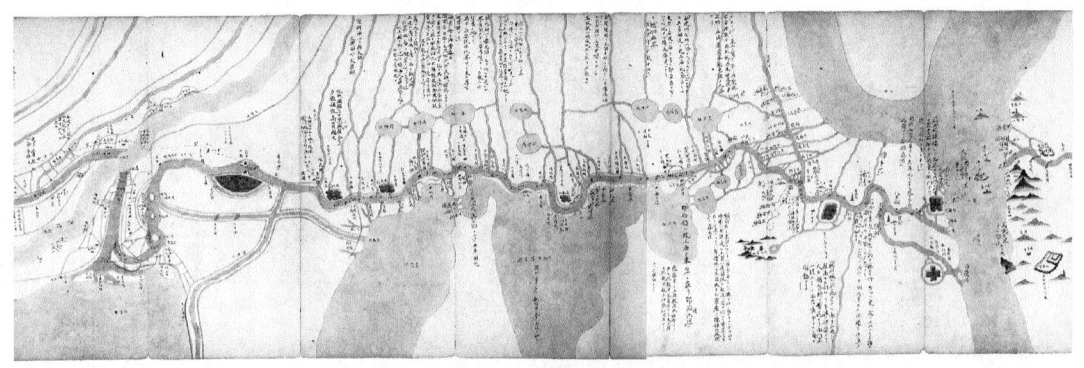

图 5.14　清代里运河段水系情况

资料来源:《四省运河水利泉源河道全图》(1855 年,美国国会图书馆)
注:根据明清里运河对比发现,清代水利工程更为复杂,尤其是北端入淮处的清口

清口是治理黄、淮、运的重点和难点,因此雍正和乾隆年间于清口开三里新河,建多座闸坝以分泄控制水系。洪泽湖高堰堤经过多次加固整修,清中叶时成为长 7 200 丈[①]、宽 10 丈,由砖石而建的大堤。淮河水由运口分张福口、张家庄、天然、裴家场、太平五河引入洪泽湖,湖水主要由仁、义、礼、智、信五座减水石坝经过束河进入高邮湖,沿大堤还开唐家涧、青州涧、浔河、闸河等多条河涧进入运西诸湖,汇入运河,最终入江或入海。(见图 5.15)

---

①　1 丈≈3.33 m。

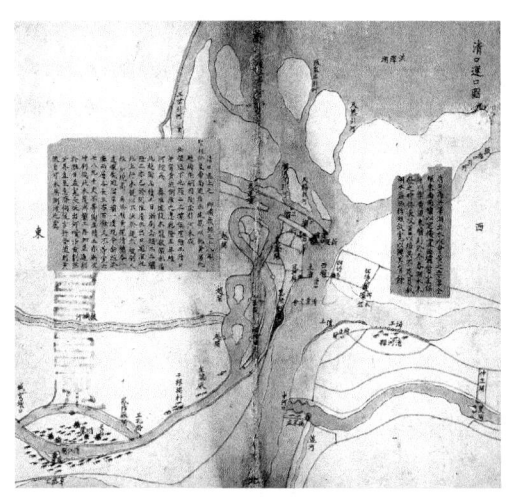
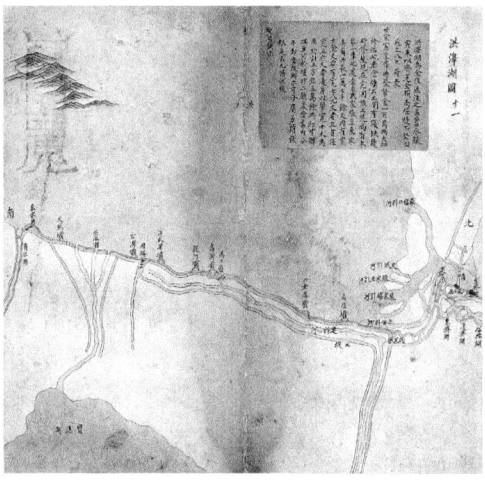

图 5.15　清代清口运口图和洪泽湖图

资料来源:《乾隆黄河下游闸坝图》(1749,美国国会图书馆)

2) 滨海平原逐渐形成

(1) 海岸线的东移与滨海平原的形成

元代岸线与宋代岸线相比较,变化不大。黄河全程夺淮后,泥沙由范公堤上的闸口外泄,使堤外沙洲迅速增长,岸线不断向东延伸,以灌河口以南、盐城以东及三余海湾最盛,最终发展为滨海平原。6世纪初黄河在云梯关以东入海,17世纪清康熙年间,黄河入海口移至八滩,两地相差约45 km。明中期以前,海岸线在盐城东15 km处。黄河夺淮以后,17世纪初,海岸线在县城东25 km;19世纪中叶,海岸线距城东50 km;清末,盐城附近的范公堤到海岸线距离超过70 km。变化最明显的地区是河口至东台富安场之间以及三余湾段,明清的涨幅距离达50~60 km,这两段岸线恰好是淮南盐业生产的重地,岸线东移给盐业生产带来了不利。南通东南境的成陆状况几乎不受黄河淤沙的影响,清康熙初年(17世纪下半叶),海门县境几乎全部坍塌,沦为江面;康熙中后期,新的沙洲才逐渐涨积,先后出现数十个沙洲;清朝末年,这些沙洲才先后与江北大陆相接,形成启海平原。1855年黄河由山东入海后,岸线又发生了内缩,尤其是废黄河河口最为明显。(见图5.16)

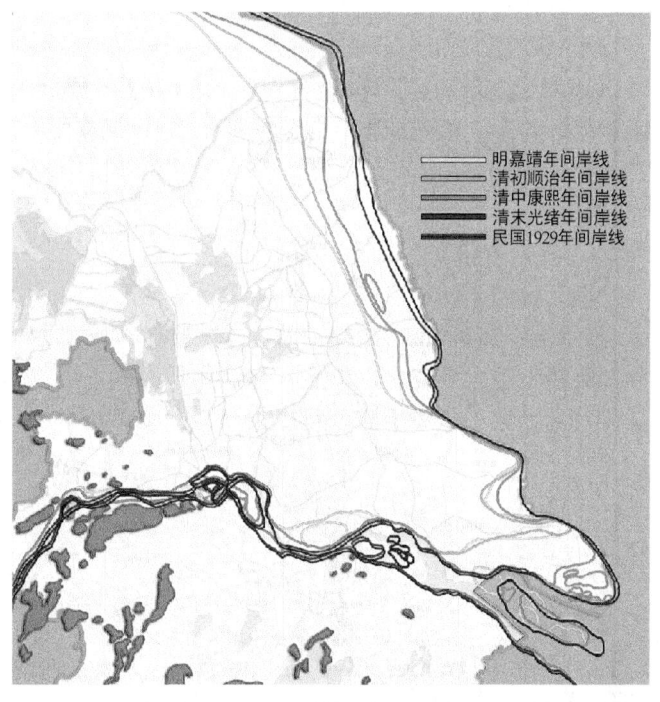

图 5.16　明清江淮东部岸线变迁

资料来源:作者自绘

(2) 范公堤的续筑及闸坝的修建

宋代范公堤基本形成,但中间仍有缺建段,后人意识到范公堤能够有效地保障沿海人民的生命与生产活动,因此,对其修葺续筑十分重视。根据凌申的研究成果,明清时期对范公堤的修筑活动先后有六次①,全部集中在南通地区。李家堡堤、稽公堤及包公堤弥补了宋代范公堤的缺建,对三余湾成陆起到促进作用;石港新堤、老岸和新岸基本保持宋代狄堤和沈公堤的走向,由于陆地淤张,原堤岸渐塌,这三条堤岸多在老堤的基础上修建。明清范公堤的加建保障了南通一带亭灶生产和人民生命的安全。

明代以前,范公堤上仅有两座闸(姜家堰、捍海堰),均位于盐城城门外②。明清时期,里下河水灾频繁,为了排泄堤内的洪水,挡潮御卤,于范堤上兴建闸十八座③。这些闸坝多建于盐场附近,如丁溪、小海、草堰等,一方面是为了排泄里下河的洼水,另一方面,当闸关闭时,泄水道则可成为海水倒流的河道。明清时期黄水的泥沙通过闸洞流向范堤东岸,造成岸线逐渐东移,卤气减淡,严重影响盐业生产,海水倒灌刚好可为盐户提供煮盐所需的海水。因此可以说,闸坝的修建一方面防止了海水倒灌,另一方面也加速了岸线的增长。(见图5.17、图5.18)

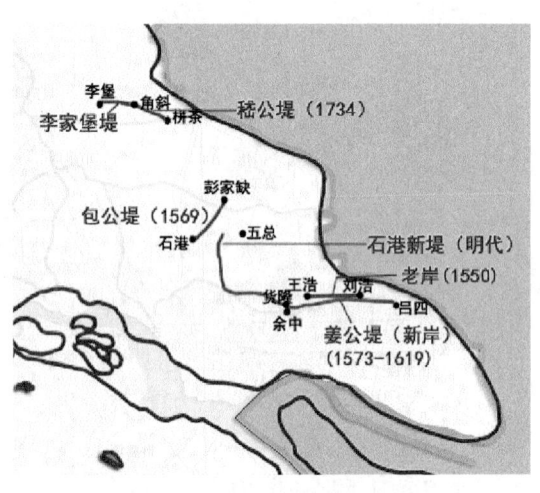

图5.17　明清范公堤的续建
资料来源:作者自绘

岸线的变化为盐场的扩建提供了土地,为亭灶的增设提供了空间。同时,滩地面积增多,为煎盐提供荡草资源,保障了盐业生产;盐业的鼎盛又带动了大规模的工商业繁荣,城镇体系在宋元的基础之上得到了进一步的发展,人口相较过去大大增加,城镇规模扩大。明清时,范公堤东部陆续兴建新的聚落,而具有行政职能的城镇大多由盐场转化而来。

3) 黄河夺淮之后的里下河平原

明万历四十四年(1616),潘季驯沿黄河筑南、北岸缕堤,将黄河河道固定于淮河河道。黄、淮水汇于清口,黄河所携带的泥沙大部分倾注到里下河平原,使明末至清代里下河平原湖泊地貌发生剧烈变化。里下河地区呈平原化发展是必然趋势,黄河所携带的泥沙已使洪泽湖和运河诸湖地势抬高,历史上洪泽湖和高邮湖最大洪水位为 16.9 m 和 9.46 m④。里下

---

① 凌申.范公堤考略[J].盐城师范学院学报,2001(3):33-137

② 须景昌.范仲淹与江苏海堤[M]//南通水利史志资料选辑,1986:63

③ 姚汉源.京杭运河史:下册[M].北京:水利电力出版社,2011:510.其中记载:"东台县:丁溪闸、小海正闸、小海越闸、草堰正闸、草堰越闸;兴化县:白驹南闸、白驹中闸、白驹北闸、一里墩闸、刘庄龙闸、刘庄八灶闸、大团闸;盐城县:石跶闸、天妃正闸、天妃越闸、上闯闸、北草堰闸;阜宁县:陈家冲闸。"

④ 彭安玉.论明清时期苏北里下河自然环境的变迁[J].中国农史,2006(1):111-118.其中记载:"里下河形如锅,最高4.5米,逐渐下降到海拔1米(射阳湖)。"

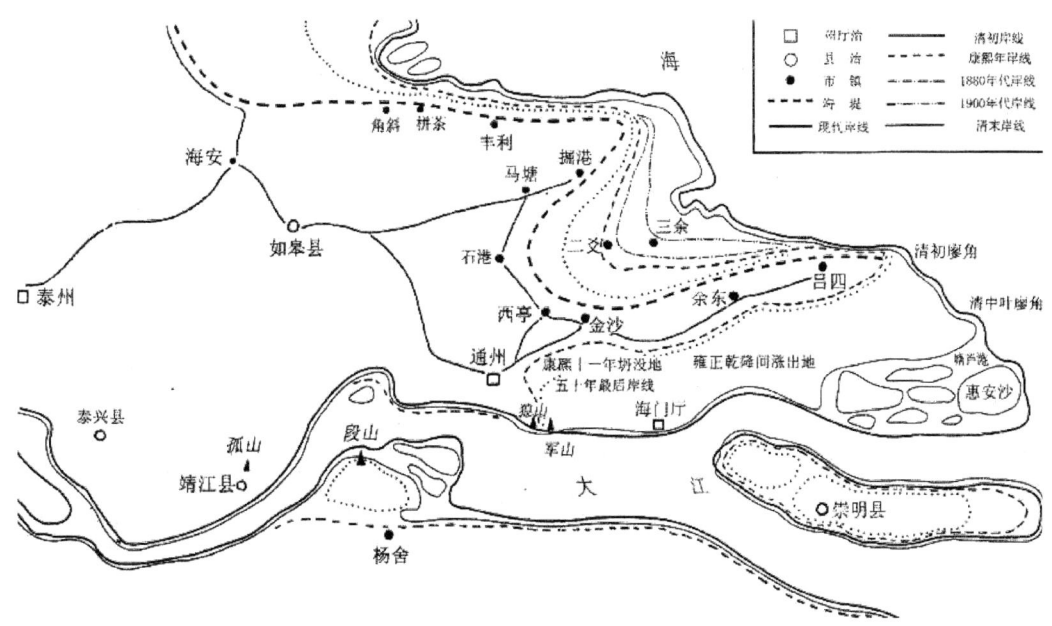

图 5.18　三余海湾变迁示意图

资料来源：《南通成陆》(陈金渊，苏州大学出版社，2010，图 22)

河西侧有洪泽湖大堤与运河大堤，东部有范公堤，均比里下河地区高 1～2 m[①]。明清对西侧高家堰、运河大堤进行加固、增高，对东部范公堤进行增筑续建，故使里下河平原的相对海拔更低。北部的淮河随着黄河泥沙冲积而淤填，河道升高，比里下河地区高 5 m 左右，南部是沿江岗地。由此，明清时里下河平原四周均有屏障，如高屋建瓴般，黄淮水经洪泽湖、运河，最终必定汇潴于里下河平原，引起湖泊淤垫。洪水倾泻的渠道主要有二：一方面，政府主动开引河流，使黄水流入射阳湖，如永济河、涧河、泾河、黄浦溪、子婴沟等[②]，运河沿岸修筑闸、坝，定时开启，放水于里下河地区；另一方面，洪水自行冲破黄河堤岸或运堤，明万历年间，高邮湖堤屡决，黄浦、八浅、清水潭、涧河口、邵伯及扬州归海大坝等处也常被冲决，崇祯年间，黄河于南堤的苏家咀、建义港等处决口，使黄河浊水直接倾泻入里下河平原。由于泥沙主要来自西北部、北部的黄、淮河，因此里下河平原消亡的趋势呈现由西北向东南的趋势[③]。另外，东部入海东道不断被疏浚，也加速了湖域面积的缩小，使陆地迅速淤涨[④]。

明清时，里下河平原由水势广袤的湖泊逐渐演变成湖荡连绵的沮洳，最终被淤塞成平

[①] 彭安玉.论明清时期苏北里下河自然环境的变迁[J].中国农史，2006(1):111-118.其中记载："里下河形如锅，最高 4.5 米，逐渐下降到海拔 1 米(射阳湖)。"
[②] 《淮系年表全编》分图七十二中曰："明万历年间，高邮湖堤屡决，黄浦、八浅决口。"
[③] 民国《盐城县志》卷二中有"湖之西者乃变成陆"，(崇祯之世)"田之东者乃沦为荡矣"。
[④] 余孟麟《重开射阳湖碑记》记载，万历九年(1581)，盐城知县杨瑞运主持射阳湖疏浚事宜.吴必虎.黄河夺淮后里下河平原湖泊地貌的变迁[J].扬州师院学报，1988(Z1):132-138.其中记载："清雍正时(1723—1735)大力整治下河水利，数十年间先后排浚、开挖串场河、兴盐界河、海沟河、新官河、蓼粮河、虾须沟和东塘河等河流，不仅保证射阳河入海畅通，还开辟了草堰、刘庄、天妃口等入海水道。"

原。南宋时,射阳湖面积"漭洄三百里"①;明万历年间,里下河湖荡有100处②;清末里下河平原主要的湖荡有17个③,射阳湖周围已被淤塞成多个荡滩沼泽,面积大大减小,乾隆时射阳湖"东西仅隔里许而南北绕长弯至数十里者"④;光绪年间,西北的马家荡从射阳湖分离,并取代射阳湖之名⑤;民国时期,这些湖荡仍持续淤填,涸者悉垦,未涸者日渐湮狭⑥。

自然地貌变化的同时也引发了人工水利工程的修筑,宋高邮有运盐河,经过兴化与盐城相连。南宋绍熙五年(1194),筑堤堰,名为"绍熙堰",置斗门、涵洞以控制排泄洪水⑦。明初这条河流依然运营,承担盐业运输功能,并于北岸修刘堤;明中后期,里下河平原逐渐演变成陆地,北塘逐渐湮废,从兴化引多条东西向的河道,如东界河、白涂河、车路河、蚌沿河等与串场河相接⑧。另外,开通泰州至西溪的运盐河,并沿岸筑堤,这些河流在排泄黄淮水的同时也承担运输物资的功能。

黄河夺淮之前,里下河平原人类活动少,明清时逐渐呈湖荡密布的形态。从1777年的《黄运湖河全图》可见,清中期里下河平原横纵水系已十分明显,清末的《淮扬水利全图》中可见里下河横纵水网已形成。湖泊逐渐被分离成多个荡地,成陆面积增多,范公堤、绍熙堰、刘堤的建成,促进里下河的初步开发。初开发之地主要集中于水利工程沿岸,沿绍熙堰开垦数万顷农田⑨;射阳湖两岸及盐城周围的湖荡地,均称为著名的农田灌溉区⑩。人类在屯垦开发湖滩时形成具有区域特色的"垛田"地貌,先民根据里下河地势特点,疏理河道,挖深河沟以便行船,将滩泥堆高成台地,形成农田,高于水面3~5 m,可种植庄稼,也可零星居住。这样既扫清了因自然地貌骤变所产生的障碍,又使里下河平原逐渐发展为江北的鱼米水乡,同时解决了有明以来大批移民的安置问题。(见图5.19、图5.20)

---

① 《方舆胜览》中记载:"射阳湖在山阳县东八十里,今与府盐城分湖为界,漭洄三百里。"
② 万历《扬州府志》卷六中载:泰兴有洋儿荡、莲子荡、江家荡、卢家荡;高邮州有马家荡、黄林荡、羊马儿荡、聂里荡、乂儿荡、沙母荡、井子荡、南阳荡;兴化县有浦荡、乌巾荡、莲花六十四荡、旗杆荡;如皋有黄沙洋荡、东荡、季湖荡、黄连荡,共83个湖荡。万历《盐城县志》卷一中载:芦子荡、官荡、十顷荡、牛耳荡、鸭荡、观音荡、雁儿荡、鹤丝荡、仓基荡、罗汉荡、养鱼荡、尚家荡、白荡、吴家荡、使唤荡、缩头荡、马家荡,共17个湖荡。
③ 凌申.历史时期射阳湖演变模式[J].研究中国历史地理理论丛,2005,2(3):73-79.其中:"大纵湖、平望胡、蜈蚣湖、得胜湖、郭正湖、广洋湖及马家荡、九里荡、白蚬荡、火盆荡、獐狮荡、沙母荡、洋马荡、马奔荡、董家荡、乌金荡、棋盘荡等。"
④ 嘉庆《扬州府志》卷九中记载,乾隆四十二年(1777),嵇璜亲履下河调查奏称:"射阳湖弯曲太大,泄水不畅,竟有东西仅隔里许而南北绕长弯至数十里者。"另外,光绪《阜宁县志》卷四中记载"嘉隆间,河患日剧,填淤日远,西北人淮之迹不复可考,而射阳湖亦渐受淤""自禹王庙起至仲家寨,淤塞七十余里,虾、须二沟,夏梁河共淤六十余里,朦胧西首之射阳湖淤塞四十余里",可见射阳湖淤塞面积之大。
⑤ 光绪《阜宁县志》卷四载:"湖身之犹存者,名为马家荡是也,昔之射阳湖渐被所及湮没无传。"光绪《淮安府志》卷六载:"湖日淤垫,历次请开,俱称射阳湖,后遂以人海之湖冒为射阳湖,而湖身之犹存者,均名马家荡。"
⑥ 民国《盐城县志》卷一载:"(盐城)自火盆荡以下为荡者十有九,今大半淤为平地,是境内湖荡在乾隆初已多湮废,此缘明季水患积淤之后,迄康熙中开通海口及诸干河,由是积水消而低地涸。迄今又二百年,湖荡之涸者悉垦,而未涸者又日益湮狭焉。"
⑦ 《宋史·河渠志》
⑧ 《淮系年表全编》分图七十、七十一
⑨ 《宋史·河渠志》中有:"淮田多沮洳,因损之筑堤捍之,得良田数百万顷。"
⑩ 《江南通志》卷六十五记载明射阳湖区"湖水漭流,不湮不溃,沃原膏土,百利可兴";《续修盐城县志》中记载"县西湖荡,逐年淤垫,日就湮狭,附近居民围田蓺藪稻,岁增月进",可见该地区农业之兴旺。

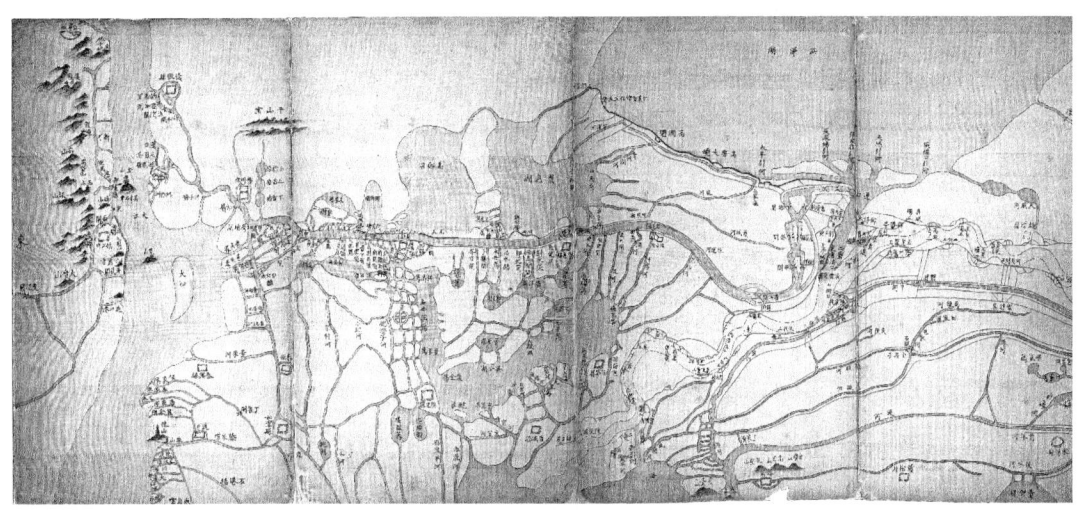

图 5.19　清代里下河水系图一

资料来源:《黄运湖河全图》(1777,美国国会图书馆)

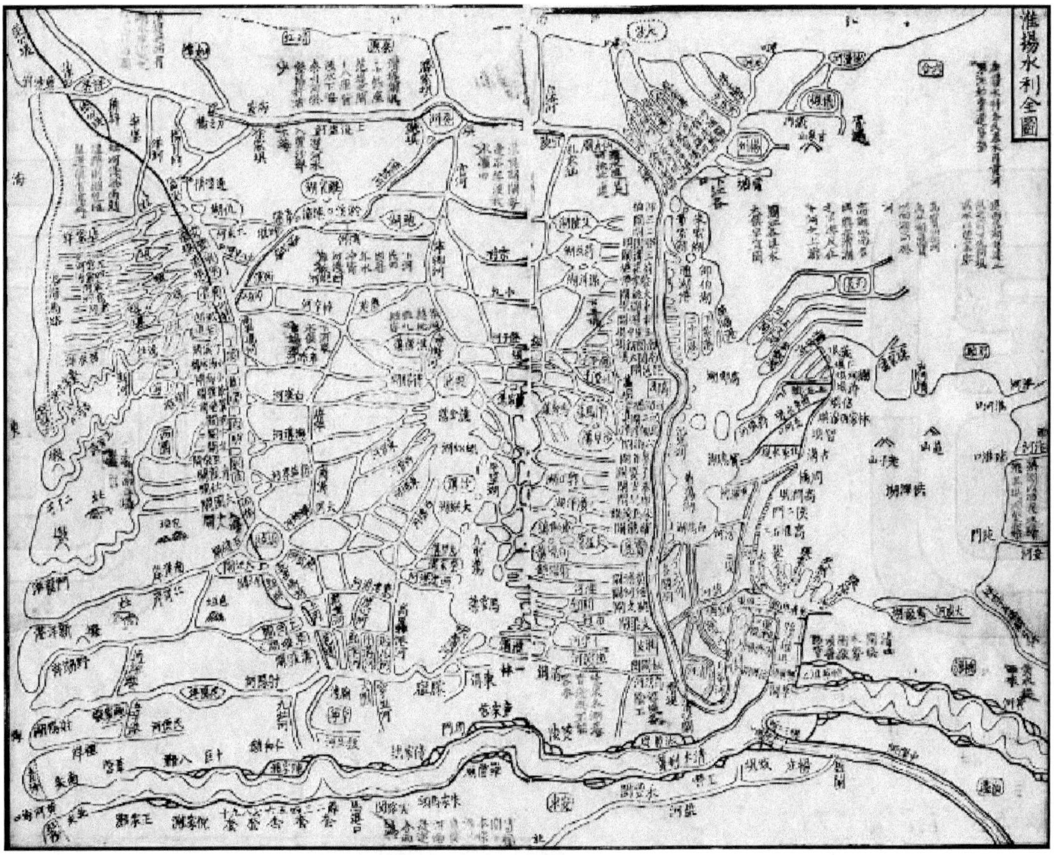

图 5.20　清代里下河水系图二

资料来源:《淮扬水利图说》(1876),(清)冯道立撰

4)"三阶两纵多横"水网的完善与衰亡

明代前期,江淮东部地区已形成比较完整的水运体系,南有大江,北有淮水,黄河挟泗、济等水夺淮入海,西有洪泽湖,引多条水道汇于白马、高邮、邵伯等运西诸湖泊,再由东西向多条河道,通过范公堤上的闸坝汇入大海。黄河全路夺淮入海后,对江淮东部水文地貌的影响才得以体现,洪泽湖水域扩大,运西诸湖泊相连,面积逐渐增大。黄淮水通过多条渠道泄入里下河平原,造成里下河平原的淤埋,运东地区水系由湖泊逐渐演变成沼泽性湖泊,最终成为湖荡平原。黄河夺淮促成了江淮东、西水域面积与南、北地势高度的逆转。对入海河港进行疏浚,主要具有两方面作用:一方面可泄洪;另一方面可使泥沙逐渐堆积,促成沿海平原的形成。

清代是江淮水运系统建设集大成之时,尤其是清口和归海十坝的修建,尽管未能完全解决黄水肆虐江淮的问题,但整个体系的运转已经比较完善。洪泽湖、天长诸湖通过堤、闸、坝、涵洞汇入运西水系,再通过水利设施的调节进入里下河流域,最后由范公堤之上的闸洞注入大海,形成由"洪泽湖、运西诸湖、里下河湖荡区"三个梯度,"运河、串场河"两纵水系,"洪泽大堤、运堤、范公堤"三大纵向堤岸及沿堤闸、坝、堰、斗门、涵洞等水利工程,以"淮河、三河、'高邮—盐城'运盐河(即清兴化运河)、'泰州—西溪'运盐河(即清晏溪河)、运盐河、长江"为主的多条东西向水系及"黄河大堤、南北束水堤、刘堤、杨公堤、运盐堤"等多条东西向堤岸所组成的"三阶两纵五横为主干,三纵四横堤岸为保障,多条水系横纵交错"的复杂水网。水文变迁是江淮东部城镇兴衰最为重要的动力机制,城镇演变、经济发展、人口迁徙、社会文化演变等均受到水文地理变迁的影响;反之,决定城镇变迁的各因素的演变发展情况均附着于这套水利系统之上。(见图 5.21~图 5.24)

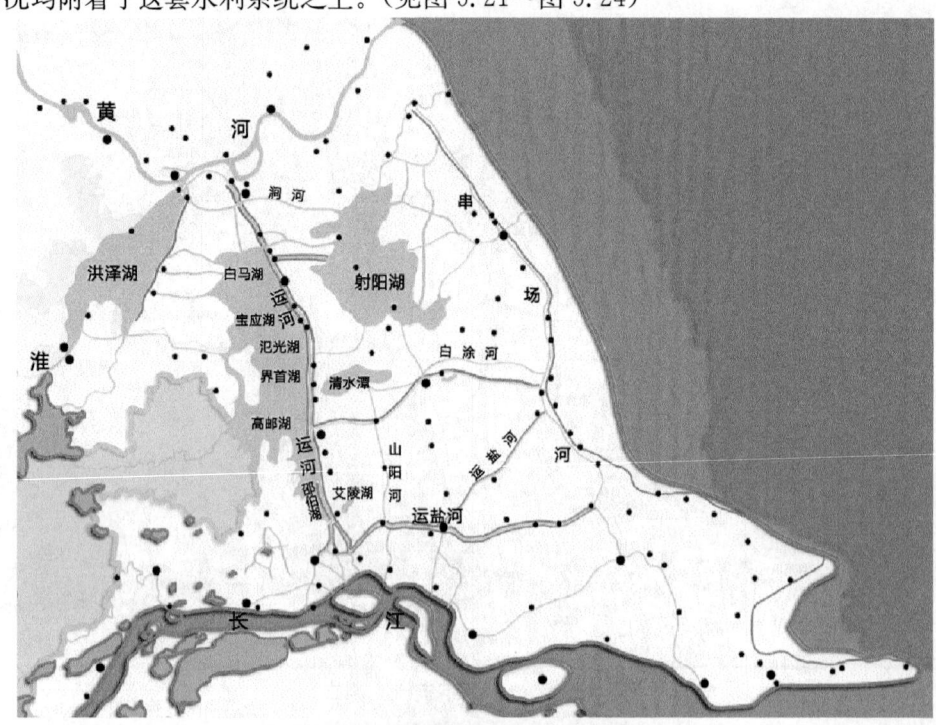

图 5.21 明末江淮东部水系变迁图
资料来源:作者自绘

明清江淮东部发展鼎盛期与城镇体系完善期

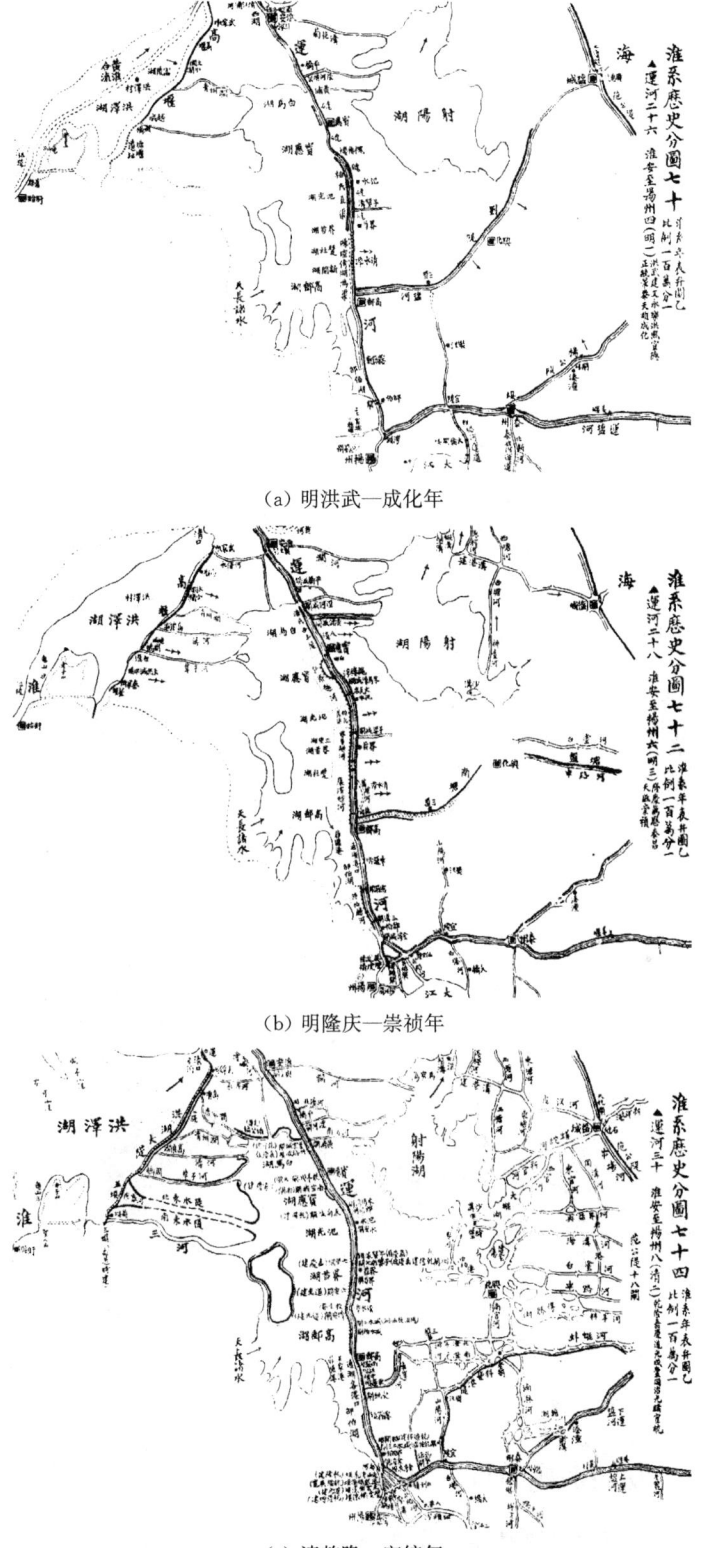

(a) 明洪武—成化年

(b) 明隆庆—崇祯年

(c) 清乾隆—宣统年

图 5.22　明清江淮东部里下河、运河水系变迁图
资料来源:《淮系年表全编》(武同举纂,1929)分图七十、七十二、七十四

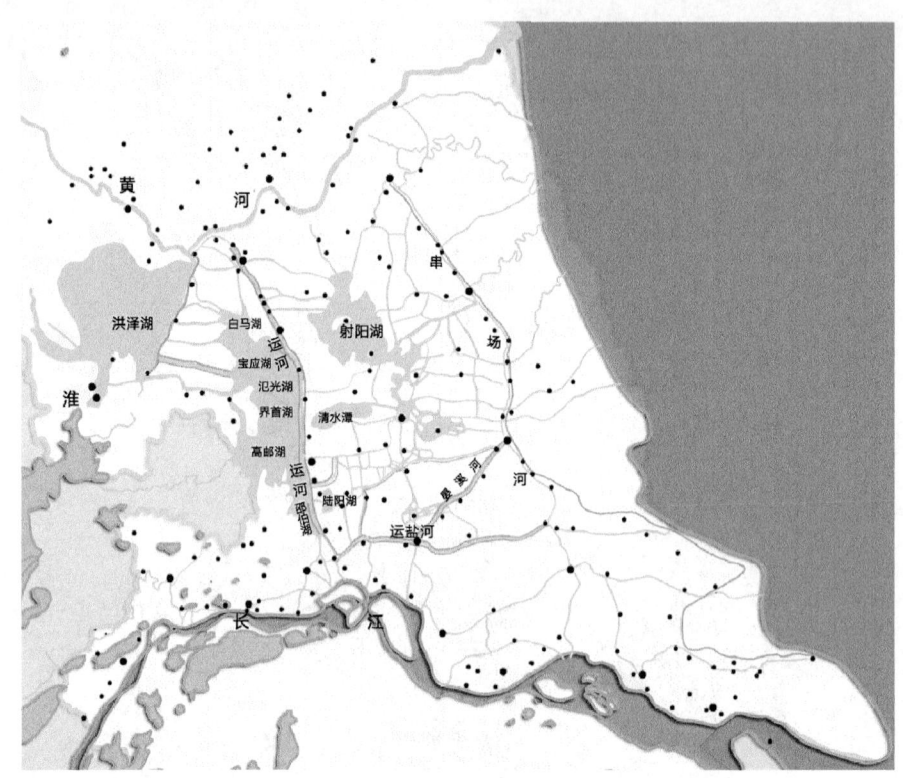

图 5.23　清末江淮东部水系变迁图

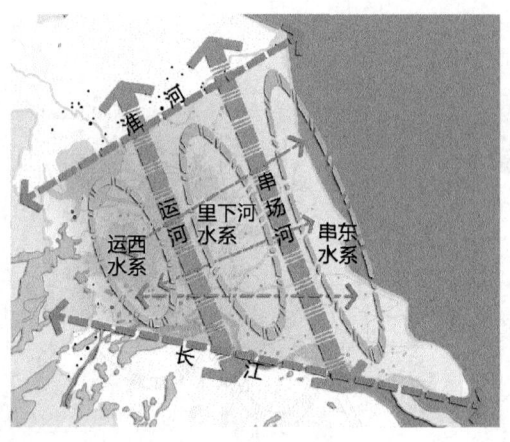

图 5.24　明清江淮东部"三阶两纵五横"水系结构图

图 5.23～图 5.24　资料来源:作者自绘

5.3.2　古代道路发展鼎盛与近代公路兴起对城镇的影响

1)封建社会道路交通发展鼎盛与驿铺城镇

受黄淮水系决溢的影响,宋末到明,整个淮扬地区的道路发展缓慢。由于朝廷对漕粮运输的重视,尤其是元初时期,漕粮需通过运堤路由扬州运至淮安,再由淮安入海北上,因此淮安至扬州之间的运堤道路存在，并成为沟通长江南北往来的重要陆路交通要道。受黄河夺淮的影响，徐淮地区水系紊乱，元以降，苏北地区道路持续减少，淮安与宿迁、连云港的道路被中断。

明代形成以北京为中心的全国性干线道路；清代中后期，将驿道划分为官路、支路和小路[①]，此时期是我国古代道路交通发展的鼎盛期。江淮的官路属于官马南路中的一段，由山东沂州府进入江苏，经宿迁的峒峿驿、桃源的桃源驿、高邮的盂城驿、江都的广陵驿到达苏南的丹徒京口驿；支路是由扬州广陵驿西行经仪征的仪征驿、六合的棠邑驿，再南行至南京的金陵驿[②]。清嘉庆时江苏省的道路已经形成了府与府、府与州、府与县、县与县连接的较为密集的交通网络。

官路、支路所经之处均是区域的中心城，对区域内部城镇连通起到关键作用的是铺递路。铺递路多分布于交通不便的地区，且多为人行，不通车马。明代江苏江淮之间的驿站共10座[③]，清代保持不变。"铺所"从宋代一直延续至清末，元代"每十里或十五里、二十五里，则设一铺"，"每十铺设一邮长"[④]，清每隔10～15里建铺舍。明代还出现新的运输机构——递运所，负责粮食运送和陆路运输，江淮间共8座[⑤]。清代江淮之间设有"塘"驿，也称军塘、营塘，主要运转军用物资和直接送递各省与京城之间的文告，江苏境内的有清河县王家营的"南塘"和扬州的"淮塘"。驿、塘、铺、递运所均作为陆路运输重要节点而分布于江淮东部，规模不同，等级不同，功能各异，但均设有差官和配套建筑；这些交通运输机构以不同等级的聚居点分布于江淮间，形成完整的交通运输网。由于地处交通要道，多数驿铺从驿舍逐渐发展为市镇、城镇。（见图5.25）

元明清时期对驿道的绿化有严格的制度。元代规定"道店侧畔，各随地宜，官民栽植榆柳槐树"[⑥]，并在咨文中记载了惩罚制度："得非理砍伐，违者，各路达鲁花赤（官名）管民官依条治罪。"[⑦]明代规定要定期对道路、渡口、桥梁进行修葺[⑧]。清代雍正皇帝南巡后，不惜重金，于道旁植树，以供行人憩息，并命地方官员留心看管，若道路损坏、桥梁坍塌、柳树残破，应及时修补，不得迟缓，若有不遵者，罚重罪以治之[⑨]。

---

① 江苏省交通史志编纂委员会. 江苏公路交通史[M]. 北京：人民交通出版社，1989：35. 其中记载："清代中、后期将驿道分为三等：以北京为中心，向四方达于各省省会的驿道为'官马大路'，简称'官路'；由各省省会通达地方重要城市之路为'官马支路'，简称'支路'；地方各市镇间以及连络支路和官路的道路称为'小路'。"
② 《钦定大清会典事例》卷六八八、六八九
③ 《漕河图志》卷三中记载："桃源县古城驿、桃源县桃园驿、清河县的清口水驿、淮安府的淮阴驿、宝应县的安平驿、高邮界首驿、高邮州的盂城驿、扬州府邵伯驿、扬州府的广陵驿、仪真县仪真驿。"
④ 《元史》卷一百零一《兵四》
⑤ 《嘉靖惟扬志》卷七中记载："淮安递运所：山阳县；淮北、下关递运所；清河县：清河、小村坊递运所；扬州府江都县：邵伯递运所；仪真县：仪真递运所；高邮州：高邮递运所。"
⑥ 《元典章·户部九·道路栽植榆槐树》。
⑦ 延祐元年（1314）中书省给浙江省的咨文中记载。
⑧ 《明史》卷七十二《志第四十八·职官》中记载："凡道路、津梁，时其葺治。有巡幸及大丧、大礼，则修除而较比之。"
⑨ 南开大学历史系. 清实录经济资料辑要[M]. 北京：中华书局，1959. 其中记载："京师至江南数千余里，行旅络绎。朕于雍正七年，特遣大臣官员，前往督率地方官，成梁除道，不惜帑金，功成迅速。又令道旁种树，以为行人憩息之所。复降上□日交与该地方官，随时留心保护。近闻官吏怠忽，日渐废弛，低洼之地，每多积水，桥梁亦渐坏陷，车辆难行。道旁所种柳树，残缺未补，且有附近兵民斫伐为薪者。此皆有司漫不经心，而大吏不稽查训诫之故也。着传谕该督抚等，转饬有司，仍前整理。或遇雨水泥泞，随损随修，不得迟缓。其应行补种柳树之处，按时补种。并令文武官弁、禁约兵民，毋许任意戕害。倘有不遵，将官弁题参议处，兵民从重治罪。"

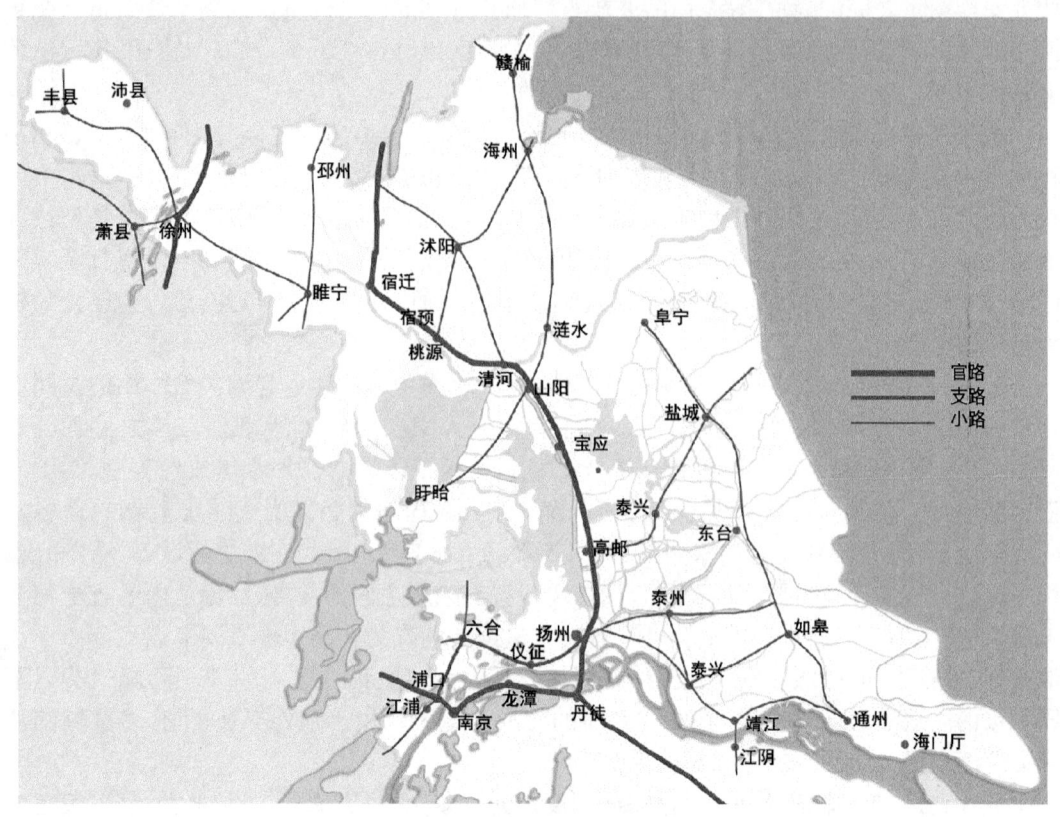

图 5.25 清代江淮东部道路交通图
资料来源:作者自绘

2) 近代公路建设与城镇发展

清末驿邮制度废除,旧的道路日渐失修报废,加之西方先进的交通工具、西欧新式城市规划法的传入,使现代的公路逐渐取代我国旧有的道路交通样式。公路主要修筑于民族资本和官僚资本发展较好的区域。南通地区因张謇创办实业,成为江苏最早修建公路的区域。20世纪20年代左右,扬州和淮安地区也先后计划利用古运堤、古驿道修筑公路,但后续因为战争及水灾的影响,筑路计划纷纷搁浅,淮安地区仅留下海州与清江间的数段土路,扬州地区也仅竣工扬州与六圩的公路。早期公路的修建主要依据旧驿道、大道及河堤,江淮地区古代交通以水陆为主,与江南的小桥流水不同,江淮河流湖泊长度长、面积大、河道宽,因此筑堤工程较江南发达,1928年前,江淮公路的数量超过江南,共25条,占62.5%。但是,江北这一时期的公路基本是在原驿道、河堤基础上填平夯实,施工马虎,道路迂回曲折,宽窄不一,尤其是淮扬一带,质量不如南方。由此,江淮现代城镇的发展已转移至南通地区,淮安需要运输淮北盐业,交通较扬州发达①,民国时扬州城已不似当年的繁华。

---

① 江苏铁路公司和官绅陆润庠等人筹建了清杨铁路(清江浦—杨庄),全长17.3 km,后因资金不足并入陇海线,作为支线,待盐业衰退后拆除。

5.3.3 明清人口迁徙、分布对城镇发展的影响

南宋与金、元曾数次以淮南作为双方厮杀的战场,使淮南人口出现反复发展。每次双方签订和约之后①,淮南会出现短暂的安定发展期。北方移民避难迁入江淮,东南诸路人民迁往淮南垦种②,使得人口回升,每次战争爆发,依然会有数十万户江南人淮外迁③,最终导致人口下降。南宋末年江淮南部真、扬二州的人口约为北宋的一半多④,由此靠近淮河的北部诸州、军的人口下降更甚。宋元战后,淮南一派萧条景象,"自扬州至中原七百余里无人烟"⑤。

元代实现中国历史上空前的大统一,元中期(至元二十七年,1290),江苏淮南人口达到154.1万。江淮东部人口恢复速度之快主要取决于政治中心的北迁,为了漕运运转方便,江淮行省治所由杭州迁至扬州,故区域城镇人口也有所发展。元代淮安路跨淮河南北,受到黄河南迁及宋元战乱的影响,淮安路人口密度较低,仅13.62人/km²,扬州路和高邮府人口密度将近其5倍和3倍(68.11人/km²和39.14人/km²)。元代人口增长持续到元明换代,朱元璋、张士诚等各路豪酋在淮南交锋,使其人口再次锐减。(见图5.26)

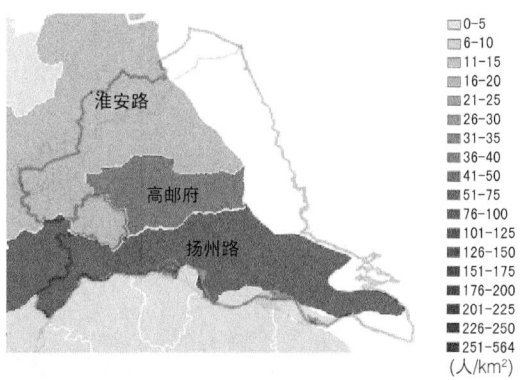

图5.26 元代江淮东部人口密度分布图
资料来源:作者自绘,行政区划范围参见中国历史地理信息系统(CHGIS,复旦大学历史地理研究中心,2003年6月),数据参见表5.13

1) 明代移民对城镇发展的影响

元末的战争致使淮南的城市近乎废墟,朱元璋攻下扬州城时,"城中居民仅仅余十八家"⑥,明初江都仅存十八户姓氏,淮安仅剩七家⑦,盐城一带"地广衍,湖荡居多而村落少,居室小,民无盖藏"⑧,整个淮南一片凄惶。洪武年间,朱元璋组织大批的南方居民和军卫移居淮南,明末达到鼎盛[万历六年(1578)达133.34万]⑨。明初与明末人口差距不大[洪武二

---

① 绍兴十一年(1141)、隆兴元年(1163)、嘉定元年(1208)宋金双方三次签订和约。
② 《历代名臣奏议》卷二百四十七,赵汝愚《乞选江北监司守臣接纳流民耕种疏》:"盖缘其处地广人稀,尚多旷土。"
③ 《叶适集·水心文集》卷二记载"开禧二年(1206),金军南迁,淮南民二十万户渡江,二十万户退居山区";卷二《安集两淮申省状》中记载,同年,南宋北伐战乱,使淮南安丰、濠、盱眙、楚、庐、和、扬7州军"其民奔进渡江求活者几二十万家"。
④ 根据《嘉靖惟扬志》卷八:扬州北宋崇宁元年(1102)56 485户,南宋嘉泰(1201—1204)36 160户,南宋人口约占64%。根据庆庆《仪真县志》卷六:真州扬子崇宁时有24 242户,嘉定(1208—1224)时为12 711户,约占崇宁时的52%。
⑤ 孔齐《至正直记》卷四《钟山王气》
⑥ 《明太祖实录》卷五
⑦ 《嘉靖惟扬志》卷八:"明初淮扬户口流亡,江都仅存火、郝等十八姓,淮安仅存槐树李、梅花刘、麦盒王、节孝徐等七家。"
⑧ 民国《盐城县志》卷十
⑨ 明以后的地方志保存较多,淮安、扬州地区均有多本文献,人口数据准确。明代实际人口与上报人口有较大差异,文献记载的人口实际是赋税单位,因此出现明人口总数下降情况。根据以往研究:(美)何炳棣.1368—1953中国人口研究[M].上海:上海古籍出版社,1989:262.其中记载全国明初人口有6 500万人,明万历二十八年(1600)约增加到1.5亿人;葛剑雄.中国人口发展史[M].北京:人民出版社,1991:241.其中记载,1600年应为1.97亿人;《江苏省地方·人口志》中统计万历六年(1578),江苏人口约1 186万人,说明明末的人口是明初人口的2.2~3倍,因此,估计明末江苏江淮之间人口约为293万~399万人。本书为了保障数据来源的精确性,仍使用原数据进行分析,对于明代不同时期人口变化的分析,影响不大。

十六年(1393)达 123.21 万],总体分布依旧是北低南高。(见图 5.27、图 5.28)

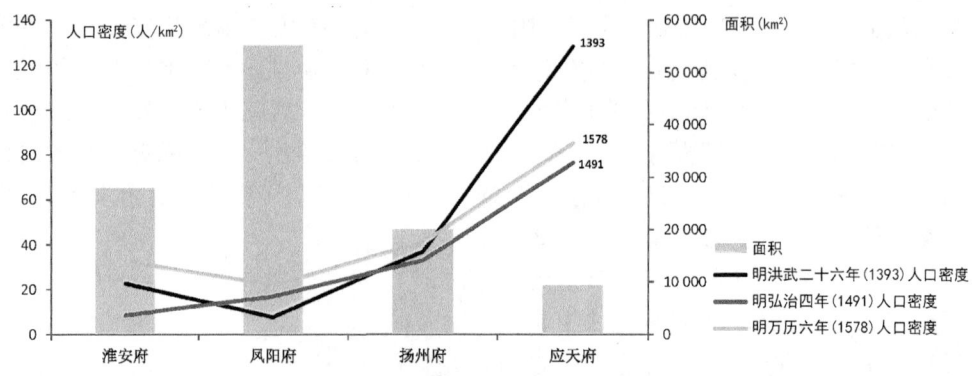

图 5.27　明代不同时期各州的人口密度比较

资料来源:作者自绘,根据《中国历代户口、田地、田赋统计》甲表 69 绘制

(1) 移民的来源与分布

明代人口迅速上升是大量移民所致,洪武年间分别约有 50 万、20 万移民迁入扬州府、淮安府。根据《中国移民史》的研究,当时淮南的移民主要来自苏南和浙北以及江西、徽州,其所占的比例约为 50%、25% 和 25%[①],并非仅苏州一地,还包括苏南的崇明、昆山、东洞庭山、句容、吴县、常州、浙东、浙南及少量山西和山东的北方移民。这些移民主要从事盐业生产与买卖、农业生产的工作。

明洪武三年(1370),朱元

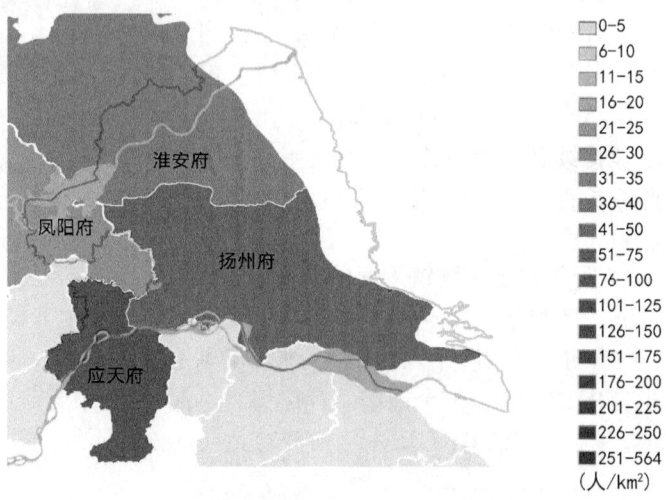

图 5.28　明代江淮东部府级人口密度比较

资料来源:作者自绘,行政区划范围参考中国历史地理信息系统(CHGIS,复旦大学历史地理研究中心,2003 年 6 月),数据参考表 5.13

璋实施移民屯垦制度,分别从苏州、嘉兴、松江派 4 万居民到两淮盐区做煎盐劳役,福建、广西的罪犯及泰州、高邮、兴化、江都、盐城的贫困居民也被遣至沿海地区煮盐,之后明政府又陆续征发大批江南居户和充军人犯作为盐丁,嘉万年间两淮灶丁为 68 238 口,整个沿海从事盐业的人口约 20.5 万人。明代盐场已发展得颇具规模,场署所在地形成集镇,盐场集镇沿着串场河以西分布,主要为管理盐业生产所置,有盐官驻此管辖。集镇与农村墟集不同,沿河建街巷,沿街巷设店铺、典当行等,有贾商定居于此进行商品买卖,这类集镇的常住人

---

① 葛剑雄.中国移民史:第五卷·明时期[M].福州:福建人民出版社,1997:31-42.

口一般超过 2 000 人①。

另一类与盐业相关的是工商业移民。起初在扬州从事盐业生意的是山西、陕西商人,弘治以后盐业制度有所改变,可以在两淮盐运司纳银以换取盐引,吸引大批的徽商迁至扬州。由于扬州与安徽的邻近,其文化、语言、饮食等也颇为接近,加之徽商崇尚礼教,因此,在明末扬州从事盐业生意的商人中,徽商占很大的比例②。虽然在扬、淮两地从事盐业买卖的具体人数不得而知,但是明清扬州城、淮安城的兴盛,乃至整个江淮东部城镇的建设均与盐商有密切关系。随着盐商人口的增多,逐渐形成了盐商聚落,如扬州老城外运河一带的河下、淮安的河下古镇。

(2) 各中心城及县城人口

各县的人口比较更能够反映江淮东部各分区的发展情况。明高邮军人口密度最高(47.76 人/km²),江都次之(42.85 人/km²),山阳、通州均超过 35 人/km²。北部以山阳为中心,盐城、桃源、宝应、安东、清河各县的人口均在 20～30 人/km²,山阳县明末人口超过江都,其中淮安卫、大河卫的军籍人口占多数,淮安三城人口最少 10 万。南部以江都、高邮为中心,周围兴化、泰兴、泰州超过 30 人/km²。明代移民主要迁入里下河地区,明初兴化一带近乎空城,明后期人口均超过 20 人/km²,沿海辖境辽阔,集中大批盐业人口,中部水乡平原渐成,吸引大批农业人口聚集。根据《中华人民共和国地名词典——江苏省》记载,该地区大部分村庄兴起于明代,因此人口密度较宋代明显提高。仪征人口也超过 20 人/km²,淮南批验所的移置使仪征迅速发展③,成为淮南盐运的重要枢纽、盐税征收的商埠,大量商贾和外来人口迁入仪征促使明后期人口增长至 3 万～5 万。西侧的泗州、盱眙、六合人口较低,江浦因与应天府、和州相接壤,故密度较高。(见图 5.29)

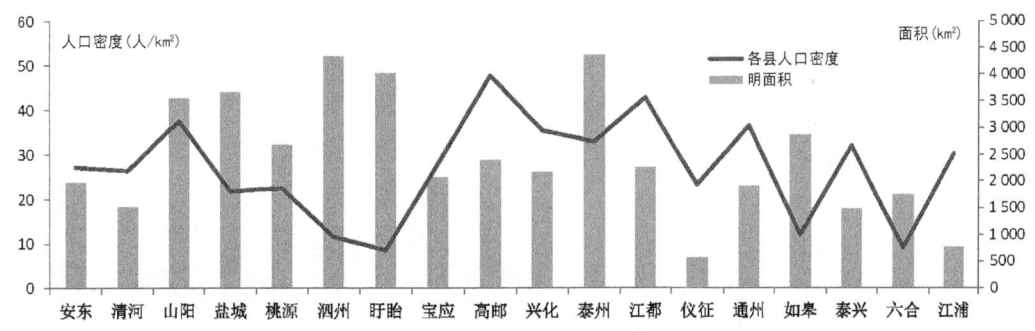

图 5.29 明嘉靖二十一年(1542)江淮东部各县人口密度比较

从人口密度分布来看,明代沿运、沿淮、沿江地区城镇发展较好,南部优于北部,东部优于西部,城镇的人口密度与面积不成正比,泗州、盱眙县域广,但人口密度最低,里下河及沿海地区有较明显的发展。(见图 5.30)

---

① 数据来自葛剑雄的《中国人口史·第四卷·明时期》第 327 页。
② 明万历《扬州府志》中载:"扬,水国也,聚四方之民,新都(新安,指徽州)最,关西(陕西)、山右(山西)次之。"
③ 淮南批验所负责盐税征收,是统揽淮南财政大权的重要机构,隶属两淮转运司,洪武初年(1368)位于瓜洲,洪武十六年(1383)移置于仪征县南的一坝、二坝间。

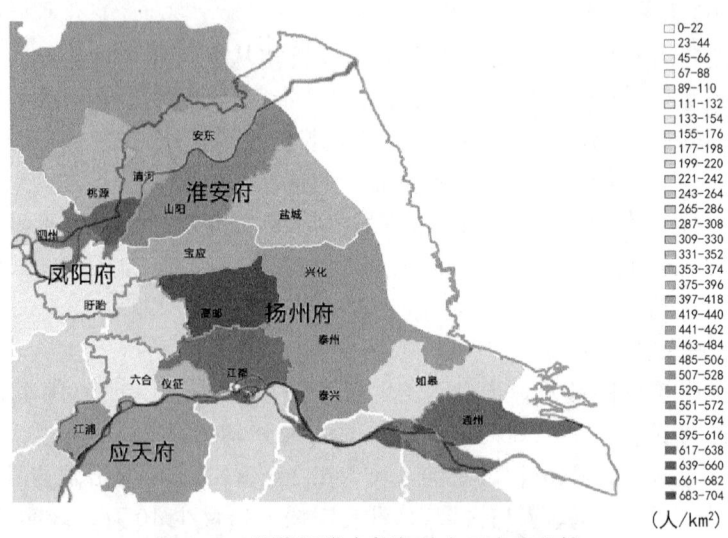

图 5.30　明代江淮东部各县人口密度比较

图 5.29、图 5.30 资料来源:作者自绘,各县面积根据中国历史地理信息系统(CHGIS,复旦大学历史地理研究中心,2003 年 6 月)绘制计算,人口数据来自《大明一统志》(1461)、正德《淮安府志》《嘉靖惟扬志》等整理

2) 清代移民对城镇发展的影响

清代乾嘉盛世时,人口比明末增长了近 4 倍[清嘉庆二十五年(1820)总人口为 651 万,明万历六年(1578)为 133.34 万]。沿江地区的扬州、通州、海门人口密度远超淮河流域的淮、泗地区,海门厅人口密度最大(239.88 人/km²),超过扬州(212.18 人/km²),约是淮安的 3 倍(87.57 人/km²)。说明清代南通地区经济发展较快,地狭人集,有海盐业和植棉业的支持,距离江南最近,接受崇明、江南的移民最多。(见图 5.31、表 5-13、表 5-14)

1850 年,太平天国战争爆发,以长江中下游流域为中心,导致苏南及扬州人口损失惨重,扬州的人口减少了 22.8%(从 1850 年的 798 万人减至 1865 年的 616 万人),苏南地区人口减少了 59.8%,尽管扬州人口损失惨重,但人口密度高过除松江、太仓外的苏南其他地区[①]。清军将太平军扼

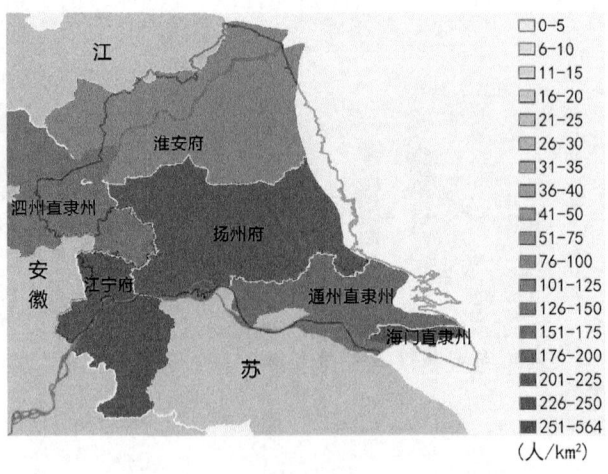

图 5.31　清代江淮东部府级人口密度比较

资料来源:作者自绘,行政范围参考中国历史地理信息系统(CHGIS,复旦大学历史地理研究中心,2003 年 6 月),数据参考表 5.13

---

① 数据根据《中国人口史·第五卷·清时期》表 11-2 总结,扬州府人口从 1850 年的 798 万人减至 1865 年的 616 万人;苏南六府人口从 1850 年的 2 276.8 万人减至 1865 年的 915.2 万人;1865 年人口密度为 349.4 人/km²(扬州府)、338.9 人/km²(苏州府)、632.7 人/km²(松江府)、624.5 人/km²(太仓州)、113 人/km²(镇江府)、163.2 人/km²(常州府)、192 人/km²(江宁府)。

制在扬州以南的地区,因此淮南大部分地区得以保存。非战争地区的人口仍持续增长,淮安、通州和海门厅的人口增长率分别为4.3%、2.5%和4.1%,虽涨幅不大,但一直持续至清末。清末漕运衰败,沿海盐滩成陆,淮南人民赖以生存的产业逐渐坍塌,恰逢战后江南大片土地抛荒,人丁缺失,有大批的苏北人南渡江南购置田产和耕地,苏北人成为清末民初苏南地区最大的移民群。根据比较,民国初期至民国中期,宿迁、涟水、淮安、盐城、宝应、东台、泰州、仪征、启东、海门、泰兴、江浦等县有68.2万人移出[①],大部分移居上海,大量人口外流导致地区衰落,发展缓慢。这一移民潮一直持续到抗战时期,淮南地区成为抗日根据地,多次遭受国民党军队、日军洗劫,居民大量外流,整个区域彻底墟荒。(见图5.32、图5.33)

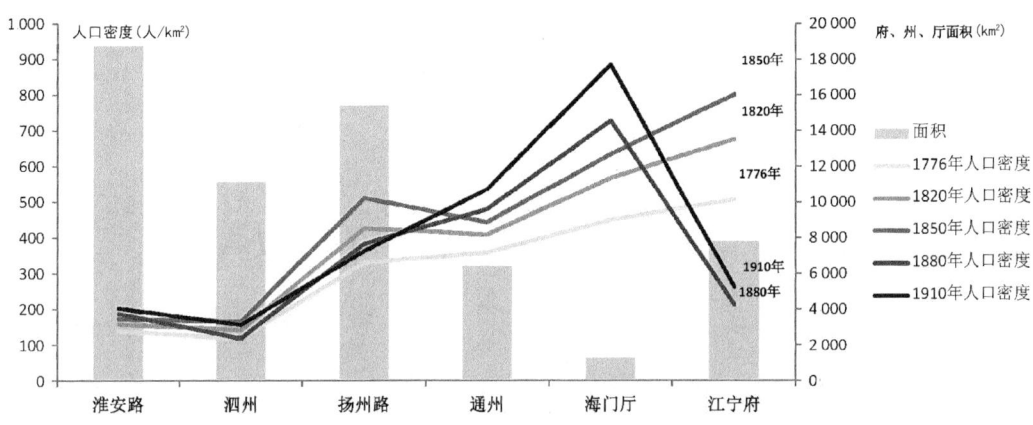

图5.32 清代不同时期江淮间各州的人口密度比较

资料来源:作者自绘,数据根据《中国人口史·第五卷·清时期》表16-4总结

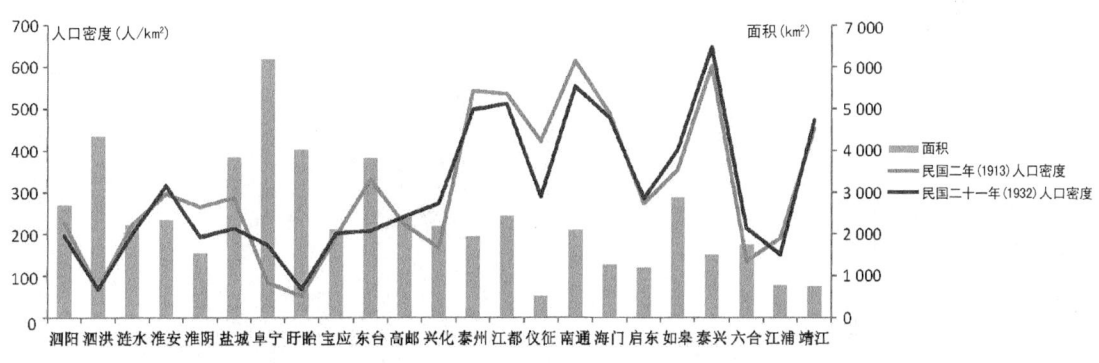

图5.33 民国江淮东部各县人口密度比较

资料来源:作者自绘,数据参考《江苏省志·人口志》第64—68页、第79—81页

从图5.33中民国中期与初期人口比较可见除淮安、阜宁、盱眙、兴化、泰兴、六合个别县人口有所上升,大部分地区人口密度下降,移居外地。

---

① 数据根据《江苏省人口志》表3-13总结。

清代各县人口分布的差异性凸显出来,仪征密度最高为704.1人/km²,海门、江都、甘泉人口密度在350～450人/km²,北部山阳和中部的泰州也较为突出,分别为231.96人/km²、270.49人/km²。清末民初基本延续人口南稠北疏、东多西少的格局,随着北部岸线迅速淤涨,人口密度明显低于南部沿江一带,清末大运河停用后,沿海的盐城、东台、如皋、通海地区人口明显高于沿运的宝应、高邮一带,与明代相比发生逆转。人口分布的大格局延续至民国中后期,但淮阴、盐城、东台、南通、泰州、江都、仪征人口密度降低,向外流动加大。有清以来,江淮东部县域面积与人口分布呈反比,面积较大的泗洪、阜宁、盱眙其人口密度较低,而沿江的仪征、甘泉、江都、海门等县域面积较小的人口密度很高。(见图5.34~图5.36)

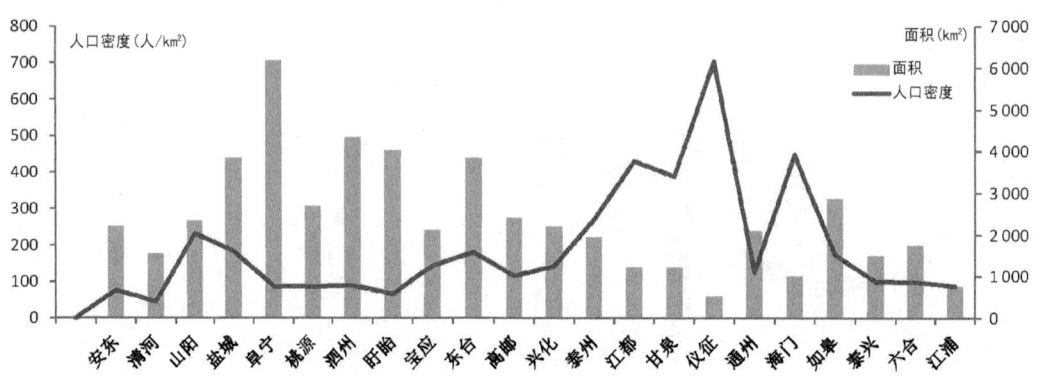

图5.34　1808—1880年江淮东部各县的人口密度比较

资料来源:作者自绘,人口数据根据光绪《淮安府志》卷十五、十六、十七、二十;光绪《通州志》卷四;民国《海门厅图志》卷四;民国《如皋县志》卷四;光绪《泰兴县志》卷十;嘉庆《江宁府志》卷十四;嘉庆《扬州府志》卷二十总结

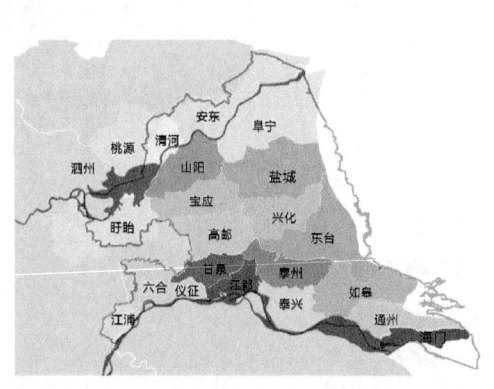

图5.35　1820年江淮东部各县人口密度图

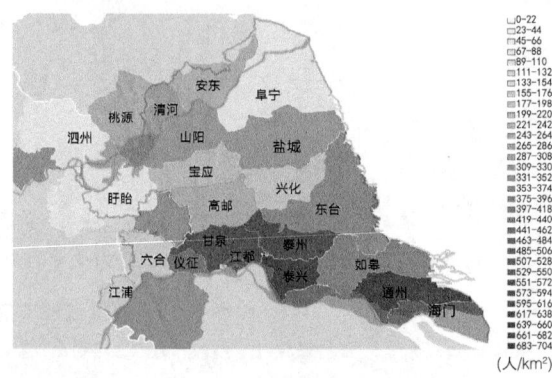

图5.36　1911年明代江淮东部各县人口密度图

图5.35、图5.36资料来源:作者自绘,数据来源同图5.34

表 5.13　元、明、清研究部分所涉州、郡的人口密度

单位:面积(万 km²)、人口(人)、密度(人/km²)

		淮安路	高邮府	扬州路			庐州路
元至元二十七年(1290)	面积	4.02	0.64	2.16			2.57
	人口[1]	547 377	250 490	1 471 194			229 457
	密度	13.62	39.14	68.11			8.93
		淮安府	凤阳府	扬州府			应天府
明万历六年(1578)	面积	2.79	5.52	2.00			0.93
	人口[2]	906 033	1 203 349	817 856			790 513
	密度	32.47	21.80	40.9			85.00
		淮安府	泗州直隶州	扬州府	通州	海门厅	江宁府
清嘉庆二十五年(1820)	面积	1.87	1.10	1.54	0.64	0.10	0.78
	人口[3]	1 637 591	1 568 867	3 267 522	982 974	239 879	1 874 018
	密度	87.57	142.62	212.18	153.59	239.88	240.26

注:为了确保人口密度的准确性,本表按照郡、州的完整的行政区划来计算面积,人口按照全郡、州的全部人口来计算;
行政区域面积根据中国历史地理信息系统(CHGIS,复旦大学历史地理研究中心,2003年6月)计算;
人口数据来源:
1. 数据来源:《中国历代户口、田地、田赋统计》甲表 49;
2. 数据来源:《中国历代户口、田地、田赋统计》甲表 69;
3. 数据来源:《中国历代户口、田地、田赋统计》甲表 88

表 5.14　元、明、清江苏江淮境内人口与其增降率

单位:万人

	淮安路[1]	高邮府	扬州路[2]			庐州路[3]	总计	增降率(%)
元至元二十七年(1290)	18.25	25.05	107			3.8	154.1	
	淮安府[4]	凤阳府[5]	扬州府			应天府[6]		
明万历六年(1578)	24.71	7.08	81.79			19.76	133.34	−13.5%
	淮安府[7]	泗州直隶州[8]	扬州府	通州	海门厅	江宁府[9]		
清嘉庆二十五年(1820)	109.17	39.22	326.75	98.3	23.99	53.54	650.97	388.2%

注:人口指今江苏境内郡、州人口。调整和计算方法:根据《中国历史地图集》查找今江苏境内的郡、州、县,计算郡、州每县的平均户数、人数,计算在今江苏境内的县数、户数、人数。
1. 元淮安路共 12 个县,其中 4 个位于江淮间,故人口按总数的 1/3 计算;
2. 元扬州路共 11 个县,其中 8 个位于江淮间,故人口按总数的 8/11 计算;
3. 同宋代计算方式,因此人口户数按照 1/6 计算;
4. 明淮安府共 11 个县,其中 3 个在研究范围内;
5. 明凤阳府共 17 个县,仅盱眙县位于江淮间;
6. 明应天府共 8 个县,其中 2 个位于江淮间;
7. 清淮安府共 6 个县,其中 4 个位于江淮间;
8. 清泗州共 4 个县,仅盱眙位于江淮间;
9. 清江宁府共 7 个县,2 个位于江淮间。

5.3.4 经济

元南北大运河的改造再次为江淮经济发展提供了交通条件,为明清商品经济的繁荣奠定了基础。元至清中期,江淮地区基本形成了漕运业、盐业、纺织业、农业、商业共存的格局。明清时期江淮地区主要的经济支柱是淮盐业,漕运制度的灭亡迫使清末盐业也走向衰败,整个江淮地区的繁华不再。资本主义经济因素正在酝酿滋长,没有充分的基础和准备,原始资料缺乏、运输不畅、自然环境不佳使江淮经济迅速走向湮灭,唯通海地区的近现代工业发展较好。

1) 明清漕运经济的繁荣阶段

明清江淮漕运段地位十分重要,是漕运中枢,也是运况最为复杂的运段。明清漕运制度日趋完善和成熟,并在漕运法、漕粮收兑、漕运仓储、漕丁管理、漕船修造等方面设立健全的机构组织。尤其是淮安,此时淮安成为全国的漕运管理中心。里运河是国家漕粮运输的主要通道,江南漕粮的起运点,湖南、湖北、江西、安徽、江苏等省的漕粮均由此北上入京。明代国家规定每年的漕运额为400万石,其中江南南直隶、浙江、江西、湖广四省漕粮数额为324万余石,占全国的80.6%[①],江南苏、松、常、镇四府漕粮120万石,占全国的30%、南粮的37%,淮安(104 000石)、扬州(97 000石)二府共约20万石,占全国的5%,可见江淮并非漕粮的生产重地,而是运输的重要通道。清代沿用400万石漕运额数,但清中后期,由于黄水南肆严重,洪泽湖水高涨,里下河一带河道浅阻,输运艰难,因此道光六年(1826)开始实行海运。延续至清末,招商局轮船漕运与铁路运输也逐渐兴起,由于黄河的再次改道,河运困难,漕运已非必需。光绪二十七年(1901),政府下令漕粮改征折色,漕运取消,至此封建漕运经济对江淮东部地区的影响终止。

江淮东部区域的发展从古至今仰仗漕运,沿岸的重要城市均因水而兴、因运而荣,因此在漕运废除后,城镇经济一落千丈。明清是江淮漕运的全盛时期,江南漕粮的北运对中央具有重要意义,从漕河的治理、水利工程的建设、漕运机构的设置与管理等方面都形成体系。

2) 两淮盐业鼎盛对江淮东部的影响

(1) 明清淮盐产量

尽管黄河夺淮造成了卤气渐淡,但封建朝廷一直十分重视淮盐的生产和销售,盐商为获利而猛办亭灶,政府大修水利以保障运输通畅,因此,明清两淮发展为全国产销量最大的盐区。明至清末是淮盐发展的鼎盛期,明嘉靖三十年(1551)两淮盐业的总产量约为70 518 t,盐课收入在国家财政收入中占有相当大的比例。明代两淮盐课占全国盐课1/3有余,万历年间盐课为675 829.9两,占全国盐课银的46.36%,将近1/2的水平。清代盐业虽受岸线东迁的影响,但是产量及盐课不减反增,清嘉庆七年(1802)增长至400 332 t,将近明代淮盐产量的6倍,清乾嘉道盛世,每年盐课收入约400万~500万两,占清政府财政收入的1/2左右[②]。清末宣统二年(1910)时减少了近75%,淮盐产量为107 623.5 t。(见表5.15)

---

① 《漕运通志》
② 郭正忠. 中国盐业史[M]. 北京:人民出版社,1997

表 5.15　明清淮盐经济发展情况表

	明代	清代
盐产量	—	嘉庆七年(1802):海州分司 62 239.4 t、泰州分司 237 766.94 t、通州分司 100 225.8 t,总 400 332 t; 宣统二年(1910):海州分司 64 816.6 t、泰州分司 108 246.03 t、通州分司 24 560.32 t,总 107 623.5 t①。
盐法与管理	明初实行"开中法"②; 明万历四十五年(1617)开创"纲盐法"③	沿袭明制,"专商引岸制",对引岸进行详细划分,形成专卖垄断经营,盐商的姓名、盐引数量和销售区域均登记在册,按此征税; 盐商依然采用世袭制; 实行官督商销的运销方式
盐商与亭户	边商、内商、水商	总商、运商、场商、灶民
生产技术	明万历年后至新中国成立前:采取"淋卤煎盐"④的方法;淮北从明代起采用"滩晒"⑤,产量高,耗能低	清代淮南将"溜井"取卤改为砖砌和重淋法
盐产管理	"聚团公煎"制⑥	

资料来源:作者整理自制

(2) 明清盐商对淮盐的影响

如此之大的经济利益滋生了一群对江淮东部地区发展产生重要影响的群体——盐商。两淮盐商在清代,特别是乾嘉之前,成为全国最大的封建垄断商业资本集团,"两淮盐商有挟资千万者,最少亦一二百万"⑦,资产"百万以下者,皆谓之小商"⑧。盐商不但涉猎盐业的生产、流通、买卖及其他中间环节,同时穿梭于江淮社会、经济、生活的各个层面,且具有一定的政治权利,除获得巨额财产外,还对盐政、盐法的制定有很大话语权。明至清中期,淮盐的"产、储、转、销"的体系已十分成熟,盐商的发展与盐法变迁、盐业转销模式的改变逐渐渗透到江淮东部各个地区。明开中法实施后,盐商分化为边商、内商、水商三类,纲盐法施行后,政府采取制纲以治商。清袭明制,采取"民制—商收—商运—商销"的商人专卖制,转化为场商(又

---

① 凌申.江苏沿海两淮盐业史概说[J].盐业史研究,1989(4):56-62
② 与北宋折中法大体相同,自明洪武年起,政府鼓励盐商纳米到边境,以充实边防军粮储备,以相应额度的粮食换取同等的盐引,盐商凭借盐引到指定盐场支盐,再将得到的盐运到指定的地区销售,除用粮米换取盐引外,还可通过布绢、银钱、马匹等换取。
③ 即把盐商和所领盐引编入纲册,并可永远占据引窝,每年按照纲册派行新引,世袭沿革。
④ 分为四个步骤:备柴、晒灰、淋卤、煎盐。首先准备柴草作为燃料,然后在滩地上铺上用茅草制成的草灰,吸收盐分,次日扫起。再在灰池上置充吸收盐分的草灰并压实,再用海水淋灰,浓度较高的盐卤流入挖好的卤井坑内。盐卤达到需要的浓度后,将盐卤置于铁盘或竹编的盐盘或锅丿上煎煮成盐。
⑤ 将海水引入盐田,利用滩形和池格循环走水,使海水蒸发,由淡转浓,最终结晶成盐。
⑥ "聚团公煎"制,即每个盐场分几团,每团分几户,以盘铁为工具共同煎办,灶户纳税后允许制盐,必须在本团煎煮,制盐之后不得擅自行销,目的就是为了有效地防范私盐。
⑦ 《皇朝经世文续编》卷五十一中载:"他们岁入巨额,财力雄厚,其中尤以徽商势力最大……徽商中不少家资万贯,富比王侯。两淮盐商有挟资千万者,最少亦一二百万。"
⑧ 《扬州画舫录》

称垣商,由内商转化而来)、运商(又称岸商,由边商、水商转化而来)。清场商数量众多,约占总体的 60%~70%,负责盐场的创办和生产,为了多收购淮盐,于沿海地区大建亭灶,清沿海城镇的增多与场商建造盐场密不可分;运商多位于运河沿线,其主要负责淮盐收购与销售,场商与运商直接交易,场商是灶民与运商的中间商。二者皆受总商的管辖,总商处于政府和散商之间,上对国家承交赋税,下向散商指派勒索。盐商种类虽不同,但均按纲行盐以积累资本。

不同的阶层所处的区位不同,灶户、场商、总商、边商由东到西,人数逐渐减少,但所产生的财富越来越多,江淮东部地区贫富差异巨大化实则是由封建社会阶层的不平等及剥削本质所造成。盐商所得巨额的财富均汇聚扬州及其周围地区,扬州、泰州、淮安地区的经济繁荣与盐商的奢靡消费有着巨大的关系。明清扬州城的繁荣即两淮盐商消耗巨资而造就,至清中后期扬州一直秉持江淮繁华工商大城市的地位,是中部各省盐粮的供应基地和中转基地,四方盐商侨居于此,"富者以千万计";清江浦是明清淮北盐业的中转地,楚州河下地区效仿扬州建造盐业重镇。两淮盐商在明清时期对江淮地区的影响力不容小觑,园林建筑、市政建设、民俗风情、饮食服饰、社会福利等均得到支持,对沿海平原的拓展、城市建设、疏浚河道、修堤筑坝等也均做出重要贡献。(见图 5.37)

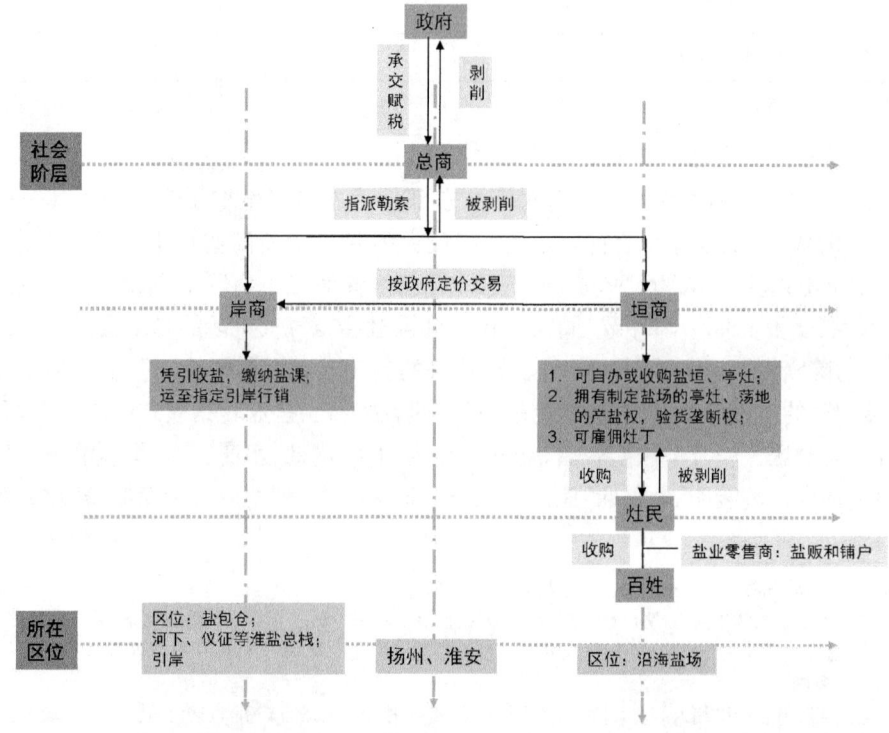

图 5.37 江淮东部地区明清社会阶层与区位分析图
资料来源:作者自绘

清中后期,沿海盐区岸线不断东迁,盐卤减淡,盐灶移至近海区,缺少了范公堤的庇佑,灶滩也灾患频发。清末淮南地区屡次整顿票法,私盐日甚,引岸多废,加之封建清政府衰败,盐业经营管理自身存在贪污、疏纰等漏洞,制度混乱,中国长达两千多年的盐政最终于清末废置。由于土厚盐薄,自然条件已不利于大面积的盐业生产,因此淮盐产区在张謇的主持下向资本主义工商业转型。

3）通海地区的纺织业发展鼎盛

元朝及后期南通地区逐渐发展起来，从两广、福建流入松江的植棉技术在至元年间逐渐向淮南推广[①]。明代时纺织业便成为重要的传统手工业之一，政府下令鼓励种植，"田五亩至十亩者，栽桑、麻、棉各半亩，十亩以上倍之"[②]。江南地区是明代重要的丝织业、棉织业的生产基地，建康、镇江、常熟、松江等沿江海地区都是丝织业的中心，太湖流域是棉织业的中心。江南与南通跨江而望，对南通、海门一带的棉、桑种植与棉纺织的发展产生较大的影响，也使二者成为著名的产棉区及明清淮南开发最快的地区。清代后期资本主义萌芽产生后，通州、海门一带的植棉生产和棉纺业更进一步发展，使南通成为"中国近代第一城"。

4）明清后里下河地区农业逐渐扩大

明朱元璋倡导"务农重谷，王政所先"，农耕技术和生产工具都有了很大的提高，使我国古代封建农作技术发展达到高峰。江淮东部种植果蔬品种达数十种。在农耕政策上，对农户实行税收减免政策，号召大量的军民移居淮南，鼓励开垦荒闲田地，更促进了农业生产的发展。黄淮合一使里下河地区常年积水，沤田遍地，随着湖群逐渐荡化，平原形成，明中叶以后，里下河流域便成为江淮著名的农作物出产地，成为江北著名的鱼米之乡，并一直影响至近代江苏的工业结构分布。清末民初江淮东部的粮食企业位于区域工业之首，1911年之前占39.1%，1911年之后占91.8%，占全江苏粮食产业的33.3%和56.1%[③]。

5.3.5 科举人才的分布与城市文化的发展

明清时期，江淮地区虽然是全国漕运、盐产的区域，但是在人才选拔上并非一直名列前茅。在文科人才选拔上，苏南的苏、常二府一直名列前茅，江淮主要的人才出自扬州府，也仅位于全省的第四、第五。江淮的淮、扬二府，甚至淮北的徐州，一直是武科人才选拔的主要区域，比重远高于文进士，说明前朝的重武之风一直延续至明清。就区域内部而言，山阳、江都（含甘泉）、泰州三县文武人才并重；武科人才选拔主要集中在重要的县市，如山阳、清河、六合、盐城、泰州等，宝应、高邮和通州地区较少；文科人才出产更加平均，依然以山阳、江都、泰州、通州地区为主，明代沿运流域的文科人才比沿海地区多，与武科人才呈相反发展趋势，清代文科人才呈现沿运、沿江、沿运盐河发展，文化受流域文化影响较重。（见图5.38、图5.39）

江北的科举人才较少，不能说明江北人士不注重学术。由于扬州学派、泰州学派以朴学为主，诸子一般为士流所不容，他们与官场保持一定的距离，不愿涉及仕途，因此选举人数较江南低。明清有盐业和漕运的支撑，虽常遭水灾，但经济发展尚好，文化教育呈由西向东逐渐降低的阶梯空间分布趋势。

[①] 马祖常《石田集》中载："江东木棉树，移向淮南去。"
[②] 《明史·食货志》
[③] 根据：王国平，姜新. 略论近代江苏区域工业结构差异[J]. 江南大学学报（人文社会科学版），2004,3(3):37-41. 其中表1、表3。原数据来源：杜恂诚的《民族资本主义与中国政府》（上海社会科学院出版社，1992年版）、孙毓棠的《中国近代工业史资料》（科学出版社，1958年版）、《实业志（江苏省）》（国际贸易局1931年版）、陈真的《中国近代工业资料》（科学出版社，1958年版）。

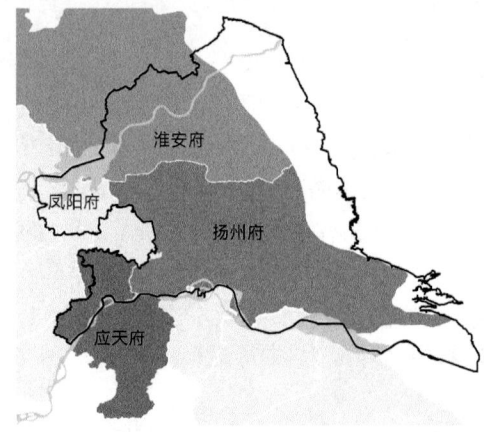
(a) 明代江淮东部府域范围内文科状元分布图

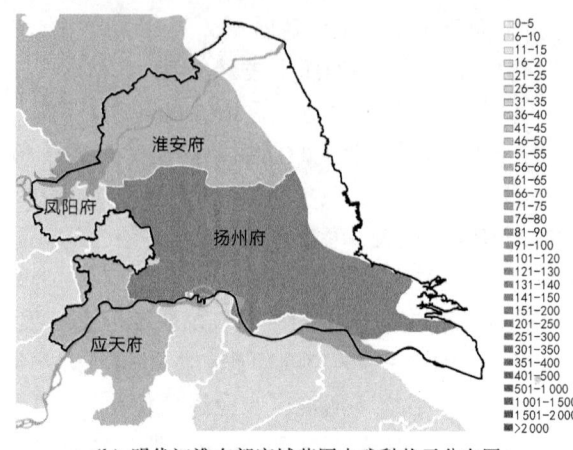
(b) 明代江淮东部府域范围内武科状元分布图

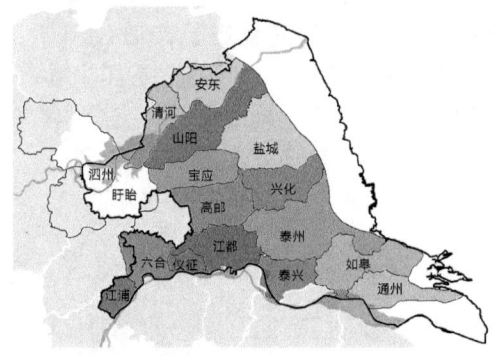
(c) 明代江淮东部县域范围内文科状元分布图

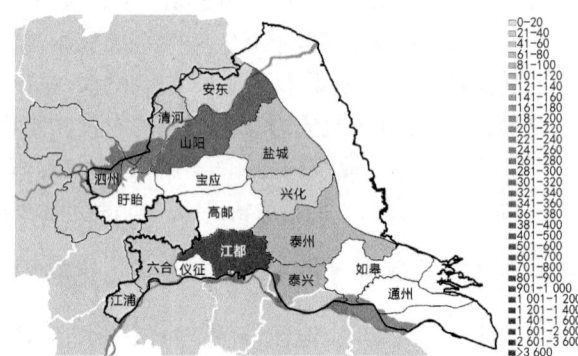
(d) 明代江淮东部县域范围内武科状元分布图

图 5.38 明代江淮东部地区人才分布图(单位:人)

明清淮、扬是江南最繁华的商业城市之一,经济繁荣带来了文化昌盛,奢靡风雅。各地著名学者均汇聚于扬州,切磋讲学,加之盐商注重培养人才,设立多处府学和书院,故产生了具有地域特色的扬州学派。扬州学派是乾嘉之际继吴、皖两派之后从事纯汉学研究的学派,继承和吸收了上述两派的学术宗旨和治学方法,主要位于甘泉和江都二县,北边的高邮州、宝应县以及南边的仪征县也都有涵盖。文学方面,四大名著的《西游记》(山阳吴承恩)、清代刻印的《儒林外史》《全唐诗》等,李斗的《扬州画舫录》(扬州)均出于运河沿线;书画方面,"扬州八怪"、书法家冒襄、梅庚等均占有一席之地。这些文人雅士更将诗词书画之意境,取自然之法,借景于真实的城市园林、湖上园林等真实环境之中。

里下河地区学风清新淡雅、朴素有致,市民多为从事农业、盐业贩卖的平民,文化具有一种内敛、固守之气,较扬州的繁花锦绣更多了一股原生质朴之气。南部位于盐运要冲,人口流动性强,促进了学术的发展,学者视野广阔,学术开明。以王艮(泰州东台人)为创始人的泰州学派被视为"平民儒学",认为"农、工、商、贾虽不同,然人人皆可共学",平民意识强烈。再如泰州的女子诗人群,在封建社会,这些女子多来自家学渊源的世家。北部兴化周围社会相对封闭、稳固,学风质朴,偏重经学,学者主要来自经学世家,这一学风延续至近现代,如溱潼李氏家族曾一门三院士。

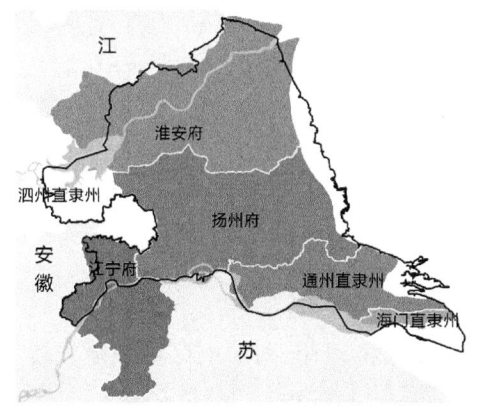
(a) 清代江淮东部府域范围内文科状元分布图

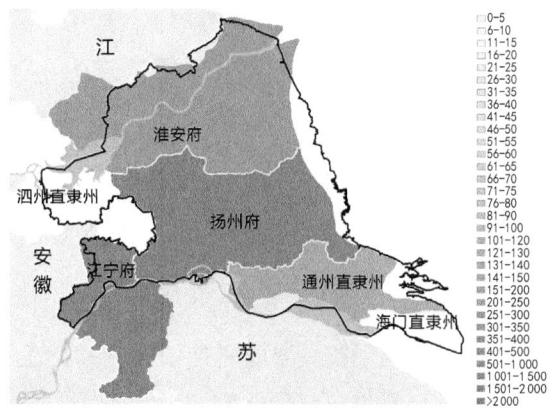
(b) 清代江淮东部府域范围内武科状元分布图

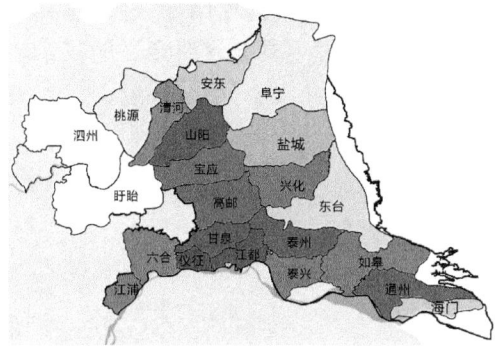
(c) 清代江淮东部县域范围内文科状元分布图

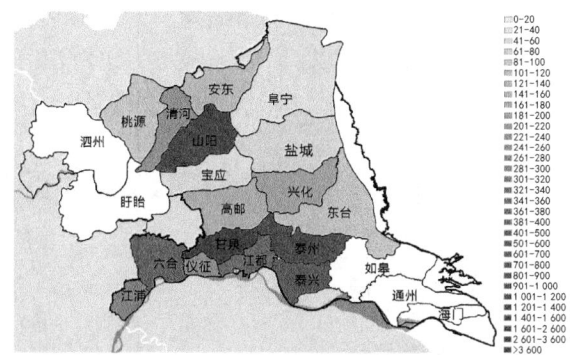
(d) 清代江淮东部县域范围内武科状元分布图

图 5.39　清代江淮东部地区人才分布图(单位:人)

图 5.38、图 5.39 资料来源:作者自绘,行政范围根据中国历史地理信息系统(CHGIS,复旦大学历史地理研究中心,2003 年 6 月)绘制,数据根据《江苏省通志稿 5·选举志》中明清选举人数统计

5.4　本章小结

明清江苏省经济与文化均是全国最发达的。清代田赋占全国一半以上,经济昌盛带动教育进步,清代江苏状元 49 人,占全国 44%[①]。虽然江淮间大部分地区受黄淮合流的影响,水系紊乱、水灾不断、乡村贫困、人民穷厄,其总体发展不及江南,但因中央经济上依靠南方,仰仗运河漕运,使运河沿线城市地位进一步提升。淮、扬两城,一座居北把持全国漕运管理中心,一座居南掌控全国重要的经济命脉,这两座中心城带动了周边城镇的发展。明清江淮东部以运河为骨干的水网结构已十分完善,水系形成有机运转,是经济生活和城镇发展的依托,江淮东部的城市及市镇几乎均邻水而建。清代江淮城镇体系格局基本形成,重要的市镇也奠定了今之镇区格局和建筑风格,如溱潼、沙沟、栟茶等。江淮城镇成也因漕,败也因漕,随着漕河改行海运、津浦铁路开通以及封建盐业制度的改革,运河航运的重要性迅速下降,旧有经济模式变更迫使江淮的城镇也逐渐衰落。

---

① 何炳棣. 明清进士与东南人文[C]//中国东南地区人才问题国际学术讨论会论文集. 杭州:浙江大学出版社,1993

6 江淮东部城镇发展历史的空间网络构建

本章在江淮城镇发展历时性研究的基础上,通过分层的思想,对影响区域城镇发展历史的要素进行提取,总结出行政区划、城镇、水系、道路、人口、经济、文化七个层次,对每个要素进行空间结构演变的分析,再对其叠加对比,构建出江淮东部城镇发展历史的山水空间网络结构、道路交通网络结构、行政空间网络结构以及经济文化空间网络结构,进而总结出江淮东部城镇的发展特点,最终得出对江淮东部地区的形成和发展具有重要意义的三个城镇体系,即沿运城镇体系、里下河城镇体系和沿海城镇体系。

6.1 基于分层思想的区域城镇历史要素的分类

6.1.1 基本概念解析

1) 要素的概念

要素(element)是一个哲学范畴的概念,是奥地利的物理学家马赫所创立的经验批判主义哲学派别的一个重要术语。他在《感觉的分析》一书中将"要素"解释为"构成物理的(同时也是心理的)世界的最简单的基石",是"到目前为止我们不能再作进一步分解的成分",是"最后的组成部分"[1]。《辞海》对其解释是构成事物的必要因素。这些定义表明"要素"是构成某一事物存在并维持其运动的最小单位,是构成事物必不可少的因素。

首先,要素具有独立性,其本身也可被视为一种结构,当其发挥着自身作用时,结构便显示出整体性;同时,要素之间相互联系、相互作用,当要素发挥着对其他要素的制约作用时,结构便具备了整合性功能,其中某个要素发生变化,其他要素也将变化,系统的结构也将随之改变。其次,构成系统的要素具有不固定性,会随着事物的发展、社会的演进、人们认识的提高而不断深化。要素质量和数量的变化会影响结构的质变,从而使事物系统发生改变。

2) 历史要素的概念

在哲学上,历史要素是辩证唯物主义认识论的基本范畴,其与逻辑要素的统一是辩证唯物主义认识论的重要原则。历史要素指的是客观事物本身,构成事物和现象的客观存在着的现实,包括自然界和人类社会,同时包括事物和现象的历史发展过程和人类认识的发展过程[2]。

---

[1] [奥]恩斯特·马赫. 感觉的分析[M]. 洪谦,唐钺,梁志学,译. 北京:商务印书馆,1986.
[2] 李凤友. 认识论中历史要素和逻辑要素的辩证关系[J]. 辽宁大学学报(哲学社会科学版),1992,118(6):85-86.

广义上,历史要素可以理解为以要素作为主体对象来把握人类历史进程中所发生的事件和现象,可包含自然演变的历史要素,也可包含人类社会的历史要素,内容包罗万象。这些要素是客观存在且不以人的主观意志为转移的,它们可独自影响历史的进程,也可因彼此之间相互作用、制约而产生结构变化,从而使历史演进产生变化。历史具有时空性,那么历史要素便具有立体性,在特定的时间切片中,某一个或某几个要素对历史的发展起到主要作用;不同的时间切片中,要素的数量和质量可能发生变化,所产生的作用力便不同。同一个历史要素又具有独立性、空间性和延续性,其贯穿于历史进程的每个切片,但在每个切片中所产生的作用力可能不同,有时在多个连续的历史切片中保持不变,有时会因为其他要素或外力的影响而产生突变,从而对历史产生影响,总之要素始终是保持动态的。

6.1.2 基于分层思想的区域城镇历史要素概念解析

1) 分层思想引入

现实生活存在着各种各样的系统,每个系统均由若干要素组成,系统的演变受到要素的影响和制约,为了全面准确地分析一个系统的演变趋势,需要明确该系统的要素组成,并对各要素进行层次分类。分层的思想在人类认识世界的过程中早已形成,对于事物的记录、观点的表达及人类历史的记载均起到重要的作用。中国自从进入奴隶社会,生产关系发生改变,社会分层的思想就已产生,荀子又将其系统化、理论化,主张通过社会等级分层、职业分层来实现奴隶社会秩序的稳定发展和有序管理,今天分层思想在计算机技术、网络信息管理、遥感图像处理、情报学、图书馆学、教育学、物流管理等领域被广泛研究和应用。分层法的基本职能是对影响系统演变的各个要素进行整序,将各方面的要素进行专业性的整理,使杂乱无章的要素信息系统化、条理化,从而便于区分,揭示各类要素的区别和联系,找出规律。分层的原则应具有客观性和普遍性,应是某个系统中对事物或属性达成的共识。

中国城市历史研究的区域性和城市发展的差异化问题。中国城市起源和发展都具有区域特征,在研究城市发展历史时切不可窥见一斑,以点概面。历史本是具有时空观的,城市的形成与发展是一个复杂的系统工程,城市历史的变迁更是如此,具有时间性和空间性两个层面,影响其形态发生改变的内在机制分为物质和非物质两大类,每一类又可分为若干要素。城市的时空复杂性决定了分层思想引入的必然性。区域城市研究含有丰富而复杂的信息,如何把这些历史信息分解,最终有机整合是研究的关键,所以在使用分层思想时既要使层次清晰明了,又要全面完整,且必须方便实施。

2) 区域城镇发展历史要素概念解析

"历史要素"经常应用于历史文化遗产保护过程中。就城市而言,历史要素是指历史城市和历史建筑在演进过程中所体现出的独特的历史特征、历史文化的物质空间、非物质空间的要素总和。

城镇发展的历史要素并无明确的定义,笔者认为城镇发展的历史要素应该分为两个层面。首先是区域层面,将特定区域的城镇发展历史视为一个完整系统。城镇体系(也可称为城镇系统)是自然界中存在的多种多样的物质系统的一部分,能够影响城市与城市、城市与村镇结构的要素均可视为区域城市历史要素。区域发展历史要素具有时空观,是整个区域形成和发展的动因,也是每个时期区域城镇结构形态演变的动因,具有动性和多变性。区域城镇发展历史的动因具有外在的显性因素和内在的隐性因素,前者指影响城镇的物质动力机制,如山水、城池、街巷、建筑等,后者指影响城镇的非物质动力机制,多与社会经济文化相关。城市的发展永远离不开区域整体的发展,尤其在中国古代,从行政区划、城镇布局、人口迁徙、河渠开凿、道路修建、垄断产业生产与管理等对区域发展产生影响的各要素均受到国家的统一控制。其次是城市空间层面,将某个特定的城市、城镇或村庄作为完整的系统,这一层面的历史要素是指对城市空间形态变迁产生影响的自然和社会要素总和,城市空间要素在时间变化过程中传递和延续了城市的历史文脉。

两个梯度既独立发展又互相影响,首先具体的影响要素有所不同,前者偏宏观层面,自然要素空间跨度较大,受社会经济等人文要素影响较重;后者偏中、微观层面,自然要素空间尺度较小,研究范围围绕在城镇周围,受已建成物质空间要素影响大,如城池、街巷、津梁及建筑等,因此在研究不同层面时可从不同的历史要素出发,进行单独的研究。二者的属性相同,都具有动态性、多变性、时空性,都是由物质和非物质因素所构成,只是具体的构成要素存在差异。从空间系统考虑,后者可视为前者的要素,区域系统是由多个城镇体系要素组成,城镇和城镇体系都会对区域发展产生影响,两者互相影响又互相制约。在不同的历史时期,每个城镇的影响力是不同的,对区域发展所产生的影响也不同。二者之间的历史要素具有重叠性,尤其在人文活动要素上,前者包含后者。总体而言,在历史要素的空间形态上,前者呈面、线状分布,后者多呈点状分布。城市的历史要素能够反映一个区域、一座城市的独特性格,是区域文化、城市文化的物质载体,是研究区域城市发展历史的关键。

城镇发展历史研究引入分层思想的最终目的是要整合各层次的历史要素,总结区域发展的特点。就区域层次而言,可根据其内在机制分成七个要素,即行政区划、城镇、自然地理、道路交通、人口分布及迁徙、经济发展、文化意识形态,每个层次根据历史时间进程,展现特定时期的历史信息。城镇空间形态的历史要素分为物质的和非物质的要素,其中物质要素包括城池、街巷、津梁、公署、学校等,非物质要素包括意识形态、人文风俗等。一个区域因其自然地理和经济人文的不同,通过对区域层面七个要素进行空间整合,总结出具有突出作用且始终贯穿作用的要素,构建区域城镇发展历史的空间结构,通过对重要城市、村镇的空间形态变迁研究,具体分析每个城镇体系的形成和发展。(见图 6.1)

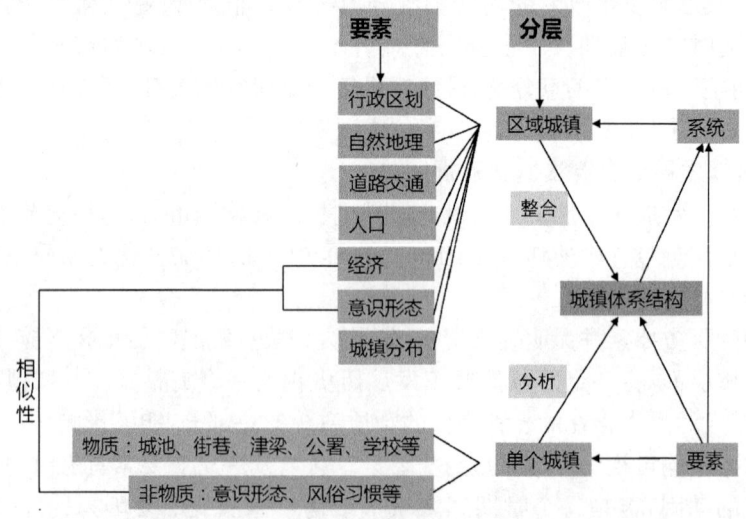

图 6.1 区域城镇发展历史要素的结构示意图

资料来源:作者自绘

6.1.3 区域城镇发展历史要素的划分

基于区域视角的城镇发展历史的研究存在梯度的差别,决定区域发展和个体城镇发展的要素是不同的。区域空间发展更偏向于城镇外部空间、城镇体系的形成,非物质的决定因素较多;个体城镇发展历史的研究更倾向于城镇内空间形态的研究,物质因素占主导部分。决定两个梯度的因素均具有物质和非物质的层面,其中非物质层面中的人文要素的内容基本一致。根据要素所要表达的城市空间的形态,可分为物化的历史要素、可物化的历史要素和非物化的历史要素,对区域发展历史的研究存在大量的可物化要素,这些要素的本质是不可物化的,本书试图通过图形、图标等方式尽量将其变成可量化、可视化,以便最终历史信息的整合。二者的分类方式存在一定的交叉关联性,具体详见分类关系图。(见图6.2)

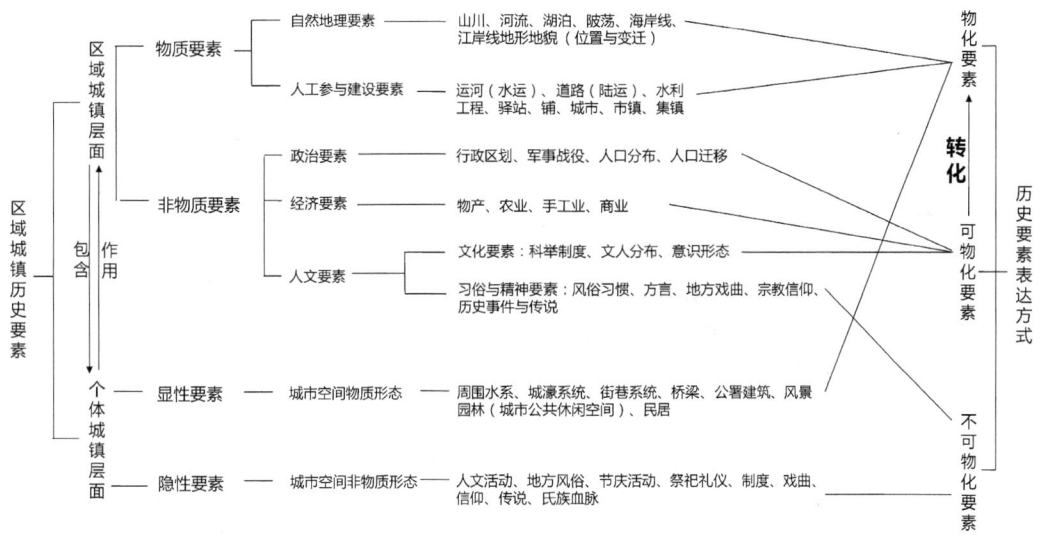

图 6.2 区域城镇发展历史要素分类图
资料来源:作者自绘

1) 物化的历史要素

物化的城镇历史要素是指能直接呈现区域及城镇物质空间环境的相关要素,具有显性特征,包括区域自然地理环境要素、人工建设的区域环境要素和已建成的城市空间形态要素。

自然地理环境要素是指城镇自然形成的物质空间环境,其是城镇形成的基础,包括山川、河流、湖泊、陂荡、海岸线、江线,主要研究其空间位置与变迁对城镇选址、空间形成及演变的影响,对区域和单体城镇的发展历史都具有重大意义。

人工建设环境要素是指人类在历史的长河中建设形成的对区域和城镇空间产生影响的要素。对区域而言,主要指运河、官道、水利工程、驿铺、城镇;对个体城镇而言,主要指城濠系统、街巷系统、津梁、公署空间、学校空间、祭祀空间、城内与周围的山水形胜和建筑部分,这些要素组成了城市间的水陆交通、休闲空间、城镇的分布及形态、城镇风貌及格局,主要研究其变迁和发展的过程。

2) 可物化的城市历史要素

可物化的城市历史要素原指那些未能直接呈现城市物质空间的要素,在对相关历史信息进行分解的情况下,使其尽可能地具有物化性,从而转化为物化历史要素,即隐性要素中可转化为显性要素的那部分历史要素,主要指体现在区域层面的政治、经济及文化意识形态方面。

政治要素:是指决定区域城镇形成及发展的政治决策因素,包括行政区划、人口迁徙及战争等。

经济要素:是指区域的特产分布和手工业、农业、商业的发展状况,与自然地理要素相关,古代地区特产决定了该区域的经济作物状况,如临海地区盛产淮盐,水网密集区渔榷业发达,盛产水稻,手工业及商业均在此基础上发展起来。

文化要素:是指区域意识形态的发展状况,如南北朝时期的世家望族、科举文人及学术流派等,可从侧面反映该地区的经济发展状况。

可物化的城市历史要素可与方志、舆图、近现代人总结的综合资料结合研究,并绘制要素的变迁图,从而清晰地反映区域的发展状况。

3) 不可物化的城市历史要素

不可物化的城市历史要素主要指在漫长的历史进程中,人类通过活动所产生的能够反映城市生活、文化及精神的要素。这些要素通过人类参与城市活动,并对城市发展产生影响,有人的意识和行为心理的作用,是区域及城市空间形成的内在深刻要素,具有隐性特征。这些要素不便于转化为物质空间加以表现,其所反映的是城市的文化和精神,需要从城市历史文化的深层结构去解读,挖掘其内在的精髓,也是城市发展历史的根本机制,主要包括人文活动、地方风俗、节庆活动、祭祀礼仪、地方戏曲、方言、宗教信仰、人物传说、姻亲血缘等与人类生活相关的方面。

6.2 江淮东部地区城市历史空间要素变迁研究

基于上文对城镇历史要素分类的研究,本节将江淮东部地区的城镇发展历史分为行政区划、城镇空间体系、自然地理、道路交通、人口、经济及文化七个要素,在第 2~5 章的历时性研究的基础上,提取各时期历时要素,并对其发展变迁一一解析。

6.2.1 区域行政格局的完善

1) 高级政区的演变

先秦时期江淮东部受多个政权控制,吴国北征后变成其政权统治地区,并进行了相应的城邑建设。有秦以来,国家开始进行具有政治意义的区域划分,江淮东部大部分时间被划分为南、北两地。汉魏时期分徐、扬二州所辖,大部分区域属徐州,唯西南一角(今浦口一带)归属扬州,当时区域整合程度较低,归属混杂,与徐海地区及皖北地区相交错。南朝时初次实行"划淮而治",江淮东部的行政区划第一次与自然地理相结合,整个区域隶属南兖州。

后随着淮南经济的发展,唐代首次出现淮南的概念,整个江淮东部地区隶属淮南道,分楚、扬和三州管辖,唐代是江淮东部行政区划最完整、最能够反映当时区域经济文化发展的时期,同时也是唐以降历代地区划分的基础。宋代将淮南分为东、西两道,除了西南浦口所在的和州隶属淮南西道,其余大部分为淮南东道。北宋时东道管辖范围包括淮北的海州、宿州、亳州及泗州,南宋又恢复唐代格局,划淮河而治,各州的具体管辖经过多次调整,南宋泗州淮南地区改为盱眙军,天长县归其所辖,高邮军面积扩大近两倍。隋唐宋的行政划分与秦汉相比,更符合经济文化的发展,宋代州级区划为8个,可见宋代江淮东部地区基本都得到了开发。

元代今江苏江北整个并入中原,隶属河南江北行省;明代今整个江苏都隶属南直隶;清代出现江苏省的概念,所辖范围与今稍有不同,盱眙隶属安徽省,直至1955年才划归江苏省,属淮阴专区。元以降,划淮而治的格局不复存在,淮安府所辖面积向北扩大,明代涵盖了整个徐海地区,清代稍微向南缩小,说明黄河夺淮以后,淮河作为自然地理依据对区域的划分作用降低。淮安府明清因漕运而兴,又是黄淮水系的治理中心,故承担监管职责,将淮河以北划至淮安所辖,便于水利治理。清代新增的行政机构(复置通州,增设海门直隶厅)位于新成陆的通海平原,二者因棉业而发展,经济与人口在清末发展最快。江淮地区行政格局于明清时期基本形成,民国后又进一步发展。

辛亥革命(1911)后,江苏省宣布独立,设苏州为江苏省都督府城。民国元年(1912),于南京成立民国临时政府,省都督府及民政长公署驻吴县,并裁废府、州、厅,仅保留县级区划。江淮间的泰州、通州、海门厅均改为县,扬子县复称仪征县,甘泉县入江都县。民国临时政府迁都北京后(1912年4月),南京府废除(1913),后江苏省实行"省—道—县"三级制,分金陵、苏常、沪海、淮扬、徐海五道统辖,江淮东部地区再次经历繁杂的划分。民国十六年(1927)废道,实行"省—县"二级行政。民国二十三年(1934)设立十个行政督查区,实行"省—督查区—县"三级制。1949年全省分为九个行政督查区,届时江淮间由四个督查区管辖,行政边界较完整。抗战时,江苏境内大部分沦陷,国民政府屡次迁移,曾驻扎淮阴县(1937)。苏北地区在新四军和八路军的领导下先后开辟的若干抗日根据地,以盐城、阜宁和沿海各地为根据地建立盐阜区,其他地区建立多个抗日民主县政府,这一时期建立的县受游击战争的影响很不稳定。新中国成立后,江苏省以长江为界划分苏北、苏南两个行政公署区,1952年恢复建省,撤销行署区,行政区划变为"省—专区—县、盐区"。改革开放前,江苏省依旧采取省辖市,市下分专区(地区),实行地区管县的行政模式。1983年,撤销地区,实行"省—市—县"行政体系,是时江淮间由淮阴、盐城、扬州、南通、南京五市管辖,基本与今天江淮东部的行政区划相一致,后为了适应城乡经济发展的新趋势,泰州升为地级市(1996),仪征、兴化、淮安、靖江等县撤县建市(1983),最终形成了今天的行政区划。(见图6.3~图6.6)

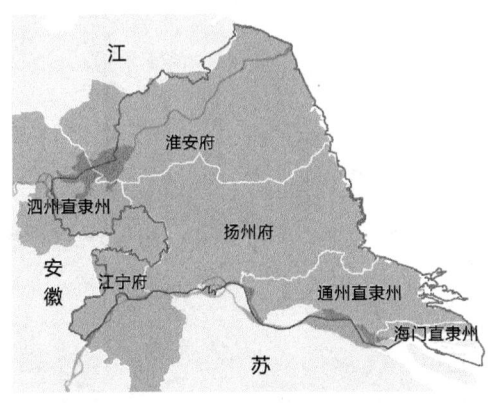

图6.3 1911年江淮东部行政区划

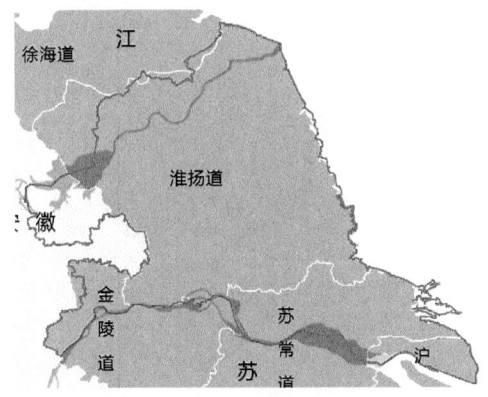

图6.4 1915年江淮东部行政区划

资料来源:作者自绘

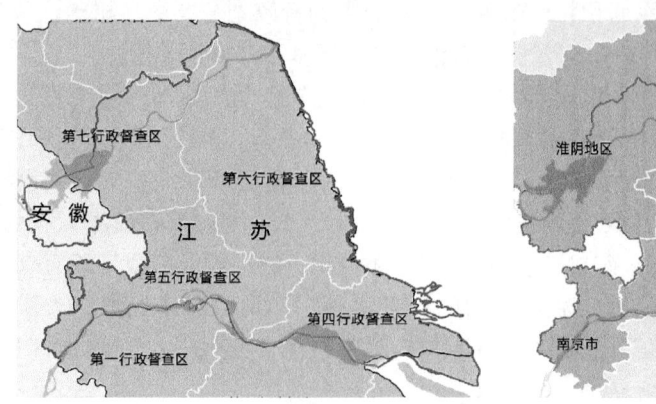
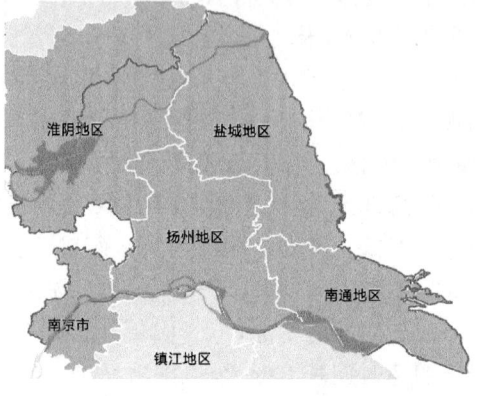

图 6.5 1948 年江淮东部行政区划　　图 6.6 1976 年江淮东部行政区划

资料来源：作者自绘

2）县级区划空间变迁

　　江淮东部秦代有县城 6 座，全部位于运河沿线及以西地区。西汉是江淮东部城市迅速增长的时期，邗沟沿线及附近地区单独设立广陵郡，治所位于广陵。来自南北方的移民对秦代郡县及其周边地区的建设起到很大作用，运河及以西地区增加了 10 个县，里下河平原和串场河及以东地区也开始设立县级行政区划，盐渎县、海陵县的设置说明汉代海盐生产和运输已经颇具规模。早期自然地理的状况是区域发展的决定机制，秦汉运西高地属开发密集区，广陵的政治、经济、交通、人口的重要性已凸显出来，沿海煮盐区也开始有所发展，南、北两条大河的出海口冲击区和中部地势低洼地区仍属空白。唐代新增的一个县位于沿海地区的海安县，而撤销的 5 个县均位于运河西部地区，运河沿线及里下河地区基本未变。可见西部地区与东部地区的消长趋势已出现端倪，这种变化在宋元时期更加明显。宋代在县的建制方面，滨海平原增加 3 个，里下河地区为 2 个，一直延续至清代，均保持这个数量。明清运河以西地区增加了江宁和清河二县，滨海平原有增有撤（撤销静海、海门，增加阜宁、东台），虽然沿岸成陆面积有明显涨幅，但县的总数不变，民国至新中国成立初期县的数量激增，1914 年 6 个，1948 年已增至 13 个，已经超过沿运地区。（见图 6.7）

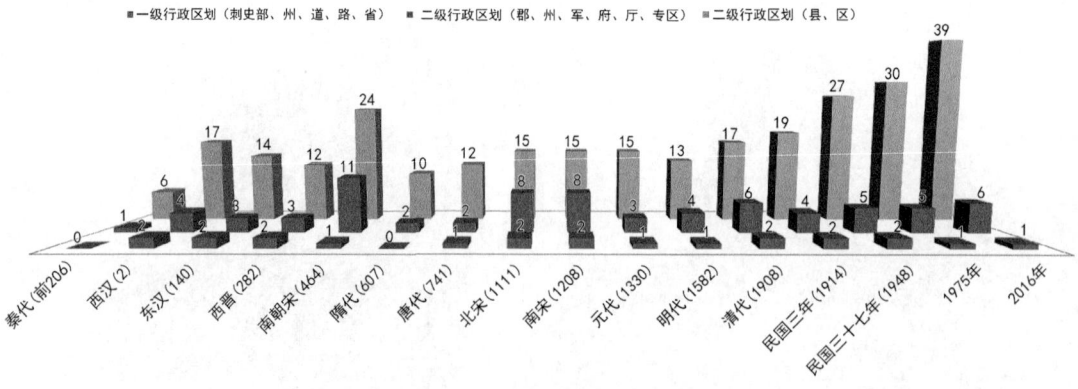

图 6.7 江淮东部各级行政区划的数量演变

资料来源：作者自绘

县级行政数量的激增是因为清末沿海地区草荡漫布,张謇创办盐垦公司对区域的整体发展做出巨大贡献,新中国成立后沿海平原拥有江苏最长的海岸线、最大的沿海滩涂和海域面积,海洋业、盐业、纺织业发达,陆地面积广,促使沿海城镇进一步发展,今天已有区、县共 15 个,成为江苏省沿海城镇轴的重要部分。

郡县的设置能够反映一个区域的开发程度和经济发展情况。江淮东部地区行政区划变化比较多,呈波浪式增长。南朝之前区划混杂,唐宋时期基本划江、淮而治,元明清时州府格局再次调整,县的空间格局在清末民初才基本稳定。从县的设置时间可以看出江淮东部开发的空间演变:唐代位于运河沿线的县占 75%,位于里下河平原和滨海平原的县分别占 8.3% 和 16.6%;清代分别为 58.8%、17.6% 和 23.5%;新中国成立前发展为 37%、14.8%、48.2%;今天为 38.5%、23%、38.5%。运河沿线是江淮东部最早开发的地区,随着漕运体系的衰退、沿海土地的淤涨,新中国成立后里下河水乡经济的发展,逐渐被运河以东的地区所取代。(见图 6.8、图 6.9)

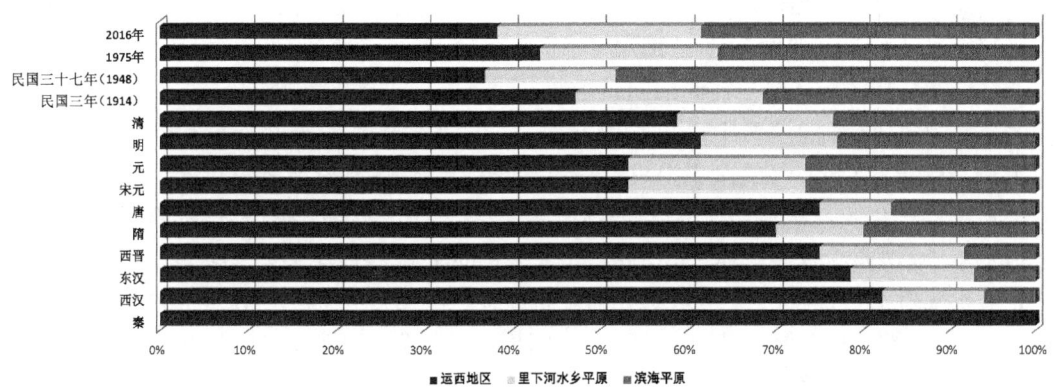

图 6.8　江淮东部各区域县级行政区划的演变

资料来源:作者自绘

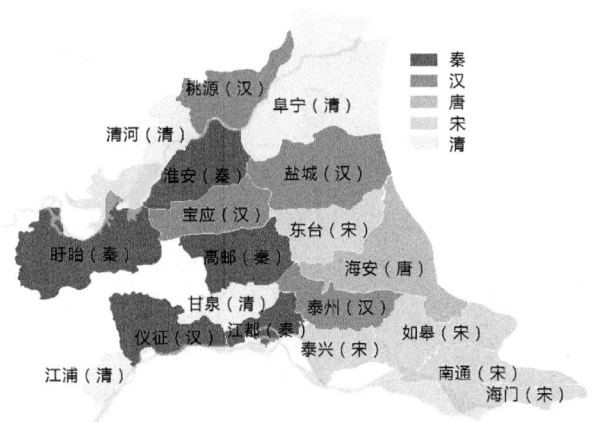

图 6.9　江淮东部各县级设置时间图

资料来源:作者自绘

6.2.2 城镇空间的体系

1) 区域中心城变迁

从行政区划的变化上来看,江淮的中心城市主要位于各个门户区。秦汉时,江淮东部的发展以沿江的广陵(扬州)作为区域中心,但此时其对区域其他城市的影响力较弱,仅履行行政职能。隋唐时期是扬州迈向繁荣发展的肇始,此时经济重心尚未南移,扬州是江淮及江南,乃至整个中国的重要门户,拥有重要港口,是漕运、江运、海运之扼。沿淮地区的发展受北方影响较强,隋开皇十二年(592)置楚州,江淮北部沿淮的山阳县(楚州)的地位上升,成为州级行政区的治所城市,主要是因为大运河的开通使淮安成为重要的漕运节点城市。由此,隋唐时,江淮北部地区的地位有所提升,形成以扬州为主中心、淮安为次中心的发展格局。宋元时期,随着成陆情况和海盐经济崛起,江淮经济重心开始东移,州治增多,沿海、里下河及通海地区均独立设州。但是总的经济重心南移,海上丝绸之路的兴起使扬州港的地位下降,唐宋时,瓜洲逐渐与陆地相连,瓜洲、真州及润州的京口逐渐取代扬州,成为运河枢纽。宋金之战对江淮破坏极大,尤其是楚州①。元代扬州曾做过江淮行省省会(1276—1284,1286—1289),在此期间领管江浙行省。明代采取海禁政策,运河成为漕粮运输的主要渠道,江淮的发展中心仍在漕运沿线,沿海地区仅作为盐业的生产基地。直至明末海禁解除,南北入海口作为门户区得以发展,盐城、通州分别析出阜宁、海州厅,将运输粮油等特产由此运至江南地区及全国范围。岸线的东移为沿海的开发提供了充分的土地资源,棉纺业的发展及通州港的开闸使通海的地位有所上升,无论人口密度还是经济发展水平都居江淮前列。明清扬州、淮安的地位已坚不可摧,承担国家粮盐的中转和运输职能,江淮大部分资金皆流向两地。明清是江淮发展的鼎盛时期,其政治经济格局更加完善。近代,随着社会经济的变化,漕运、盐业政策的衰败,扬州、淮安的地位逐渐被东南门户区的通州所取代。

由此,在江淮城镇的发展历史进程中,随着自然环境、经济政策等变化,其中心地位城市呈直线变化。秦代,中心城市仅位于江、运交汇门户区,随着水系的开凿、海运政策的改变,中心城市逐渐增多,位于多个水系交汇的门户区。因此,水运对于江淮城镇的发展起到功不可没的影响作用,扬州的中心地位从春秋延续至清末,淮安则从隋唐大运河开凿直至清末,唐宋元形成以扬州为中心、淮安为次中心的双核发展模式。明清在此基础上又增加了通州次中心,多核结构的发展趋势明显,近代以后通州升级为主要中心城。

2) 城镇空间变迁

江淮东部城镇在数量、空间分布和密度上变化较大,城镇结构变迁与江淮东部主体水系结构的变化相呼应,逐渐呈网络化结构,且城镇密集核心不断变化。

两横:先秦古城主要沿淮水、长江两岸分布,西侧岗地遗存大量的遗址。

两横一纵:秦代城市呈"半工字"分布,邗沟水系还未延伸至东部;汉代邗沟走向基本确定,城镇逐渐向东部扩展,邗沟以西城镇交通连接紧密,密度剧增;隋唐主要城市分布变化不大,沿主干水系呈明显"工字"分布,唐代里下河地区、东部海岸已经出现不少的乡野聚落

---

① 《重修山阳县志》卷五中载:"为南北襟喉,(宋金)彼此必争之地,长淮二千余里,河道通北方者五,清、汴、涡、颍、蔡是也,通南方以入江者,惟楚州运河耳,北入舟舰自五河而下,将谋渡江非得淮安运河无缘得达。"

和制盐聚落,西北洪泽浦、东北射阳湖、中部晏溪河沿线、西南运河入淮处形成多个城镇聚落群。

两横两纵:宋代是江淮东部城镇发展的转折,大量唐代草市、聚落转变为具有行政意义的镇,区域主要水系网络基本形成,城镇沿其两侧分布,里下河也逐渐开凿,由于此时黄淮并未合流,湖泊荡化有限,城镇分布较为分散。

两横三纵:里下河地区形成以射阳湖为南北轴的纵向城镇带,沿海地区的轴线更加明朗化,清代城镇分布更加聚集,形成两横三纵的格局。

以轴带面,全面发展:清末民初,江淮东部城镇已有354个,两横三纵的分布格局依然还存在,城镇轴的宽度加大,以轴为核心向外逐渐扩散,尤其是黄河入海口处,城镇密度骤增,沿淮、沿海地区形成淮安、阜宁、盐城、南通等多个密度较大的片区。(见图6.10)

从空间变迁上来看,从先秦到民国,江淮东部城镇总体呈由北向南、由西向东的分布格局。清代、民国成陆环境的改变促使城镇空间密度再次发生逆转,东北部城镇的密度最高,沿海地区高于沿运地区,这一空间格局一直延续至今。

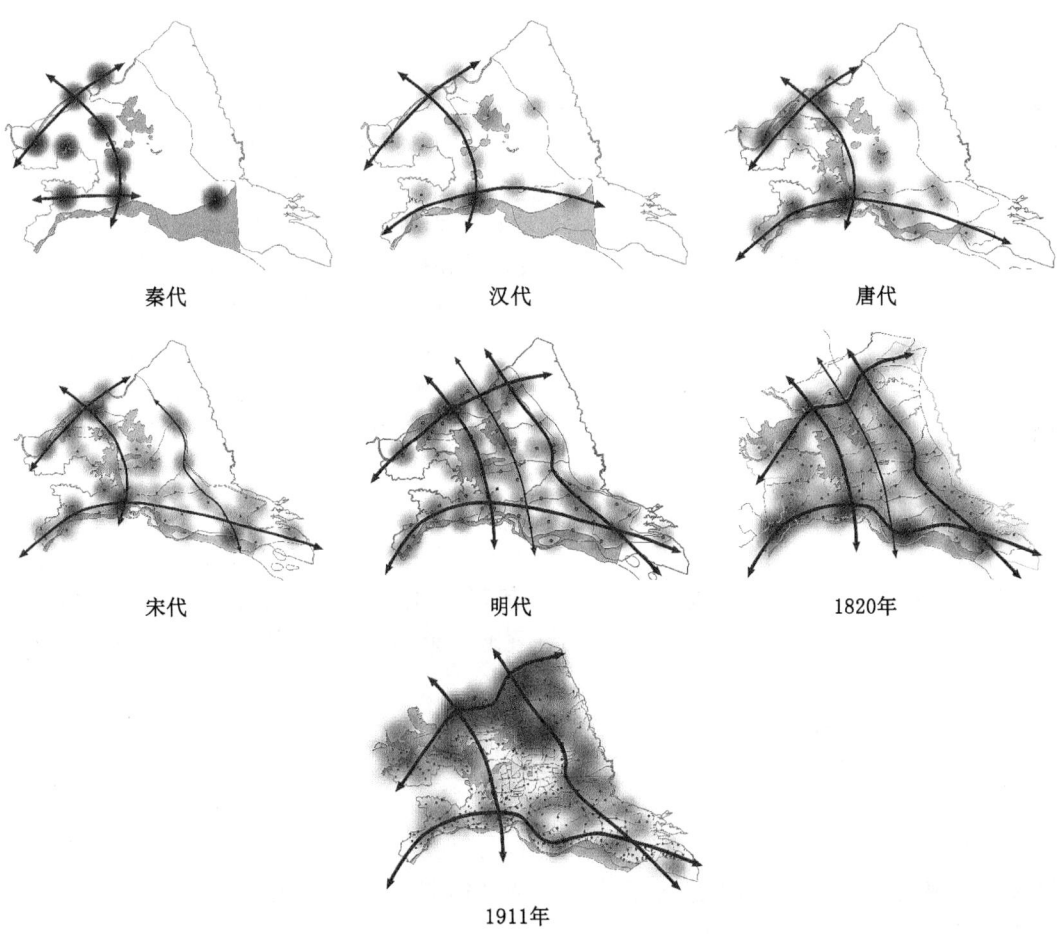

图6.10 江淮东部城镇密度和结构变迁图

资料来源:作者自绘,根据中国历史地理信息系统(CHGIS,复旦大学历史地理研究中心,2003年6月)绘制区域城镇变迁,并通过ArcGIS进行分析

6.2.3 自然地理的变迁

1) 江淮东部水系变迁

水系的变迁与人工规划是江淮城镇形成与发展最为重要的因素,也是整个地区得以发展的关键推动力。江淮水系人工痕迹明显,均是古人利用天然湖泊开凿而成,水系的变迁经历了"规划之前—规划初期—初步发展—体系形成—持续完善—紊乱衰败—重塑复兴"七个阶段。

水系规划之前:先秦时期,是湖海相连期,江淮东部无任何屏障,仅沿海有几条天然沙堤,海水与里下河湖泊相连,里下河地区相当于一个小浅滩,土地少,开发程度低。

水系规划初期:秦汉时期,水系呈东多西少的格局,运东的河道长度已超过运西,海水有所后退,南北运河、东西运盐河的格局已形成,运东有射阳湖和沿海浅滩,运西洪泽湖水系尚浅,白水塘和富陵湖已开始筑堰。

水系初步发展:隋唐大运河疏浚取直,正式成为沟通南北的主要水陆交通要道,捍海堰开始修筑。唐代起,运河以西的湖泊面积超过运河以东,人工开凿的河道长度超过自然河道,至此江淮开启了大规模人工整治水系的历史。

网络体系形成:宋代是江淮东部湖(射阳湖及运西诸湖)—河(运河)—海分离期,闸、坝、堰等水利工程也开始进行系统的建设。范公堤、串场河基本修建完成,洪泽湖水系通过淮阴至盱眙的运河开始与淮河相通,水域面积扩大,与运西水系相连,运河与串场河间出现多条东西向水系,最主要的有从高邮到盐城、从扬州到海陵形成的两条重要的东西向盐业运输的河道,并沿河筑堤,范公堤阻挡海水入侵,水系由西至东呈两级跌落入大海。

水系持续完善:元明清时期,江淮水利系统在宋的基础上逐步完善,运河西侧湖泊面积大,且由多个湖泊聚集,河道呈东密西疏。黄河夺淮的负面影响也从侧面推动了水利建设的进步,主要河道由单堤变为双堤,洪泽湖面积扩大,射阳湖明显萎缩,里下河地区演变成横纵水网密集区,串场河以东有多条自然形成的泄洪河港,也统一经过人工修整疏浚。

水系紊乱衰败:清末至民国,朝廷已无财力精力治理,抗战时该地区再次成为战场。

水系重塑再兴:新中国成立后,国家十分重视里下河平原水系治理,修建苏北灌溉总渠,将河道进行截弯取直,修整通扬运河、串场河等,形成今天江淮东部纵横明显的水网空间。运西的白马湖、高邮湖、邵伯湖等诸湖泊逐渐分离,射阳湖已完全消失,里下河平原水系人工化痕迹明显。

2) 江淮东部岸线的变迁

先秦时期:先秦岸线经历了反复变迁,新石器晚期至秦代,沿海岸线基本稳定,随后持续一千多年,岸线遗址稳定在秦代位置。

黄河夺淮之前:滨海平原的岸线基本稳定在云梯关—阜宁—盐城—李堡一线,岸线主要变化体现在富安以南的通海地区,随着海平面的逐渐下沉,唐、宋两代东南海上慢慢形成沙洲,后逐渐扩大并与大陆相连。

黄河夺淮之后:黄河夺淮于北宋,真正对江淮地区产生影响的是在明清之后,明清是江淮东部岸线的骤增期,主要位于淮河入海口、滨海平原和三余湾海岸,岸线变化尤为明显,直至民国中期才基本稳定,形成今制。(见图 6.11)

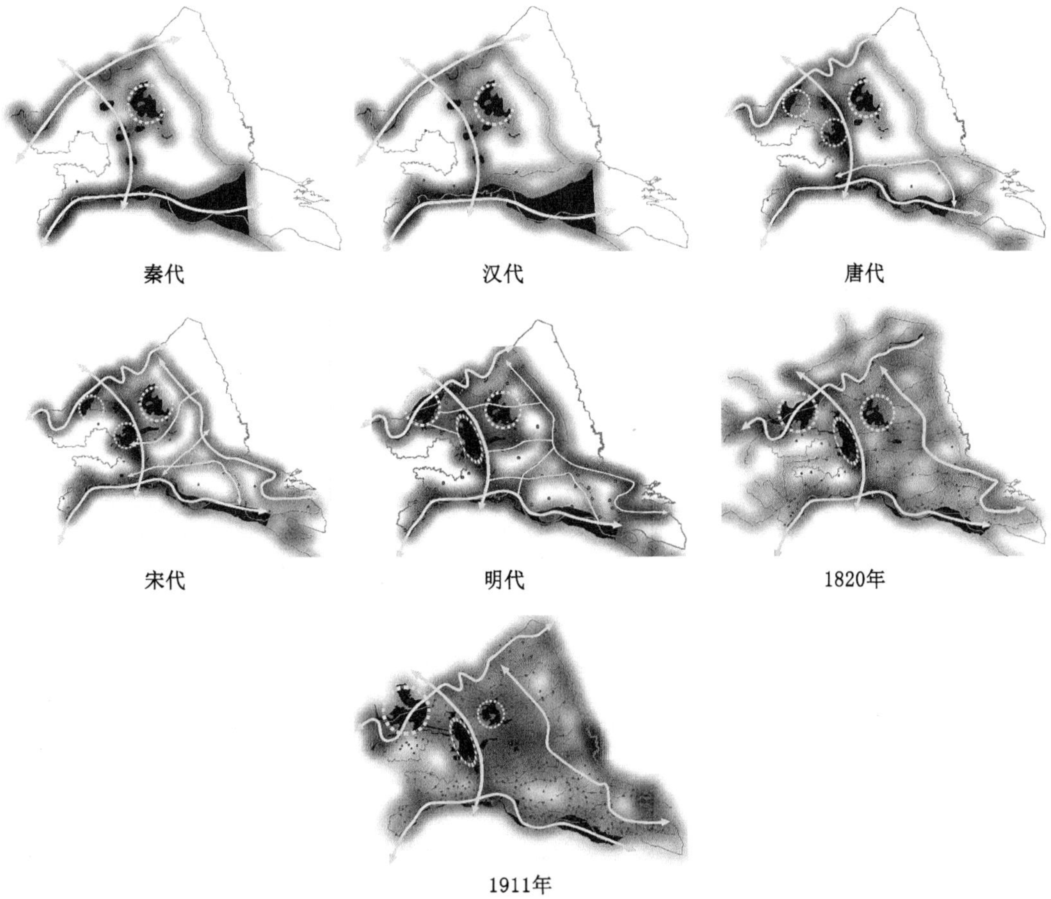

| 秦代 | 汉代 | 唐代 |
| 宋代 | 明代 | 1820年 |

1911年

图 6.11　江淮东部水系密度变迁图

资料来源：作者自绘，根据中国历史地理信息系统（CHGIS，复旦大学历史地理研究中心，2003 年 6 月）绘制区域水系变迁，并通过 ArcGIS 进行分析

通过 GIS 对里下河地区历史水系形成规律进行分析发现，水系总体呈上升发展趋势。运东地区湖泊逐渐萎缩，运西湖泊面积逐渐增长，尤其是明代增长幅度最大，这与黄河夺淮密切相关；运东与运西河道水系都呈上升趋势，但运东地区明代以后增长幅度明显。人工开凿的水系比自然河道多，宋代人工水系比重明显加大，清末人工水系近自然水系的 5 倍。该地区大部分河道呈东西走向，尤其是明清时期，运河以东新开凿的河道几乎均为东西流向，对东、西两侧城镇体系起到沟通作用。（见图 6.12～图 6.15）

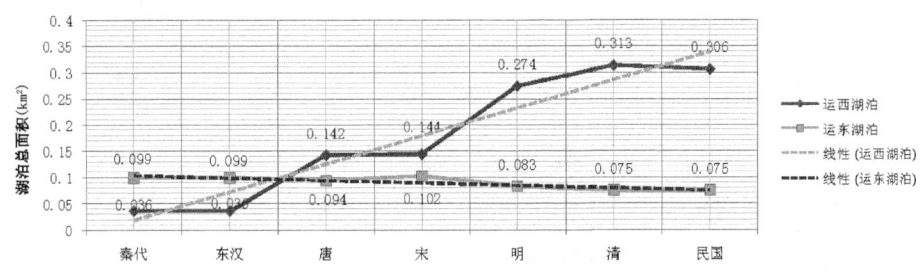

图 6.12　各历史时期运东、运西湖泊总量变化图

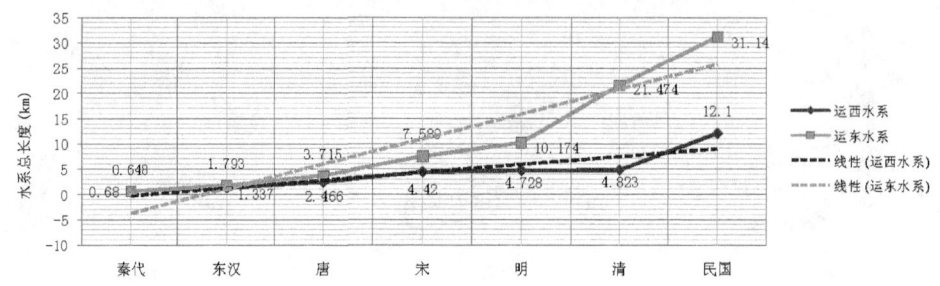

图 6.13　各历史时期运东、运西河道水系总量变化图

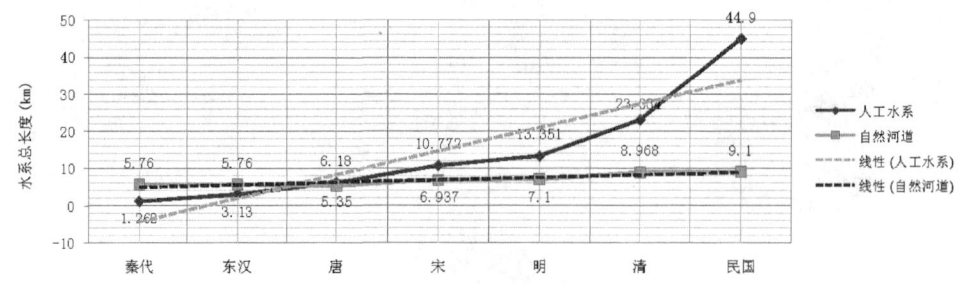

图 6.14　各历史时期人工、自然水系总量变化图

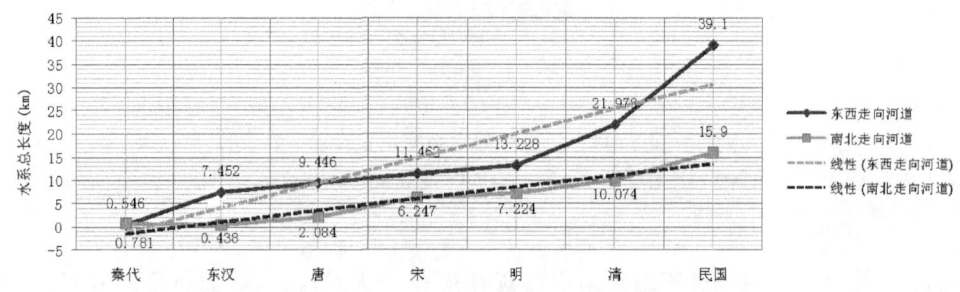

图 6.15　各历史时期东西、南北水系总量变化图

图 6.12~图 6.15 资料来源：作者自绘，数据根据 ArcGIS 分析

6.2.4　道路交通要素变迁

江淮东部道路交通是依附于水网而形成的，以运河水系为主体骨架，以驿、铺、递等为节点串联起来，整体呈现由西向东再向南的发展趋势，连接率不断加强。

唐代以前：邗沟开凿之前，江淮东部与朝廷的连接通过下邳，广陵至下邳是秦东方干道的一部分；大运河开通后，沿运河的堤坝道路一直承担国家交通干道的作用，负责传递南方的文书；汉代运河以西的道路就很发达，扬州、盱眙、淮阴之间有善道相连，逐渐发展为唐代的支路。

宋至清时期：水利修筑丰富，沿海、沿运盐河、沿湖均筑有堤、堰，并以此作为连接地区内部的小路；清代各县之间均有小路相连，区域内部道路逐渐发展，道路连通率逐渐加强，整个交通系统向东部发展。

民国：漕运荒废，水灾频发导致连接江淮两千年的主干道路废弃，但现代公路的建设水平较低。工商业发达的南通成为道路最发达、连通率最高的地区，淮、扬地区公路修筑因水灾和财力问题多半途而废。国民政府统治时期，江淮道路建设出现一次小高潮，县与县之间的道路连接加强，沿江、沿海各县市基本形成串联；抗战期间遭到严重破坏，新中国成立前再次修复，除里下河北部地区，江淮间的道路连通基本完成，很多县道已升级为省道。

新中国成立后：江淮东部的道路不断增筑、拓宽，传统的格局依然保留，沿运、沿河（串场河）、沿江依旧作为国家高速公路，另增筑淮安—盐城、盐城—靖江的省级高速公路，交通的可达度由南到北逐渐降低。（见图6.16、图6.17）

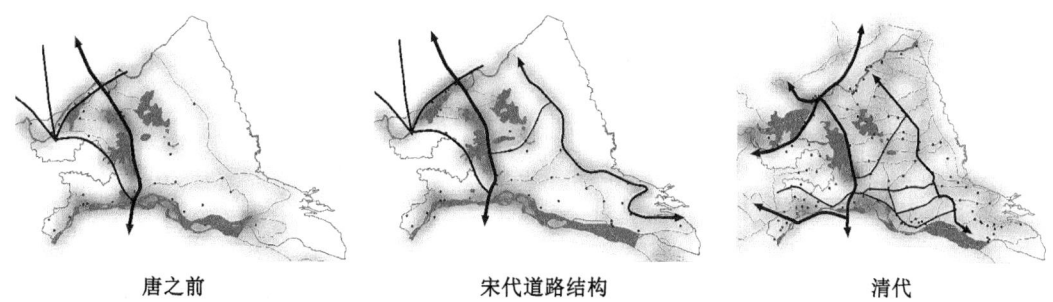

唐之前　　　　　　　宋代道路结构　　　　　　　清代

图6.16　江淮东部各历史时期道路结构变化图

资料来源：作者自绘，根据中国历史地理信息系统（CHGIS，复旦大学历史地理研究中心，2003年6月）绘制

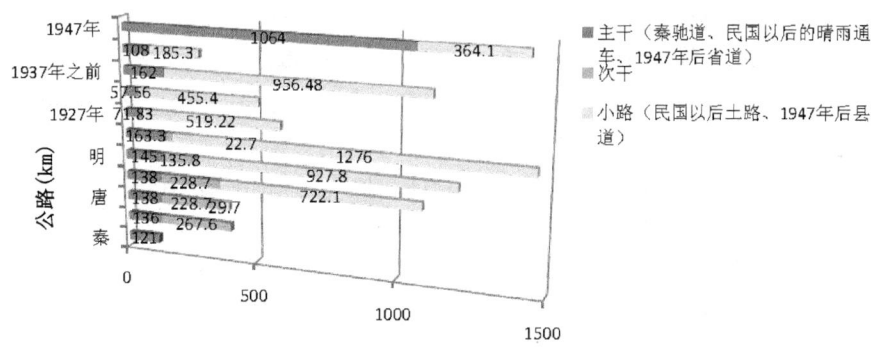

图6.17　各历史时期不同等级道路长度变化图

资料来源：作者自绘，数据根据《江苏省公路交通史》表4-1-2、表5-2-1至表5-2-5整理完成

6.2.5　人口要素变迁

1) 移民对江淮东部人口的影响

江淮东部开发较晚，自先秦东夷氏族起，人口均来自南北移民。先秦江淮广大地区尚待开发，唯西北泗洪、西南岗地有人类踪迹，最早定居于此的是东夷氏族，后中原商周人逐渐东进，与淮夷、群舒、徐夷杂居，建立了徐国，主要位于淮河下游的泗洪一带，徐文化是当时江淮东部的主流文化。西南部的扬州、江浦等地属于宁镇文化圈，是江南人北上的第一站。江淮西部的自然地理状况较好，便于文化沟通，先秦文化的沟通主要体现在氏族部落的迁徙上，因此江淮东部早期便充分体现了南北移民大融合的局面。

在中国数次的大移民过程中,江淮由于其特殊的区位状况,扮演着人口过渡区的角色,在一次次的移民大潮中,江淮东部的人口逐渐发展壮大并形成了独特的地域文化。

秦至西汉时期:秦统一全国以后发动了第一次大规模移民,这次移民主要以政治流放为主,一些士大夫流亡于沛、丰一带,这些氏族对后来江淮的建设和发展贡献颇大,如陈氏家族。西汉江淮东部为诸侯封地,吴王曾招纳贤重和流亡人士于此,但未形成规模性移民,随着中央集权的巩固和诸侯的瓦解,迁移活动也停止。

东汉至三国:这是中国历史上的社会大动乱时期,三国鼎立局面形成之前,各地军阀大混战,流民为逃避战乱而南迁。江淮曾有不少人随孙策南下经营江东,江淮地处孙曹之争的前线战场,故每次相持必有数万百姓南迁吴国境内,这部分人有的定居江南,有的回迁北归,移民的具体人数无从计算。总之,这场动乱之后,南北方的人口发展明显逆转,江淮人口降至最低。

永嘉之乱:又是一个长达两个多世纪的动乱,黄河流域惨遭蹂躏促发了人口的南迁高潮。江淮的沿江、沿运成为侨居重地,此时江苏人口比重再次发生变化,江淮之间人口超过淮北地区,为后来经济与人口的重心转移奠定基础。

安史之乱:唐是江淮东部发展的重点时段,也是区域历史地位最高的时期,唐中期人口达到顶峰。直至安史之乱爆发,引发又一次人口南迁大潮,一直延续至唐末五代,此时江淮的人居环境较好,大部分移民留居于此,尤其是经济发达的扬州一带。

宋金之战:有安史之乱的移民及南唐后周的经济建设作为基础,北宋江淮人口大幅度上涨。靖康之祸,江淮作为宋金战争的主战场之一,人口骤减,宋金和议和靖康之乱而引发大量北方移民南迁,同时南方人口的北迁开垦使人口有所上涨,但发展仍很缓慢。

洪武赶散:元代政局稳定使人口迅速恢复,元明之际,淮南再次成为战场。明初江淮几近废墟,政府组织大规模的政治性移民,约45万移民迁至江淮屯垦煮盐,促使明代江淮东部人口迅速回升,并为清代人口持续发展奠定基础。

太平天国战争:清代中期人口发展达到鼎盛,清末太平天国战争爆发,扬州及江南人口损失惨重,大批江南人口逃至江淮,战争结束后,一部分人留在江北,还有一部分江北人迁至江南购置田产,除扬州外,江淮大部分地区清代人口呈上升趋势。直至清末,社会经济环境的衰败导致江淮大量移民迁至上海及苏南,这使得江淮近现代的发展受到很大影响。

可见,江淮地区每逢战争,必是南北战场的前沿,人口外迁、死亡等造成区域人口骤减。战后,北方和南方均有大批的流民或自主或被动地迁至江淮,因此江淮地区的人口流动性强,家族的延续性弱。该地区移民具有过渡性,尤其是六朝以后,江南经济逐渐发展起来,自然环境更宜人居住,江淮东部仅作为中转驻足之地,大批北方移民最终迁至江南。就整个江苏地域而言,江淮间人口变化幅度不大,基本保持在淮北和江南人口数之间,西晋南北人口首次发生逆转,有唐以来这一格局始终保持不变。江淮位于南北之间,起到人口的过渡作用,北方人口迁入的同时,又有大量土著南迁,这就造成其流动性强,这与交融的文化特性保持一致。(见图6.18)

2) 人口格局变迁对城镇发展影响

人口的分布情况受自然环境、政治、战争等因素的影响,反映了一个区域的发展状况,人口密度高,则该区域经济状况发展较好,社会自然环境更宜人居住,反之则较差。由于岸

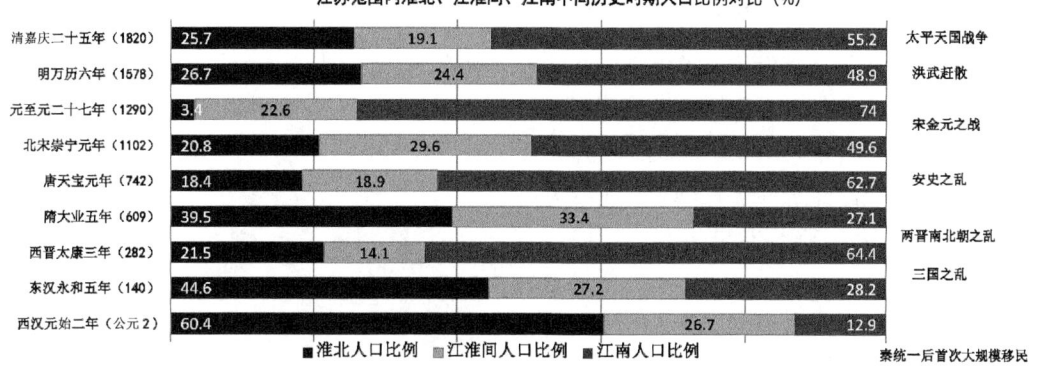

图 6.18 江苏范围内淮北、江淮间、江南不同历史时期人口比例对比分析图

资料来源:作者自绘,数据根据《江苏省志·人口志》第 35~68 页总结计算

线变迁明显,江淮东部地域面积不停增长,西晋、明代人口密度出现两次下降[①],清代再次出现明显增长。

两晋之前,江淮北部主要归属临淮郡,南部则属广陵郡,北部的人口密度约为南部的 2 倍;从唐贞观年开始发生逆转,南部扬州府人口密度远超北部楚州;宋代各州的设立更加详细,整个江淮分属 8 个州,能够更清晰地分析区域的发展状况,其中西北地区的泗州、北部的淮安、沿江的真州及扬州人口密度超过中部(高邮和泰州)地区;元代南北地区人口密度出现明显分化,沿江地区人口明显超过沿淮地区,西北淮泗地区人口密度降低,这一趋势一直延续至今。明清以来文献记载较为详细,对各县人口进行分析发现沿江、沿海的发展趋势逐渐加强,明代形成沿东、沿串场河两条轴线,清代沿江地区人口密度逐渐增长,形成"两纵一横"的空间格局。清代通海地区密度已超过扬州。江淮东部人口总的格局变迁由西北向东南逐渐扩张,与城镇的发展是一脉相承的。扬州一直是江淮的最核心的区域,中心城由西北的徐国、东阳、山阳逐渐向海陵、南通发展。江淮地区人口的变迁反映了唐代开始全国经济重心的南移,随着通海平原的逐渐成陆及棉纺、海盐经济的发展,清末沿海地区几乎与沿江并重。(见图 6.19)

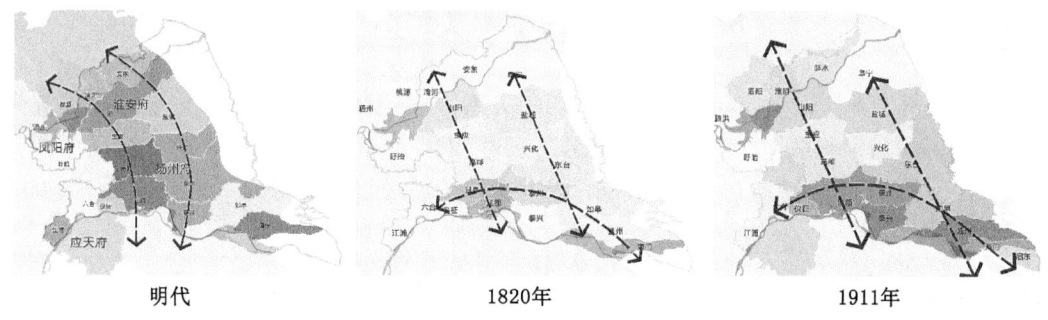

明代　　　　　　　　1820年　　　　　　　　1911年

图 6.19 明清江淮东部人口结构分析图

资料来源:作者自绘

---

① 明代人口下降是因为统计方式以赋税作为人口,第 5 章人口已详细叙述,不做赘述。

6.2.6 经济要素空间分布

古代江淮东部经济发展脉络清晰,产业分区明确,以官营为主,私营为辅。从汉代起便形成主要以盐业、漕运业为主,农业、商业、手工业为辅的"两带两片区"的经济空间。随着时间推移,空间分布愈发明确,直至清末,漕运废止,纺织业和农业才凸显出来。(见图 6.20)

沿海一带:自然因素是古代城市最重要的形成机制,在生产力和生产技术相对落后的时期,物产作为地方天然物资可视为自然因素之一。从秦汉起,沿海地区便作为海盐经济的生产基地而存在,随着横纵水系连通,交通运输方便,至清末江淮沿海都是国家近一半盐产和财政的来源地,虽然是既得利益区,但生产者及海盐的产、销、运皆受控于中央,因此区域内部几乎无

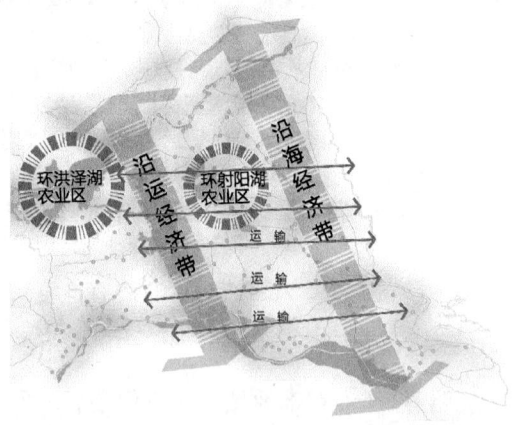

图 6.20 江淮东部经济空间分布图
资料来源:作者自绘

商品交换,地方经济不发达,导致沿海地区经济发展落后。

沿运一带:邗沟开凿之初的主要目的是为了军事方便,漕运经济兴起于隋唐,主要的经济收益来自税收,漕运实则也是为中央服务的,管理和收益均由朝廷控制。船只南北往来、土产交换、商品流通带动了沿线经济发展和城镇兴起,但因交通运输所产生的经济必因交通衰败而衰落。

沿运、沿海两个经济带的发展是相辅相成、互为依托的关系,海盐运输刺激了运河及其支流水系的开凿和修缮;反之,后者的完善也促进了海盐经济的发展。

环湖两片区:运河开凿将江淮东部诸多湖泊分置东、西两侧,自汉代起洪泽湖、射阳湖周围便开始进行大规模的水利工程修建,屯兵垦田,农业经济发达。明清以后,里下河湖泊逐渐荡化,水网密集,成为著名的渔盐之乡,水文地理的演变对农业经济的发展起到一定程度的促进作用,密集的水网除了灌溉引渠外,还对米粮、渔盐的运输有所推动。

江淮东部产业空间分布与水系有着密切的关系,是基于水系网络基础之上而发展起来的。辛亥革命后,封建的漕运、盐业经济迅速衰落,农业空间格局一直延续至今,环湖两片区今天位于江苏省农业空间格局中的江淮农业区,民国兴起的纺织业一直是南通、盐城等地的重要产业。

6.2.7 文化要素的变迁

物质基础决定了精神领域的发展程度,文化教育空间变迁实则是经济发展的侧面反映。先秦江淮文化便具有移民特征和杂融性,是历代南北方人口迁徙的过渡地带和文化交汇区。南北朝之前,尚武之风明显,每次南北冲突必定波及江淮之间,因此尚武之风从三国一直延续至清。由下图可见,明清尚武之风主要沿运河发展,扬州和淮安是武术人才汇

聚地。

唐宋以扬州为核心,文化的昌盛离不开经济的繁荣,江淮自古的文化核心区便在扬州,从未间断。唐代是扬州发展的小高峰,成为国内外的商业、文化交流的中心,其文化地位远超苏杭。扬州的学者也来自四面八方,北至东北,南至湖广,西至山陕宁夏,东至通州,各地文人侨居于此,又有盐商扶持,因此扬州文化发展一直很好。经过百年沉淀,清代侨居于此的诗人学者已形成了独具地域特色的文化学派。明清文化空间形成以扬州为中心、淮安为次中心的格局,主要沿经济昌盛的运河、长江岸线发展。由于移民阶层差距较大,空间分布呈现三个阶区,南北朝的世族、隋唐的文人墨客诗词大家、明清时期的官宦商人多位于运河沿线,注重文化教育;平民多居于中部里下河,注重文化的延续继承;流亡人士、犯人、灶民多位于沿海地区,教育文化相对薄弱,戏曲颇为发达,淮剧、通剧与民间香火戏结合,更原始淳朴,内容更接近百姓生活。(见图 6.21)

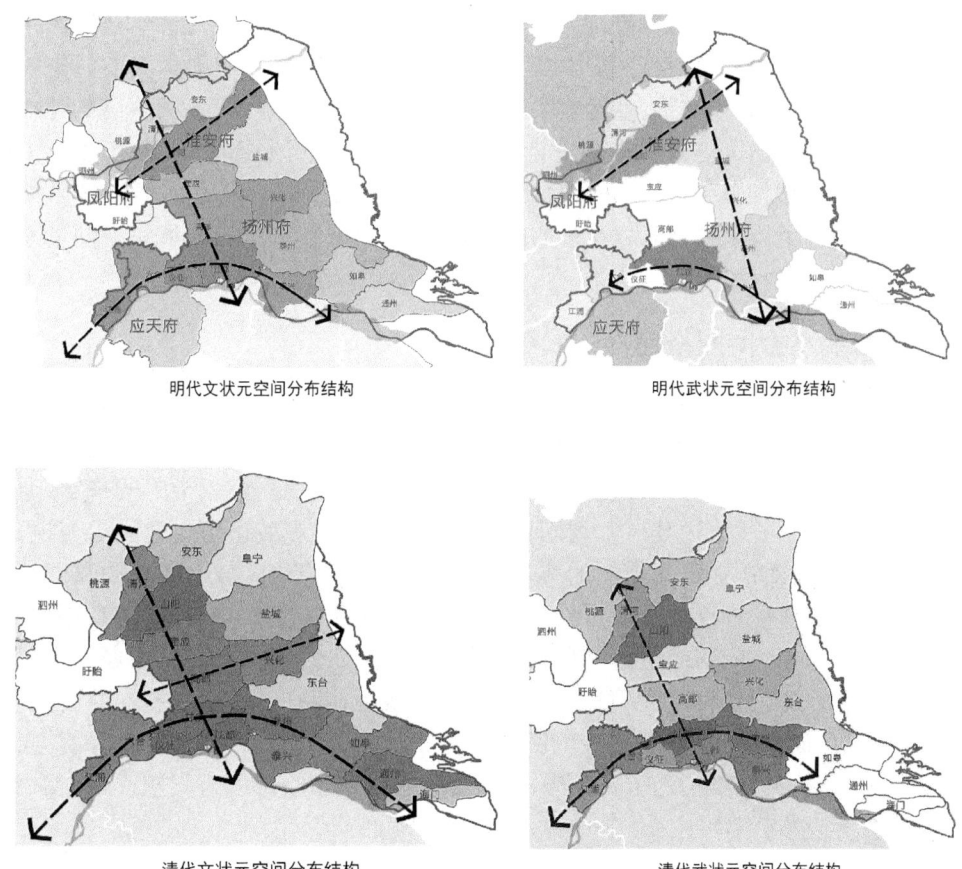

图 6.21　江淮东部文化空间分布图
资料来源:作者自绘

6.3 江淮东部城镇发展历史的空间网络建构

6.3.1 历史要素空间网络建构的目的

区域城镇发展历史的空间网络建构是从历史要素整体和动态变迁角度出发的城镇空间的整合,是在对历史要素深度挖掘中梳理特定区域内城镇历史空间文脉的方法。历史空间网络建构是在舆图重绘的基础上,将历史要素进行叠加,并对其进行深入分析的结果。通过分析各要素的变迁规律,总结区域发展的动力机制和决定因素,发现区域城镇空间格局的演变规律和特征,挖掘城镇空间文脉,构建城镇发展历史的空间网络结构。

前文对区域发展历史历时性与共时性的分析是城镇发展历史空间网络建构的基础。历史空间的建构是基于区域层面上的历史要素的整合,与区域整体的空间格局相衔接,其最终目的明晰在大区域范围内城镇发展的历史文脉和空间网络,这一方法对研究大区域范围内城镇的发展历史很有帮助。区域本身就是一个复杂的系统,历史要素具有时空性和多样性,区域发展呈现出时空交错、多元复杂的网络结构,因此通过历史空间网络的建构可以帮助研究者明晰在大的历史时空进程下,区域是因哪些动力机制而形成的,历史要素如何相互作用从而促进城镇体系的兴起与发展,不同特色的城镇体系又是如何影响区域发展的。这些研究对当下及未来该区域城镇的发展具有启示作用,为下一步城镇空间形态的研究奠定基础。

6.3.2 历史要素空间网络建构的内容

空间网络建构的实质是通过对历史空间要素的叠加来分析各要素之间的相互作用,从而建构城镇发展历史的空间网络体系和结构。历史要素具有时空性,其构成了区域形态庞大的时空体系,可分为纵向时间维度叠加和横向空间维度叠加。前者指空间一定,通过历史要素纵向的叠加,从而分析某一空间断面的区域演变过程和城镇历史空间的变迁;后者是指时间一定,通过对历史要素横向的叠加,来分析某一时期的区域空间结构和城镇历史空间形态。这一过程能够反映在不同的时空中,某一空间要素的历史变迁规律。通过要素叠加可以总结出水系空间网络结构、交通系统网络结构、行政区划网络结构、经济文化网络结构。在网络体系中我们可以发现这些历史空间要素是相互交错、分布不均的,各要素的权重比各不相同,同一时间范畴,某些地区要素分布密集,某些地区要素分布舒朗;同一空间范畴,某一地区受某类要素的影响较深,某类要素对区域影响持续时间较长,某类要素则在某一时期发生突变。

6.3.3 江淮东部城镇历史空间网络建构

1) 物化要素的历史空间网络

(1) 山水空间网络结构

上文的研究表明,水系是对江淮东部地区城镇体系变化影响最大的要素,每次突变都会带来水文地貌和城镇空间形态的改变,江淮东部的水系变化剧烈,延续时间长,对其他要素的改变起到引导作用。山体的变化是所有要素中最慢的,该地区以平原地貌为主,西南有零星山丘,对于大尺度范围的研究,可酌情降低考量。

该区域内留存时间最长、对区域发展起到至关重要的水系有四条,分别为大运河、串场河、运盐河(通扬运河)和淮河,形成两横两纵格局,周围还有洪泽湖和运西诸湖、大纵湖等湖泊。有的水系已经消失,如射阳湖等里下河地区的古代湖荡。有些历史水系的走向已经发生改变,或正逐渐消失,如串场河和运盐河在改革开放后均另辟新航线,原水系通航的作用大大减弱,有的航段已淤塞。对已消失的水体,应该做好文献梳理工作,明晰其消亡的过程及变迁的过程对城镇空间产生哪些影响。对于留存下来的历史水系,首先做好文献工作,梳理清楚水系流向,沿线城镇分布情况及对城镇空间形态变迁的影响。尽量禁止填埋水域面积,参照大运河的保护方案,可做公共开发,与城镇建设相结合,形成良好的风貌景观带,彰显江北水乡大气的特点。

(2) 交通系统网络结构

江淮东部古代道路建设具有特殊性,与河道修建相辅相成,主要的官道由河堤组成。古代道路修建体系的特殊性决定了陆路交通系统与水路交通系统的一致性。古代主要交通系统呈"两纵一横"的结构,即沿运河、串场河和运盐河的堤岸而修筑。今天这些道路已全面拓宽,成为国家级、省级的主干道,对其进行保护和意象恢复已不具实际意义,在研究过程中应注意重要交通节点,如驿站、驿铺、埭、闸、坝等分布和形制,以此为节点,呈现历史时期江淮东部的交通系统网络。

2) 可物化要素的历史空间网络

(1) 行政空间网络结构

该结构最能体现一个区域在某一时段的政治、经济、文化、人口等发展状况。自秦以来,以县一级为基础,最主要的轴线是运河沿线和串场河沿线,明以后逐渐形成里下河片区、沿海片区。

(2) 经济文化空间网络结构

经济网络结构是通过物产分布、人口分布和历代科举人数来体现的。江淮东部地区的特色资源主要是沿海的盐业、西南角的矿产和里下河的米粮业,以流通型经济为主。人口的分布和科举人口从侧面反映了特定时期区域经济发展的状况,经济昌盛的地区,人口和士大夫聚居密集,而经济贫困的地区,人口密度低,士大夫阶层也很少迁往。江淮东部古代经济空间网络大体呈"沿运优于沿海,沿江优于沿淮"的格局。

3) 不可物化要素的历史空间网络

不可物化的空间主要指非物质文化,是通过语言和行为进行传承和传播的,不包括传承场所。江淮东部的非物质文化主要为通过语言传承的民间典故(民间传说、民间神话、人物典故等)、地方曲艺(淮剧、武昆、扬剧、僮子调、香火戏、盐城弹唱、盐城道情等)和集体传承的风俗文化(民间习俗、宗教信仰、节庆婚丧、祭祀礼仪、饮食文化、服饰文化、生产经营等)来体现。在历史空间网络建构中,不可物化的要素并不能够进行空间定位,只起到补充和理解物化及可物化要素的作用。(见图6.22)

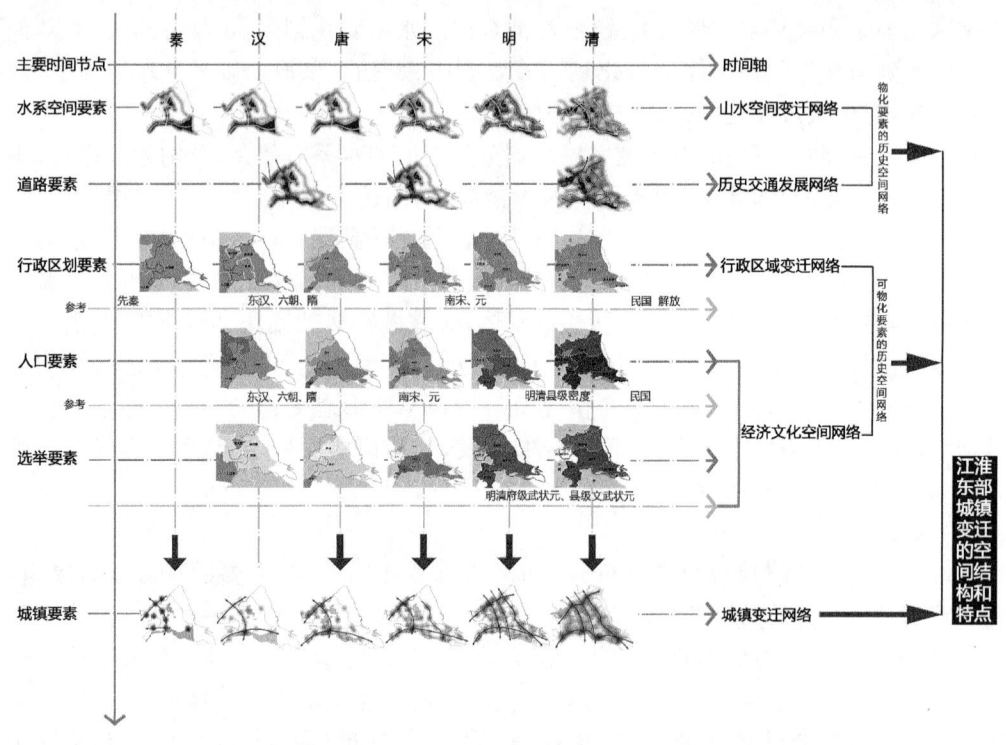

图 6.22　江淮东部城镇发展历史空间网络建构的内容与过程示意图
资料来源：作者绘制

6.4　江淮东部城镇形成特点和空间结构

通过对江淮东部城镇整体发展历史和各影响机制要素的分析，发现江淮东部城镇最重要的特点为近水性、生产性和流通性。通过对各历史要素空间结构历时性和共时性的叠加分析，得出江淮东部城镇结构主要分为沿运、里下河和沿海三个体系。

6.4.1　江淮东部城镇形成特点

1）近水性

江淮东部聚落自先秦起就充分体现了水乡特色，区域内部水体本就充分，春秋时期起经过逐步人工规划，形成完整的水系网络，城镇多沿水系兴建，承担运道沿岸的交通枢纽、商贸、驿站、仓储等功能。根据图 6.23 的分析，每个朝代，有近一半的城镇与周围水系的距离在 1 km 以内，极少数城镇距离河道、湖泊超过 5 km，城镇与水系的这一空间状态随着时间的推移愈发明显。该地区形成时间最长，对区域发展影响最深的河道有淮河、长江、运河、串场河及运盐河。根据图 6.24，在距主体水系 5 km 范围内，受黄河夺淮的影响，淮河沿岸城镇数量变化最大；随着长江岸线稳定、近代海运交通和经济发达的影响，民国时期长江沿岸的城镇数量增长明显；运河和串场河沿岸城镇数量在宋代以后基本呈稳定上涨的趋势；运盐河沿岸的城镇变化不大。由此，运河、串场河及长江对区域城镇兴建影响最大，尤其明以后，沿岸城镇变化剧烈。

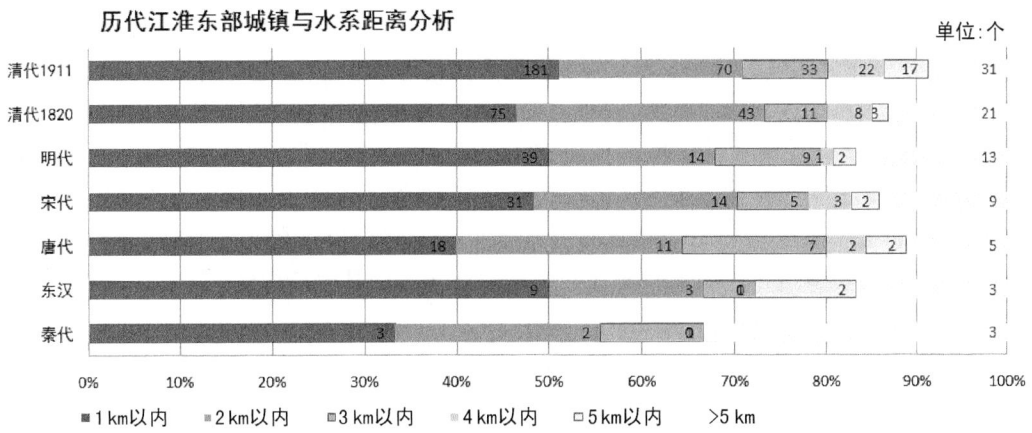

图 6.23　各时期江淮东部城镇数量与水系关系分析图
资料来源：作者绘制

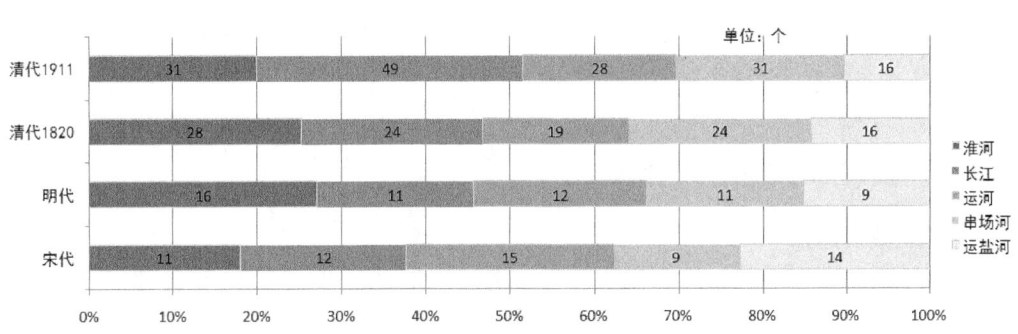

图 6.24　各时期江淮东部距主要河流 5 km 范围内城镇数量分析图
资料来源：作者绘制

2）流通性

江淮地区拥有便利的水运交通，运河贯穿南北，东濒大海，南临长江，北屏淮河，里运河水网密布其中，因此城镇的兴起和发展一定是在商品的流通中形成的。江淮市镇大多崛起于运河、串场河、沿江、沿淮及里下河诸水系的沿岸，这些城镇的兴盛与繁荣取决于水运条件，漕运兴、海运通、里下河水系畅，则市镇旺；清末漕运衰败、河运治理懈怠，市镇发展则一落千丈。

江淮城镇的兴起几乎皆与水运有关。淮安府"为黄、淮交汇入海之区，而运河又关东南漕挽咽喉"[1]，是明清全国漕运的中心、淮北盐业的集散地和中转站、南北货物的集散地。根据光绪《淮安府志》中记载，淮安当时各地商贾汇集，商船往来众多，南北商货汇集于此，同

---

① 乾隆《淮安府志》凡例

时地区内的各州、县、市镇的货物也由此运出,是江淮北部商品流通的中心枢纽①。该地区的另一个枢纽为扬州,地处运河与长江的交汇处,入江口分仪征、瓜洲两处,水运交通最为发达,是历来南北之襟喉。除漕运外,扬州也是淮南盐业和南北商货的集散地,淮南各盐场的海盐通过里下河河流运往泰州坝,过仪征批验盐引所后运往各引地。因此扬州汇集了南来北往的商船、淮南盐场和各引地的盐船,吸引各地的富商、士绅、文人聚居于此。各盐场所得财富皆用于扬州的奢靡建设②。而瓜洲城更是在航运业的影响下成为商业巨镇,是南方漕船过江的第一站,行销东南六省地的盐船也由此经过。可见扬州的繁荣归结于商品的流通,而非生产,而扬州商业的繁荣又刺激了周边地区的商品生产及流通。

3) 生产性

总体来说,明清江淮地区的经济发展水平比江南要落后得多,城镇的专业性较差,专业城镇多是产品的生产基地。以生产职能为主导的,产品以盐业、纺织业为主,位于盐城和通州地区,东临大海,与江南和徐海地区隔江、淮而两望。里下河地区的兴化和泰州以盛产米粮而著称,同时又作为中部地区主要的交通枢纽。农副产品、竹木业等行业均处于商品化的初级阶段,商品生产专业化的水平不高。一部分具有地区特色的商品外销,其余主要为了满足城镇周围农民生活需求和调节商品余缺。东部沿海地区城镇虽然是海盐生产基地,但是商品主要流向外地,所产生的经济效益归属封建王朝和少部分盐商所有,区域内的经济发展不足以自我调节,在自然环境和政策改变时无法应对,对本地城镇建设及发展的作用有限。

6.4.2 江淮东部城镇的空间结构

1) 沿运城镇体系

此类城镇沿运河沿线分布,因漕运而兴。里运河是封建时期粮食、淮盐、物资运输最繁忙的段落之一,漕运促进了运河沿岸的商业繁荣,水系变迁、水利兴修和商品流通都促进沿岸城镇的兴起和发展,城镇兴衰的主要动力机制来自运河的疏浚和漕运的通畅情况,因此多个城镇因运河水系的变迁而兴建、迁徙和衰亡。

2) 里下河城镇体系

里下河城镇体系是因农业经济和密集水网而形成的。里下河地区水网密集,明清因淤积而形成垛田,人口密度低,无苏南人地矛盾的情况,居民以种植粮食、农业作物为主,是封建时期我国粮食生产基地之一,剩余的粮产为市镇发展提供条件。另外,该地区远离漕运沿线,水系又十分丰富,为城镇的发展提供了很好的屏障,因此少遭战火的影响,尤其清末扬州、淮安一带的财富大多转移至泰州、兴化等地,为城镇后续发展提供保障。该地区城镇兴建较晚,城镇形态保存较好,具有江北水乡特色,明清之后随着水系的变化、移民的增多才得以兴建。这类城镇凭借独特的自然水系资源而兴旺,鱼米业昌盛,同时承担东、西两条纵向水系的连接作用,城镇大多位于水系沿岸,起到货物运输的作用。

---

① 光绪《淮安府志》中记载:"任鹾商者,皆徽扬高赀巨户,役使千夫,商贩辐辏。秋夏之交,西南数省粮艘衔尾入境,皆停泊于城西运河以待盘检,牵挽往来,百货山列。河督开府清江浦、文武厅营,星罗棋布,俨然一省会。帮工修埠,无事之岁,费帑数百万金,有事则动至千万,与郡治相望于三十里间,权关居其中,搜刮留滞,所在舟车闐咽,利之所在,百族聚焉。"

② 康熙《扬州府志》中记载:"江都当江淮之冲要,俗喜商贾,不事农业,四方客旅杂寓其间,人物富庶为诸邑最。"

3)沿海城镇体系

沿海城镇体系即沿串场河及以东地区的城镇体系,该地区是我国封建社会最为重要的盐业生产基地,是整个江淮东部地区专业性最强的城镇。该地区古代城镇均由盐场转化而来,沿范公堤和串场河分布,宋代以后逐渐由盐业生产基地转化为盐业的集散地。城镇发展依赖串场河,海盐通过串场河与里下河水系输送至淮安和扬州,城镇间的沟通也通过这些横纵水系来实现。该地区成陆时间短,经济发展水平低,城镇的建设较为落后,清末民初的兴垦活动使得近现代城镇发展较快,其形成、发展、衰败、复兴均与封建盐业经济的兴衰与转型密不可分。(见图6.25)

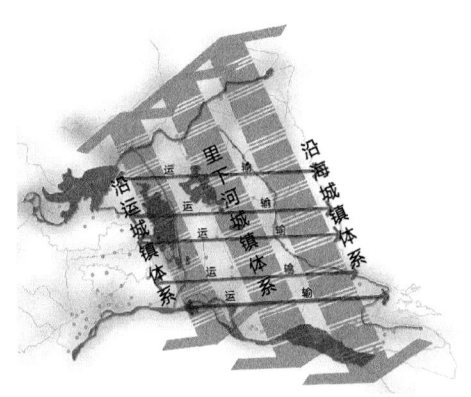

图 6.25 江淮东部城镇体系示意图
资料来源:作者绘制

6.5 本章小结

本章是对前文江淮东部发展历史历时性研究的总结与提炼。首先通过分层的思想,将影响区域城镇发展的历时性与共时性历史要素进行分类,便于清晰梳理和理解江淮东部城镇形成与变迁的动力机制,对七个历史要素进行横、纵对比分析,最终目的是为了通过对区域历史变迁的研究,总结城镇形成的特点和城镇体系的空间结构,为下文的具体研究梳理清晰脉络。

7 因漕运而兴的沿淮扬运河城镇体系

笔者在对淮扬运河沿线城镇进行调研时发现,虽然大运河已申遗成功,但对沿线城镇更新与建设的促进作用并不明显,历史城镇的文脉和特色空间未得到很好的延续。本章首先对沿线城镇体系的形成进行系统梳理,对其兴建、形成和衰亡的动力机制进行总结;其次对沿线城镇的空间形态特点进行对比研究,找出其共同之处,并对典型城镇的空间变迁过程进行具体论述;两淮城镇体系的变迁最能体现漕运对沿线城镇的影响,然后以此为例,从城镇体系和城镇空间形态两方面进行系统研究,并与扬州进行对比分析,总结入淮城镇体系与入江城镇体系变迁的同异之处;最后基于历史视角对沿运城镇未来的发展提出建议。

7.1 淮扬运河沿岸城镇发展现状及问题

2014年6月由扬州牵头的中国大运河项目成功入选世界文化遗产名录,在8年的准备申遗中,沿岸城镇已进行了一轮城镇更新,以文化为导向的城镇开发似乎并未对沿岸城镇的经济发展带来太大的效益。2014年淮扬运河沿线的5座重要城镇的人均GDP分别为:10.1万元(扬州市区,全省排名13)、8.3万元(仪征市,全省排名22)、6万元(高邮市,全省排名33)、5.6万元(宝应市,全省排名36)、5.5万元(淮安市区,全省排名37),位于全省的中等水平,经济发展水平由南至北逐渐降低。在最新一轮江苏省城镇体系规划(2015—2030)中,扬州被划为沿江城镇带,淮安被提升为增长极,将规划成为苏北地区重要的中心城市。

笔者实地调研过程中发现沿运城镇的发展存在诸多问题:第一,大运河申遗为主要城市的建设带来了契机,如扬州老城和楚州老城,城市历史空间形态得到延续,但对于高邮、宝应、邵伯等小城镇的重视仍然不够,历史建筑质量较差,老街出现"空壳化"现象。第二,虽然我国历史文化名城保护与老城更新的理念已相当成熟,但面对城市更新的博弈,在实际规划建设中仍有偏颇,难以避免大拆大建,淮安河下古镇正面临这一问题,与申遗初期相比,河下古镇的整体形态已发生明显变化。第三,运河与城镇发展相孤立。现大运河主要承担煤炭等物资的运输工作,但并未纳入沿岸城市的建设当中,古代大运河既是沿岸城市的护城河,又是重要的景观带,今天唯有邵伯与扬州、淮安的市区段较重视对运河的利用。第四,沿岸多个古代城镇消逝。明清运河鼎盛时期沿岸大小城镇约30多座,随着闸坝功能的消失,这些村镇也逐渐萎缩或消逝。下文将对淮扬运河沿岸城镇的发展历史、城镇体系的形成进行系统梳理。(见图7.1)

淮安河下古镇2004年街巷　　　　　　　　淮安河下古镇2015年现状

图 7.1　淮安河下古镇 2004 年与 2015 年对比图

资料来源：作者拍摄

7.2　江淮运河发展与沿岸城镇的空间形态演变

7.2.1　运河的发展与城镇体系的变迁

1）秦汉时期——漕运城镇体系形成之基础

秦汉及以前是运河河道开凿与变化最剧烈的时期。江淮沿运出现最早的城镇为邗城和北神堰，都是因为先秦邗沟开凿而兴建的，二者是邗沟的南、北咽喉。樊良湖以南运道的走向基本未发生变化，以北的运道经过数次截弯取直，最终形成隋唐大运河的雏形。秦王将邮驿制度形成定规，沿主要水、陆设置驿亭和邮亭，高邮亭便应运而生，成为江淮沿运的重要交通节点。这个阶段运河主要为军事作战所需，在军事需要时，朝廷便对其进行疏浚，因此运道时常淤停，加之受诸国混战的影响，城镇的发展也并不稳定，淮安与扬州地区均形成多个军事性质的城堡，如甘罗城、泗口角城、新城等，有的延续至后世，有的因运河的改变而湮废。（见图 7.2）

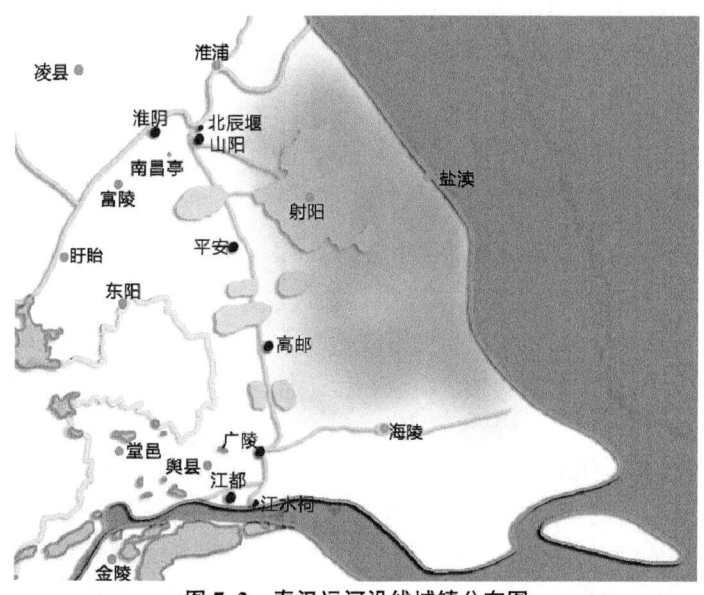

图 7.2　秦汉运河沿线城镇分布图

资料来源：作者自绘

2）隋唐时期——漕运城镇体系的初步形成

隋唐大运河是具有国家性质的大型水利工程，运道大体走向不变，在原水系的基础上进行疏浚、加深，以保障运道畅通，利于漕粮及江南物质的运输，从而服务于封建统治者。隋唐运河开始出现渠化现象，高邮的平津堰、艾陵湖的邵伯埭等陆续出现在运河沿线，淮安和扬州持续筑陂济运，沿白水塘和富陵湖修筑唐堰和捍淮堰，扬州五塘水直通城内。这一时期，江淮社会经济大环境稳定，大运河南北连贯并治理较好，因此沿岸的主要城镇基本形成，山阳、江都依旧是运河的南北扼要之地，是府署、县署同治之城，地位上升，除了具有军事防御功能外，漕运作用明显增强。北部运河截弯取直后，安宜由西南迁至运河沿线，江淮间形成安宜、高邮分置的局面。除主要的府、县城外，唐代经济繁盛，水运昌盛，因水系交汇和水利建设而兴的小型聚落也陆续形成，如扬子、白沙（仪征）、邵伯、氾水等。（见图7.3）

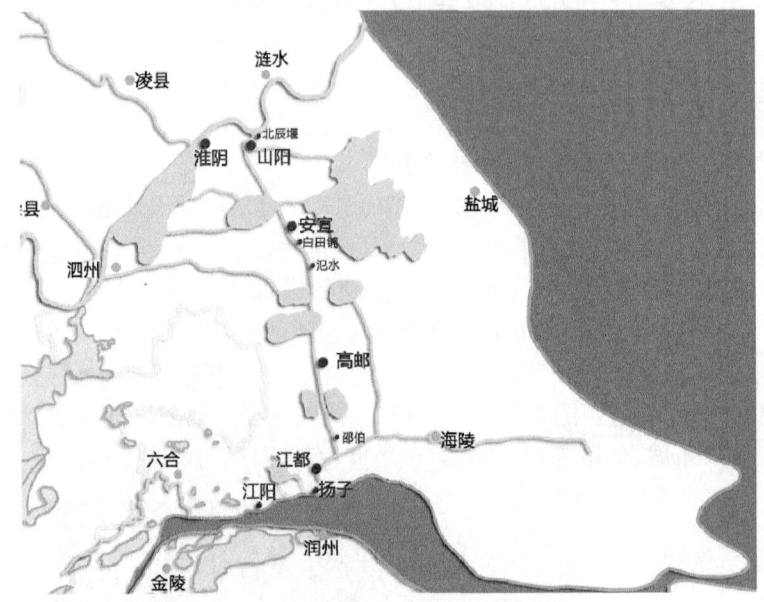

图7.3 隋唐运河沿线城镇分布图

资料来源：作者自绘

3）宋元时期——漕运城镇体系进一步发展

宋代淮安运道变化较大，从山阳至盱眙修筑三段运河，主要是为了避免船行于湍急的淮水。运道渠化现象明显，扬州到楚州运道修筑河堤，宝应高邮一线修筑湖堤，建石跶以减高邮湖水，高邮有运盐河与东侧兴化、盐城相连。宋代沿运水利工程修建增多，使运河逐渐与沿线湖泊河道相脱离，独立运行，这实际上加强了运河水系的安全性，保障了沿岸城镇的发展，水系的疏导治理也使东西向河道增多，也加大了沿线城镇与里下河及沿海城镇的联系。宋代位于交通要道的草市、墟市逐渐转化为市镇，因水系交汇、闸坝修建而兴起的聚落逐渐转化为市镇，如上游镇（黄浦）、湾头镇、邵伯镇、露筋镇等。这些城镇位于水陆交通主干的沿线，因此多数城镇承担驿递的工作。宋金元时期，该地区混战不断，对运河及沿岸城镇的破坏非常严重，直至明初才有所恢复。（见图7.4）

7 因漕运而兴的沿淮扬运河城镇体系

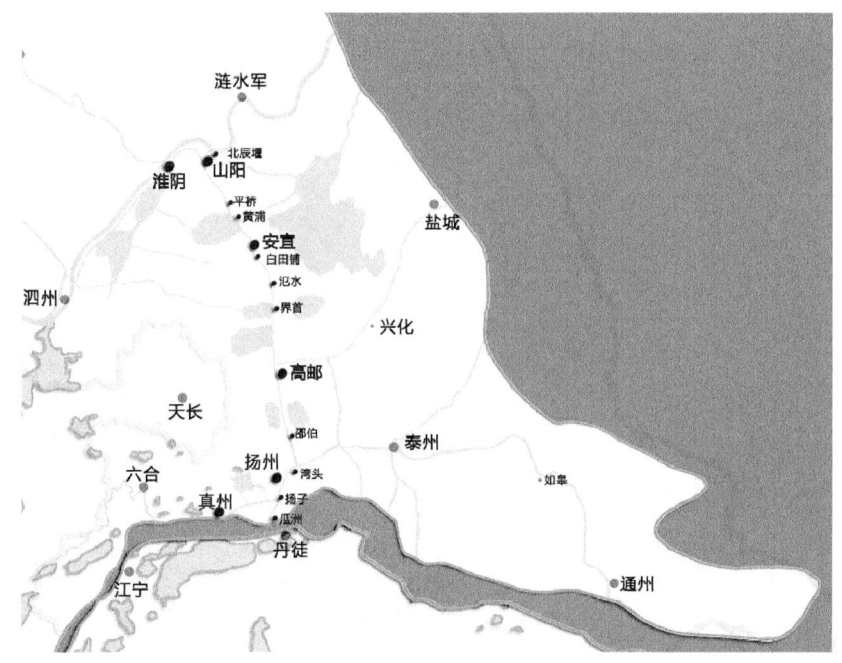

图7.4 宋元运河沿线城镇分布图
资料来源：作者自绘

4）明清时期——漕运城镇体系发展的高潮阶段

明清时期，黄河夺淮对运河的影响充分显现，河堤屡决，尤其宝应高邮一段。明清在很长时间内漕运完全依仗运河，这一阶段是运河水利工程建设的高潮。淮安修筑清口闸坝工程以减轻黄淮泥沙与分流水量等问题，扬州修筑归江归海减水坝以防御、分散黄水对运河的影响，宝应高邮段先后开凿康济越河、弘济越河、界首越河、邵伯越河等，并建筑闸坝，增筑河堤。运河在屡次整修中勉强运行于明清二朝。这一阶段因闸坝而兴的城镇明显增多，如平桥镇、瓦店镇、江桥镇、界首镇、露筋镇、车逻镇等；东西泄水河增多，与运河相交，形成市镇，如泾河镇；淮安附近形成多个因漕运而兴的城镇，如码头镇、清江浦、板闸镇；除了运输漕粮外，运河还承担盐业和土宜的运输，明清两淮盐业的产量及所产生的利益达到了顶峰，沿岸先后出现多个淮盐的集散地和中转城镇，如河下镇、西坝、高邮、仪征及十二圩镇。

水运在古代的交通作用远高于陆运，依仗全国最重要的水运干线，里运河沿岸城镇本应该持续繁荣，但因为黄河改道，江淮运河沿线与里下河流域的城镇湮毁严重，先后出现泗州、淮阴、泗口、樊良镇、清水潭镇、射阳镇等多个古镇沉于湖底或淤于泥沙之中。黄水的入侵使得沿运的城镇经常受到水灾影响，因此城池时常坍塌于洪水中或被迫迁移，不能够得到持续稳定的发展。只有淮安、宝应、高邮、邵伯、扬州、仪征等重要城镇延续至今，但城池街巷系统破坏严重；平桥、泾河、氾水、马棚、车逻等镇面积较小；黄浦、沿河、三十里铺等已演变为村庄；西坝、王营、杨庄、子婴等已就近划并入市，不似往昔之风采。（见图7.5~图7.7）

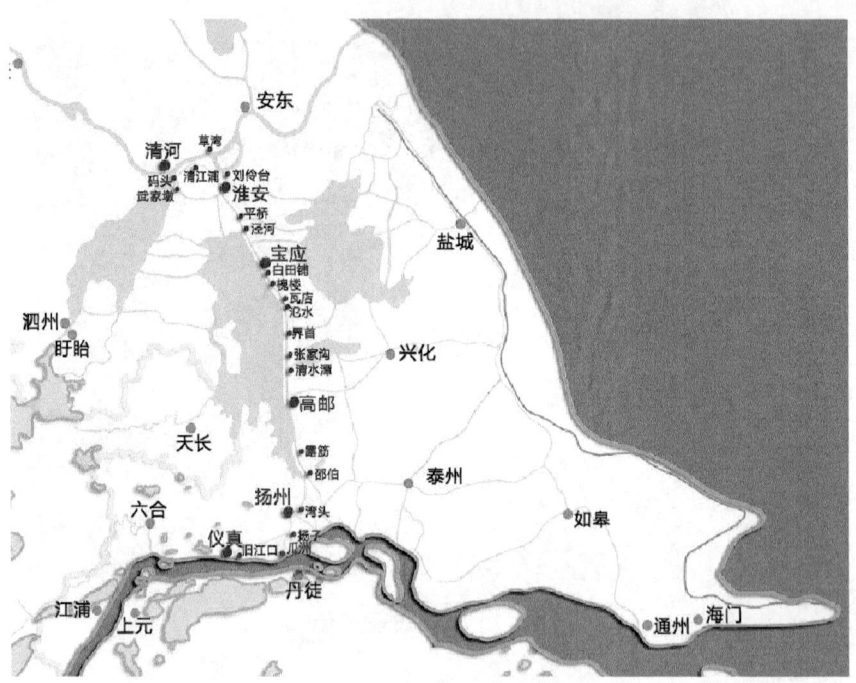

图 7.5　明代运河沿线城镇分布图
资料来源:作者自绘

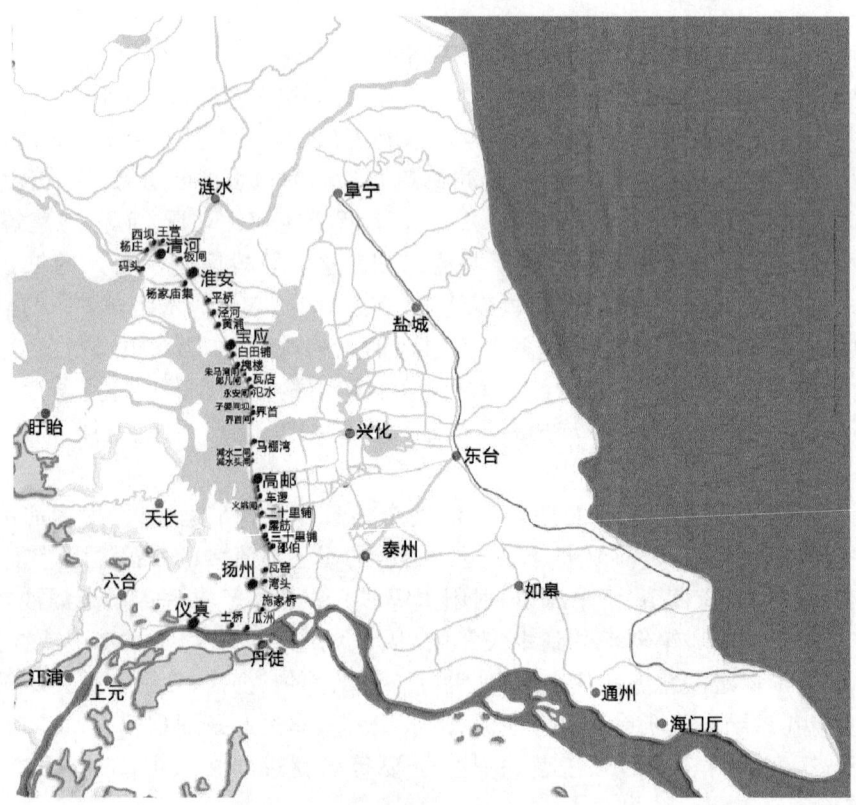

图 7.6　清代运河沿线城镇分布图
资料来源:作者自绘

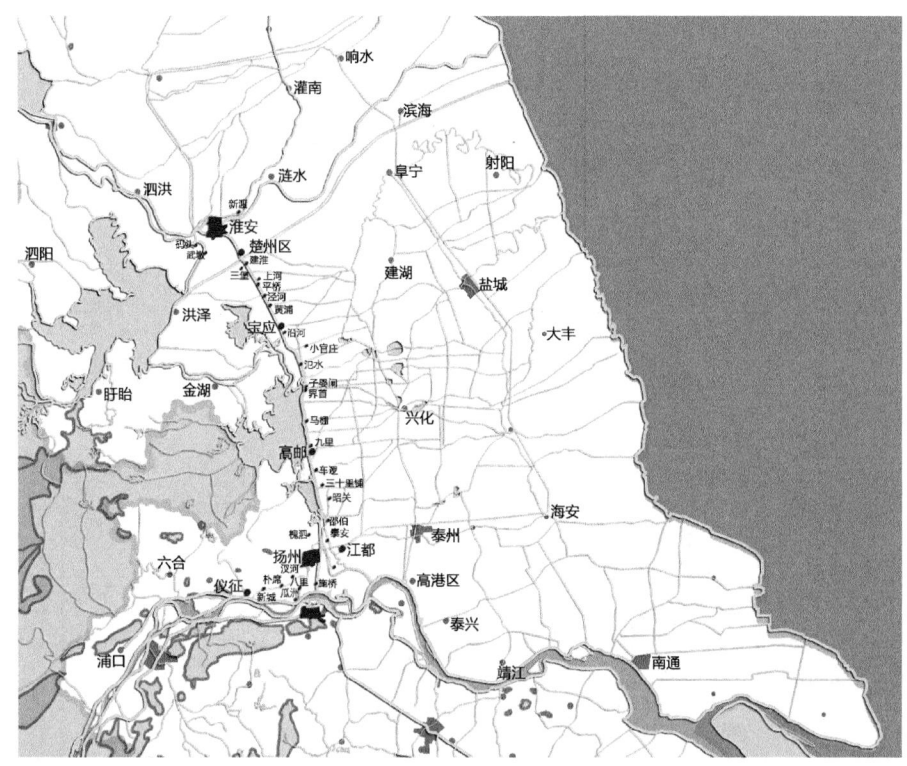

图 7.7　当今运河沿线城镇分布图
资料来源：作者自绘

7.2.2　沿运城镇形成及变迁的原因

表 7.1 对淮扬运河城镇兴建的原因及形成时间进行列表总结，发现影响城镇形成与变迁的主要机制有四个方面：运道的开凿、横纵水系的交汇、驿站的兴建及水利工程的建设。

表 7.1　沿运城镇成因列表

隶属（清）	城镇	形成原因	形成朝代				
			秦汉	隋唐	宋元	明	清
山阳县	码头镇	古淮阴治所，黄河夺淮后湮，明清因运河入淮口而复兴	√		×	√	
	清河县	因漕运、漕仓、漕船厂而兴				√	
	北辰镇	古末口，因运河而生	√				
	板闸镇	因板闸钞关而兴				√	
	河下镇	淮北盐集散地，淮北盐运分司所在				√	
	山阳县	漕运重镇，黄淮泗运水系交汇	√				
	平桥镇	宋代建桥，明建有平桥减闸，引北溪河与泾河相交			√		
	泾河镇	泾河与运河交汇处，建泾河坝				√	

续表 7.1

隶属(清)	城镇	形成原因	形成朝代				
			秦汉	隋唐	宋元	明	清
宝应县	平安	位于宝应西南;隋名安宜,位置不变;唐废	√	×			
	黄浦镇	位于古夹耶,古邗沟出射阳湖与白马湖交汇处,后建黄浦埭,宋名上游镇			√		
	宝应县	驿站,安平驿		√			
	白田铺镇	隋末唐初《安宜县志》有载,为驿铺		√			
	槐楼镇	因闸坝而兴				√	
	瓦店镇	水利设施,明建瓦店闸、洞				√	
	氾水镇	唐宋时有氾水(在今镇西南数里),元代称氾氏寨,元末沉于洪水,明洪武年重建,万历年间开宏济河,建氾水闸洞,镇以闸名	√	×		√	
	江桥镇	水利设施,明建江桥闸、洞				√	
高邮县	界首镇	明界首驿,建界首闸				√	
	六漫闸镇	建六漫闸					√
	马棚湾镇	秦驿站有棚拴马,驿站					√
	张家沟	因水系而兴				√	
	清水潭镇	因清水潭而得名				√	
	高邮县	秦代高邮亭,驿站	√				
	车逻镇	明建车逻大坝					√
	二十里铺	驿站					√
	三十里铺	驿站					√
甘泉、江都县	露筋镇	明建露筋闸				√	
	邵伯镇	晋建邵伯埭		√			
	瓦窑铺	驿站					√
	湾头镇	古代茱萸湾,运盐河与运河交汇处			√		
	江都县	因运河而生	√				
	扬子镇	隋唐运河出江口,宋明设扬子桥铺		√			
	八里铺	驿站					
	四义铺	驿站					
	瓜洲镇	漕运南咽喉			√		
仪征	仪真	东晋欧阳埭,引江水入埭至广陵城,唐代为扬子县的白沙镇,吴迎銮镇,宋真州州治于此		√			

资料来源:作者整理绘制

注:"√"表示城镇修筑;"×"表示那一年城镇因各种原因废除。

1）因运河开凿而兴

江淮之间得以开发缘于邗沟的开凿,在此之前,人类主要活动在西部地势较高的地区,东部一片沼泽,鲜有人烟。邗沟开凿最初出于军事目的,入江处与入淮处是重要的防御基地,因此筑城以卫邗沟,楚州城和扬州城在此基础上发展起来。入江、入淮处也是河道变化最多的河段,交通要津处最容易形成市镇,进而发展成城市,而运道的每次变迁都要历经上百年的时间,商船往来,闸坝修建,久之便形成具有交通要津和商贸性质的城镇。入江处河道随江岸的南迁不断南延,入江口逐渐形成扬子、瓜洲、仪真等城镇。入淮段河道随着都城的变迁不断改变,先后借泗水、汴水、黄水作北上运输的河道,城镇又随着运口的变化而兴起、衰落,先后形成古泗口、北辰镇、清江浦、王家营、杨庄、泗州等城镇。入淮处的城镇数量较多,稳定性和持续性不及入运段,形成时间短且规模小,又常年遭受黄、淮水患,因此今淮安地区遗留下来的历史城镇较少。

2）因水系交汇而兴

江淮东部地势低洼,早期经常遭受海侵,区域内分散着大湖及天然形成的入海泄水道,水系充足,但是河道无固定走向,四处漫流。随着运河开凿,其他水系也开始人工化修筑。经济上的需求使朝廷愈发重视运河的修筑和维系工程,黄河水的决堤对淮河和运河造成的影响迫使运河沿岸工程持续被加筑。水道人工化与渠化的趋势也影响了运河东侧诸河流的形成。早期从邗沟引水经射阳湖,再从射阳湖引水入海、入运,因而形成菊花沟、夹耶、山阳河等河道。后考虑西侧河水的排泄问题,又修建多条人工规划的规整河道,呈东西走向,以便于排泄黄河水。古代聚落多依水而居,因此水系交汇处更易成为人类的聚居地。至明清时期,沿运城镇几乎都位于多条水系的交汇处,如楚州老城(涧河,即菊花沟与运河相交处)、平桥镇(涵洞河,即北溪河与运河交汇处)、泾河镇(泾河与运河交汇处)、黄浦镇(南溪河,即黄浦溪与运河交汇处)、界首镇(子婴沟与运河交汇处)、高邮县(兴化运河与运河交汇处)、车逻镇(车逻河与运河交汇处)、江都县(车逻河与运河交汇处)等。

3）因驿站而兴

运河在古代本就是最主要的交通路线,历代均沿运河修筑官路大道,因此沿运是水路和陆路双重交通要道,沿岸设置多处驿站。最早设置的高邮驿,唐宋时期数量增多,沿运有洪泽驿、淮阴驿、安平驿、界首驿、高邮驿、露筋驿、邵伯驿、江都驿、瓜洲驿、仪真驿,明清取消洪泽驿和露筋驿,其余基本不变。这些驿站属于水马驿,除了邮传和接待外,最重要的是辅助漕运工作,南北漕船需要在驿站处停靠,进行修整工作,运河的沿岸修筑多处船坞停泊,如清代高邮驿有杨家坞、马棚湾停泊坞、界首停泊坞等。江南粮食、土宜及里下河地区的盐与特产需先运至驿站,再通过驿站中转外运各地。早期的驿站功能单一,建筑规模小,以服务信史、邮卒和接待官员的食宿为主,后功能复杂,有传令、邮递、接待、物资运输等功能,建筑群落逐渐扩大,并形成了城市的邮驿空间,进而促进了城市的形成,如高邮县。

4）因水利工程而兴

运河从东晋开始就有人工渠化记载,陈瑄于扬州设立邵伯埭、欧阳埭以控制水量。宋代起渠化现象明显,明清时更甚,闸、坝、涵洞密布于运河沿线。从清河至邵伯运段,沿东侧运堤分布着百余处闸、坝、涵洞,位于主要城镇的有通济闸、天妃坝、福兴闸、清江闸、移风闸;板闸、兴文闸、涧河闸、泾河闸;黄浦闸、朱马湾闸、郎儿闸、永安闸、子婴南闸、小闸、白马湖口坝、七里沟坝、槐楼坝；界首闸、车逻闸、火姚闸、车逻大坝、露筋闸、金湾北中南3闸、湾头石闸、邵伯闸、邵伯小坝、扬子桥古坝、瓜洲坝；潮闸、腰闸、仪真坝[①]。有些闸坝较为重要，沿岸居住着疏浚运道及修正闸坝的漕工，后逐渐形成小型的聚居点，如黄浦镇、氾水镇、车逻镇。有些规模较小，某一时期发展成市镇，如宝应南部的瓦店镇、江桥镇，明《嘉靖惟扬志》中将其称为镇，清代的志书中则统称作闸、洞，这类市镇存在时间短，往往随着闸坝废除而消失，清末时无人治理运道，这些市镇也随即成为自然村庄或彻底消亡。

7.2.3 沿运城镇形态空间特点

1）以运河作城濠，引运河穿城过

沿运的主要城镇有山阳城、宝应城、高邮城、扬州城和仪征城，城濠体系始于宋元，今之态基本形成于明代。前三座城池西侧一堤之隔有大运河，河西为管家湖、白马湖、高邮湖等，城东是水网繁密的里下河湖荡；后两座城池，东有运河，南临长江，西靠山丘及水陂，沿运城镇虽无江南河渠的温婉曲折，但也雄秀大气。这些城池均将运河作为天然屏障，融入城池体系之中。沿运城镇的城池空间特点大体为：西侧或东侧临运河，引运河水绕城，除宝应外，均形成四面环城的城濠体系。城内有至少一条与运河平行的主市河，河水或直接从运河引入，或由护城河水引入。城内其他水系由主市河引出，东西走向，形成"丁"字形或鱼骨形的水道，城内水道的走向基本决定了街巷系统与城市商业空间的位置。除了仪征城之外，其余城镇的主城池都是方形。平行市河形成至少一条主要街道，主要街道呈"井"字或"十"字形，其余街巷垂直主街，沿市河两侧是古代城镇商业最繁华的区域。城池系统形成于明代，清代在明代的基础上进一步取直、疏浚、增凿，形成更加完善的水系。运河水是沿线城镇发展的命脉，城池内外的水系几乎均引自运河或其分支，水系内外相通，四周绕城，穿城而过，汇聚于城的一角，再向东泄入里下河地区，洪水的多次侵袭也导致了沿岸城镇形态的破坏。（见表7.2）

表7.2 沿运城镇空间与运河水系的关系

名称	具体分析说明	示意图
淮安城	城池始建：旧城建于东晋义熙年间，新城建于元末至元年间，联城建于明代嘉靖年间； 城池：西临运河，东、南面为涧河，与运河相交，其余水系均引自运河或其支流； 市河：文渠，引运河水贯穿三城	底图来源：乾隆《淮安府志》山阳县图

---

① 根据《漕河图志》（明）、《京杭运河史》整理。

续表 7.2

名称	具体分析说明	示意图
宝应城	城池始建：南宋嘉定筑土城，元代至元年间外包城砖，明嘉靖年间加筑城墙； 城池：西临运河，宋泾河为东护城河，未形成四面环水的护城河； 市河：运河开南、北水闸，从运河引水贯穿城中，清代北门外水闸堵塞，后水源不足，河面逐渐淤浅	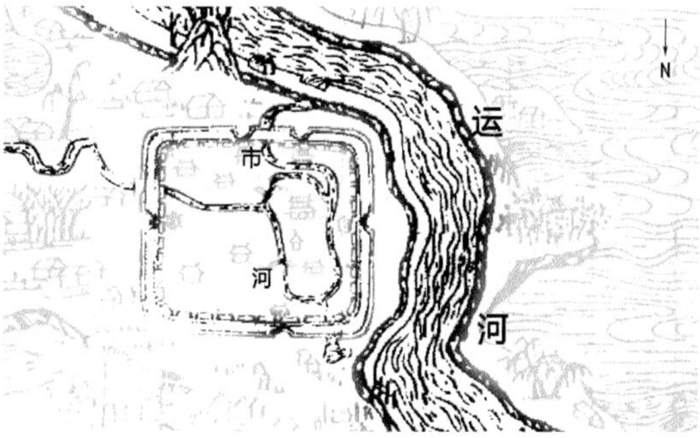 底图来源：《重修宝应县志》四境总图
高邮城	城池始建：北宋年间筑城，明洪武用砖加固； 城池：西临大运河，从运河引水形成四周护城河； 市河：南北护城河引水，贯穿城内形成南北市河，从市河引东西向的三条水系，分别为长生河、玉带河、凤凰河	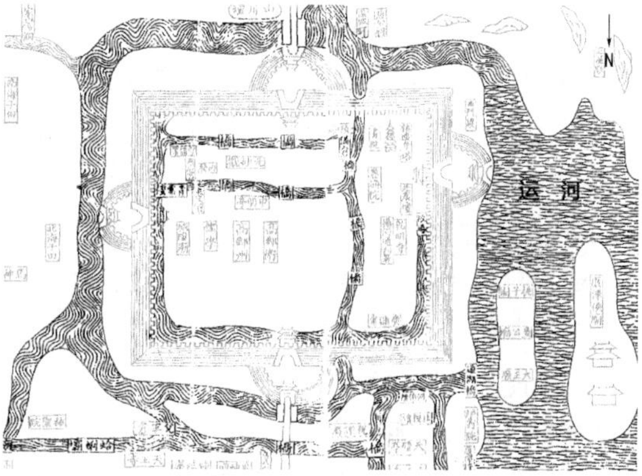 底图来源：《嘉庆重修扬州府志》高邮城池图
扬州城	城池始建：春秋邗城，公元前319年楚国筑广陵城，后延续至今； 城池：东、南临运河，明清城池北护城水引自运河，绕城四周，西侧有山水补给； 市河：唐代其从运河引官河，另有一条南北向的市河贯穿唐罗城南北，宋代延续官河作为市河，明清新、旧城之间另开一河	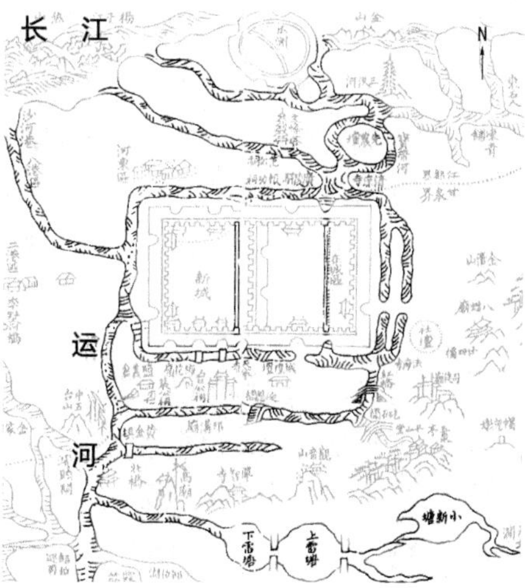 底图来源：《重修扬州府志》江都、甘泉四境图

167

续表 7.2

名称	具体分析说明	示意图
仪征城	城池始建：宋乾德年间筑迎銮镇； 城池：引东来的运河水绕城四周，南侧有运河水，西侧有山区水补给； 市河：引运河水形成三条东西向的水系，中间水道为主市河	底图来源：道光《重修仪征县志》仪征水利图

资料来源：作者整理绘制

2) 商业空间，滨河而成

沿河的城镇中最先繁荣起来的是滨河地带，一方面临河地区土地平坦，另一方面船舶最先停靠此处，便于商品交换和流通，容易形成物资集散地和市集，因此沿河地区多为城镇的商业空间，服务发达。

如邵伯镇位于运河东岸，东晋谢安于此筑城建埭，后成为商业市镇，繁衍而兴，逐渐演变成"南北舟车孔道，烟火万家，行旅如织"的商业重镇。镇南与盐邵河相交，再南有入江十坝，东有绿洋湖、荇丝湖、艾陵湖、青荡湖，古时候四周水系丰富，宛若浮岛，与周围城镇主要通过水路相连。邵伯镇沿运河南北向展开，南北大街平行于运河，石板铺筑，长约 3 里，整个镇区呈带状分布，两侧巷道垂直于主街，形成典型的鱼骨街巷体系。南北大街主要为商业空间，沿街有金芝堂药房、邮局，镇北有中州会馆、运河会馆等，建筑采用前店后宅的形式，商业空间主要位于主街东西两侧。西半街的竹巷、大码头、朱家巷和庙巷延伸至河边，于巷口处形成四大码头，是南来北往客商船坞的主要停靠与中转处，也是邵伯镇及其以东地区对外贸易的主要场所。镇南靠近黑鱼塘有仓储空间，设置仓巷，镇中设有邵伯驿。古镇面积虽小，但商业功能完整，是扬州以北地区第一个商贸集散地。（见图 7.8、图 7.9）

除了纯粹的商品交换空间外，江淮沿岸的商业空间还具有另一共性，即因盐业而兴，是淮盐的集散地和中转地。盐业商业空间的共性是沿重要航道呈狭长条状分布，多条巷弄垂直沿岸，这一城镇空间形态形成的主要原因是为了便于船只停卸和运送货物。盐业商业空间与主城的关系大致分为三种。

(1) 依城而建——河下古镇

淮安河下古镇位于淮安城西北运河北岸，宋代筑有通运的满浦闸坝。明代，河下首先因水系变迁而兴盛，运河改道和黄河侵淮使河下位于黄、运之间，北面紧临清江浦五坝，为民商转搬之所，遂成就明清河下逐渐繁荣的情景，"贾舶连檐，云集湖嘴，繁滋景象，俶落权舆"[①]。其次，河下是著名的造船之地，宋代已有造船厂，明初河下的繁华源于船厂的建设，后统一归置于清

---

① 《淮安河下志》

7 因漕运而兴的沿淮扬运河城镇体系

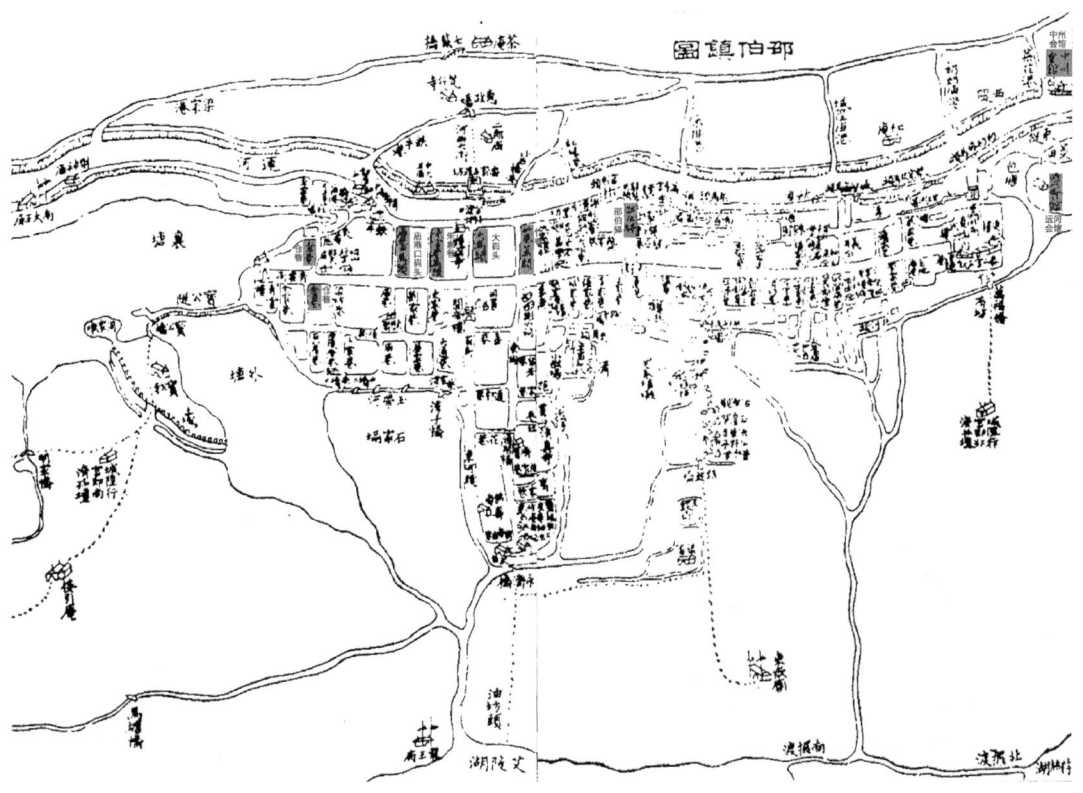

图 7.8　清代邵伯古镇图
资料来源：作者自绘，底图来自咸丰《甘棠小志》

古镇南大街　　　　　　古镇沿河大街　　　　　　古镇船舶停靠

图 7.9　邵伯古镇现状图
资料来源：作者拍摄

江浦船厂,成为铁、铜、绳等造船物资的集散地,并以此形成特色街巷,如钉铁巷、打铜巷、竹巷、绳巷等。最后,河下因盐业而著名。明中叶后,漕盐公署、淮北掣验所、淮北批验盐引所(位于大绳巷)、护盐巡检(位于乌沙河)及淮北盐运分司署皆移驻于此①。同治年间漕标右营游击署驻扎河下仓基庄坊,并有上一铺口、乌沙河口两处税关口。河下成为明中以降淮北盐业管理、集散的场所,盐商纷纷投足于此,为古镇的商业繁荣和城镇建设做出巨大贡献。

明清鼎盛时期,河下的繁华堪比扬州,"扬州千载繁华景,移至西湖嘴上头",这里不仅是依附于楚州城一角的市镇,还筑有圩寨,俨然一座城池。咸丰年间因皖寇入侵,河下惨遭洗劫,之后修建圩寨,加以防卫。圩寨东至新城城墙,西至西圩濠乌沙河,南至运河,北至市河,周长八里有余,东西广约五六里,南北袤约二里,高五尺,圩门六座,炮台八座。河下圩寨,虽未能形成四面围合的形式,但南有运河及运堤作为屏障,东南有萧湖水,东侧则有新城城墙及城濠,西侧、北侧均建有圩寨和圩濠,城濠格局俨若金汤。(见图7.10、图7.11)

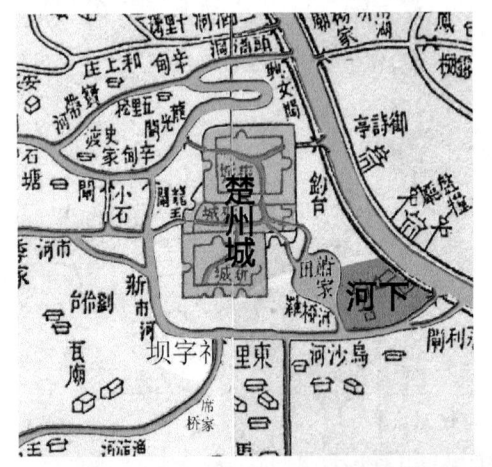
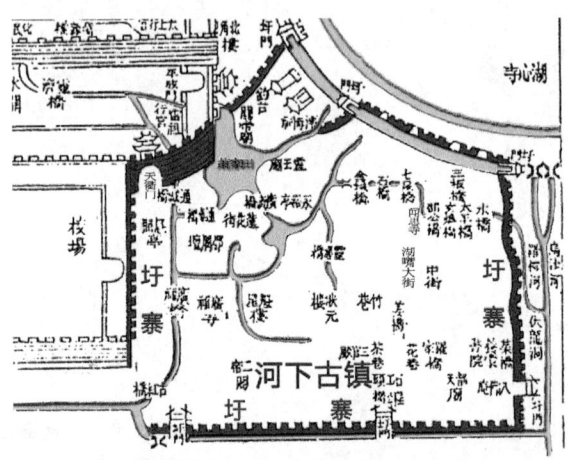

图7.10 清代楚州城与河下古镇的位置图　　图7.11 河下古镇圩寨、圩濠图

资料来源:作者自绘,根据同治《重修山阳县治》中的四境水利全图、山阳城隍圩砦图绘制

明清河下镇的兴建得益于盐商的支持。大批的盐商骈至于此,祠堂庙宇林立,宅第连云,商铺会馆鳞次栉比,诸商还出资筑石路百丈,形成以干鱼巷—竹巷、湖嘴大街—花巷为主干的十字街,清代河下古镇主街20条,巷弄92条,牌坊14座,周围集市10个②。镇内西

---

① 淮北掣验所起初驻扎在涟水的支家河口,黄河夺淮入海,该地区频发洪水,河岸坍塌,故将掣验所迁至河下。
② 根据《淮安河下志》总结。街:西湖嘴大街、状元里街、北关厢街、螺蛳街、相家湾街、石工头街、估衣街、鼓子街、茶巷大街、花巷大街、罗家桥街、古菜市口大街、板厂街、中街、三板桥街、四板桥街、二层街、空心街、花椒刘街、莲花街。巷:摇绳巷、小粉(店)巷、笔点巷(毕家巷)、烟店巷、白酒巷、太史第巷、黄香院巷、王斗升巷、五字店巷、柳家巷、裤脚巷、高家巷、仁字店巷、文字店巷、亘字店巷、梅家巷、药店巷、阎家过道巷、状元楼巷、张家巷、许天和巷、沧浪巷、土地庙巷、小广福寺巷、大广福寺巷、钉铁巷、七曲文昌巷、弥陀庵巷、粉章巷、一房山巷、火星庙巷、麯(曲)坊巷、打铜巷、高升巷、扁担巷、周官巷、草楼巷、倪家巷、清妙观巷、七条巷、侯家巷、殷家码头巷、牌楼巷、前三条巷、后三条巷、中三条巷、西三条巷、仓桥巷、马头巷、阎家巷、河泊所巷、关家巷、琵琶刘巷、夹板箱巷、羊肉巷、财神庙巷、童羊馆巷、三元宫巷、药师庵巷、徐家巷、玳瑁鱼巷、淮北所巷、光禄第巷、书店巷、三官殿巷、小花巷、干鱼巷、锡巷、地宫第巷、胡氏楼巷、斩龙巷、判厅巷、礼拜寺巷、余千户巷、绳巷、小绳巷、关帝庙巷、火巷、齐家巷、风箱巷、朱家巷、花园巷、翠花巷、梦家巷、姜桥巷、管家大门、宣家大门、罗家大门、老堤头、毛家渡口、水溜子、钥匙湾。街里各坊:古枚里坊、曲江初步坊、相家湾坊、芳邻里坊、姜桥坊、安乐里坊、三五铺坊、干鱼巷口坊、姜桥坊坊、粉章巷坊、三城外卫坊、狂澜砥柱坊、清时屏翰坊、薰风东来中流砥柱坊。市:米市、姜市、柴市、兰市、西湖嘴市、姜桥市、古菜桥市、相家湾市、罗家桥市、西义市。

湖嘴、竹街为商贾最为辐辏之地，西北角的花巷—古菜桥一带居民最为稠密。盐商财力雄厚，大兴土木，注重宅邸和园林的建筑，河下古镇有七十余座园林，主要为官绅、盐商所有，其中曲江楼、菰蒲曲和荻庄最为著名。随着各地盐商的日益增多，成立同乡会，建立新安、福建、润州、浙绍、定阳、四明、江宁、湖北、三皇等会馆，以便聚会和接待同乡。清后期淮安城有大批钱庄驻于此地，如鼎泰号，仅河下古镇就有二十余家。清末于淮北行票盐法，彻底收回盐商的世袭垄断权利，掣验所随即迁至西坝，盐商外迁，家宅屡遭捻军，不到十年，河下镇便萧条零落，仅有遗存润州、四明、江宁三所会馆，宅邸园林均已倾圮。（见图7.12、图7.13）

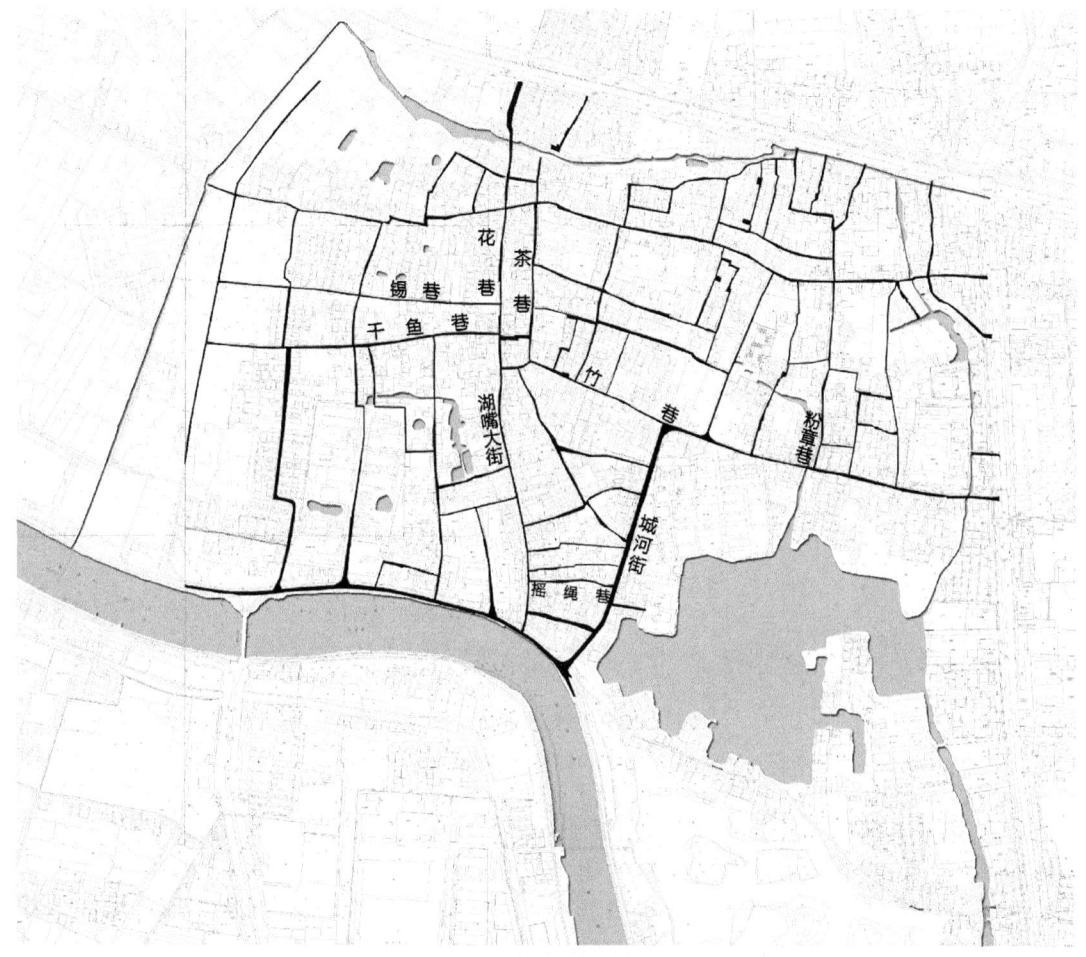

图7.12 明代河下古镇街巷系统
资料来源：作者自绘

（2）聚居城中——南河下区

扬州南河下地区是位于城市之中的盐业商业空间，面积较大，形态完整。南河下地区产生于隋唐，是罗城的居住区，宋代成为军寨驻扎地，明代扬州设立两淮都转运盐史司，盐法改为开中折色制后，大量徽籍、山陕盐商聚集于此。明清淮盐通过运盐河集中于扬州，经引市街兑换盐票后再经真州转运至东南六省。因此，盐商纷纷在运河沿岸购地造屋，沿着运河的北河下、中河下、南河下和东关街一带集中了大量的盐商住宅、会馆和仓库，特别是

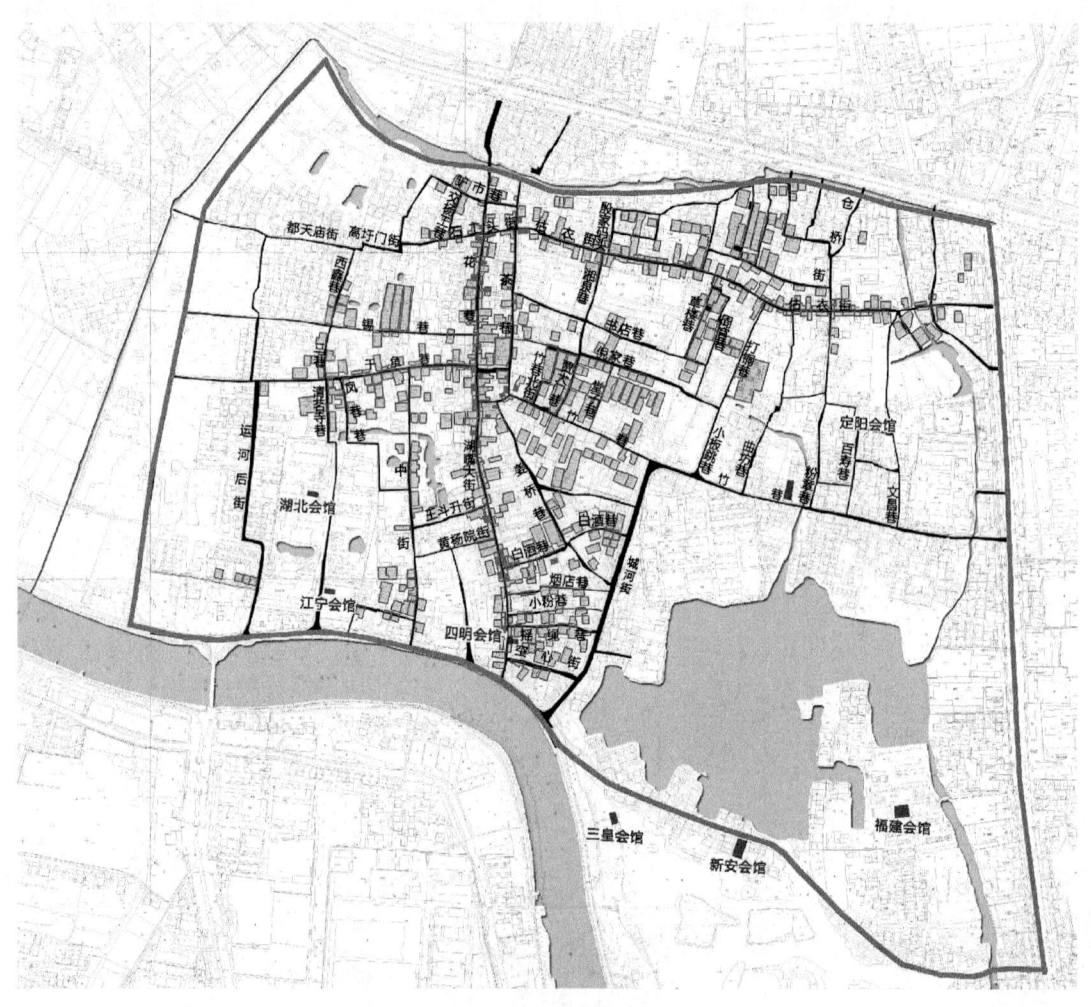

图 7.13　清代河下古镇街巷系统
资料来源:作者自绘

南河下"殷商巨族,高楼宅第,通衢夹道,阛阓市桥"[①]鳞次栉比。漕运和盐业带动了南河下的经济繁华,有清一代,南河下街设有岭南、安徽、旌德、江西、湖北、湖南、陕西、浙绍等会馆,这些会馆是盐商们用来沟通商业信息、联络同乡情谊的公共场所,同时也是盐商的经营场所,往往对门而居,夹道成巷。盐商居住的区域也是明清扬州城的新城区,旧城区主要位于衙署、府学、县学所在地,功能空间由宋元延续至明清,居住人群以官员、学者为主,受地理位置影响,早期盐商选择近航运的空地定居。这个区域由多条横纵街巷交织而成,会馆园林主要位于南部运河沿岸,商铺沿砖街(今渡江路北)、左卫街(今广陵路)、引市街等布局,寺庙、宫庵、书院等城市空间也分布其间。南河下也是明清扬州商业最繁华的地段之一,多子街以"两畔多缎铺"而著称,埂子街上"两畔多名肆",都是富商大贾云集的地方。(见图 7.14、图 7.15)

---

① 宗元鼎《游康山草堂记》

7 因漕运而兴的沿淮扬运河城镇体系

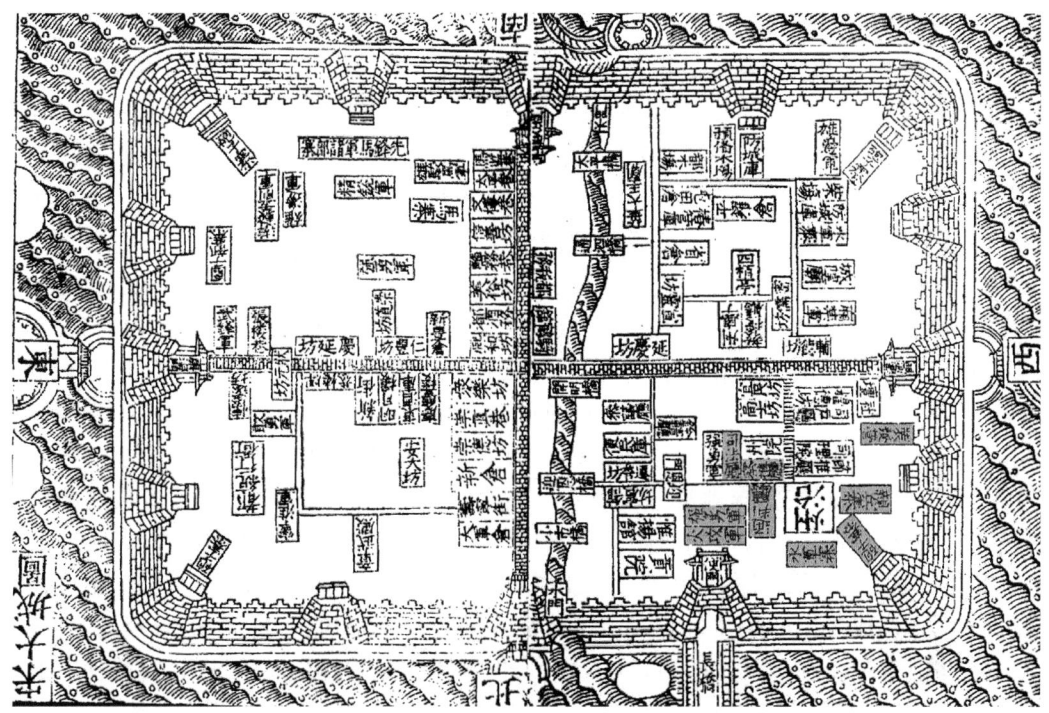

图 7.14 宋代扬州宋大城军事空间示意图

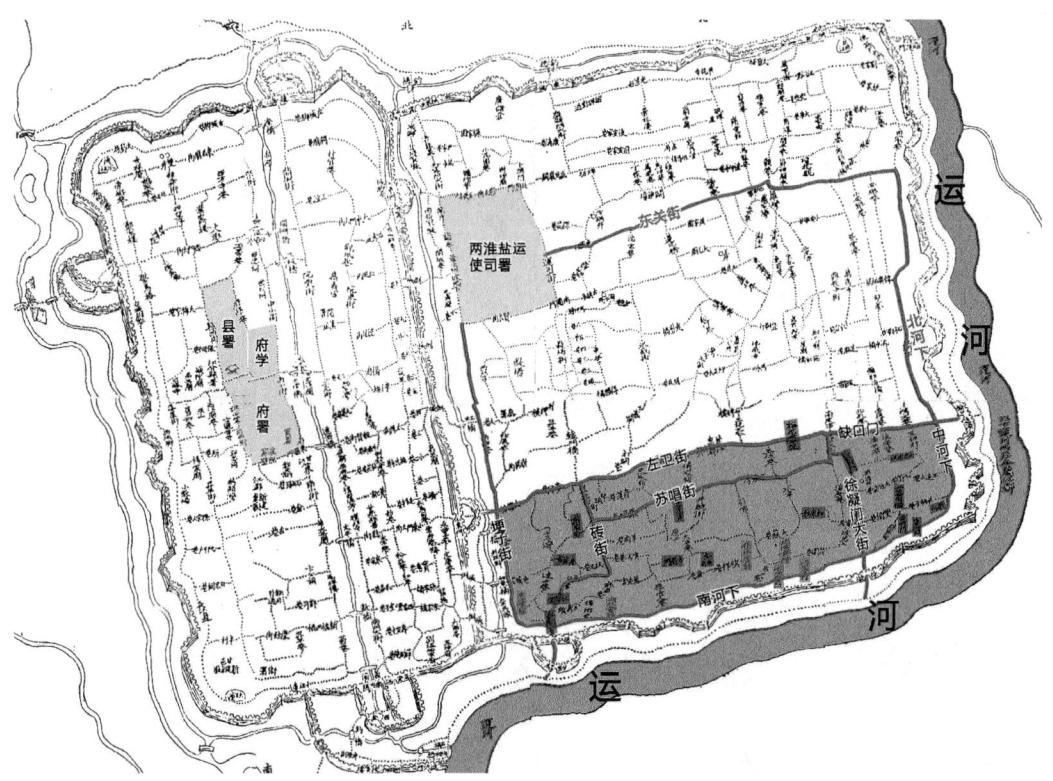

图 7.15 清代扬州河下区示意图

图 7.14、图 7.15 资料来源：作者自绘，根据《嘉靖惟扬志》中宋大城、光绪《江都县续志》中江都甘泉县志图绘制

(3) 临城另建——十二圩镇

十二圩镇位于仪征县治东南 12 里,扬州西南 45 里,最早是仪真东侧新坝河的闸坝。明景泰年间开新坝河,崇祯年间建卧虎闸,后河淤闸废;道光复开闸河,并建立二闸,河道的开通使十二圩重新成为运河入江的重要码头①。清末时两淮海盐皆由十二圩进入长江,再运至东南六省。淮南盐运有两条水道,一条由运盐河经泰州盐掣卡,再经仙女庙巡护卡掣验,行 40 里水道至十二圩;另一条由里下河水系至六闸巡护卡掣验,再运至十二圩,同治时期盐运改由瓜洲达六濠口盐栈,再转至十二圩。淮北盐从连云港的诸港口,经海运与江运,到达十二圩。由此,十二圩成为清末民国时期(1871—1937)两淮盐务储存、中转的枢纽。同治十二年(1873)清朝"两淮盐务总栈"建于此,下辖淮南监掣同知署、淮南盐引批验所、楚盐和西盐查验所、总栈浦委厅、盐务警察总局、毛盐局等机构。十二圩的行政关系不从属于仪征,总办由知府调任,光绪年间由正四品道员担任,可见其行政地位之高,曾有五国财团因巨额的盐税向这里派驻专员。

十二圩成为盐业重镇与地理环境也有很大关系。该地区成陆较晚,且多次坍陷于江中,其自然地貌具有典型的圩村特征。长江中下游岸线渐东、渐南,江中形成多片沙洲,逐渐形成沿江漫滩的冲积平原,居民在平原上筑圩堤,堤内有规划地挖凿横纵沟渠,居民依圩堤整齐排居,形成典型的扬州圩村。南面江面水域宽阔,便于码头延伸、船只停靠,利于海盐堆放,北面有多条水系与运盐河、里下河相通,东有江道、海道,便于淮南、淮北盐业的运输。(见图 7.16~图 7.18)

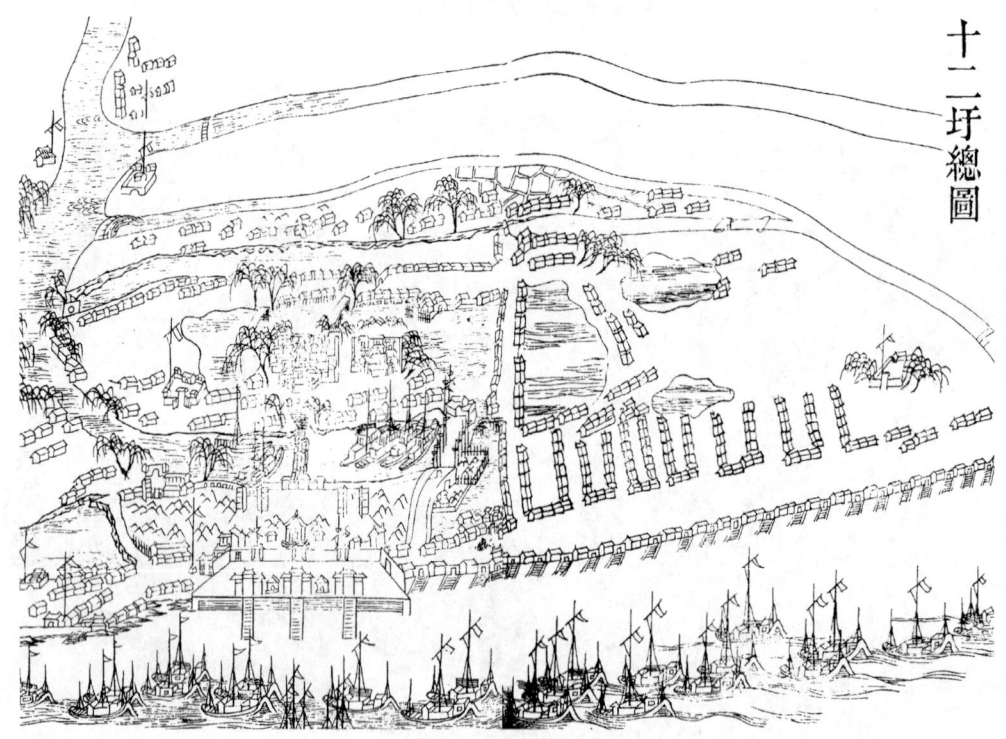

图 7.16 十二圩总图
资料来源:光绪《两淮盐法志》,从图中可见清末十二圩的总体格局

---

① 根据《淮系年表全编》图 34~36 总结。

7 因漕运而兴的沿淮扬运河城镇体系

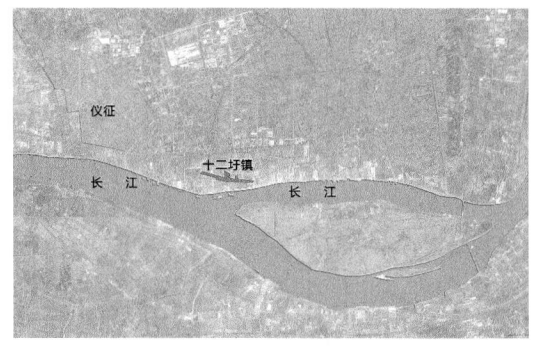

图 7.17 十二圩与周围的大区域关系图

图 7.18 清代十二圩古镇空间形态图

图 7.17、图 7.18 资料来源：作者自绘

十二圩镇完全因盐运而建设，曾有九街十八巷，繁华程度远超一般市镇。运盐鼎盛之时，江中停泊船只达 2 000 余艘，船民水手上万人。盛时老街长 2.5 km，30 座码头栈道横穿老街，注册商铺 400 家，人口 20 万，盐务劳工 5 万，各省人士杂居于此，盐帮会馆林立，众多老字号商铺汇集于此。近代城镇建设也很发达，光绪年间建有电厂①（扬州当时还没有发电厂）、大新电灯公司、电报局以及铺设铁轨等，其现代化程度超越扬州。十二圩在封建政权的作用下从沿江芦田渔村转变为两淮盐务重地，是封建盐业经济没落前的辉煌，但同样因旧盐政的改革、新盐法的颁布而日落西山。（见图 7.19）

码头装卸盐包

十二圩盐船

十二圩铁道照片

盐务稽核支所

华阳旅馆

图 7.19 仪征盐业管理与建设

资料来源：仪征博物馆陈列，仪征档案馆收藏

① 上海是光绪八年(1882)建电厂。

3) 邮驿空间,城外而兴

明清江淮运河沿岸的驿站主要有广陵、邵伯、盂城、界首、安平、淮阴。驿站多位于城外靠近城墙的区域,如广陵驿位于大运河西岸,安江门(南门)外界东侧,旧称皇华亭;安平驿位于宝应县城北门外;清淮阴驿设在运河东岸南角楼北,城墙脚下。随着漕运任务繁重,职能逐渐复杂,驿建筑群也不断壮大,如:界首驿房屋 61 间;安平驿房屋共 37 间,工作人员 160 名,站船 15 只,驿马 160 匹,占地面积约 50 000 m²;淮安驿有房屋 63 间,驿马 95 匹,工作人员 347 人①。驿站由早期的邮亭、食宿建筑逐渐演变为驿站建筑群落,形成专业的街巷空间。几乎每座驿站所在处均命名为"馆驿巷",建筑群形成后,由邮驿所衍生的商业空间对整个城镇的空间产生影响,如高邮驿。清末古代邮驿制度伴随着现代邮政制度的入侵而逐渐没落,但因驿站而产生的城外商业空间延续至今。

高邮是一座完全因邮驿文化而兴的古镇,先有驿后有城。公元前 223 年,秦王政筑高台、置邮亭于此地,故名高邮;宋开宝四年(971)筑城,驿站位于南城门外,紧邻城墙。高邮驿一直是运河沿岸重要的邮驿点,城镇的发展与邮驿的发展相辅相成,由单纯的邮驿单位演变为重要的城镇。最初只是具有邮递接待功能的零星建筑,后漕运繁忙,驿传任务亦繁重,建筑规模不断扩大,逐渐演变成建筑群。明隆庆《高邮州志》中记载:"盂城驿在南门外,明洪武八年知州某开设。永乐元年知州王俊重修正厅五间,后厅五间,库房三间,廊房十四间,神祠一间,马房二十间,前鼓楼三间,照壁牌楼一座……驿门三间,驿北为驿丞宅一所,共房十二间,夫厂一所六间。"民国《三续高邮州志》中记载了从业人员两百余人,"驿丞一人,攒典一人,差头一名,棚头(清代陆军编制,十四人为一棚)三名;兽医一名,马夫六十一名,旱夫二十三名,水夫一百七十名",足见规模之大。

明清时,高邮城向城外南、北方向扩展,城北为居住空间,城南形成以邮驿为核心的城市商业空间。古代邮差官吏在此停留整顿,休息作罢再携公文从码头出发。为了满足接待功能而衍生出丰富的城镇空间,如其周围建有华严寺、魁星阁、镇国寺等宗教休闲空间。仰仗大运河的商业运输作用,南门商业空间平行运河呈带状分布,巷弄单面垂直主街,主要空间位于东侧,西侧有零星闸坝和寺庙,靠近运河,便于船只停靠。驿站的繁荣带动了整个高邮城的繁华。高邮驿属于水陆驿站,运河上往来船只停靠于此,驿站东有盐墩,通过运盐河与串场河各盐场相连,西有运粮巷、盐仓巷,是当时盐业仓储和粮食集散地。由此,高邮驿将自身邮驿职能与大运河交通运输职能相结合,形成休闲商业、物资集散和交通运输相结合的中心。虽然清末驿站废除,但是城市空间得以延续,高邮驿周围和南大街依旧是城市的中心地区。(见图 7.20、图 7.21)

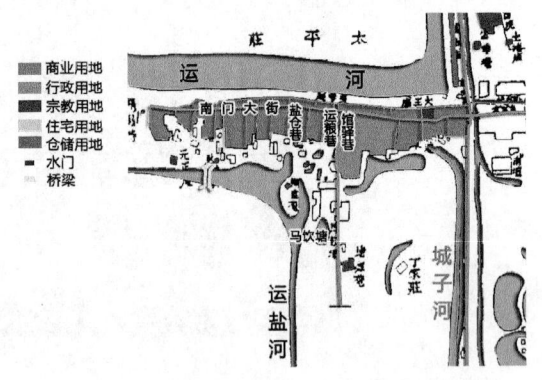

图 7.20　清代高邮南门大街城镇空间图
资料来源:作者自绘,根据《光绪再续高邮州志》城乡平面图绘制

---

① 根据明隆庆《高邮州志》和同治《重修山阳县志》整理。

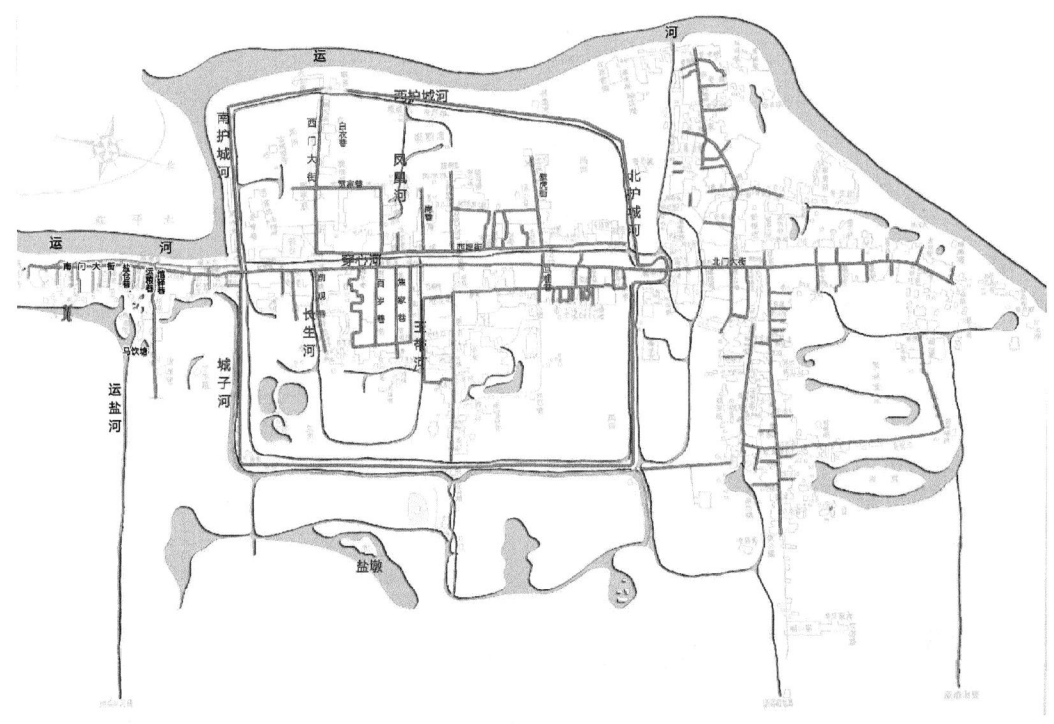

图 7.21　清代高邮城镇水系与街巷空间图
资料来源:作者自绘,根据《光绪再续高邮州志》城乡平面图绘制

4)宗教休闲空间,因漕运而兴

漕运使沿运的城镇产生丰富的宗教空间。由于运道情况多变,漕运具有一定的风险性,漕工多信奉神灵,希望宗教神灵加以庇佑。沿运地区多有水灾,又东濒大海,因此运河城镇百姓多祭祀水神。这些滨河地带的宗教建筑,有的与周围湖泊水系结合,成为具有城市休闲功能的风景园林;有的以居民生活区作为背景,衍生出商业空间,后逐渐发展成为城市中心或市集。这些滨水宗教建筑给沿河居民带来了强大的信仰和内心慰藉,同时促进了城镇的繁荣,形成独特的人文景观,如高邮的镇国寺塔、宝应的宁国寺等。(见图 7.22)

以淮安城为例,宗教建筑主要沿运河、淮河、护城河、城内市河及大面积水域分布。新城北门外,明代淮河岸边建有淮渎庙;隆庆年间城西淮河南岸建有柳将军庙;城内有海公庵、水陆寺、龙王庙、镇海金神庙等,均供奉水神。

图 7.22　高邮镇国寺与高邮老城隔运河而相望
资料来源:作者拍摄

宗教建筑类型丰富,坛庙寺观皆有之。明代淮安府有社稷坛、风云雷雨山川坛和郡厉坛三大坛,乡间设有社厉坛、乡厉坛等,清代于旧城南门外修建先农坛。城内有文庙、府学及城隍庙等规模较大的宗教建筑群,如乾隆年间府学有"牌坊二座、影壁一座、戟门三座、棂星门三座、先

师殿五间、泮池、两庑十四间,附设崇圣祠、文昌祠、魁星祠、名臣祠、乡贤祠"①。衙署和民间祠宇的规模小,通常1~3间,如漕督署内设水土神祠3间,城外的土地庙、关公庙多为1间。

淮安自古佛道皆崇,以道教见多,对各路神灵崇信。民间杂祀历来兴旺,以土地庙、关帝庙、大王庙最多。明代东城外有腊八庙,各城门附近建有关帝庙,西南月湖上有道观紫极宫(后称天妃宫),城内有孚祐帝君庙、阮公祠,城东有三界祠、东狱庙,此外还有都土地祠、二郎庙、马神庙、柳将军庙、财神庙等以祭祀各路神灵。另一类寺庙结合湖泊形成风景园林,如旧城西南隅有月湖,湖心岛上建有天妃宫,供奉漕运水神,另建有两仪亭、镜静堂、涌月台等景观;与之相对的城内西北隅有勺湖,湖滨有文通塔,是城西北标志性的景观,结合老君殿、龙王庙形成老城区的西北休闲空间。淮安城的两处公共风景区均是宗教建筑结合水景,穿插堤、桥、亭、台、楼、榭等作为点缀。(见图7.23)

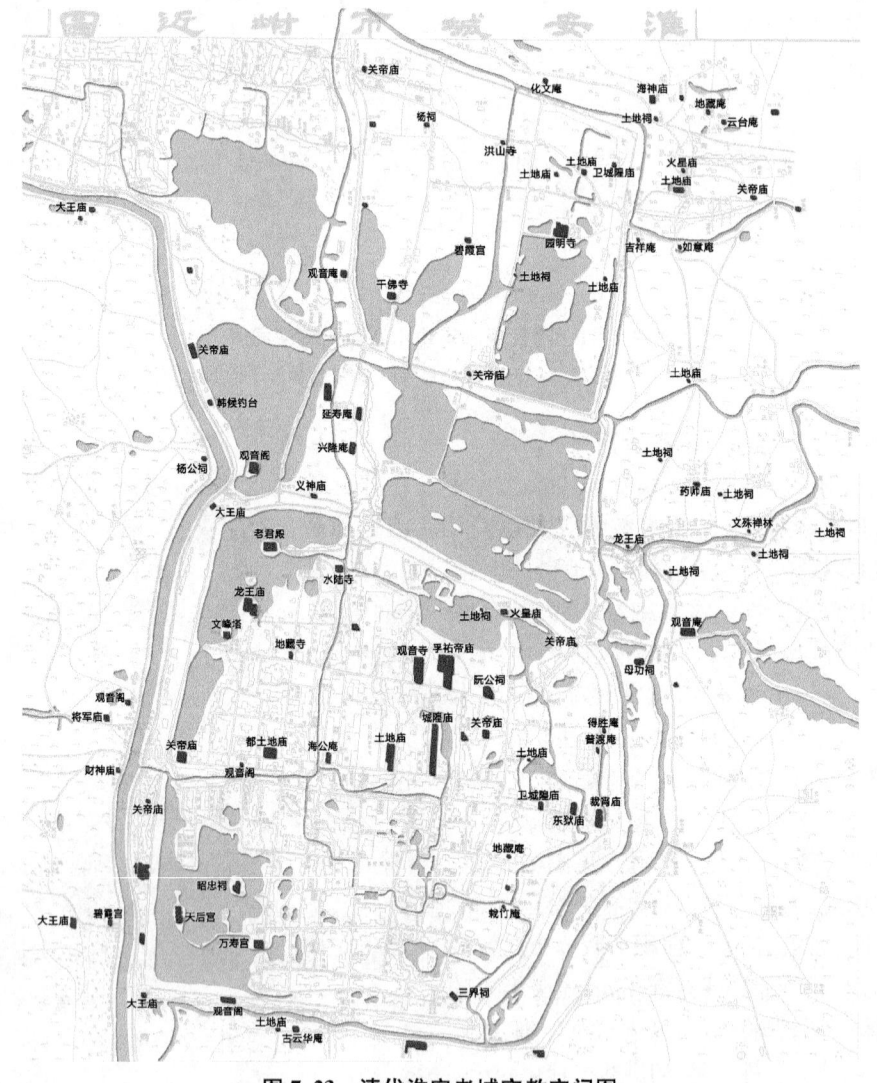

图7.23 清代淮安老城宗教空间图

资料来源:作者自绘,根据《淮安城市附近图》(1908年江北陆军学堂学生测绘,现存楚州区档案馆)绘制

---

① 《乾隆淮安府志》

7.3 运河城市的漕运空间研究——以淮安为例

7.3.1 江淮运河对淮安所产生的历史价值

运河是淮安城市发展的根基,淮安兴于漕运枢纽,因运河水系的多次改道而不断迁徙,明清京杭大运河的开通为淮安带来第二次繁荣,使城市发展进入鼎盛时期,淮安与扬州、苏州、杭州并称运河沿线的"四大都市",并形成以漕运为核心的五大中心,即漕运指挥中心、河道治理中心、淮北盐业集散中心、漕粮仓储中心和漕船制造中心。

1) 区位价值

淮安是南北大运河的腹心,其最重要的价值是区位优势,素有"南船北马,九省通衢,七省咽喉,五河要津,京师孔道"之称。从先秦起,该地区便与运河水系发生密切关系;隋代大运河开凿贯通后,淮安成为运河与通济渠的枢纽;唐宋时期,修浚淮河北安官河,又成为淮北盐运要津;明清遂为漕盐转运的中枢和全国的交通枢纽。清代黄、淮、运交汇于清口,东北与盐河相接,将淮北盐业转运于此;西北有泗水、汴水与中原、北方相通;西南有洪泽湖水系,可与凤阳府相接,南有运河通江;东开菊花头,以通海运。可见,淮安四方水系通达。正因为交通地位的重要,漕运机构才驻扎淮安,"漕督居城,司仓屯工,星罗棋布,俨然省会"①,使其成为江北一大都会,明清淮安的政治地位、经济地位及文化地位凸显而出。(见图7.24)

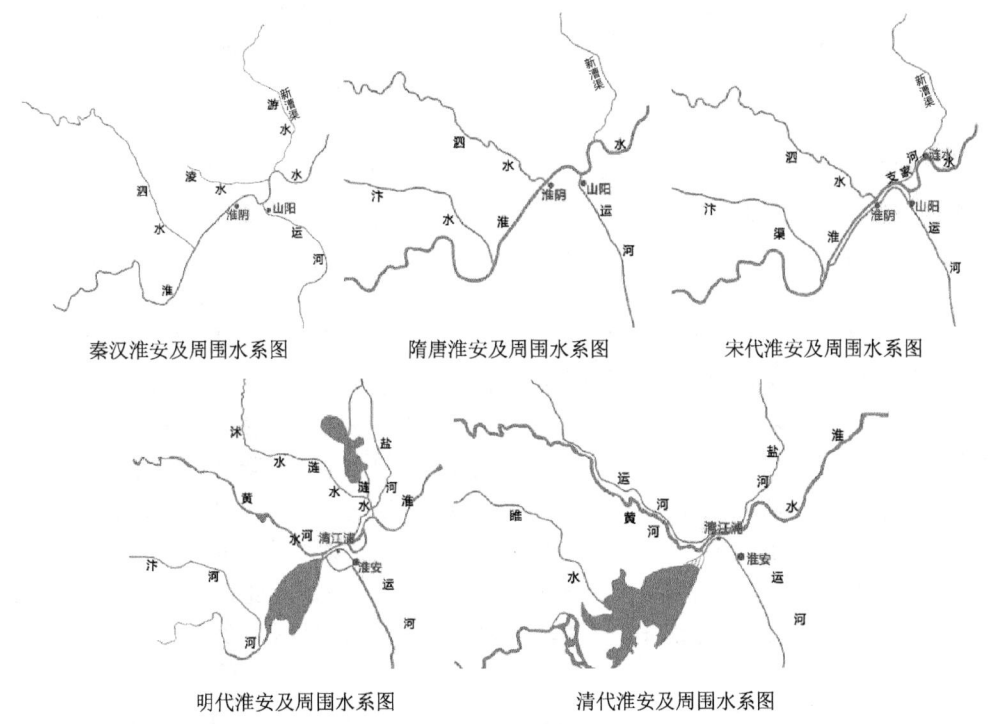

图7.24 淮安周围水系变迁图
资料来源:作者自绘

---

① 《续纂山阳县志》

2）政治价值

政治价值随着中央对漕运的重视应运而生。明代之前,江南漕运的管理中心位于沿江地带的扬州、真州、南京。唐代于扬州设立漕运专职,即江淮转运使;北宋设置了专职的漕运机构,设江淮荆浙发运司于真州;元代设置江淮都漕运司(驻南京)。

明代漕政管理机构开始向淮安转移。最初由武官担任总兵来督管漕务,并常驻淮安,后来朝廷派遣文职官员与武臣共同治理。景泰二年(1451),正式命副都御史为漕运总督,常驻淮安,至此漕运总督才成为常设职位。清代从漕运总督中分设河道总督,分别负责漕粮运输和河道治理。此外,漕运总督还是都察院都御史,并兼有提督军务和巡抚的职能。漕运总督是漕政管理的核心,下管漕仓、船厂、卫所等机构,每个机构都有复杂的官员配置和管理职责。淮安官衙林立,明代设立漕运总督府,清康熙年间又设河道总督府,两督府机构庞大,官职高,掌管全国的漕运事务和黄运堤防与疏浚工作,可见淮安地位之高。此外,明清时期在淮安还设置了理刑刑部、监仓户部、管厂工部、督理钞关公署、守备太监、都察院、淮扬道公署、工部分司署、户部分司署、盐运分司署等衙署,这些都加强了国家对漕运的管理,也使淮安政治、经济、文化地位得到提升。(见图7.25)

3）经济价值

漕运给淮安带来的最直接的利益是促进其社会、经济繁荣发展和城镇的兴建。除漕粮运输外,土产物资流通也拉动了淮安的经济生长。明代起,政府允许漕船携带土宜,并规定每船的运量和种类,在范围内者可免征税钞。从明成化年间到清道光年间,每船准载的土宜量增加了17倍①。繁忙的商货交流,吸引各地商家纷纷来此定居,不仅本城居民从商者众多,外来商人也纷纷在此开设货铺,设立会馆。根据傅崇兰在《中国运河城市发展史》中记载,清代淮安城内外从商的人数有28 000多人,占据整个淮安城市人口近半。

榷税也是淮安财政收入的主要来源,沿江淮运河所设的榷关有淮安关和扬州关,每个税关由大关和分口组成。淮安关下辖3个大关,征税口21个,巡查口26个;清扬州的大关1个,征税口2个,巡查口5个。最初的一府三关包括淮安钞关、淮安仓和清江船厂,前两者直隶户部,后者直隶工部,雍正七年(1729)将三关合一,统由淮安钞关监管,管理范围之大,东西数百里,南北近千里②。淮安三关,每关所抽税的对象不同,除了官府的漕船外,凡各地来淮安发卖的货物、粮食、船料均需要交纳税和榷船税。根据《重修山阳县志》卷四中记载,乾嘉年间的淮安榷关税收比明宣德年间增长了近4倍(宣德年:22 700两;万历年:23 000两;顺治八年:58 300两;乾嘉年:100 000两)。清康熙年是税收额最高的时期,淮安关税额最高为542 588.2两(乾隆十五年,1750),最低为182 864.3两(乾隆五十一年,1786);扬州关税收额最高为228 529两(乾隆十七年,1752),最低为118 762.3两(乾隆五十一年,1786),淮安的税收额超过扬州的两倍③。淮安关的征税银从明至清呈持续上升的趋势,明成化年占全国赋银的3‰,至清乾隆、道光年间已升至11‰④。由此,淮安关是明清时期重要的榷关之一,在明清的社会经济生活中具有重要的影响。(见图7.26)

---

① 江太新,苏金玉.漕运与淮安清代经济[J].学海,2007(2):56-61.其中记载:"成化:10石;嘉靖:40石;万历:60石;道光:180石。"
② 《重修山阳县志》卷四中载:"始自明代,一为户部钞关,驻板闸。一为户部储粮。一为工部抽分,驻清江浦。"
③ 杨建庭.税与商品流通——乾隆时期江苏税关研究[D].天津:南开大学,2009:62-66
④ 何本方.淮安榷关简论[J].淮北师范大学学报(哲学社会科学版),1988(Z1):27-36

7 因漕运而兴的沿淮扬运河城镇体系

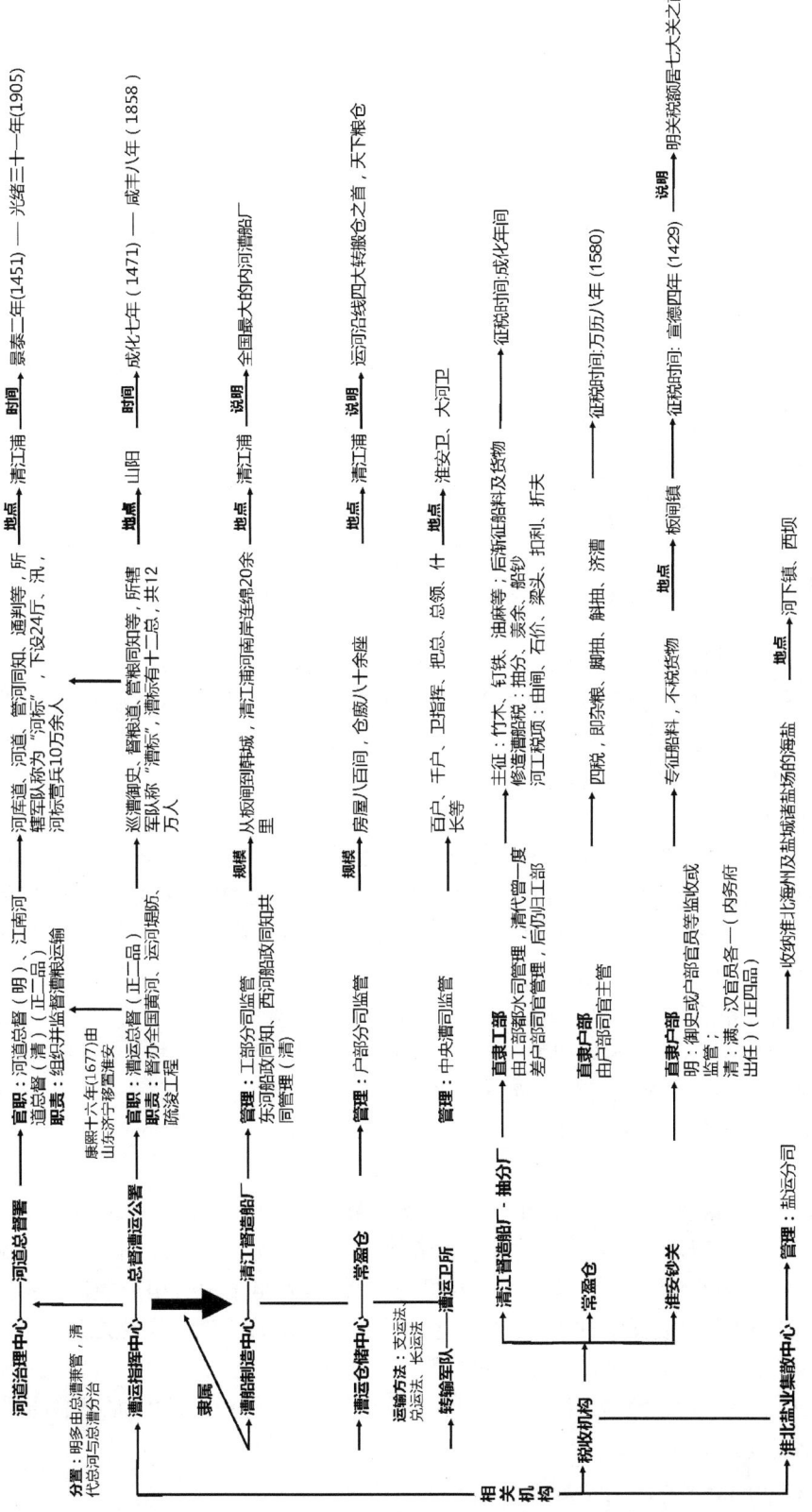

图 7.25 淮安漕运管理机构关系结构图
资料来源：作者自绘

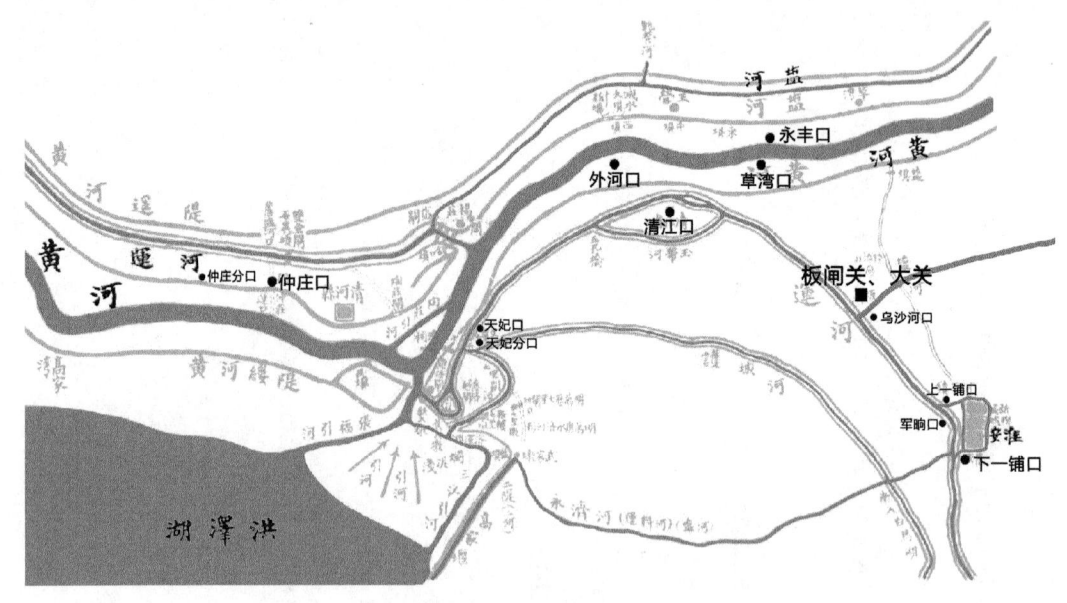

图 7.26 淮安附近的征税口
资料来源：作者自绘，底图来自《淮系年表全编》分图六十三

另外，盐业运销也是淮安经济另一大支柱产业。清淮安所属盐场产量较少，但盐引批验所位于楚州，四方水系发达，直接沟通产、销地，淮北的海盐由盐河运往淮阴西坝，过河下掣盐之后，转运安徽、河南等各口岸地，因此明清淮安是淮北盐业的转运中心，盐业转运带动了淮安经济发展。

4）水利工程技术价值

淮安是中国古代水利工程技术集大成者。北宋之前，这里是淮扬运河、淮水、泗水、广济渠的汇合处。黄河南徙后，这里成为黄河、淮河、大运河与洪泽湖水相交汇的关键地区。复杂的江河水文特性和特殊的地理位置使这里自古便成为水利工程最密集、丰富、多变的区域。淮安地区的水利工程是整个江淮东部里下河地区安危的关键，其保障漕运的畅通，肩负着治黄、治淮和治运的作用。清口水利枢纽是17世纪最为复杂的水利工程，是蓄清刷黄、借黄济运、倒塘济运等治水思想的关键，具有蓄水、冲沙、泄洪等功能。这一工程在今天也是淮河末端重要的控制性工程，发挥蓄水泄洪等作用。另外，淮安也是运河沿线水系最为复杂、水利设施最多、现存运河遗址最多的地区。（见图7.27、图7.28）

5）漕运文化价值

明清整个淮安商业气息颇为浓重，奢靡之风渗透到生活中的方方面面，从民间到官府均如此，可谓"楚俗轻剽劲悍，挟节负气，重然诺，履信义，士崇学问，人尚廉耻，衣冠礼乐之美，甲于东南"[①]。随着政治、经济地位的不断提升，大批名人雅士被吸引或短居或落户于淮安，创造了独具特色的淮安文学，如"望社"等，使淮安城成为名震一时的文化之邦。淮安南北人口往来频繁，巨大的流动人员需要庞大的服务行业来支撑，加上漕、河、盐、榷四大中央派出机构驻扎于此，巨商大贾各地名人汇聚淮安，因此促进了淮安服务业的发展，如著名的淮安菜。

---

① 明天启《淮安府志》

图 7.27　洪泽湖大堤图
资料来源:《洪泽湖志》

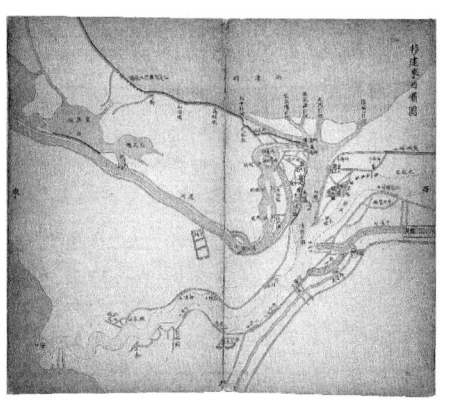

图 7.28　乾隆清口图
资料来源:《乾隆黄运湖河全图》

7.3.2　水系变迁与两淮城镇群的形成与发展

1) 秦汉三水交汇与淮安三城鼎立的格局

淮安夏商周时期是徐国活动的中心区域之一；春秋战国时期，淮安所在的泗水、淮水便是南北扬、徐二州的中枢，扬州"沿于江海，达于淮泗"，徐州"浮于淮泗，达于河"[①]。淮水及其各个支流(泗水、汴水、涡水、颍水等)在很长一段时间内是沟通南方与黄河的主要渠道。在邗沟开通之前，南船北上，通常由长江入海，由云梯关逆淮而上，达至第一个北上中转点即为泗淮交汇处，船可沿着泗水北上到达齐鲁，也可西沿淮水，通过汴、涡直达中原。因此，淮水、泗水咽喉扼地便是淮安最先开发的地区。邗沟开凿以后，淮安扼泗水、淮水、邗沟交汇之地，成为重要的交通枢纽。春秋末年，秦代淮阴故城已是当时该地区的经济文化中心，东部地区战国墓葬出土大型铜饰车舆和鼓车，说明当时淮阴已有权高之人寄居于此，并且有陆路交通可达。秦灭楚后，在此筑甘罗城，直至清末遭泥沙淤积，成为防汛要地。东晋时，荀羡于甘罗城南一里建淮阴城，之后在很长一段历史时间里与甘罗城互为依托。周敬王三十四年(前486)，吴王开凿邗沟，至末口入淮，由于淮河水位低于运河，后人在此筑堰(又称北辰堰、北神堰、平水堰)，以调节南北水位，便于通航。北辰堰地处交通要冲，北上的船只必由此堰渡淮，随后居民逐渐增多，后发展为北辰镇。北岸泗水入淮处的泗口(又称清河口、大清口)几乎同时兴起，作为南北交通要冲和军事重地而存在，凡南北战争为兵家必争之地，直至明嘉靖初年废。除泗口外，淮河北岸还筑有多个军事城堡，东晋末年筑角城(今泗阳李口镇附近)、南朝筑樊毅城(陈将樊毅筑，后被杨素攻之毁坏)，均与泗口并为重镇。

两晋南北朝，淮泗沦为南北战场前线，这时期泗口、淮阴、北辰三个区域各守一方，互为依托，为南北对峙的前沿重镇。每个区域都以中心为核心建立多座城池，历史记载该地区曾先后出现过秦淮阴城、甘罗城、淮阴故城、北辰镇、山阳城、古射阳城、角城、仓城等十多个城濠，足以标志淮安繁华的往昔和丰厚的历史文化。(见表7.3、图7.29、图7.30)

[①]《尚书·禹贡》

表 7.3 秦汉时期淮安地区古城考证

城名称	文献出处及描述	说明分析
秦淮阴城	"淮阴侯韩信者,淮阴人也"(《史记·淮阴侯列传》)	春秋中后期淮阴之地属于楚国,秦灭楚国后在此设淮阴县。甘罗在秦统一之前被封为策士,秦王以田宅赐之,甘罗城因此而得名。对秦淮阴故城的文献记载较少,根据北宋文人徐积和当代淮安文史专家荀德麟等人的研究,秦淮阴故城即甘罗城。邗沟开通后,秦淮阴是当时重要的交通枢纽,位于泗水、淮水、邗沟的交汇处,东近黄海,南达长江,北通河济,承担中原补给和贡品的主要运输,同时也是淮泗下游的经济文化中心
甘罗城	"盖以传考之所谓甘罗城者,非也。谓之淮阴故城,可也"(北宋徐积《登淮阴古城并序》)	
	"甘罗城在旧淮阴治北,或云即淮阴故城。今属清河界,去码头巡检司一里许。相传秦甘罗筑。雨后,常土中得小钱,篆文,不可识。或云:宝应有甘罗庙,此其葬处"(正德《淮安府志》卷十四)	
	"太康三年(282),移广陵郡治淮阴。元帝渡江,广陵郡治移去,而以镇北、征北将军,青、兖二州刺史或徐州刺史镇淮阴,淮阴遂为重镇"(《光绪丙子清河县志》卷二)	
荀羡所筑淮阴城(东晋淮阴城)	"荀羡曰:淮阴旧镇,地形都要,水陆交通,易以观衅,沃野有开殖之资,方舟有运漕之利"; "……永和五年荀羡镇淮阴,以地形都要,屯兵无地,乃营立城池"; "淮阴城,府西北四十里。秦县。汉仍为淮阴县,韩信以楚王改封淮阴侯,是也"(《读史方舆纪要》)	文献中所载的淮阴故城大部分指的是荀羡所筑淮阴城(晋永和五年,349年),位于甘罗城南约一里,位于马头巡检司(约今码头镇)处。在此之前,甘罗城是淮泗地区最重要的城堡,此后也一直沿用,与东晋淮阴城互为依托,曾多次作为淮阴县、清河县的治所、河道管理公署等行政机构,后受水患影响,清乾隆以后逐渐淤积成陆
	"永和五年,荀羡以地形都要,水陆交通,易以观衅,沃野有开殖之利,方舟运漕,无他屯阻,乃营立城池,淮阴城自此始"(《淮安府志》)	
	"淮阴故城:今马头巡检司处是也。昔韩信钓城下,即镇北一里之土城,俗相传为甘罗城"(嘉靖《清河县志》卷三)	
	"甘罗城在旧淮阴县治北一里,周四百二十七丈"(《光绪丙子清河县志》)	
韩王城	"韩信城:信本此县人,其冢宅处所并存,后受为侯,因筑此城"(《太平寰宇记》卷一百二十四)	根据考古挖掘,韩信城位于淮安市清浦区城南乡西境,城墙分内外两道,平面呈"回"字形,因为韩信出生地而得名。根据钻探试掘,韩信城为宋元所建,汉代受封筑城的说法值得质疑,汉代所谓韩信城可能指韩母墓冢和韩信家宅所在(《江苏淮安韩信城遗址调查试掘与文化性质再认识》)
	"韩王庄在淮阴县东北,与庙驷铺相连,西接八里庄,自昔相传以为韩信生于此"(《舆地纪胜》)	
	"韩王庄在淮阴故城东北,西接八里庄。相传韩信生于此"(《淮安府志》)	
	"豁达两河口,前与黄河通。高岸忽斗折,清淮汇其中。甘罗城在南,韩信城在东"(明代张羽《清口》)	

续表 7.3

城名称	文献出处及描述	说明分析
古泗口、大清口、清河口	"浮于淮泗,达于河,淮海惟扬州……沿于江海,达于淮泗,荆及衡阳惟荆州"(《尚书·禹贡》) 码头镇"其北十里大河口旧镇,元旧治也"(《咸丰清河县志》) "在王营镇西,为泗水入淮之口,宋咸淳九年设清河县于此。自废为镇,后遂失所在,大约当在杨庄左近"(《王家营志·古迹》) "右朝奉郎、通州楚州徐宗偃遣镇江都统制刘锜书云:'……今清河口去本州五十里,地名八里庄'(清河口即古泗口)(《续资治通鉴》)	位于今袁集乡桂塘村桂塘及其附近一带,明嘉靖初年,积沙淤垫成陆,黄河改小清口入淮,泗口遂废
角城	"泗水又东,经角城北而东南,流注于淮"(《水经注·枫羲》) "淮、泗之会,即角城也"(《水经注》卷三十)	
末口	"于邗沟筑城穿沟,东北通射阳湖,西北至末口入淮"(杜预《春秋左传集解》)	
北神堰	"北神堰在府城北五里。古末口也,吴王夫差沟通江淮之处。后人于此立堰,以淮水低沟水高,防其泄也。舟行度堰始入淮,亦号为平水堰。五代周显德五年,自将兵攻楚州,欲引战舰自淮入江,尽略淮南地,而齐云舰大,阻北神堰不得渡,谋凿鹳水,以通其道,遣使行视,还言地形不便。周主自往规画,发民夫浚之,旬日而成,巨舰数百艘,皆达于江,唐人大惊,以为神。宋天圣四年,易为水堰。今新河导而北神堰遂废"(《读史方舆纪要》卷二十二)	
山阳县	"又分广陵界置海陵、山阳二郡"(《晋书》) "淮州,萧衍置,魏因之,治淮阴城……山阳郡,治山阳城,领县二。山阳,郡治。左乡,淮阴郡,领县三。富陵,怀恩州、郡治。鲁……"(《魏书》) "临淮太守……射阳令,前汉属临淮,后汉属广陵,三国时废,晋武帝太康元年复立。……淮阴令,前汉属临淮,后汉属下邳,《晋太康地志》属广陵"(《宋书》)	两晋以前尚无山阳县,梁武帝萧衍时从广陵郡的射阳县析出山阳县,随后建立山阳郡,治所在山阳城;两晋南北朝时,淮阴与山阳两县并存

资料来源:作者自制

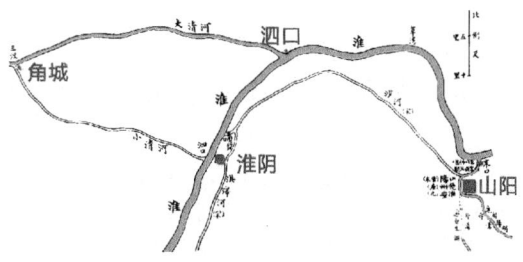

图 7.29 秦汉淮安三城鼎立格局图

资料来源:作者自绘,根据《淮系年表全编》分图六十一

185

图 7.30　秦汉淮安地区古城图
资料来源：作者自绘

2) 隋唐宋运河的开通与淮安城镇体系的初步发展

（1）隋唐大运河与双城模式

随着隋代运河的开凿,泗水的水运地位被通济渠所取代,南方漕船、盐船及商船从末口入淮,沿淮河向西南,于泗州入汴渠。隋唐江淮的经济发展迅速,中原仰仗江淮东部的米粮及其他物资,漕运量猛增,水系变迁,加之经济上的刺激更促进了泗州、楚州城市的崛起,随即取代泗口和淮阴成为隋唐时期运河沿线的两座重要城市。隋唐淮阴城曾三次并入楚州,一次是淮阴县治移至山阳县（隋文帝开皇元年,581 年）；淮阴县并入楚州两次（隋炀帝大业年间；唐武德七年,624 年）,说明楚州城的地位逐渐高于淮阴城。五代时期以淮河为界,淮南由南唐占领,后周觊觎淮南已久,企图发舟师进军,由汴水入淮,再进入邗沟,由于北神堰阻隔,因此后周世宗利用楚州城西的鹳水①,拓宽改造,另辟蹊径,沟通邗沟,最终击败南唐。由此,五代时期邗沟经过楚州,改道鹳水入淮,也可说明楚州地位之重要。（见图 7.31）

（2）宋代两淮运河与两淮城镇链的形成

北宋时,淮河下游水流湍急,尤其是末口所在的山阳湾；黄河决溢后,通过通济渠、汴渠进入淮河,黄河泥沙多,使得淮河下游河床淤积,河道水系不足,河水外灌,漫延至盱眙、古淮阴城一带的白水塘、富陵湖,扩大形成了洪泽浦（洪泽湖）,湖面积大,风浪经常酿成灾患,为了避免一系列航运风险,宋代沿淮河南岸先后开凿了沙河运河、洪泽运河和龟山运河（984—1083 年）②,再北渡过淮水至古泗州,与通济渠相连。三路运河的入淮口分别为北神闸、满浦闸（磨盘口）和洪泽闸,由于不直接走淮河,因此北端水流较充足。山阳至盱眙之间运河的开凿,运河入淮口的增加,除了楚州和泗州外,还兴起了韩信城、十八里河镇、八里

---

① 《资治通鉴》："上欲引战舰自淮入江,阻北神堰,不得渡；欲凿楚州西北鹳水以通其道,遣使行视,还言地形不便,计功甚多。上自往视之,授以规画,发楚州民夫浚之,旬日而成,用功甚省,巨舰数百艘皆达于江,唐人大惊,以为神。"

② 沙河运河凿开时间为 984—987 年,也称乌沙河,由末口西的故沙河口（即今河下镇）至古淮阴城磨盘口,先后由刘蟠、乔维岳相继开凿,长约 20 km；洪泽运河开凿时间为 1041—1071 年,先后由漕运官许元、发运使马仲甫、皮公弼负责开凿,从磨盘口到洪泽镇,长 24.5～30 km；龟山运河,从洪泽镇到龟山蛇浦（今盱眙）,长约 28.5 km。

庄、磨盘口、洪泽镇、龟山、盱眙等镇。宋代,该区域城镇中心发生转移,辐射区域扩大,是淮安地区城镇的第二次繁荣期。(见图7.32)

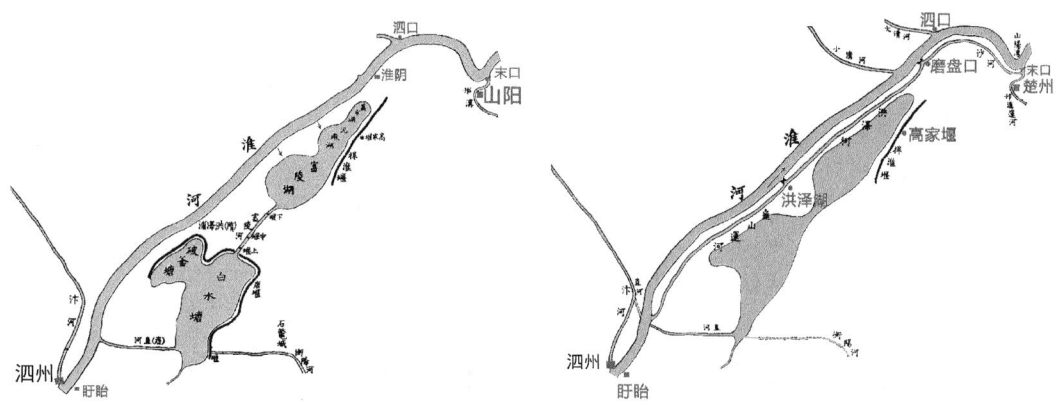

图7.31 淮安隋唐时期双城体系　　图7.32 宋代两淮城镇链

图7.31、图7.32资料来源:作者自绘,根据《淮系年表全编》分图一、二

(3) 唐宋时期楚州区域核心地位的确立

唐代楚州的繁华仅次于扬州,成为江淮东部新兴的政治、经济、文化中心,位列唐宋全国十大"紧州"①之一,地位在真州之上、扬州之下。"绍兴和议"后,宋金制定榷场贸易,泗州、盱眙、涟水、楚州的北神堰、淮阴的磨盘等地先后设立榷场,进行边境贸易。楚州得到发展,首先取决于漕运,隋唐运河在楚州北部的末口入淮,宋代漕船从楚州北神堰由运入淮。唐中叶后朝廷对南方的漕粮和贡赋需求逐渐增大,宋代则更加依赖江南,漕运量比唐代增加了六七倍。淮安处于漕运要津,设转搬仓于此,宋代淮南转运副使常驻淮安(淮南江浙荆湖发运使驻真州),熙宁六年(1073)楚州又设市易务②。漕运的发展带来淮安商业的繁荣,也促进了城市的建设。其次,楚州港促进了淮安的对外经济文化的交流。日本、韩国等外国商人从登州或密州登陆,南下由淮河口入楚州,或者由长江口入扬州,沿着运河入楚州。新罗商人在楚州从事海运业,主要分布在沿淮河南岸和淮河海口的涟水一带,设有新罗坊,建有宗教场所,如崔家禅院;日本圆仁和尚访华回国,曾多次由楚州港返日③;楚州还设有楚州驿馆,负责接待高级大型使团和国家高级官员。另外,楚州盐业的兴盛对城市经济有促进作用,楚州设有盐监,涟水和盐城的盐产均在楚州集散。总之,唐宋时期是楚州区域中心地位的确立期,其经济发展的机制取决于发达的淮、运、河水系。

---

① 唐开元中,以城市的自然地理条件、人口及经济发展状况作依据,规定州的等级,除京师附近的四州为四辅外,其余依次为:六雄,十望,十紧及其他上、中、下州。

② 宋王安石新法之一。宋神宗熙宁五年(1072)颁布实施,于汴京设都市易司,边境和重要城市设市易司或市易务。市易务只在"边境和重要城市"设立,其任务是估定物价,收购市场滞销货物,待市场缺货时再卖出,借贷官钱及赊售货物给商贩,采购政府部门所需的物资。市易务设提举和监务等官,负责管理、监督及收税。于元丰八年(1085)后陆续废除。全国计22处,已知有汴京、杭州、楚州、广州、成都、夔州、黔州、秦州、大名、惠州、凤翔、真定、扬州、永兴、安肃军、瀛州等城市。

③ 日本圆仁和尚在《入唐求法巡礼行记》中记载:"(十二月)十八日未时,新罗译语金正南为定诸贡使(据此次朝贡使藤原常嗣等人)归国之船,向楚州发去。""翌年元月三日,又闻敦符到州(指扬州),其行状称,准朝贡使奏,为日本国使帖于楚州雇船,便以二月令渡海者。"

3) 黄河夺淮对两淮城镇体系的影响

(1) 洪泽湖扩大与沿岸城镇体系的摧毁

洪泽湖的形成不是一蹴而就的,是由淮河北岸多个小塘陂逐渐演变而成。由于南部地势较高,每逢汛期,湖水常溢入地势较低的北部三塘,危及淮安地区,从汉代起即在此筑堰。明代是洪泽湖的扩张期,洪泽湖的形成是黄河南徙夺淮和"蓄清刷黄"的产物,也是治黄保运水利工程的重要组成部分。黄河入泗夺淮入海,淮口固定于清口,黄河泥沙被带入淮河,使淮河入海口淤堵,清口以下河床被抬高使淮河中上游水入海宣泄不畅,而明清修筑高家堰、洪泽大堤加剧了洪泽湖水东泄,黄、淮、运水流只能停蓄在洪泽湖,因此水域逐渐扩大。沿岸的淮阴、洪泽、龟山、泗州、安河等多座城镇均被洪泽湖水湮没,连持续繁华几百年的泗州城也在清康熙年间被水淹。

泗州最初位于今泗阳县郑楼镇,是宣帝于北周宣政元年(578)建制设州,因依傍泗水而得名。隋唐运河开通后,为了加强对漕运的管理,唐玄宗于唐开元二十三年(735)将其移至汴口,与盱眙城隔淮相对,泗州旧有东西两座土城,汴河穿城而过。经历代发展,明时已颇具规模。泗州古城的考古挖掘仍在进行中,根据已发掘的成果和历史文献基本可确定古城的位置,其位于盱眙西北的小洲滩上,东、西、南三面沿岸有山脉相对,北距洪泽湖11 km,正北13 km为明祖陵所在,当时泗州城是作为皇家之行宫,位于藏风聚气的大山水环境之中,地位显赫。明时城周长9里30步(约5 022 m),面积2.46 km²,内外城墙两道,间距70~80 m,内城墙墙体宽度为17~24 m,外城墙宽度约6 m,墙体内为夯土,外面砖石包砌,城墙高二丈五尺(约30.5 m),城门5座,每座城门筑月城,今约有1/6被湮没于淮河之下①。唐宋时,泗州城最为繁华,是水陆都会,当时沟通南北的交通、商业、军事中心,可谓"天下无事,则为南北行商之所必历;天下有事,则为南北兵家之所力争"②。(见图7.33)

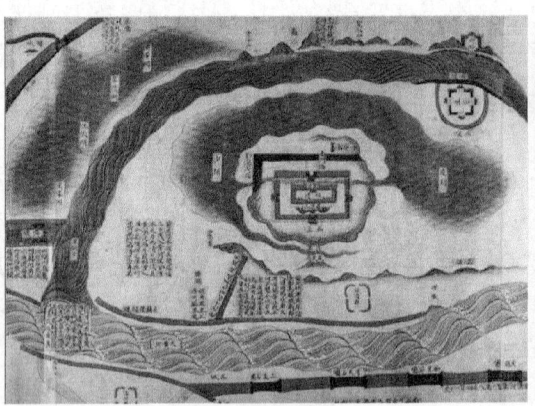
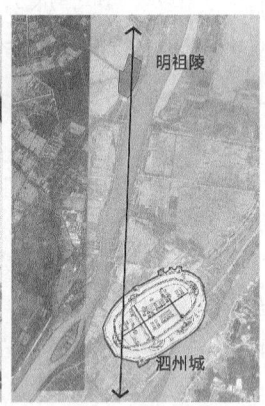

| 明代二者区位关系 | 清代二者区位关系 | 今天二者区位关系 |

图7.33 泗州城与明祖陵的空间关系
资料来源:作者根据成化《中都志》《河防一览图》中淮安部分自绘

京杭运河开通后,运道改由泗口(大清口)入淮,淮安至龟山的运河逐渐淤废,又受洪泽

---
① 王宏伟.追寻泗州城之谜[N].新华日报,2007-06-07
② 《泗州志》

湖水影响,淮阴城的咽喉地位日渐衰落,治所曾迁至东侧八里庄(1214),后并入山阳县(1283)。明清时,一方面为了以束水攻沙的方法蓄清刷黄,一方面为了使洪泽湖水有序地东泄入海,于是不断地修筑洪泽大堤,沿堤建闸坝等水利工程,重要的工程节点需要大量的人员进行修筑及维护,因此逐渐形成聚落,并发展成城镇,如武家墩、高堰、高良涧、越城、周桥、蒋坝等。洪泽湖是明清淮河下游重要的水利工程,是确保漕运畅通的关键所在,同时具有蓄水、冲沙、泄洪等功能,清末(1855)黄河再次改北道入海,其治黄保运的作用减弱,但仍发挥蓄水、灌溉、防洪的作用,今天仍保留高良涧(今洪泽)、蒋坝两座城镇。(见图 7.34)

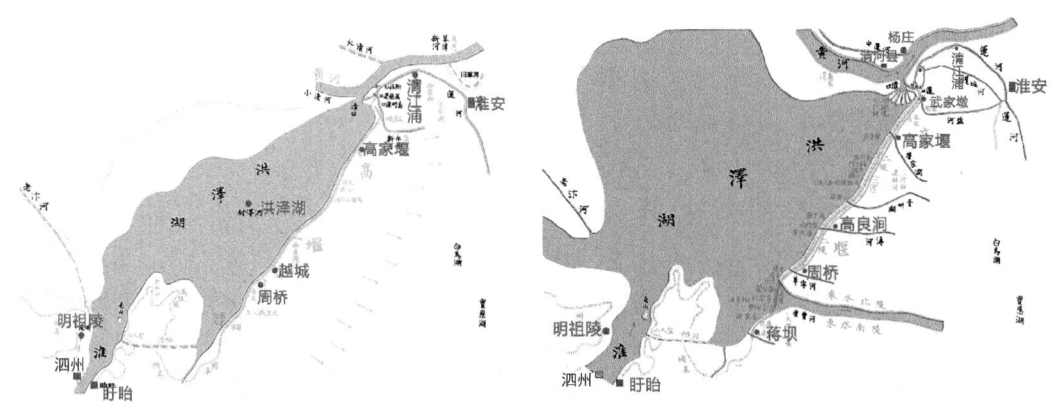

明代洪泽湖周围城镇　　　　　　　清康熙年间洪泽湖周围城镇

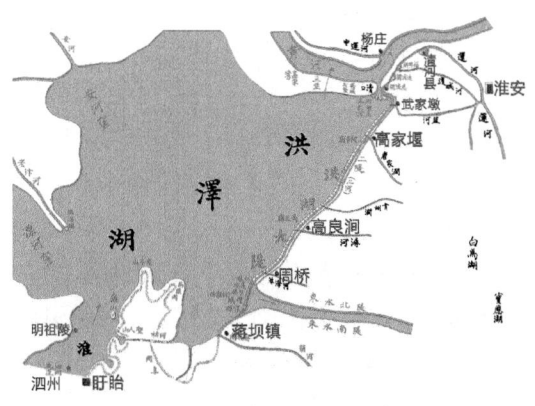

清乾隆年间洪泽湖周围城镇

图 7.34　明清洪泽湖周围城镇变迁
资料来源:作者自绘,根据《淮系年表全编》分图三、四、五绘制

(2) 清江浦、王营、杨庄三城鼎立格局的形成

清江浦地区最初发展源于宋代沙河运河的开通,清江县最初建于淮河北岸,并随着运口的改变而不断迁移,原城形制简陋,周长六里多,只有三面土城,无雉堞楼橹,地理位置及城墙形制不及淮安。由此,清江浦兴起之前与黄河夺淮之初,淮安一直是两淮区域控制南北运道交通的唯一枢纽。明南北运河开通之初,漕粮起初由淮安新城东北的仁、义坝入淮,

官民商船由西北的礼、智、信三坝入淮,从淮安至大清口一段的淮河水流湍急,运输困难,因此明永乐年间开通的清江浦渠,运口由末口迁至新庄。在开凿之初,船闸只在运季对漕船开放,其余官民商船一律由淮安城入淮。成化年中期,新庄淤,于清江口置仁、义二坝,清江浦逐渐代替末口,成为漕船盘坝入淮的主要口岸,是新的南北漕运交通要冲,大大提升了城镇的地位。

明中叶后,黄河不断决口于开封、商丘一带,洪泽湖大堤决口34处,造成清口北泥沙淤塞,运道水浅,漕船运行困难,朝廷下令除漕船外,官、商、旅凡北上者,一律在清江浦舍舟登陆,渡黄河到北岸王家营换乘车马,北下亦然。清江浦和王家营遂成为南船北马的要冲之地。王家营原是沿河驻军营地,随着交通地位的改变,商业也繁盛起来,尤其乾隆以后,清口驿站迁于此①,使其交通地位更上一层,有九省通衢之名。此时王家营"南尽岭外,西则豫章,百道并发,朝于上京,此为交衢。当是时也,民之闲居者,争变其室为逆旅,旬日之入,与大贾抗"②,可见当时王家营之繁华。

杨庄的兴起源于运口的改变,中运河与盐河汇聚于杨庄,并于王家营与杨庄间的西坝设盐堆栈,淮北盐运经西坝到杨庄过坝,再通过西部淮河或洪泽湖运往河南和安徽等地。清代杨庄是漕运、淮北盐运的必经孔道,其地位与泗口相似,实为漕运的产物。原仅十余户的小村落在清嘉庆、道光年间发展为沿河数里、居民千户、客商众多、会馆庙宇林立的繁华大镇,中河主簿、清安汛千总等官驻节杨庄。清末淮北盐业兴盛,为了便于外运,1911年,江苏铁路公司和官绅陆润痒等人筹建了清杨铁路(清江浦—杨庄),全长17.3 km,后因资金不足而并入陇海线,待盐业衰退后拆除③。

为了不使黄河直冲淮南运口,又能与南来的船只相接,淮北运口一直在变,每次运道的变化都会促成某座城镇的兴起与短暂发展。从秦汉的淮阴城、泗口与北辰堰到隋唐的山阳县与泗州城,明清的清江浦、王营镇与杨庄,两淮城镇体系经历了多次变迁,每次变迁与黄、淮、运水系有直接关系。(见图7.35)

(3) 清口的治理对两淮城镇体系发展的保障

明清黄、淮、运及洪泽水系交汇于清口处,黄河水由清口入洪泽湖、淮河,运河和洪泽湖水也出清口入淮,清口成为南北水系交流必经孔道,泥沙常堆积于此,造成清口淤塞,因此对清口的治理十分重要,是漕运畅通的保障,也是两淮城镇得以发展的保障。清康熙年开始,靳辅于清口开张福口、帅家庄、裴家场、烂泥浅及三汊五条引河,后张鹏翮增开至七条(张福口、天然、张家庄、天赐、裴家场、烂泥浅及三汊引河),并于张福口附近筑临清堤和顺水堤,引陶庄引河,其目的是为了引黄河水北行,以减少清口泥沙。康熙、嘉靖年间,清口引河又减至五条(张福口、天然、张家庄、裴家场、太平引河),沿陶庄新河筑东水堤,清口水在杨庄与黄河汇合,使清口水系尽量分离开来,沿岸的大堤多采用砖石加固。道光末年,清口西黄河南岸缕堤被黄河冲决,使引河淤塞,仅剩张福口引河与太平引河,并于张福口西新冲一条河道,最终形成今制。清口是明清漕运最为重要的枢纽,承担了漕船的主要运输,一亡俱亡,朝廷对其重视程度不言而喻。明清于清口开凿引河,修筑堤坝,

---

① 清口驿属一等级要冲,是京城南路通江浙方向的四大驿站之一,属御路驿站。
② 《王家营志》
③ 《江苏铁路史大事记》

7 因漕运而兴的沿淮扬运河城镇体系

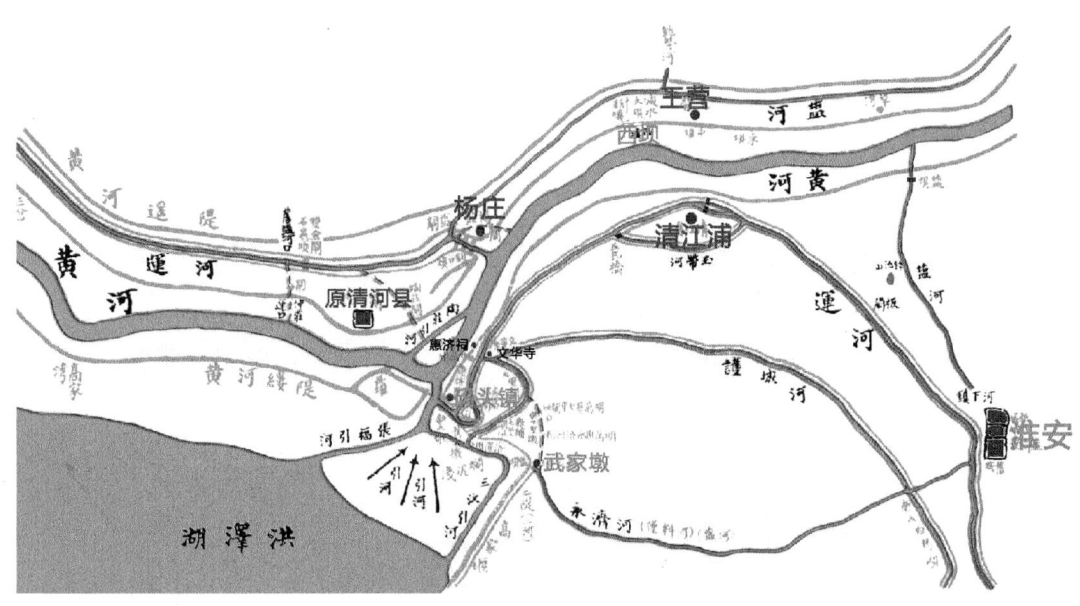

图 7.35 清代两淮三城鼎立的格局
资料来源：作者自绘，根据《淮系年表全编》分图六十三绘制

引黄河水北流，其目的是为了束缚黄河河道，减少其泥沙沉淀淤积运河出口，以此保证漕运的畅通及城镇的安危。在多次水利治理的同时也形成多个村镇，如御坝镇、陶庄、码头镇、甘罗城等，城镇多位于河道要地，虽地理位置重要，但多具有临时性，始终未得到发展。如元泰定（1324—1327）中，清河县治由大清口迁淮阴故城，天历元年（1328）又移去，是临时过渡性的；明清时甘罗城是重要的防汛要地，筑有惠济祠、玉皇阁，驻扎河兵和修夫，明代设有淮安府管河厅公署，清代设有淮安府同知署、山清外河同知署、山清外河守备署等行政机构，但受水患的威胁，乾隆二十六年（1761）机构与清河县署搬迁至清江浦。（见图 7.36）

4）两淮城镇的衰落

两淮城镇的衰落原因有四：其一，"借黄助运"使得运河河道因黄河水中泥沙的沉淀而淤浅，致使漕船运行困难，"蓄清刷黄"使得洪泽湖湖面日益扩大，水位升高，湖水冲毁运河河道，直至漕运受阻，江南漕粮改海运入京。其二，鸦片战争爆发后，近代海航业逐渐兴起，漕粮全部由招商局海轮承包运输。其三，捻军对淮安造成彻底破坏，使其无力恢复昔日繁荣。其四，黄河北徙和漕粮改海运后使得淮安丧失五大中心的地位，交通地位的下降致使两淮衰落。清末民初，政局混乱，里下河流域各水系已千疮百孔，无人修正，本地经济无力挽救，近代实业也发展缓慢。原计划以清江浦为核心，修筑北至海州、南铺瓜洲的铁路，由于江苏铁路公司资金不足而放弃，最终只勉强竣工臧家码头到西坝、杨庄的铁路。随后开办的近代企业，如南洋广机利公司、大丰面粉厂和淮阴第四工厂等均因为外销不畅、水灾频发、军阀混战等停办，两淮城镇已无法再回到明清的繁荣盛世。

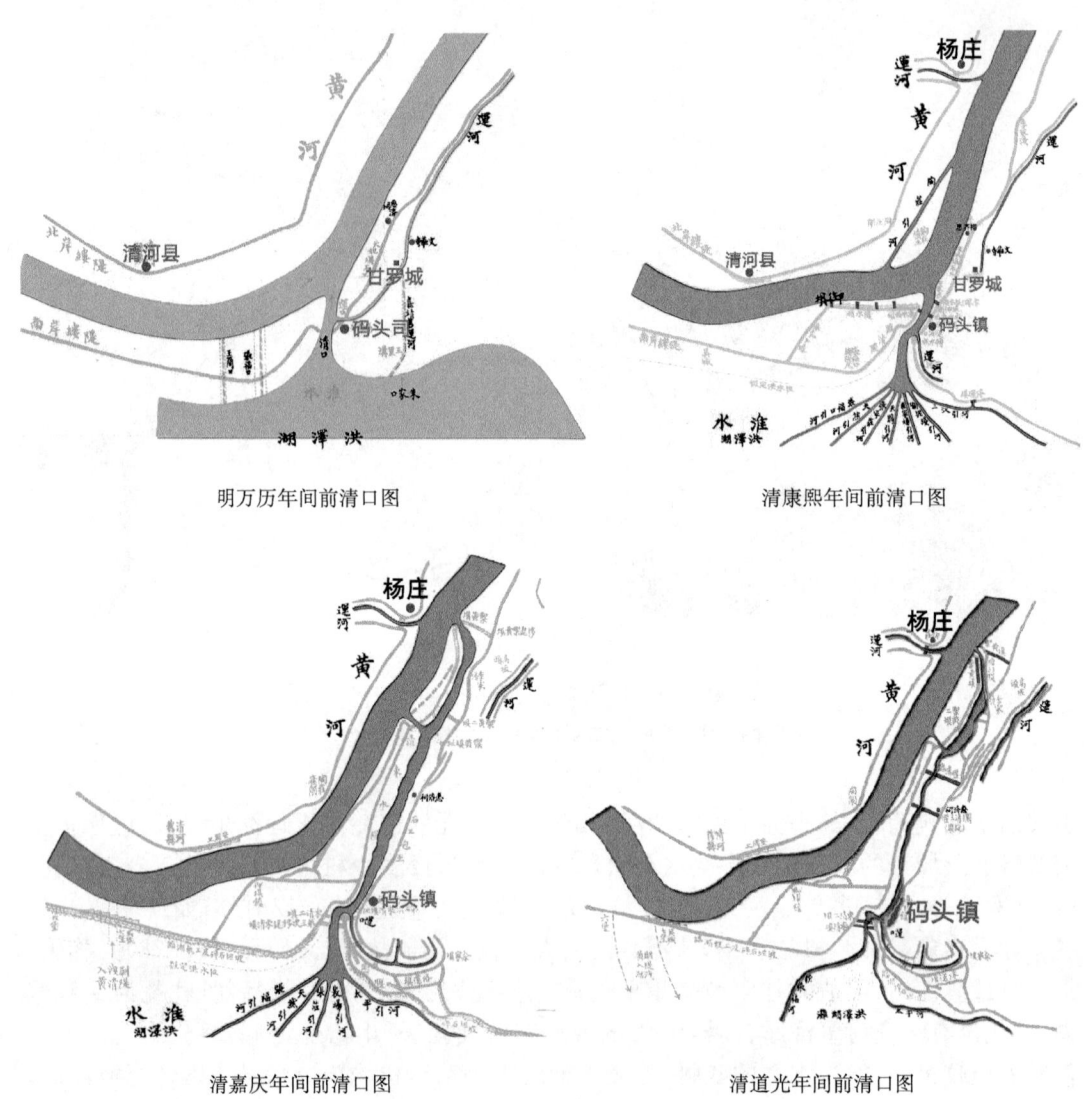

图 7.36　明清清口的变迁与治理

资料来源:作者自绘,根据《淮系年表全编》分图七、九、十一、十二绘制

7.3.3　明清淮安老城漕运空间研究

1) 运道改变与淮安城濠的空间变迁

淮安旧城最初筑城于东晋义熙年间[①],之后一直是唐宋楚州州治、元淮安路总管府、明清淮安府的府治以及山阳县县治所在地,这座城池位居江淮运河的北枢纽,又是南北交战的重镇,交通地位和军事地位十分重要,因此一直以城坚难摧而著称。历代对旧城城池修

---

① 《宋史·李大性传》:"楚城实晋义熙间所筑,最坚。"《乾隆淮安府志》:"(淮安)初无城郭,东晋安帝义熙中,始分广陵立山阳郡。"

葺及时,明代时旧城城墙"包以砖甓,周置楼橹"①。元末大乱时,张士诚部下史文炳驻扎于此,在旧城北约一里,且濒临淮河之地建造一座新城,最初为土城;明洪武十年(1377),莅任大河卫指挥使的时禹用废弃的宝应城砖石增筑加砌,至此,淮安城形成"江北一大都会,二城雄峙,辅车相依"②的双城对峙格局。嘉靖三十九年(1560),倭寇侵犯入境,漕运都御史章焕在新、旧二城之间修建联城,用以加强城池防御的职能。此时,淮安城"三城鼎峙,千里环封"③,形成三城相连、南北贯穿的城池格局。

明之前,虽然淮安城一直是运河沿线的重要城镇,但是朝廷并未完全仰仗江南财富,运河疏浚时有停滞,漕运方为运河、海运并存。明代停海运,漕粮完全由运河运输,淮安的重要性日益凸显。淮安城内外水系丰富,北临淮河,西侧有大运河、汊河、东湖、管家湖等,东侧有涧河、射阳湖等。京杭运河开凿前,运河水系菊花沟或白马湖的运道经过旧城西,绕过城北由末口入淮,宋元之前淮安城的南、北、东三面城濠依仗运河作天然屏障,东侧水系无明显记载,猜测是引运河水作为城濠。新城修筑之后,运河水系基本不变,由新、旧二城之间穿过,分流从新城东、西两侧过,分别通过东北的仁、义二坝和西北的礼、智、信三坝盘坝过河。至此,新、旧二城均形成四面环水的格局。随着清江浦的开凿、草湾的截弯取直,新城离淮水的距离越来越远,运河以西的西湖逐渐淤为陆地,运河河道依然从旧城西经过,西接清江浦渠。联城原为运河流经之地,地势低洼,"二城之间,旧为运道所经,如陆家池、马路池、纸头房等处,皆粮船屯集之所"④,每次决堤,洪水灌入联城,从清末的实测图中可见联城内仍遗存大片水域,城北有"古屯船坞"的记载。联城修筑之后,万历四十八年(1620)对三城周围的运河、湖泊水系进行系统修正,形成三城贯穿相连的环形壕沟,城濠总长2 442丈5尺(约8 141.7 m),宽4尺(约1.3 m),底宽1丈5尺(约5 m),深1丈2尺(约4 m),之后屡次疏浚,与城内水系相连,直至清末一直沿用,从明清县志舆图及清末地形图中可见,其规制基本不变。

城内水系随着城濠的建立而逐渐形成,根据正德、天启、乾隆、同治四个时期的方志的舆图对比,新城、联城的水系逐渐减少,旧城城内的水系逐渐丰富多变。明正德年间,运河上就设闸控制,引水从旧城西水门入,北水门出,再由主水系于南、北各引两条东西向水系,旧城内水系呈一纵两横。天启年间,旧城水系出口增加东南隅的巽关,南侧东西走向的市河出水门与护城河相连。清时城内水系分设三支,沿城环绕,最终合流由巽关汇入涧河。说明明末黄淮水系决堤,时常袭击楚州城,城内需开泄水河道。旧城内的萧湖、月湖、勺湖水系均是黄河夺淮后形成,正德、万历年舆图中,旧城西并无水系,天启年西南隅有少量水系,同治年间水系明显增多,民国旧城约三分之一浸入水系,成为今天的月湖和勺湖。

楚州城濠格局肇始于东晋,初步形成于明初,明末形成一定规制,并延续至清末。邗沟开凿后,楚州城最初与淮河相交于古末口,淮安旧城的修筑时间远迟于邗沟的开凿,淮安三城的修筑及加筑多是出于防御功能考虑,运河河道的改变直接影响淮安新城、联城的选址与修筑。运河一直是淮安城的天然屏障,三城濠池几乎均由运河的故道或引河组成,随地

---

① 《正德淮安府志》卷五
② 《正德淮安府志》卷三
③ 《天启淮安志》
④ 《乾隆淮安府志》

形蜿蜒,由西南流向东北,近正方形轮廓。城内萦回的河渠与城外的运河、湖池相连,内外水系脉络相通,衢巷相交。联城与城东涧河一带地势较低,因此除了具有水运交通作用外,还有泄洪作用。(见图7.37)

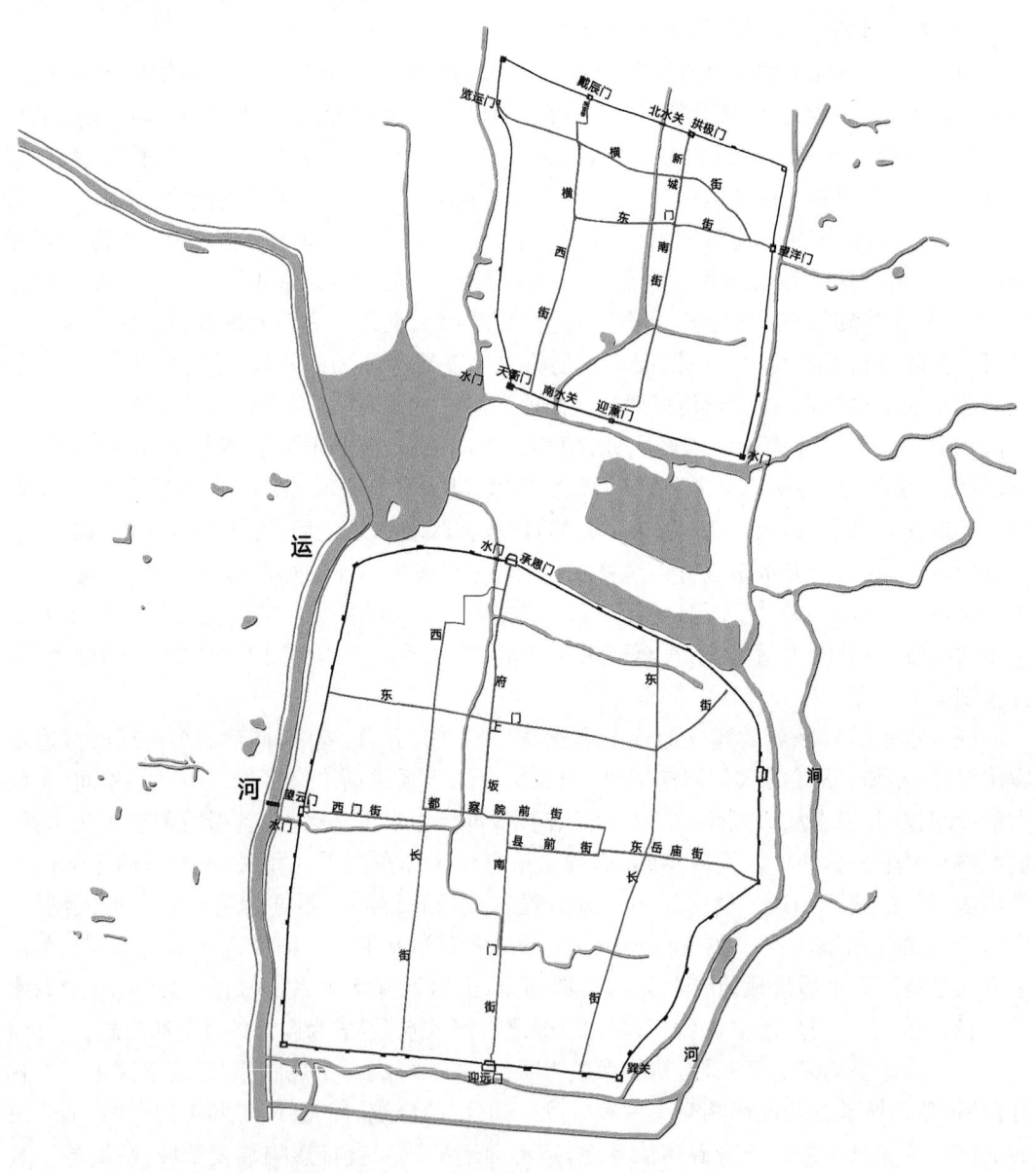

(a) 明正德年间楚州城空间形态

7 因漕运而兴的沿淮扬运河城镇体系

(b) 明末楚州城空间形态

(c) 清中期楚州城空间形态

7 因漕运而兴的沿淮扬运河城镇体系

(d) 清末楚州城空间形态

图 7.37 明清各时期楚州城空间形态

资料来源：作者自绘，根据《淮安城市附近图》(1908年江北陆军学堂学生测绘，现存楚州区档案馆)

2) 淮安城漕运空间分布与特点

淮安城在明清时地位提升主要是因为朝廷将全国漕运中心设置于此，因此漕运公署空间是明清淮安城最重要的职能空间。谯楼，又称鼓楼、镇淮楼，始建于北宋时期，位于旧城的中心位置，是旧城的地标建筑，其周围的城市空间是全城关键之所在，也是延续最长的城市历史空间区。从表7.2中可以看出，明代漕运城市空间变化较大，从无到有，且地位逐渐升高，数量逐渐增多。明之前，谯楼以北的空间是楚州和淮安路的府治所在，后被淮卫司占据，漕运最初由总兵府管理，由于城中心已被淮安府、山阳县、察院等功能占据，因此最初设于城南，下辖的一些分司也都位于城南，直至漕署正式建立而被撤销。漕署地位逐渐提升，

197

由城南迁至城中偏东、城隍庙以东的位置,后又与淮卫司交换位置,最终位于城中心的位置,比府治、县治位置更为重要,说明明代淮安的漕运中心地位逐渐凸显,军事意义逐渐下降。清代公署数量小于明代,且多沿用明代旧置,在其基础上另加重修、扩建。淮安卫公署沿用明代规制,但规模大大缩小,大河卫曾一度成为漕运备署,康乾时期,房屋倾圮,只得收购民房,加以修葺,用作衙署房屋。府治、县治的位置一直较为固定。漕运空间地位逐渐减弱,天启年间在府治东增设淮海道公署,主要负责盐法、漕务、海防事务,后将淮徐道并入,改为淮扬海道,嘉庆年间废除,同治年间复置于清河县。光绪年间,随着漕运衰败,漕运总督改作陆军学堂,其东侧的二郎庙改为警察局,漕运空间彻底退出淮安城市的历史舞台。(见图7.38)

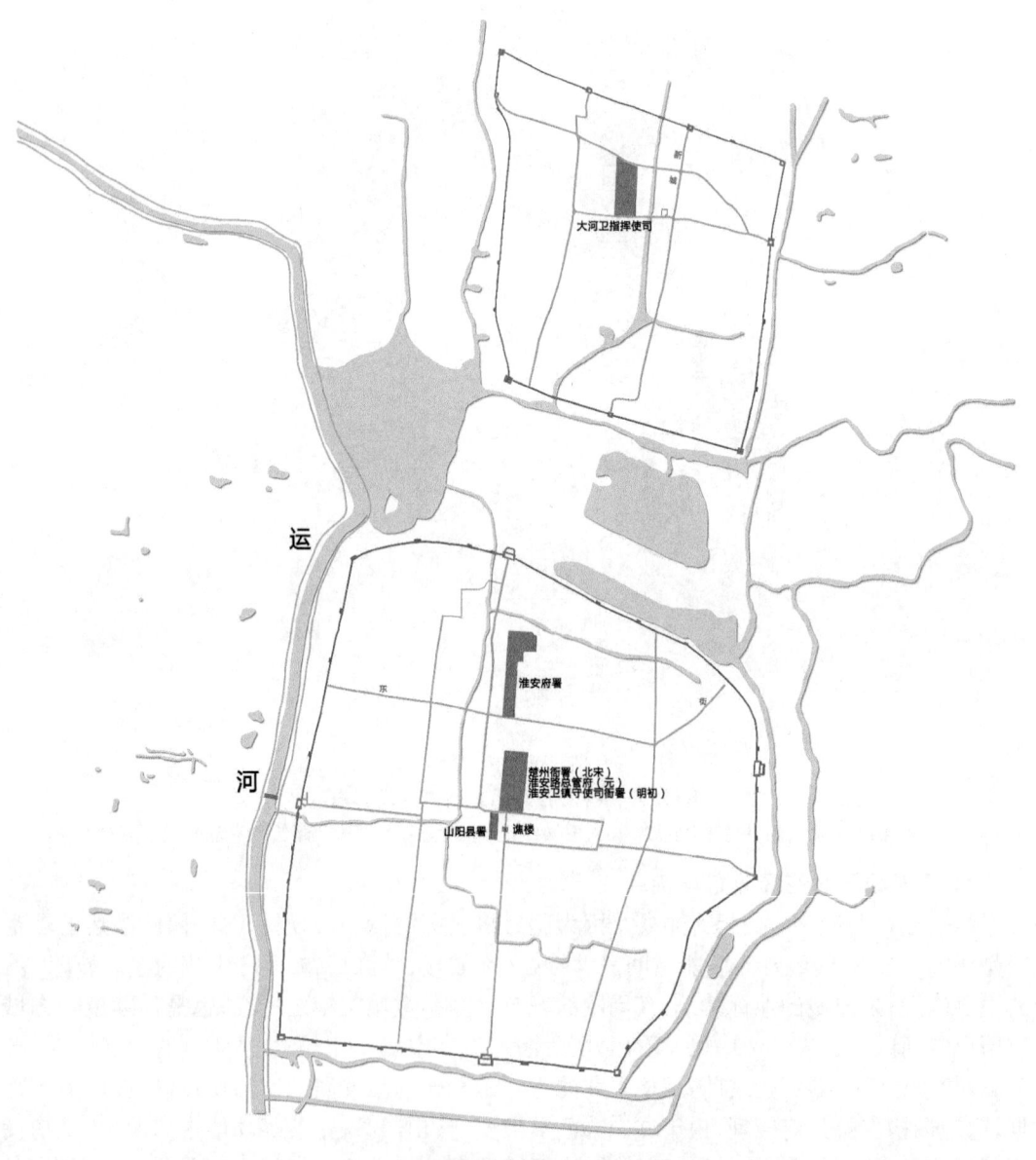

(a) 元末明初楚州城漕运与行政空间

7 因漕运而兴的沿淮扬运河城镇体系

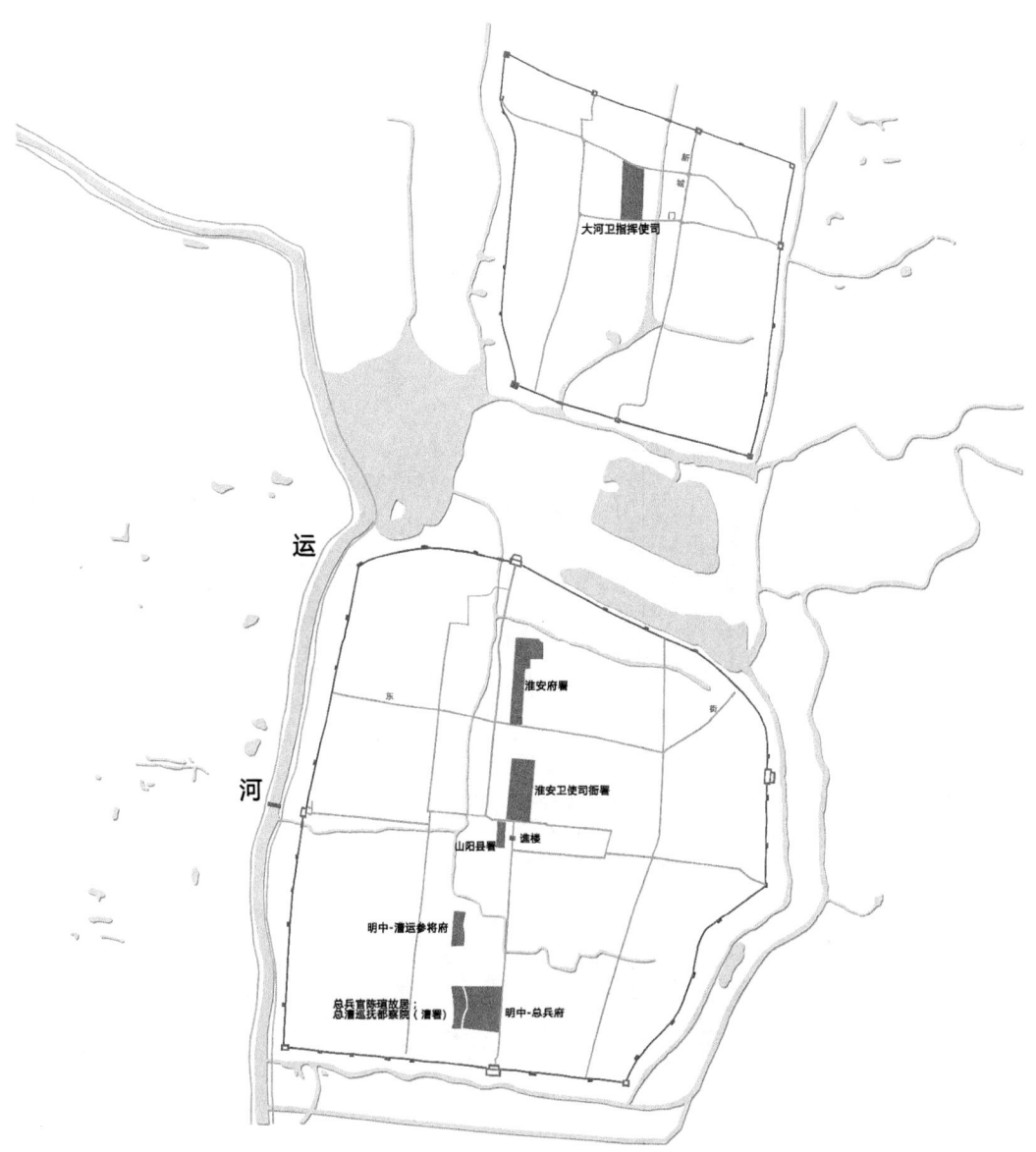

(b) 明中期楚州城漕运与行政空间

(c) 明末期楚州城漕运与行政空间

7 因漕运而兴的沿淮扬运河城镇体系

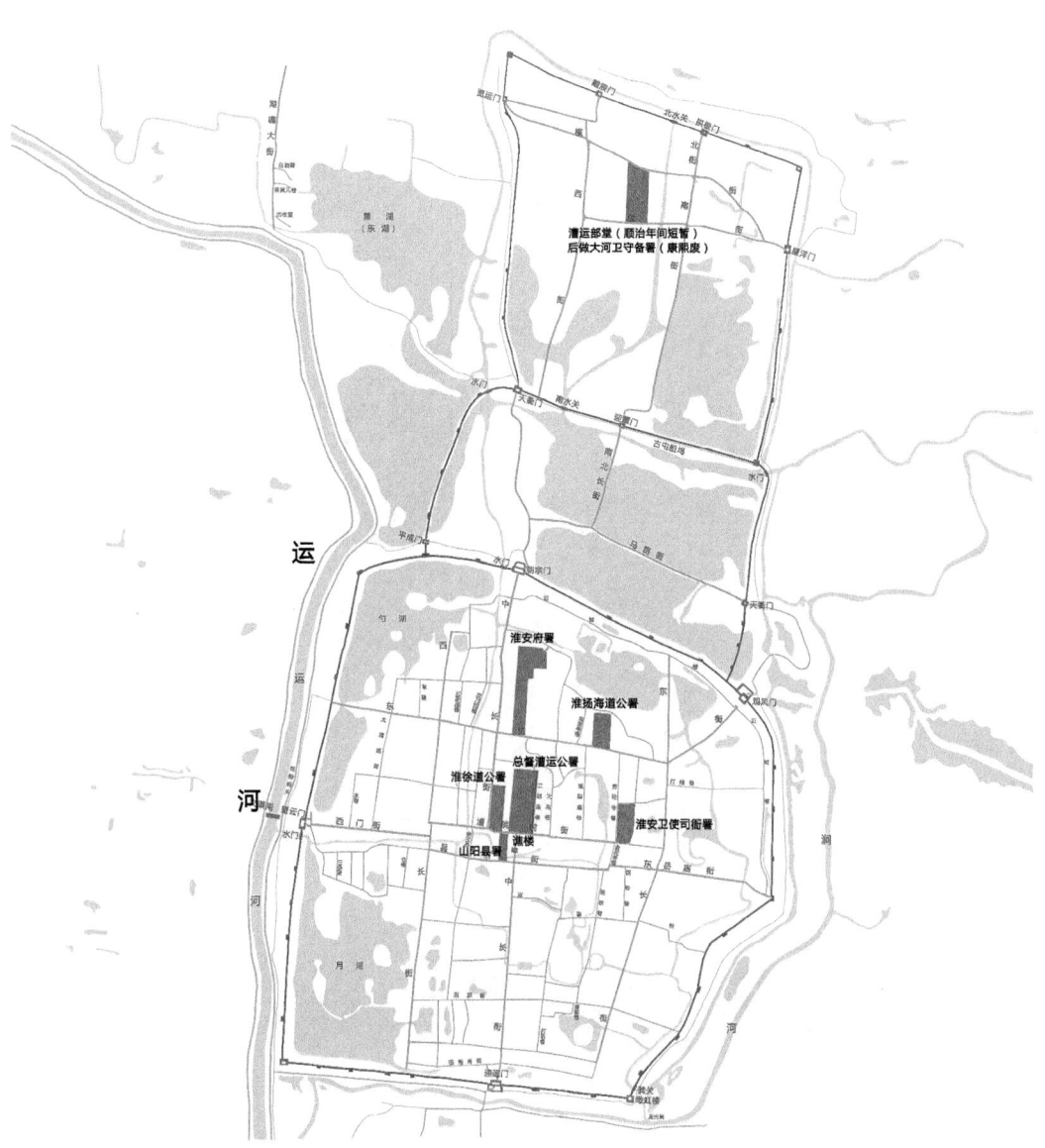

(d) 清中期楚州城漕运与行政空间

(e) 清末期楚州城漕运与行政空间

图7.38 元明清各时期楚州城漕运与行政空间

资料来源：作者自绘，根据《淮安城市附近图》(1908年江北陆军学堂学生测绘，现存楚州区档案馆)绘制

7.3.4 清江浦漕运空间的变迁

1) 仓与船厂建设与明代清江浦的形成

明中期,仁、义二坝及清江闸、月河闸在清江浦修建,是清江浦得以发展的基础,常盈仓和清江督造厂的修建是其兴旺的关键。仓、厂二者选择建于人烟较少的清江浦,而非已经"群商四会,百木交集"的仪真也是考虑其位于江淮要津、漕渠喉吻①。

(1) 淮安仓

唐代江淮是产粮重区,淮安就设有山阳仓。北宋政府在江淮的泗、楚、真、扬四州设转般仓。明永乐年间设天津、德州、临清、徐州、淮安五处水次仓,淮安仓是南粮起运的始点。永乐十三年(1415)独行河运后,为了扩大淮安仓的储粮能力,平江伯陈瑄在旧仓基础上建常盈仓,位于玉带河南岸(今淮安市城南体育场附近),规模宏大,共分四十区,房屋八百间,仓廒八十余座,占地面积广,东西长约410 m,南北长740 m,周约2 300 m,可见规模之大,俨然城池屹立于此②。常盈仓的储量与漕运法的改变有直接关系。明代之前,漕运基本采用民运,明代漕运历经支运法、兑运法及长运法等多次改革,运送方式由民运改为军民并运,最终完全军运化;运送过程由直接运至京、通二仓,发展为各地百姓将漕粮就近运至淮、徐、临、德四仓,再由卫所军丁以接力的形式北输至京、通,最终演变为运军直接赴江南各州县交兑,这一过程导致漕仓功能的逐渐弱化。宣德四年(1429),常盈仓储粮量150万石③;正统二年(1437),淮安仓支运55万265石④;弘治四年(1491),常盈仓收粮4万~5万石;万历时整个仓粮全部折银。漕运日衰,漕仓几无粒米,使得仓廒倾圮。

清代设有德州、临清、淮安、徐州、凤阳、江宁六个水次仓,主要征收本省及邻省的漕粮,并兼收税银。康熙四年(1665)淮安仓"额征本色米麦二万九千四百四十三石五斗零,折色银一万八千八百二十六两五钱二分"⑤,嘉庆年间,全部改为征收银两,淮安仓征银二万五千五百三十二两⑥。海运实行后,常盈仓就不存粮,建筑破败不堪,道光二十三年(1843),河库道徐泽对常盈仓进行修整,并改为丰济仓(即老丰仓),后因捻军攻打清江浦而烧毁。同治七年(1868),漕运总督张之万在清河县城重建丰济仓,即新丰济仓,位于城内康阜楼东侧,先后建成瓦房106间,草房27间,另外还有散布于镇署街、仓东街市、河下竹巷街的草瓦房共88间,合计有房220余间。此时丰济仓的功能已不再是供给俸禄粮,主要为赈济县灾而设,后随漕政废除而停止。

除了皇家仓储常盈仓外,淮安还设有常平仓两处、预备仓三处、庄仓五处,仓廒设置需要有大量的管理仓储人员和装卸工人,加上漕运官吏、押漕官吏、卫漕士兵和船工水手等漕

---

① 《漕船志》:"按:芜湖、仪真,群商四会,百木交集,船厂不设于二处,而设于清江,何也? 缘永乐初,江南粮饷民送于淮,官军之船俱于淮安常盈仓转输,此厂之所由建也。况长淮分天下之中,北达河、泗,南通大江,西接汝、蔡,东近沧溟,乃江淮之要津,漕渠之喉吻。船厂之建,非但便于转输,实我国家一统之(吁)[讦]谟,万世之长计也。出旧《志》。"

② 谢纯《漕运通志》卷十《漕文略》,明嘉靖七年(1528)杨宏刻本。其中有载:"联基广凡二百七十八步有奇,袤凡四百九十八步有奇,周凡一千五百五十四步有奇……周垣则屹如城堞,色且积铁然,盖水次诸仓所未有者。"

③ 《续通考》卷三十一:"江西、湖广、浙江民运百五十万石于淮安仓。"

④ 共运粮四百五十万石,"内兑运二百八十万一千七百三十五石,淮安仓支运五十五万二百六十五石"。(出自《明英宗实录》卷二十二"正统元年九月甲午条")

⑤ 伊桑阿等:(康熙)《大清会典》卷二十八《仓庚一·水次仓》,清康熙二十九年(1690)内府刻本。

⑥ 托津等:(嘉庆)《大清会典》卷十五《水次仓》,文渊阁四序全书本。

运系统工作人员,大量人口驻清江浦城,居住在城内或城外沿河地带,促进清江浦的城市建设。

(2) 清江督造船厂

唐宋淮安境内也分布许多官属或私人的造船厂;宋初全国造船厂每年一共供奉朝廷3 300余艘漕船,楚州仅占87艘,可见明之前淮安非漕船制造中心。明初洪武七年(1374),淮安地区建有河下、盛祥、清口、福兴四座船厂,后随漕运规模的扩大,对漕船的数量要求也越来越高。永乐年间,清江船厂扩大成全国最大的两大造船中心之一(另一座是位于临清的卫河船厂),负责南京、江西、湖广、浙江南方地区的漕船,数量最多。嘉靖三年(1524),清江厂归卫河厂,下设京卫、中都、直隶、卫河四总厂,下辖82分厂,占地规模宏大,沿清江浦南岸排开,从板闸到韩城连绵23里①;每年造船630多艘,最高时达746艘(嘉靖二十年,1541),有工匠5 000多人。明末船厂因料银短缺、管理混乱、河道淤塞等原因而日渐衰败。清前期产量有所恢复,每年完成560艘内河漕船和50艘遮洋海船,后因黄淮泛滥,材料不得按时送达,以及诸多船政弊端而逐遭裁撤。(见图7.39)

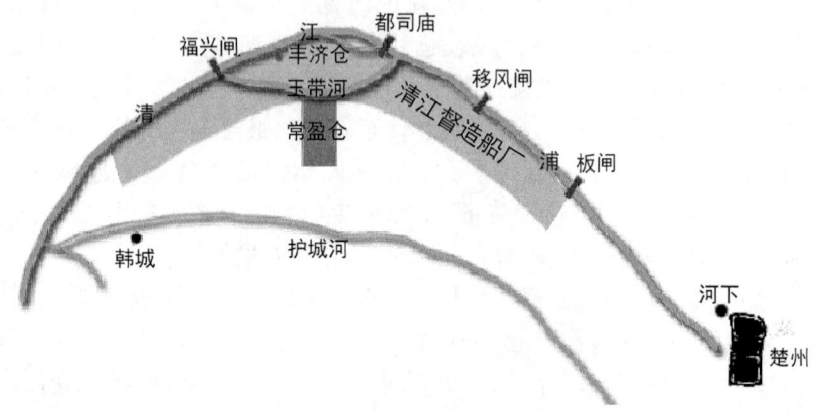

图 7.39　明清仓储与船厂位置示意图
资料来源:作者自绘

明初,清江浦人烟稀少,处于城市建设的基础阶段,城市职能模糊,集中于漕仓和船厂的建设,是淮安城的卫星城,也是新开辟出来的工业制造和仓储用地。清江船厂可视为明清时期国营造船企业,虽然清江船厂归属封建朝廷所有,并受其直接监控,其一切经济所得归属国家,没有市场经济调控和商品流通出现,对地方经济的贡献不大,但作为实体产业,无疑支撑了淮安明清两朝数百年,使淮安经济更胜一筹,使其逐渐成为"侨民宿贾,巨室鳞次"的大埠,即使在明末清初动乱之际,清江浦依然"居人数万家,夹河二十里"②。漕仓与船厂周围聚集数千工匠,需不停扩大厂房,修建居住建筑,对城市空间形成有影响。

2) 清江浦城市空间形态与特点

明代清江浦作为楚州城的新区,新开辟漕运管理机构、船厂和仓储等用地,清代逐渐发

---

① 明代《漕船志》卷一《厂地》中记载:"京卫厂三十有四:东至头牌楼戚家沟,西至都司庙,长六里。卫河厂十有八:东至都司庙,西至部厂,长五里。中都厂十有二:东至黄泥冈,西至福兴闸,长五里。直隶厂十有八:东至福兴闸,西至韩信城,长七里。"

② 谈迁《北游录》卷一

7 因漕运而兴的沿淮扬运河城镇体系

展成为具有行政职能的县城。清河旧城最初建于宋咸淳年间,位于淮河北岸大清河口处;元泰定年被河水冲毁,后迁于河南岸甘罗城,由于地僻水恶,居民少,后又迁至小清口西北,直至至元年间,修筑三面土城,周长约6里,有东、西、北三门,依河道为城池,形制简陋。明代大乱再徙至甘罗城,屡遭河决冲毁,后于清乾隆二十五年(1760)移置山阳之清江浦,成为县一级行政城市。明代清江浦地区并未形成城镇,但已有工部分司、常盈仓、恭襄祠和天妃宫等机构和建筑。在迁至山阳以西后很长一段时间没有城郭,但城市功能和街巷系统已形成,玉带河和运河之间已形成都院署、都司署、扬道署、海道署、河道总督署、常平仓、丰济仓等机构,城外设有造船分厂四座、钞关两座。城市形态受运河和相关水系影响,自发形成,未经过预先规划。城内主要街区有东门大街、北门大街、都天庙街和南北后街,运河北有河北大街和通京道,其他小街巷与主干道垂直相交,街巷走向多沿河道湖泊,呈不规则状。清咸丰十一年(1861),捻军入侵使大批衙署和民居被烧毁。同治元年(1862),漕运总督吴棠始建清江城,先筑土圩,分为南北两部分:南圩大体沿玉带河北堤修筑,长1 213丈1尺;北圩沿汰黄堤长1 447丈3尺。圩外设双层壕沟,圩上筑炮台20座、圩门6座。清江城修筑于同治三年(1864),城周长1 273丈6尺5寸,城门5座,水门2座,内通文渠,北靠大运河,其他三面引原城内水系作护城河。同治年间城壕、圩壕就使得城市格局变得完整。清江浦城市形态是在水系等自然地理因素制约下形成的,呈不规则状。(见图7.40~图7.43)

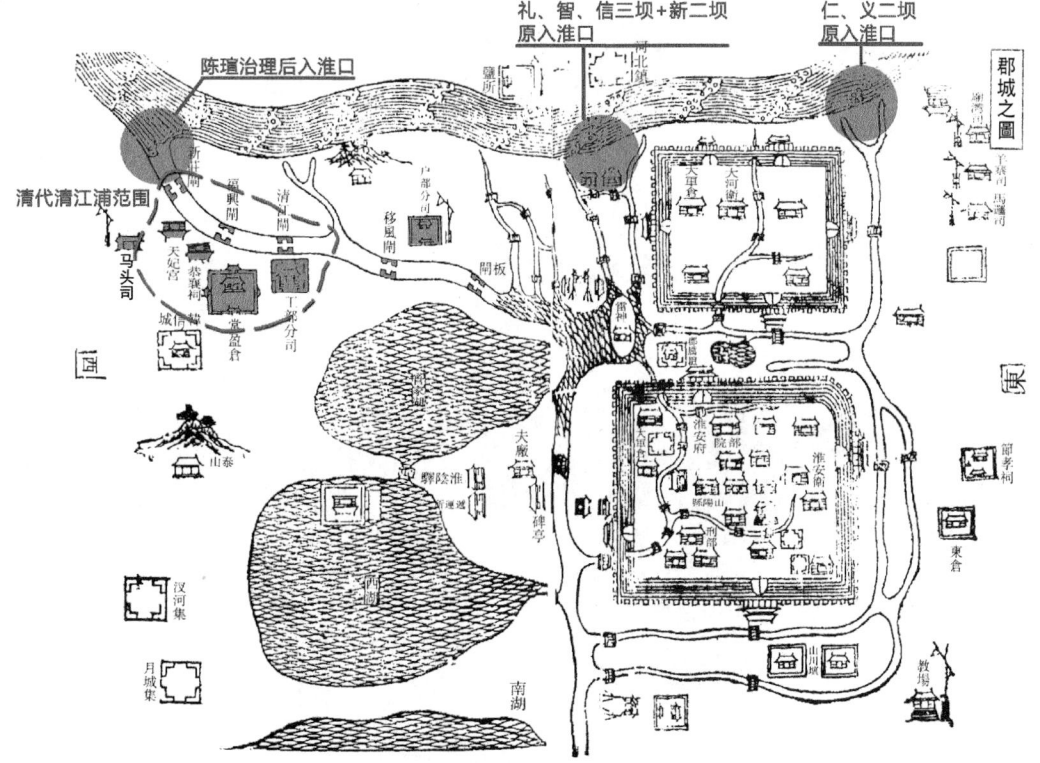

图7.40 明代清江浦空间示意图
资料来源:作者自绘,底图来自正德《淮安府志》"郡城之图"

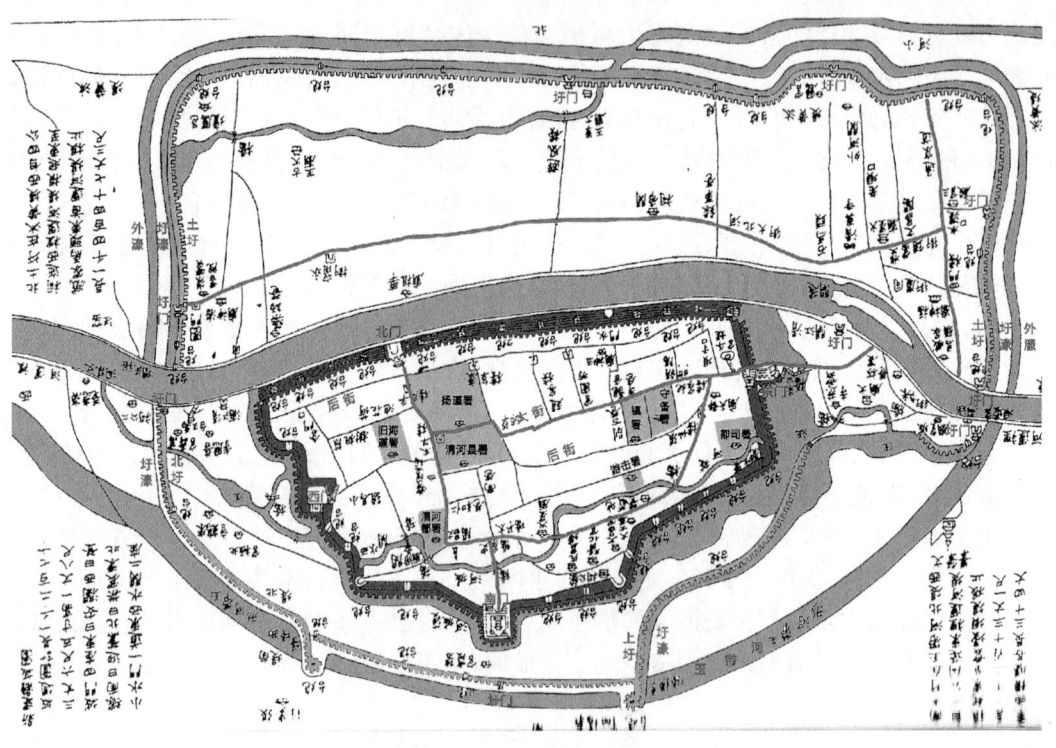

图 7.41 同治清河县空间形态

资料来源:作者自绘,底图来自同治《清河县志》"新建县城图"

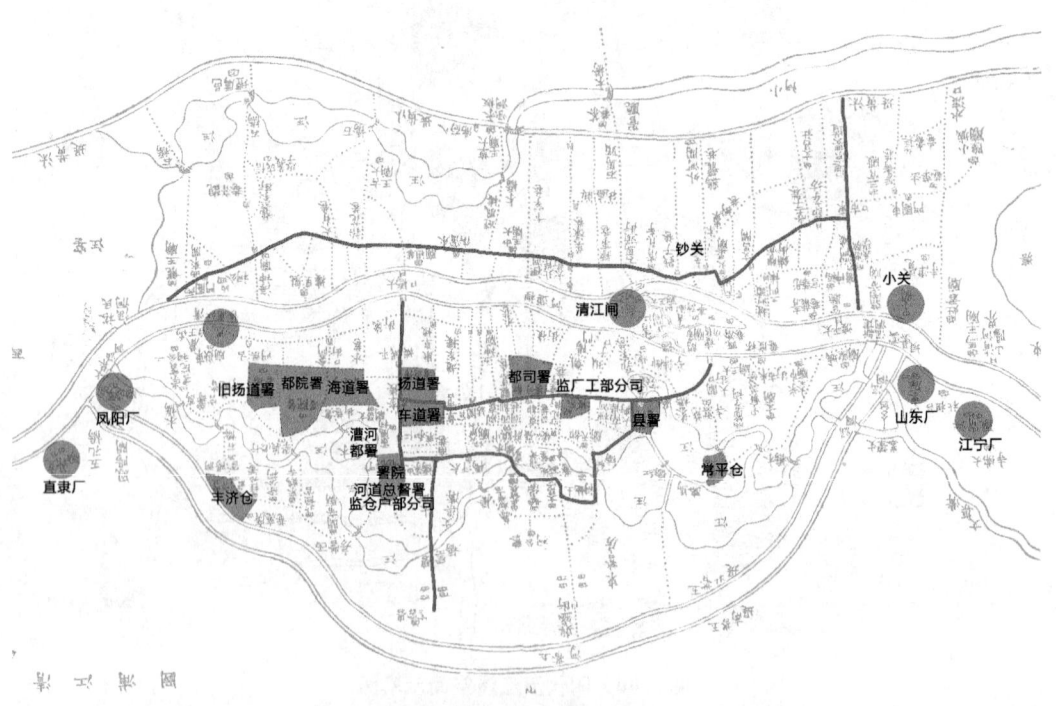

图 7.42 咸丰清河县空间形态

资料来源:作者自绘,底图来自咸丰《清河县志》"清江浦图"

7 因漕运而兴的沿淮扬运河城镇体系

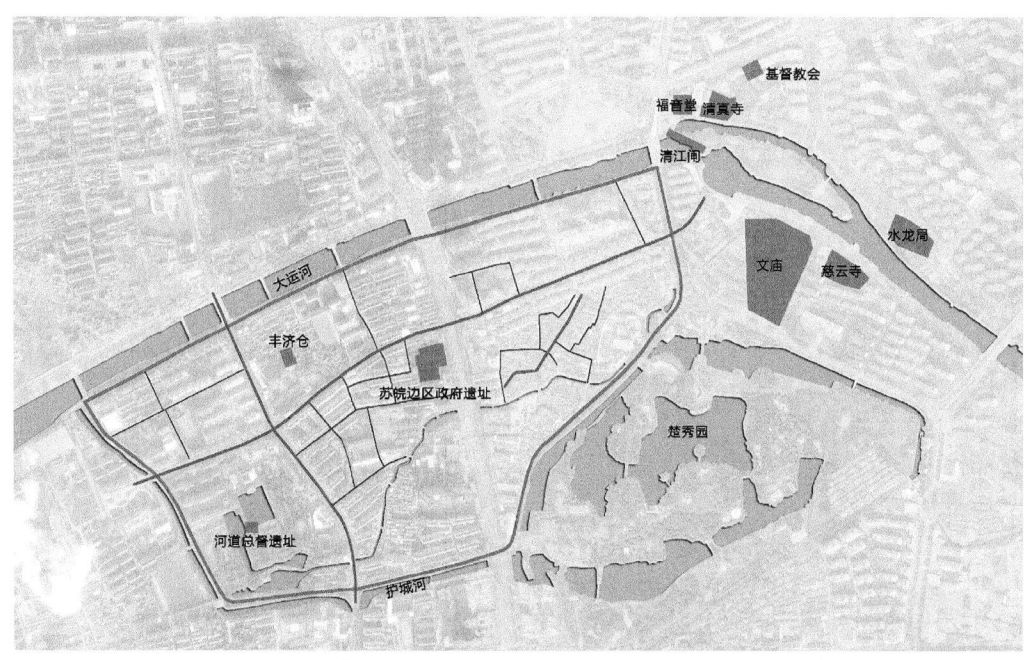

图7.43 当今淮安清河区老城空间形态
资料来源：作者自绘，底图来自 Google Earth

7.4 对比研究——临江运河水系变迁与扬州城镇历史空间演变

7.4.1 运道变迁与扬州城镇体系形成

1）隋之前——扬州临江城镇空间形成之始

扬州一带最早起源于春秋邗国，春秋末年时被江南吴国吞并，并凿邗沟筑邗城，邗城建城之始即邗沟开凿之肇，扬州与运河互相依存，又相辅相成。吴国开凿这条水系实际上并未使用很多年，但是后来这条水系在经济、军事、交通运输以及区域城镇发展上起到很大的作用，促进了以扬州为核心的运河入江地块的发展。文献记载邗城之后又有楚广陵、汉吴王刘濞广陵城、三国广陵城、东晋桓温广陵城及南朝刘宋广陵城，根据江苏省和扬州市考古队确认，最早的扬州城是位于蜀冈之上的汉代广陵城，其后历朝均以此城为基础，在其上加筑、扩建①。广陵城的选址初建符合扬州地理条件，扬州及临江地区可以蜀冈为界，划分为南北两部分，蜀冈相对高度约10 m左右，自西向东逐渐降低，运河以东逐渐消失。汉魏时期，长江北岸线从广陵曲江至海陵一线，长江距离蜀冈较近，东汉陈登利用地势之便和西部山溪沟涧的流水，沿蜀冈在仪征和扬州之间修筑五塘，塘陂可蓄水灌溉农田，也可济运河之水，是城市形成和发展的必要条件。广陵城便选址于蜀冈以北的一块谷地，南界蜀冈，城北有雷陂相邻，城南可眺望长江，冈下平地尚属河谷泛滥平原，不利于筑城。早期扬州城的选

---

① 蒋忠义，王勤金，等.近年扬州城址的考古收获与研究[J].东南文化，1992(2):145-157.

址可谓"西据蜀冈,北抱雷池",是符合自然地理条件的选择。(见图7.44)

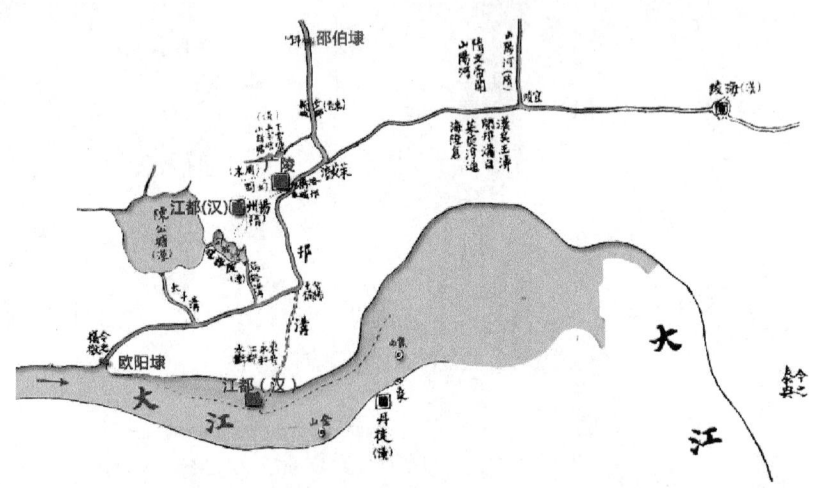

图7.44 隋以前扬州地区城镇体系
资料来源:作者自绘,根据《淮系年表全编》分图七十五绘制

广陵城一直是郡治所在,是江北最重要的沿江大镇,是保卫建康和京口的首要防线,秦汉在其周围建有其他城镇,广陵城北20里所筑新城是东晋谢安所筑,城北20里修筑的邵伯埭[1]是屯兵的堡垒。汉魏时期,岸线已向南迁移,沿江的城市也逐渐发展起来,一是西汉元封五年(前106)在今仪征境内置舆县,二是江都[2]。

2) 隋唐宋时期——扬州临江城镇空间已基本奠定

随着长江岸线南移,扬州附近的运道不断变化。隋炀帝时长江北岸线已南移至扬子津一带(近仪征东南),欧阳埭引水口已不容易引入江水,于是隋炀帝把河道口折向西南,形成"扬子入江"。扬子津以南江中逐渐形成江心洲(名瓜洲),随着长江泥沙淤积,瓜洲一直增大,与北岸成陆,润州刺史齐澣组织人力开凿南北向的运河,大运河相连,名为伊娄河(宋称瓜洲运河)[3],与仪征运河共同分担长江上游及江南运河的运船。由此,入江段形成由仪征运河、瓜洲运河、七里港三条水系汇聚于扬子桥,再由此北上接运河的水系格局。唐代江淮运河最大的问题是水源不足,运道分为南、中、北三段,南北地势较低,为了保障航运畅通,

---

[1] 《晋书》卷七十九《谢安传》:谢安出镇广陵之步邱,筑垒曰新城。《读史方舆纪要》卷二十三"扬州府江都县新城"条:城在府北二十里。

[2] 对于江都的城址一直未被确定,一说是位于广陵城西南四十余里,今仪征附近,后坍于江中(《太平寰宇记》:江都古城在县西南四十六里,城临江水,今为江水所侵,无复余址;《读史方舆纪要》:江都古城在府西南四十里,志云,汉县治此,三国时废;《水经注》:自永和中,江都水断,其水上承欧阳埭,引江入埭,六十里至广陵城。案此即仪征运河也);一说是位于广陵城东南吴国邗城(《水经注》:昔吴将伐齐,北霸中国,自广陵城东南筑邗城,城下掘深沟,谓之韩江,亦曰邗溟沟;《太平寰宇记》:汉江都故城在唐江都县治东南四十六里,即吴之邗城也;《元和郡县志》:合渎渠在江都东二里,昔吴王夫差将伐齐,北霸中国,自广陵城东南筑邗城,下掘深沟,谓之邗江,亦曰邗沟);还有一说认为古江都城就是广陵城(《元和郡县补志》:江都县,秦广陵县,汉析江都属广陵国,……城置陵上)。《淮系年表全编》参照第一种绘制。

[3] 《旧唐书·玄宗纪下》:开元二十六年"润州(今江苏镇江)刺史齐澣开伊娄河于扬州南瓜洲浦"。《新唐书》卷一二八《齐澣传》:开元二十五年"迁润州刺史。润州北界隔吴江,至瓜步沙尾纡汇六十里。船绕瓜步多为风涛之所漂损。澣乃移其漕路于京口塘下,直渡江二十里。又开伊娄河,二十五里即达扬子县。自是免漂损之患,岁减脚钱数十万,……迄今利济焉"。

修建了不少水利工程。唐中后期,扬州距离江岸已有20多里,江流南徙,海潮不内于邗沟,运河淤填,因此利用"五塘"①之水以接济运河。

随着南部平原的形成,隋唐扬州城主体部分开始向蜀冈之下迁移,运河水最初穿城而过,后来由于水浅,另于城东开辟合沟渠,宋代贾宗建议开辟扬州古河,河道由城南绕至城东,至东水门再折向东,使运河成为扬州城的东、南护城河,运河与城市紧密相邻,必然促进城内的各种商贸交易,城内居民河工商业云集,隋唐运河的开凿将扬州带入了鼎盛发展时期。

沿江三条运道的开通同时也促进了扬子桥镇的发展。扬子津最早是邗沟的入江口,随着江岸远离,津渡已不复存在,但仍是水陆要津。隋炀帝于此建临江宫(扬子宫),唐代为扬子县县治所在,并设立水陆相兼的驿站(临都驿、扬子驿),唐宋时由此分三条支河入江,是瓜洲、仪征到扬州的水运必经之路,此时扬子桥镇已颇具规模。

由于入江口的改变,沿江城镇也逐渐兴起。瓜洲和真州皆是水陆要冲,运河皆由此通江达淮。唐宋之际,中央对江南的经济依赖加重,二者皆承担漕运、盐运的重任。瓜洲与京口隔江相望,"瓜洲虽弹丸,然瞰京口,接建康,际沧海,襟大江,实七省咽喉……",其地理位置、军事地位更为重要,历来是扬州的门户,唐末有城垒,宋代开始筑城。

唐末、五代时期,扬州城饱受战乱之苦,城镇已面目全非,北宋虽有一定修复,但大不如前,经济尚未恢复,而此时真州得到快速发展。隋唐时真州即为漕盐纲运的中转,宋代逐渐繁华。为了方便盐运,避免长江之险,宋代沿着江岸开通长芦河连通六合和江浦,并在入江口开设上新河、下新河,此时江南的粮食已改至真州中转,真扬运河已逐渐取代瓜洲运河,成为南端主要的运段。另外,宋徽宗时为了节约航程,试图开凿一条由真州直接连通盱眙的运河,即遇明河②,运河由真州的宣和镇引江水,北上经六合、天长入盱眙境内淮河。虽然这条运河于北宋灭亡后完全湮废,但仍可见当时真州已经成为沿江地区十分重要的南北交通要津,船运停靠、商旅往来、商货交换促进了城镇的富庶,城内建有大型私园及楼庙亭堂等大型公共建筑。

唐宋是整个扬州临江地区发展的鼎盛时期,整个地区是中国横纵两大水运体系的交汇处,同时也是海运的核心所在。唐代扬州是长江流域口唯一大港,并且是国际性的大港,与日本、新罗、东南亚、西亚等地有国际海上贸易,与湖南、广州、福建等地也有国内的海上贸易发生。五代十国的格局使扬州的经济遭到巨大打击,其经济腹地被不同政权分割,长江上游、北方及江南均被多个权力控制,加之长江河口东移,江岸淤涨,使得南唐时期扬州从国际商埠退居为内陆港口,长江流域的对外口岸逐渐被江阴和上海取代。中唐后,瓜洲的

---

① 根据《中国古代灌溉工程技术史》的第三编第三章:扬州五塘指陈公塘、勾城塘、上雷塘、下雷塘、小新塘。陈公塘最大。陈公塘,又名爱敬陂,创建于东汉,遗址在今江苏仪征县东北20里的官塘集,塘周长90余里,承纳36汊之水,溉田千余顷,唐代以前的功用主要是灌溉。唐贞元初(785—805),淮南节度使杜亚为解决运河水源问题,大力整修陈公塘,以扩大塘的功能。句城塘,又名勾城塘,在扬州城西35里,仪征县东北40里,唐贞观十八年(644)扬州长史李袭誉筑,其时修筑目的是为了灌溉,建成后"溉田八百顷"。雷塘,又称雷陂,在今扬州市西北15里,分上、下两塘,上雷塘长广6里,下雷塘长广7里。雷塘汉时已见记载,唐代改建雷陂用以灌溉。小新塘,又称小星塘,在扬州西北10里,位于上雷塘之西南,东西阔100丈,南北长170丈,为五塘中规模最小者,周长共2里余,塘水注入上雷塘,转注下雷塘,由滩子河东入漕河。五塘兴建初期功用主要是灌溉,至唐贞元时开始引五塘水济运,其后济运比灌溉更为重要。五塘的改建是根据灌溉、济运等需水的标准重新进行设计的,将塘堤增高,以增加蓄水量,并完善蓄泄设施、水门和溢流建筑技术,并将各塘与漕河相连,陈公塘由泰子沟与漕河相连,句城塘由乌塔沟与漕河相连,上、下雷塘与小新塘互相贯通,通过滩子河,下接漕河。运河水浅时,开启五塘的斗门济运,塘水由官府统一进行调度,从而形成互相联系的水利系统。

② 《宋史·河渠六》记载:崇宁二年(1103)十二月,"诏淮南开修遇明河,自真州宣化镇江口至泗州淮河口,五年毕工"。

并陆使扬州离江更远,促发了真州港口的兴起。真州港不以外贸为主,主要承担长江中上游、湖广和江西的漕、盐运。虽然宋代扬州在长江三角洲的经济地位较唐代衰落,但是其沿江地带逐渐开发起来。瓜洲是运河枢纽,真州是盐业中转站,另外沿江的通州、江宁、润州、江阴、上海等港逐渐发展起来,整个区域的产业分布更均匀,促进了总体经济的发展。(见图7.45、图7.46)

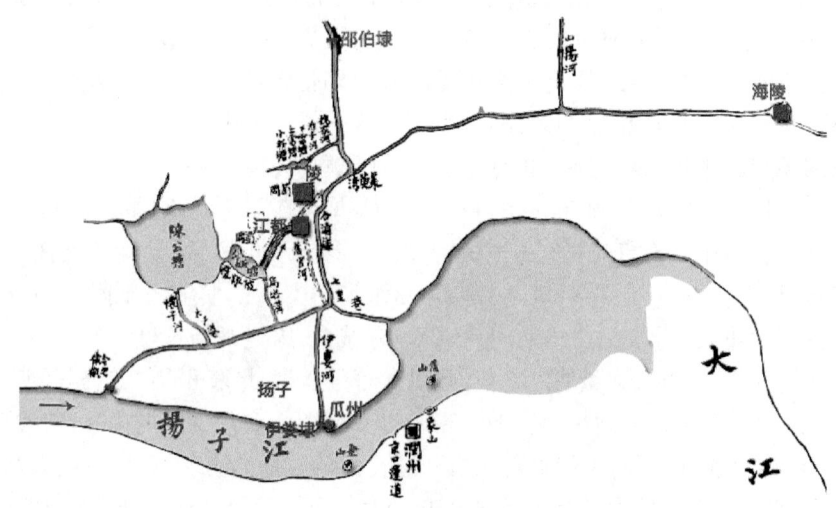

图 7.45 唐代扬州地区城镇体系

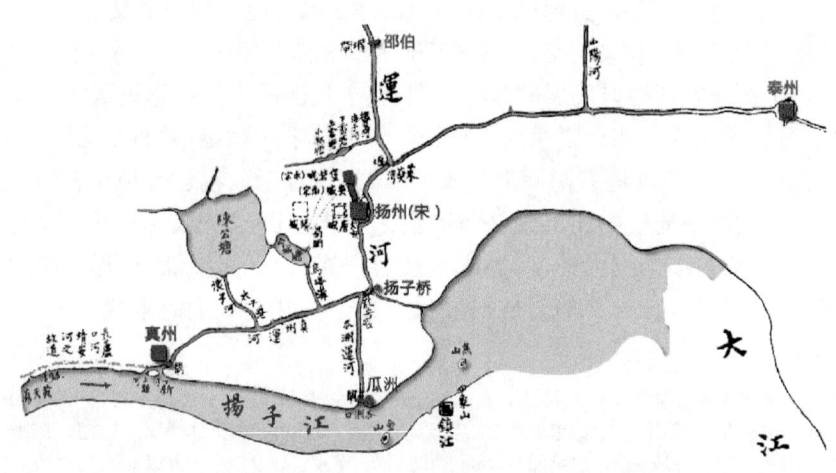

图 7.46 宋代扬州地区城镇体系

图7.45、图7.46资料来源:作者自绘,根据《淮系年表全编》分图七十六、七十七绘制

3)明清时期——扬州临江城镇体系衰落

明嘉靖年间扬州五塘废弃。万历年间为了防止水势过猛,不利盐漕运输,于扬州城南开宝带新河,至此扬州城周围运道走向形成定制。黄河夺淮后,水由高家堰入侵运河,为了泄淮水以防运道被冲毁,明代在邵伯镇南建金湾、凤凰桥处减水闸,将淮水由人字河、芒稻

河、廖家沟及沙河泄入长江,并沿这些水系修建闸、坝以蓄泄、利漕运①,以便行水通路。清代淮水归江局势逐渐超过淮水归海,因此扬州附近的水利修建更加频繁,增设多条归江引河,修建桥梁,改闸坝为土坝,最终于道光年间形成归江十坝的格局②,其目的均是为了增加排水量,保证运河畅通。随着黄河再次改道北流后,淮水畅流,这些闸坝的功能也逐渐丧失。随着水利工程的建设,重要的节点逐渐形成市镇,如湾头镇、仙女庙镇等,均位于多条水系交汇处及重要闸坝的修建处。

临江段水系变化不大,宋代已形成仪真运河、瓜洲运河,明代两者成为主要的入江港口,仪真港主要承接湖广、江西的漕运,瓜洲港下漕江南、两浙,修建多条入江分支和闸口以利运输③。有清以来,长江下游形成多个沙洲,主道在镇扬之间南北摆动,有冲有淤,仪真(清顺治年)和瓜洲(康熙年、光绪年瓜洲城全坍入江中)在清代先后淤塌④,在明代基础上对河道进行挑浚疏通,以保持盐、漕运的通畅。随着河道的变迁,盐栈也在不停地变化,起初位于仪真,后转至瓜洲东的六壕口盐栈,后又移至十二圩,终形成清末民初重要的盐运城镇——十二圩镇。从明代开始,扬州以东的沿江段也逐渐被开发,明宣德年间开白塔河、泰兴新河运漕,通江以分担漕、盐运,清代进一步截弯取直,随着沿江水系的增建,沿岸的城镇也逐渐形成,多位于河道中部或入江口处,如新城、旧港、扬子桥、霍家桥、八港口、三江营等镇。(见图7.47、图7.48)

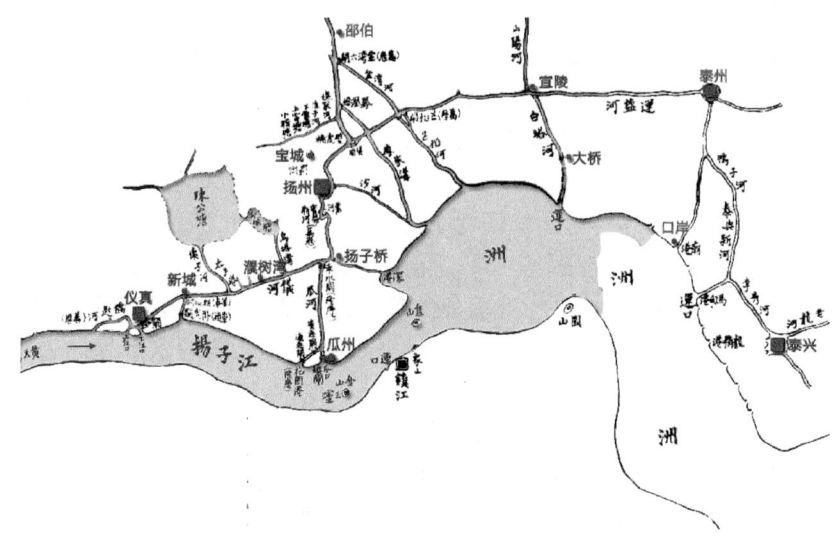

图7.47 明代扬州地区城镇体系

资料来源:作者自绘,根据《淮系年表全编》分图七十八绘制

---

① 根据《淮系年表全编》分图十三,明代建金湾滚水闸三处,在凤凰河、壁虎河口建桥,桥下设滚水坝各一座;芒稻河与古运盐河交汇处设东、西二闸;湾头闸和沙河闸各一座。

② 根据《淮系年表全编》分图十六——坝:褚山坝、拦江坝、金湾坝、东湾坝、西湾坝、凤凰坝、新河坝、壁虎坝、老坝、沙河坝;桥:瓦窑铺新河桥、凤凰三桥、壁虎三桥、万福桥、石羊桥、董家沟桥;淮水归江引河:运盐河、人字河、越河、金湾河、太平河、凤凰河、新河。

③ 根据《淮系年表全编》分图七十八——扬子桥附近:扬子桥闸、深港;瓜洲附近:东水闸、广惠闸、通惠闸、瓜口坝闸、瓜河、花园港;仪真附近:卧虎闸、仪河、轮匙河、上江口、下江口。

④ 根据《淮系年表全编》分图七十九、八十:仪真运口,清顺治年初淤;康熙年间,瓜洲通惠闸坍塌入江,光绪年瓜洲城全坍入江中,移运口至西北今瓜口镇。

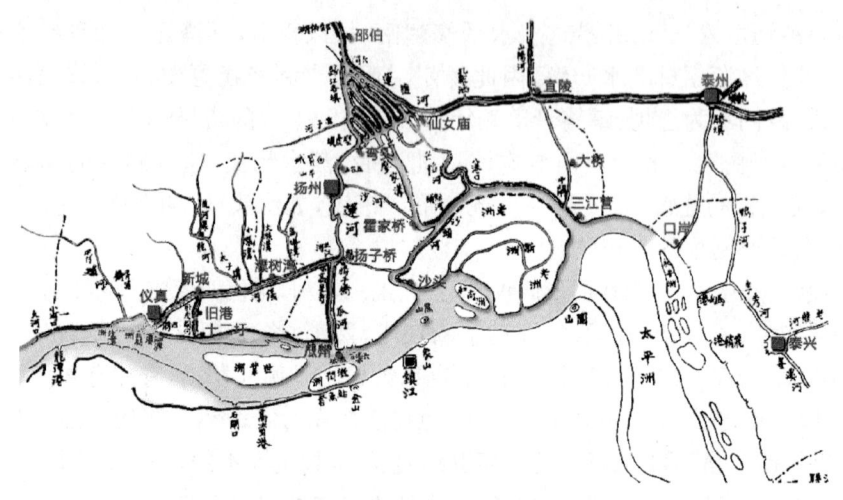

图 7.48 清代扬州地区城镇体系
资料来源：作者自绘，根据《淮系年表全编》分图八十绘制

7.4.2 运道变迁对扬州老城空间的影响

扬州城的选址、城址变迁及城市建设受运河的影响更甚，延续时间更长。唐代及之前，扬州城由蜀冈逐渐向平原扩建，唐之后，逐渐向运河靠拢。扬州最早的城池邗城的修筑就是为了守卫邗沟，可以说没有运河的开凿就没有后来扬州城的出现及唐宋的鼎盛繁荣，没有扬州城的守卫也就没有运河的延续发展，二者互相依存的关系从先秦时期就已明确。秦汉时期邗城位于蜀冈之上，邗沟位于蜀冈之下，二者是分离而相近。随着南部平原的形成，隋唐时期扬州城主体部分开始向蜀冈之下迁移，子城位于蜀冈之上，主要是一些公署空间的集中地，罗城位于冈下平原，成为仕民工商的聚居地。罗城的兴起与运河关系密切，城内三条运河支流穿城而过，一条东西向紧邻蜀冈，另外两条南北向的水系纵向通过罗城。唐代漕事繁忙，河道年久而淤塞，敬宗宝历二年（826），王播"自城南阊门西七里港开河向东，屈曲取禅智寺桥通旧官河，开凿稍深，舟航易济，所开长一十九里"①，即城东二里的合渎渠，这也是从唐代延续至今的东南运河，这条运河很大程度上影响了五代至明清的扬州城选址。宋大城在周小城的基础上修建，周小城"遂于故城内就东南别筑新垒"②，以柴河、合渎渠及保障河（唐代城西的南北向市河）作城濠。宋代皇室南迁，扬州的军事防御地位愈发重要，南宋宝祐年间，因抗金所需，于蜀冈上修筑宝祐城和夹城。宋大城为官署、工商业及居民所占据，宝祐城为屯军之戍，夹城时而存废。宋大城承袭唐代最繁华的城市空间，官河仍为市河，宋亡元兴时，只有大城仍存，其余皆废。明初修旧城于宋大城西南角，市河仍穿城而过，可见宋元时市河依旧是城中经济最繁荣的地区，但此时远离运河。嘉靖年间，又在城东商业区筑城，一方面是抗倭的军事所需，另一方面，近运河便于物资运输。由此，宋以后，运河绕城而过，主河道位于城的东侧、南侧，北城濠柴河、西城濠保障河即官河水系，均引自运河。

运河的形成促进并影响了扬州城市的布局，随着运河由军事作用转变为经济作用，扬州城

---

① 《旧唐书·王播传》
② 《旧五代史》卷一百一十八

由江边军事重镇转变为商业府城。隋唐时城内官河沿岸开始逐渐演变成最繁荣的商业空间,河道两侧逐渐形成市和码头,这种格局冲破了古代封闭的里坊格局,形成开放的商业空间。沿运河一带,从钞关到东关街口一线形成沿运河的手工业生产销售区和商贾聚集区,如南河下为盐商聚居地,从埂子街、多子街,经新胜街、过教场,到彩衣街形成市中心的商业区。(见图7.49)

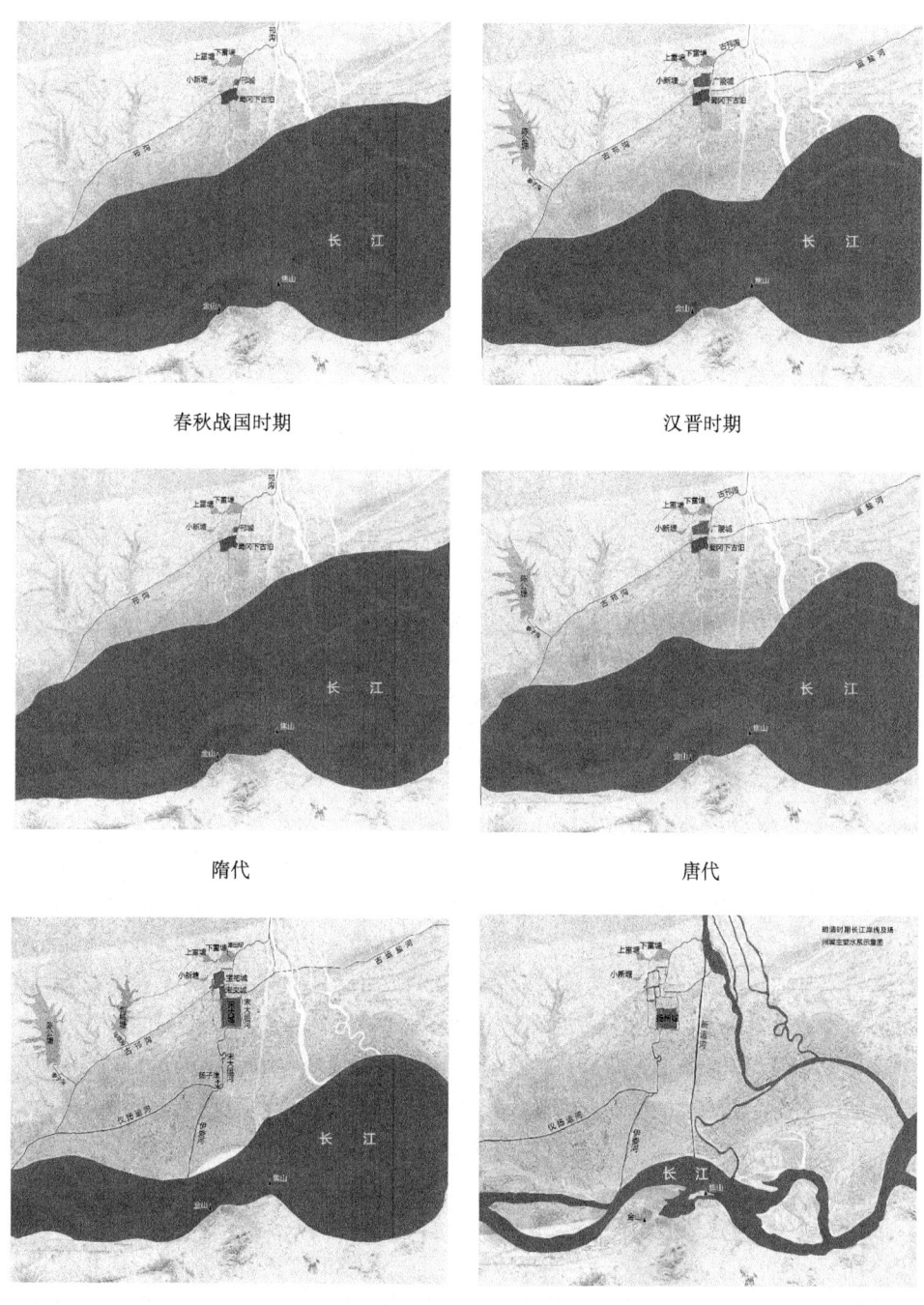

图7.49 岸线、运道改变与扬州老城变迁
资料来源:作者自绘,根据《京杭大运河开凿与变迁》第42、44、46、48、52、53页绘制

7.4.3 两淮城镇与临运城镇的对比研究

1) 兴也漕运,败也漕运

淮安与扬州二者皆因运河而兴,先有邗沟之开凿,后有邗城、末口城池之修筑。二者分居运河东、西两岸,是江淮段运河的南、北两个重要的交通枢纽和水利节点,具有重要军事价值,承担淮南、淮北的漕盐运的工作。

江淮沿线的城镇发展依附于古代封建制度和朝廷控制的制造业,是服务于封建制度的,漕粮的转运和仓储、漕船制造所产生的经济效益均归国家所有,城镇并未因此产生直接的经济收益。交通枢纽地位是沿线城镇繁华的重要因素,带来商货流通和巨大的流动人口,各部漕务与河务、各地文人与商贾聚集此地,刺激了商品市场的繁荣和高端服务业的出现。凭借私弊管理和垄断经营,官员与盐商富可敌国,创造了扬州和楚州的一时繁华。这种因交通而兴的畸形繁荣具有不稳定性和被动性,是通过流动性产业和服务业所获得。漕运中心和盐业中心的地位皆是封建权力所赋予的,水陆要津的地位也因自然地理的变迁和人为整修而具有不确定性。城市本身属消费型城市,商品多靠外来补给,区域内部支柱产业小,同时消费群体流动性大。漕运和盐业衰落后,商品流通性差,市场经济不足以支撑内部发展,加之居民血亲关系弱,经济倒退导致上层阶级逐渐退出,财富也随之流散,社会关系和消费群体发生改变,所以城镇群迅速倒退衰微。江淮沿运城镇衰败是因为过于依赖交通运输,区域产业单一,市场经济不完善。

2) 城镇格局变迁特点比较

从古末口(北辰镇)到杨庄,两淮的城镇形成皆与运河的开凿、运河的改道、运口的变化、黄河夺淮、淮水改道以及配套的水利工程建设有密切关系。两淮地区先后出现十多个城镇,与运河的开凿、运河的改道、运口的变化有着密切关系,如楚州城(新城、老城)、河下、板闸、清江浦、码头、韩城、王家营、西坝、杨庄、古泗口等。早期以山阳县为核心,明清以清江浦为轴心,扼漕、河、盐、榷、驿等重要机构。该地区水系情况复杂,城池经常坍塌,除楚州城之外,其他城镇或被冲塌或经常迁移,存在的时间不长,规模不大,繁荣时间短。

从建城之初,扬州城的位置基本未变。唐之前,扬州周围的城镇多是军事性的城堡,唐代运道已基本稳定,运河向南延伸,入江口处逐渐兴起真州、瓜洲等城镇,形成三城鼎立的城镇格局。由于远离江岸,扬州直接参与漕盐运输功能减弱,被真州、瓜洲及十二圩等城镇取代。但是明清两朝江北岸线经常坍塌,使得沿江的城镇不能得以延续。扬州东侧的城镇多兴起于闸坝水利工程建设,如仙女庙、湾头镇都是在明清时期发展起来的。

总之,两淮城镇体系受淮水、黄水及洪泽湖水系的影响较大,而入江段的城镇体系主要受江岸变迁的影响。前者在水系不断变迁中兴起,其稳定性和延续性较低,呈现以点带面、点面结合的一体化发展格局;后者发展比较稳定,总体呈直线上升,后朝在前朝的基础上根据漕运需要进行延续建设。

3) 城市空间形态比较

明中期至清乾嘉时期是淮安发展鼎盛时期,延续时间较长,因交通枢纽的地位和漕运机构的设置而逐渐繁荣,是典型的交通型城市。唐代是扬州城镇建设的高峰期,唐及以前,岸线尚未南迁,漕运对扬州城市发展作用较大,扬州所辖地区的物资较为丰富,拥有垄断经济物资盐和铜,是盐业的中转中心和管理机构驻扎地。二者均是漕运、盐运的集散地,淮安受漕运影响更甚,是苏北盐运的集散地;扬州受盐业影响更重,商业氛围较淮安浓厚,是淮南盐业的集散地。两城皆以运河及其支流作为城濠体系和城内河渠,淮安文渠贯穿三城,扬州的官河从隋唐延续至明清。二者均出现过三城格局,扬州的宋夹城和明代的楚州夹城均是因军事防御所需而建。

7.5　基于历史视角的沿运城镇未来发展的策略探索

(1) 以文化为导向的城镇更新。将大运河申遗成功作为城镇复兴的机遇,尤其是沿岸小城镇的发展。实施整治更新之前,应对城镇历史空间形态的变迁进行详细研究,尊重历史文脉的延续;注重城镇漕运空间的挖掘,将大运河与城镇融为一体,纳入整体规划与建设考虑;对于已消失的古代村镇采取标示性的保护;将运河沿岸的城镇作为整体考虑,彰显沿岸城市的漕运特色。

(2) 对于历史文化名城的保护规划工作应加大重视程度,尤其是扬州隋唐之前邗城的考古挖掘与保护规划、扬州周边秦汉时期的水系考古定位、淮安古代水利工程的保护规划等。首先应做好考古与历史文献的基础研究,将城市的保护规划与城镇体系的变迁及古代水环境变化相结合思考。

(3) 与里下河城镇、串场河沿岸城镇联动考虑。根据上文分析,江淮东部地区城镇自古就因水系的连通而具有联动性,实际中华人民共和国成立后水系的治理为东、西城镇体系的联系提供了更为便利的条件,未来发展将这一历史规律延续下去,把江淮东部地区作为整体来考虑城镇的发展。

7.6　本章小结

本章对淮扬运河沿岸城镇的变迁、漕运空间形态的特点进行梳理,得出两淮漕运城镇皆因运道开凿、水利工程、河道交汇及驿铺停靠而兴,运河既是城镇的城池系统和景观休闲空间,又为城镇发展带来流通物质,大多数城镇的沿河地区由丰富的商业空间和宗教空间构成。

以淮安为案例,具体分析漕运对城镇所产生的影响。首先从社会经济角度,对漕运的运转机制进行分析,得出淮安因漕而兴的本质皆因封建经济所需,其经济结构决定了城镇发展的不稳定性。自先秦邗沟开凿,两淮城镇的形成与变迁均受到运道变化的影响,呈多中心城的发展结构。明清漕运及其相关机构的设立促使清江浦成为两淮城镇的中心。通过两淮城镇体系变迁和对楚州、清江浦、河下古镇的空间形态变迁的研究,并与入运处的扬州城镇体系对比,发现两淮城镇持续时间较短,城镇形制较为简单,城内功能空间以漕运为主。在未来的规划建设中应注重漕运文化空间的延续,将大运河纳入城镇的发展建设中。

8 因水文地貌变迁而兴的里下河城镇体系

里下河地区城镇具有典型的江北水乡特色,城镇的分布及空间形态变迁与水系关系密切,总体格局保存较好。笔者在调研过程中发现城镇建设在交通、产业结构及文脉延续等方面欠缺,导致经济发展落后。本章首先对里下河地区城镇体系的变迁进行梳理,总结聚落群的空间形态特征,得出水是里下河城镇形成最为重要的动力机制;并以泰州、兴化和溱潼为例,从不同的方面探讨水系对里下河不同层次聚落空间形态的影响;最后基于里下河城镇演变的历史规律,对城镇未来发展提出建议。

8.1 里下河地区城镇发展的现状

8.1.1 城镇经济发展现状

里下河平原西起里运河,东至串场河,北至古淮河,南抵通扬运河,位于江苏省中部,属于碟形潟湖沉积平原区,黄河夺淮以后陆地面积逐渐扩大。明代以来开河排水,沿河筑圩,形成圩田平原,适合种植水稻,后逐渐发展成为鱼米之乡,面积约1.35 km^2,人口约1 000多万。中心城市有泰州、兴化和建湖县,2014年人均GDP全省排名分别为20、41和38位,不及沿江的靖江市(排名第15位),属江苏省内经济发展较为落后地区。区域南部经济较北部发展快速,尤其戴南、张郭、溱东一带。2010年,戴南人均GDP为8.42万元,张郭人均GDP为6.85万元,溱东人均GDP为5.44万元,达到中等发达国家水平,工业经济占主导地位,产业结构比例为70%~80%,形成以戴南为核心的不锈钢产业集群镇(包括兴化市的戴南、张郭、茅山、陶庄、荻垛,东台市的溱东、时堰和姜堰市的兴泰、溱潼等9个乡镇),人均收入占兴化全市平均水平的3倍以上,GDP首位度约为兴化城区的2倍(戴南和张郭两镇的GDP首位度为38%,兴化为19.5%)①。

8.1.2 城镇发展中存在的问题

在最新一轮《江苏省城镇体系规划(2015—2030)》中,里下河地区城镇未被列入全省"一群三轴"的城镇空间发展之中。整个区域近江近海,临淮临运,发展环境日渐向好,但并未引起足够重视。受自然地理条件的限制,里下河城镇经济发展缓慢是一个历史遗留问题。其一是交通问题。古代居民出行多依赖水路,区域内水路交通发达,清末至新中国成立前,水系紊乱,缺乏政府统一整修,近代公路建设开展较迟,导致该区域的陆路交通体系

---

① 根据2010年兴化市、姜堰市、东台市统计年鉴整理。

远不及江南通达。虽然今天有一条 G30、一条 G204、两条 S18、七条 S323 横纵交错于区域内,但由于城镇呈点状分散发展,笔者在调研过程中发现镇与镇之间的通达性较差,往往需要到中心城镇进行转换,对于城镇的向外发展和拉动投资具有限制性。历史上沙沟、周庄均是周围县市的交界处,是宋元明清时期重要的集镇和商品集散地,由于今天交通不便使人口外流严重,老龄化突出,城镇逐渐出现空城现象,致使里下河地区城镇发展不平衡。其二,里下河地区属江苏省江淮农业生产区,是限制开发区和生态功能维护区,城镇和村落分散,规模小。区域内河汊众多,城镇建设用地布局分散,常被多条河道分割,使建设用地与农田、空地等非建设用地交错,土地利用效率与开发强度低,城镇空间粗放发展;加之沟汊河塘诸多,造成土地承载力较差,更限制了区域的发展。其三,城镇职能的趋同性。区域内仅有少数城镇产业结构清晰,职能定位明确,如戴窑(不锈钢产业)、草甸(文体教玩具工业)及缸顾(垛田旅游)等,大部分城镇的特色不明显。其四,城镇文化承载力不够,缺乏对区域空间特色、自然地理特点和城镇发展历史的深入挖掘,没有很好地利用基础自然环境,导致环境品质欠缺,仍未摆脱传统农业村镇的风貌,特色彰显不够。其五,工业化和农业产业化程度低,导致城镇化偏低。虽然少数镇的工业发展有一定基础,但与苏南相比,规模很小,工业现代化水平低,尤其是乡村地区,整体的运行质量有待提高。经济发展滞后造成城镇基础建设滞后及公共服务设施不足。(见图 8.1、图 8.2)

本章试图通过对古代里下河地区城镇体系变迁及城镇空间形态变迁的梳理,总结里下河地区城镇变迁的特点和重要机制,为未来的城镇规划提供充足的历史依据。

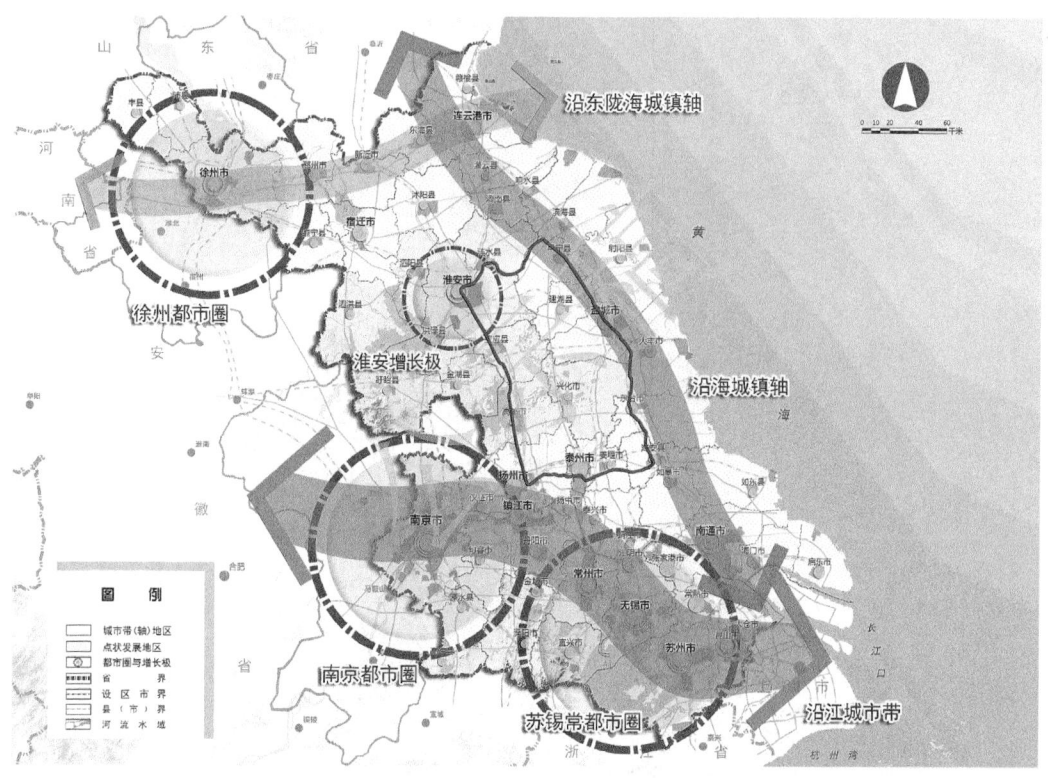

(a) 江苏省城镇体系规划图(2015—2030)

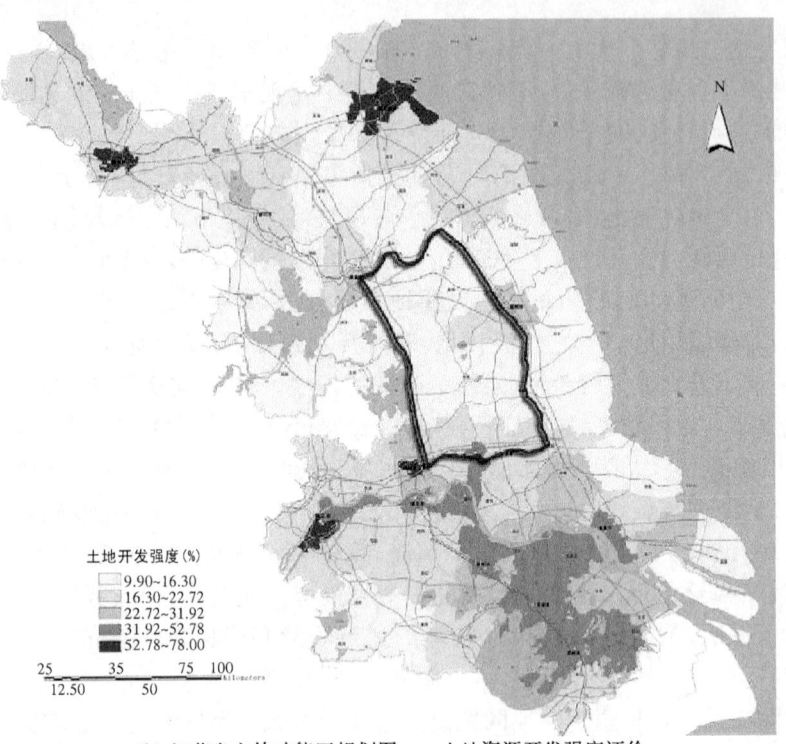

(b) 江苏省主体功能区规划图——土地资源开发强度评价

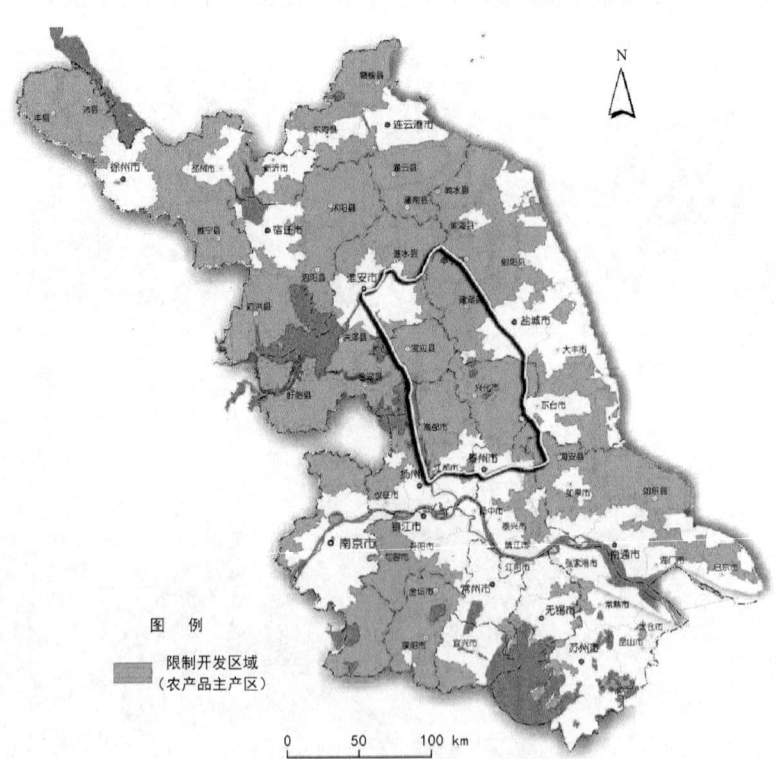

(c) 江苏省主体功能区规划图——限制开发区域分布

图8.1 江苏省城镇体系与主体功能区规划图

资料来源：江苏省住房和城乡建设厅网站(http://www.jscin.gov.cn/web/default.aspx)

江苏省城市规划设计研究院网站(http://www.jupchina.com/webpage/index.jsp)

| 泰州老城 | 兴化老城 | 安丰老城 |

图 8.2　里下河地区老城现状

资料来源：作者拍摄

8.2　里下河水乡城镇体系变迁

8.2.1　黄河夺淮之前——里下河水乡城镇体系初步形成

隋代之前里下河仍是大片湖沼，成陆情况不佳，不利于建城，因此主要城市仅有海陵（泰州）一座。海陵位于里下河沉积平原与长江新三角洲平原相交的扬泰岗地之上，是运、江、海水系交汇处，因吴王刘濞开凿运盐河而兴。运盐河始建于西汉文景年间（前179—前141），海陵城建立于西汉元狩六年（前117）。海陵是扬州至沿海盐场河道运输的重要节点，也是里下河地区的重要粮仓。城市选址于地势较高之处，即可避免水患和敌侵，同时又可就水利之便。

唐代主要的市镇海安、昭阳（兴化）、秦泓（溱潼）、东村（戴窑）、沙溪（沙沟）等已出现。宋代主要的县一级城市均已形成（如兴化、泰县、泰兴、如皋等），姜堰、安仁乡（今安丰镇）、陵亭、昭阳、蒋垛、临泽及沿海的永丰、石庄、柴墟等市镇也陆续形成，另外一些小型的聚居点如龙家庄（栾家庄）、卜家寨、缸顾庄、仲寨、何梅垛（何家垛）等也散布其间。唐时运盐河和泰东河虽未形成，但从聚落的分布来看，空间上已经出现沿河分布的形态，说明当时里下河的自然运盐水系已十分丰富。宋代里下河平原的聚落已相当丰富，主要沿着高邮—盐城、泰州—东台、扬州—高邮间的东西向运盐河分布，环射阳湖地区也分布大量的早期聚落。可见，运河支流水系的开凿是早期里下河地区城镇形成最为重要的动力机制，黄河夺淮前，里下河城镇主要沿多条人工运盐河分布。（见图8.3、图8.4）

8.2.2　黄河夺淮之后——里下河水乡城镇体系快速发展

除了岸线外，黄河夺淮所导致的另一水文地貌的突变为里下河多样性水乡平原的形成。里下河湖沼受黄河泥沙淤积速度缓慢的影响，明末高邮—盐城的运盐河才逐渐演变成多条东西向的河流，清末民初里下河地区已形成明显的横纵水网，以淤溪、溱潼、兴化、竹横港、中堡、射阳、建阳等洼地为中心，水网呈放射状分散，这些地区及其周围水系最密，越往外密度越小，水网密集区也是城镇分布最为密集的地区。（见图8.5、图8.6）

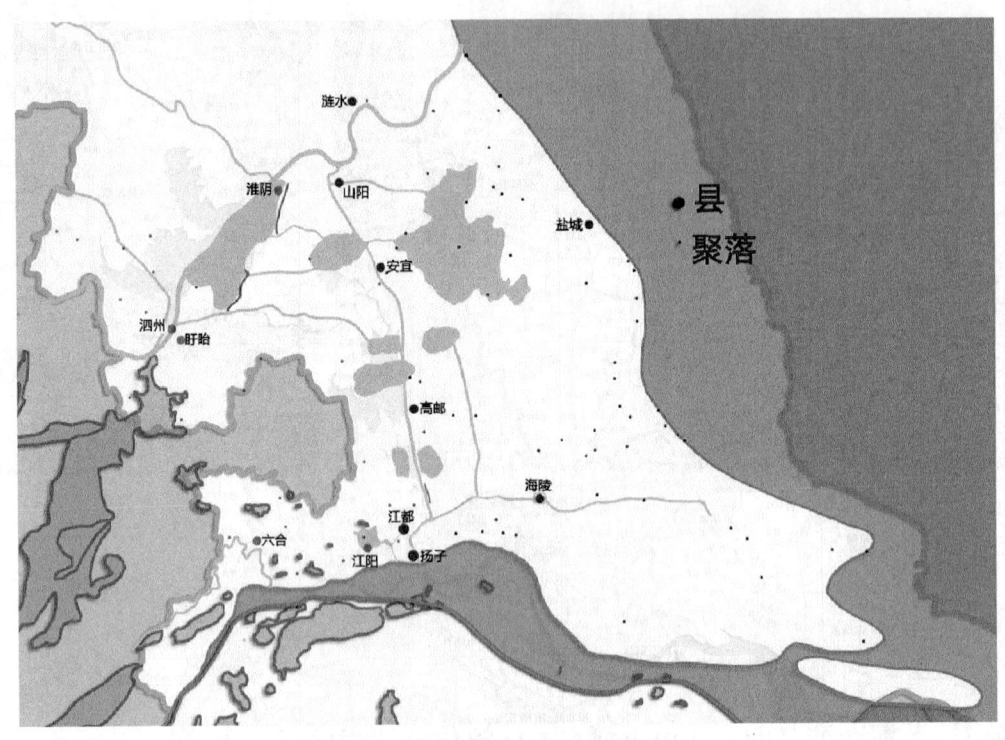

图 8.3　唐代里下河地区聚落分布图
资料来源：作者自绘，聚落分布点根据《中华人民共和国地名词典——江苏省》整理绘制

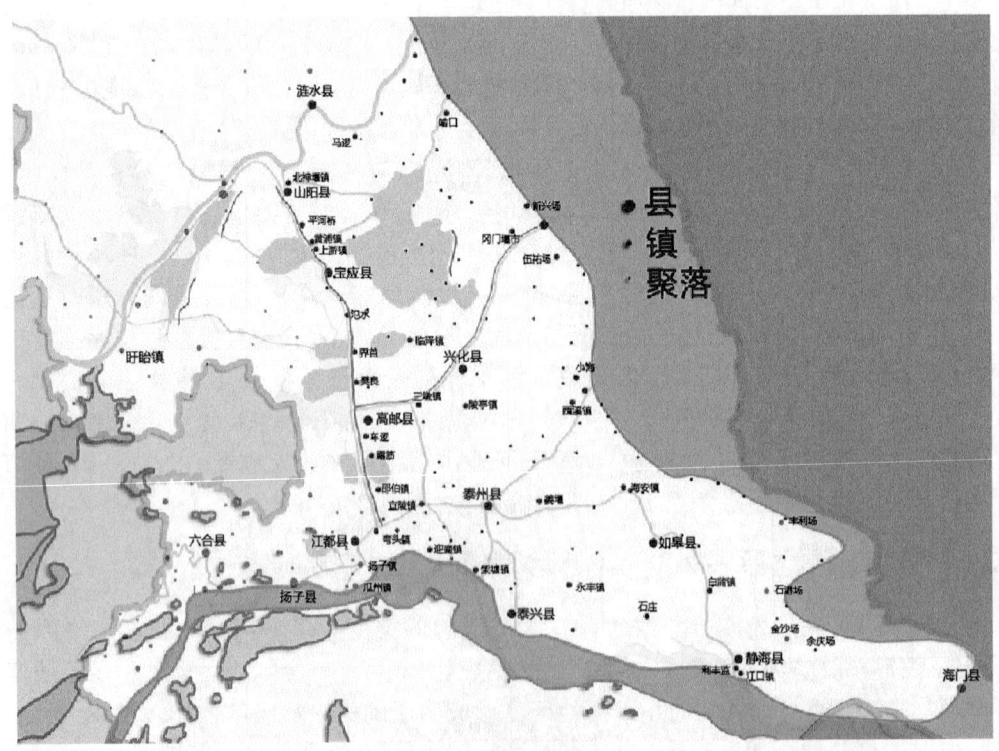

图 8.4　宋代里下河地区聚落分布图
资料来源：作者自绘，聚落分布点根据《中华人民共和国地名词典——江苏省》整理绘制

8 因水文地貌变迁而兴的里下河城镇体系

图 8.5　清前期里下河地区水网
资料来源：嘉庆《东台县志》

图 8.6　清末里下河地区水网
资料来源：作者根据《江苏全省舆图》(1895)整理自绘

明代是里下河地区城镇聚落激增的时期，其间形成的大小聚落共 217 处（包含串场河西岸和运河东岸），今主要城镇和自然村落均形成于这个时期。一是由于平原逐渐形成，明代以一岁两熟的水稻种植为主，产量大；二是明代大量江南移民补充人口。根据《江苏省地名志》记载，里下河聚落以"庄""舍""址"为名居多，以兴化为例，自然村名以"舍"命名的约 35% 以上。"址""舍"本义为房屋住址，可理解为人居住的地方，"庄"本义为聚落，二者都是规模不大的人居地。由于多因移民而兴，这些聚落多加以姓氏命名，兴化地区这样的地名约占 50% 以上，如"吴舍""张家舍""黑王庄""鲍家庄"等。在聚落的命名上有很大一部分与发达的水系有关，如"沈沟""东荡""吴岔河""竹横港""淤溪""戴家泽"等。清嘉庆前，里下河的耕作仍为双季稻[1]，因此还存有大量因农耕形成的聚落，如叶甸、沈家坨等[2]。随着水网密度增加，清中期疏浚整修力度加大，河道走向明确，清代聚落在此基础上进一步增多。至清代，里下河地区的主要纵向水系有窑头河—射阳河—吴翁湖—兴化—浦汀河—通泰河，主要横向水系有泾河—射阳湖—盐河—子婴沟—大纵湖—东界河—海沟河—兴化运河—车路河、蚌沿河、晏溪河、运盐河、龙开河—小溪河及界河，里下河城镇沿这些水系形成"一纵多横"的空间格局。城镇、市镇及村庄均沿横纵密布的水网分布，形成典型的江北水乡城镇群落。（见图 8.7、图 8.8）

---

[1] 池源，汪汉忠. 黄河夺淮与苏北耕作制度的逆变[J]. 江苏地方志，2002(3)：28-32. 其中记载："里下河地区耕作制度由双季稻到单季稻的逆变的时间，发生于清嘉庆年间。"

[2] 单树模. 中华人民共和国地名词典——江苏省[M]. 北京：商务印书馆，1987.

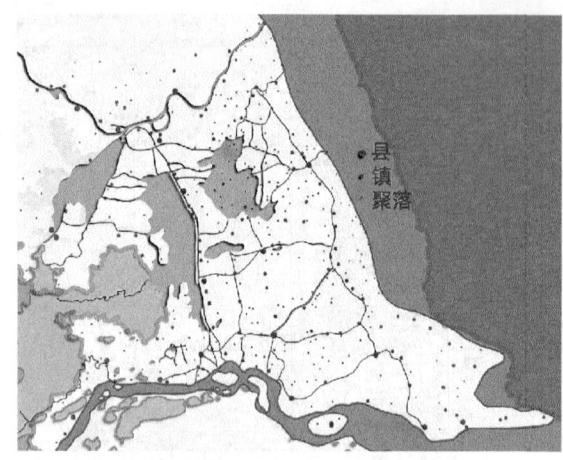
图 8.7　明代里下河地区聚落分布图

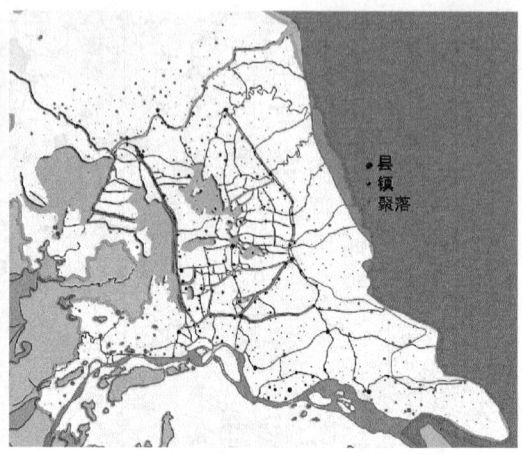
图 8.8　清代里下河地区聚落分布图

图 8.7、图 8.8 资料来源:作者自绘,聚落分布点根据《中华人民共和国地名词典——江苏省》整理

河港横纵交错、湖荡星罗棋布的水网对明清里下河城镇的迅速发展起到决定性的作用。水文地貌的改变为聚落形成提供大量土地,同时自然环境易于稻作生长,加上大量苏南居民的垦荒,促使明清里下河地区迅速发展成全国重要粮食生产基地。水网除利于农耕灌溉外,还是沟通东、西两条纵向水系的主要渠道。从汉至清,人工开凿的东西向水系逐渐密集,最初目的主要是为便于海盐运输,此外还承担土产、粮食等运输,同时也是人们出行和沟通往来的主要交通方式。

8.2.3　黄河北迁之后——里下河水乡城镇体系的衰落

1194 年以后,里下河地区曾数次遭到黄淮水的侵袭,山阳、宝应、高邮、兴化、泰县等地尽被淹没,因此虽然城镇村庄数量剧增,但是区域中心型城市少。城市规模不大,兴化老城面积为 1.08 万 m^2,泰州老城面积为 4.54 万 m^2,泰县老城面积为 2.5 万 m^2。城镇建设水平不高,破坏严重,清末已从鱼米之乡逐渐演变为全国最贫困的地区之一。嘉庆九年(1804)以后,里下河地区耕作制度改为单季稻,产量极低,每亩仅 500 斤左右[①]。

黄河返回北道之后,废黄河和支离破碎的淮河水系依然肆虐里下河地区,洪涝灾害更加频繁,整个地区受到洪、涝、旱、淤、潮、卤、渍、碱、虫等自然灾害交相侵扰,尤以北部兴化、盐城为最。民国三年(1914)、十七年(1928)、十八年(1929),里下河地区大旱,引发蝗灾,后又受海水入侵,导致受侵粮田"有百分之九十六颗粒无收"[②]。民国二十年(1931)是里运河遭受灾害最惨重的一年,运河东堤决口 26 处,由于沿海泄水港工程标准较低、排涝差,造成受灾农田 1 330 万亩,倒塌房屋 213 万间,灾民 350 万人,外逃 140 万人,整个兴化全县被淹[③]。水灾摧毁该地区的支柱产业——农业,民国江北各县仍盛产单季籼稻,居民为了得到

---

① 李彦章《江南催耕课稻编》中记载:"江北下河州县,前数十年,稻两熟。……以询老农,皆谓嘉庆九年(1804)以前,罕有水灾,种稻,一岁得两熟……"
② 水利部淮河水利委员会《淮河水利简史》编写组.淮河水利简史[M].北京:水利电力出版社,1990:370
③ 赵筱侠.苏北地区重大水利建设研究(1949—1966)[D].南京:南京大学,2012

额外的收益,每年求佣于江南农家①,可见此时江北经济之困乏。

水灾和经济上的衰退导致民国里下河地区城镇发展停滞,实际上也是由于交通模式的改变,古代人们出行与交往靠水运,近代里下河地区陆路交通的修建属空白,水运又遭到极严重的破坏,因此整个地区发展陷入停滞。

8.2.4 新中国成立后的水利建设——里下河水乡城镇体系再发展

新中国成立后,里下河地区历经40多年的整治和开发,形成了一套比较稳定的水利工程。首先,疏通运河,加固运河东堤,在西堤筑护坡,并开凿扬州到瓜洲的新运河,使运河大堤成为坚固的防洪屏障,运河承担南水北调、北煤南运的重要通道。其次,苏北灌溉总渠的开凿(1950年),成为淮河入海的新通道,既提供了丰富的灌溉水源,又降低了淮河洪水的威胁。再次,海堤的加固和四条通海大港的整治(射阳港、新洋港、斗龙港、黄沙港)及其涵闸的修建,使里下河的涝水顺利排出。最后,新通扬运河的修建,成为区域南部的屏障。里下河内部的水系也均经过截弯取直,形成较为平整的水系。水系的整治再次促进了农业经济,今天里下河地区的农业比重仍较大,均高于13%,水系更多用于农业灌溉,运输作用减弱,因此密集的水网对城镇发展起到一定程度的限制。经济发展相对滞后主要是因为缺乏基于地理条件和历史基础的城乡统筹的思考,没有形成以中心城带动腹地的模式,城与乡连通性较差。(见图8.9)

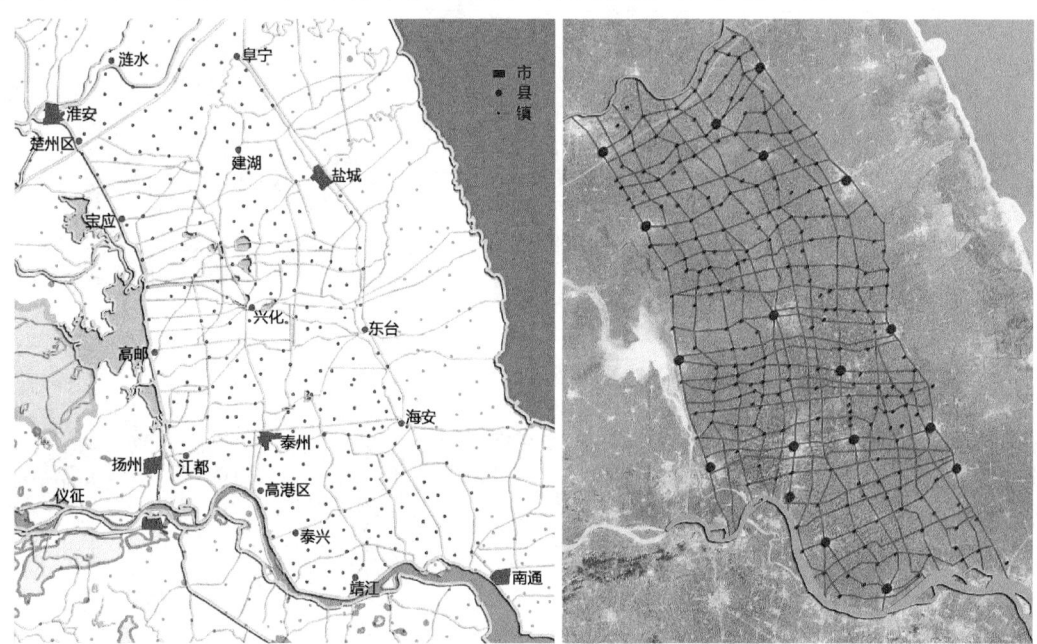

图 8.9 当今里下河城镇与横纵水系网关系图

资料来源:作者自绘

---

① 胡焕庸.中国之农业区域[J].地理学报,1936,3(2).其中记载:"民国时期,本省产稻又可分为两个区域,旧宁镇两属及江北各县,盛产籼稻,下种早而收获亦早,普通均在清明谷雨间下种,于夏小满间移植,白露秋分前后收获,其收获期之尤早者,往往在立秋处暑之间,盖里下一带,因淮水失治,易遭水患,农民多望于秋汛以前,提早收获,不然收割过迟,易被湮浸也。因此江北一带之劳动阶级,每于收获后,渡江南下,求佣于江南农家,晚稻收获后,方再北回,似此短期移殖之劳动阶级,不特于其个人生活,得有额外之收益,对于江南农事,尤有极重要之助力也。"

8.3 里下河水乡聚落群空间形态特征

8.3.1 里下河地区聚落群形态特征

里下河复杂的地貌决定了聚落类型的多样性。沿淮地区属高沙土平原，地势较高，耕地面积大，水域面积小，聚落属于中高密度的块状；区域内部地势最为低洼，其间分布多处洼地，兴化最低，约1.5～2 m，建湖约2～2.5 m，南部溱潼为1.8～2.5 m。这些地区历史上常发生洪涝灾害，聚落往往择高地被动集中分布，因此多呈大面积团簇聚落。在其周围地势略高地区，如高邮以东和兴化东北部，水网仍然较密，沿河筑圩，形成圩田平原，这些地区的聚落面积较小，密度高，呈小团簇状分布。越靠近运河、串场河的地区，地势越高，这些地区耕地面积较大，聚落住宅靠近耕地农田建造，沿河渠或道路呈狭条状分布，与沿江、沿海圩田条状聚落形态类似，但该地区农田水利并未经过统一规划，因此规整性不及前述两者，聚落规模小，中心城镇较分散。（见表8.1、图8.10）

表8.1 里下河地区聚落类型列表

类型	分布区域	形态特征	形态图
沿淮低密度团块状聚落群	分布在旧淮河南岸，淮安楚州区的东侧	该地区是冲积扇形平原，属于徐淮黄泛平原的一部分。区域内以平原为主，河道密度较低，主要为东西走向，土地面积广，耕作半径较大，易形成大面积的村镇。聚落主要沿河道呈团块状分布，聚落密度适中，边缘较为完整	
沿淮高密度条块状聚落群	主要分布于淮河下游南岸地区，阜宁县西侧，以益林镇为中心	地貌类型与沿淮的团块聚落相同。耕种面积广，河道密度较高，垂直淮河呈西北—东南向，聚落沿河呈条带状分布，聚落占地面积适中，密度较大，以条块状为主，大型聚落间散布小型点状组团	
里下河湖荡区低密度簇团状聚落群	环绕大纵湖地区，兴化东北部、西部，泰州北部及东北	这类聚落是里下河地区最为典型的聚落形态，该地区湖荡密布，地势低洼，历史上常发生洪涝灾害。聚落于地势较高的地区集中营建，多条水系穿插于聚落中，聚落形态分散破碎，往往被动簇集而成规模较大的城镇，边缘破碎程度高	

续表 8.1

类型	分布区域	形态特征	形态图
里下河湖荡区中密度小团簇状聚落群	主要位于兴化、泰州东侧	此类聚落多位于低密度簇团状聚落周边,形态特征类似,由于圩田的修筑使得聚落分散性更强,聚落面积小,密度较高,边缘破碎化更高	
里下河湖荡区中密度条带状聚落群	位于运河与以大纵湖为核心的纵向湖荡之间的地区	该地区位于湖荡核心区的边缘地带,也常发生洪涝灾害,水渠经过后期整治,较为平整,越靠近湖荡区,水系越为弯曲自由。区域内大型聚落不多,耕种半径大,大型聚落的周围住宅呈条状分布,这些住宅沿河渠或道路两侧、靠近耕地分布,呈狭长的条状,聚落规模小,建筑形式单一	

资料来源:作者自制

注:为了便于城镇的对比,在截取 Google Earth 地形图时采用同等比例(位于高空 1 km 处截图)

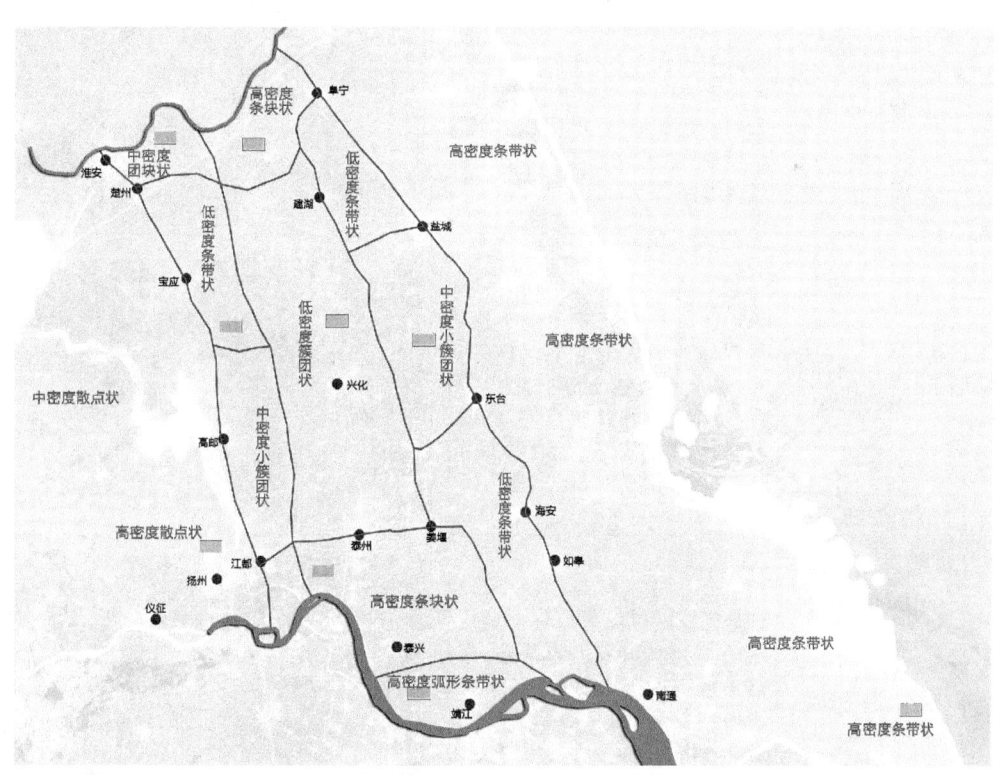

图 8.10 里下河聚落类型

资料来源:作者自绘

8.3.2　江淮东部其他地区聚落群形态特征

里下河四周高地形态不一,东部为苏北滨海平原,海拔在 2~5 m,由西向东缓慢下降,东西高差 2 m 左右;长江新三角洲平原海拔 2~7 m,沿江地区最低,约为 2~3 m,由西向东微微下降,西侧为宁镇扬丘陵高地,丘陵海拔在 50~400 多米,岗地海拔约 10~60 m,与里下河水乡形成截然不同的地貌类型,因此聚落群的形态也不尽相同。泰州、姜堰以南,靖江以北地区与黄河南岸均位于水系转弯处,常年受水流侵蚀,属高沙土平原,耕地面积广,水系多呈东西走向,聚落沿水系延展,形成东西向的宽带或矩形平面。沿运的靖江和沿海垦区成陆较晚,聚落形态均是在水利农田设施建设基础上形成的。镇一级城市属区域内大型聚落,也是政治、经济、文化中心,周围均为农田,无簇团状村落,村庄由整齐排列的住宅与农田组成,住宅与农田紧邻,多为东西向沿河道排列。住宅形式单一,多为一栋建筑,由于经济较为发达,南通地区的农宅样式较复杂多变。运河以西受地貌影响,很难形成大型聚落,多呈点状、小簇团状或短条状分布,多沿着山丘、岗地的走向分布,因此颇为自由。(见表 8.2)

表 8.2　与江淮东部其他区域对比研究

类型	分布区域	形态特征	形态图
沿运中、高密度条块状	通扬运河与靖江之间、仪征中部	该地区聚落形态与沿淮地区类似,沿着水系走向分布,平面呈宽带状或近似矩形,泰州以南聚落面积较大、密度低,泰兴东部地区聚落规模较小、密度高,且越靠近江岸,聚落面积越小、密度越大,与靖江交界处形成过渡形态	
沿江高密度弧形条带状	泰兴南部和靖江地区	该地区属长江新三角洲平原,沿江修建圩堤与河渠,稻麦两熟,耕作半径小,聚落住宅沿圩堤修建,呈弧形带状延伸,密度较高、规模小	
沿海高密度条带状	盐城东部、通海地区	该地区发展以民国盐垦公司修建的水利农田工程为基础,聚落呈规则的条带状,分布于农田的两侧,类型与沿江弧形条带状聚落类似	

续表 8.2

类型	分布区域	形态特征	形态图
运西中、高密度散点状	位于运河以西，扬州、仪征北部及盱眙地区	该地区属宁镇扬丘陵岗地，受地形限制，耕地集中于岗地中部或河谷地带，聚落靠近耕地而建，呈团簇状或短条带状，南部靠近扬州地区，聚落密度较高，北部盱眙、高邮一带密度较低	

资料来源：作者自制
注：为了便于城镇的对比，在截取地形图时采用同等比例（位于高空 1 km 处截图）

里下河地区聚落群形态与水文地貌的演变关系密切，团簇型点状分布是最为典型的聚落形态。该地区聚落形态和农田形式是自然选择的结果，具有被动性。聚落形成之初均建于高地处，古代地势较高的地区有限，因此里下河历史村镇均由多个片区团簇而成，每个片区由河道相连。与江淮东部其他地区相比，里下河水乡聚落规模大，聚落之间距离较远，分布稀疏，密度低，聚落内部形态不完整，少经人工规划，自然形态保存较好。

8.3.3 聚落群空间分布与城镇产业结构现状

里下河地区聚落群形态分布与水文地貌的演变关系密切，自然地理环境决定了地区的原始经济类型与农耕作物的种类，这与后来城镇产业结构形成有很大关系，因此不同形态的聚落群与区域内城镇经济发展、产业结构具有相关性。

沿淮地区城镇占地面积较大，密度适中，水系较少。主要城镇有钦工、益林、仇桥等，以农业生产为主，工业基础较薄弱，苏北灌溉总渠沿岸的席桥、朱桥、仇桥、古河及板湖等镇是优质稻米、小麦和果蔬的生产基地，益林镇是区域的交通中心和货物集散中心。运西与湖荡之间城镇密度较大，西侧靠近大运河和国道，东临大纵湖、广洋湖等湖沼，城镇横纵分布，水渠较平直。距离水系较远的城镇以工业作为支撑产业，如北侧的施河镇、草甸镇是全国文体教玩具工业生产销售的中心；南部的真武、八桥、临泽是建筑业大镇和小型建材生产基地，同时有大量建筑从业人员活跃于全国。靠近湖沼的地区均是鱼米之乡，以水稻和水生作物种植为主；黄塍镇、鲁垛镇、望直港镇、柳堡镇均是荷藕之乡，同时又有大量果蔬种植和水产养殖；由于交通便利，鲁垛、丁伙等逐渐发展成有机食品加工基地。中部的团簇型点状聚落是里下河地区最为典型的聚落形态，属于江北的鱼米之乡，产业较为单一，以水产作物、水产养殖和商品粮为主，兼具绿化苗木、禽畜养殖加工等。

该地区产业发展具有历史延续性，明中叶以后，里下河流域便成为江淮著名的农作物出产地，"诸蔬之品，则菰、蒲、萍、藻皆出于湖，莲、藕、菱、芡皆出于荡，芹、荸、水荇皆出于河，瓠、瓜、茄、芋皆出于厢，荸荠出于田，茨菰生于浅水，葱、韭、蒜、薤无地不宜……"①明嘉靖十七年（1538）兴化全县田地为 17 980 顷，清代增至 24 272 顷②，清代时"兴化一带，有所

---
① 《兴化县新志》卷二《地理之纪·物产》（明万历十九年修编）
② 咸丰《重修兴化县志》卷三

谓坨者,面积约亩许,在水中央,因地制宜,例于冬时种菜,取其厗水之便也;故年产白籽甚丰"①。里下河地区果蔬种类繁多,种植面积广,"三分土地七分水"的独特地貌使其盛产鱼虾,湖鲜丰富。

　　区域内还分布多个历史文化古镇,垛田、沙沟、竹泓等,是江北重要休闲度假旅游及农耕文化体验基地。串场河西与湖荡之间地区聚落形态各异,每个地区支柱产业不尽相同。北部水系少,陆地面积广,林产丰富,果树种植较多,畜牧业也较发达;每个城镇均有特色产业,如陈良镇的钢铁制造、钟庄的化工阀门制造及庆丰的针织服装和织造等;中间聚落面积小,圩田密集,是粮棉多种经营生产基地,以畜禽养殖、水产养殖、水生作物种植、多元立体种植等特色农业经济为主,兼具机械、建材等工业生产,由于靠近沿海,服装、纺织等轻工业也较发达;南部是江淮专业城镇发展最好、经济最佳的地区,依托不锈钢产业,形成以戴南—张郭为核心的"三市十镇"城镇群。(见图8.11)

　　因此,中心城镇面积较大、密度低、水系少的地区以粮食作物生产为主;中心城镇密度低、水系丰富、交通便利的地区以工业生产和水生作物养殖为主,二者兼顾;城镇密度低、水网密集、道路通达性较差的地区,以初级农业生产为主,工业发展较为薄弱。

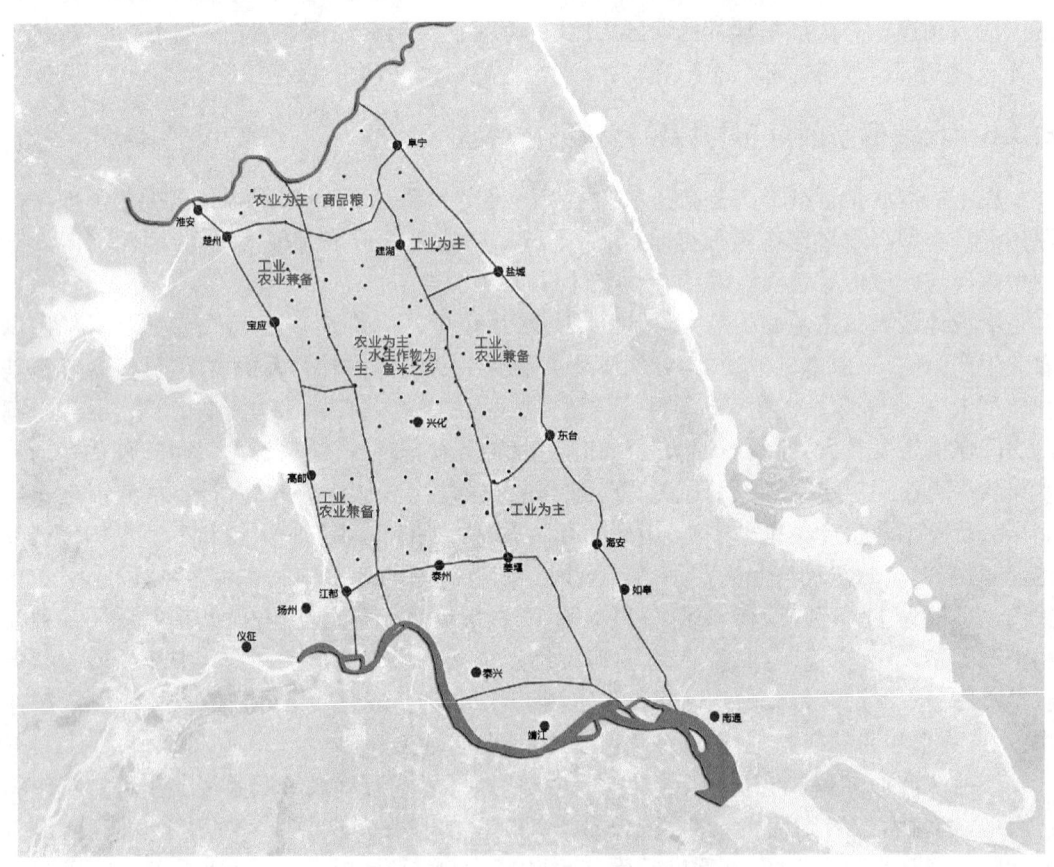

图8.11　里下河聚落职能类型
资料来源:作者自绘

---

① (民国)徐谦芳.扬州风土记略[M].南京:江苏古籍出版社,2002:67

8.4 里下河水乡城镇的空间形态特征

8.4.1 人工水系开凿与城市空间形态变迁——以泰州老城为例

1) 水陆要津的地位与南唐泰州行政地位的提升

南唐升元二年(938),海陵因地处水陆要津而升为州,《泰州重展筑子城记》中记载"地利显分,富一千里之黔庶。咸嵯赡溢,职赋殷繁。可谓水陆要津,咽喉剧郡,以兹升建,为属勋贤",说明泰州的政治地位有所提升。南唐泰州州治在原海陵县治的基础上修建①,城池规模庞大,"罗城二十五里,濠广一丈二尺"②,子城"高二丈三尺,环回四里有余。其濠深一丈已来,广阔六步不啻"③。南唐泰州城池与唐扬州罗城面积相仿(唐扬州城周匝三十里)。《泰州重展筑子城记》记载了此时城中保存有旧子城,新旧二城之间的关系④,加之唐海陵已有常乐坊、社父坊、大宁坊、祯实坊、元履坊⑤等里坊空间,由此可推测泰州筑城的最初时间大致在唐代。这座城于二十年后重筑,后周显德五年(958),州刺史荆罕儒筑新罗城周十里一十六步(5 847 m),子城位于罗城东北隅,周长二里二百步(约1 452 m)⑥。

南唐海陵地位之所以得到提升,大筑城池,主要是因为其重要的战略地位。就军事地位而言,当时"以建康为西都,广陵为东都",泰州紧邻广陵,江淮南北政权四分五裂,此时屏障东都、固守城池最为重要⑦;就经济地位而言,泰州为转运盐粮的枢纽,部队驻扎于此,文人聚居此地开馆布道,繁华程度仅次于扬州⑧。(见图8.12、图8.13)

2) 南宋以降城濠体系形成

南宋泰州是淮南地区的军事重镇,为了抗金及保障盐税的来源,泰州城墙及城濠系统经过数次修正,基本形成今天泰州城池的格局。南宋泰州城濠主要经过三次修正:建炎三年(1129),"宋建炎中通判马尚增修,尽甓其外,为四门,为甓城,高三丈二尺,趾二丈,面三之一,广濠至五丈(约15.5 m),深一丈四尺(4.34 m),城之南又增一濠"。宝庆三年(1227),"宝庆丁亥守陈垓叛,开东、西、北外濠,浚南濠,通十四里,面二十四丈(约75 m),深一丈五尺(约4.65 m)。端平后守赵汝擢增治城濠,未竟,守许堪继之,四角为月河,深广皆倍(说明城濠宽近150 m,深近10 m)"。淳祐三年(1243),"命令都统王安来仍旧修浚,以卓举起提

---

① 马令在《南唐书》中记载:"烈主喜之,以海陵为泰州,迁仁规为刺史,不移治所,政亦如故。"不移治所,说明南唐泰州城有可能在原海陵县治基础上修建或沿用。
② 《嘉靖惟扬志》中载:"五代南唐泰州城,升元元年刺史褚仁规筑罗城二十五里,濠广一丈二尺。"
③ 泰州刺史褚仁规刊刻的《泰州重展筑子城记》,南唐子城具体位置史料记载不详,《泰州重展筑子城记》石碑的发现地点位于北城垣附近,后人推测子城范围应是今玉带河(人民路段)南侧和西侧、海陵南路东侧、八字桥东街北侧之间的区域。该区域大小与碑文中记载的"环回四里有余"完全吻合,同时也与子城位于州城东北的史志记载相符。
④ 《泰州重展筑子城记》中载:"中存旧址,便为隔城,上起新楼,以增壮贯。"
⑤ 泰州博物馆藏10多方唐代墓志中有记载。
⑥ 《道光泰州志》卷六《城池》中记载:"周显德五年,诏州刺史荆罕儒为团练使,营州治,增子城于东北隅,更筑城,自子城西北至西,东南至南合西南旧址,周十里一十六步,皆甓,高子城一尺,而厚如今城是也。"
⑦ 《泰州重展筑子城记》中载:"但缘王事疚心,鼎彝系抱,欲将整齐士旅,是宜固护严城。"
⑧ 马令在《南唐书》中记载:"维扬锁钥南北,屏障江淮,转粟运籓,财富半天下,而兵备使者则驻节泰州,督学御史试士维扬则开馆泰州,文事武备,则咸萃于海陵一区。"

图 8.12　后周泰州老城空间形态

图 8.13　唐代泰州老城空间形态

图 8.12、图 8.13 资料来源：作者自绘

刑惠孔时为之，提督后何舜臣复增月城四门濠池、甬路及圉子外濠岸，使周围相通"①。至南宋末，泰州已形成四面环城的护城河系统，四角挖月河，建东、西、南、北四座水门和四座城门，南、北二门通过吊桥与城外联系，东、西二门通过河上官渡往来，城门外加筑月城，城外再筑城濠，城外沿河修筑一周互相连通的甬道，城墙由砖石包砌，城坚濠宽的城濠防御体系

---

① 《道光泰州志》卷六《城池》

最终形成。南宋以降城濠虽又重建或修正，但整体规模基本不变，南宋时城濠周长2 151丈(6 609米)，明代周长2 003丈2尺(6 230米)，清代周长2 148丈(6 864米)①。元代有南北水门两座、城门四座(东海宁，西阜通，南迎恩，北迎淮)，这一形制一直延续至民国②。(见图8.14)

泰州护城河如此宽广，主要是由其重要的运输地位所决定的，不但可抵御外敌入侵，还可蓄水排洪。元代以后在城外的主要水系上先后筑有腾家坝、老虎坝、鲍家坝、东坝、西坝五座大坝，当遇水患时，与周围城镇的姜堰坝、海安坝、黄龙坝及鱼行坝等共同控制，泄水以保城。

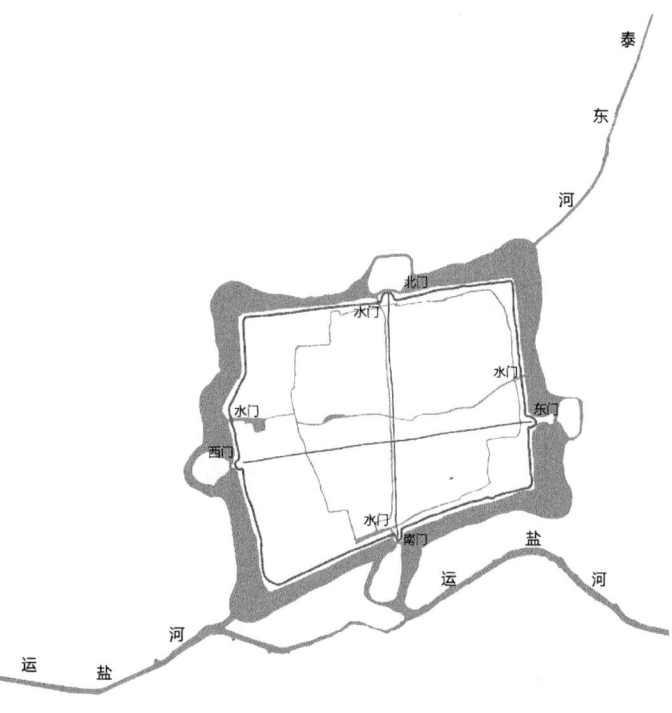

图8.14 宋代泰州老城空间形态
资料来源：作者自绘

3) 明清人工水系开凿使泰州成为里下河的水路枢纽

宋以后，淮盐价值逐渐凸显出来，泰州作为江淮东部盐业运输的中转，水路交通建设也逐渐丰富起来，城外形成"一横三纵"的水系结构，成为城市间主要的沟通渠道。"一横"为运盐河，"三纵"分别为济川河、卤汀河和泰东河。运盐河是最早进行开凿的，将运河水引入泰州，使泰州与仪真、扬州、海安、南通进行连通。城南为济川河，于元至正十五年(1355)开凿于长江口岸，直达泰州南门，长约25 km，使得泰州与长江之间的沟通更加便利，商品交换很快便使城南发展起来。另一条重要的纵向水系是泰东河，从泰州经西溪至东台与串场河相连，根据《淮系年表全编》分图六十九，泰东河宋代已经形成，但明确记载于明永乐二年(1404)，"开泰州运盐河，修河塘一万八千丈"③。泰东河东接盐业管理重镇西溪，西连泰坝监掣署，是盐业运输的重要河道，南北各盐场可直接通过串场河沿泰东河将海盐运至泰州，便捷的水利运输使泰州城北成为盐业中转买卖中心。泰东河沿岸多座历史城镇因繁忙的盐业运输及里下河丰富的粮产而兴起，如淤溪、溱潼、时堰、西溪均是明清时期里下河地区重要的城镇。还有一条纵向水系为卤汀河，旧称海陵溪，又名浦汀河，是里下河南北走向的一条天然河道，最早的文字记载出现于明代④，从泰州北自渔行坝直抵兴化，使泰州与兴化连接起来。(见图8.15)

---

① 黄炳煜.海陵唐城考略[Z]//海陵文史(第九辑),1997
② 《道光泰州志》卷六《城池》
③ 《淮系年表全编》分图七十
④ 万历《扬州志》中记载："陵一作冷，俗呼琵琶头，在县东九十里，西北通射阳湖，接马长汀。"明《天下郡国利病书》略同，又云："泰州浦汀河州治北自渔行坝直抵兴化、高邮、宝应，即海陵溪也。"

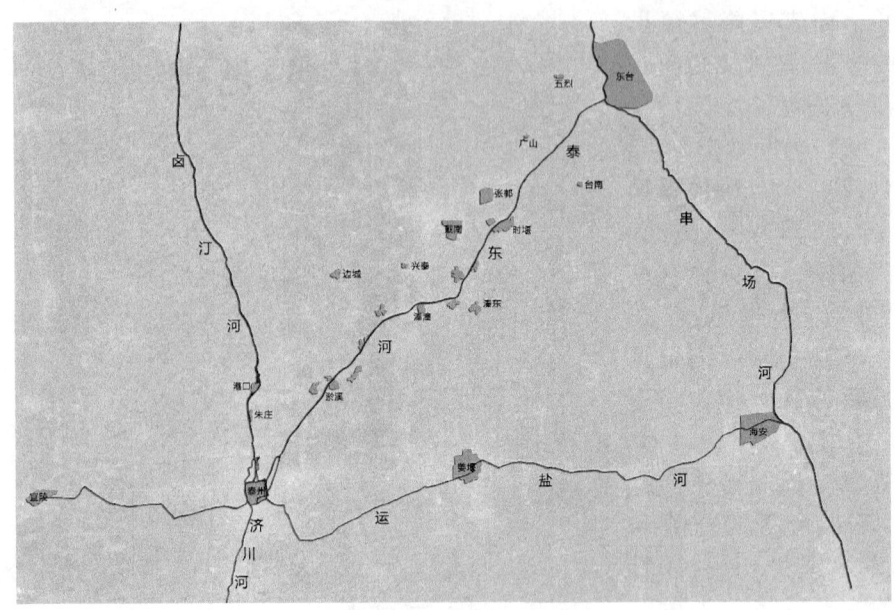

图 8.15　泰州与周围城镇的水系网络
资料来源：作者自绘

明清时期泰州除了城濠系统趋于完善，周围的济川河、泰东河、串场河、卤汀河也逐渐开凿，使泰州成为里下河腹地水系中转枢纽，水运地位不断提升。太平天国时期泰州成为盐商、文人士族的避乱之地，原位于扬州的各类衙署也迁驻泰州，使其发展进入辉煌阶段，这与泰州便利的水路运输密不可分。（见图 8.16、图 8.17）

4）城市水系的完善与泰州城市空间的演变

随着泰州城周围人工河道的开凿，城内外水系也逐渐复杂丰富起来，对城市空间结构产生影响。清代《道光泰州志·河渠》中记载，泰州主要水系有四条，"总名有四，曰上河、曰济川河、曰下河、曰城内市河"，总水系共 37 条，其中上河 21 条，下河 16 条。

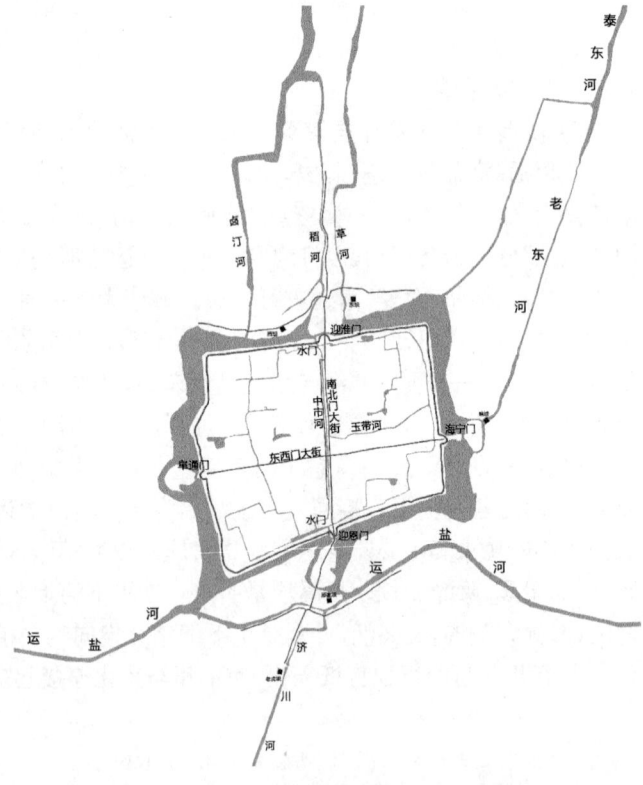

图 8.16　明代泰州老城周围水系形态
资料来源：作者自绘

8 因水文地貌变迁而兴的里下河城镇体系

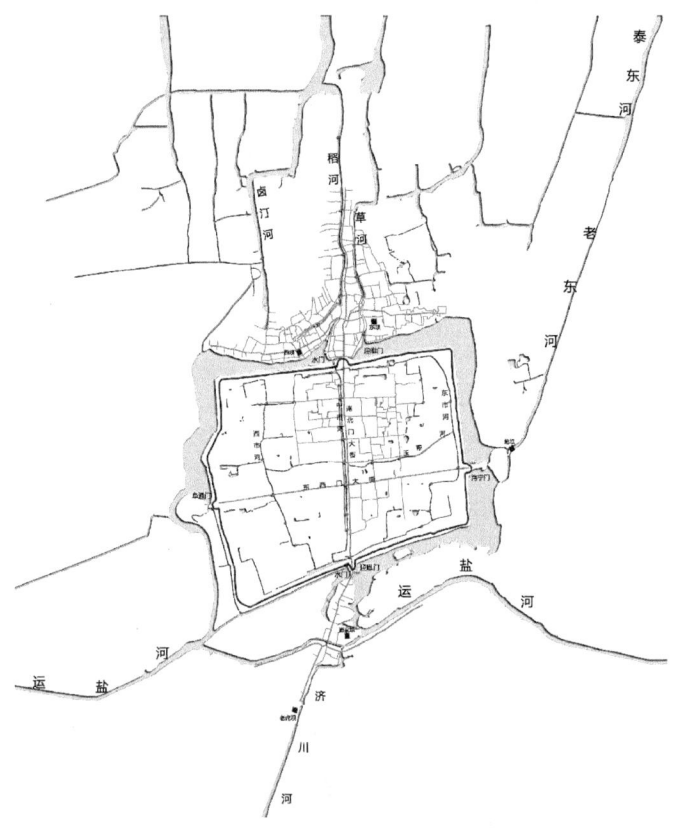

图 8.17 清代泰州老城周围水系形态
资料来源:作者自绘

城北的稻河、草河为上河,对城市空间向北延伸起到重要作用。稻河、草河均属于里下河水系,草河最早开凿于明崇祯年间,"在北门东坝下,为草船业聚之地"[1];稻河位于卤汀河和草河之间,是城中市河的延伸,最早文字记载出现于民国,"中间河,即稻河,亦称市河。由西坝北犁山嘴北流起,经通仓桥、演化桥、韩家桥至罗浮山汇老西河,过渔行镇西坝直通下河,由罗浮山折北而东过赵公桥汇东草河北行,亦通下河"[2]。明以前,上、下河水系交汇于泰州,江水、运水与里下河水位差较大,为了保障泰州不受影响,于上、下水系建闸坝5座,一方面为了控制水位差,另一方面闸坝处因水陆交换而逐渐发展成为商业中心。明清泰州城市空间突破城墙的束缚,逐渐向南、北城外发展,尤其城北,因交通便捷而吸引大量商业人口。稻河、草河所夹区域地势较高,距离城门较近,与城内联系紧密,稻河、草河又是邻近区域的通商津渡要道,因此明代大批移民选择定居于此,形成"两河夹街"的空间格局。城市空间沿河发展,住宅临水而居,形成前店后宅外田的格局。北城门外城市空间得以发展与盐业集散、中转、仓储、稽查有很大关系,西仓街设有泰坝监掣署,各盐船在城北关(赵公桥)停囤,由板桥抬坝,掣验后经西坝翻坝换船,再继续行驶。护城北河与稻河之间是盐业收购和仓储区域,三大盐浦(马浦、大浦及郁浦)负责就近收购食盐,西仓大街是仓储的集中

---

[1] 《续纂泰州志》
[2] 《民国泰县志稿》

233

区域。城南外的滕家坝负责掣验盐引,同时设有税务关卡,城南外是里下河商品集散地,沿江地区的农民将粮食等农副产品由此运往城中,因此手工业和小商品贸易发达,同样坝上及周围地区形成各类商铺、饭庄、钱庄等商业空间。因此,泰州城外南、北区域由原来的农村集市逐渐演变成颇具规模的商业市镇,但二者承担的职责不同,形成"北门盐、南门田"的格局。

由于城外南北商业空间发达,对城内也有一定影响。老城内由中市河、东西市河及玉带河形成田字空间,主要商业中心沿中市河—南北门大街延伸。城北空间沿护城河呈东西向发展,城内靠近北门地区与城外联系最为方便,且越靠近护城河的区域,商业空间面积越大;而南门外的商业空间本身呈南北向发展,因此对城内空间并没有起到反哺作用。(见图8.18)

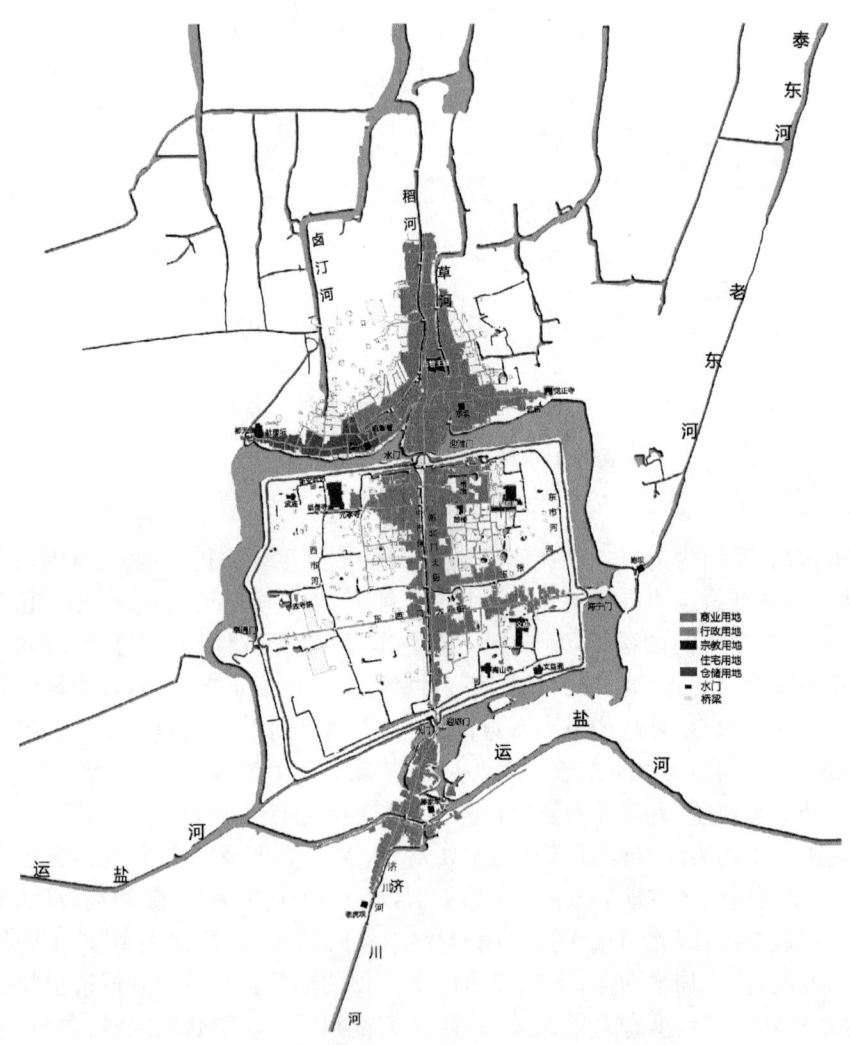

图8.18 泰州老城清代城市空间形态及用地功能图
资料来源:作者自绘,根据民国二年(1913)泰州城厢图绘制,图纸来源于泰州市城建档案馆

5) 小结

泰州建城缘于水运与盐运,南宋城濠的修建奠定了今泰州城市格局之基础,明清因水

路交通的发达而成为里下河地区的航运中心和盐业中转中心。城北稻河、草河及城南济川河的开凿是泰州城市空间突破城墙向外发展的动力。可见,泰州城市空间变迁的过程中,水起到决定性作用。

8.4.2 水文地貌的演变与城镇的发展——以兴化为例

1) 垛田地貌的形成

垛田地貌是水文地貌产生剧烈变迁所致,黄河夺淮以前已经出现,因此有南宋岳飞迎战金兵,于旗杆荡的荒滩草地之上修葺土墩,安营扎寨的传说。明清对黄淮水系进行治理,蓄清刷黄后,大量泥沙堆积于里下河地区,湖泊日渐淤浅为滩地,泥沙淤填后又使湖泊水位抬高,于是向四周流散,使周围低地逐渐成为沼泽水荡。里下河居民为了抵御洪水、疏导河道,于是罱积河泥以垩田,使土垛不断升高,形成面积约 0.2~3 亩、高 1.5~2 m,形状不规则且四面环水的水上小岛。洪武初年,江南大批居民居于此,明清兴化人口增长近 30 多倍[①],古代需要靠增加耕地面积来解决人口压力,因此土垛被大量开垦,明清兴化县垛田面积近 20 万亩。今天里下河垛田主要位于兴化的垛田、缸顾、李中、西郊、周奋、沙沟、林湖及泰州以北的朱庄、港口等地。垛田是里下河从古代延续至今的传统农业系统,垛田地貌也是里下河城镇形态的基础元素,该地区的人类聚落最早便是位于垛田之上的,后随着泥沙堆积、成陆面积逐渐扩大,聚落发展成为城镇,因此里下河城镇通常由多块陆地团簇而成,城镇周围河渠湖荡密布。(见图 8.19)

(a) 兴化垛田　　　　　　　　(b) 兴化垛田　　　　　　　　(c) 时堡镇

图 8.19　垛田形态

资料来源:作者拍摄、Google Earth 地形图

2) 水文地貌变迁与兴化老城空间形态演变

兴化的兴起与垛田自然地貌的形成发展有着密切关系。根据考古挖掘推测,早在秦汉时兴化地区就有人类居住,遗址位于其东侧垛田镇溪口村西南角的耿家垛[②]。战国以后楚国名将昭阳受食邑于今昭阳镇(今兴化市政府所在),五代杨吴武义二年(920)设置兴化县,宋宝庆元年(1225)知县陈垓开始修筑城池,后为历代县治所在地。根据民国《重修兴化县志》卷一记载,宋宝庆元年至民国二十八年(1225—1939),兴化城池的位置和大致范围基本

---

① 《重修兴化县志》卷三《食货志》
② 兴化城之前的"兴化城"[N]. 泰州日报,2014-07-07. http://sz.tznews.cn/tzrb/html/2014-07-07/content_607261.htm

不变,"周六里一百五十七步",明洪武年间增筑,"以砖更建,高一丈八尺,内外环水为濠";嘉靖十七年(1538)"凿玉带,汇三关之水于海子池";嘉靖三十六年(1557)夏天,为了捍御倭寇,知县胡顺华历时一年大修城池,用砖筑城,使城墙增高加厚,上筑女儿墙、窝铺,开城门四座,水关四座,东曰观海,西曰见山,南曰怀薰,北曰仰宸,并修筑城楼①。城池后经过历代修葺,城墙形制基本未变,城市内部空间逐渐丰富,但城濠与城外用地在持续改变。(见图 8.20)

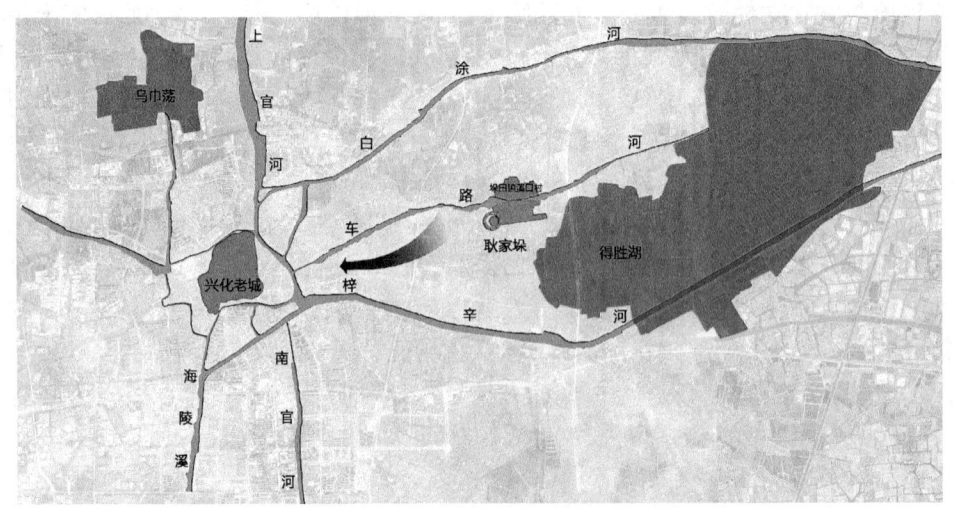

图 8.20　耿家垛、兴化老城与周围水系空间关系
资料来源:作者自绘

　　从嘉庆年间与民国时期兴化四境图的对比中发现,乌巾荡、得胜湖和旗杆荡水域面积逐渐减小,陆地和滩地面积逐渐增加。兴化老城周边的陆地也在逐渐扩大,起初护城河从周围湖荡引水,环绕老城。从历代的方志图中可见,嘉靖年间兴化城墙与城濠间成陆面积有限,仅局限于四方城楼之外。万历年间,城与濠之间已明显成陆,城内外水系相通。从万历《扬州府志》、康熙《兴化县志》、雍正《扬州府志》和嘉庆《重修扬州府志》的舆图对比中可见,兴化县城池图和四境图变化不大,说明这个阶段兴化的城池及周围环境变化甚小,没有重新绘制的必要。咸丰年间,城外东、西、南三面陆地明显增加,原漂浮于水中的荡地与老城相连,南半部的护城河已被淹埋。民国城北的湖水中出现支离破碎的荡地,与垛田地貌相似。兴化老城面积有限,城镇面积约 1.3 km²,作为里下河中部唯一的县治,城内的建设用地不足以承载城市功能,因此明万历年间城市功能就逐渐向城外扩张,城西有三清观、社稷坛、教场,城东有上真庙、晏公庙、四义楼,城南有灌缨亭、三关大夫祠、地藏寺、存厚祠、五贞祠、八蜡庙、三官庙等 11 座祠庙,城北有火星庙、元武台、拱极台及观音阁等。清代城市的街巷系统已延续到城外,城内原有东、西、南、北四条大街,后出城门,延伸到周围已形成的

---

① 咸丰《重修兴化县志》中记载:"三十六年,城又圮,台亦坏。西北崇不逾丈,濠湮塞,其夏有倭警。知县胡顺华多方捍御,倭去,请于当路重筑,始于八月,次年功竣。凡用砖六百万五千有奇,灰一十二万余石,垒土崇巘,加旧址一丈,共高二丈八尺有奇,厚四丈,女墙高二尺五寸几,一千八百六十,睥睨如之,高三尺,崇四楼四门,东启元门楼曰观海,西威武门楼曰见山,南文明门楼曰怀薰,北肇魁门楼曰仰宸,水关四,窝铺廿区,即拱极故地,仍建台,浚濠堑,广二丈五尺,深一丈,用木石工匠银五百七十四两有奇。"

陆地上。早期城濠存在时,通过吊桥、船等过渡到城外陆地,城濠消失后,城内外街巷连为一体。今天兴化城区的陆地面积达 2.18 km²,西北侧与北侧的荡地已完全纳入城市建设用地中,城濠体系已消失,现存南侧、东侧的护城河也随着陆地的淤涨而向外发展。兴化老城城濠与城市用地的变迁最能代表里下河平原城镇的发展变迁,该地区城镇的发展伴随着地貌的变迁。(见图 8.21～图 8.23)

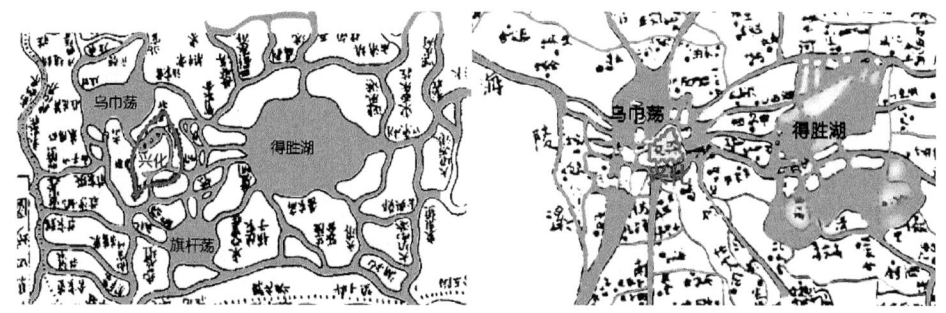

图 8.21 兴化周围湖荡成陆对比

资料来源:嘉庆《重修扬州府志》兴化四境图;民国《续修兴化县志》兴化境全图

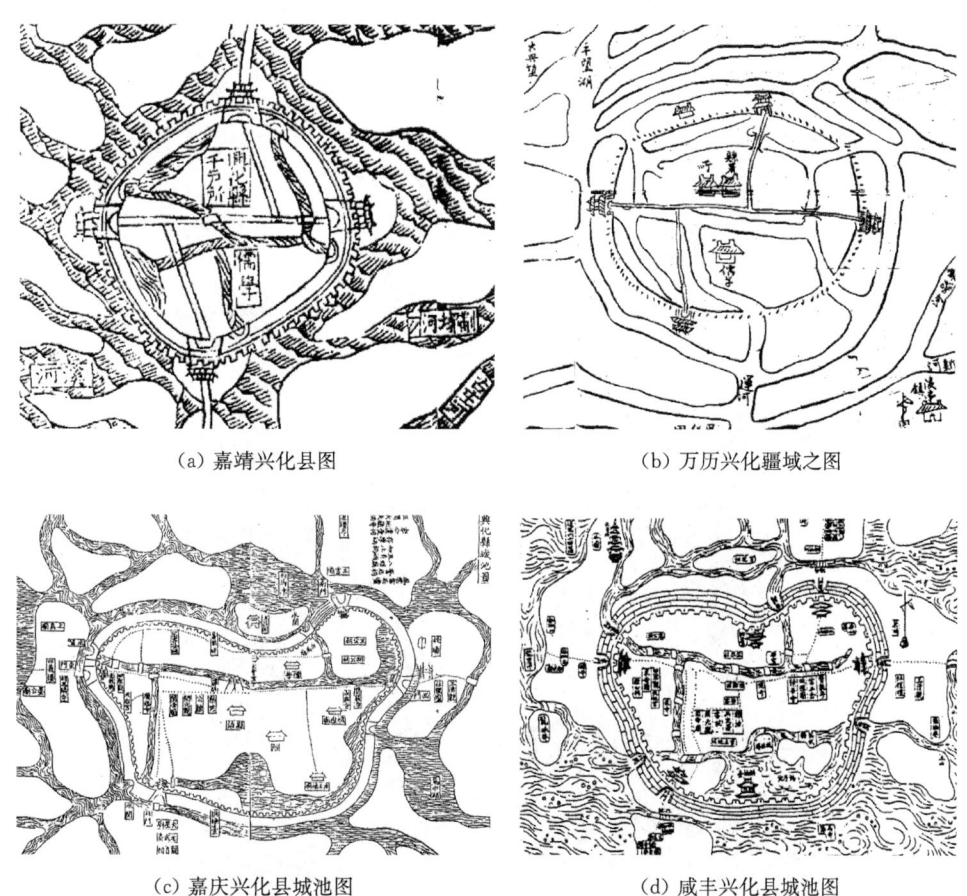

(a) 嘉靖兴化县图　　　　　　　　　(b) 万历兴化疆域之图

(c) 嘉庆兴化县城池图　　　　　　　(d) 咸丰兴化县城池图

图 8.22 兴化县城池对比

资料来源:《嘉靖惟扬志》兴化县图;万历《兴化县志》疆域之图;嘉庆《重修扬州府志》兴化县城池图;咸丰《重修兴化县志》兴化县城池图

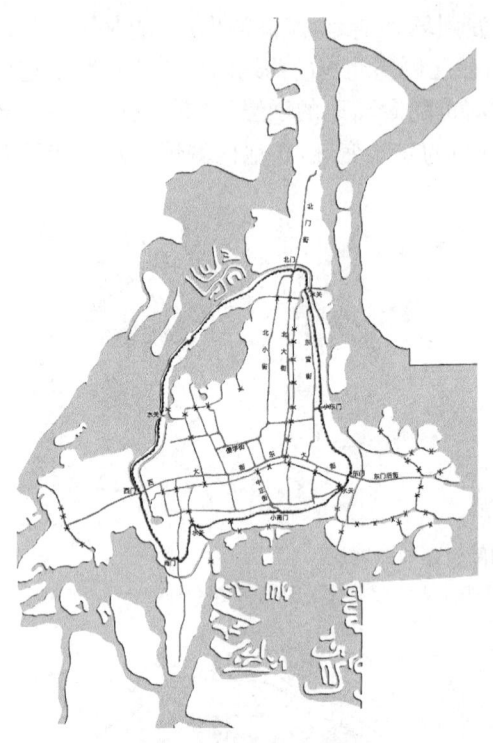

(a) 明清兴化老城空间形态　　　　　(b) 民国兴化老城空间形态

(c) 当今兴化老城空间形态

图 8.23　兴化老城及周边地区空间形态变迁图

资料来源:作者自绘,底图来源于民国《续修兴化县志》城区水道图和 Google Earth

兴化后来逐渐繁荣的另一个原因是水系的四通八达。兴化从宋代起是高邮—盐城运盐河的必经之路,明清时周围水系日渐丰富,形成"十水汇城""三分水面、七分陆地",演变成城与水交融发展的格局。宋运盐河逐渐被淤泥淤填得支离破碎,由高邮经兴化运河达兴化县治,北上经吴翁湖等多个湖滩,再穿过射阳湖,由湖东岸经运盐河抵达盐城。清代兴化东部还有东界河、海沟河、车路河、蚌沿河等多条东西向水系与串场河相连,使其成为里下河的水路要冲,与周围州县均有水陆相通。兴化位于里下河之中,拥有庞大的粮食生产腹地,便利的交通使其发展成为古代里下河地区的粮食集散地。(见图 8.24)

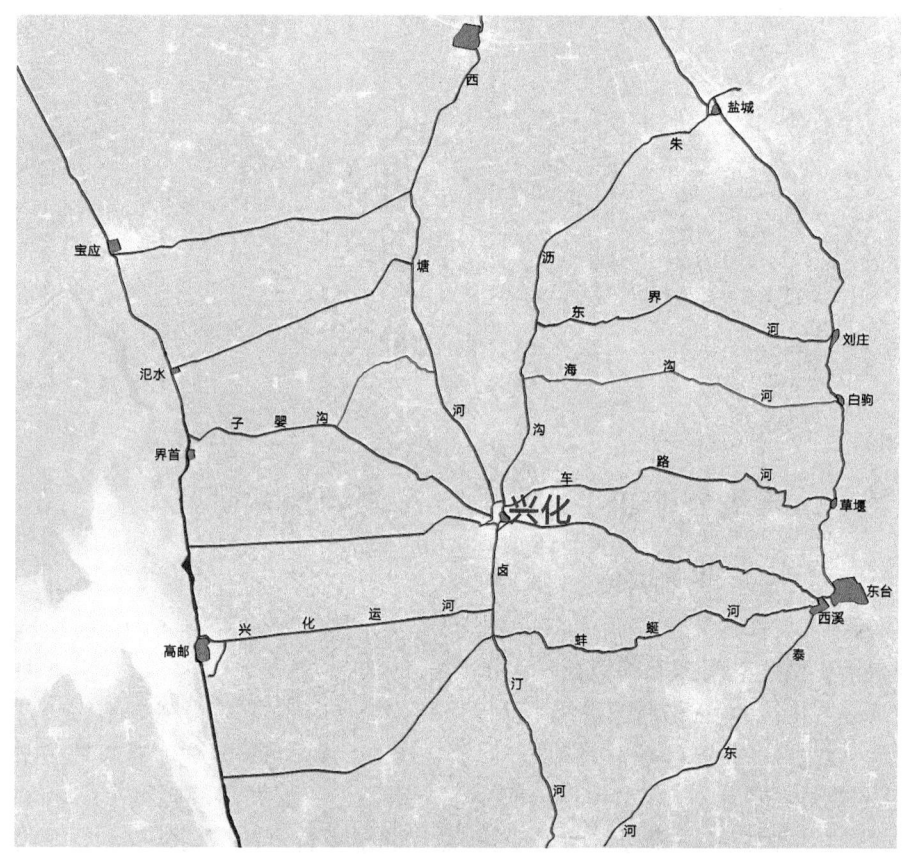

图 8.24 兴化与周围城镇的水系交通图
资料来源:作者自绘

8.4.3 水系对古镇的空间形态影响——以溱潼为例

溱潼位于泰东河沿岸,地处姜堰、兴化、东台三县交界处,旧时占地面积仅约 0.54 km²,四面环水。今溱湖大街原为东西向贯穿全镇的夹河,古镇也是在垛田地貌上发展起来的。溱潼元代设镇,以利用河道沉积的泥土烧制砖瓦而著称,盛产小麦、棉花、水稻等,水路交通便捷,是里下河著名的粮棉之仓。清至民国是古镇商品经济发展的鼎盛时期,旺季每日粮食交易达 3 万~4 万石,往来船只 200 余艘,镇上粮行米厂百余家,从业人员上千名,江南和北方的面粉厂均来此收购小麦,繁荣的经济促进了古镇的建设。古镇内部有横向主街,古代夹河两岸有东西向的长街,沿河道有环镇街道,内部以纵向街巷为主,垂直于河道,贯穿南北,局部有东西横巷,起到连接作用。街巷如此分布主要是为便于米粮买卖,大量的油米行、粮行、米厂、商行等店面藏于纵向街巷中,贩粮船穿梭于河道之中,沿镇四周停靠,正对各个巷口,便于米粮的装卸、交易。(见图 8.25)

 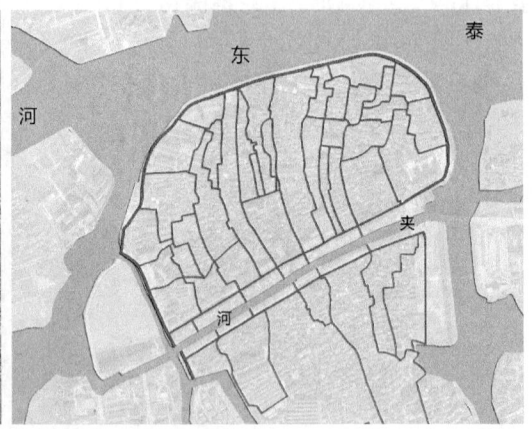

图 8.25 溱潼古镇街巷形态
资料来源:作者自绘

8.5 基于历史规律的里下河城镇未来规划探索研究

1) 加强城镇历史文脉的延续

里下河地区城镇的历史空间保存较好,正是因为其位置偏僻、交通不便、经济开发缓慢,才使得历史城镇空间形态得以延续,如溱潼、沙沟、时堡等,未来可结合里下河典型的"园林化地貌""传统的农耕方式"以及明清以来延续至今的"学耕文化",打造多个江北水乡文化古镇。该地区的生态环境基础很好,但缺乏统一规划,导致景观品质较差。水是城镇最具特色的优势,城镇被自然水体划分成一个个组团,兴化、泰州等延续"多水汇城"的格局,形成以老城区为核心的放射状河道系统,是江北水乡特有的空间格局和景观特色。未来在开发过程中应注意汲取苏南教训,处理好交通系统与自然地貌、水系与环境的关系,划定自然保护地带,使发展与保护相辅相成,形成良好的空间格局。以老城区、核心城镇带动周边自然景区的模式,以历史文化、水乡特色和现代观光体验农业为主题,开发江北"慢城"度假区。

2) 尊重传统农业的生产模式

里下河大部分地区至今仍保留传统的农耕方式:稻麦生产、果蔬种植、水生作物和水产养殖。从农业的发展水平来看,江淮东部与江南差距不大,甚至赶超江南地区,但是城镇的经济实力弱,工业基础差,生产方式仍停留在粗放经济阶段,农产品的再加工和运输仍发展缓慢。在未来发展中不仅应考虑经济增长,更应充分发挥区域资源优势,利用劳动力资源,发展园艺果蔬、禽畜和水产品生产。以农业生产为主,结合广大农村的实际,尊重农民意愿,在城乡统筹发展过程中,因地制宜,平衡好城市与乡村的互利关系。以农村地区的初级生产为资本,对城市进行二次投资,以城市的工业发展促进农村的农业生产,反哺农村,做好村镇的规划工作,改善农民的居住和生产条件,建设有机农业生产基地,发展外向型农业。其宗旨在于发展现代农业,以城带乡、以工促农,延续该地区农耕文化之传统。

3) 明确城镇空间梯度,优化产业结构,加强专业镇的建设

里下河地区发展有明显的空间差异性,内部经济差距较大,南部经济发展程度较高。泰州、兴化、建湖为区域内政治、经济、文化的主要中心,经济联动性强,中心城产业向外扩散,形成戴南、昌荣、益林等以制造业为支柱产业的区域次中心。由于该区域面积大、中心城少,不利于多极化发展以及整体经济水平的提高,因此应加大次中心城镇的建设。利用水陆交通的历史优势,考虑将安丰、沙沟、三垛、临泽等发展成区域交通枢纽。由于产业结构分配不明确,多个城镇核心产业分配亦不明确,均为"小而全"的普通乡镇,所以应充分考虑地区优势资源,使里下河地区城镇产业呈同心圆结构。中心湖荡区水系丰富,城镇密度低,占地面积较大,以农业生产为主;边缘靠近湖荡区的城镇密度适中,水网较密集,靠近交通主干道,因此可做农业深加工产业;外围地区拥有交通优势,与沿海、沿运城市带临近,适合发展工业。加强各个区域的特色产业,加强专业城镇的建设,将优先生产要素集中在核心城镇,根据历史条件、现有资源及发展状况,使每个城镇有相应的侧重点,例如形成以戴南为中心的不锈钢城镇群,以施河为中心的文体工具生产城镇群,以钟庄为中心的林业生产加工城镇群,以兴化为中心的江北水乡旅游城镇群,以鲁垛为中心的藕荷生产加工城镇群,以三垛、丁伙等为中心的高效农业城镇群,以安丰为核心的水产养殖与加工城镇群等。转分散为中心集聚,以核心产业带动城镇群,促进区域整体经济快速发展和城乡统筹规划建设。(见图 8.26)

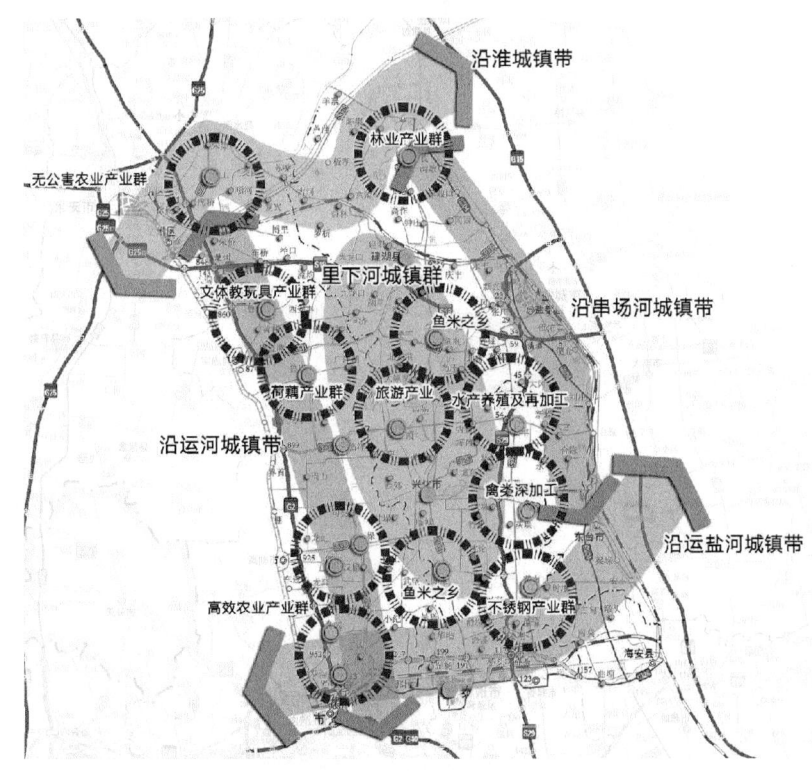

图 8.26 里下河城镇产业结构规划示意图

资料来源:作者自绘

8.6 本章小结

里下河地区城镇体系的形成与演变主要受水文地貌的影响,从远古至今完成"海湾—潟湖—淡水湖泊—湖沼—自然水网平原—人工江北水乡平原"的演变过程。在古代,密布的水网是沟通海盐生产区与转运区的必经通道,是东西城镇体系经济文化交流的重要渠道,也是今天里下河地区农业经济、交通运输及生态环境得以持续发展的基础。该地区城镇的兴起、发展、繁荣、衰败、再发展皆遵循水系的变迁及人工水利工程的建设。以黄河夺淮为界,之前里下河湖荡密集、水域面积大、城镇密度低,主要沿东西向大河分布;宋以降,湖荡逐渐淤积成陆,城镇数量逐渐增多;明代发生质的变化,今里下河城镇大多形成于明清。地貌形态的多样性造成里下河聚落分布的多样化,也对近现代产业结构产生影响。总体而言,里下河地区的城镇具有典型的水乡特征,整体形态保存较好,在新型城镇化建设中应注重历史文脉的延续和生态环境的保护。

9 因盐业而兴的沿海城镇体系

江淮东部沿海城镇体系古代的兴衰与近现代的再发展皆与淮盐有关。本章首先对古代两淮城镇体系的形成与变迁进行梳理,分析盐业城镇的兴建与盐场的关系;沿海近现代城镇体系的发展、建设与清末民初盐垦公司的兴建、扩张关系密切。本章还对沿海城镇体系的变迁特点进行总结,分析城镇内部空间受海盐生产而形成的形态特征,并以"草堰—大丰"地区为例,对沿海城镇变迁特点进行具体分析。最后,基于历史的分析,对淮盐文化线路的构建进行初步探索。

9.1 淮盐的地位及江淮沿海城镇发展中存在的问题

9.1.1 淮盐的地位及价值

在中国传统社会中,盐业是古老而又极其重要的经济产业,上关国家经济命脉,下解百姓日常食用与健康问题。唐代就有"天下之赋,盐利其半,宫闱服御、军饷、百官俸禄,皆仰给焉"①的说法。远古时期,统治者便深知盐业的重要性,于是便有"邑于涿鹿之阿"的传说。

两淮盐业指今江苏以北黄海之滨的海盐产区,以淮河为界分属淮北盐场和淮南盐场,是中国古代四大海盐产区之一。"两淮盐业"的概念随着宋以后盐场数量的增多和建设管理的规范而逐渐明晰。从汉代至清末,两淮盐业便成为封建朝廷的经济支柱,有"两淮之利,重于东南,而两淮为最""两淮盐课甲天下"②之说。尤其明代以后,两淮间有盐场三十个,集中于扬州,使"扬州繁华以盐盛"③,行销于苏、皖、赣、湘、鄂、豫六省,皆为富饶之地,左右国家财政。

江苏长江以北沿海城镇的兴与衰皆与两淮盐业有关。纵观古今,因盐而兴的城市不少,但是如江淮东部沿海地区这样,城镇体系从肇始、兴旺至衰败,历时两千多年,皆受海盐经济文化影响的,实属唯一。作为淮盐生产基地的江淮东部沿海城镇,对于我国古代封建社会的经济贡献是极为突出的。无论是淮盐历史文化的发展脉络,还是城镇体系的空间变迁,均具有独特的地域特色和研究价值。

9.1.2 两淮盐业城镇发展的现状与问题

两淮沿海地区拥有江苏最长的海岸线,海域面积广,曾是盐业生产最繁荣的地区,但今

---

① 欧阳修《新唐书·食货志》
② 李果《在亭丛稿》
③ 黄钧宰《金壶浪墨》

天经济发展却位居全省中下游。2014年全省经济发展数据显示,连云港、盐城、南通的GDP分别位于全省第12、7、4位,曾因盐业经济而繁荣的扬州、泰州、淮安也居于全省后位,分别是第8、9、11位,第三产业的比例只有40%~42%,低于中国的平均水平48.2%。该地区经济落后一方面因各种历史原因,另一方面因缺乏对城镇形成和发展历史性的分析,缺乏对城镇竞争力的清晰定位。两淮沿海地区城镇的兴起、繁荣与转型皆与淮盐有关,可以说是"因盐而兴,因盐而衰",淮盐文化是两淮城镇最为重要的文化标识,关系城镇体系变迁的始终,不仅影响了城镇的兴衰,也塑造了独特的城镇空间格局。以往对淮盐城市的研究多集中于扬州、淮安等因淮盐运转而兴的地区,对淮盐生产基地城镇的研究关注不足。有些规划实践对淮盐文化有所挖掘,但仅限于局部地区。

对沿海城镇体系形成的原因、淮盐对城镇体系变迁所起的作用和对城镇内部空间格局的影响、盐场的发展与城镇的关系等问题并无系统的梳理,导致在城镇化推进的过程中,淮盐作为一项脆弱的地域文化正面临巨大挑战,保护规划和开发工作缺乏历史支撑。两淮历史城镇格局完整保存下来的较少,古街巷多仅存格局,古桥、古闸坝等面临大量的改建,古建筑所存更是寥寥无几,在城镇更新的博弈中,出现大量的假古董,城镇历史空间不断萎缩。本章将对两淮地区盐场城镇的发展与变迁、盐场与城镇的演变关系、城镇的内部空间特点、水文地貌的形成对城镇空间影响以及盐业发展与城镇体系的变迁等问题进行具体研究。(见图9.1)

整治后的草堰老街

富安老街商业现状

安丰老街

图9.1 沿海历史城镇现状
资料来源:作者拍摄

9.2 两淮盐场发展与滨海城镇体系变迁

9.2.1 秦汉时期——"煮海为盐"聚居点的出现

秦汉时期沿海地区刚被开发,自然地理状况较差,岸线初步稳定,淮盐生产刚起步,城镇体系尚未形成,仅设立盐渎一个行政机构。盐渎县建立于西汉武帝元狩四年(前119),因盐业而置县,设海盐官来管理该区域的盐税。汉时盐渎县是该区域经济文化的核心,从盐城及周边地区汉墓的考古挖掘可见,墓葬主人多是西汉末年盐铁官、大盐商及其眷属,说明秦汉时盐城已是人烟稠密的富裕之地。盐渎县周围已有大量的煎盐聚居点,但由于自然地理的局限,并无其他的中心聚落或城邑出现。秦汉时沿海地区形成以盐城为中心,众多盐场环绕分布的格局,该时段是沿海城镇体系形成的萌芽期,为唐宋的发展奠定了基础。(见图9.2)

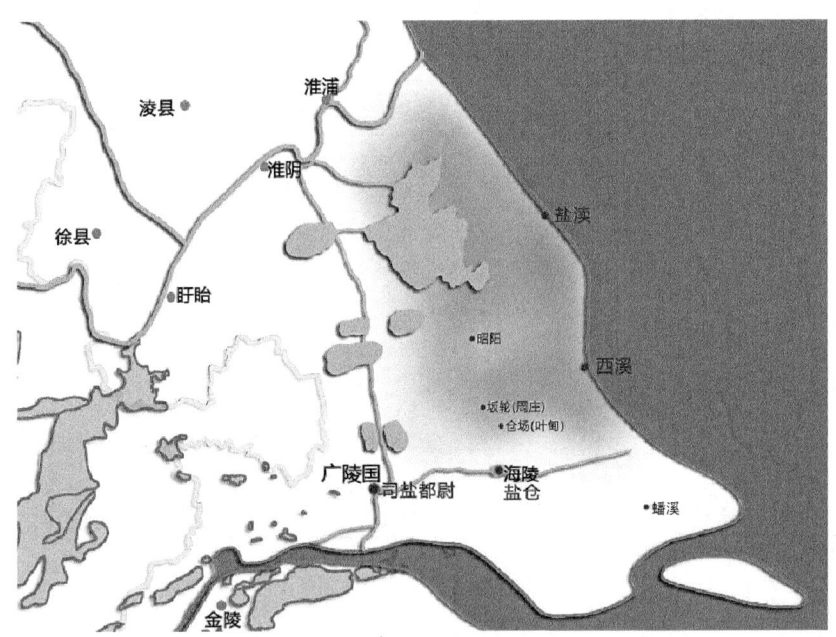

图 9.2　秦汉两淮盐业生产区分布图
资料来源:作者自绘

9.2.2　隋唐时期——沿海城镇体系的萌芽阶段

黄河夺淮之前,海岸线相对稳定,捍海堰的修筑为唐代海盐生产提供了保障,北方移民为煎盐提供了充足的劳动力,沿海自然地理、社会经济状况均适宜盐业的发展。唐代的盐业管理机构逐渐出现,盐铁转运使刘晏在第五琦的基础上设置"四场十监""十三巡院"的"产—销—监"一体化的机构。其中,监与巡院基本平级,监下设多个盐业生产场,其重要性略低于巡院和监,可理解为纳榷场、集散场,由此唐代沿海地区已出现不同等级的盐业聚落。淮河以南,以盐城和海陵为核心,据文献记载,至唐末,沿海至少已分布五祐、紫庄、南八游、丁溪、竹子、新兴、七惠,四海[①]和陵亭场 9 座盐场[②];淮河以北以赣榆为盐业仓储中心,东海、怀仁二县为海盐生产基地的煎盐聚落[③]。唐代巡院主要位于航运通道,淮南盐业通过大运河沿岸的白沙(仪征)、扬州、泗州分销至各地。尤其扬州,唐代盐铁转运使常驻扬州,海运及内运皆很发达,往返于扬州和如皋间的盐队规模浩大[④]。临淮河有涟水场,掌管淮北

---

① 根据《寰宇记》卷一二四记载,此八场隶属盐城监。
② 根据《全唐文补遗》第一辑(1994 年)第 389 页记载,陵亭场隶属海陵监。
③ 赣榆秦代已置县,又名盐仓城,与盐业生产有关,其周边的东海、怀仁二县均濒临大海,推测二县也为海盐的生产基地。
④ 《入唐求法巡礼行记》中有记载官船自扬州海陵运盐至如皋的情景,船队规模浩大,"盐官船积盐,或三四船,或四五船,双结续编,不绝数十里,相随而兴,乍见难记,甚为大奇"。盐船形成"舳舻万艘,溢于河次,堰开争路,上下众船相轧"的情景。

盐业的集散,淮北诸场的海盐先运至涟水场,再沿淮、汴等水系运至东都。唐代盐业产量的格局发生逆转,出现北少南多的局面,海陵监和盐城的产量最高[①],邗沟和运盐河的开凿大大改善了淮南的交通状况,优越的地理条件和交通条件便于海盐的生产和运输,适宜大规模开发,促使盐场快速发展,淮南盐业聚落剧增。(见表9.1)

表 9.1 唐代盐场及盐业机构

机构	地点	职能
十监	淮南道:海陵(扬州海陵)、盐城(楚州盐城) 江南东道:嘉兴(苏州嘉兴)、临平(杭州盐官)、兰亭(越州会稽)、永嘉(温州永嘉)、新亭(泰州临海)、富都(明州鄮县)、候官(福建候官) 山南东道:大昌(夔州大昌)	位于盐产地,负责盐业生产和榷税,下设盐场,监管盐区
十三巡院	河南道:汴州、宋州、汝南、兖郓、泗州、郑滑、甬桥、陈许 淮南道:扬州、白沙、庐寿、淮西 江南道:浙西	多设于盐业销售沿线的重要交通节点,获取盐利,便于缉私、管理食盐运销,保障榷盐利润
四场	涟水(泗州涟水)、湖州(湖州乌程)、越州(越州会稽)、杭州(杭州钱塘)	食盐的集散场,主要负责转运、贮积和粜卖

资料来源:作者自制
备注1:海陵监署所在地:泰州(宝应元年,762);东台场(南唐昇元元年,937)
备注2:唐代设转运院、江淮转运使于扬州
根据《新唐书》卷五四《食货志四》以及《唐代盐业地理》(李青淼,北京大学博士学位论文,2008)的第四章总结

隋唐是两淮盐业第一个发展高潮,形成"亭—场—监—院"为一体的淮盐初级产销网络,分为"生产—运输—销售—监管"四个步骤,沿海地区城镇体系就是基于这样的产销网络开始了萌芽发展。唐代两淮沿海形成以赣榆、盐城、海陵为海盐生产监管中心,以扬州、仪征、泗州、涟水为海盐分销中心的淮盐城镇聚落群,但严格意义上的城镇体系尚未形成。各个盐场呈团状聚落沿海岸线南北分布,形成了聚落环绕中心城的空间格局。(见图9.3)

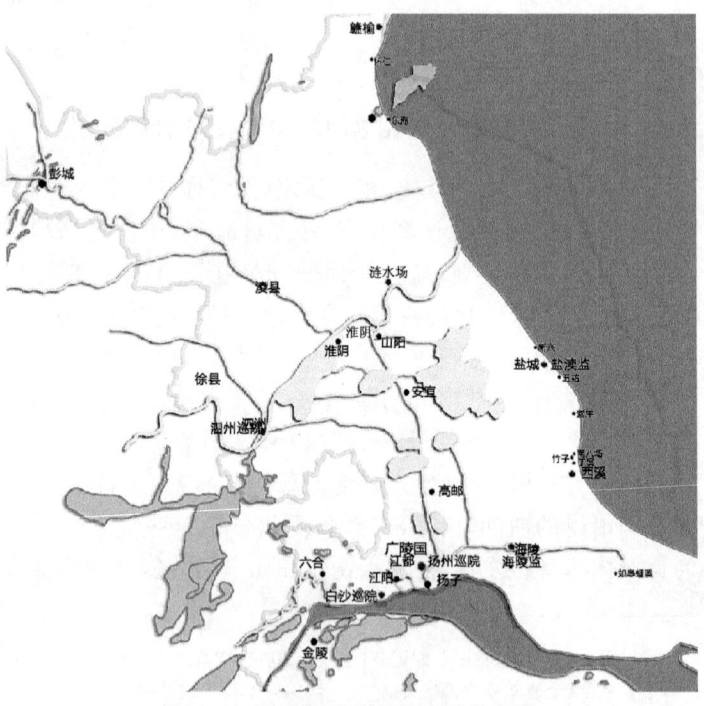

图 9.3 隋唐两淮盐业生产区分布图
资料来源:作者自绘

---

① 《新唐书·食货志》记载:"天下有盐之县一百五,淮南海陵盐城县二";《元和郡县补志》记载:"今海陵县官置盐监,开元十年省有盐官,邑有盐监,岁煮盐六十万石,而楚州盐城,浙西嘉兴、临平两监所出次焉。计每岁天下盐利,当租赋三分之一。"

9.2.3 宋元时期——淮盐经济发展高峰与沿海城镇体系的形成

经过多次增筑、延长,北宋末年,沿海大堤形成从盐城庙湾至通州吕四场的南北贯通,这道御潮屏障对于北宋以降的淮南海盐生产、盐场建设开发提供了坚固保障。宋代通海一带逐渐成陆,岸线变化较滨海平原大,后黄河以淮河作为出海口,泥沙大量堆积于阜宁、灌南一带,对盐城附近的盐场影响很大。盐城监设立于唐,位于十大名监之二,产量仅次于海陵,经过五代、北宋和南宋的变迁,盐产逐渐减弱,职能转变为盐仓和买纳监。宋元两淮盐业机构的名称和地点也发生多次变动,大多时间仍位于扬州,偶尔移置泰州①,这与盐产的分布情况有关。宋元时期,泰州、通州盐场的产量明显增长,促使淮南盐场由9个增至27个,元代再做调整,基本形成今天的分布格局。宋代淮南盐场呈条带状沿范公堤分布,位于范公堤以西、串场河东侧。淮北盐场规模小,兴旺于北宋,虽然淮北岸线稳定,盐业有较大发展,但仍与淮南盐产量相差很大。宋代淮盐大量外销,为了保障盐业的运销,在真州、扬州、楚州、泗州等地设置转般仓。宋元时期淮南盐业生产、销售的管理网络更加系统化、精细化,盐产的扩大必定带来盐场区的扩大。

两淮盐业得以发展与政府对盐场和灶户的统一管理有关。宋代官方开始划定盐场,盐亭、草荡及煎盐等一切生产资料均由国家发放,生产场所和生产资料稳定,生产者流动性减小,灶户固定下来,逐渐成为沿海地区的居民。政府采取"建团立盘"②和"结甲法"③的生产管理方式,一方面控制私盐,另一方面使人员管理更加系统化,产量固定,灶户受制于团,固定的盐业生产聚落产生,并逐渐壮大。

宋元是两淮盐场的发展阶段,也是沿海城镇规划的初步阶段,由于无文献志书记载,因此无法了解盐场内部空间形态。随着人口增加、规模扩大,部分盐场进一步发展成为城镇,如东台、西溪、海安、如皋等,大部分盐场尚未转化成市镇,其行政职能和经济职能较弱,但今天沿海城镇的分布已基本形成,为明清盐场发展成为市镇奠定了基础。宋元时期,沿海地区形成以扬州为淮盐管理中心,淮北海州、涟水军和淮南楚州、通州、泰州共同分管的带状盐业生产城镇。(见表9.2、表9.3、图9.4)

表9.2 宋代两淮盐场的分布情况与产销地

主要产盐地	机构设置	下辖盐场	产销地	备注
淮南盐产	盐城监(楚州)	五祐、紫庄(今刘庄镇)、南八游(今草堰镇)、北八游(今白驹镇)、丁溪、竹溪、新兴、七惠、四海9场	北宋时期:淮南东、西路,江南东、西路,荆湖南、北路;南宋时期:除四川、福建、两广以外的南宋统治区	盐城监于宋真宗时(1009)更名为盐城仓,后于宣和四年(1122)改名为盐城买纳场,又称"买纳监"
	海陵监(泰州)	角斜、栟茶、虎墩(今富安镇)、掘港东陈场、丰利东西场、梁家垛场6场		——
	利丰监(通州)	西亭、利丰、永兴、丰利、石港、利和场、金沙、余庆(今余西镇)8场		从海陵监划分出利丰监(960)

---

① 掌管盐政机构的名称一直在变,北宋建隆元年(960)称江淮荆浙发运司,后称江淮转运司(963)、江淮制置茶盐司(992)等,史料记载共12次,至开禧元年(1205)设提举淮盐司。

② 《重修两淮盐法志》(王定安)卷三十四记载"改并灶座,建团立盘,或三灶合一团,或两灶为一团",意思是一般每个盐场设几个团,每团设若干灶户。

③ 《通考·征榷三》中有记载,南宋"淮、浙盐一场十灶,一灶之下无虑二十家"。一般三灶至十灶为一甲,由甲头来管理盐丁。

续表 9.2

主要产盐地	机构设置	下辖盐场	产销地	备注
淮北盐产	海州	板浦、惠泽、洛要 3 场	京东和两浙	
	涟水军	海口 1 场		

资料来源:作者自制

注:楚州、淮安盐场根据《宋史》卷一百八十总结;通州盐场根据《太平寰宇记》卷一百三十总结;盐业产销区根据《宋史》卷一百八十二总结。南宋增加何垛、小陶(安丰)、吕四、马塘等盐场。

表 9.3 元代两淮盐场的分布情况

主要盐产地	盐场	备注
淮南盐场	吕四场、余东场、余中场、余西场、西亭场、金沙场、石港场、掘港场、丰利场、马塘场、栟茶场、角斜场、富安场、安丰场、梁垛场、东台场、何垛场、丁溪场、小海场、草堰场、白驹场、刘庄场、五祐场、新兴场、庙湾场	元至元十四年(1277),在扬州设置两淮都转运司,后移治泰州
淮北盐场	莞渎场、板浦场、临洪场、徐渎浦场、富安场	

资料来源:作者自制

注:盐场根据《元史》卷九十一《百官七》整理总结。

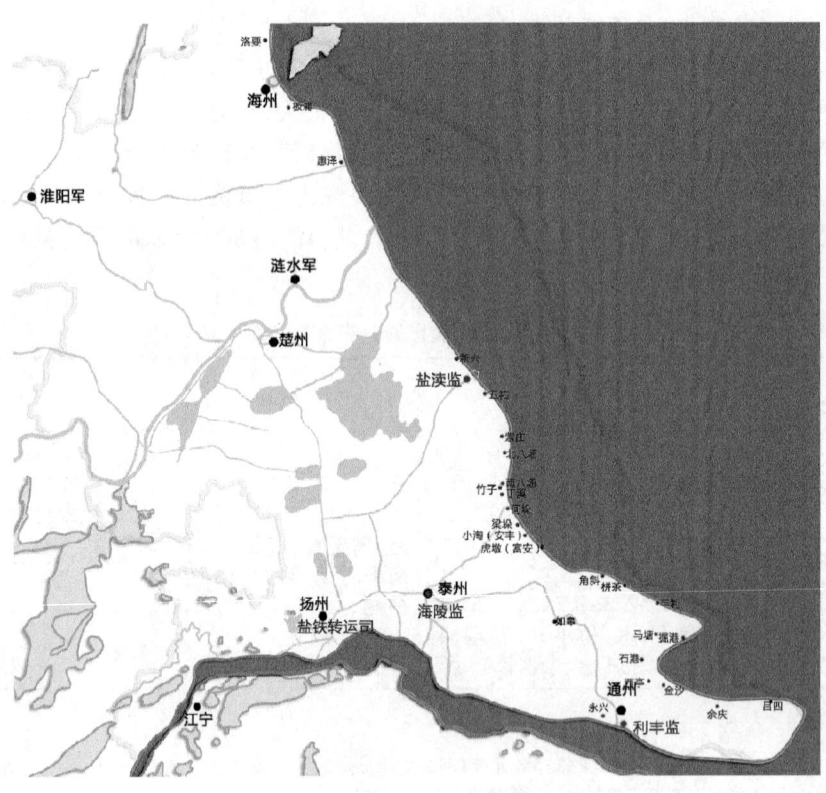

图 9.4 宋元两淮盐场分布图

资料来源:作者自绘

9.2.4 明清时期——沿海城镇体系的成熟阶段

黄河全流夺淮后,海岸线东移的速度猛增,灌河口以南的盐城地区最为明显,岸线渐远使淮南盐场发展大大受阻。淮北一方面受泥沙冲击较小,另一方面采用铺滩晒盐法,产量高,耗能低,发展较快。海岸线的变化使盐场远离岸线,同时为盐场的扩建提供了土地。灶民不断将盐灶东迁,疏通沿海的河港,开凿新河,引海水入盐场,使明至清乾嘉时期,淮盐产量一直上升,明代两淮盐业约1.5亿~2亿斤,清嘉庆年间产量是明代的3~4倍,清中后期淮南盐产量骤降,只有海州的产量有所上涨,泰州和通州分别减产1/2和3/4①。

明代盐业管理机构进一步完善,两淮都转盐运使司仍主要驻扎于扬州,其下设置通州、泰州、淮安三个分司及盐引批验所,分司是盐运使司的派出机构,直接管辖各盐场盐课司;盐引批验所的任务为改良盐务,并辅佐盐运使等主事单位。明代两淮共30个盐场,自南向北为上十场、中十场、下十场。清代随着岸线的东移,原有盐滩变为农田,新建盐滩均随海岸线向东推移。有的盐场由于灶户骤减、卤淡及产量低而被附近盐场所归并,如马塘、余中、白驹、莞渎等。淮盐生产重心北移,盐城监逐渐并入海州分司,清末淮南仅剩通、泰二司。清末时期,淮北盐业发展迅猛,新兴的济南盐场产量占两淮产量的70%②,带动了沿海市镇的兴起,如陈家港因济南盐场产量日丰而成镇。淮南盐场由于盐卤减淡,盐灶移至近海区,缺少了范公堤的庇佑,灶滩也灾患频发,加之盐业自身经营管理存在贪污、疏纰等漏洞,最终在张謇的带领下,由单一的海盐生产向垦殖业和资本主义工商业转型。实际上,滩地面积扩大给沿海的开发带来一定的益处,一方面为煎盐提供了大量的荡草资源,为亭灶的铺设提供了更多的空间,另一方面也为临海城镇近现代发展提供了充足的土地资源。范公堤东侧的市镇均兴起于清末民初时期。

明清两淮沿海城镇体系在宋元的基础上进一步发展,人口大大增加,仅南通境内的盐业从业人口已达24万人,除了灶户外还有场商和平民。淮南范公堤以东形成大量盐场,原范公堤沿线盐场转变为市镇,成为区域的行政和经济中心,且规模不断扩大,清末民初东侧出现一些新的市镇。淮北地区在民国时也因盐业而兴起一批新的城镇,总的规模呈向北、向东发展的趋势。明清时期,各盐场的隶属分工更加明确,形成以扬州为管理中心,涟水、东台、南通共同管辖的两淮沿海城镇带。(见表9.4、表9.5、图9.5、图9.6)

表9.4 明代两淮盐场的分布及盐业管理机构

分司	分司治所	盐场
淮安	安东县(今江苏涟水县)	临洪、兴庄团、徐渎浦、板浦、莞渎、庙湾、新兴、伍佑、刘庄、白驹
泰州	东台	小海、草堰、丁溪、何垛、东台、梁垛、安丰、富安、角斜、栟茶
通州	通州(今江苏南通市)	丰利、马塘、掘港、石港、西亭、金沙、余西、余中、余东、吕四

资料来源:作者自制
注:泰州分司先驻泰州,正德十五年(1520)移治东台。

---

① 凌申.江苏沿海两淮盐业史概说[J].盐业史研究,1989(4):56-62.
② 王志坚.淮盐今古[M].北京:中国文史出版社,2005.

表 9.5　清代两淮盐场的分布及盐业管理机构

分司	分司治所	盐场	盐场变更
海州	安东县（今涟水县）	板浦、中正、临兴	徐渎场并入板浦场(1678)； 临洪、兴庄二场合并为临兴场(1727)； 莞渎并入板浦场(1736)； 板浦场分出中正场(1737)； 莞渎场并入中正场(1737)； 淮安分司变更为海州分司
泰州	东台	东台、梁垛、安丰、富安、何垛、丁溪、草堰、伍祐、庙湾、刘庄、新兴	白驹并入草堰场(1736)； 原淮安分司刘庄、伍祐、新兴、庙湾四场变更为泰州分司(1736)； 小海场并入丁溪场(1768)
通州	通州（南通市）	石港、金沙、余西、余东、吕四、掘港、丰利、角斜、栟茶	马塘场并入石港场(1736)； 余中并入余西场(1736)； 泰州分司的栟茶、角斜二场变更为通州分司(1736)； 西亭场并入金沙场(1768)

资料来源：作者自制

注：根据光绪《重修两淮盐法志》总结的 23 座盐场；淮北济南为清末民初建。

盐场变更依据：吉成名.论清代海盐产地[C]//曾凡英.盐文化研究论丛：第 5 辑.成都：巴蜀书社，2011：267-291

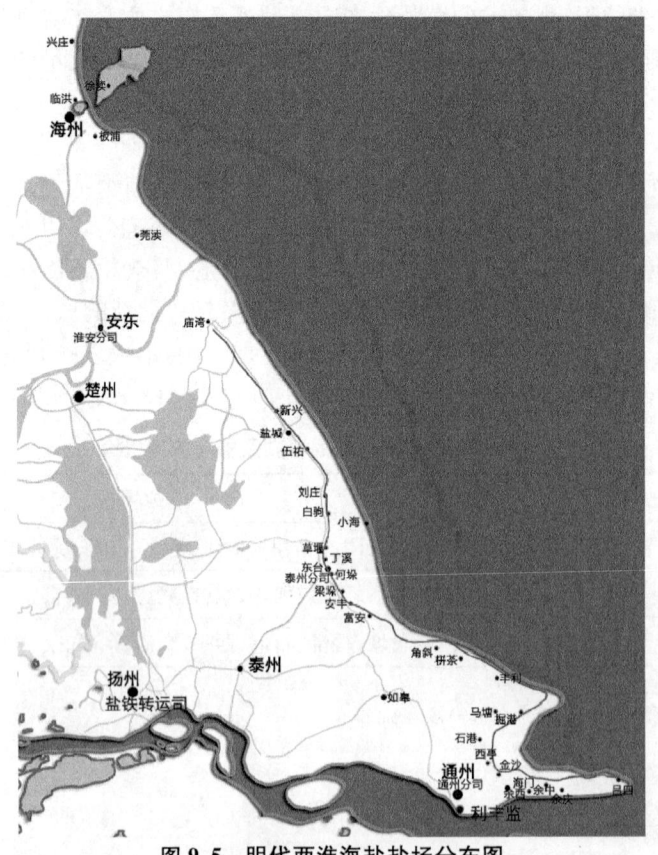

图 9.5　明代两淮海盐盐场分布图

资料来源：作者自绘

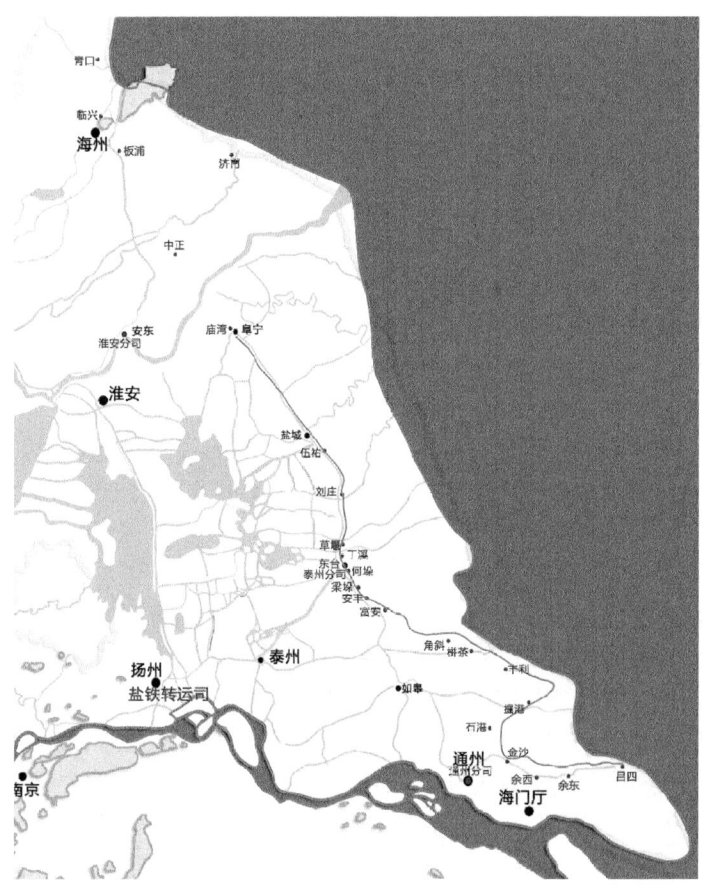

图 9.6　清代两淮海盐盐场分布图

资料来源:作者自绘

9.3　清末民初——废灶兴垦与江苏沿海近现代城镇规划建设

9.3.1　废灶兴垦与沿海盐垦公司的建立

1)　废灶兴垦的原因及历史沿革

为了保障盐业生产,历代封建王朝对产盐区都采取严厉禁垦的政策。黄河夺淮后,海岸东移,原老灶区卤气渐淡,不得不在近海滩处置新灶,政府规定置新灶必废老灶,老灶土厚肥沃,适宜种植禾稼,加之康乾之后,产盐量锐减,灶民为了维持生计,开始进行私垦活动。沿海的私垦主要集中在明清两代,起初是自发的、零星的垦殖活动,后来蔓延扩大形成民垦区,后逐渐获得政府默许,从而合法化。灌河以南岸线淤涨最明显,私垦现象最盛,范公堤以东 20 余里已大半被垦为熟田[①]。光绪二十六年(1900 年),泰州分司的新兴、伍祐二场经官府批准首次放垦。

---

① 于海根.民国期间苏北淮南盐区的废灶兴垦事业[J].盐业史研究,1993(1):49-63.

淮南传统制盐业逐步衰竭，而垦殖业逐渐发展，除了岸线东迁还有其他的原因：灶丁因不堪繁重盐课，大批逃亡，直接影响了各盐场的生产发展。淮南草煎制盐生产方式落后，制盐成本高于淮北晒盐的 13～15 倍之多①，煎盐需要大量草荡，占地面积大，盐垦区的土壤含盐量高，不适宜种植粮食作物，但土壤中含有大量的氮、钾等营养成分，非常适宜种植耐盐碱的经济作物——棉花。恰逢中国民族资本主义工商业大力发展，苏南等地纷纷建棉纺厂，急需原棉，在客观上促进了废灶兴垦事业的发展。真正意义上将沿海垦殖业形成规模化发展及区域化建设的应当归功于张謇。甲午战争后，张謇受张之洞之托于通州创办大生纱厂，为了给纱厂提供稳定的原料基地，他在通海地区于 1901 年集资组建通海垦牧公司。通海垦牧公司的成功和巨大的利润促使上海、扬州、南通的官僚、地主、买办、垣商等纷纷到苏北投资，于是由南至北，掀起了开办盐垦公司的热潮。

废灶兴垦对于政府而言，可通过解除盐禁，充分利用闲置的土地资源，为民族工业扩充原料；对苏北淮南各盐场而言，是解救草煎产业和垣商的积困之急；对于淮南沿海地区来说，是通过发展废灶兴垦事业来开展区域城镇规划建设。

2) 民国时期——沿海地区盐业发展衰落与产业转型

盐垦，顾名思义是盐业与垦殖业的兼营，实则以兴垦殖棉为主，是沿海地区由单一产业结构——海盐生产向工农业为主、盐业为辅的综合产业结构的转型，也是近代苏北沿海社会经济发展的里程碑。民国时期盐业生产并没有完全被盐垦公司所取缔，依然有灶丁在从事盐业生产，只是规模较以前小得多。民国初年，淮南盐场逐渐裁并，最终形成 9 个盐场，民国二十年（1931）又合并成 6 场；淮北 4 个盐场面积大，产量最高，民国二十五年（1936），年产量共计约 325 950 t②。抗战期间，两淮盐区分割为四个区域进行管理，至 1946 年，基本完全由民主政府管理。新中国成立后成立淮北盐务管理局，对原淮北旧场进行重新划分，经多次调整于 1960 年代形成 8 场。淮南盐务管理局成立于栟茶，管辖 14 个盐场。1987 年，南北共 8 个盐场共同归省盐业公司直管。（见表 9.6、图 9.7～图 9.8）

表 9.6 民国两淮盐场的分布情况

区域	时间	盐场
淮南盐场	民国初年	丰掘（丰利、掘港合并）、栟角（角斜、栟茶合并）、余中（余西、余东合并）、东何（东台、何垛合并）、安梁（富安、梁垛、安丰合并）、草堰、吕四、庙湾、新兴
	民国二十年（1931）	余中（吕四、栟角、东何、丁溪、庙湾合并）、丰掘、余中、安梁、草堰、新兴
	1950 年	淮南盐务管理局：吕四、余中、北坎、苴镇、丰利、栟茶、角斜、黑苴、三仓、曹丿、潘丿、川东、草庙、五港
淮北盐场	民国初年	板浦、中正、临兴（青口）、济南
	1958 年	青口、台北、台南、徐圩、灌西、灌东、新滩、淮河
江苏省盐业公司	1987 年	青口、台北、台南、徐圩、灌西、灌东、新滩、射阳

资料来源：作者自制
根据《江苏省志·盐业志》第 37、38 页

---

① 《通考·征榷三》
② 《江苏省志·盐业志》

9 因盐业而兴的沿海城镇体系

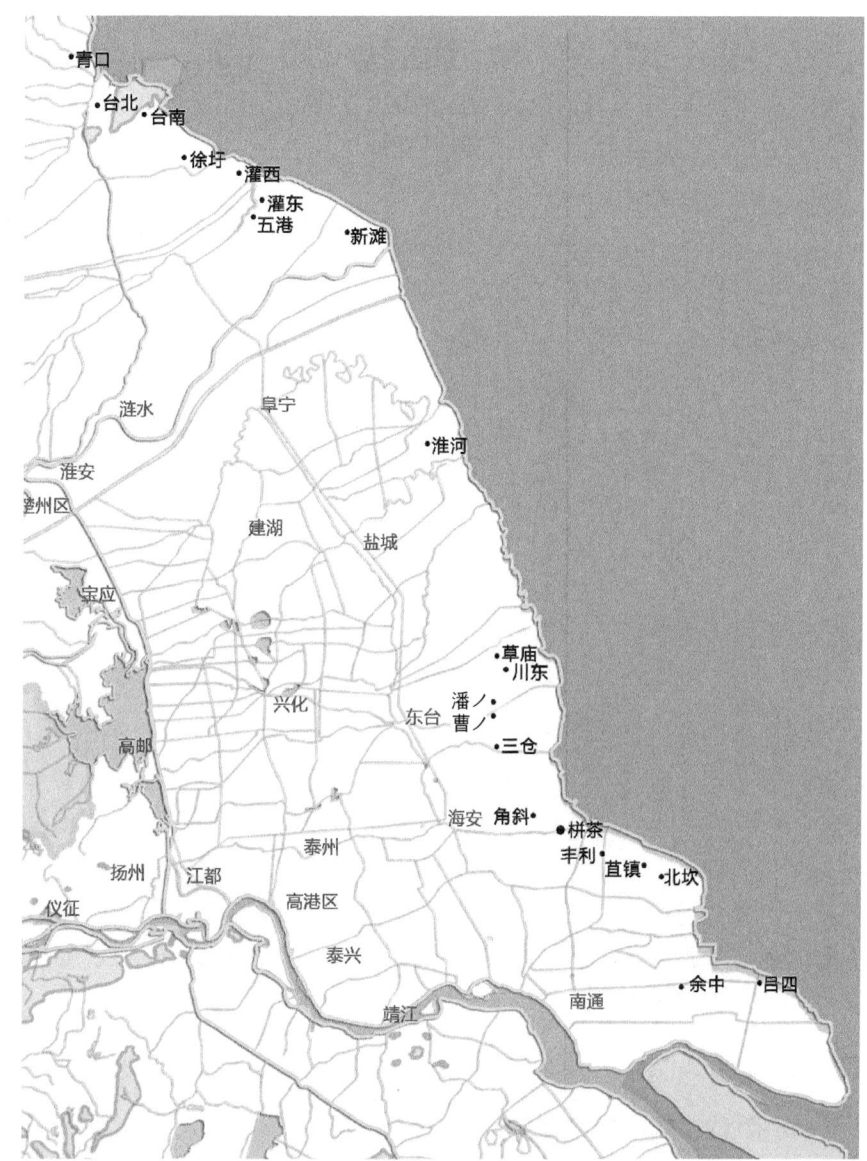

图 9.7　1950 年代两淮盐场分布图
资料来源：作者自绘

虽然苏北盐垦公司最终因为自身经营、内部债务、战争侵略等内外原因，在 1946 年的垦区土改中走向终结，但是在垦区公司粗放式的圈地扩张下，成功完成了沿海地区的产业转型，从单一的盐业经济转变为以工农业为主、盐业为辅，兼顾交通运输、文化教育、生产生活与社会服务等综合产业。尤其是南通地区，形成以大生纱厂为核心企业，并推动衍生出农垦公司、铁厂、轮运公司、金融以及教育科研单位等机构的城乡体系，探索出从传统农业经济社会向工农商生产转型的近代化社会转型的道路，在中国近现代城市建设中，开创了以工农产业为主导的城市布局、城乡空间关系，并将这一体系从通海地区推广到整个沿海滩涂区。

253

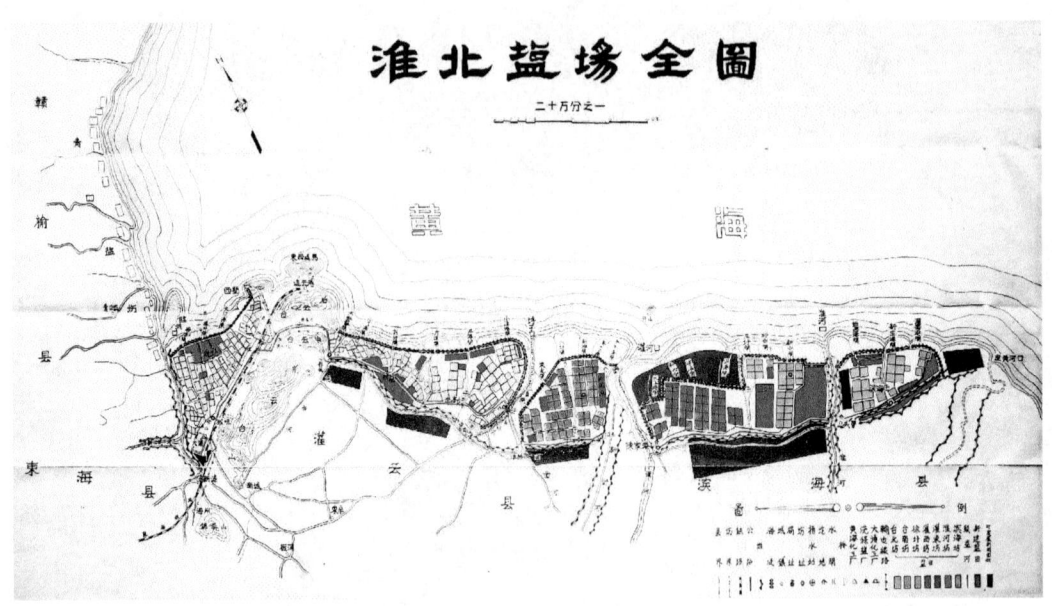

图 9.8 淮北盐场全图
资料来源:中国海盐博物馆馆藏

盐垦公司在放垦的同时并没有完全摒弃盐业的生产。张謇致力于民国时期的盐业改革 30 余年,在盐业生产管理、生产技术、行销出路、盐法制度等方面摒弃旧制,呼吁建立新盐制,试行盐业生产工业化,试制精制盐,引进板晒技术,撰写《变法平议》《改革全国盐法意见书》等,还曾创立吕四同仁泰盐业公司(1903 年)。1908 年张謇协大德、大阜、大有晋、公济、大源、裕通、庆日 7 家公司在海州陈家港发起并建造济南盐场(今灌东盐场),发展铺滩晒盐,接济淮南盐产。张謇的盐务改革虽未能完全实现,但为后人盐政改革的成功开辟了道路,为沿海盐产业的持续发展做出了贡献。

9.3.2 沿海近现代城镇体系的初步形成和区域规划

1) 近代沿海地区的城镇空间演变

(1) 大生纱厂的建立与南通"一城三镇"空间格局的初步确定

大生纱厂选址于唐家闸,唐家闸(又称"唐闸")位于南通城西北 18 km,东临运盐河,南达天生港,是南通城通向外地的陆路交通必经地,是水陆交通枢纽。大生纱厂选址于此主要是出于对交通条件的考量。大生纱厂征地 400 亩,工厂占地 140 亩,按照厂区模式进行规划,周围建有桥、河岸、码头等基础设施,还配套建设职工宿舍等。天生港是运盐河的入江口,大量的设备、原料、粮食、煤炭、燃油、日用品等通过天生港转运至唐家闸、南通、上海、苏州、无锡等地。随着天生港逐渐繁荣,张謇以此为基地建立轮渡公司,兼营码头业务,使其成为大生纱厂成品外运至上海、苏南等地的港口,后张謇曾计划在此建立大生第五厂,但由于资金问题戛然而止。狼山地处南通城的南郊,自成陆以来便是沿江的风景名胜区和佛教圣地,民国时成为著名的花园私宅与墓区(骆宾王墓、金沧江墓、啬园),并加以建设。虽然并未有资料明确指出张謇规划之初已有目标地建构"一城三镇"的城市格局,但是大生纱厂的选址客观上奠定了这一格局的形成基础,说明张謇的城市建设思想不仅仅局限于南通老城,还有向外发展、形成大通州的概念,这也是南通区域建设的第一步。(见图9.9)

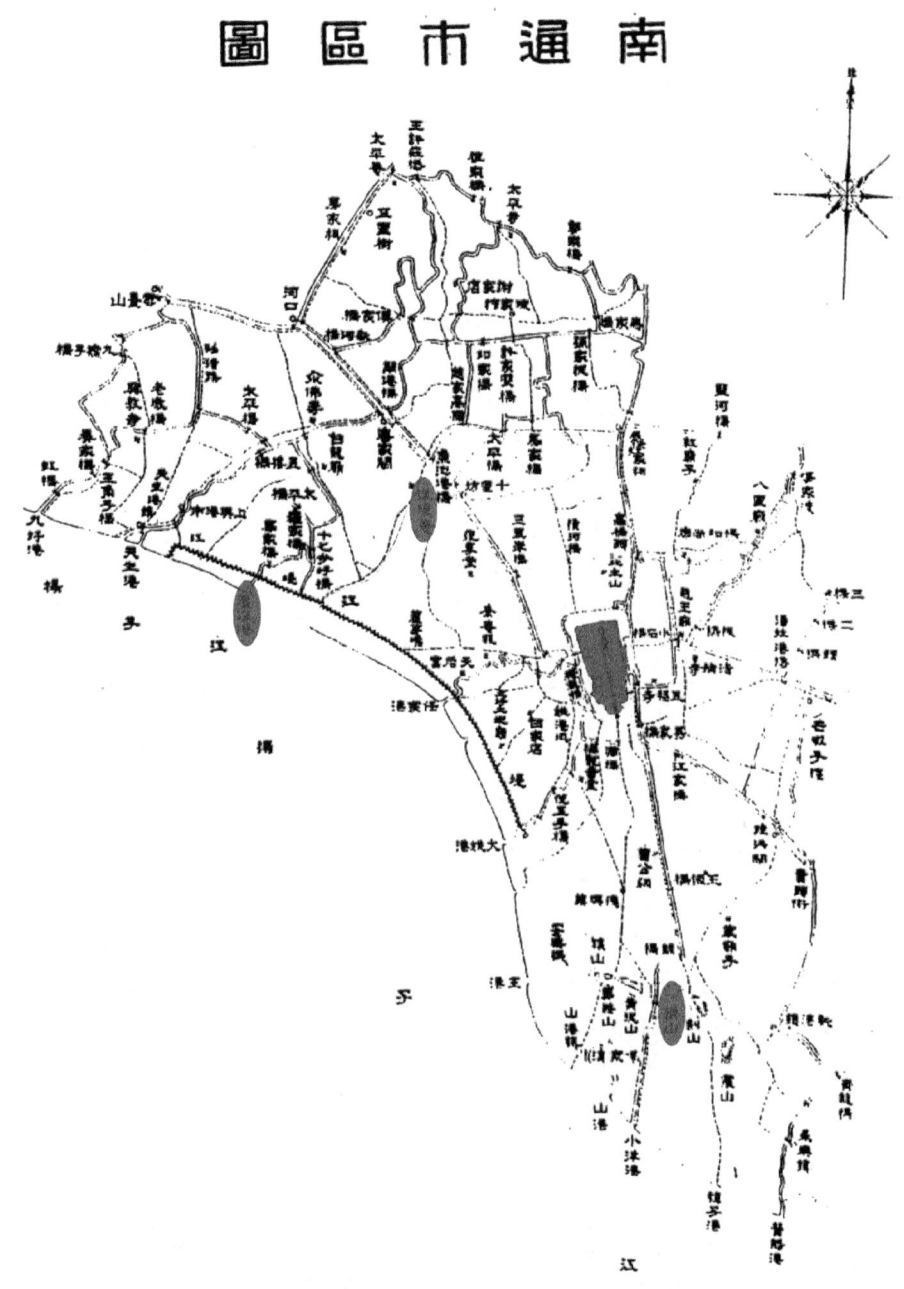

图9.9 南通"一城三镇"图

资料来源:作者自绘,根据《民国南通县图志》绘制

(2) 大生系统公司建设与通海地区的发展

张謇曾指出"嗣因纱厂必需棉花,棉花必待农业,于是设垦牧公司。又因棉子制油为副

业而设油厂。又为畅销途利交通计，而设轮船公司"①，至 1907 年，衍生出 19 处与大生纱厂相关的企业，主要位于南通老城内、唐家闸、天生港区域及海门地区②。最早的是通海垦牧公司，1895 年张謇奉命筹办团练时，看到通海交界处存在大片荒滩废灶，当时已有兴垦的想法，1901 年公司正式成立，最初经营对象为"垦"和"牧"，后因牧务经营困难，改为完全种植棉花，专为大生纱厂提供原料。随着原料需求的扩大，又于北侧的余东、余中、余西三场建立大有晋公司，巩固了张謇设立沿海农垦公司的决心。除衍生企业外，大生集团还曾计划另建分厂 8 座③，后因规模庞大，缺乏投资可行性，至 1924 年，仅大生的一厂（唐闸）、二厂（崇明）、三厂（海门）、八厂（江家桥）投入运转。这个阶段南通近代化建设逐渐向东部沿海发展，通海地区的发展均围绕大生系统企业而进行，通过经济布局对区域进行垄断，张謇曾在创办大生纱厂之初请报经商部批准对通海地区的垄断，曾多次劝阻外人来通设厂，彻底垄断通海地区的经济体系，从而实现系统的区域规划。

（3）两淮盐垦区的扩张

通海和大有晋公司的成功给江淮沿海扩张奠定了基础和信心，也使张謇的区域自治思想进一步向外发展。1916 年，盐垦公司的经营模式逐渐向北部各场推广，大多实行盐垦兼营，以盐业作为过渡，主要经营植棉业。盐垦公司的扩张一是为了给大生纱厂提供原棉，二是为了解决本地农民的耕种问题和盐民的生计问题。

在实施过程中采取分区放垦、逐步推进的模式，最终全部放垦成功；选择卤轻土淡之地先放垦，濒海斥卤之地则保留盐业，"宜盐则盐，宜垦则垦"。垦牧规划的具体步骤为"垦之之法，拟合清理大定之国有、省有、县有、公有、私有为一，联成公司，就图规划工最宜，先者沟渠，次则堤圩。……尽公司有地之人，按亩分任应集之数，为堤圩、沟渠、道路、桥梁、仓栈、市镇、闸洞之用"④。可见公司在成立之初，对全部土地已经做了全盘规划，张謇在建厂之初已统驭全局，一切按照图纸规划。另外，开垦前，张謇应该已经想到沿海土地的基本情况——草荡密布，地势低洼，因此首先要解决水利的问题。于是，在建厂之前，先修沟渠，后筑堤圩，并对相应的水利设施给予考虑，并实行按亩分田的原则。

（4）近现代沿海城镇体系形成

沿海近现代城镇体系是基于苏北盐垦公司的建立而形成的。1901 年至 1925 年，在张謇的带领与影响下，从南长江口的吕四场至北海州南陈家港间长 700 余里，横约 100 里，总面积 36 700 km² 的滨海区域，投资达 1 732 万元，规划占地 460 万余亩⑤，先后建立几十家盐垦股份有限公司。根据姚谦《张謇农垦事业调查》中的"苏北农垦区各公司（含部分小仓

---

① 张謇《北京商业学校演说》，见于张孝若编的《张季子九录·教育录》卷三第 21 页。
② 即通海垦牧公司（吕四场）、同仁泰盐业公司（吕四场）、广生油厂（唐闸）、大兴面厂（后称复新面粉公司，海门大兴镇）、阜生蚕桑公司（唐闸大南村）、染织考工所（唐闸大南村）、翰墨林印刷局（南通老城内）、资生冶铁厂（大生纱厂北侧之西洋桥东畔）、颐生罐头公司、颐生酿造公司（江苏海门市常乐镇状元街西侧）、大达内河小轮公司（天生港）、天生港大达轮步公司、外江三轮公司、泽生水利公司（唐家闸）、大隆皂厂（唐家闸）、懋生房地产公司、大中通运公司、船闸公司等。
③ 于海漪. 南通近代城市规划建设[M]. 北京：中国建筑工业出版社，2005：72. 其中记载"大生正厂（1895，唐闸）、大生分厂（1904，崇明）、大生三厂（1914，海门）、大生四厂（四扬坝）、大生五厂（天生港）、大生六厂（东台）、大生七厂（如皋）、大生八厂（1920，江家桥）"。
④ 张謇《宣告掘港场荡地历史及所规划（1916）》
⑤ 大丰市地方志编纂委员会，大丰市盐务管理局，邹迎曦. 大丰盐政志[M]. 北京：方志出版社，1999：306.

房)位置图"显示,共139个大小公司①;1934年,胡焕庸在《两淮水利盐垦实录》中记载了24家大公司及十余家小公司,并对其中23家公司②的情况作了基本介绍③。其中今盐城市境内有公司19家,总投资1 405万元,占82.6%,实有土地为345.1万亩,占82.4%,东台大丰公司投资与总面积最大,盐城境内所成立的公司多在1915年以后,建立时间较晚。(见表9.7、图9.10)

表9.7 民国苏北主要沿海盐垦公司情况

今天市域	县	公司名称	创办人	成立时间	公司所在地(原属盐场范围)	投资资本(万元)	公司实有土地(万亩)
盐城	阜宁	新通	张孝若	1917	新南北(庙湾场)	6	2.0
		华成	冯国璋、张謇	1919	千秋港(庙湾场)	250	75.0
		阜余	章静轩	1919	海河镇(庙湾场)	60	5.0
		合德	束勖严	1919	合兴镇(庙湾场)	70	4.0
		耦耕	秦亮夫、王烈五	1919	通洋港(庙湾场)	12	1.0
		合顺	杨镜清	1920	大纲公司北(庙湾场)	20	1.0
		新南	张謇	1920	新农以北(庙湾场)	—	13.0
		新农	殷汝耕	1925	沈庄以北(庙湾场)	20	8.0
	阜宁总					438	109
	盐城	大纲	张謇	1918	上冈镇(新兴场)	123	24.0
		大祐	张孝若、周孝怀	1919	南洋岸(伍祐场)	80	10.0
		泰和	岑春煊、周孝怀	1919	泰和乡(伍祐场)	120	17.0
	盐城总					323	51
	东台	大丰	张謇、周扶九	1918	新丰镇(草堰场)	200	90.0
		东兴	张东甫	1919	华家墩(东台场)	40	5.0
		通遂	张謇	1919	小海镇(小海场)	35	11.4
		泰源	韩国钧	1920	三仓河(安丰场)	70	18.0
		中孚	张謇、汪大奕	1920	潘家墩(何垛场)	80	14.2
		遂济	张謇	1920	竹港以北(丁溪场)	14	3.8
		裕华	陈仪	1922	西团镇(草堰场)	125	22.7
		大赉	张謇	1915	角斜北(角斜场)	80	20.0
	东台总					644	185.1

---

① 张謇研究中心,南京大学海外教育学院,姚谦.张謇农垦事业调查[M].南京:江苏人民出版社,2000:488.
② 大有晋,大豫、大丰、大赉、泰源、东兴、中孚、遂济、通遂、裕华、华丰、泰和、大祐、大纲、华成、合德、阜余、合顺、耦耕、新农、新通、新南、新垦会。
③ 胡焕庸,李旭旦.两淮水利盐垦实录[Z].南京:国立中央大学,1935:185.

续表 9.7

今天市域	县	公司名称	创办人	成立时间	公司所在地（原属盐场范围）	投资资本（万元）	公司实有土地（万亩）
南通	如皋	华丰	陈炳镛	1915	掘港（掘港场）	40	2.8
		大豫	张謇	1915	掘港（掘港场）	150	31.0
	如皋总					190	33.8
	南通	通海	张謇	1901	海复镇（吕四场）	56	12.3
		大有晋	张謇	1913	三余镇（余东场）	50	27.6
	南通总					106	39.9
总						1 701	418.8

资料来源：作者自制

本表依据胡焕庸、李旭旦《两淮水利盐垦实录》（南京：国立中央大学，1934）第185页，第247-252页；
顾毓章《江苏盐垦实况》（张謇研究中心，2003）第79-138页；
孙家山《苏北盐垦史初稿》（北京：农业出版社，1984）第35-37页，第87页

沿海城镇得以快速发展与人口的迁徙有很大关系。清末民初海门、南通二县人口密度达到720人/km²(1913)，涟水、阜宁、盐城、东台、如皋的人口密度仅为3人/km²[1]。南部土质肥沃，适宜耕植，成陆以来一直是沿海主要经济区，耕种人口趋于饱和，难以为生。恰逢各盐垦公司招佃开垦，通海、崇明、如东一带农民纷纷向北迁徙，约占垦区总人口的85%。垦区一部分劳动力来自原灶民转垦务农，约占15%左右[2]，共有近40万人迁入淮南垦区[3]。通海人素来善于种植棉花，并习于迁徙，后虽未能全部在垦区安家落户，但是大规模的移民兴垦为苏北地区带来植棉技术。这些移民为苏北沿海小城镇的开发奠定了人口基础，今天盐城、南通一带依然有大量人口从事棉纺行业。由于北部的公司投机性强、资金短缺，导致大丰以南的公司比以北的公司好招收佃户，故南部城镇数量多，分布密度高。

盐垦公司建立之前，沿海横约100里，纵约700里，几乎一片荒芜，只有简陋灶屋，几乎没有成规模的建筑。盐垦公司建立之后，对土地进行分区划定，统一兴修水利工程、交通道路，规划佃户居住区。随着垦区规模扩大和人口增多，为适应农户生产生活需求，便于商贸往来和地区管理，各公司逐步开始兴建市镇。垦区建镇的思想最早由张謇提出，在通海垦牧乡建立之初，提出"不自立镇，则人不聚。人不聚则地不熟，而佃垦之效亦迟"[4]，后各个垦区陆续效仿，先后在垦区交通便利区修建了30余处城镇，此时以各大型盐垦公司为中心的近代沿海城镇体系逐渐形成。市镇修建一般采取先由公司出资兴建镇基、房屋建筑、市店等，再以招商承租或经办人自己经营的方式。

---

[1] 庄安正.张謇与民初苏北沿海的移民大潮[J].南通师范学院学报(哲学社会科学版),2001(02):133-138.
[2] 大丰市地方志编纂委员会,大丰市盐务管理局,邹迎曦.大丰盐政志[M].北京:方志出版社,1999:319.
[3] 大丰市地方志编纂委员会,大丰市盐务管理局,邹迎曦.大丰盐政志[M].北京:方志出版社,1999:319.
[4] 张謇研究中心,南通市档案馆,肖正德.大生集团档案资料选编·盐垦编Ⅱ[M].北京:方志出版社,2003:59.

9 因盐业而兴的沿海城镇体系

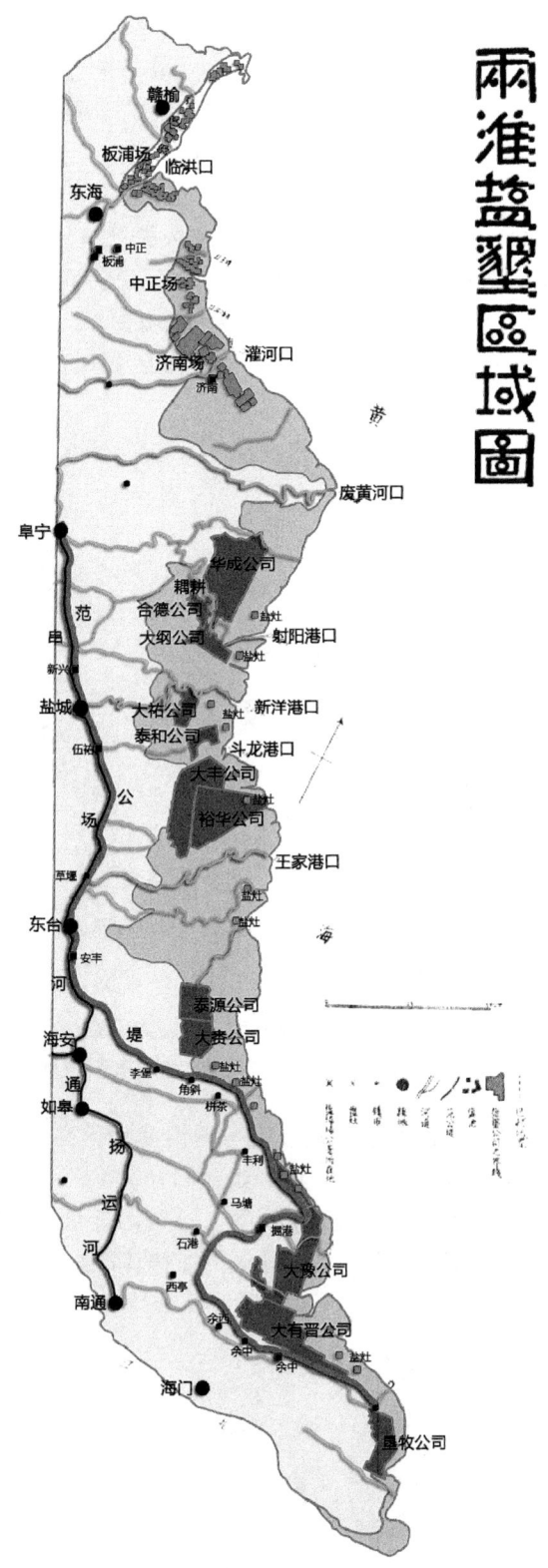

图 9.10 两淮盐垦公司图

资料来源：作者根据胡焕庸编订《两淮水利盐垦实录》（南京：国立中央大学，1934年）绘制

市镇大多位于垦区之外,如海复镇、北兴桥镇、东余镇、掘港镇等,也有后建于中心区的,如大豫镇。每个城镇均有自治公所,即管理机构,位于核心镇上。盐垦公司的建立不仅只用于工农业生产,还配有相应的市政、秩序维护、教育、金融、殡葬等机构。如海复镇,街宽2.4丈,场约五六公里,两侧市铺林立;建有钟楼以律作息;设有高小、初小和平民小学各一所作为教育机构;建有"实业警察队"("实业警卫团"),有队员60名,装备齐全,以卫公司和镇的治安;在牧场堤(八堤)东面建立了公共墓地"久长圩";另外还有公园、运动场等公共设施和典当、钱庄等金融机构①。再如大有晋公司,自辟三余镇,公司总办事机构设立于此,周围还有西余镇和北兴镇;大豫盐垦公司的总办事机构原设于掘港,后迁至自建的大豫镇。公司通过兴建市镇的方式增加收入,同时也方便了垦区农民的生活,推动垦区经济发展。(见图9.11)

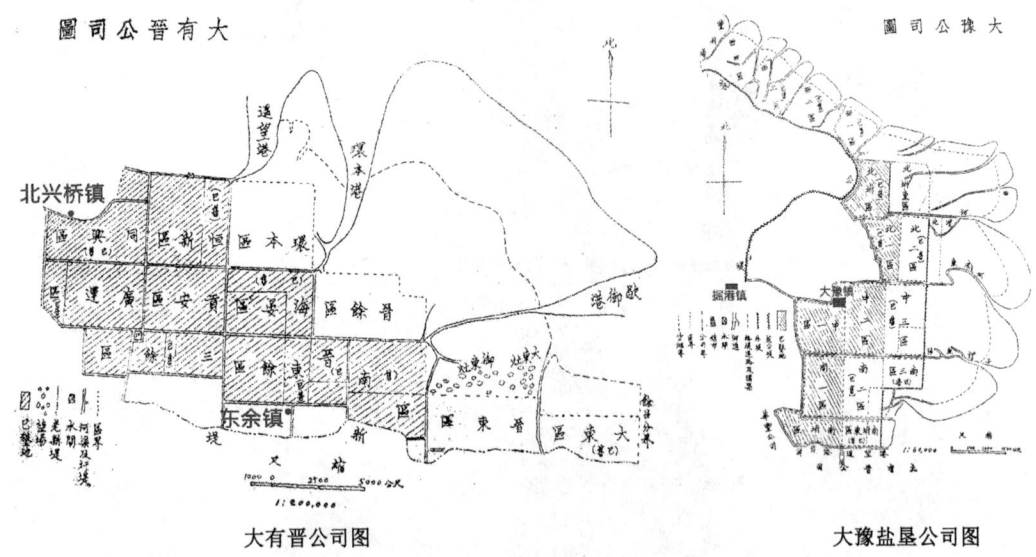

大有晋公司图　　　　　　　　大豫盐垦公司图

图9.11　盐垦公司与城镇关系图

资料来源:南通盐业志编纂委员会,张荣生.南通盐业志[M].南京:凤凰出版社,2012:316-317

这些市镇主要位于今射阳、大丰、如东、启东的沿海地区。一些综合服务功能强、人口规模较大的城镇后来逐渐发展成县级市与县,如射阳县、大丰市、如东县、通州市;另外一批则演变成乡村集镇,如南阳镇、大豫镇、三余镇等。这些因盐垦而兴的城镇,根据不同规模、不同功能逐渐成为区域的中心,为今天沿海地区的城镇体系奠定了基础。(见图9.12)

---

① 南通盐业志编纂委员会,张荣生.南通盐业志[M].南京:凤凰出版社,2012:314.

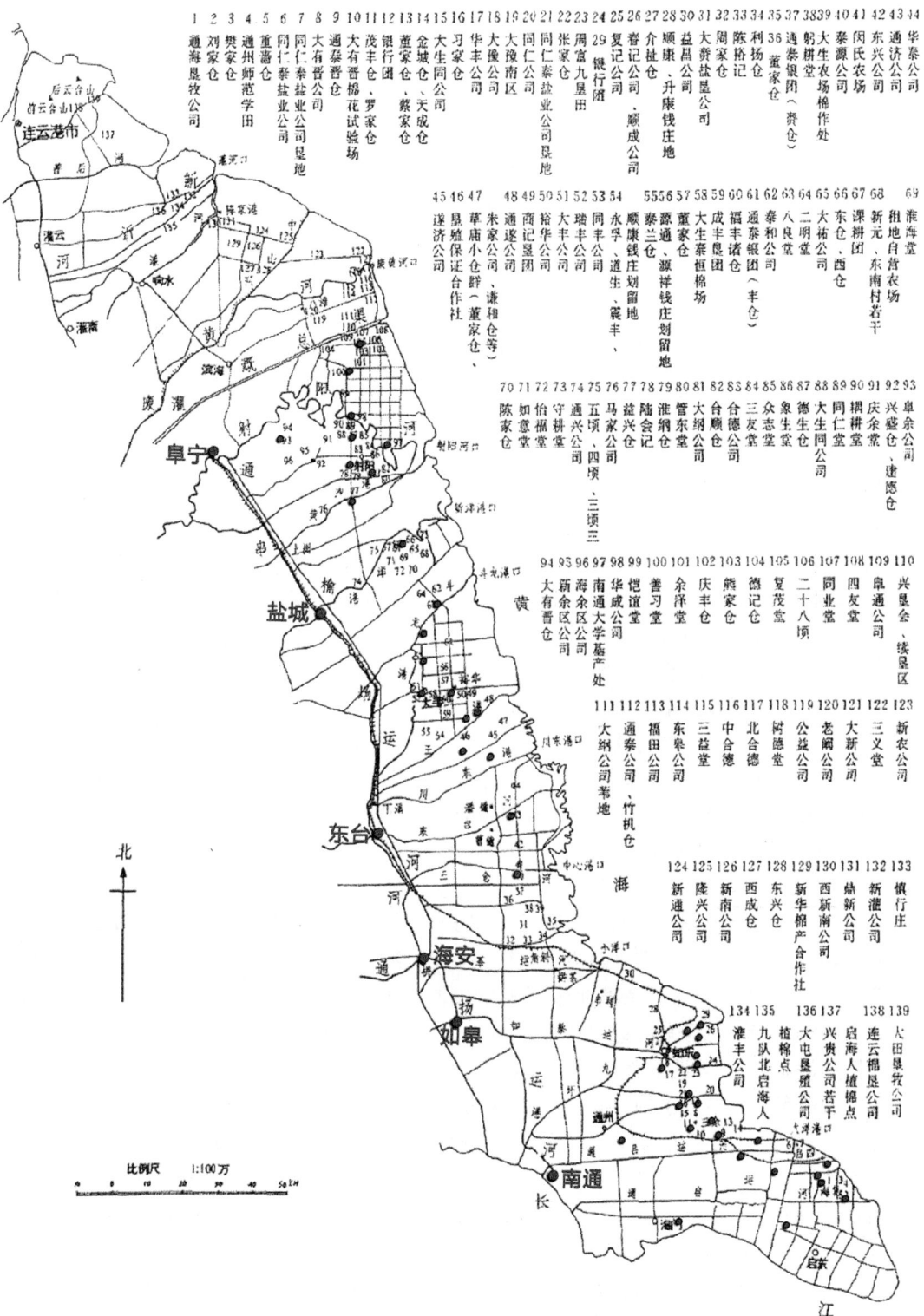

图 9.12 民国盐垦区新建城镇分布图

资料来源：作者根据姚谦《张謇农垦事业调查》第 488 页整理绘制

2）交通规划

（1）陆路交通规划

① 1905—1916 年——南通城周围地区道路建设

江苏公路修建始于南通地区，南通道路交通的规划与建设是受到日本明治维新后工业快速发展的影响。《张謇日记》中记载，张謇于 1903 年探访东瀛后总结"先规道路之制，有国道焉，有县道焉，有市乡道焉"。1899 年大生纱厂建立后，为了便于货物的运输，极其需要改善南通城、唐闸与天生港之间的交通。在张謇的筹划下，1905 年建成港闸路，该路长 6 km，宽 7.3 m，是用疏浚港闸河的泥筑成的，也是江苏第一条公路。随后南通地区又陆续修建港闸路、城闸路、城任路和城港路，有效沟通了城、闸、港之间的原材料、货物及成品的运输，加强了南通城与唐闸工业区之间的交通联系。此时，还修建了城山路、南吊桥路、易家桥路，将狼山风景区和私家花园纳入城镇体系中，成为南通老城的一个片区，并加强老城周围望西楼、西公园、易家桥、吊桥、启秀园等重要节点的交通连接。这一时期的交通建设为南通近代"一城三镇"[①]的城镇格局奠定了良好的交通基础。首先，老城、工业区、港口、风景区独立分布，分工明确，一城带多镇的分片布局开创了南通城区的近代发展；其次，老城周围交通的逐渐完善使区域内部交通结成一体，与外界沟通更为便捷，促进区域整体发展。

这个时期也是南通及整个江苏地区近代公路设施建设管理的探索阶段。早期公路多在驿道、河堤的基础上稍加修整，拓宽而成，主要用于"行驶马车及仿制人力车"[②]，并不能满足汽车行驶的需求。1912 年，在孙中山先生的提倡下，南京和南通分别成立了专门从事道路建设的"马路工程处"和"南通路工处"[③]，为了整修港闸、城闸、城港、城山还专门成立了"马路工程局"。随着道路质量的提升，南通在 1913—1914 年已开始从国外购入汽车。

此时张謇已开始谋求区域发展的思路，曾参与"苏路自办"的斗争，积极筹划清通支线（清江浦到通州的铁路），试图通过铁路运输将大生资本集团扩充到整个江淮乃至外省，从而促进南通地区的经济大发展和"徐州建省"的计划。后因清政府失职和帝国主义干预而失败，导致近代南通城市和地区在现代化进程中受铁路运输的制约很大。（见图 9.13）

② 1917—1928 年——南通县陆路交通的系统规划

这个时期道路建设拓展到全县乃至海门地区，形成"四干五支"的道路系统，北干路连接如皋，南干路通至海门，东干路直达垦牧区，西干路为原城港路，启东地区开通富海路、惠惠路、惠港路三条公路。整个通海地区形成以南通城为中心，连接各个县镇及垦牧区的陆路交通网络，至此，通海地区通建公路达 396.5 km，占江苏全省总里程的 52%，成为全国公路最发达的县之一，公路的连通加强了城镇之间的沟通。

这一时期是张謇谋求地方自治发展的阶段，他发起并组织了"苏社"，旨在推动全省的实业、教育、水利、交通的发展。张謇注重公路的修建，还很重视铁路的建设和现代交通工具的使用。1921 年张謇创办"通如海汽车公司"，是苏中第一家长途汽车公司，主要运行于干道之间，沟通南通、海门、垦牧区、如皋、白蒲，汽车由 4 辆发展到 40 辆；同年，还修建青龙

---

① 吴良镛，等. 张謇与南通"中国近代第一城"[M]. 北京：中国建筑工业出版社，2006.
② （清）范铠纂，张謇续纂. 民国南通县图志[Z]. 南京：江苏古籍出版社，1991.
③ 1912 年，孙中山在南京出任大总统，南京临时政府颁布了不少有利于民族资本主义经济发展的法令，孙中山先生对与经济发展密切相关的道路建设也十分关注，他在江阴炮台的演讲中谈道："中国交通之便利，须从造马路做起，国家文明的起点，全在人民知道修路。"他也曾指出"道路者，文明之母，财富之脉也"。

港至三厂镇的轻便铁路,这是苏中地区唯一一条铁路,长约 5.5 km。(见图 9.14)

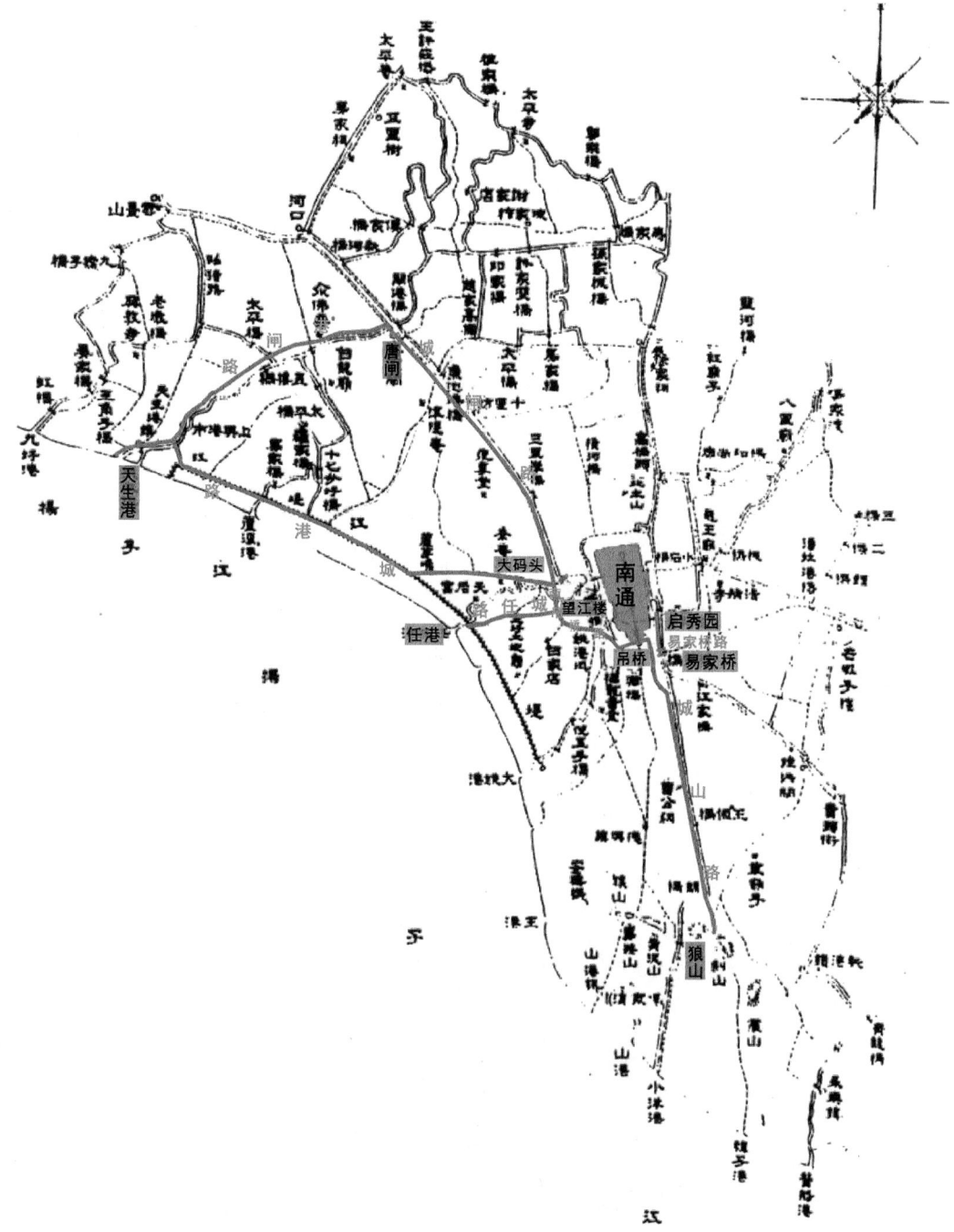

图 9.13 南通老城及周围地区交通图

资料来源:作者自绘,根据《民国南通县图志》绘制

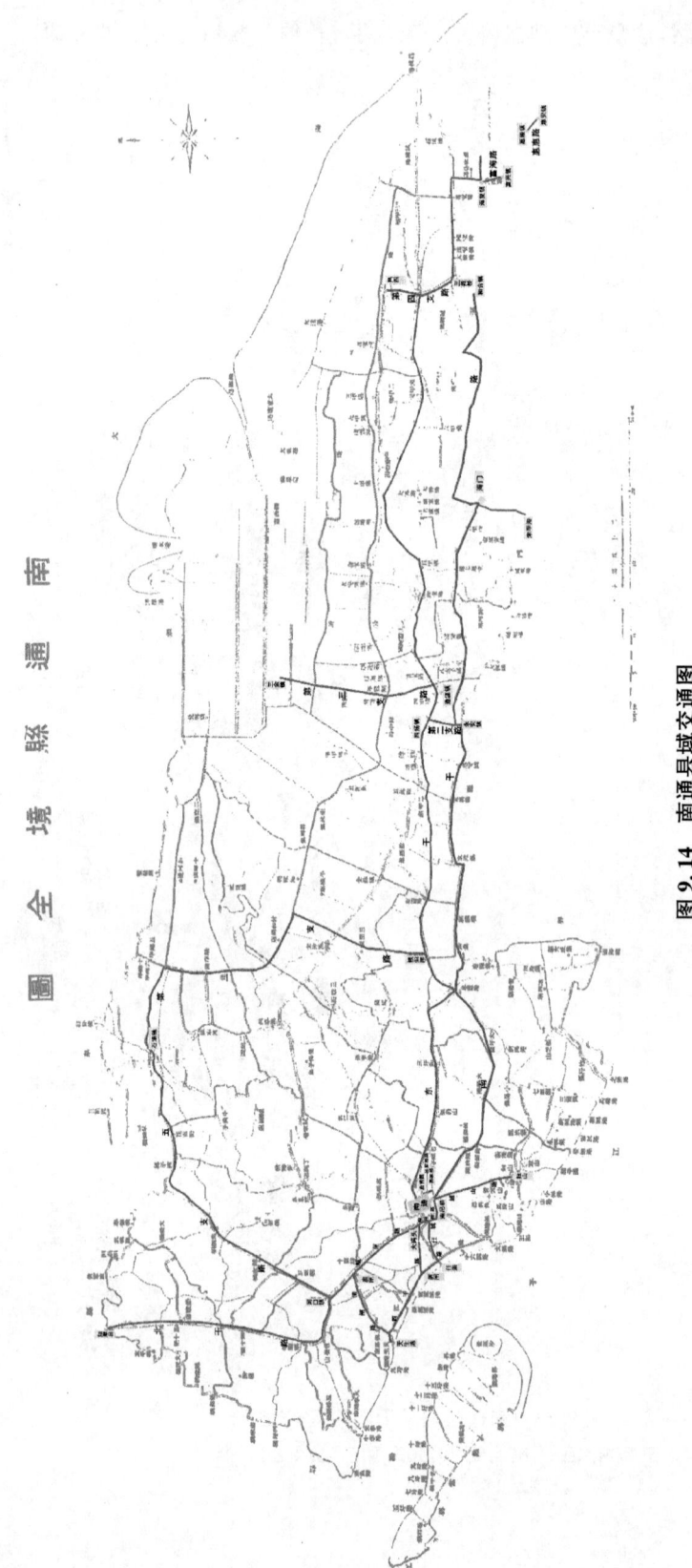

图 9.14 南通县域交通图
资料来源：作者自绘，根据《民国南通县图志》绘制

③ 1928—1936年——整个盐垦区的交通系统规划

第一次世界大战结束后,日本在中国大设纺织厂,倾销纱布,加之江淮自然灾害频发,军阀混战,农村经济濒临破产,大生系统由盈余转向亏损,已无力支持南通地区的城市建设。恰逢1928年,江苏省建设厅设立"江苏省公路局",对全省公路网进行系统规划,将公路等级分为"省道、县道、乡道"①,后改为"干线、支线、县道"②。

整个地区干线一条、支线八条,位于串场河沿线及以西地区、通海连线及淮北盐场区。县道主要位于海门、启东、南通地区,集中于县周围的各个镇和城区内部。民国淮北盐场是我国重要的产盐地之一,随着公路运输兴起,淮北盐场也开始投入建设,至1937年初,整个淮北盐区修筑公路28条。淮南盐场用地先后由77家盐垦公司占用,公司内部、公司与公司之间均需要道路连通。东台垦区最先筑路,开通新丰—西团的公路,后又向东、向南连通,丁沈路的开通加强了淮南垦区与内地的连通。此期间,政府曾计划修筑一条连通南、北垦区,与岸线平行的黄海路,陈合路—陈鲍路—富梣路中的角梣段最后发展成黄海路的一部分。盐垦区公路的修建主要是为了适应淮北盐场、淮南垦殖区的兴起,为江苏省专业公路的修建奠定了基础,对区域内货物流通、集镇形成与经济发展起到积极作用。(见图9.15、表9.8~表9.12)

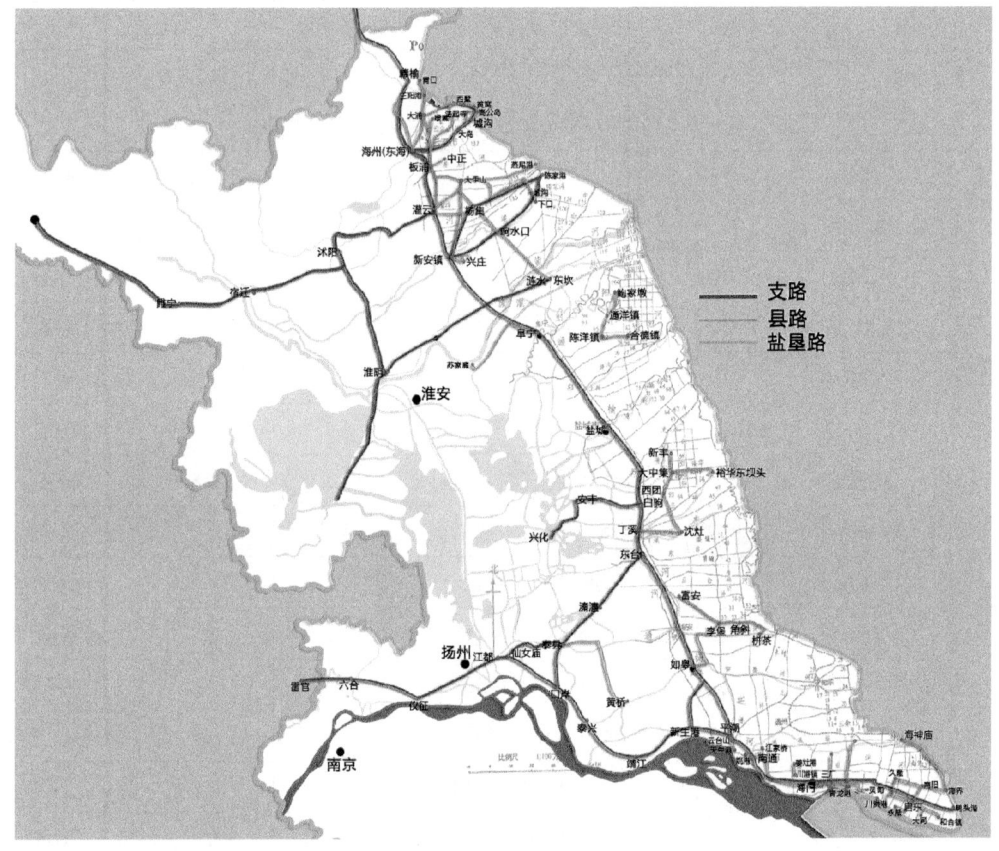

图9.15 民国盐垦区交通图

资料来源:作者自绘

---

① 参考1928年5月28日颁布的《江苏省修筑公路条例》。
② 参考1932年11月召开的"七省公路会议"。

表 9.8　1928—1937 年沿海地区干、支公路状况

类别	名称	起讫及经过	总里程(km)	沿海地区里程(km)	备注
干线	海郑干线海肖段	墟沟、东海、沭阳、宿迁、睢宁、铜山、萧县、永城入河南省	365	墟沭段 112	土路
支线	六启路	六合、仪征、江都、仙女庙、口岸、泰兴、靖江、平潮、南通、海门、启东	328	南通、海门县内 82.5	土路、部分煤屑路面
支线	东口路	口岸、泰县、溱潼、东台	75	75	
支线	通榆路	南通、如皋、东台、盐城、阜宁、灌云、东海、赣榆入山东	405	405	土路
支线	淮陈路	淮阴、涟水、新安镇、陈家港	141	涟水—新安 38	土路
支线	启港路	启东惠隆镇—鸭头港	7	7	土路
支线	如新路	如皋—新生港	28	28	土路
支线	泰仙路	泰县、仙女庙	34	34	土路
支线	兴白路	兴化、安丰、白驹	48	48	土路

资料来源：作者自制，根据《江苏公路交通史》表 5-2-1、表 5-2-2 整理

表 9.9　1905—1926 年沿海地区主要公路一览表

地区	名称	时间	起讫	路宽(m)	路长(km)	路面情况
南通	港闸路	1905	南通唐闸—天生港	8	5.76	土路通车
南通	城闸路	1910	南通城大码头—唐闸	8~10	6	碎石
南通	城山路	1912	南通城南吊桥—狼山	9	10.37	碎石
南通	南吊桥路	1913	南通城南吊桥—大码头	9	2.5	碎石
南通	城港路	1913	南通城西望江楼—天生港	9	9.22	碎石
南通	城任路	1915	南通城西公园—任港	6	2.88	碎石
南通	易家桥路	1916	南通城易家桥—启秀园	不详	1.65	碎石
南通	中山路(东干路)	1919	南通城—垦牧区	9	90.85	土路通车
南通	海宋路	1921	海门张家镇—宋季港	9	6.9	土路通车
南通	南干路(铺启路)	1921	南通城—和合镇	7~8	82.5	土路通车
南通	北干路	1922	南通唐闸—如皋县城	7~9	61	土路通车
南通	第一支路	1922	南通候油榨—余西	8	28.8	不详
南通	第二支路	1922	南通四扬镇—永安镇	6	2.88	不详
南通	第三支路	1922	南通通源镇—三余镇	8	11.52	不详
南通	第四支路	1922	吕四牛桥—三姓桥	8	4.61	不详
南通	第五支路	1922	不详	不详	35.20	不详

续表 9.9

地区	名称	时间	起讫	路宽(m)	路长(km)	路面情况
海门	富海路	1924	海门福兴镇—海复镇	7	2.85	土路通车
启东	惠惠路	1926	启东惠安镇—惠隆镇	5	15	土路通车
	惠港路	1926	启动惠和镇—公司镇	5	16	土路通车

资料来源：作者自制，根据《江苏公路交通史》表 4-1-2 整理绘制

表 9.10　1937 年前淮北盐区公路情况

起讫	长度(km)	起讫	长度(km)
板浦—中正	4	板浦—黄窝	58
板浦—大岛	29	海州—大浦	12
板浦—三阳港	36	板浦—喉嘴	24
大伊山—响水口(灌云)	30	板浦—张筅	28
板浦—西墅	43	海州—青口	27
海州—赣榆	45	板浦—法起寺	48
板浦—东陬山陀	49	大伊山—新安镇	30
板浦—堆沟	69	杨家集—陈家港	44
大伊山—燕尾港	55	响水口—东坎(滨海)	30
板浦—下口	44	板浦—兴庄	54

资料来源：作者自制，根据《江苏公路交通史》表 5-2-4、表 5-2-5 整理

表 9.11　1929—1936 年淮南盐区公路情况

名称	年代	长度	起讫、经过	备注
新西路	1929	19.5	新丰、大中集、西团	垦区第一条公路
大东路	1930	12.5	大中集、裕华东坝头	路宽 8 m
富栟路	1933	51.5	富安、老雅嘴、李堡、角斜、栟茶	
西沈路	1934	18	西团、沈灶	路宽 8 m
陈鲍路	1936	19	陈洋镇、通洋镇、鲍家墩	
陈合路	1936	14.5	陈洋镇、合德镇	
丁沈路	1935	26	丁溪、沈灶	路宽 7 m

资料来源：作者自制，根据《江苏公路交通史》表 5-2-4、表 5-2-5 整理

表 9.12　1928—1935 年县道修建状况

地区	名称	时间	起讫	路宽(m)	路长(km)	路面情况
南通	宝港路	1928	云台山—天生港	5.76	4	土路
	姜川路	1929	姜灶港—川港镇	15.7	4	土路
	城姚路	1931	县城—姚港镇	3.46		土路

续表 9.12

地区	名称	时间	起讫	路宽(m)	路长(km)	路面情况
南通	啬公路	1932	陆洪闸—啬公墓	5.76	4	
海门	三洪路	1928	三厂—大洪镇	2.40	7	土路
	新麒路	1929	南通新和镇—海门崇海镇	10.5	7	土路
	丰海路	1929	丰河路—海复路	9.30	6	土路
	海界路	1930	永安桥—凤凰桥	11.60	7	土路
	定海路	1930	茅镇—定星桥	9.40	7	土路
	灵江路	1931	灵甸镇—江家桥	15.85	9	
	青四路	1931	四阳坝—青龙港	16.26	9	
	和久路	1931	和合镇—久隆镇	5.3	7	土路
	新新路	1935	新和镇南—新崇海镇	10.4		土路
	县干路	1935	海神庙西通海界—海启界	93		
启东	惠同路	1931	惠隆镇—大同村	9.5	5	
	惠永路	1935	惠隆镇—永隆镇	17		土路
	川久路	1935	川洪港—久隆镇	17		土路
	曹久路	1935	三了镇北海门界—久隆镇	8		土路
	惠海路	1935	惠隆镇—圩角镇—南阳村	26		土路
	吕久路	1935	惠隆镇南海启界—久隆镇通海界	13.1		土路
	和久路	1935	和合镇—久隆镇	4		土路
东海	徐海路	1931	县城—西门外北新安	64	7	土路
	新灌路	1932	新浦—南城筦口	5.5	7	土路
	坝灌路	1932	新坝镇—茅庄	5		土路
赣榆	青阳路	1935	青口经墩上—浦南	10		土路
灌云	灌坝路	1931	县城—扬集	3.5	7	土路
	墟高路	1931	墟沟—高公岛	17.31		土路
	灌东路	1933	县城—东杨庄	16		土路
	坝灌路	1935	东灌交界—灌云	10		土路
阜宁	阜阴路	1932	阜城—苏家嘴	43	10	土路

资料来源:作者自制,根据《江苏公路交通史》表 5-2-3 整理

(2) 水路交通规划

江淮东部自古水运发达,淮盐内销、土产运输多以水运为主。大生纱厂创建之初货物运输依旧依靠水运,租用小轮一只,往来于南通、上海之间。1903 年张謇等创办了"通州大达小轮公司",开通了南通—吕四间的航线,以运输大生纱厂所需原料和产品等货物为主,

兼搭乘旅客。随着公司规模的扩大,另开辟了 10 条航线:南通—镇江、镇江—清江浦、泰州—益林、泰州—盐城、泰兴—盐城、邵伯—盐城、盐城—阜宁、海安—大中集、南通—吕四、南通—掘港①。这 10 条航线客货兼营,货物以棉、盐及土特产为主,沟通了两淮盐垦地区与南通、里下河及扬州之间的联系,加强沿线各镇的沟通,构建了民国时期江淮沿海地区的水运网络。

在注重内陆航运的同时,也加强了外江航线的运输。1904 年,张謇创办了"通州天生港大达轮步公司",次年又在上海成立了"上海大达轮步公司",以天生港为主要基地,运输大生纱厂的棉花和棉纱等物资,主要经营南通至上海的货运、客运,并兼营码头堆栈出租等业务。张謇还曾规划在淮南各盐垦公司中部开凿一条贯通南北的新串场大河,用以沟通整个盐垦区乃至全苏北的水系,但因为种种原因规划未能实现。

(3) 小结

两淮盐业区的水、陆交通发展较早,但区域发展不平衡。通海地区受张謇的规划影响最深,区域内外及与周边的城镇、盐垦公司的水陆交通网络连接紧密。淮北盐场因盐业经济繁荣而刺激了水陆交通的发达。滨海地区的陈洋、草堰、如皋附近的交通连通较为紧密。沿海各盐垦公司内部、公司与公司之间有河堤等进行连接,但与周围城镇交通的可达性较差,如合德公司附近只有公司内部交通便利,与周围城镇只有水路可达。

3) 水利农田

(1) 南通县的水利设施规划

沿海地区地处滩涂,地势低洼,又是里下河水系、运河及淮水的尾闾,对区域内的农田水利进行系统规划,最初也是源于张謇等人的倡议。1917 年成立"南通县水利会",起初是对整个县的水利进行整体规划,新建闸坝、修复旧闸、修建石涵洞,对运盐河和串场河进行疏浚;之后又建立"通属七场水利总会",将南通境内的盐场和盐垦区的出水港口遥望港加深、加宽,并建造九孔大闸,使得区域内的河水得到控制,由此泄入大海。

(2) 农垦区的水利农田建设

各个盐垦公司在规划阶段已将完整的水利体系纳入考虑范围。在建立之初就先筑堤防洪,用挖河道的土来筑堤。垦区的堤一般分为外堤、里堤、次里堤、格堤。外堤,即临海的大堤,用以抵挡海潮;里堤,指通海大港的岸堤;次里堤,指内河的岸堤;格堤位于圩的内部,圩是由面积较大的堤框围成,圩又被格堤分为各个区,是圩内的交通大道,其除防洪外亦有防潮作用,防止外堤、里堤被冲决而建,是防御的最后一道屏障,可将灾情减至最小。各公司还修筑涵闸以沟通各个公司之间的内水系,主要的出海港修建大闸,各闸除了完成自身的宣泄外,还兼顾里下河农业区的洪水宣泄需求②。盐垦区的农田与水利是统一规划、同时实施的。在大兴水利时,圩堤、道路、涵闸、桥梁也同时完成,垦区农田根据中国古代田法,分为"条、排、框、区",每个单位均有沟渠、河渠、堤路进行连接,最终形成由"外堤—里堤—格堤—涵闸"组成的防洪防潮体系,以及由"通海大港—干渠—内渠—框河—排沟—条沟"所组成的水利系统。农田在沟渠、岸堤的规划建设中也形成了规整的格局,整个垦区最终形成"土地河网化,农田条形化"。(见图 9.16)

---

① 梁炳泉.南通市交通史[M].上海:上海人民出版社.1999:53, 70, 71, 83.
② 南通盐业志编纂委员会,张荣生.南通盐业志[M].南京:凤凰出版社,2012:308.

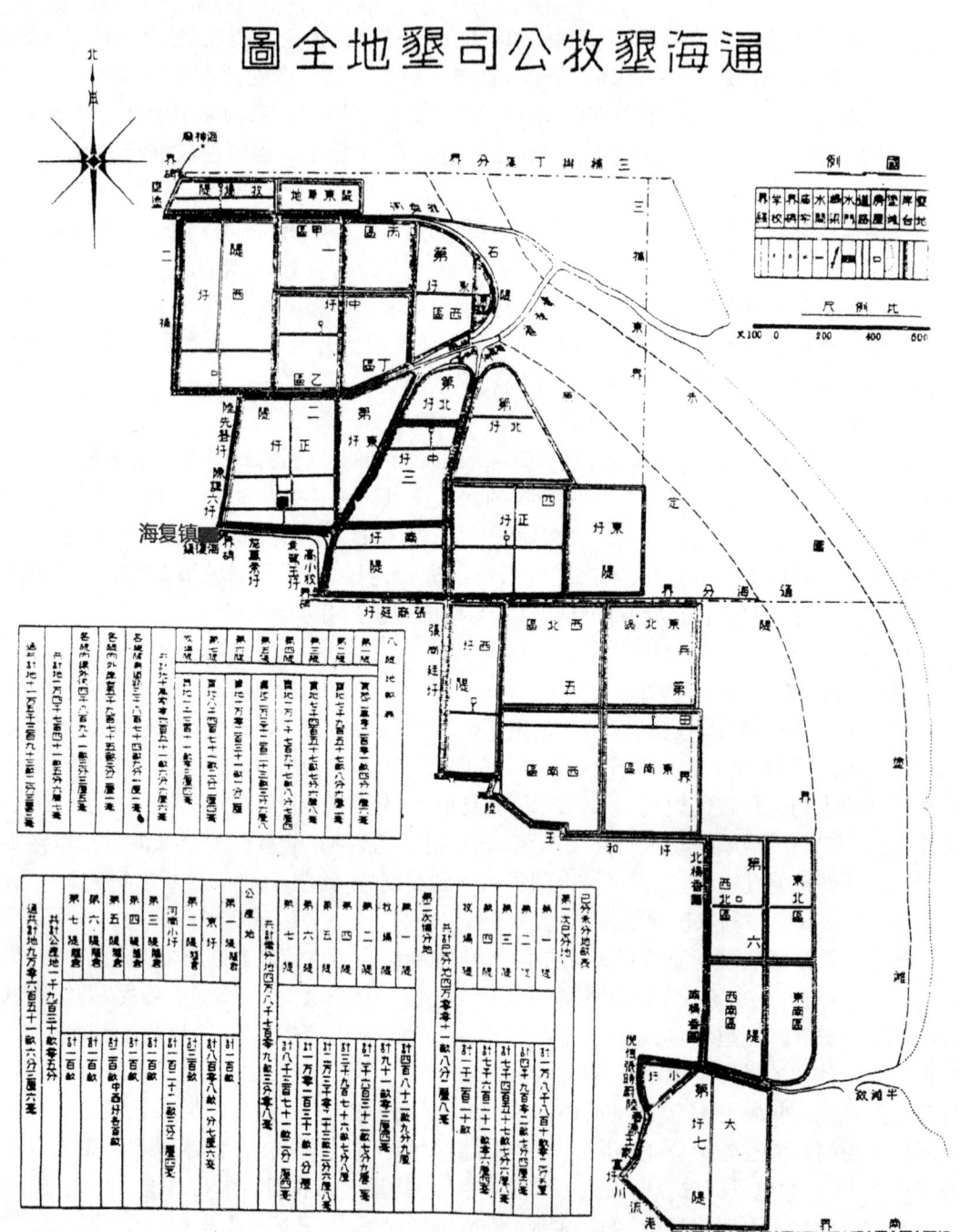

图 9.16 通海垦牧公司图

资料来源：张謇，张孝若. 张季子九录·实业录[M]. 上海：上海书店，1991：32.

4）小结

沿海地区近现代发展由南通开始，逐渐扩展到通海地区乃至两淮沿海，其主要的规划思想是基于张謇的近代化事业建设而实现的。对江淮盐垦区作系统的城镇规划并非张謇的本意，"村落主义"和"地方自治"是张謇创办实业的根本思想。"窃謇抱村落主义，经营地方自治,如实业、教育、水利、交通、慈善、公益诸端"①,"以地方自治为立宪之根本,城镇乡又为自治之初基"②,说明张謇做实业的指导思想是具有政治性质的,城镇的建设和发展是其地方自治系统中的一项重要环节,通过对城镇乡的规划建设来实现其地方自治。张謇的自治思想从开始便着眼于区域,从南通至垦牧乡,由垦牧乡至两淮沿海。在实践的过程中,采用垦区匡田规划,为了"匡田、改灶、兴盐、植棉"提出"开河、修堤、建闸、筑路"四项垦务工程,具体是通过对水利、交通、市政、实业、教育、慈善等各项事业的全面规划建设来完成的。

9.4 江淮沿海城镇空间变迁特征

9.4.1 城镇体系空间格局的变迁

1)横向呈由西向东变迁

宋元及之前,沿海城镇主要位于范公堤沿线,随着岸线变迁,旧的盐灶离海渐远,卤淡地薄,后纷纷置新灶于东岸,加之清代民间商灶盛行,盐商为得盐利,纷纷扩大盐场规模。随着时间的推移,盐民增多,原盐场以东的地区也逐渐形成盐民聚落与盐业市镇。光绪十一年(1885),沿海地区已有市镇56座③,如清末庙湾场以东已有东坎镇、钓湾墩镇、姚家港镇、穆家港镇、干饭港镇、五新镇、征洋港镇等,以及众多村庄;后又因盐垦而兴六垛镇、临海镇、千秋镇、耦耕镇、海通镇、合德镇、大兴镇、兴桥镇、黄尖镇、阜余镇等镇。按照岸线成陆和土地开发的先后,沿海聚落已呈自西向东推进。(见图9.17)

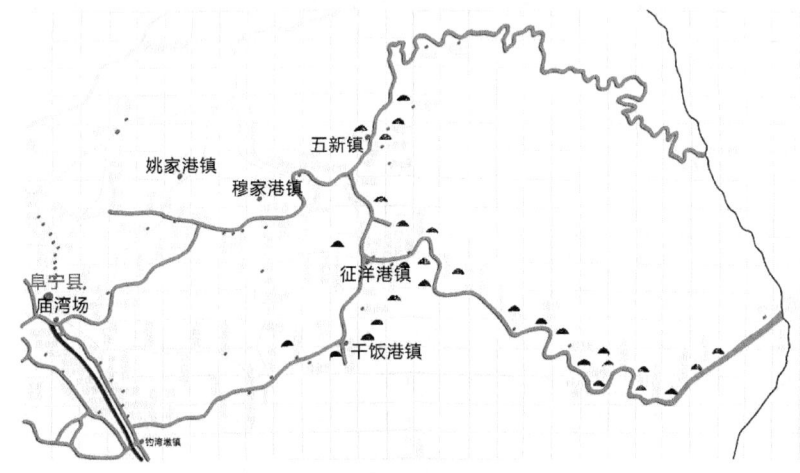

图 9.17 清末庙湾场周围城镇分布图
资料来源:作者自绘,根据光绪《两淮盐业志》庙湾场图绘制

---

① 张謇.呈报南通地方自治第二十五年报告会筹备处成立文[M]//张謇,张孝若.张季子九录·自治录.上海:上海书店,1991:15.
② 故宫博物院明清档案部.清末筹备立宪档案史料[M].北京:中华书局,1979:643.
③ 作者根据民国地图整理,庙湾场:庙湾场、钓湾墩镇、姚家港镇、穆家港镇、干饭港镇、东坎镇、征洋港镇、五新镇;新兴场:新兴场镇、上冈镇、新场镇;伍祐场:盐城县、伍祐场、伍祐场镇、便仓镇;刘庄场:大团镇、刘庄镇;草堰场:草堰市;丁溪场:丁溪镇;何垛场:何垛场镇;东台场:东台县;梁垛场:梁垛镇;安丰场:安丰镇;富安场:富安镇;角斜场:富濒镇;栟茶场:栟茶场镇、丰利场:丰利镇、掘港场:环镇、长沙镇、北坎镇、南坎镇;石港场:马塘镇、石港场镇、骑岸镇;金沙场:西亭镇、金沙镇、正场镇;余西场:金余镇、余西场镇、袁灶镇、六甲坝镇、二甲镇、头桥镇、二桥镇、余中场旧署、通源镇、四甲坝镇;余东场:庆安闸、何家桥镇、余东场镇、包场镇、六甲坝镇、富安镇、亲河镇;吕四场:吕四场镇、大兴镇。

2) 纵向呈由北向南、后呈由南向北的变迁

汉唐时期,通海一带尚未成陆,赣榆、盐城、草堰、东台是沿海地区的核心城市,黄河夺淮对入海口两岸的盐场冲击较大。随着通海和三余湾的成陆,岸线逐渐稳定。宋以后南侧盐场密集,逐渐形成盐业城镇。由此,汉至清末,沿海聚落呈现由北向南推进。

古代盐业城镇多是市镇性质,随着淮南盐产的衰落,这些场镇的发展也受到制约。清末南通开始近代发展的探索,因区域优越、植棉历史悠久,最先建立纺织企业,后又由大生纱厂而衍生出一系列工农企业和商业机构,带动整个通海地区城镇的近代化发展。南通是张謇亲自参与组织建设的,因此无论企业经济收益,还是区域基础设施与城镇建设,均具有较高水平。从1917年开始,城镇变迁逐渐向北部通泰各场扩张,沿海近代企业的发展顺序大致可以反映近现代沿海聚落呈现由南向北推进的趋势。古代城镇空间的变迁符合自然地理环境的演变,而近代城镇由南向北的推进则反映了农业经济发展的规律。

3) 以点带线,两纵多横的发展趋势

随着淮南盐产的减少,老盐场演变成集镇,沿范公堤分布形成点状村镇,范公堤逐渐演变成城镇之间的陆路交通,这些城镇有水(串场河、运盐河)、陆(范公堤)两条交通轴线,今天城镇体系在此基础上完善,以204国道(古范公堤改建)、通榆运河(河线位于串场河以东2~3 km,走向大致与串场河平行)为交通轴,串联整个苏北沿海地区城镇体系。另一条城镇发展轴是废灶兴垦后,因沿海垦殖公司而形成的聚居点,后逐渐演变成城镇,起初是由各公司之间的河、堤相连,随着经济发展,今由228国道相连。这两条轴线之间有多条东西向的天然大港,因此,至民国,沿海地区已经形成由点带线、两纵多横的城镇结构,为今天沿海城镇发展奠定了基础。

9.4.2 城镇防御体系的建设

古代江淮沿海城镇虽然形成时间较晚,等级不高,但由于近海,常遭遇倭寇袭击,因此很早就形成城防系统。唐代南通已成为重要的产盐地,盐质优,产量高。五代时期南通已部分成陆,杨吴设东洲静海都镇遏使,南唐设静海军。当时地理位置和军事地位十分重要,扼据江海交汇处,"历三吴、问两越、出东海、动燕齐,为南北之喉吭",又是全国盐税收入重要来源地,因此设置"狼山、石港、蔡港、西寨(余西)、东寨(余东)"五处要塞,环绕于南通,起防御作用。(见图9.18)

两淮沿海虽岸线长,但成陆晚,无高山做靠,因此没有形成卫所体系。但明代嘉靖年间,为屯兵备倭之用,淮河以北建有凤凰城、海州城,淮南的庙湾、盐城、东台、石港、余东、吕四等陆续增筑城墙。清代庙湾、盐城、东台均演变成县治,城池规制等级较高,光绪《阜宁县志》载庙湾城:"万历二十三年(1595),漕抚李戴始即原任巡抚唐顺之旧画基址,跨运盐河筑城,周长七百二十五丈五尺,东西径二百二十丈,南北径一百十丈,城墙高一丈六尺,址厚五尺,顶宽一尺。"其余有城濠系统的城镇均由南唐五寨延续下来,如石港、余东、吕四等镇,由于屡遭水患,地处偏僻,这些寨堡城池清代已半圮[①]。盐城、庙湾、凤凰城在新中国成立后也

[①] 嘉庆《东台县志》中载:"明隆庆间运判马会筑周五里余,为门四水关二以备倭警,今残缺仅存基址,高自四五尺至一二尺不等,嘉庆十年至十三年频遭水患,愈就卑削,东南北三门既水关久圮,惟西门尚有甃甓遗迹,内外环水为濠,内濠为玉带形,今东北隅渐此,埋塞东南一带,嘉庆四年重濬。"《直隶通州光绪志》中载,余东:"凤城在余东场,明嘉靖中筑今已半圮,高不过丈惟,四门谯楼尚完";吕四:"鹤城在吕四场,周四百六十三丈,高一丈五尺,门四,水关二,明嘉靖三十六年巡演御史崔栋暨张九功筑今东山前,仅存故址半角。"

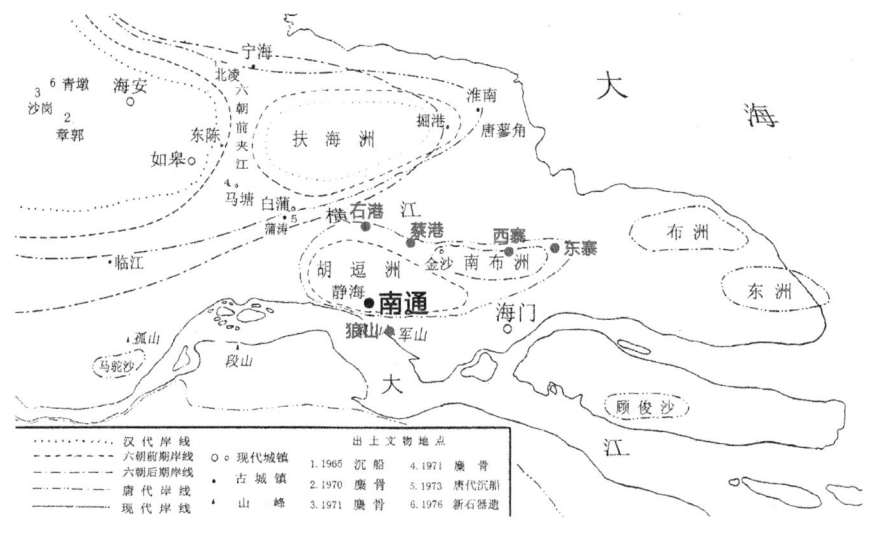

图 9.18 南通早期城防图

资料来源:作者自绘,根据陈金渊《南通成陆》(苏州大学出版社,2010)第 26 页图 5 绘制

被陆续拆除,由于战争的破坏、城镇现代化建设,两淮古代城镇格局保存较差,今几乎全无。大多数场镇无城池系统作防御,但四周多有水系环绕,形成护场河,以此作为边界,形成封闭空间,场的东侧有范公堤,可视作城镇防御体系的一部分。

盐场虽位于平原,但尽量借人工之利营造山势,以利屏障。各盐场东侧近海处建有"潮墩",沿岸分布,是为避洪避潮而筑砌的高土台,范公堤沿线西建有"烽墩",这些墩高 1~2 丈,周长 6~15 丈,墩上可置烽火台和祠庙。城镇周围的"墩"逐渐演变成山体,成为城镇体系的一部分,如吕四的吕四洛迦山,余东的戴青山、断河山、弥陀山、波罗山、镇河山等,既可作为城镇的风水依托,又可成为拱卫城镇的防御屏障。沿海的"潮墩"随着岸线逐渐东迁,形成一道道的防御壁垒,明代为了防卫倭寇,沿海建造多个烟墩,其形制较潮墩大,数量略少,用于瞭望和警报,是明沿海重要军事设施。(见图 9.19)

吕四大洋墩

大丰小海黄墩

大丰三龙潮墩

图 9.19 沿海潮墩

资料来源:http://js.ifeng.com/travel/cyjs/fengjing/detail_2015_12/10/4644644_0.shtml

由此,两淮城镇形成以城池、护场河为第一道防御体系,串场河或运盐河、范公堤为第二道防御体系,潮墩、灶墩、烽墩为第三道防御体系的多重城防系统,每个城镇与盐场均形成内向型封闭空间,与我国古代的城防体系如出一辙。(见图 9.20)

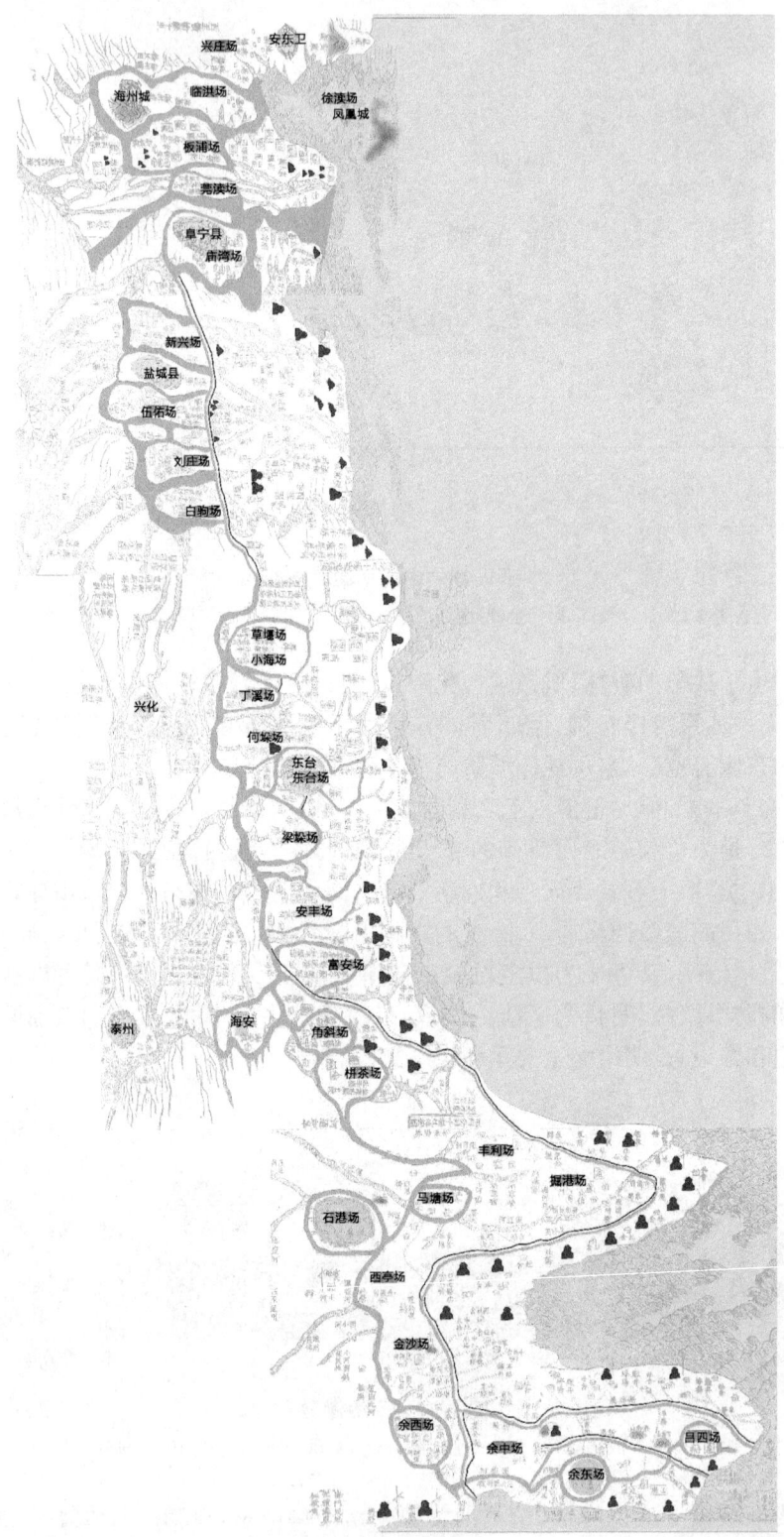

图 9.20 沿海城镇城防图
资料来源：作者根据康熙《两淮盐业志》绘制

9.4.3 沿海人工水乡城镇的逐步形成

与我国其他地区不同,两淮沿海地区整个区域的形成、城镇的出现及发展、水系的开凿都具有明显的人工迹象。古代整个区域为滩涂,岸线一直持续变化,我国其他地区岸线于宋代基本稳定,而本地区直至民国岸线一直东迁,平原地貌随岸线的变迁而逐渐形成。沿海地区的城镇由盐场演变而来,是建立在人工水网、堤岸之上的城镇系统,无大山大河作屏障,因此自建堤、墩、闸坝等人工屏障,城镇根据古代盐业的产量、人口分布及水系走向规划而成,充分体现古代人类的伟大智慧。

1) 人工河流水网的形成

对该地区的地貌水系分析发现,沿海滩涂水网纵横,且人工化痕迹明显。本区域并没有自然形成的大河,汉代刘濞修筑运盐河是为了淮盐的运输,唐宋筑堤挖土而成串场河,这是区域内最重要的两条人工河道。唐宋后淮盐产量逐渐提高,淮盐运输的需求促进多条新的运盐河出现,如高邮—盐城,泰州—东台,后因里下河湖荡化逐渐分界为兴盐界河、海沟河、白涂河、车路河、辛梓河、蚌蜓河、运盐河等多条东西向河道。盐场最早位于里下河的自然泄水港与串场河交汇处,形成重要区域城市或大的盐场,如盐城(新洋港)、草堰(王港河)。后为了控制泄洪,保障盐场岸线,宋代在堤上开闸修坝,随着岸线的变迁,这些海港的入海口也随之向东移动。自然形成的通海河道形态曲折,流向多变。明清盐场数量增多,又另引多条东西向的河道,新开河道较为平直,一方面成为联系盐城与海边的主要航道,一方面充当灶河的作用,盐民制盐靠它淋卤晒灰,成品海盐也靠灶户装运至范公堤过坝,再过串场河转运至各地。清末淮盐产量的减少使农业逐渐成为主导产业,导致盐碱地冲淡与灌溉需求同时增加,沿海因兴垦而新修的河渠更为整齐平直,修建的范围局限在盐垦乡,并未扩大到整个两淮地区。清末至新中国成立后,又新增一批以灌溉、引用、航运为主要功能的现代化河流,对原有水系进行疏浚、取直,同时在新旧水系间形成许多新的平直水道,形成连通,从而形成现在独具苏北特色的水网地貌形制。(见表9.13、图9.21)

表9.13 滨海平原主要水系一览表

所属市县	名称	起讫点	长度(km)	始开凿年代	功能	属性
阜宁、海安	串场河	阜宁射阳湖—海安县城	180	唐大历元年(766)	古代:盐业运输 今:航运、输水	人工
连云港、南通	通榆河	南通—连云港赣榆	415	1959	农业灌溉、防洪、饮用等	人工
建湖、阜宁、滨海、射阳	射阳河	阜宁收成河—射阳河闸	161	—	里下河排水	天然河道
建湖、射阳	黄沙港	建湖黄土沟—黄沙港闸	88.9		里下河排水	天然河道
盐城、射阳	新洋港	盐城北门—新洋港闸	63		里下河排水	天然河道
盐城、大丰	斗龙港(牛湾河)	兴盐界河—斗龙港闸	55.5		里下河排水	天然河道

续表 9.13

所属市县	名称	起讫点	长度(km)	始开凿年代	功能	属性
	兴盐界河					
大丰	王港河（小海灶河）	通榆河—王港闸	45.9	唐宋	古代：盐业运输、引淡 今：灌溉、排涝	天然河道
	车路河					
	疆界河	通榆河—竹港闸	48.7	1950	农业灌溉	人工
东台	东台河（灶河）	通榆河—东台河闸	55	唐宋	盐业运输	人工
	三仓河（安丰河）	安丰镇—梁垛河闸	59.8	唐宋	盐业运输	人工
	方塘河	富安镇—新港闸	43	唐宋	盐业运输	人工
兴化	蚌蜒河	老阁—东柯	36.5	三国时，魏、吴即是以蚌蜒河为界	灌溉泄洪、运输	天然河道
东台、泰州	泰东河	泰州西坝—东台串场河	60	汉	盐业运输	天然河道
海安、如东	栟茶运河	塔子里—小洋口闸	7	唐宋	盐业运输	人工
江都、南通	通扬运河（古运盐河、南运河）	江都褚山坝—南通木耳桥	177	汉	盐业运输	人工
如东、如皋、泰兴	如泰运河	过船港—东安闸	135.5	新中国成立后	航运	人工
南通、通州、如东	九圩港河	九圩港闸—如东马塘	45.3	新中国成立后	运输、抗洪	人工
南通、通州、海门、启东	通吕运河	南通节制闸—大洋港闸	76.8	南宋咸淳元年(1265)	古：从金沙、余庆场（今余东）至海的大运河 今：航运	人工
通州、海门、启东	通启运河	营船港闸—唐芦港闸	92.2	1958	农业灌溉	人工

资料来源：作者自制

注：串场河沿线东西向的大港一般是天然水道，用于里下河流域泄洪。除了以上主要河流外，还有老梁垛河、十八里河、何垛河等多条唐宋时期已人工开凿的便于盐场运输的水系。

9 因盐业而兴的沿海城镇体系

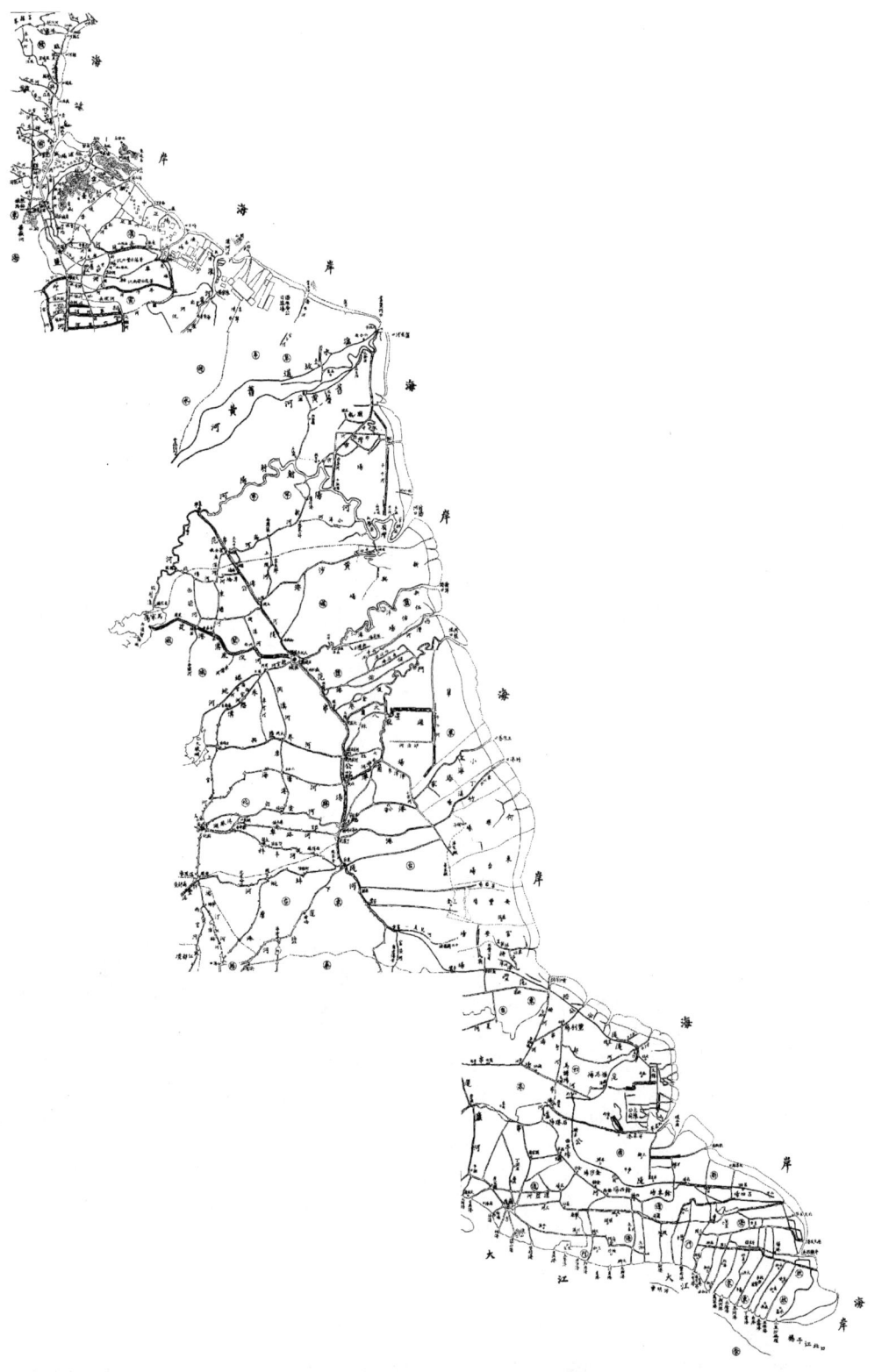

图9.21 民国江淮东部水系示意图

资料来源：作者自绘，根据《淮系年表全编》民国海岸现势测图部分整合绘制

2) 范公堤以东海盐生产区的水系形态

明清岸线东移，原里下河的东西向泄水港也向东延长，如射阳河、黄沙港、新洋港等，这些河港后经过人工疏导修浚。人工改造水系的主要目的是为了引水煎盐，制盐需要海水，随着盐滩面积逐渐扩大，商垣建亭的增多，为了保障海盐生产，灶民需开通海河道，用以引海潮，增加卤水的面积。明清泥沙增多，河道淤塞，每年产盐量加重，捞洗加深，为了保障河道畅通，还需在港口处修建坝堰，采取坝堰蓄水的措施，每逢汛潮不抵岸或沟港干涸时，都需要人工疏浚①。长此以往，沿海地区便形成了不同的水系形态。这些水系多是经过人工整治的，形态较为规整，不仅是接引海潮的河道，同时也是盐场各灶、各团、各仓之间主要的运输通道。清代沿海地区人工水系大体可分为三种。(见表9.14、图9.22)

表9.14 海盐生产区水系形态特点

水系形态	重点城镇	水系空间格局	水系图
鱼骨状	庙湾场、草堰、东台等	从大港直接引多条纵向水系，形成"鱼骨状"水网，如庙湾场从射阳河引出南北向的蛤蜊港、双港、大塌港、新中港、大北港、黄龙港、大新港、滔子港等水系	康熙《两淮盐业志》庙湾场图
网格状	何垛、伍祐等	从主港引横纵水系，再引出横纵支流，形成网格状；滨海平原明清岸线增长最快，东西向河港过长，灶民从通海港入海口处引南北平行于海岸的平行大港，称为"通海运盐河""本洋"或"灶河"，用于连接相邻的两条东西向大港，再引南北支流，形成横纵交错的水网，如草堰场，由斗龙港引阔港、盐河与丁溪场水系相连，灶民开通海河道，以港口作坝，连接海潮，修坝于沿海蓄水，用以盐灶生产	清嘉庆十一年(1806)何垛场，资料来源：《大丰盐政志》第524页

---

① (元)陈椿.熬波图[M].文渊阁四库全书.影印版.台北:台湾商务印书馆,1986:136.其中载:"摊场周围虽有蓄水河沟，每日浇泼灰淋卤，渐见浅涸。六七月久晴，分外用水浩大，海潮虽遇大汛，亦不入港，必须雇夫将带工具，就海开河，引潮入港，用车戽接。"

续表 9.14

水系形态	重点城镇	水系空间格局	水系图
条田状	吕四、金沙、大丰等	近代盐垦公司经营区所规划的农田水网，呈几何划分，整齐平直，每个单位面积相同，水道的一侧建有房屋，这一格局延续至今，形成苏北水乡独特的村庄布局和条田水系形态	资料来源：作者根据 Google Earth 整理自制

资料来源：作者自制

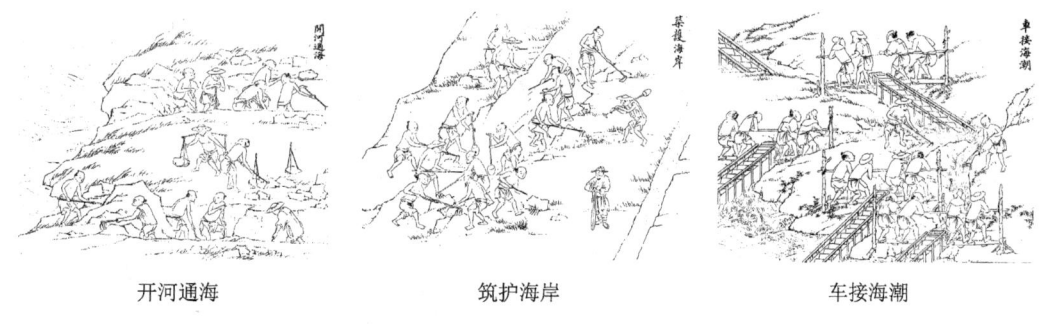

开河通海　　　　　　筑护海岸　　　　　　车接海潮

图 9.22　通海引潮图

资料来源：《熬波图》

3) 场镇内部水系形态

串场河、运盐河、范公堤对场镇空间的形成和发展具有重要意义。串场河的开通是为了便于盐场的运输，所挖泥土堆积成堤，因此串场河在场镇形成之初已成为其城镇空间的一部分。盐场最初均位于范公堤西，随着城镇功能丰富、商业繁荣、人口增多，城镇空间逐渐向堤东蔓延，最终形成两种格局。其一，场镇位于串场河与范公堤之间，以串场河作为护城河或护场河，形成四面环水的格局；其二，范公堤穿镇而过，串场河作为场镇的一部分，如白驹、东台、草堰、何垛。总之，沿海城镇的产业特性决定了其在形成之初已与串场河、范公堤成为一体。

较大型的场镇体系有城濠系统，设置水门，如庙湾、盐城、东台均设水门三座。从护城河引水于城内环绕，河上设桥，既有运输的功能，又有传统营建的藏风纳气之势。对于普通场镇而言，水系对内部空间起到分割作用，通常盐课司、大使馆位于环绕水系之内，以示地位之高，如石港、梁垛。随着城镇功能丰富，用地面积逐渐扩大，用水系对主要空间进行划分。(见图 9.23、图 9.24)

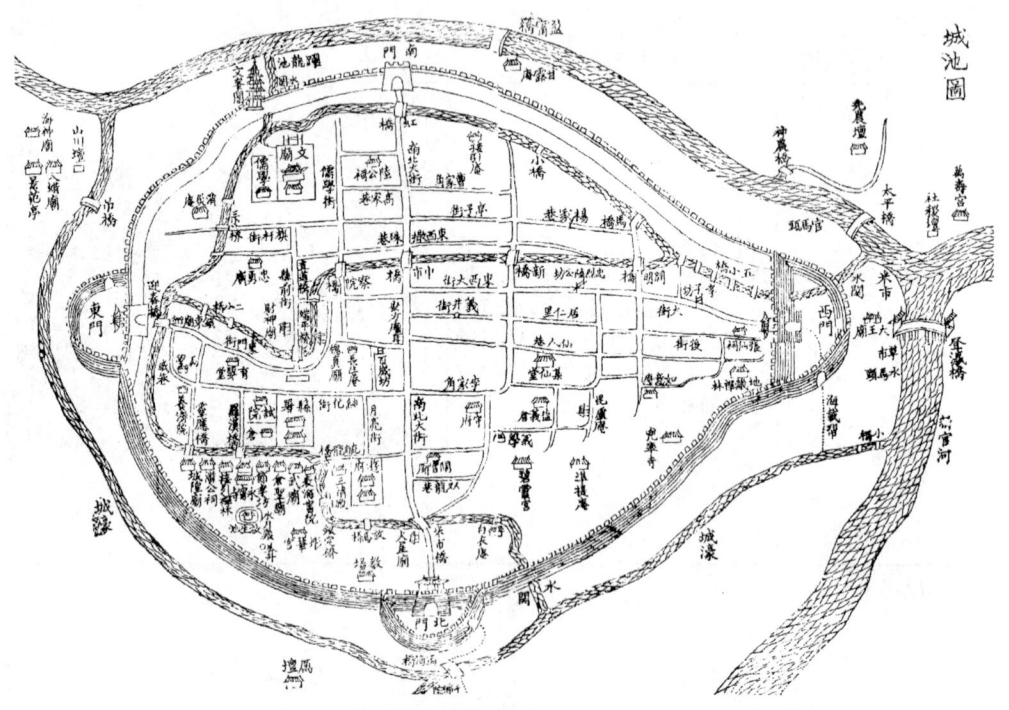

图 9.23 盐城城池图

资料来源:光绪《盐城县志》

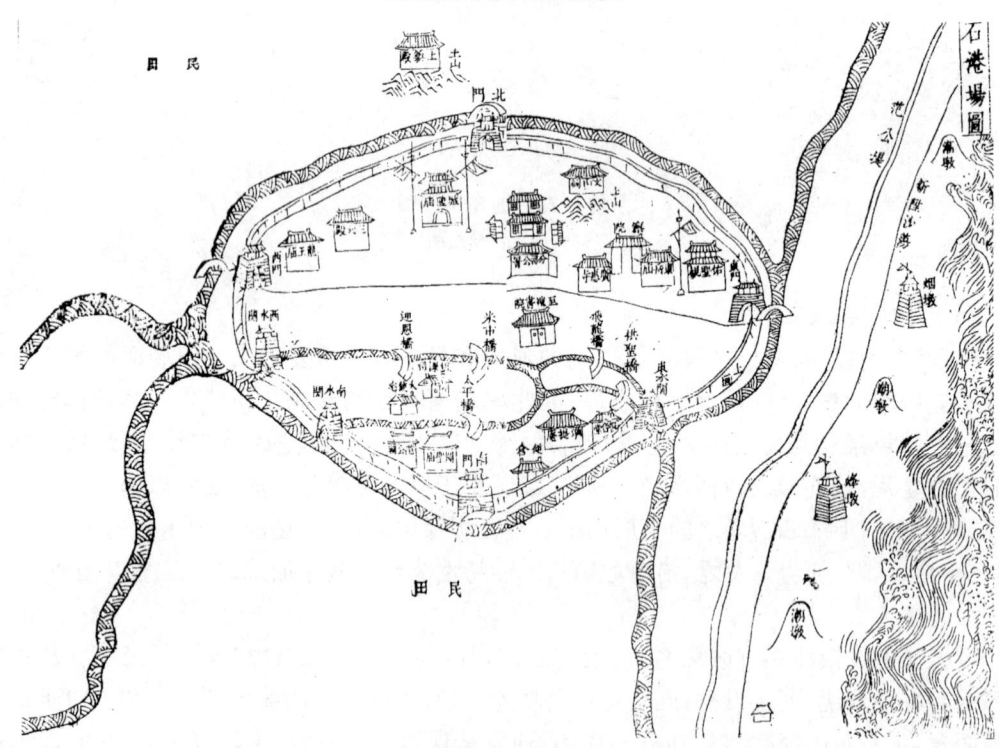

图 9.24 石港场图

资料来源:康熙《两淮盐业志》

9.4.4 盐场内部空间的分布特点

岸线淤涨之前,煎盐地面积有限,盐场既是盐业生产又是海盐交换和管理的中心。盐灶东移后,各盐场开始向区域中心城镇转化,并形成盐业管理和行政管理两套体系。盐城、东台等作为县治所在,城镇的空间分布上既有县治、察院,又有盐课司和仓储。作为盐业的管理中心,场镇的功能形态具有产业特点,场署、分司公署、盐课司和大使宅是核心区,位于场镇的中间;盐仓、预备仓通常位于镇的南、北区。与古代城镇布局相似,场镇内部还有社学、察院、书院、养济院等空间,布局灵活。海盐产量与水系、天气等自然因素有很大关系,因此盐场内部宗教空间突出,每座盐场均供奉土地祠、龙王庙等道教建筑,随着盐业向沿海延伸,寺庙空间也向沿海延伸。由此,场镇的空间分布具有相似性,形成与城市空间相似的行政、教育、仓储、宗教、居住等功能空间。

明嘉靖三十年(1551)与清康熙十二年(1673)版本的《两淮盐业志》中并未出现居住空间,清中期以前,盐场主要职能是管理与商品交换,未形成大面积的居住空间。清乾嘉时期,盐城的核心区功能开始向镇外扩张,在护场河或范公堤外出现寺庙、道观、新仓等字样,串场河以西出现舍、坎等居住空间,这些空间依旧用水系进行分割。至清中期,盐场及附近地区居住人口增多,东侧旧灶开始向居住用地转换,一些垣商驻扎盐场,商贾众多,带动了城镇的发展。此时,盐场开始兼具管理和居住多重功能,是盐业城镇空间繁荣期。清末,随着盐业衰落,农垦逐渐增加,场署周围形成居住型聚落,行政管理地位逐渐下降,居住功能增强。

另外,政府对沿海地区的盐场建设采取兵营的组织方式,"并海立官舍,兵卫森军营"[①];对团场的建造如同城市,四周筑围墙,周匝有壕沟,城墙西周设置墙垛,以隔绝敌人袭击和海潮摧坍[②]。对盐仓的建设也有规定,一般分为正仓和便仓。明清煎盐场面积增大,每日煎盐数万引,因此于场团内部兴建盖仓房称为便仓[③]。正仓位于集镇内,通常每个盐场有两到三个盐仓不等,位于城南或城北;有的盐仓盐储量大,水路交通便利,来往交易的人多,慢慢演变成仓城,如盐城的便仓镇、东台的三仓镇等。(见图9.25)

| 各团灶舍 | 筑垒围墙 | 起盖灶舍 | 团内便仓 |

图9.25 仓团建造图
资料来源:《熬波图》

---

① (元)陈椿.熬波图[M].文渊阁四库全书.影印版.台北:台湾商务印书馆,1986:132.

② (元)陈椿.熬波图[M].文渊阁四库全书.影印版.台北:台湾商务印书馆,1986:134. 其中载:"四向筑迭围墙,外向远匝壕堑,团内筑凿池井,盛贮卤水,盖造盐仓、桦屋,置关全锁,复拨官军守把巡警";"团周四向墙堵,上置乳头,仿佛城池,以绝奸伪。或遇坍摧,随时筑垒。其土皆用荡内生田土堑,盖傍海不时风潮大作,非坚实不足御之"。

③ (元)陈椿.熬波图[M].文渊阁四库全书.影印版.台北:台湾商务印书馆,1986:139. 其中载:"每日煎到火伏盐数为因相离总仓,近则往回七八十里,远者往回二百余里,或河道缺水,或值聚雨所阻,岂能继即起运。各灶户自备木植砖瓦铁钉石灰工食等项物料,就团内起盖仓房,或五间,或七间,以便收贮。公私皆便,故以便仓名之。"

9.5 淮盐城镇空间变迁——以草堰—大丰为例

9.5.1 盐场的历史沿革

草堰镇位于盐城市南、大丰市西南端,南接东台市,北连白驹镇,东邻西团镇。秦汉时期开始有沿海煎盐的活动,草堰因为范公堤上修筑"堰"而得名。宋代于草堰设竹溪场,元代又设立丁溪、小海,与草堰场形成品字状,分布于范公堤两岸,盐场密度较大,可见当时草堰已是盐业生产运销的核心区域。明代设立衙署、盐课司署、都察院等管理机构。清代小海场归并丁溪场,白驹场归并草堰场。明清时随着盐场面积扩大,草堰已经成为当地海盐的集散中心和盐业重镇。民国元年(1912),刘庄场又撤并于草堰场,民国二十年,丁溪场也并于草堰场。随着废灶兴垦,1918年沿海成立大丰公司。民国时期,草堰场的范围已成为北至盐城、南界东台、东至大海,方圆200多 km² 的海盐生产、管理、运销基地,并逐渐向农业生产转变。新中国成立后于大丰又建立台北盐场,以草堰为中心的海盐文化中心一直延续至今。

9.5.2 古盐业集散地——草堰镇的空间形态变迁

古镇内部空间与水系的形成、盐业的运销关系密切。东侧的运盐河将海盐运往草堰场、丁溪场,与护场河交汇处设闸坝,闸坝既可调节里下河泄水、抵挡海潮、保护海盐生产和城镇居民生活,也具有盐关的作用,同时又是连接行人车马的南北桥梁。草堰场、丁溪场的串场河均由西侧绕城而过,城内最初有环绕的玉带河,后人工挖掘南北穿场而过的夹河。夹河两头是东侧运盐河和西侧串场河的交汇处,同时控制海盐送缴和外运,是海盐运输集散的咽喉通道,夹河之上有桥梁连接。夹河两侧是主街,古代沿街设商业店铺,现保留较为完整的为草堰的龙溪古街和丁溪古街,分别长约800 m、500 m,由青石板或砖石铺砌。草堰街巷格局保存较为完整,以永宁桥为节点,形成跑马街、新街为核心的十字主街,玉带巷、义井巷、光明巷、太平巷、陶家巷、钱家巷、马桥巷等小街巷或垂直或平行于主街。临水建有码头,草堰夹河两侧遗存码头约18处。镇内原有118座古井,供镇民取用淡水。明清时扬州等地的场商来此,带动本地经济文化的发展,鼎盛时期"两岸人家尽枕河",官家府第、灶民商贾、土著居民杂居于此。今城镇内部功能空间已完全替换,从古代场图可见,行政机构如盐课司、衙署、大使宅位于中心,东侧靠近盐场的空间多与海盐生产有关,有盐仓、屯田、包厂等功能空间。除居住空间外,大部分为宗教空间,据文献记载,草堰场共49座庙宇,可见宗教之风盛行。丁溪场镇破坏严重,场内由水系进行功能划分,由闸、桥将各水系相连。

串场河沿线城镇的空间形态大多如此,如富安、安丰、何垛等,范公堤以东为海盐生产基地,区域内建有团、仓等建筑,便于灶民居住、政府管理和盐业的储存。成品盐通过人工河道运输至盐场。盐场的核心区域位于范公堤以西,随着功能扩大,逐渐向范公堤以东扩展。串场河于西侧绕镇而过,城镇中心有南北贯穿的夹河,是中心市河,同时也是城镇交通运输、商业交换的核心区。水系交汇处设有闸、坝、桥等,既可连接道路,又可设卡以缉私。

因此，串场河沿岸形成以人工水系为依托的盐业运销型城镇。（见图9.26）

9.5.3 大丰公司规划特点及城镇的形成

民国盐产量降低，草堰场开始效仿南通垦兴的模式。1917年，在草堰场垣商周扶九和刘梯的发起、张謇的主持下首先建立了"草堰场大丰盐垦股份有限公司"，后于1919年在周围盐场相继建立五家公司，即通济公司（何垛场）、遂济公司（丁溪场）、通遂公司（小海场）、泰和公司（伍祐场）、裕华公司（草堰场）。垦区南临王家港，西侧、北侧紧临斗龙港，东濒大海，占地约90万亩，资本约200万元，是所有公司中面积最大、工程建设较为完善的一个。

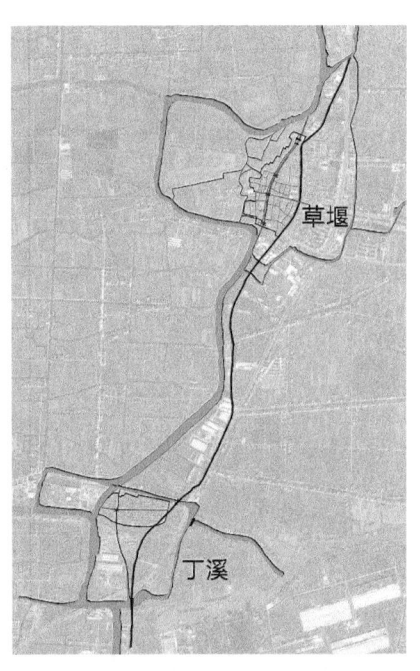

图9.26 草堰—丁溪空间形态图
资料来源：作者自绘

（1）主干河道。1919年盐垦公司开建之初，开凿三条纵向河道，随后整个垦区逐渐形成"横五纵三"的河道网络。（五条横河：一、二、三、四、五卯酉河；三条纵河：西、中、东子午河）

（2）海堤建设。1924年由大丰、裕华两家公司合筑海堤9 450 m，从一卯酉河下河口至三卯酉河下河口，建筑标准高，工程坚固。

（3）内堤建设。该地区成陆晚，水灾频发，自然河道少且窄，无涵闸控制，因此各公司在开垦之后便开始兴筑防洪内堤。大丰公司标准最高，地面以上高3.66 m，宽13.33 m，全长321 km；裕华公司地面之上高2.5 m，宽4 m，全长19.2 km，并于中央分南、北二区建分割堤3.27 km，万一受灾，可使殃及面积降至最小。

（4）分区规划。大丰全境分35区①，根据地形，一般按照正方形或长方形划分，每个区分9匡（周长约5 km），每匡5～7排，每条25亩（长100丈，宽约15丈），每条分给1户。

（5）河渠规划。每条田之间有条河（宽约8尺），条河南北连排沟（宽约1丈），排沟两头连匡河（宽约5～6丈），区与区临界有区河（宽约10～20丈），有些区河可做入海干道，形成由"大河、区河、匡河、排沟、条沟"组成的水系，规划均匀，层层控制。每层级河流相通，最后通过区河经通海河港入海，区河与区河之间有马路或堤，形成田、河、桥、堤、路的田网布局。据1937年统计，大丰公司全境堤长321 km，涵闸35座，桥梁690座，大陆450多km，汽车可通达，小道860 km（宽1.66 m），大河长160 km（深2.66 m，宽20 m），小河长1 100 km（深1.33～2 m，宽3.33～10 m），耗资120余万元②。

（6）城镇建设。总公司原设立在场署所在的西团镇，于1931年迁至新丰镇，为新建城镇，垦区南还有大中、南阳两座新镇，成为沿海的开发新区。大丰公司成立之初，工程建设

---

① 裕丰、仁丰、同丰、益丰、鼎丰、德丰、恒丰、和丰、祥丰、祥附、万丰、阜丰、泰丰、福丰、成丰、广丰、晋丰、厚丰、永丰、吉丰、元丰、定丰、顺丰、余丰、正丰、利丰、盛丰、隆丰、庆丰、乐丰、兆丰、久丰、安丰、时丰、年丰。
② 大丰市地方志编纂委员会，大丰市盐务管理局，邹迎曦. 大丰盐政志[M]. 北京：方志出版社，1999：322.

颇为完美：圩堤两侧林荫成排；境内有私营航班往来于新丰镇和西团之间，总公司与裕华、西团各区有电话联通，与外地有电报联通；大中镇与东台等地可通航运；还设小学等公共设施①②。（见图9.27、图9.28）

各公司内部的水利（涵闸、桥梁）、农田、道路（圩堤）、河渠的建设是统一规划的。水利工程结束后，自然呈现河渠、水网、道路横纵整齐排列的格局。淮南农垦区的水利建设排灌合理，有利于机械操作，是苏北农田建设之肇始。今苏北沿海地区的地貌和用地功能也是在此基础上形成的，依然保留着这种整齐划一的形态；每一条为一农户，在横向排沟的北侧平行建设住宅组团，形成井字格网状的特色村庄布局。

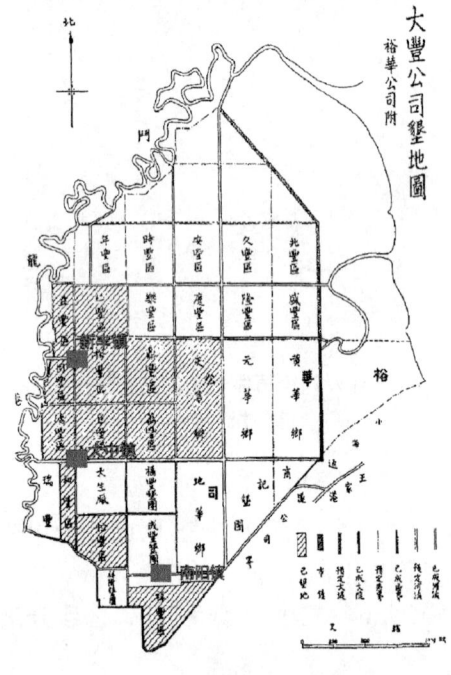

图9.27 大丰盐垦公司与城镇图

资料来源：胡焕庸.两淮水利盐垦实录[M].南京：中央大学,1934:209

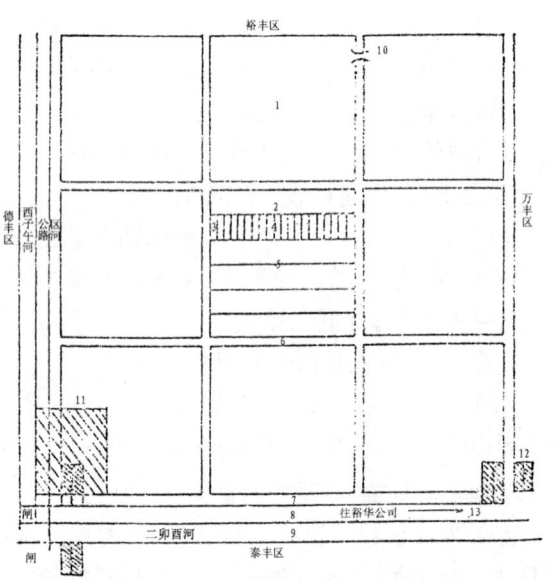

1. 匡 2. 排 3. 条 4. 条沟 5. 排沟 6. 匡河 7. 区河 8. 圩堤（公路） 9. 二卯西河 10. 木桥 11. 大中集 12. 原规划大中镇镇基 13. 今市拖拉机修配厂

图9.28 大丰沟洫图

大丰市地方志编纂委员会,大丰市盐务管理局,邹迎曦.大丰盐政志[M].北京：方志出版社,1999:323.

9.5.4 小结

草堰—大丰地区的城镇空间变迁充分反映了在以岸线变迁为外在动力机制，以淮盐兴衰为内在动力机制作用下所形成的江淮沿海因盐而兴的城镇，其城镇空间形态变迁、产业转型、土地置换、人口结构及社会文化变迁等均与淮盐关系密切。（见图9.29）

---

① 胡焕庸.两淮水利盐垦实录[M].南京：中央大学,1934:208.
② 大丰市地方志编纂委员会,大丰市盐务管理局,邹迎曦.大丰盐政志[M].北京：方志出版社,1999:309.

9 因盐业而兴的沿海城镇体系

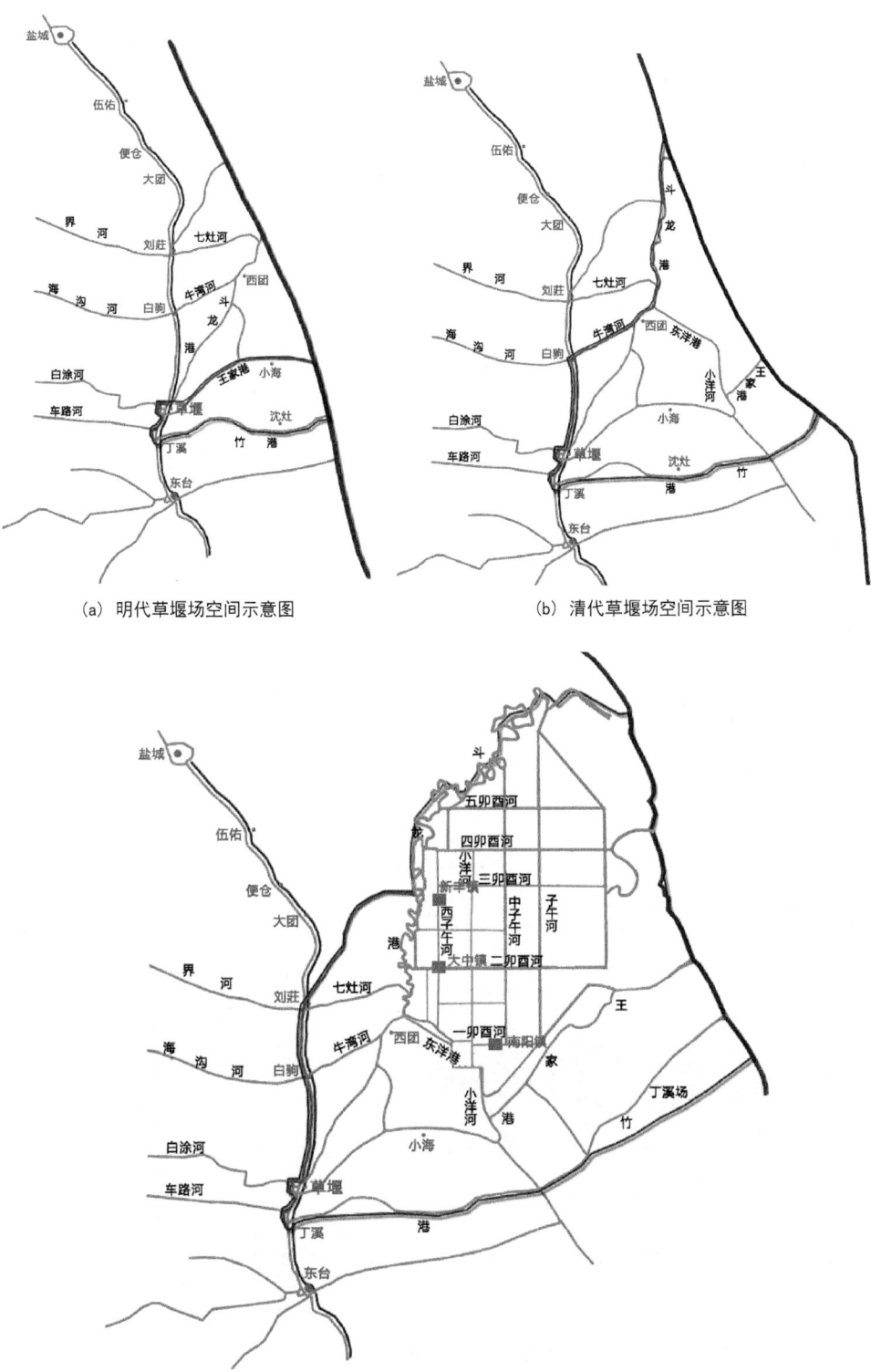

(a) 明代草堰场空间示意图

(b) 清代草堰场空间示意图

(c) 民国草堰—大丰空间示意图

图 9.29 草堰—大丰城镇空间变迁图
资料来源：作者自绘

9.6 基于历史研究的淮盐文化线路的构建初步探索

9.6.1 淮盐文化线路属性

淮盐文化在空间特征、时间特征、文化特征、角色和目的四方面具有标准的文化线路属性[①]，具体体现在盐业的运输线路上。

（1）空间特征。从淮盐的生产范围来看，横跨淮河口南北两岸，南至长江口，北至赣榆县，民国时曾一度延展至山东境内，是我国历史上海盐生产最为悠久的地区之一，也是唐宋以降我国盐业产量最高、盐税最多的地区；从淮盐的销售区域来看，明清政府开始严格控制食盐专卖，划分盐引地，两淮盐业销售区北至中原，南至两广、福建、两浙，西至四川、贵州，横跨海岸、湿地、平原、丘陵、山地等多种丰富水文地貌，涵盖全国长江、淮河两大流域的6省41府2厅9直隶州，是当时我国最大的食盐销售区，也是经济最发达、水运交通最便利的地区。（见图9.30）

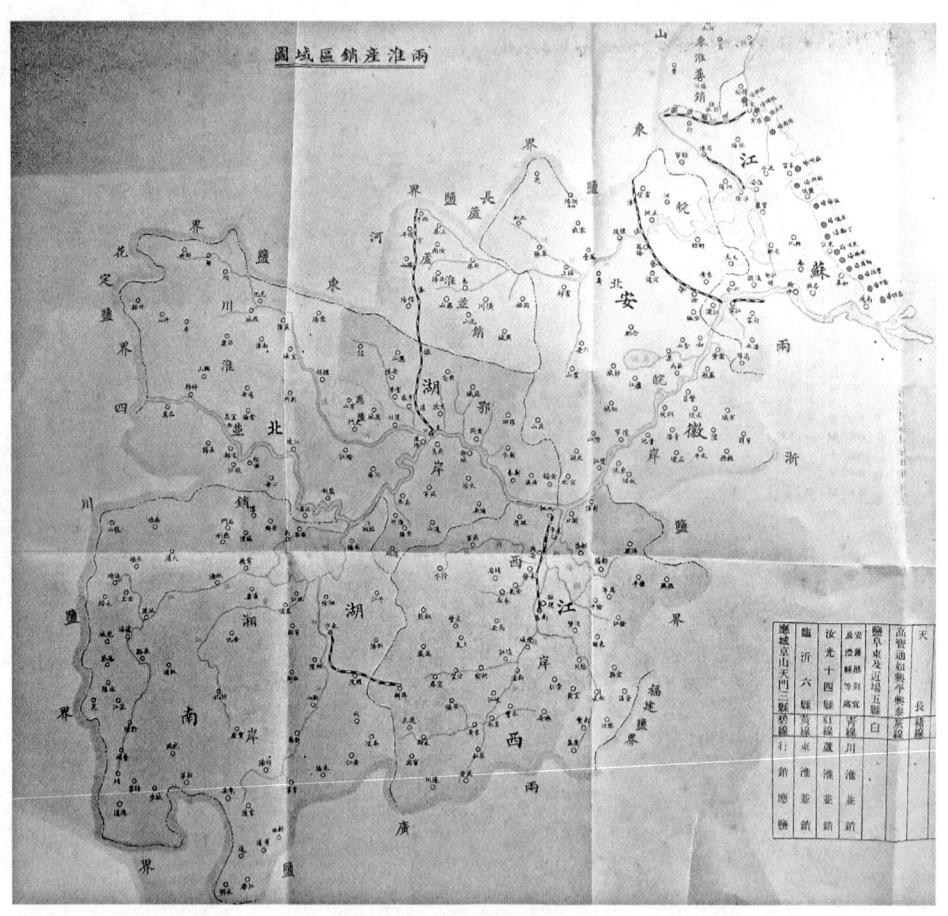

图 9.30　民国两淮行盐图
资料来源：中国海盐博物馆陈列

---

① 根据1994年马德里文化线路世界遗产专家会议所形成的《专家报告》及李伟、俞孔坚在《世界文化遗产保护的新动向——文化线路》一文中的研究，文化线路指"强调文化线路使用所带来的文化上的反响和在文明传播上的贡献"，并以空间特征、时间特征、文化特征、角色和目的等四方面为基础，同时作为判别标准。

(2) 时间特征。从春秋时期开始,吴王阖闾便在苏北沿海组织煮盐活动。之后,西汉时期的刘濞将淮盐发展为当时一项主要的国家财政收入产业。隋唐开始设立专场煮盐,指定盐业专卖制度。宋元金时期在此基础上进一步发展,尤其是产销运输及制盐工艺都具有相当高的水平。明清淮盐的产、运、销等各环节都已发展至顶峰,成为国家财政收入的基础。解放战争时期,淮盐还曾给革命军队以大力的经济支持。可以说淮盐文化与我国古代及近代文化几乎同步发展,充分反映我国封建经济文化和社会的变迁。

(3) 文化特征。以盐业运销路线和盐商活动路线为依托,以水运为主、路运为辅,水运线路流经串场河、运盐河、大运河、淮河及支流(涡水、汝水)、长江、汉水、荆江等,途经射阳湖、洪泽湖、鄱阳湖、巢湖、洞庭湖及其支流水系,跨越两淮、皖、江汉、赣等多重文化,受沿途地理环境、人文习俗、物产资源、经济文化等多方面影响,产生丰厚的物质文化和非物质文化,对沿途区域的城镇兴衰、聚落形态、建筑风貌、社会结构、经济格局、生活模式、民风习俗等产生深远影响。

(4) 角色和目的。淮盐行销不仅将沿海产盐区与内陆各口岸进行连接,行盐的同时带动了漕运发展、水利工程建设、货物流通及人口的迁徙,同时也将各地文化进行融合,缔造了盐城、南通、海州、淮安、扬州、泰州、仪征、汉口等多个城市的快速发展。

9.6.2 淮盐文化线路的初步建构

1) 淮盐文化线路遗产现状与价值

广义上淮盐文化线路是指整个淮盐运输网络,江河水道相当长,里程达四千余里,涵盖范围广。这个线路具有动态性,宋折中法制定后,根据历朝历代盐政的改革而逐渐调整,至清代范围基本稳定。这个范围主要是针对盐业销售范围制定的。对淮盐文化形成较深影响的区域位于江淮东部沿海地区的海盐生产基地和里下河与里运河沿线的海盐中转区域。

该区域位于全省经济排名中后地区,由于各种历史原因,一直以来受各学界关注度低,造成淮盐遗产保护情况不容乐观的现状。首先是面区遗产。由于文献资料缺失,以往对淮盐文化的挖掘仅停留在历史研究层面,并未引起广泛重视,对淮盐文化的形成、分区、线路及影响挖掘较弱。其次是线性遗产。新中国成立后随着通榆运河的通航,串场河降低为次要航道,有的段落淤塞,功能下降,原沿海大堤被改建为国道,原线路遭到破坏。里下河水系的具体变迁、水网的形成颇为复杂,对于具体航线的走向较为模糊,给研究造成一定困难。里运河的研究一直颇受重视,但研究点通常在漕运经济、运河水利工程建设,实际当初邗沟开凿很大一部分原因是为了运输淮盐。再次是点状遗产。串场河沿线自古代起,区域内部经济发展较弱,场镇的规模和形态都较为简单,又常受灾害战争影响,保存情况较差,近些年大施城镇建设,对老城空间破坏严重,因此虽然场镇的位置及周围水系基本不变,但城镇内部空间、街巷格局破坏严重,仅栟茶、草堰、富安、安丰、石港等少数场镇保留局部城镇历史空间。

但淮盐所蕴含的文化价值是不容忽视的。其一是历史价值。其是我国两千年封建经济制度兴衰、封建社会阶级转变、社会经济转型、生产技术发展的充分写照,也是江淮东部自然地理变迁、区域兴起及发展的决定性动力。其二是经济价值。该地区为我国的古代社会提供巨额财政税收,未来可作为旅游资源为世人展示丰富的淮盐文化及苏北水乡古镇的风貌,同时为区域发展创造经济价值。其三是社会价值。重塑淮盐文化,探究盐商的活动路线,为区域发展提供文化动力。其四是文化价值。为古代淮盐生产提供真实的历史场景,整理淮盐文化的历史文献。其五是情感价值。苏北沿海人口大多是苏南地区移民的灶民后代,承载了苏北盐民后人的历史记忆和深厚情感。

2)淮盐文化线路初步构建

淮盐文化线路长、面积广,整体具有跨文化特点,其整体价值大于各组成部分价值,且具有典型的动态特征。对相关遗存点的历史沿革进行梳理,将其遗址的形式分为三个层次,并对每个层次所涵盖的内容及物质要素、非物质要素进行分类。注重整体的保护,尊重历史氛围与淮盐文化内在价值的延续,动态地保护水文地貌、河网格局,保留居民的生活方式、文化习俗,保护城镇格局、建筑风貌的真实性与完整性。(见表9.15)

表9.15 淮盐文化线路遗产解读

遗产形式	遗产规模	物质文化遗产要素	非物质文化遗产要素
面	片区遗产	淮盐生产区——两淮沿海地区 淮盐转销区——里下河地区及里运河沿线 淮盐运销区——引岸6省(江苏、安徽、河南、湖北、湖南、江西,清末涉及273座县城,每个时期有所变化,运销边界历代有所调整)	淮盐文化空间:淮盐文化、海洋文化、盐商文化、运销文化、苏北水乡文化、两淮文化、皖文化、汉江文化、赣文化等
	自然环境	水网、河湖	
线	线路本身	河运——主要:串场河(生产区) 其次:里下河水系、运河水系(转销区) 次要:淮河、长江及其沿岸水系(运销区) 海运——各盐场至淮安、扬州盐栈(历代有变) 陆运——用于距离较近的食岸	河道开凿技术、开河引潮技术、盐运文化及传说、造船工艺、盐商迁徙活动路径等
点	城镇体系	淮盐生产区型城镇:两淮各盐场、场镇、集市、村落 淮盐中转、管理型城市:淮阳、扬州、泰州、海州、仪征、涟水等 淮盐运销型城市:各引岸城镇、汉口等 具体包括:城池、街巷、民居建筑、衙署、寺庙、仓库、集市 反映淮盐文化景观的建筑:盐商会馆、盐商园林、盐商宅邸、书院、宗祠、盐课司、盐仓、盐灶、盐团、盐关、盐栈	技术:淮盐盐政文化及管理变迁、淮盐生产技术、场团建造技术、水利工程技术 区域精神:盐民精神、盐商风尚、历史人物 文化内涵:盐民生活方式与习俗、移民文化、道教祭拜祈福文化、地方曲艺及传说(淮剧等)、文献(历代两淮盐法志、河渠志等)
	防御工程	潮墩、烽墩、盐墩等	历史事件:区域的政治战争、盐民反压迫战争
	水利工程	闸、坝、堤、桥、码头	

资料来源:作者自制

9.6.3 淮盐文化线路三个层面及保护措施

1)片区遗产层面

在对淮盐的发展历史,盐政的改革过程,淮盐产、储、监、销、运的过程及空间结构梳理清晰后,将淮盐文化线路划分为淮盐生产区、淮盐转销区与淮盐行销区三大片区。每个片区在淮盐行盐过程中所承担的职责不同,涵盖的文化各异,所对应的主要线形遗产也不同,对整个淮盐文化线路所产生的影响轻重有别。相对而言,两淮沿海产盐区是淮盐文化得以发展的基础;里运河沿线是淮盐的管理中心、中转运输中心及仓储中心;其他区域则是淮盐的销售区域,受淮盐的绝对影响相对较小。因此在保护方面应采取整体性的保护,着重遗产片区的整体价值及其不可分割性。整合各分区的遗产资源,不同分区保护的重点不同,采取不同的保护措施。淮盐生产区重点应针对淮盐生产聚落、盐业城镇、建筑单体及其环境的具体整治修缮,注重强调其鲜明的地域特色:苏北水乡古镇的特点,高度复合型城镇群,由盐场到商贸型城镇,后又转变成农业型城镇。根据城镇的价值、自然地理、城镇功能与空间格局的不同,将淮盐生产区的城镇再次进行空间划分,淮北盐区——近现代淮盐生产中心;盐城及周边——行政管理中心;便仓——盐仓中心;草堰及周边——盐运中心;西溪东台——盐政管理中心;安丰、淮安——盐商中心;栟茶附近——商贸中心、海洋文化中心;石港—吕四一线——防御体系。淮盐转销中心,针对盐商城镇、盐商建筑群、盐业中转城镇等进行整治保护,注重展示盐商文化对城镇的建设和影响的表达,通过设立纪念馆等方式表达文化的继承性。淮盐运销区,着重不同时期对行盐地点的空间定位,淮盐运销对各运盐口岸发展的影响,如汉口的淮盐巷等。整个体系通过对已存在的各遗存点之间的淮盐内在关联性的表达,落实于淮盐文化的连续性与继承性上,以达到保护利用的系统完整。

2) 线形遗产层面

淮盐主要通过河流进行运输,局部范围内有海运和陆运,完整体现淮盐线形文化线路的是串场河,盐场均沿河分布。串场河和范公堤作为遗产本体已被改建,在保护过程中可采取地理信息系统和考古、文献相结合的形式,明确河流与范公堤的走向,对水系进行疏浚治理,对沿岸进行景观规划,对重要节点进行详细设计,局部可通游船,再现1 500多年前串场河繁忙的景象。新中国成立后范公堤被改建为通榆公路和栟角公路,大部分旧堤已削平,在堤岸走向明确后,可进一步挖掘沿线重要闸坝遗址,并对其进行局部修复。

3) 点状遗产层面

城镇层面:注重整体性保护规划,保留历史城镇、历史街区空间的完整性,保留传统淮盐文化朴素的氛围,动态保护各历史时期的城濠系统、街巷肌理和建筑风貌,注重与周边环境结合。

建筑层面:在对建筑进行保护修缮时,保留建筑风格的地域性,尽可能利用原构建、原材料、原工艺,继承保留地方风格,遵照可逆性原则。

9.7 本章小结

淮盐独特的生产管理模式对沿海地区城镇体系的形成与城镇空间形态的变迁具有重要影响。城镇呈点状沿范公堤分布,是江淮东部沿海地区古代的政治经济中心、盐业管理中心、淮盐集散地与区域交通枢纽。

该地区城镇体系的形成、发展、衰亡与复兴直接受到淮盐制度与经济的影响。区域水系形态是基于古代盐丁引海潮煮盐的基础形成的,人工水系的修建还对城镇的空间形态产生影响,城镇内部主要通过河道、桥梁、水闸、码头、主街等进行有机结合。沿海城镇是在古代盐场的基础上形成的,其内部空间形态与海盐的生产、运销关系密切。沿海地区近代道路交通规划、河道规划、农田规划、水利设施建设与城镇分布均在盐垦公司的基础上形成。

最后,基于对淮盐文化的理解,作者提出淮盐文化线路的构建,为深入理解江淮东部城镇的发展历史、空间形态变迁、文化遗产保护提供了契机,对未来该区域的城乡建设、旅游、水利、航运、交通等规划具有综合指导意义。

10 结论与展望

10.1 基本结论

本书基本研究内容为梳理江淮东部地区城镇的发展历史,通过对影响城镇变迁的历史要素的提取与分析,构建江淮东部地区城镇的历史空间网络,进而提出沿运、沿海和里下河三个城镇体系,并逐一对每个城镇体系的变迁和城镇内部空间形态进行研究,基于以上分析提出每个体系未来发展的基本策略。主要研究内容的基本结论如下:

(1) 水体是江淮东部地区形成与发展最为重要的动力机制,该区域城镇体系的形成与变迁、城镇内部空间形态的演变、水陆交通体系的发展、人口的分布密度、经济文化的空间结构均是以江淮东部水系网络来作为依托而形成的。第一,江淮东部的区域范围是以淮河、长江、运河水系作为自然屏障来进行划分的。第二,水系的每一次变迁都对区域的发展产生重要影响。邗沟的开凿是区域开发之肇始,隋唐大运河开通为区域快速发展带来交通优势,南北大运河的连接使江淮东部进入鼎盛发展阶段。黄河夺淮之前,整个地区的水文地貌环境稳定,农业和盐业发展良好,城镇繁荣发展。黄河夺淮之后,该区域的自然地理环境发生巨大改变。岸线迅速增长,淮河入海口两岸形成冲积扇平原,里下河被逐渐淤填,运河沿线常遭洪水侵害;运西水系增长,洪泽湖和运西诸湖泊面积加大,运东湖泊逐渐荡化,射阳湖逐渐消失,里下河横纵水网形成;串场河以东的滨海平原形成多条东西向的泄水海港,盐民引海潮而开凿多条横纵水系,因此明清时,该地区也成为水网密集的区域。长江新三角洲随着泥沙的堆积而逐渐形成,促成了运盐河以南和通海地区的形成。第三,江淮东部的水系并非孤立发展,随着水利工程的兴修而形成一套完整的运转体系。宋代时,水系网络已基本形成,明清形成"两纵、多横、三阶"的水网,从运西、运东至沿海平原水系层层跌落,最终汇入大海。运河、串场河是区域内最为重要的两条南北向水系,以水系为轴形呈沿运河与沿串场河的城镇带,同时形成漕运和淮盐两条古代经济发展轴。中间多条横向水系主要起到沟通和运输的作用,将东、西两条城镇带和经济带连接起来,最终形成区域一体化的发展。由此,城镇空间分布与密度、经济结构均是在水系网络的基础上发展起来的。第四,区域形成的其他历史要素也均与水网关系密切。古代道路交通主要沿河道堤岸修建,因此陆路交通借助河道而发展。人口、文化均与经济发展情况相关,因此,沿运和沿江地区是人口密度较高与文化发展较好的区域。

(2) 江淮东部城镇有一半以上兴建于河道 1 km 范围内,有 80%~90% 与周围水系距离不超过 5 km,城镇与水系的关系决定了江淮东部城镇的最大特点是流通性强。沿运城镇是南北漕粮和物资运输的停靠站和中转站;里下河城镇是粮食和淮盐的转运地区;沿串场河的各城镇主要是淮盐的买卖和中转中心。淮河入海口的庙湾,长江入海口的南通、扬州、仪征、瓜洲等还承担着海运、江运的物资中转任务。因此，江淮东部城镇主要职能为货物中转和流通，随着交通运输方式的改变，该地区城镇也逐渐衰落。

（3）江淮东部是南北文化交融的地区。从先秦起，江淮东部地区便是在人类迁徙的基础上发展起来的。作为南、北方的过渡地带，长江文化、黄淮文化的交汇地，南、北政权的交战地，每逢战乱，便会有大量北方、南方移民迁于此，因此形成了独特的地域文化，同时也反映在城市形态与建筑形制上。江淮东部城池系统多为方形，城内街巷平直，河道整齐，建筑样式既有南方的秀丽奢靡，又兼具北方的婉约大气。

（4）江淮东部地区城镇兴起、发展、衰落与复兴受自然地理、水陆交通、人口迁徙、经济物产及意识文化等多重因素影响。不同历史时期，区域内部发展存在不平衡性，对不同区域城镇发展起决定性因素的动力机制不同。秦以前，江淮东部尚未完全成陆，该区域是沟通南北文化与交通的重要枢纽。该时期奠定了江淮东部移民文化与南北交融文化的基础。邗沟的开凿开创了区域开发的先河。先秦人类聚落的兴建主要受制于自然地理环境的状况，通常择高地而居，因此聚落多位于运西的丘陵岗地和四周的砂堤。秦汉六朝是江淮东部初步发展阶段，自然地理仍是城镇发展的重要机制，同时政治的决定作用逐渐增强。沿海设立盐渎县，对海盐生产进行管理。城市和聚落逐渐向东部发展，但西部密度仍远高于东部。这个阶段江淮东部地区仍属于南北相交融的地带，是南北纷争的前沿地，并未形成独立的行政区域。隋唐宋是江淮东部的快速发展阶段，淮南地区因经济繁荣而形成完整的行政区划，分属淮东、淮西二道。这个时期是江淮东部的基础建设逐渐完善期，江淮人工水网初步形成，水利工程修筑，水路交通便捷，除串场河以东外基本成陆，主要的城镇已基本设立。唐宋时期江淮区域地位的提升与江淮经济圈的形成和国际型都市扬州的突起有很大关系，直至宋末黄河夺淮入海对水文地理条件的改变，终止了唐宋江淮的繁荣发展。明清是江淮东部畸形发展的鼎盛时期，黄河夺淮事件对江淮东部的成陆、水系、岸线、城镇、经济、人口等均产生重要影响。里下河地区和沿海地区逐渐成陆，横纵的人工水系网络已形成，在闸坝工程的配合下有机运转。陆地的面积增长促进人口的迁入和大量小城镇的兴建。在封建制度控制下的淮盐经济、漕运经济呈畸形的繁荣发展。城镇多沿水系分布。

（5）区域形成和变迁由多个物质和非物质要素决定，通过分层的思想将影响区域发展的动力机制分为行政、城镇、水系、道路、人口、经济、文化七个层次。在历时性分析的基础上将这七个要素提取出来，进行横纵叠加对比，并加以解读，最终总结出江淮东部地区的三个重要的城镇体系——沿运城镇体系、里下河城镇体系与沿海城镇体系。这一结果是基于对城镇发展历史的总结分析而得出的，城镇体系的形成过程也是江淮东部城镇发展的历史空间的建构过程。

（6）沿淮扬运河的城镇体系因漕运而兴，其变迁的主要动力机制为运河的开凿与改道、漕运及物资的流通、漕运封建制度的设立与漕运机构的建立。城镇均沿运河分布，从兴建、繁荣到衰落均与运河产生直接关系，或因水陆要津而兴，或因屯兵纳粮而建，或因漕运管理而设，或因河道变迁而迁。尤其是入淮处的两淮城镇体系和入江处的扬州城镇体系，自古因运道变迁与水利兴修而兴衰。运河对沿运城镇的空间形态、城池体系、城镇功能分布及街巷形制等均有影响。城镇的沿岸区域多为商业、仓储、宗教、景观休闲等功能，随着商业兴盛，城镇空间多向城外延伸。运河水系与城濠连接，城墙形制较为规整，城内街巷多呈十字形，沿市河呈东西、南北分布。大运河申遗的成功为沿运城镇的发展带来了新契机，尤其是宝应、高邮、邵伯等小型历史城镇,应以此为契机,带动城镇的发展。

(7) 里下河城镇体系的形成与水文地貌的变迁关系密切。黄河夺淮入海是里下河地区水网形成的转折点,该地区水网较为规整,多为东西走向。聚落分布形态受水文地貌影响较大,城镇多沿水系分布。兴化、泰州等中心城市内部历史空间形态保存一般,城壕与城内外水系的形态基本保存完整。溱潼、安丰等小型村镇多形成于明清时期,建置时间较短,因此城镇形态保存较为完整。总体而言,里下河地区生态环境较好,自古是重要的农业生产基地,在新型城镇化建设过程中应延续其江北水乡特色的历史文脉,保护好里下河独特的垛田地貌和学耕文化。

(8) 沿海城镇体系完全因淮盐而兴衰,城镇形成与发展的主要动力机制是海盐的生产和岸线的变迁。古代海盐生产刺激了盐场的形成,盐业交换和运销促进盐场转化成盐业市镇。岸线的变迁对海盐的生产造成了负面影响,同时为近现代沿海城镇的兴建提供了土地基础。近代垦殖业的发展和农垦公司的建立成为沿海城镇复兴的重要契机。便利的交通、平坦的地貌、狭长的岸线和优越的区位使沿海城镇未来将成为江苏省城镇建设的重点区域。

10.2 主要创新点

(1) 本书对江淮东部城镇的发展历史进行了系统的梳理,填补了该区域城镇发展史研究的空白,也为区域城镇史发展的研究增添了新的个案。

(2) 本书基本从宏观、中观、微观三个层次对江淮东部城镇发展历史进行研究,提炼出该区域城镇演进的基本特征,并归纳出三个城镇体系,并基于历史依据,对每个城镇体系的未来发展提出初步的策略,增加了江苏省城镇研究的深度和广度。

(3) 本书对江淮东部多条人工水系的开凿和变迁做了较为详细的梳理。该区域城镇的兴衰自古与水系的开凿关系密切,以往研究多关注于运河沿线,但对里下河区域和沿海区域水网的形成和走向进行研究较少。本书将运西、运东、串场河水系整合起来,系统考虑,有助于整体理解和分析江淮东部地区的发展。

(4) 中国城镇的发展特点决定了区域性研究的必要性,基于区域视角对城镇发展历史展开研究,尤其是古代城镇史,是较为必要的。从历史发展的角度构建区域城镇结构,城镇发展的动态性和历时性决定基于历史视角分析城镇体系形成的客观性。

(5) 本书注重方志和舆图的应用,并通过定量分析将文字转化成图形,在城市史的研究方法上进行探索性的思考。

(6) 本书将历史地理学、考古学、人口学、经济学、社会学等多学科进行融贯结合,有利于研究视野的扩展。

10.3 后续研究

在本书的研究过程中,受时间、篇幅和资料等客观因素的限制,以及作者的研究关注点和现阶段学术视野等主观因素的限制,以下几点问题还有待深入探讨,可作为后续内容进一步展开研究。

（1）定量分析的细化研究。本书初步提出并探索从宏观、中观、微观三个层次对区域发展、城镇体系和城镇空间形态进行研究，最终形成一套完整的区域城镇发展历史的研究方法体系。实际上，区域城镇研究不同于个案城市研究，每个层级、每个影响因素都需要进行史料查找、地图定位和校正，最终完成定量分析，工作量十分庞大，需要研究者、高校、政府、专家等各方面配合。未来有必要建立一个更系统、更全面的定量分析的研究框架，提出更深入细致的方法。

（2）方志的深入挖掘。方志对区域研究、古代城镇研究具有重大价值。但方志资料的收集、分类、阅读、整理工作的难度和强度是十分惊人的，尤其是对城镇历史信息的提取。如何构建一套快速查阅及定位的方法对于未来城镇历史的研究是十分必要的，这需要政府、相关机构、学者等共同参与，必然是通过自上而下的推动与自下而上的主动相结合来完成的。

（3）研究空间上的扩展。江淮东部地区地处南、北过渡地带，与黄淮地区、江南地区、江淮西部地区接壤，在文化上有相似之处。以往研究者多关注于江南地区的城市历史和城市形态变迁的研究，对于江淮地区城镇变迁的研究仍然缺乏。未来可将江淮之间的城镇作为整体进行研究，并与江南、黄淮流域城镇进行比较，能够更全面把握我国两大流域东部地区城镇的变迁趋势。

（4）研究方向上的扩展。本书主要工作集中于城市发展历史的研究，是城市发展、城市遗产保护、现代城市规划建设等一系列与城市相关问题的基础，为该地区城市问题的研究提供了充分的历史依据。未来可在水系对江淮城镇与建筑方面的影响、江北水乡遗产保护及淮盐文化线路构建等方面进行深入挖掘。

参 考 文 献

一、地方志及古代文献

[1] (明)杨选,(明)陈暹,(明)史起蛰,等.嘉靖两淮盐法志[M].荀德麟,等点校.北京:方志出版社,2010.
[2] (清)谢开宠.康熙两淮盐法志[M]//中国史学丛书.台北:台湾学生书局,1966.
[3] (清)王定安,等纂修.重修两淮盐法志[Z].光绪十八年第五次纂修.
[4] 南通盐业志编纂委员会,张荣生.南通盐业志[M].南京:凤凰出版社,2012.
[5] 大丰市地方志编纂委员会,大丰市盐务管理局,邹迎曦.大丰盐政志[M].北京:方志出版社,1999.
[6] 缪荃孙,等,江苏省地方志编纂委员会办公室.江苏省通志稿5·选举志[M].南京:江苏古籍出版社,1993.
[7] 缪荃孙,等,江苏省地方志编纂委员会办公室.江苏省通志稿2·方域志、都水志、建置志[M].南京:江苏古籍出版社,1993.
[8] 江苏省地方志编撰委员会.江苏省志·城乡建设志(上、中、下)[M].南京:江苏人民出版社,2008.
[9] 江苏省地方志编撰委员会.江苏省志·盐业志[M].南京:江苏科学技术出版社,1997.
[10] 江苏省地方志编撰委员会.江苏省志·方言志[M].南京:南京大学出版社,1998.
[11] 江苏省地方志编撰委员会.江苏省志·水利志[M].南京:江苏古籍出版社,2001.
[12] (明)杨宏,(明)谢纯,漕运通志[M].荀德麟,何振华,点校.北京:方志出版社,2006
[13] 武同举.淮系年表全编[Z].民国十七年(1928).
[14] 梁炳泉.南通市交通史[M].上海:上海人民出版社,1999.
[15] (元)陈椿.熬波图[M].文渊阁四库全书.影印版.台北:台湾商务印书馆,1986.
[16] 胡焕庸.两淮水利盐垦实录[M].南京:中央大学,民国二十三年(1934).
[17] (明)王琼.漕河图志[M].姚汉源,谭徐明,点校.北京:水利电力出版社,1990.
[18] (清)严观.元和郡县补志[Z].光绪八年金陵书局刊行.
[19] (明)闻人诠,(明)陈沂.嘉靖南畿志[M].台北:台湾学生书局,1987.
[20] (明)郭大纶,(明)陈文烛.万历淮安府志[M].天一阁藏明代方志选刊续编(八).上海:上海书店,1990.
[21] (明)薛婆,(明)陈良山.正德淮安府志[M].荀德麟,陈凤雏,王朝堂,点校.北京:方志出版社,2009.
[22] (明)宋祖舜,(明)方尚祖.天启淮安府志[M].荀德麟,刘功昭,刘怀玉,点校.北京:方志出版社,2009.
[23] (清)卫哲治,(清)叶长扬,等.乾隆淮安府志[Z].咸丰二年刻本.
[24] (清)高成美,(清)胡从中,等.康熙淮安府志[Z].清康熙刻本.
[25] (清)孙云锦修,(清)吴昆田,等.光绪淮安府志[Z].清光绪十年刊本.
[26] 王光伯.淮安河下志[M].程景韩增订,荀德麟,等点校.北京:方志出版社,2006.
[27] 淮安市地方志办公室.淮阴风土记[M].北京:方志出版社,2008.
[28] (清)金秉祚,(清)丁一焘,等.乾隆山阳县志[Z].清乾隆十四年刻本.
[29] (清)张兆栋,(清)何绍基,等.重修山阳县志[Z].清同治十二年刊本.
[30] 邱沅,段朝端,等.续纂山阳志[Z].民国十年刊本.

[31] (清)吴棠,(清)鲁一同. 咸丰清河县志[Z]. 清咸丰四年刻,同治四年续刻.
[32] (清)胡裕燕,(清)吴昆山,等. 光绪清河县志[Z]. 清光绪二年刊本.
[33] (明)杨瑞云,(明)夏应星,等. 万历盐城县志[Z]. 明万历刊本.
[34] (清)黄垣,(清)沈严. 乾隆盐城县志[Z]. 清乾隆十二年.
[35] (清)刘崇照,(清)陈玉树,(清)龙继栋. 光绪盐城县志[Z]. 光绪乙未年孟夏月重刊.
[36] 续修盐城县志(民国二十五年铅印本)[M]//中国地方志集成·江苏府县志辑. 南京:江苏古籍出版社,1991.
[37] (清)阮本焱,等. 阜宁县志[Z]. 清光绪十二年.
[38] 焦忠祖,庞友兰. 阜宁县新志[Z]. 民国二十三年(1934)铅印本.
[39] 睢文焕. 重修桃源县志[M]//中国地方志集成·江苏府县志辑. 南京:江苏古籍出版社,1991.
[40] (清)金元烺,(清)吴昆田,等. 重修安东县志[M]. 光绪元年刊本,民国二十一年翻印本. 台北:成文出版社,1975.
[41] (明)闻人诠. 宝应县志略[M]//天一阁藏明代方志选刊. 上海:上海古籍书店,1962.
[42] (清)孟毓兰,(清)乔载繇,等. 重修宝应县志[Z]. 清道光二十年刊本.
[43] (清)刘宝楠. 宝应县图经[M]. 清道光二十八年刻本//中国方志丛书·华中地方·第30号. 台北:成文出版社,1983.
[44] (明)朱怀幹,(明)盛仪. 嘉靖惟扬志[M]. 明嘉靖二十一年//天一阁藏明代方志选刊. 上海:上海古籍书店,1963.
[45] (明)杨洵,(明)徐銮,等. 万历扬州府志[M],明万历二十九年刻本//北京图书馆古籍珍本丛刊·25·史部·地理类. 北京:书目文献出版社,1990.
[46] (清)尹会一,(清)程梦星,等. 雍正扬州府志[M]. 清雍正十一年刊本//中国方志丛书·华中地方·第146号[M]. 台北:成文出版社,1975.
[47] (清)阿克当阿. 嘉庆重修扬州府志[M]//中国地方志集成·江苏府县志辑. 南京:江苏古籍出版社,1991.
[48] (清)方浚颐. 同治续纂扬州府志[M]//中国地方志集成·江苏府县志辑. 南京:江苏古籍出版社,1991.
[49] (清)五格,(清)黄湘,等. 乾隆江都县志[M]//中国地方志集成·江苏府县志辑. 南京:江苏古籍出版社,1991.
[50] (清)王逢源. 嘉庆江都县续志[M]//中国地方志集成·江苏府县志辑. 南京:江苏古籍出版社,1991.
[51] (清)谢延庚. 光绪江都县志[M]//中国地方志集成·江苏府县志辑. 南京:江苏古籍出版社,1991.
[52] (清)钱祥保. 民国江都县续志[M]//中国地方志集成·江苏府县志辑. 南京:江苏古籍出版社,1991.
[53] (清)徐成敩,(清)陈浩恩,等. 光绪增修甘泉县志(一)[M]//中国地方志集成·江苏府县志辑. 南京:江苏古籍出版社,1991.
[54] (清)徐成敩,(清)陈浩恩,等. 光绪增修甘泉县志(二)[M]//中国地方志集成·江苏府县志辑. 南京:江苏古籍出版社,1991.
[55] 钱祥保. 民国甘泉县续志[M]//中国地方志集成·江苏府县志辑. 南京:江苏古籍出版社,1991.
[56] (清)杨宜仑,(清)夏之蓉,(清)沈之本. 嘉庆高邮州志[M]//中国地方志集成·江苏府县志辑. 南京:江苏古籍出版社,1991.
[57] (清)左辉春,等. 道光续增高邮州志[M]//中国地方志集成·江苏府县志辑. 南京:江苏古籍出版社,1991.
[58] (清)金元烺. 光绪再续高邮州志[M]//中国地方志集成·江苏府县志辑. 南京:江苏古籍出版社,1991.
[59] 胡为和,卢鸿钧. 民国三续高邮州志[M]//中国地方志集成·江苏府县志辑. 南京:江苏古籍出版

社,1991.

[60] (明)欧阳东凤,(明)严锜,等.万历兴化县新志[M].明万历十九年手抄本//中国方志丛书·华中地方·第449号.台北:成文出版社,1983.

[61] (清)张可立.康熙兴化县志[M].康熙二十四年钞本//中国方志丛书·华中地方·第450号.台北:成文出版社,1983.

[62] (清)梁园棣,(清)郑之侨,(清)赵彦俞.咸丰重修兴化县志[M]//中国地方志集成·江苏府县志辑.南京:江苏古籍出版社,1991.

[63] 李恭简,魏侨.民国续修兴化县志[M]//中国地方志集成·江苏府县志辑.南京:江苏古籍出版社,1991.

[64] (清)周右总,(清)蔡复午,等.嘉庆东台县志[Z].清嘉庆二十二年刊本,道光十年增刻本.

[65] (清)杨受廷,(清)马汝舟,等.嘉庆如皋县志[M].嘉庆十三年刊本//中国方志丛书·华中地方·第9号.台北:成文出版社,1970.

[66] 沙元炳.民国如皋县志[M]//中国地方志集成·江苏府县志辑.南京:江苏古籍出版社,1991.

[67] (清)梁悦馨,(清)季念诒,等.光绪通州直隶州志[M]//中国地方志集成·江苏府县志辑.南京:江苏古籍出版社,1991.

[68] (清)张謇.民国南通县图志[M]//中国地方志集成·江苏府县志辑.南京:江苏古籍出版社,1991.

[69] (清)刘文澂,(清)周家禄.光绪海门厅图志[M]//中国地方志集成·江苏府县志辑.南京:江苏古籍出版社,1991.

[70] 单毓元,等.民国泰县志稿[M]//中国地方志集成·江苏府县志辑.南京:江苏古籍出版社,1991.

[71] (清)王友庆,(清)任钰,等.道光泰州志[M]//中国地方志集成·江苏府县志辑.南京:江苏古籍出版社,1991.

[72] (清)杨激云.光绪泰兴县志[M]//中国地方志集成·江苏府县志辑.南京:江苏古籍出版社,1991.

[73] (清)金鉽.宣统泰兴县志续[M]//中国地方志集成·江苏府县志辑.南京:江苏古籍出版社,1991.

[74] (清)叶滋森,(清)褚翔,等.光绪靖江县志[M].清光绪五年刊本//中国方志丛书·华中地方·第464号.台北:成文出版社,1983.

二、学术专著

[1] 南京师范学院地理系江苏地理研究室.江苏城市历史地理[M].南京:江苏科学技术出版社,1982.

[2] 单树模.中华人民共和国地名词典:江苏省[M].北京:商务印书馆,1987.

[3] 谭其骧.中国历史地理图集[M].北京:中国地图出版社,1991.

[4] 贺业钜.中国古代城市规划史[M].北京:中国建筑工业出版社,1996.

[5] 周岚,等.江苏城市文化的空间表达:空间特色·建筑品质·园林艺术[M].北京:中国城市出版社,2011.

[6] 于海漪.南通近代城市规划建设[M].北京:中国建筑工业出版社,2005.

[7] 吴良镛.张謇与南通"中国近代第一城"[M].北京:中国建筑工业出版社,2006.

[8] 国家文物局.江苏考古地图集:上册[M].北京:中国地图出版社,2012.

[9] 刘荫堂.江苏公路交通史[M].北京:人民交通出版社,1989.

[10] 李连祥.中国古代道路交通史[M].北京:人民交通出版社,1994.

[11] 傅宗文.宋代草市镇研究[M].福州:福建人民出版社,1989.

[12] 韩大成.明代城市研究[M].北京:中国人民大学出版社,1991.

[13] 武廷海,王学荣.京杭大运河城市遗产的认知与保护[M].北京:电子工业出版社,2014.

[14] 王振忠.明清徽商与淮扬社会变迁[M].北京:生活·读书·新知三联书店,1996.

[15] 黄仁宇.明代的漕运[M].北京:新星出版社,2005.

[16] 傅崇兰. 中国运河城市发展史[M]. 四川:四川人民出版社,1985.
[17] 姚汉源. 京杭运河史[M]. 北京:中国水利水电出版社,1998.
[18] 水利部淮河水利委员会《淮河水利简史》编写组. 淮河水利简史[M]. 北京:水利电力出版社,1990.
[19] 梁方仲. 中国历代户口、田地、田赋统计[M]. 北京:中华书局,2008.
[20] 葛剑雄. 中国移民史(第1~6卷)[M]. 福州:福建人民出版社,2001.
[21] 葛剑雄. 中国人口史:第一册[M]. 上海:复旦大学出版社,2005.
[22] 费孝通. 乡土中国[M]. 北京:生活·读书·新知三联书店,1985.
[23] 成一农. 古代城市形态研究方法新探[M]. 北京:社会科学文献出版社,2005.
[24] 任放. 中国市镇的历史研究与方法[M]. 北京:商务印书馆,2010.
[25] 陈正祥. 中国文化地理[M]. 北京:生活·读书·新知三联书店,1983.
[26] 费孝通,罗涵先. 乡镇经济比较模式[M]. 重庆:重庆出版社,1988.
[27] 哈维兰. 当代人类学[M]. 王铭铭,译. 上海:上海人民出版社,1987.
[28] 唐纳德·R. 凯利. 多面的历史[M]. 陈恒,宋立宏,译. 北京:生活·读书·新知三联书店,2003.
[29] 许纪霖,陈达凯. 中国现代化史:第一卷(1800—1949)[M]. 上海:学林出版社,2006.
[30] 施坚雅. 中华帝国晚期的城市[M]. 叶光庭,等译. 北京:中华书局,2000.
[31] 戴维·格伦斯基. 社会分层[M]. 北京:华夏出版社,2006.
[32] 李培林,李强,孙立平. 中国社会分层[M]. 北京:社会科学文献出版社,2004.
[33] 史蒂文·瓦戈. 社会变迁[M]. 王晓黎,等译. 北京:北京大学出版社,2007.
[34] 保罗·诺克斯,史蒂文·平奇. 城市社会地理学导论[M]. 柴彦威,张景秋,译. 北京:商务印书馆,2005.
[35] 刘易斯·芒德福. 城市发展史:起源、演变和前景[M]. 宋俊岭,倪文彦,译. 北京:中国建筑工业出版社,2005.
[36] 赖德霖. 中国近代建筑史研究[M]. 北京:清华大学出版社,2007.
[37] 阿尔弗雷德·申茨. 幻方:中国古代的城市[M]. 梅青,译. 北京:中国建筑工业出版社,2009.
[38] 林达·约翰逊. 帝国晚期的江南城市[M]. 成一农,译. 上海:上海人民出版社,2005.
[39] 凯文·林奇. 城市形态[M]. 林庆怡,陈朝晖,邓华,译. 北京:华夏出版社,2001.
[40] 刘玉照,张敦福,李友梅. 社会转型与结构变迁[M]. 上海:格致出版社,2007.
[41] 潘允康. 社会学视野中的大城市发展模式研究[M]. 天津:天津社会科学院出版社,2006.
[42] 顾朝林. 城市社会学[M]. 南京:东南大学出版社,2002.
[43] 张驭寰. 中国城池史[M]. 天津:百花文艺出版社,2003.
[44] 焦健,曾琪明. 地图学[M]. 北京:北京大学出版社,2005.
[45] 余定国. 中国地图学史[M]. 北京:北京大学出版社,2006.
[46] 郑锡煌. 中国古代地图集·城市地图[M]. 西安:西安地图出版社,2005.
[47] 曹宛如. 中国古代地图集(清代)[M]. 北京:文物出版社,1997.
[48] 哈拉尔德·韦尔策. 社会回忆:历史、回忆、传承[M]. 季斌,王立君,译. 北京:北京大学出版社,2007.
[49] 邹逸麟. 中国历史地理概述[M]. 上海:上海教育出版社,2005.
[50] 张光直. 中国相互作用圈与文明的形成[C]//《庆祝苏秉琦考古五十五年论文集》编辑组. 庆祝苏秉琦考古五十五年论文集. 北京:文物出版社,1989.
[51] 张敏,韩明芳. 江淮东部地区古文化的初步认识[C]//中国考古学会第九次年会论文集. 北京:文物出版社,1993.
[52] 贺云翱,等. 江苏城市发展历史演进研究[R]. 南京:江苏省住房和城乡建设厅,南京大学,2008.
[53] David Lowenthal. The Past Is a Foreign Country[M]. Cambridge:Cambridge University Press,1999.
[54] Kostof. The City Shaped:Urban Patterns and Meanings through History[M]. London:Thames and

Hudson,1999.
[55] Peter Hall. Cities of Tomorrow: An Intellectual History of Urban Planning and Design in the Twentieth Century[M]. Oxford:Basil Blackwell,1988.
[56] Barry Cullingwarth, Vincent Nadin. Town and Country Planning in the UK[M]. 13th ed. New York: Routledge,2002.
[57] Zhu Jianfei. Chinese Spatial Strategies[M]. London:Routledge Cruzon,2003.
[58] Xu Yinong. The Chinese City in Space and Time[M]. Honolulu:University of Hawaii Press,2000.
[59] Richard T Le Gates,Frederic Stout. The City Reader[M]. London:Routledge, 1996.

三、期刊论文

[1] 董卫. 中国古代图学理论及其现代意义(一):从裴秀"制图六体"所想到的[J]. 建筑师,2009,142(12):29-34.
[2] 郭华瑜,李长亮,张金坤. 淮安府衙建筑形制研究[J]. 南京工业大学学报(社会科学版),2009(9):25-29.
[3] 沈旸,王卫清. 大运河兴衰与清代淮安的会馆建设[J]. 南京建筑,2006(9):71-74.
[4] 贾珺. 城阙缮完,闾阎蕃盛. 清代淮安府城及其主要建筑空间探析[J]. 中国建筑史论汇刊·第陆辑,2012(2):195-232.
[5] 贾珺. 明代淮安府及其所辖州县城市形态与构成要素浅析[J]. 建筑史(第29辑),2012(2):43-57.
[6] 贾珺. 三城鼎峙,署宇秩立. 明代淮安府城及其主要建筑空间探析[J]. 中国建筑史论汇刊·第肆辑,2011(00):255-280.
[7] 胡军,孙莉. 制度变迁与中国城市的发展及空间结构的历史演变[J]. 人文地理,2005,81(1): 19-23.
[8] 李建,宁越敏. 西方城市社会地理学主要理论及研究的意义:基于空间思想的分析[J]. 城市问题,2006,134(6):84-94.
[9] 杨宪光. 从裴秀的"制图六体"谈中国古代地图的源流[J]. 三晋测绘,1995(1):44-47.
[10] 阙维民. 中国古代志书绘制准则初探[J]. 自然科学史研究,1996(4):334-342.
[11] 李孝聪. 古代中国地图的启示[J]. 中国社会科学,1998(6):140-144.
[12] 杨宇振. 图像内外:中国古代城市地图初探[J]. 城市规划学刊,2008(2):83-92.
[13] 顾朝林,陈璐. 人文地理学的发展历程及新趋势[J]. 地理学报,2004(S1): 11-20.
[14] 朱竑,司徒尚纪. 近年我国文化地理学研究的新进展[J]. 地理科学,1999,19(4): 338-343.
[15] 严文明. 中国史前文化的统一性与多样性[J]. 文物,1987(3): 38-50.
[16] 吴良镛. 中国城市史研究的几个问题[J]. 城市发展研究,2006,13(2):1-3.
[17] 崔功豪. 城市问题就是区域问题:中国城市规划区域观的确立和发展[J]. 城市规划学刊,2010,186(1):24-28.
[18] 邹军. 都市圈与都市圈规划的初步探讨:以江苏都市圈规划实践为例[J]. 现代城市研究,2003(4):29-35.
[19] 奚雪松,秦建明,俞孔坚. 历史舆图与现代空间信息技术在大运河遗产判别中的运用:以大运河明清清口枢纽为例[J]. 地域研究与开发,2010,29(5):123-131.
[20] 杨东晨. 江苏地区的古部族和文化考察[J]. 南京高师学报,1998(9):49-57.
[21] 房迎三,沈冠军. 江苏旧石器时代考古20年回顾[J]. 东南文化,2010(6):48-55.
[22] 房迎三. 江苏江浦旧石器地点调查[J]. 东南文化,2003(5):6-10.
[23] 林留根. 江苏泗洪顺山集新石器时代遗址发掘报告[J]. 考古学报,2014(4):6-10.
[24] 杨怀仁,谢志仁. 中国东部近20 000年来的气候波动与海面升降运动[J]. 海洋与湖沼,1984,15(1):1-13.

[25] 凌申. 全新世以来里下河地区古地理演变[J]. 地理科学, 2001, 10(5):474-479.
[26] 凌申. 全新世以来苏北平原古地理环境演变[J]. 黄渤海海洋, 1990, 8(4) 20-28.
[27] 凌申. 江苏沿海两淮盐业史概说[J]. 盐业史研究, 1989(04):56-62.
[28] 顾家裕,等. 苏北中部滨海平原贝壳砂堤[J]. 沉积学报, 1983,1(2):27-40.
[29] 朱诚,程鹏. 长江三角洲及苏北沿海地区7 000年以来海岸线演变规律分析[J]. 地理科学,1996,16(3):207-213.
[30] 淮阴市博物馆. 淮阴高庄战国墓[J]. 考古学报,1988(2):198-232.
[31] 朱国平,王奇志,王正奎. 江苏姜堰天目山西周城址发掘报告[J]. 考古学报,2009(1):129-161.
[32] 凌申. 射阳湖历史变迁研究[J]. 湖泊科学,1993,5(3):225-233.
[33] 江苏省文物管理委员会,南京博物院. 江苏盐城三羊墩汉墓清理报告[J]. 考古,1964(8):393-402.
[34] 南京博物院,盱眙县博物馆. 江苏盱眙东阳汉墓群M30发掘简报[J]. 东南文化,2013(6):35-43.
[35] 邹厚本. 江苏盱眙东阳汉墓[J]. 考古,1979(5):412-426.
[36] 李则斌. 揭开江都王陵盱眙大云山汉墓发掘纪实[J]. 中国文化遗产,2012(1):74-81.
[37] 王冰. 高邮天山汉墓墓主考辨[J]. 文博,1999(2):56-59.
[38] 罗庆康. 刘濞煮盐析[J]. 盐业史研究,1994(4):40-43.
[39] 白广美. 中国古代海盐生产考[J]. 盐业史研究,1988(1):49-63.
[40] 蒋忠义,王勤金,等. 近年扬州城址的考古收获与研究[J]. 东南文化,1992(2):145-157.
[41] 于海根. 民国期间苏北淮南盐区的废灶兴垦事业[J]. 盐业史研究,1993(1):49-63.
[42] 庄安正. 张謇与民初苏北沿海的移民大潮[J]. 南通师范学院学报(哲学社会科学版),2001(6):133-138.

四、学位论文

[1] 周运中. 苏皖历史文化地理[D]. 上海:复旦大学,2010.
[2] 崔英杰. 江淮东部史前文化与社会研究[D]. 济南:山东大学, 2011.
[3] 董卫. 宗法制度对徽州传统村落结构及形态的影响[D]. 南京:东南大学,1986.
[4] 陆希刚. 明清江南城镇[D]. 上海:同济大学,2006.
[5] 刘妍. 隋-宋扬州城防若干复原问题探讨[D]. 南京:东南大学,2009.
[6] 吴茜华. 泰州城市水系变迁与城市形态演进研究[D]. 广州:华南理工大学,2011.
[7] 柴洋波. 近代运河城市形态变迁——以镇江与扬州为例[D]. 南京:东南大学,2012.
[8] 于波. 城市记忆研究[D]. 武汉:华中科技大学,2004.
[9] 邰艳丽. 东北地区城市空间形态研究[D]. 长春:东北师范大学,2004.
[10] 李百浩. 中国近现代城市规划历史研究[D]. 南京:东南大学,2003.
[11] 张乐益. 基于信息传递的历史城市保护方法研究[D]. 南京:东南大学,2006.
[12] 李建. 基于古代地图转译的历史空间整合方法研究——以杭州老城研究为例[D]. 南京:东南大学,2008.
[13] 王航兵. 中国古代早期城府类图经研究[D]. 广州:华南理工大学,2003.
[14] 赵筱侠. 苏北地区重大水利建设研究(1949—1966)[D]. 南京:南京大学,2012.

图 索 引

图 1.1　研究时段划分图 ······ 4
图 1.2　研究范围图 ······ 7
图 1.3　方志分类图 ······ 14
图 1.4　研究框架和技术路线图 ······ 17
图 2.1　石器时期遗址分布图 ······ 21
图 2.2　文化路线及人类迁徙图 ······ 22
图 2.3　商周遗址和古城图 ······ 24
图 2.4　江淮东部地形分析图 ······ 26
图 2.5　砂堤分布图 ······ 27
图 2.6　岸线变迁图 ······ 28
图 2.7　先秦经济分区示意图 ······ 29
图 3.1　秦代行政区划图(前209年) ······ 37
图 3.2　西汉行政区划图(2年) ······ 37
图 3.3　东汉行政区划图(140年) ······ 37
图 3.4　西晋行政区划图(282年) ······ 37
图 3.5　南朝宋行政区划图(公元464年) ······ 38
图 3.6　汉代江淮东部遗址分布图 ······ 39
图 3.7　秦代江淮东部城镇分布密度图 ······ 39
图 3.8　汉代江淮东部城镇分布密度图 ······ 40
图 3.9　《水经注图》中中渎水、运河位置示意图 ······ 41
图 3.10　隋之前的淮安至扬州运河图 ······ 42
图 3.11　秦代江淮东部水系图 ······ 43
图 3.12　汉末江淮东部水系图 ······ 44
图 3.13　秦汉江淮东部交通示意图 ······ 45
图 3.14　顺山集山水环境示意图 ······ 46
图 3.15　东阳城山水环境示意图 ······ 46
图 3.16　汉广陵城山水示意图 ······ 47
图 3.17　春秋战国海盐生产地图 ······ 49
图 3.18　西汉吴国海盐生产地图 ······ 49
图 3.19　汉代江淮东部经济分布图 ······ 50
图 3.20　秦汉江淮东部人口迁徙示意图 ······ 51
图 3.21　两汉、西晋、南朝宋江淮东部人口密度图 ······ 53

图 4.1	隋代行政区划图(607 年)	58
图 4.2	唐代行政区划图(741 年)	58
图 4.3	北宋行政区划图(1111 年)	58
图 4.4	南宋行政区划图(1208 年)	58
图 4.5	唐代江淮东部城镇分布密度图	59
图 4.6	宋代江淮东部城镇分布密度图	60
图 4.7	宋金时期江淮东部防御线	62
图 4.8	宋扬州三城图	63
图 4.9	宋真州城池图	64
图 4.10	宋六合城池图	64
图 4.11	运河东道、西道	65
图 4.12	隋代京杭运河示意图	65
图 4.13	唐宋范公堤的修建顺序与位置示意图	67
图 4.14	宋代里下河、运河水系及水利工程示意图	68
图 4.15	"两阶两纵多横"水网结构示意图	68
图 4.16	唐代江淮东部水网及城镇分布示意图	69
图 4.17	宋代江淮东部水网及城镇分布示意图	69
图 4.18	唐宋江淮东部交通道路与驿站分布示意图	71
图 4.19	江淮经济圈示意图	72
图 4.20	盐业、漕运水运示意图	75
图 4.21	唐代江淮东部水利工程及屯田示意图	75
图 4.22	唐宋时期北方迁入江淮东部各州的人口比例示意图	77
图 4.23	隋、唐、北宋淮东人口密度图	78
图 4.24	唐宋时期江淮东部与淮北、江南的选举情况对比示意图	80
图 4.25	唐、北宋江淮东部选举人数分布示意图	81
图 5.1	元代行政区划(1330)	84
图 5.2	明代行政区划(1582)	84
图 5.3	清代行政区划(1908)	84
图 5.4	明代县级行政区划(1582)	84
图 5.5	清代县级行政区划(1908)	84
图 5.6	清代县级行政区划(1911)	84
图 5.7	清末巡检司位置示意图	90
图 5.8	明末、清末江淮东部城镇密度柱状图	90
图 5.9	明代江淮东部城镇分布密度图	91
图 5.10	清代江淮东部城镇分布密度图	91
图 5.11	元代京杭大运河示意图	109
图 5.12	京杭运河全线分段示意图	109
图 5.13	明代里运河段水系情况	110
图 5.14	清代里运河段水系情况	110

图5.15	清代清口运口图和洪泽湖图	111
图5.16	明清江淮东部岸线变迁	111
图5.17	明清范公堤的续建	112
图5.18	三余海湾变迁示意图	113
图5.19	清代里下河水系图一	115
图5.20	清代里下河水系图二	115
图5.21	明末江淮东部水系变迁图	116
图5.22	明清江淮东部里下河、运河水系变迁图	117
图5.23	清末江淮东部水系变迁图	118
图5.24	明清江淮东部"三阶两纵五横"水系结构图	118
图5.25	清代江淮东部道路交通图	120
图5.26	元代江淮东部人口密度分布图	121
图5.27	明代不同时期各州的人口密度比较	122
图5.28	明代江淮东部府级人口密度比较	122
图5.29	明嘉靖二十一年(1542)江淮东部各县人口密度比较	123
图5.30	明代江淮东部各县人口密度比较	124
图5.31	清代江淮东部府级人口密度比较	124
图5.32	清代不同时期江淮间各州的人口密度比较	125
图5.33	民国江淮东部各县人口密度比较	125
图5.34	1808—1880年江淮东部各县的人口密度比较	126
图5.35	1820年江淮东部各县人口密度图	126
图5.36	1911年明代江淮东部各县人口密度图	126
图5.37	江淮东部地区明清社会阶层与区位分析图	130
图5.38	明代江淮东部地区人才分布图	132
图5.39	清代江淮东部地区人才分布图	133
图6.1	区域城镇发展历史要素的结构示意图	136
图6.2	区域城镇发展历史要素分类图	137
图6.3	1911年江淮东部行政区划	139
图6.4	1915年江淮东部行政区划	139
图6.5	1948年江淮东部行政区划	140
图6.6	1976年江淮东部行政区划	140
图6.7	江淮东部各级行政区划的数量演变	140
图6.8	江淮东部各区域县级行政区划的演变	141
图6.9	江淮东部各县级设置时间图	141
图6.10	江淮东部城镇密度和结构变迁图	143
图6.11	江淮东部水系密度变迁图	145
图6.12	各历史时期运东、运西湖泊总量变化图	145
图6.13	各历史时期运东、运西河道水系总量变化图	146
图6.14	各历史时期人工、自然水系总量变化图	146

图 6.15	各历史时期东西、南北水系总量变化图	146
图 6.16	江淮东部各历史时期道路结构变化图	147
图 6.17	各历史时期不同等级道路长度变化图	147
图 6.18	江苏范围内淮北、江淮间、江南不同历史时期人口比例对比分析图	149
图 6.19	明清江淮东部人口结构分析图	149
图 6.20	江淮东部经济空间分布图	150
图 6.21	江淮东部文化空间分布图	151
图 6.22	江淮东部城镇发展历史空间网络建构的内容与过程示意图	154
图 6.23	各时期江淮东部城镇数量与水系关系分析图	155
图 6.24	各时期江淮东部距主要河流 5 km 范围内城镇数量分析图	155
图 6.25	江淮东部城镇体系示意图	157
图 7.1	淮安河下古镇 2004 年与 2015 年对比图	159
图 7.2	秦汉运河沿线城镇分布图	159
图 7.3	隋唐运河沿线城镇分布图	160
图 7.4	宋元运河沿线城镇分布图	161
图 7.5	明代运河沿线城镇分布图	162
图 7.6	清代运河沿线城镇分布图	162
图 7.7	当今运河沿线城镇分布图	163
图 7.8	清代邵伯古镇图	169
图 7.9	邵伯古镇现状图	169
图 7.10	清代楚州城与河下古镇的位置图	170
图 7.11	河下古镇圩寨、圩濠图	170
图 7.12	明代河下古镇街巷系统	171
图 7.13	清代河下古镇街巷系统	172
图 7.14	宋代扬州宋大城军事空间示意图	173
图 7.15	清代扬州河下区示意图	173
图 7.16	十二圩总图	174
图 7.17	十二圩与周围的大区域关系图	175
图 7.18	清代十二圩古镇空间形态图	175
图 7.19	仪征盐业管理与建设	175
图 7.20	清代高邮南门大街城镇空间图	176
图 7.21	清代高邮城镇水系与街巷空间图	177
图 7.22	高邮镇国寺与高邮老城隔运河而相望	177
图 7.23	清代淮安老城宗教空间图	178
图 7.24	淮安周围水系变迁图	179
图 7.25	淮安漕运管理机构关系结构图	181
图 7.26	淮安附近的征税口	182
图 7.27	洪泽湖大堤图	183
图 7.28	乾隆清口图	183

图 7.29	秦汉淮安三城鼎立格局图	185
图 7.30	秦汉淮安地区古城图	186
图 7.31	淮安隋唐时期双城体系	187
图 7.32	宋代两淮城镇链	187
图 7.33	泗州城与明祖陵的空间关系	188
图 7.34	明清洪泽湖周围城镇变迁	189
图 7.35	清代两淮三城鼎立的格局	191
图 7.36	明清清口的变迁与治理	192
图 7.37	明清各时期楚州城空间形态	197
图 7.38	元明清各时期楚州城漕运与行政空间	202
图 7.39	明清仓储与船厂位置示意图	204
图 7.40	明代清江浦空间示意图	205
图 7.41	同治清河县空间形态	206
图 7.42	咸丰清河县空间形态	206
图 7.43	当今淮安清河区老城空间形态	207
图 7.44	隋以前扬州地区城镇体系	208
图 7.45	唐代扬州地区城镇体系	210
图 7.46	宋代扬州地区城镇体系	210
图 7.47	明代扬州地区城镇体系	211
图 7.48	清代扬州地区城镇体系	212
图 7.49	岸线、运道改变与扬州老城变迁	213
图 8.1	江苏省城镇体系与主体功能区规划图	218
图 8.2	里下河地区老城现状	219
图 8.3	唐代里下河地区聚落分布图	220
图 8.4	宋代里下河地区聚落分布图	220
图 8.5	清前期里下河地区水网	221
图 8.6	清末里下河地区水网	221
图 8.7	明代里下河地区聚落分布图	222
图 8.8	清代里下河地区聚落分布图	222
图 8.9	当今里下河城镇与横纵水系网关系图	223
图 8.10	里下河聚落类型	225
图 8.11	里下河聚落职能类型	228
图 8.12	后周泰州老城空间形态	230
图 8.13	唐代泰州老城空间形态	230
图 8.14	宋代泰州老城空间形态	231
图 8.15	泰州与周围城镇的水系网络	232
图 8.16	明代泰州老城周围水系形态	232
图 8.17	清代泰州老城周围水系形态	233
图 8.18	泰州老城清代城市空间形态及用地功能图	234

图 8.19	垛田形态	235
图 8.20	耿家垛、兴化老城与周围水系空间关系	236
图 8.21	兴化周围湖荡成陆对比	237
图 8.22	兴化县城池对比	237
图 8.23	兴化老城及周边地区空间形态变迁图	238
图 8.24	兴化与周围城镇的水系交通图	239
图 8.25	溱潼古镇街巷形态	240
图 8.26	里下河城镇产业结构规划示意图	241
图 9.1	沿海历史城镇现状	244
图 9.2	秦汉两淮盐业生产区分布图	245
图 9.3	隋唐两淮盐业生产区分布图	246
图 9.4	宋元两淮盐场分布图	248
图 9.5	明代两淮海盐盐场分布图	250
图 9.6	清代两淮海盐盐场分布图	251
图 9.7	1950 年代两淮盐场分布图	253
图 9.8	淮北盐场全图	254
图 9.9	南通"一城三镇"图	255
图 9.10	两淮盐垦公司图	259
图 9.11	盐垦公司与城镇关系图	260
图 9.12	民国盐垦区新建城镇分布图	261
图 9.13	南通老城及周围地区交通图	263
图 9.14	南通县域交通图	264
图 9.15	民国盐垦区交通图	265
图 9.16	通海垦牧公司图	270
图 9.17	清末庙湾场周围城镇分布图	271
图 9.18	南通早期城防图	273
图 9.19	沿海潮墩	273
图 9.20	沿海城镇城防图	274
图 9.21	民国江淮东部水系示意图	277
图 9.22	通海引潮图	279
图 9.23	盐城城池图	280
图 9.24	石港场图	280
图 9.25	仓团建造图	281
图 9.26	草堰—丁溪空间形态图	283
图 9.27	大丰盐垦公司与城镇图	284
图 9.28	大丰沟洫图	284
图 9.29	草堰—大丰城镇空间变迁图	285
图 9.30	民国两淮行盐图	286

表 索 引

表 1.1	江淮东部城镇行政区域分布	6
表 1.2	江淮东部城镇方志资料来源与分类	14
表 2.1	江苏地区先秦人类迁徙及文化区演进总结	19
表 2.2	江淮东部古代聚落与水系形态列表	30
表 2.3	淮北、江淮东部、江南三座古城对比	33
表 3.1	秦至南朝江淮东部郡县区划及建置表	36
表 3.2	先秦秦汉六朝盐政及管理制度	48
表 3.3	两汉、西晋、南朝宋研究部分所涉各州、郡的人口分布情况	51
表 3.4	两汉、西晋、南朝宋今江苏江淮境内人口分布情况	52
表 4.1	隋唐宋江淮东部郡县区划及建置表	57
表 4.2	北宋崇宁元年(1102)江淮东部城市密度表	59
表 4.3	范公堤修建顺序及位置示意	66
表 4.4	唐宋淮盐经济发展情况表	73
表 4.5	隋、唐、北宋研究部分所涉州、郡的人口密度	78
表 4.6	隋、唐、北宋江苏江淮境内人口与其增降率	79
表 5.1	元、明、清江淮东部行政区划表	85
表 5.2	明清巡检司的变迁表	88
表 5.3	盐业市镇列表	93
表 5.4	米粮业市镇列表	95
表 5.5	纺织业市镇列表	97
表 5.6	其他经济型专业市镇列表	98
表 5.7	漕运市镇列表	100
表 5.8	沿江市镇列表	102
表 5.9	其他水系市镇列表	103
表 5.10	居住型市镇列表	105
表 5.11	沿淮、江的城镇列表	107
表 5.12	黄河夺淮主要时间节点	108
表 5.13	元、明、清研究部分所涉州、郡的人口密度	127
表 5.14	元、明、清江苏江淮境内人口与其增降率	127
表 5.15	明清淮盐经济发展情况表	129
表 7.1	沿运城镇成因列表	163
表 7.2	沿运城镇空间与运河水系的关系	166

表 7.3	秦汉时期淮安地区古城考证	184
表 8.1	里下河地区聚落类型列表	224
表 8.2	与江淮东部其他区域对比研究	226
表 9.1	唐代盐场及盐业机构	246
表 9.2	宋代两淮盐场的分布情况与产销地	247
表 9.3	元代两淮盐场的分布情况	248
表 9.4	明代两淮盐场的分布及盐业管理机构	249
表 9.5	清代两淮盐场的分布及盐业管理机构	250
表 9.6	民国两淮盐场的分布情况	252
表 9.7	民国苏北主要沿海盐垦公司情况	257
表 9.8	1928—1937年沿海地区干、支公路状况	266
表 9.9	1905—1926年沿海地区主要公路一览表	266
表 9.10	1937年前淮北盐区公路情况	267
表 9.11	1929—1936年淮南盐区公路情况	267
表 9.12	1928—1935年县道修建状况	267
表 9.13	滨海平原主要水系一览表	275
表 9.14	海盐生产区水系形态特点	278
表 9.15	淮盐文化线路遗产解读	288